한일 고대사 역사 기행

한반도 이주민의 일본 열도 개척사

규슈, 시코쿠, 오카야마, 오사카, 가와치,
아스카, 나라, 교토 지역을 중심으로

A Historical Journey through Ancient Japan:
-The Story of How Immigrants from the Korean Peninsula Pioneered the Japanese Archipelago

이재일 지음

한일 고대사 역사 기행

한반도 이주민의 일본 열도 개척사

규슈, 시코쿠, 오카야먀, 오사카 가와치, 아스카, 나라, 교토 지역을 중심으로

A Historical Journey through Ancient Japan:
-The Story of How Immigrants from the Korean Peninsula Pioneered the Japanese Archipelago

초판 발행 | 2025년 5월 15일

저자　　　| 이재일

펴낸이　　| 김종욱

책임편집 | 선종규

표지디자인 | 송여정

교열교정 | 조은영

펴낸곳　　| 미문사

주소　　　| 파주시 회동길 325-22 세화빌딩

전화　　　| 032-326-5036

팩스　　　| 031-360-6376

이메일　　| mimunsa@naver.com

ISBN　　 | 979-11-87812-40-1

한반도 이주민의 일본열도 개척사

규슈, 시코쿠, 오카야마, 오사카 가와치,
아스카, 나라, 교토 지역을 중심으로

A Historical Journey through Ancient Japan:
−The Story of How Immigrants from the Korean Peninsula Pioneered the Japanese Archipelago

이재일 지음

미문사

고대의 일본 열도

고구려

훗카이도
(北海道)

에조(蝦夷)

교토(京都)

고시(越)

케누
(毛野)

6C 국경선

신라

이즈모(出雲)

혼슈(本州))

미노(美濃)

도쿄(東京)

가야

백제

기비(吉備)

야마토
(大和)

쓰쿠시(筑紫)

아야(綾)

나라(奈良)

히무코(日向)

시코쿠(四国)

규슈(九州)

중국, 한반도, 일본 연대표

연도	중국 대륙	연도	한반도	연도	일본 열도
317	동진(東晉)	346	전연 부여침공	266~413	수수께끼의 4세기
	남북조시대	346	근초고왕	319	신공 신라 정복
386	북위(北魏)	375	근구수왕	369	신공 가야 정복
				390	응신 천황
420	송(宋)	400	고구려 광개토대왕	413~497	왜5왕 시대
479	제(齊)		남진	400년 초	왕인, 진손왕
		461	곤지왕 도일		궁월군, 아지사주
		475	장수왕 → 개로왕	456	유라쿠천왕
			(한성 백제 멸망)		
		479	동성왕		
502	양(梁)	501	무령왕	507	게이타이 천황
534	북위 멸망	523	성왕	539	겐메이 천황
557	진(陳)	532	금관가야 멸망		아스카 시대
581	수(隋) 통일	554	위덕왕		(오오토모, 모노베)
		562	대가야 멸망		하타씨, 아야씨
				570	소가 우마코
				592	스이코천황
612~614	수나라 고구려 침공	654	신라 무열왕	626	소가 에미시
618	당(唐)	660	백제 멸망	645	을사의 변
645	당태종 고구려 침입	663	백강구 전투	655	사이메이 천황
		668	고구려 멸망	672	임신의 난
712	현종	722	신라 왜 침공 대비	710	나라 천도
756	안사의 난		모벌군성(毛伐郡城)	720	일본서기
	(756~763년)	731	일본 병선 300척		후지와라씨
		752	김태렴 일본 방문	752	동대사대불
				791	간무 천황

일러두기

① 일본어의 한글 표기는 외래어 표기법을 따랐습니다.
같은 글자의 일본어 표기라도 어두는 연음으로 어중과 어미는 경음으로 표기하는 원칙을 따랐으나 가끔 혼동되어 사용하는 경우가 있을 수 있으므로 양해 바랍니다.

② 일본어 한자 표기의 경우에는 일본어 발음대로 표기하는 것이 원칙이나 그동안 우리나라 문헌에서 한자를 우리 발음으로 표기해 온 경우가 있기 때문에 일본어 발음 표기를 원칙으로 하였으나 우리 발음 표기를 사용하는 경우도 있습니다.
예 성덕태자 → 쇼토쿠 태자
공해 → 쿠카이 또는 구카이
몬무천황 → 문무천황
덴지천황 → 천지천황
쓰시마 → 대마도

③ 장음은 인정하지 않고 단음으로 표기하였습니다.
예 도오쿄 → 도쿄
쥬우코쿠산맥 → 주코쿠산맥
엔쿠우 → 엔쿠
스오우나다 → 스오나다

④ 이중모음은 단모음으로 표기하였습니다.
예 쥬우코쿠산맥 → 주코쿠산맥
기노죠성 → 기노조성

⑤ 앞말과 '강, 산, 해, 섬, 반도, 산맥, 왕, 인, 평야, 해' 등과 합쳐진 말은 앞말과 붙여 쓰도록 하였습니다.

⑥ 한반도에서 일본으로 건너간 사람을 일본 측에서 이를 때는 '도래인'으로, 우리나라 측에서 이를 때는 '이주민'으로 구별하여 표기하였습니다

⑦ 문장부호
㉠ 글 가운데에서 직접 대화를 표시하거나 말이나 글을 직접 인용할 때는 큰따옴표(" ")를 사용하였습니다.
"다카마쓰총 고분은 고구려 고분과 비교하면 축소판에 불과하고, 벽화는 고구려 벽화와 비교하면 한반도의 모조품일 것"이라고 말한다.
㉡ 강조하거나 마음속으로 한 말 등에는 작은따옴표(' ')를 사용하였습니다.
'게놈이 밝히는 일본인 뿌리'를 요약 소개한다.
㉢ 책의 제목을 나타낼 때는 겹낫표(『 』)를 사용하였습니다.
『신황정통기神皇正統記, 개인이 집필한 역사서』
『일본서기日本書紀』
『고사기』
㉣ 소제목, 그림이나 노래와 같은 작품의 제목, 규정, 논문, 문서, 축제 등을 나타낼 때는 홑낫표(「 」)를 사용하였습니다.
「자료로 정리해 본 한국고대사」
「오래오래 데라이다」
「정창원正倉院, 쇼소인」 문서

⑧ 한글은 큰 글자로, 한글에 대한 한자, 일본어, 보충 설명 등은 작은 글자(하부체)로 구별하였습니다.
동조미륵보살 반가사유상銅造弥勒菩薩半跏思惟像
응신천황오진천황, 15대, 390~430년 재위 추정

⑨ 한글 표기, 표준어, 띄어쓰기, 맞춤법 등 우리말 표기는 국립국어원의 『표준국어대사전』의 어문규정을 따랐습니다.

⑩ 본문의 이해를 돕기 위해 중요한 지리 정보는 상세 지도로 보여 주고, 여행 지역의 장면을 사진이나 그림으로 보여 주었습니다. 또한 역사적 사실을 일목요연하게 이해할 수 있도록 도표를 제시하였습니다.

차례

Summary ·········· 19
감사 인사말 ·········· 20
[프롤로그] ·········· 21
[역사 기행 전 필수 지식] 한반도인의 일본 열도 이주의 증거 ·········· 26
　　1. 고분 ·········· 26
　　2. 유전자학 ·········· 31
　　3. 기록 증거 ·········· 33

제1부 시코쿠와 오카야마기비 지역에 남겨진 한반도 이주민의 역사 ·········· 35
　1 시코쿠로의 한반도 이주민 ·········· 36
　2 시코쿠四国의 이름 ·········· 36
　3 한반도 이주민의 자취 ·········· 37
　4 시코쿠의 한반도 이주민 씨족 ·········· 37
　5 시코쿠 답사 ·········· 38
　6 오카야마岡山 ·········· 39
　7 오카야마 일대 도래인에 얽힌 지명 ·········· 40
　8 가야국賀陽夜国 ·········· 40
　9 모모타로桃太郎 이야기 ·········· 40
　10 오카야마 답사 ·········· 41

Ⅰ. 시코쿠四国 ·········· 43
　1. 사누키讃岐 지역 ·········· 43
　　1 하타씨에 의해 모셔진 다무라 신사 ·········· 44
　　2 이와세오야마 고분군石清尾山古墳群 ·········· 45
　　3 다카마쓰 적석총 고분군 ·········· 48
　　4 야시마성적城跡 ·········· 49
　　5 아야키타평야綾北平野와 아야씨 ·········· 50
　　6 아야키타평야綾北平野의 거석분巨石墳 ·········· 51
　　7 다이고 고분醍醐古墳 ·········· 51
　　8 아야綾씨 ·········· 53
　　9 시코쿠 가가와현香川県의 이주민 아야씨족 ·········· 54
　　10 아야씨가 남긴 거석분과 사찰 건립 ·········· 55
　　11 아리오카 고분군有岡古墳群 ·········· 57
　　12 하타씨秦氏와 쿠카이空海 ·········· 62
　　13 시코쿠의 신라 신사神社 ·········· 63
　　14 곤삐라 신사金比羅神社, 곤뻬라 신사, 고토히라신사 ·········· 64
　　15 다카마쓰高松와 세토내해瀬戸内海, 세토나이가이 ·········· 65
　　16 나오시마直島 ·········· 65
　　17 베네세하우스 박물관 ·········· 66
　　18 사누키讃岐 우동 ·········· 67

　2. 세토내해瀬戸内海, 세토나이가이 ·········· 68
　　1 해적海賊 ·········· 68
　　2 오야마즈미 신사大山祇神社 ·········· 69
　　3 백제百済에서 도해渡海한 신神 ·········· 69
　　4 구레시呉市 ·········· 72

5 히메지성姫路城 ··· 73
6 히메지시 부근의 신라인의 발자취 ············· 73
7 아와지시마淡路島, 이와지신 ·························· 74
8 아와지시마의 유래 ····································· 75
9 이자나기신궁伊弉諾神宮 ······························ 75
10 나루토 해협鳴門海峡 ································· 76

3. 도쿠시마德島 ·· 77
1 아와국阿波国 일본의 원형原型 ··················· 77
2 인베 또는 이무베忌部씨 ·························· 78
3 도쿠시마德島의 지형 ································· 79
4 도쿠시마의 역사 ······································ 79
5 중앙 구조선中央構造線 ······························ 82
6 오보케大歩危 ·· 83
7 가즈라교かずら橋 ······································ 84

4. 기타 지역 ··· 85
1 시코쿠 남부의 신사 ································· 85
2 에히메현愛媛県, 옛 이요국伊予国의 한반도 유물 ··· 85

Ⅱ. 기비吉備 ·· 87
1. 오카야마岡山 ·· 87
1 구라시키倉敷 ·· 87
2 기비 지방 ·· 89
3 기비吉備의 고대사 ····································· 89

2. 기비의 가야씨 ·· 97
1 시노 도시오志野敏夫의 시견試見 ··············· 97
[참고]: 재기才伎에 대하여 ························· 102
2 기비씨吉備氏에 관한 일본 역사서의 기록 ··· 103
3 기비씨와 가야賀陽씨 ······························ 104
4 기비씨족에 대한 연구 ···························· 105
5 기비아나국조吉備穴国造 ··························· 107
6 도요국豊国, 우사宇佐와 기비吉備 ············· 108
7 가야씨賀陽氏의 본관지 ···························· 109
8 가야씨 ·· 109
9 쓰쿠리야마作山 고분 ································ 111
10 쓰쿠리야마造山 고분 ······························ 112
11 고분 시대 전반기의 가야식 고분 ··········· 113

3. 기노조鬼の城 ·· 116
1 기노조의 축성 연대 ································· 119
2 우라 전설의 연대 ···································· 120
3 고분 시대 후기의 백제식 고분 ·············· 122

4. 우라温羅 ·· 124
1 모모타로 이야기 ······································ 124
2 기비쓰히코의 우라 퇴치 전설 ················ 124
3 야마타이국邪馬台国의 구노국狗奴国 정복과 우라 전설 ··· 128
4 도요국豊国과 우사宇佐와 기비吉備 ·········· 129
5 우라 전쟁에 관한 다른 기록 ················· 130

5. 기비쓰 신사古備津神社 ·· 132
　① 기비쓰 신사古備津神社 ··· 132
　② 우라는 살아 있다 ··· 136
　③ 우라에 관한 제설 ··· 138
　④ 기비쓰 신사古備津神社가 있는 나카야마中山 ··················· 139
　⑤ 고라쿠엔 ·· 140

6. 요시이강吉井川과 기비 지방의 신라 ·································· 143

7. 오카야마의 한반도 이주민 하타씨 ·································· 145
　하타하라 마을秦原の郷—고대 기비국古備国 발상지의 하나 ·············· 145

8. 기비 지방의 고구려 ·· 147

제2부 야먀토大和 지역의 이주민 역사 ··································· 149
Ⅲ. 나라, 아스카 ··· 158
1. 야마토 지역 고대사 ··· 158
　① 한반도의 상황 ·· 159
　② 최초의 이주 기록 ·· 160
　③ 야마토 역사의 세 갈래 ·· 162
　④ 일본 고대사에 대한 가설 ··· 163
　⑤ 역사 탐방 루트 ··· 164
　⑥ 나라 지역의 지형 ·· 164
　⑦ 나라평야 ·· 164
　⑧ 가와치평야 ··· 166
　⑨ 나라 지역 답사 여행 ·· 167
　⑩ 신무천황神武天皇과 가시하라橿原 ································ 168

2. 나라평야의 선주 이주민 ··· 170
　① 나라평야의 서북부 ··· 170
　② 나라평야의 동부 ·· 173
　③ 나라평야의 중앙부 ··· 180
　④ 나라평야의 북부 ·· 181

3. 아스카 지역의 집단 이주 역사 ·· 183
　1) 히노쿠마와 아스카 ··· 183
　　① 히노쿠마 ··· 183
　　② 히노쿠마 지역 유적 ·· 183
　　③ 백제계 아야漢씨족 ··· 186
　　④ 백제계 아야씨의 특색 ·· 187
　　⑤ 니이자와천총新澤千塚, 니이자와센쓰카 고분 ············· 188
　　⑥ 고분과 부장품 ·· 188
　　⑦ 선화천황릉宣化天皇陵 ··· 192
　　⑧ 다카마쓰 고분高松塚古墳 ······································ 192
　　⑨ 키토라 고분キトラ古墳 ··· 194

　2) 와카야마和歌山 지역의 집단 이주 역사 ························ 196
　　① 이와세천총岩橋千塚 ·· 197
　　② 이치젠 신사日前神社, 히노쿠마國懸 신사 ················· 198
　　③ 이타키소 신사伊太祁曽神社 ··································· 199

IV. 가와치河內 지역···202
  1. 가와치 ···202
    1 가와치의 고대 유적···202
    2 일본 고대사 속의 가와치 ··203
    3 신공황후···203
    4 응신천황···204
    5 가와치···206
    6 사카이堺···207
    7 모즈 고분군百舌鳥古墳群···208
    8 다이센 고분大仙古墳···208
    9 축조 시기와 피장자··209

  2. 가와치河內로 이주한 백제 왕족···213
    1 백제 왕가의 이주와 번영··213
    2 가와치 지방 백제계 왕가의 존재감·······································213
    3 진손왕 왕가의 고분··214
    4 선씨왕후묘지船氏王後墓誌···215
    5 후대의 고분··215
    6 진손왕 후손들의 절과 신사···215
    7 갈정사葛井寺···217
    8 야중사野中寺···218

  3. 후루이치藤井···221
    1 콘다고뵤우야마 고분譽田御廟山古墳, 응신천황릉·················221
    2 가와치의 가야···222
    3 가와치의 백제···223
    4 가와치의 고분에 대한 정리 ···223
    5 하비키노시羽曳野市···224
    6 야마토타케루日本武尊···224

  4. 가와치 북쪽···227
    1 가와치 3대 군집묘群集墓地···227
    2 횡혈식 석실橫穴式石室···228
    3 다카이다高井田古墳群(히라오야마 고분군의 일부)················229
    4 다카야스천총 고분군高安千塚古墳群····································229
    5 히라오야마 고분군平尾山古墳群···230
    6 야마하타 고분군山畑古墳群···231

  5. 왕릉의 계곡···233
    1 예복사···234
    2 소가우마코蘇我馬子의 고분···234
    3 성덕태자와 소가씨···234
    4 다케우치가도竹內街道···235
    5 이치스카 고분군一須賀古墳群···236
    6 기타 군집묘··237

  6. 센난泉南과 이즈미和泉···239
    1 서릉고분西陵古墳과 우도묘 고분宇度墓古墳···························239
    2 구메다가이부키야마 고분久米田貝吹山古墳····························240
    3 시노다천총 고분군信太千塚古墳群···241
    4 스에무라가마야토군陶邑窯蹟群···242
    5 스에키須惠器···242
    6 가마터窯跡···242

7. 아스카베 신사飛鳥戸神社, 곤지왕 신사昆支王神社 ················ 244
  1 곤지대왕昆支大王 ················ 244
  2 『일본서기日本書紀』의 기술 ················ 245
  3 『삼국사기』와 『삼국유사』의 기술 ················ 245
  4 곤지왕昆支王 ················ 246
  5 웅략천황과 곤지왕昆支王 ················ 247
  6 아스카베군安宿郡 ················ 249
  7 곤지왕 고분 추정 ················ 249
  8 아스카센스카飛鳥千塚 고분군 ················ 249
  9 아스카베 일대의 백제계 거주민 ················ 250
  10 백제 이주계의 고분 ················ 251
  11 곤지왕에 관한 필자의 의견 종합 ················ 252

8. 다이센 고분, 콘다야마 고분과 군집묘의 연대 ················ 256
  1 가와치의 군집묘 ················ 256
  2 가와치의 고분과 한반도의 관계 ················ 257

9. 가와치와 아스카가쓰라기산 동쪽의 고분들 ················ 258
  1 히라오까 고분군平岡西方古墳群 ················ 258
  2 셋코산 고분군石光山古墳群 ················ 259
  3 야마토의 탄생 ················ 260
  4 미와야마三輪山, 오오토모 大友 세력 ················ 260
  5 야마토 분지의 세력 변화 ················ 261
  6 야마토국의 발생 ················ 262
  7 소가蘇我씨의 계통 ················ 263
  8 아야씨의 특색 ················ 267
  9 고대 일본의 왕조 소개 ················ 269
  10 삼왕조 교체설三王朝交替說 ················ 269
  11 중앙정권ャマト政権의 탄생 ················ 270

V. 아스카 시대飛鳥時代 ················ 272
  1 아스카 시대 ················ 273
  2 아스카 제3왕조의 시작 ················ 273
  3 소가씨 ················ 275
  4 후지노키 고분藤ノ木古墳 답사 ················ 276
  5 사천왕사四天王寺 ················ 278
  6 『일본서기』에 보이는 창건의 경위 ················ 278
  7 창건에 관한 이설異說 ················ 279
  8 법륭사法隆寺 ················ 280
  [참고]: 성덕태자聖德太子, 쇼토쿠태자 ················ 283
  9 백제사지百済寺址 ················ 285
  10 백제대사百済大寺 ················ 286
  11 아스카飛鳥의 어원 ················ 286
  12 을사의 변乙巳の變 ················ 287
  13 백촌강白村江 전투 ················ 288
  14 백촌강白村江 전투 전후의 일본 천황 ················ 289
  15 임신의 난壬申の乱 ················ 289
  16 일본국의 탄생700년경 ················ 290
  17 『일본서기』, 『고사기』 ················ 290
  18 『일본서기』 역사 편찬 절대 원칙 ················ 290
  19 후지와라노 후히토藤原不比等 ················ 291
  20 답사 ················ 293
  21 단잔 신사談山神社 ················ 293

　　22 이시부타이 고분石舞台古墳 294
　　23 아스카데라飛鳥寺 295

Ⅵ. 일본국의 탄생 296
　1 천무천황天武天皇 296
　2 나라 시대 297
　3 정치사 298
　4 신라와의 관계 300
　5 신라 왕자 김태렴 301
　6 헤이안 시대를 연 간무천황 301
　7 간무천황 대표적 치세 302
　8 동대사東大寺, 도다이지 302
　9 창건과 대불 조립 303
　10 이월당二月堂, 니가쯔도 304
　11 도다이지의 신, 가라쿠니韓国 신사 305
　12 행기당行基堂, 교키도 306
　13 카스카대사春日大社 308
　14 행기行基 308
　15 가원사家原寺 310
　15 백제의 신神 311
　17 일본 천황가의 백제 인식 315
　18 일본 소수학자들의 한반도 이주민에 대한 인식 316
　19 그 후의 일본 역사 316

제3부 교토와 주변 지역의 한반도 이주민 역사 319
　1 하타씨 320
　2 교토山城, 야마시로는 하타씨의 나라秦の国 321
　3 오미 상인近江商人 322
　4 일본식 불교 322
　5 교토 주변 지역 324

Ⅶ. 교토京都 326
　1. 교토京都와 한반도 이주민 326
　　1 가모 신사下鴨神社 326
　　2 선주 이주민 327
　　3 이주민 씨족의 신사들 334
　　4 도게츠교渡月橋 338
　　5 천룡사天龍寺, 덴류지 338
　　6 호쓰강 배타고 내려가기保津川下り 339
　　7 우지宇治와 교토 남부 339
　　8 평등원平等院 340
　　9 우지강宇治川 342
　　10 흥성사興聖寺 343
　　11 다이고지醍醐寺 344
　　12 가니만지蟹満寺 345
　　13 동조석가여래좌상銅造釈迦如来坐像 347

　2. 교토京都의 사찰 348
　　1 서방사西芳寺 고케데라苔の寺, 이끼절 348
　　2 켄닌지建仁寺 349
　　3 묘신지妙心寺 350

　　4 난젠지南禪寺 ································ 351
　　5 대덕사 고동원高桐院 ················ 352
　　6 고류지廣隆寺 ···························· 353
　　7 대각사大覺寺 ···························· 354

3. 교토 이야기 ································· 355
　　1 교토 북쪽 다카오산高雄山과 신호사神護寺, 신호사 ··· 355
　　2 기요타키강淸瀧川과 가와도코요리川床料理 ·· 359
　　3 게이샤芸者 게이코芸子 ··········· 360
　　4 교토의 근세사 ······················· 362

4. 교토의 일본 불교 ························ 363
　　1 오하라大原 산젠인三千院 ········· 363
　　2 히에이잔比叡山 ······················· 364
　　3 엔랴쿠지延曆寺 ······················· 364
　　4 사이초最澄 천태종天台宗 ·········· 365
　　5 히에이잔의 발전 ···················· 367
　　6 엔랴쿠지의 무장화 ················ 367

VIII. 교토 주변 지역 ·························· 369
1. 나고야, 미에, 시가 ······················ 369
　　1 나고야名古屋 ··························· 369
　　2 이세 신궁이세 신궁, 伊勢神宮 ··· 370
　　3 이세 신궁의 고분 ·················· 372
　　4 한신산韓神山 ························· 373
　　5 이세 신궁伊勢神宮의 역사 ······· 373
　　6 해인족 와타라이씨와 이소미야磯宮 ··· 374
　　7 대해인황자大海人皇子 ············ 375
　　8 한韓半島 발상發祥의 야마토족大和族 ··· 376
　　9 해인족과 나라낳기 신화 ········ 377
　　10 이세만 해인족海人族의 계보 ·· 377
　　11 도바 전망대鳥羽展望台 ·········· 381
　　12 누오토이와夫婦岩 ·················· 381
　　13 마쓰자카규松坂牛 ·················· 381
　　14 가야加羅라 불렸던 이가국伊賀國 ··· 382
　　15 닌자忍者 ································· 382
　　16 핫토리服部씨 ························· 384

2. 오미近江 ···································· 386
　　1 석산사石山寺, 이시야마데라 ···· 387
　　2 세타가라하시唐橋 ·················· 387
　　3 미이사三井寺, 또는 온죠사園城寺 ··· 388
　　4 아노슈穴太衆 ························· 388
　　5 오미 신궁近江神宮 ················· 389
　　6 시라히게 신사白鬚神社 ·········· 389
　　7 가모이나리야마 고분鴨稻荷山古墳 ··· 389
　　8 오미의 역사 ························· 390

3. 기후岐阜 ·································· 393
　　1 기후岐阜, 미노美濃 ················· 393
　　2 오리베織部, Oribe 도자기 ······ 393
　　3 다카야마高山 ························· 394
　　4 히다飛驒 ······························ 394

차례 15

⑤ 기소가도水曾街道 ······ 395
⑥ 온타케산御嶽山 ······ 395
⑦ 온타케 수험도御嶽驗道 ······ 397
⑧ 나카센도中山道 ······ 399
⑨ 쓰마고주쿠妻籠宿 ······ 400
⑩ 마고메주쿠馬籠宿 ······ 400

제4부 규슈로 건너간 한반도 이주민의 역사 ······ 401
  IX. 북부 규슈 ······ 408
  1. 초기 도래인 유적 ······ 410
    ① 하라노쓰지原の辻 유적 ······ 411
    ② 나다다케灘瀨 유적 ······ 412
    ③ 마가리다曲り田 유적 ······ 412
    ④ 요시다케吉武 유적 ······ 412
    ⑤ 이타즈케板付 유적 ······ 413
    ⑥ 스쿠오카모토須玖岡本 유적 ······ 414
    ⑦ 니시진西新 유적 ······ 415
    ⑧ 시토지석묘군志登支石墓群 ······ 417
    ⑨ 이마가와 유적今川遺跡 ······ 417
    ⑩ 옹관묘 ······ 419

  2. 이주민 집단 ······ 421
    ① 히미코卑彌乎 집단 ······ 421
    ② 천일창, 아메노히보코天日矛 집단 ······ 421
    ③ 무나카타宗像 집단 ······ 421
    ④ 마한–백제계 집단 ······ 422

  3. 조선식 산성朝鮮式山城, 한반도계 지명과 신사 ······ 424
    ① 이토怡土 산성 ······ 425
    ② 라이산雷山 산성 ······ 426
    ③ 이토시마系島 반도의 가야계 지명 ······ 428
    ④ 후쿠오카평야의 가야계 지명 ······ 429
    ⑤ 치쿠젠 아라히토 신사現人神社 ······ 430

  4. 백제계 진출의 역사 ······ 432

  5. 중세中世의 역사 ······ 435
    ① 요부코呼子 ······ 435
    ② 나고야성名護屋城 ······ 436
    ③ 규슈에서 본 임진왜란 ······ 437
    ④ 마쓰우라당松浦党 왜구 ······ 437

  6. 무나카타宗像 ······ 439
    ① 무나카타대사宗像大社 ······ 439
    ② 지명 ······ 443
    ③ 심바루–누야마新原–奴山 고분군 ······ 444
    ④ 무나카타신 ······ 446
    ⑤ 무나카타의 신라 ······ 447

X. 동북 규슈─비젠 ·· 449
　1. 도요국俀國 ·· 449
　　1 고사류원古事類苑 ··· 450
　　2 수서 왜국전隋書倭國 ·· 452

　2. 다가와田川의 신사 ·· 454
　　1 가와라 신사香春神社 ·· 454
　　2 고미야하치만궁古宮八幡宮 ······························· 457
　　3 다가와 아라히토신사田川 現人神社 ················· 458

　3. 부젠 지역의 고분 ·· 460
　　1 고쇼야마 고분御所山古墳 ································· 460
　　2 이시쓰카야마 고분石塚山古墳 ························· 460
　　3 쇼야쓰카王塚乡 고분 ······································· 461
　　4 이나도 고분군稲童古墳群 ································· 462
　　5 구로베 고분군黒部古墳群 ································· 462
　　6 구로미네오 고분군黒峰尾古墳群 ···················· 463
　　7 히라하라횡혈묘군平原横穴墓群 ······················ 463
　　8 아나가하야마 고분穴ヶ葉山古墳 ···················· 464

　4. 우사 신궁宇佐神宮 ·· 466
　　1 우사 신궁과 신라신 ·· 468
　　2 우사 신궁의 역사 ··· 469
　　3 우사 신궁의 건축물 ·· 478
　　4 하야토隼人와 교우슈쓰카고분京首塚古墳 ········ 478

　5. 부젠 지역의 조선식 산성 ·································· 479
　　1 가게노마신롱석鹿毛馬神籠石 ·························· 479
　　2 고쇼가다니산성御所ヶ谷山城 ·························· 480
　　3 도노하루산성唐原山城 흔적 ···························· 481

　6. 주민의 성씨 ··· 483

　7. 히메의 섬, 히메시마姫島 ···································· 484

XI. 남부 규슈～미야자키, 구마모토 ······················ 486
　1. 미야자키 지방 ·· 486
　　1 사이토바루 고분군西都原古墳群 ···················· 486
　　2 대표 고분들 ·· 488
　　3 출토된 국보와 문화재 ···································· 489
　　4 피장자에 관한 연구 ·· 490
　　5 학술 조사 ··· 492

　2. 히무카日向, 휴가 지방 ·· 494

　3. 사가佐賀, 구마모토熊本 ······································ 500
　　1 야베 고분군八女古墳群 ··································· 502
　　2 이와이의 난磐井の乱 ······································ 503
　　3 쓰쿠시노키미 이와이筑紫君磐井 ···················· 505
　　4 이와이磐井의 묘와 신사 ································· 507
　　5 도난잔津男山 고분 ··· 508
　　6 에다후나야마 고분江田船山古墳 ···················· 508
　　7 이와바루 고분군岩原古墳群 ··························· 513

⑧ 장식 고분裝飾, 쇼쇼쿠, 古墳 ·················· 514
⑨ 찌푸산 고분チブサン 古墳 ·················· 515
⑩ 구마모토성熊本城 ·················· 517
⑪ 후나쓰까 고분船塚 古墳 ·················· 518

4. 아리타有田와 이마리伊万里 ·················· 520
　① 아리타와 이마리 ·················· 520
　② 이삼평李參平 ·················· 522
5. 규슈 중서부의 백제白濟 ·················· 526
　① 고분 ·················· 528
　② 고분의 구조 ·················· 528
　③ 부장품 ·················· 528
　④ 익산 입점리 고분 ·················· 529
　⑤ 한반도와의 관계 ·················· 530
　⑥ 고마의 조선식 산성 ·················· 530
　⑦ 하남의 이성산성二聖山城과 구마모토의 기쿠지성鞠智城 ·················· 531

6. 야쓰시로八代 지역 ·················· 533

7. 천손강림신화天孫降臨神話 ·················· 535
　① 일본 신화의 성격 ·················· 535
　② 일본 신화의 내용 ·················· 536

XⅡ. 오키나와와 대마도対馬島 ·················· 541
1. 오키나와沖繩 ·················· 541
　① 류큐 왕국의 역사 ·················· 542
　② 우산국芋山國 주민의 이주설 ·················· 544
　③ 삼별초의 오키나와 이동설 ·················· 545
　④ 이시가키섬石垣島 ·················· 546
　⑤ 홍길동과 하테루마波照間섬 ·················· 547
　⑥ 류큐 왕국의 고대유적, 오키나와의 성림聖林, 온御嶽 ·················· 549

2. 대마도対馬島 ·················· 552
　① 에보시타케 전망대烏帽子展望台 ·················· 552
　② 와타쓰미 신사和多都美神社 ·················· 553
　③ 가미자카공원上見坂公園 ·················· 554
　④ 대마도에 숨어 있는 이야기 ·················· 555

[에필로그] 천년에 걸친 일본 열도 이주 개척사 ·················· 568
　① 집단 이주의 증거 스에키 ·················· 569
　② 원주민 ·················· 572
　③ 고구려계 ·················· 572
　④ 일본의 고대사 ·················· 572
　⑤ 일본인 ·················· 573

주석 ·················· 577

참고 문헌 ·················· 583

Summary

It's an old story around the Korea Peninsula and the Japanese Islands. Time span is for a thousand years from the 3rd century BC to the 7th century AD.

Migrants began to move from the Korean Peninsula to the Japanese archipelago. The northern coast of Kyushu, and the Izumo area, north of the main island, where were easily connected by the sea route with the southern part of the Korean Peninsula, were where they first settled. The size of the migrants was insignificant in the early days, but the next group of migrants was larger and more powerful. Migrants also began to move from the areas where they first settled and expanded their residence to the east of the main island. Beginning from the 3rd and 4th centuries, more powerful forces on the Korean Peninsula began to migrate in organized groups, forming forces in the Kawachi—Asuka—Nara region.

On the other hand, power changes between groups also took place within the Korean Peninsula, and this change also affected migrant forces who migrated to the Japanese archipelago.

By the 7th century, a major power change occurred on the Korean Peninsula, and migrants in the Japanese archipelago had no choice but to liquidate their relationship with their home country and establish new independent governance.

In the midst of this, independent historical records of migrant forces were made. This record thoroughly hided migrants' origins on the Korean Peninsula and made it as if they started all of their history in the Japanese archipelago.

I started to study the hidden and distorted parts of the recording history after discovering a number of evidence against this distorted record. The study chose to find, interpret, and connect the stories of migrants hidden in ancient tombs, shrines, ancient ruins, and mountain fortresses scattered in the Japanese archipelago. These are all left by migrants according to my best assumption. Relics and place names, which doesn't change over time, were also used as auxiliary data. Research by Japanese historians in Japan was also used a lot.

감사 인사말

바쁘신 중에도 흔쾌히 원고의 검토와 교정을 맡아 주신 시인 신경희 님, 친구 김동주 님, 정헌탁 님 그리고 시촌 김동락 님, 이재범 님 제위께 감사 말씀을 드립니다.

답사 여행에 동참해 주신 최병구 님, 김춘경 님, 박문광 님, 이재범 님, 원활한 이동을 위해 애써 주신 김학준 작가님께도 감사드립니다.

책의 출간을 끊임없이 응원해 주신 친구들 곽수근 교수, 조성남 관장, 박상수 교수, 정윤재 교수, 곽신환 교수, 안성호 박사 그리고 백제문화연구회의 한종섭 회장님과 차옥덕 박사님께 감사의 말씀을 남깁니다.

든든한 동반자인 후원회의 임종석 님, 김정열 님, 이재범 님, 김춘경 님과 서창열 작가님의 이름을 남깁니다.

후원해 주신 영우회원과 향토답사회원 일동, 박종복 행장님, 김보균 회장, 곽수근 교수, 조철희 기자께 특별한 감사 말씀을 드립니다.

항상 응원을 아끼지 않은 친구들, 전경배, 서승봉, 정헌탁, 주상룡, 박용립, 이효범, 밴드에 따뜻한 댓글을 달아준 이병창, 박주원, 정재근, 표찬영, 강영배, 최우원 친구, 항상 관심을 가져 주신 시촌 김동락 님 및 이상섭 친구와 아드님, 손광기 친구와 부인께 감사의 말씀을 전합니다.

가족으로 옆에서 지켜 보며 응원해 준 김선숙 님, 임종화 님, 김미숙 님, 여상균 님, 김문자 님, 차영신 님, 미국에서 응원하는 아들 부부 이우수와 문민영, 손자 승우(Jayden)에게도 고마움을 전합니다.

여러 가지 어려움을 극복하고 품격 있는 책으로 출간해 주신 미문사 김종욱 대표님과 고생하신 선종규 실장님 및 편집자 제위께 감사드립니다.

마지막으로 역사 기행의 파트너로서, 필자의 글을 항상 처음 검토하는 사람으로서, 기억을 되새겨 주는 사람으로서, 지리한 집필과 편집 과정을 끝까지 지켜보고 응원하고 염려하며 옆에서 함께해 준 아내 김진숙 님에게 깊은 감사의 마음을 전합니다.

필자 이 재 일

필자는 기원전 3세기부터 기원후 7세기까지 약 천 년간 한반도로부터의 이주민_{일본에서는 도래인이라 칭함}들이 일본 열도에 남긴 흔적을 찾아다니며 일본의 고대사에서 차지하는 한반도 이주민들의 주도적 역할을 확인하는 노력을 계속해 왔다.

1권 『해밑섬, 일본을 걷다』에서는 도쿄평야에서 시작하여 야마나시와 나가노 지역에 남아 있는 가야, 신라와 고구려로부터 건너간 이주민들의 흔적을 답사하였다. 답사는 혼슈의 북쪽 해안을 따라가며 계속되었다. 혼슈 동북쪽으로는 나가노 북쪽에 있는 조에쓰로부터 시작하여 니이가타, 아키타, 아오모리 및 홋카이도까지 둘러보고 서쪽으로는 노토반도, 후쿠이, 쓰루가, 미야즈, 이즈시 및 이즈모까지 둘러보았다.

2권 『한반도 이주민의 일본 열도 개척사』에서는 『해밑섬, 일본을 걷다』에서 다루지 않은 일본 전역에 대한 고대사 역사 기행을 다루었다. 우선 시코쿠에서 시작하여 오카야마_{옛지명 기비}로 들어간다. 이 지역은 우리에게 잘 알려지지 않은 곳이지만 이 지역 역시 한반도 이주민의 역사가 가득 찬 곳이다. 물론 한반도와 일본의 고대사를 이야기하면 먼저 떠오르는 백제의 이야기는 아직 아니다. 선주 이주민인 가야와 신라의 이야기다.

여기서 가야와 신라라고 이야기하지만 실은 가야계 '아야씨 및 가야씨'와 신라계 '하타씨'의 이야기다. 가야계, 신라계라고 부르지만 이들의 출신지가 정확히 어느 곳이었는지도 모른다. 또한 아야씨, 하타씨라 하더라도 출신지가 꼭 가야나 신라가 아니고 아야씨, 가야씨, 하타씨와 어울려 살던 사람들도 포함한다. 따라서 같은 하타씨라 하더라도 신라계 하타씨, 가야계 하타씨 그리고 백제계 하타씨도 있을 수 있다. '하타'는 우리말 '바다'를 뜻한다고 한다. 이런 의미에서 보면 하타씨란 바다를 건너온 한반도 이주민들의 통칭일 수도 있다.

이들이 일반적으로 가야, 신라의 풍습을 따르기 때문에 가야, 신라 출신이라는 것을 알 수 있다. 중요한 것은 매장 풍습과 유물의 특색으로 고분에서 나오는 집단 특유의 관, 묘실의 형태 그리고 유물이다. 또 하나는 조상 숭배 신앙이다. 일본에는 신사神社에 이주민 집단의 자취가 그대로 남아 있다. 집단이 이동할 때는 자기들이 모시는 신祖上神도 같이 이동한다. 일본 신사에 모셔지고 있는 신에는 자연신도 있지만 조상신이 대부분이다. 일본 전역에 퍼져 있는 동일 신사의 궤적을 추적하면 그 집단의 이동 경로를 알 수 있다.

다른 하나는 일본 열도에 남아 있는 한반도 지명이다. 사람들은 이주하면서도 지명을 가지고 움직이는 특성이 있는데 재미있게도 지명은 잘 바뀌지 않는다千年에 10%. 그래서 지명은 시간의 화석이라고 한다.

마지막으로 일본 사서와 지방의 역사 기록인 풍토기, 신사의 연기緣起, 신화 및 전설에 남아 있는 희미한 역사 기록이 있다.

시코쿠에는 아야씨와 하타씨의 이주 역사가 남아 있다. 시코쿠의 아야씨와 야마토 아스카 지역의 가야계 성씨인 아야씨의 관계는 명확하지 않지만 일본 열도 내에서의 이동 루트九州 또는 이즈모가 다르거나 정착 연대가 다를 가능성이 있다.

오카야마吉備, 기비 지역에는 하타씨의 흔적이 광범위한 범위에 걸쳐 희미하게 남아 있다. 반면 이 지역은 주로 아야씨와는 다른 가야계 가야씨의 활동 무대였던 것으로 보인다. 이 지역은 일본 사서에 기록된 주류 역사에서는 벗어나 있었지만 일찍이 유력한 세력이 형성되어 있었다. 후에 일본 열도의 중심 세력이 된 후발 이주민인 백제계 세력이 형성되기 이전이다. 이러한 유추는 이 지역에 남아 있는 두 개의 대규모 고분인 쓰쿠리야마 고분_{작산 고분과 조산 고분}을 통해서 알 수 있는데 이 고분들은 가와치평야의 대형 고분들보다 연대가 앞선다.

기비의 가야씨 세력이 중앙 세력과 맞서 싸우는 과정은 이 지역의 전설인 모모타로' 이야기에 잘 반영되어 있다. 기노조라는 성에 살고 있던 우라라는 도깨비인 모모타로를 천황이 보낸 기비츠 히코라는 인물이 싸워 이긴다는 내용이다. 여기서 '우라'는 가야계 세력이고, '기비츠히코'는 중앙 세력으로 본다. 이 전쟁에서 패하여 우라는 죽지만 기비츠 신사에서는 지금도 매일 우라에게 제사를 지낸다. 이 지역의 원주민인 가야계 주민들을 위무하기 위한 수단인 듯하다. 기노조, 쓰쿠리야마 고분과 기비쓰 신사를 답사한다.

이어서 일본 고대사의 중심지인 나라평야로 들어간다. 일본국의 발상지로 알려진 아스카 지역을 답사하며 선주 이주민인 가야계 이주민과 백제로부터의 집단 이민의 역사를 알아본다.

이와 더불어 백제 이주민이 들어오기 전에 이 지역에 이미 세력을 형성하고 있던 선주 이주민인 가야계와 신라계 세력의 고분과 유적을 답사한다.

또한 이제까지는 잘 알려져 있지 않던 가와치 지방의 고대사를 살펴보며 백제계 집단이 어떻게 세력을 형성하여 어떤 과정을 거쳐 나라 지역의 구세력을 압도하였는지 유추해 본다.

가와치 출신으로 아스카 아야씨들의 후원을 받아 세력을 잡은 백제계 소가씨는 약 백 년간 나라 지역을 통치하는데 당시 이 지역에는 백제 문화가 번성한다. 이 시기를 아스카 시대라고 한다. 백제의 영향이 다분한 유적들을 답사한다.

소가씨 세력은 철권정치를 하다 다른 백제계 세력에게 쫓겨난다. 그리고 이들 백제계 세력의 본국인 한반도의 백제가 멸망한다. 본국의 부흥을 위해 백제를 지원하다 실패한 천황가에서 내전이 일어나고 결국 신라계의 지원을 받은 백제계 천황이 들어서며 새로운 일본국이 생긴다. 백제계와 신라계는 힘을 합쳐 일본국을 세우는 데 서로 협조하여 동대사의 철불을 만든다.

나라 지역의 답사에 이어 교토와 인근 지역에 남아 있는 한반도 이주민의 흔적을 찾아간다. 교토의 아라시야마에 자리 잡은 한반도 이주민 하타씨는 교토를 비옥한 평야지대로 개조한다. 교토 지역에 있는 하타씨의 유적들인 마쓰오다이샤, 고류지, 가모 신사와 후지미이나리 신사를 답사하며 하타씨의 족적을 살펴본다.

교토 지역에서 발생한 일본식 불교와 대규모 사찰에 대해서는 고대사와 관계없이 설명을 추가한다.

교토 외곽 지역인 오미도 고대사에 있어서 중요한 지역이다. 가야와 신라계 세력이 일찍이 터를 잡았던 지역으로 663년 백촌강 전투에서 백제 부흥군과 일본 지원군의 연합 세력이 패하자 많은 백제 유민들이 이주해 들어온 지역이다.

일본 천황가의 종묘로 아마테라스오미가미를 모시는 이세 신궁을 방문하며 그 기원과 배경을 알아본다.

역사 탐방의 마지막 부분은 규슈다. 한반도 이주민들이 처음 일본 열도에 발을 들여놓은 곳이다. 초기 이주민의 족적은 대마도와 이키섬 그리고 규슈 북쪽 해안 지역에 남아 있다. 하라노쓰지 유적, 나다 다케 유적, 마가리다 유적, 이타즈케 유적, 니시진 유적, 사토지석묘군, 요시다케 유적, 스쿠오카모토 유적과 무나카타의 이마가와 유적 등으로 이들은 야요이 유적으로도 불린다. 이 중 이타즈케 유적, 스쿠오카모토 유적, 이토반도의 사토지석묘군과 무나카타시의 이마가와 유적의 출토물을 보존하고 있는 카메리아스테지 역사 자료관을 답사한다. 유네스코 세계문화유산으로 지정되어 있는 심바주-누야마 고분군과 무나카타 대사를 답사하며 초기 이주민들과 그들을 배로 실어 나르던 해인족에 대해 생각해 본다. 후쿠오카 북쪽 해변에서 발굴되는 많은 옹관묘는 집단 옹관묘인 나주의 반남고분군을 연상하게 하는데 혹시 '마한'의 유적이 아닐까 생각해 본다.

후쿠오카 남쪽에 있는 아라히토 신사의 연기에서 한반도와 일본 열도 사이의 바다에서 활동하며 한반도 이주민과 함께했던 해인족의 존재에 대해서 생각해 본다. 무나카타 신사의 연기에서도 무나카타 세 여신의 출신지가 한반도와 일본 열도 사이의 섬과 바다였음을 상기하면서 한반도 이주가 진행될 당시 바다에서 활약했던 이들의 실재에 대해서 생각해 본다.

이 지역에 정착했던 초기 이주민들은 동쪽으로 이동하기 시작한다. 그들은 동북 규슈 지역에 도요국豊国이라는 나라를 만든다. 다가와시의 가와라에 있는 신사인 가와라 신사, 고궁하치만 신사와 아라히토 신사를 방문하여 그들의 역사를 찾아본다. 도요국의 일부였던 부젠 지역에 있는 대규모 고분인 이시쓰카야마 고분과 기타 고분의 부장품을 살펴보며 가야의 흔적을 알아본다.

이 지역의 조선식 산성인 가게노우마산성과 고쇼가타니산성을 방문하여 역사적 배경을 확인한다. 부젠 남쪽에 있는 우사 신궁宇佐神宮은 일본 3대 신사의 하나로 천황가 '제2의 종묘'다. '미혹의 4세기' 인물들인 응신천황応神天皇과 신공황후神功皇后, 신궁황후로 가려진 이 신사의 기원과 역사에 대하여 알아본다.

미야자키 북쪽에 있는 사이토바루 고분군을 답사하며 이 지역의 고대사를 알아본다. 일본 신화의 중심으로 되어 있는 이 지역과의 관련성도 살펴본다.

후쿠오카시 남부의 구루메시久留米市와 야메시八女市에 있는 신사와 고분을 둘러본다. 야메시에 있는 신라계 이와이의 고분을 보면서 이와이의 난 당시527년 이 지역의 고대사적 상황을 음미해 본다. 마지막으로 다마나시의 에도후네야마 고분에서 백제의 숨결을 느껴 보고 기쿠치강과 구마모토 일대에 있는 고분을 답사한다. 장식 고분을 답사하며 부여계 문화와의 관계를 생각해 본다.

끝으로 오키나와와 대마도에 숨어 있는 이야기도 알아 본다. 이상이 이 책의 내용이다. 이로써 고분, 유물, 신사, 전설, 지명 등에 집중하며 펼쳤던 답사 기행을 마친다.

한반도인의 일본 열도 이주의 증거

1. 고분

이주민들이 남긴 흔적 중 필자가 특히 고분에 집중하는 이유에 대해서 설명한다. 고분을 만든 것은 일본 열도의 원주민인 조몬인이 아니라 한반도 이주민(도래인)이다.

한반도와 일본 열도의 고분을 비교해 본다. 우선 백제, 신라, 가야 고분의 부장품의 수준은 일본의 것과 비교할 수 없을 정도로 고급이다. 히라야마 이쿠오(平山郁夫)는 "다카마쓰총 고분은 고구려 고분과 비교하면 축소판에 불과하고, 벽화는 고구려 벽화와 비교하면 한반도의 모조품일 것"이라고 말한다.

고분과 이주민 집단이 정착한 지역의 관계다. 한 예로 아스카에 있는 석무대 고분의 석실 크기는 일본 최대 규모다. 이 고분은 한반도 도래인으로 보이는 소가씨의 조상인 소가노 우마코(蘇我馬子)의 무덤으로 알려져 있다. 『속일본기』에 따르면 석무대 고분이 있는 아스카 지방 주민의 80~90%가 도래인이었다고 하니 고분과 도래인의 관계를 알 수 있다. 일본의 고분 축조는 3세기 후반에 한반도 이주민에 의해 시작되어 백제계에 의해 형성된 야마토 정권 시대인 7세기경까지 이어졌다.

고분 시대(3세기 중반에서 7세기 말) 일본 열도 주민의 대부분이 한반도 이주민(도래인)이었으니 고분을 만든 사람들도 당연히 한반도 이주민이었던 셈이다. 일본 열도의 원주민들이 한반도의 고분을 따라하거나 축조 방법을 배워서 만든 것이 아니라 이주민_{渡来人} 자신이 만든 것이다.

다만, 일본 열도에 남아 있는 고분들은 한반도의 고분들과 비교하여 두 가지 특색이 있다.

하나는 겉모양으로 전방후원분이라고 부르는 고분이 많다는 점이다. 후원부에 묘실이 있고 전방부는 제단이 발전한 것으로 보인다. 매장 시설인 묘실이나 관 등은 한반도의 것과 다르지 않다. 이 분묘의 초기 형태인 가리비형 무덤을 보면 전방부가 길지 않으나 시간이 지나면서 길이가 길어졌다. 일본에서는 전방후원분이 주구묘_{周溝墓}에서 나온 것이라고 한다. 주구묘란 매장 주체부를 중심으로 그 둘레에 도랑을 굴착한 형태의 분묘다. 우리나라 서해안 일원을 중심으로 초기 철기 시대 및 삼한 시대 분묘의 특징을 강하게 나타내는 무덤 양식이다. 한반도에서 주구묘가 광범위하게 발굴되자 전방후원분이 일본 고유의 무덤 양식이라는 주장은 힘을 잃었다.

또 하나는 크기다. 한반도에서 제일 큰 원분_{둥근무덤}은 경주 봉황대 고분으로 직경 82m, 높이가 22m이다. 경주 황남대총은 쌍봉분으로 길이가 120m이며 높이가 23m이다. 한편 일본 열도에서 제일 큰 원분은 4세기 후반에 조성된 나라시에 있는 토미오마루야마 고분_{富雄丸山古墳}으로 직경 109m에 높이 10m이다. 이렇게 비교하면 큰 차이가 없다.

그러나 일본 열도에 있는 초대형 전방후원 고분들과 비교하면 큰 차이가 있다. 일본 열도에는 200m 이상의 고분이 36기이고 100m 이상의 고분은 300기에 달한다. 일본 열도 최대의 다이센 고분은 후원부 249m에 높이 35.8m, 두 번째인 곤다야마 고분_{誉田山古墳}은 후원부 250m에 높이 35m, 네 번째인 기비의 쓰쿠리야마 고분은 후원부 250m에 높이 27~32.5m로 한반도의 대형 원분들과 원분부만 비교해도 두 배 이상 크다.

고분들이 일본 열도로 가면서 대형화된 이유는 기본적으로 신개척지의 경제 여건이 넓은 토지에 인구가 적고 가지고 온 높은 기술을 바탕으로 한반도보다 생산량이 많았기 때문으로 보인다. 또한 초대형 고분은 개척 기념비적인 성격도 있다고 본다. 특히 이러한 현상은 후발 이주민들의 고분에서 더욱 뚜렷이 나타난다.

1 백제계 횡혈식 석실분橫穴式石室墳

백제의 대표적인 고분의 묘실 형식이 횡혈식 석실분橫穴式石室墳이다. 6세기에 이르러 각지에서 소형 고분이 폭발적으로 축조되면서 매장 시설로 횡혈식 석실이 채택되었다. 필자는 이러한 현상을 6세기 이후 백제계 이주민 세력의 일본 열도에서의 영향력 증대에 있다고 본다.

횡혈식 석실은 고구려에서 시작하여 백제로 건너와 대표적인 묘실 형태로 자리 잡았다. 석재로 쌓아 올린 방의 벽에 외부와의 출입문을 설치하고 관을 안치하는 현실과 통로에 해당하는 연도가 설치되어 있다. 추장과 합장追葬, 合葬 등 수차에 걸친 매장이 가능한 묘제이다. 이 무덤이 4세기 후반부터 시작되어 말엽이 되면서 일본 열도에서 축조되었다.

일본 열도에서는 6세기 이후 고분의 대표적인 매장 시설이 되었으며, 가족 등 여러 인물이 같은 석실에 매장되게 되었다. 기존의 가야식 수혈식 석실竪穴式石室이 고분 축조와 병행하여 매장이나 장송 의례를 한 반면에 횡혈식 석실에서는 먼저 고분을 축조한 후에 석실로 가는 통로를 굴착하여 이 묘도나 연도를 이용하여 관을 반입하거나 사망자를 매장한다. 횡혈식 석실은 죽은 사람의 생활 공간으로도 인식되어 스에키 등의 생활 용구도 부장하였다.

2 횡혈식 석실의 변천

① 횡혈식 석실의 시작

일본 열도에서 최초의 횡혈식 석실은 4세기 말에서 5세기 초의 북부 규슈에서 찾아볼 수 있다. 형태도 북부 규슈형, 히고北後型형, 수혈계 횡구식 석실北部九州型, 肥後型, 竪穴系橫口式石 등의 차이가 있다. 초기 백제계 이주민들이 규슈 북부와 구마모토 지역으로도 이동하였음을 암시한다.

[그림 1] 횡혈식 석실

② 규슈 지방에 횡혈식 정착

5세기 중엽 규슈 지방의 횡혈식 석실은 중심적인 매장 시설로 자리 잡았다. 이 무렵의 긴키 지방은 아직 가야식 수혈식 석실이나 점토곽이 주를 이루었다. 이러한 규슈의 횡혈식 석실 도입 양상은 한반도와의 지리적 근접성과 백제계 이주민의 이동 경로를 배경으로 한다.

③ 긴키 지방 및 타 지역으로 확산

5세기 중반 이후에는 긴키와 주변 지역에서 횡혈식 석실을 볼 수 있게 된다.

> 예 와카야마현 기노가와강 하류 지역의 암교형 석실岩橋型石室, 오사카부 사카이시 토오츠카 고분塔塚古墳, 히가 시오사카시 시바야마 고분芝山古墳 등

백제계의 초기 이주 지역인 와카야마의 기노강, 사카이시가와치 서쪽 해안, 히가시 오사카가와치 북쪽으로 옛 가와치 호숫가 등에 초기 횡혈식 석실분이 나타난다. 다만 이러한 횡혈식 석실은 6세기 이후 긴키 지방에서 성행하는 석실과는 모양이 같지 않다. 이러한 현상은 백제에서도 나타나는데 이는 백제식 석실묘의 발전 과정을 보여주는 것이다.

④ 우편수식 횡혈식 석실 발전

5세기 말에서 6세기 초, 긴키 지방에는 규슈식에서 변하여 작은 석재를 쌓아 구축하고, 연도가 현실의 왼쪽으로 나 있는 우편수식 횡혈식 석실右片袖式橫穴式石室이 나타났다.

> 예 오사카부 후지이데라시 후지노모리 고분藤の森古墳, 5세기 후반, 가시 와바라시 다카이다 산 고분高井田山古墳, 5세기 말, 나라현 히라군초 쓰바키, 이노미야마즈카 고분椿井宮山塚古墳

현실의 지붕은 튼튼하게 지탱된 돔 모양 또는 돔 모양과 유사한 천정 구조_{天井構造}로 되어 있다.

드디어 횡혈식 석실분이 아스카와 나라에 진출한다.

⑤ 횡혈식의 광범위한 채택 6세기 전반

㉠ 호족이나 수장 계급의 매장 설비

나라현 다카토리초 오이치오하카야마 고분 市尾墓山古墳, 큰 석재를 사용하여 현실의 공간을 넓힘

㉡ 군집분의 매장 설비

오사카부 야오시 다카야스 고분군 高安古墳群, 오사카부 가난초 이치스카 고분군 一須賀古墳群

군집묘 형성기의 고분에는 다카이다산 高井田山형이 채용되어 있지만 시간이 지나며 대형 횡혈식 석실처럼 현실이 점차 세로로 길어진 것 같다. 백제계의 계속된 집단 이주 결과 이러한 횡혈식 석실의 백제계 고분이 늘어난 것으로 보인다.

2. 유전자학

일본 열도의 고대사에 관련된 일본인의 기원에 관해서는 역사나 고고학 연구로만 이루어지는 것은 아니다. 유전자 과학에서 밝히는 내용도 알아보자. 닛케이사이언스 칼럼2021년 6월 23일에 실린 기사인 '게놈이 밝히는 일본인 뿌리'를 요약 소개한다.

현대인의 게놈전체 유전정보을 해석한 결과 47개 도도부현都道府県에서 조몬인 유래와 **도래인**[1] 유래의 게놈 비율이 다른 것으로 나타났다.

도쿄 대학의 오하시준大橋純 교수는 야후가 2020년까지 실시하고 있던 유전자 검사 서비스에 모인 데이터 중 허락받은 것을 해석했다. 도도부현당 50명의 데이터를 해석했더니 도래인 유래의 게놈 성분이 높았던 것은 긴키近畿와 호쿠리쿠北陸, 우리 동해 연안 지역와 시코쿠였다. 도래인 유래의 게놈 성분이 가장 높았던 곳은 시가현滋賀県이었고 특히 시코쿠四国는 섬 전체에서 도래인 유래의 비율이 높았다.

◆ 필자 주 ◆

시가현은 일본 긴키 지방近畿地方에 위치한 현으로 현청 소재지는 오쓰시大津市다. 현 면적의 6분의 1을 비와호琵琶湖가 차지하고 있다. 백촌강의 전투에 파견된 백제 구원군큐슈와 기비 지역 주민이 주력을 지휘했던 덴지천황天智天皇은 667년 아스카에서 이곳으로 수도를 천도한다. 이때 백제 유민들이 많이 유입되었다.

이상의 결과는 도래인이 한반도를 경유하여 규슈 북부에 상륙했다는 일반적인 생각과는 일견 엇갈려 보인다. 상륙 지점인 규슈 북부보다 열도 중앙부, 긴키 등이 도래인 유래 성분이 높기 때문이다. 오하시 교수는 "규슈 북부에서는 상륙 후에도 도래인 인구가 별로 늘지 않아 오히려 시코쿠나 긴키 등의 지역에서 인구가 확대된 것 아니냐"라고 말했다.

◆ 필자의 견해 ◆

초기에 규슈로 이동을 시작했던 한반도 도래인 집단은 소규모였고 4세기 이후에 긴키近畿 지역으로의 이주는 대규모의 '집단 이민'이었다. 또한 규슈로의 이민 집단은 계속해서 동쪽 도요국-기비국—시코쿠—도쿄평야으로 이주했다. 초기 이민의 규모가 같았던 것으로 보고 규슈에서는 인구가 늘지 않고 시코쿠나 긴키 등의 지역에서 인구가 확대된 것이라는 시각은 초기의 이주 규모와 타 지역으로의 재이주를 고려하지 않았기 때문에 전적으로 맞는 것은 아니라는 의견이다.

참고로 위 기사에서는 '혼혈'에 대해서도 설명하는데 일본 역사계에서 지켜 온 패러다임이 드러나 있다. 일본 역사계의 한반도 이주민에 관한 변치 않는 원칙은 한반도로부터 선진 문화가 들어온 것은 인정하되 현대의 일본인이 혈연적으로 한반도 이주민의 후손이라는 견해는 절대 인정하지 않는 것이다. '혼혈'이라는 논리가 바로 그러하다. 도래인의 유전자 비율이 80~90%에 이른다는 과학적인 근거에도 불구하고 굳이 혼혈을 내세우는 이유도 그런 배경 아래서 나온 것이다. 극히 일부 조몬인과의 혼혈이 있었겠지만 현대 일본인 전체가 혼혈의 후예라고 하는 주장에는 일본 역사계의 변명이 드러나 있는 것으로 보인다. 필자는 '혼혈'이라는 이론보다 '인종 대체' 의견을 지지한다.

또 하나 언급할 부분으로 기사 중에 규슈의 도래인 유전자 비율이 낮고 기내에서 그 비율이 높은 이유는 기내 지방으로 집중된 집단 이민 때문일 것이다. 다만 유전자 분석에 의한 결론은 마치 문제를 풀면서 과정은 보여주지 않고 정답만을 이야기하는 것과 같아 설득력이 떨어지는 단점이 있다. 필자의 역사 탐방은 이러한 과정을 알려 준다.

3. 기록 증거

일본인의 한반도 유래에 대한 기록 증거가 없었던 것은 아니다.

기타바타케 치카후사北畠親房, 1354년 졸의 『신황정통기神皇正統記, 개인이 집필한 역사서』에는 다음과 같은 글이 적혀 있다. "옛날에는 일본인과 삼한인이 동종이었다는 사실을 기록한 문서가 존재했으나 간무천황桓武天皇, 재위 781~806년의 재위 기간에 그 문서를 태워버렸다昔, 日本は三韓と同種也と云事のありし、かの書をば桓武の御世にやきすてられしなり". 즉 8세기 말까지는 일본인과 한국인이 동종임을 증명할 수 있는 문서가 존재했지만 간무천황에 의해 분서焚書되었다는 이야기이다. 치카후사의 말로 보아 우리가 고대 한일관계의 증거를 갖지 못한 것은 그러한 사실이 없었기 때문이 아니라 의도적으로 증거가 말살되었기 때문이라는 사실을 알게 된다.

간무천황은 수도를 교토京都로 천도794년한 인물로 그가 나라奈良를 떠난 이유는 정치에 개입하는 신라 불교 세력에서 벗어나기 위함이었다고 알려져 있다. 그는 나라新羅 불교의 대안으로 직접 들여온 밀교를 채택했다. **나라 불교는 신라 불교의 철저한 관리하에 있었다.**[2] 간무천황이 실제로 벗어나기 원했던 것은 나라 불교보다는 일본 열도 내 신라계 세력의 간섭이었을 것이다.

백제계 혈통의 천황이 신라계의 영향하에 놓여 있는 나라에서 수도를 옮겨 고대 한일관계의 기록을 없애는, 즉 자신의 출처를 말소하는 행동을 하였다. 간무천황은 백제를 고국으로 알고 있었지만 출처를 지워 새로운 정체성을 수립하려고 한 정치적 행위였을 것이다. 그러나 이 결정은 고대 한일관계사에 유난히 수수께끼가 많게 만든 이유가 되었다.

그 후 한반도 도래인의 일본 이주를 다시 제기한 사람은 에도 시대江戶時代의 주자학자 **아라이 하쿠세키**新井白石, 1725년 졸[3]였다.

메이지 시대明治時代에 제국대학 교수였던 호시노 히사시星野恒는 "간무천황 시대에 일본이 삼한과 동종이라고 기재된 고문서 등을 태워버렸다桓武天皇ノ御代ニ日本ハ三韓ト同種ナリト記載セシ古書類ハ焼棄セラレ1890년"라고 말했다.

다이쇼 시대大正時代에도 교토제국대학 기타 사다키치喜田貞吉 교수도 "사이메이

천황曹明天皇, 594~651년대에 한국 땅이 떨어져 나간 후, 국민이 한국 땅과의 관계를 언급하면서 과거의 실패를 회한하고 싶지 않기 때문에 간무천황 대에 모든 자료를 남김없이 말살하였다曹明天皇の御代に韓土が離畔してからは、わが國民が韓土との古い關係を言說して過去の失敗の跡を追懷するを喜ばず、桓武天皇の御代にことごとくその說の抹殺を試みられた.1918년"라고 말했다.

이처럼 중세와 근대의 저명한 학자들이 쓴 글에 명기되어 있는 사실로 미루어 간무천황의 분서 사건은 지식인 사이에 널리 알려졌을 것으로 짐작된다. 그리고 그 사건의 발단이 백촌강전투663년의 대패와 본국의 멸망을 역사 기록에서 지우고자 했던 것에서 기인한 것으로 보인다.

그 후 일본 열도와 한반도와의 관계를 언급한 사람들이 간혹 있었지만 주목을 받지 못하고 이단으로 취급받았다. 오늘날은 이러한 이야기는 어디에서도 듣지 못한다. 필자의 주장을 받아들이는 일본인은 많지 않을 것이다.

필자는 그동안 일본 열도의 구석구석을 탐방하면서 이러한 사실을 다시 입증해 보려는 노력을 계속해 왔다.

일본인들은 이러한 숨겨진 역사가 일본인의 아이덴티티와 직결되기 때문에 민감한 반면 우리나라 사람들은 비교적 둔감한 것 같다. 우리나라 사람들이 일본인, 일본인하면서 일본인이 우리와 관계가 전혀 없는 제3자인 이국인으로 생각하며 이야기하는 것을 보면 무언가 중요한 사실을 잊고 있다는 생각이 든다. 일본도 우리와의 혈연 관계를 극구 부정하고 있지만 우리 역시 역사적으로 받은 상처로 인해 일본과의 혈연 관계를 달가워하지 않는 것 같다.

그러나 사실은 사실이고 관계는 관계다. 사실은 살아實在있다가 어느 순간에 그 관계에 영향을 미칠 수 있는 것이다.

제1부

시코쿠와 오카야마기비 지역에 남겨진 한반도 이주민의 역사

한반도로부터의 첫 번째 이주민 집단이 한반도 남해안과 일본 열도 사이의 크고 작은 섬들을 건너 일본 열도에 도착한 곳은 규슈 북부, 또는 해류를 따라 혼슈의 북쪽 지역인 이즈모, 쓰루가와 더 나아가 노토반도 지역이었다.

◫ 시코쿠로의 한반도 이주민

이들은 원주민의 압력을 받거나 인구가 늘어나거나 또는 후속 이주민의 유입 등을 원인으로 규슈의 동쪽 지역으로 이동, 정착하였다. 또는 더 멀리 세토내해를 건너 시코쿠나 혼슈 남쪽 지역이나 혼슈의 북쪽 해안 지역인 이즈모에서 산맥을 넘어 남쪽 내륙 지역으로 이동하였을 것이다.

일본 열도에 처음 이주하였던 이주민들이 일본 열도 내에서 이동했던 지역 중 하나가 바로 시코쿠와 오카야마 일대일 것이다. 아스카와 나라를 중심으로 하는 기내 지역에 이주민들의 중심 세력이 형성되기 이전일 것으로 생각된다.

◪ 시코쿠四国의 이름

신들의 일본 창조 과정을 담은『고사기』의 국산国産み, 나라 낳기 신화에서 시코쿠는 오사카 앞바다에 있으면서 혼슈와 시코쿠를 건너는 돌다리와 같은 아와지섬淡路島에 이어 일본 열도에서 두 번째로 창조된 섬이라고 한다. 고대에는 伊予之二名島', 伊予二名洲' 또는 단순히 이요시마伊予島, 伊予洲나 후타노시마二名島, 二名洲 등으로 불렀다. 이요伊予라는 명칭은 고대의 이요국伊予国이 이어받았는데, 현재의 에히메현愛媛県 일대이다. 마쓰야마松山가 중심지로서 이 부근이 평지가 가장 넓다.

마쓰야마자동차도로松山自動車道를 타고 서쪽에서 시코쿠 중부의 마루가메丸亀까지 이동하다 보면 마쓰야마와 북쪽 해변가로만 평지가 펼쳐져 있는 것을 볼 수 있다. 이 지역이 고대의 이요시마다. 즉 고대 시코쿠의 중심 영역이었다. 즉 시코쿠는 규슈에 가까운 서쪽 지방부터 개발되었다는 것을 암시한다.

근세 이후에는 **고키칠도**五畿七道[4])의 난카이도南海道 중 기이국과 아와지국을 제외한 아와국, 사누키국, 이요국, 도사국 등 4개의 영제국令制国이 존재했기 때문에 '시코쿠四国'라고 불렸다.

이요시마伊予島, 伊予洲 중 요의 나라予の国는 섬 서쪽의 마쓰야마松山가 중심지였고 일본 신화에 의하면 아마테라스의 동생 쓰쿠요미月読命가 다스린 나라였다고 한다.

덧붙여서 아마테라스의 또 다른 동생 스사노오의 후예인 대국주명大国主命. 오오구나누시노가마은 이의 나라伊の国인 섬 동쪽의 도쿠시마德島를 다스렸다고 한다.

신화로 보면 이곳이 원조 왜국元祖 倭国이다.

이 책의 '서문'에서 설명한 바 있듯이 현대의 게놈 해석 결과, 시코쿠는 도래인한반도 이주민 유래 비율이 높은 것으로 판명되었다. 도래인 유래의 게놈 성분이 높았던 것은 긴키近畿와 호쿠리쿠北陸, 후쿠이에서 니이가타까지의 우리 동해 연안 및 시코쿠였다. 특히 시코쿠四国는 섬 전체에서 도래인 유래 비율이 높다.

3 한반도 이주민의 자취

역사적으로도 시코쿠로의 한반도 이주민의 자취는 다음과 같이 남아 있다.

우선 일본 미디어 플랫폼인 'note'에 게재된 글을 소개한다. 선정적이기는 하지만 무언가 숨겨진 비밀이 많은 지역이라는 암시로 가득하다.

가가와현민에게도 거의 알려지지 않은 가가와현의 수수께끼! 천황가의 능묘가 두 곳 있다. 긴삐라 신사金刀比羅宮 인도의 와니ワニ신에서 유래! 공해의 외가는 이주계 씨족. 사누키 이치노미야 다무라 신사는 사누키 하타씨의 씨사였다. 다무라 신사에 모셔지는 야마토 도도히 모모소히메와 야타카라스八咫烏, 삼족오의 관계는? 쌍방중원분双方中円墳이 3기나 된다. 시코쿠 최대 규모의 **도미타차우스야마고분**富田茶臼山古墳!5)

4 시코쿠의 한반도 이주민 씨족

이와세오야마산 남쪽 기슭의 아야씨綾氏와 다무라 신사를 씨사로 했던 하타씨秦氏가 대표적인 시코쿠로의 초기 이주민 집단이다. 그리고 후기 이주민으로 야시마성을 개축했다는 백제 망명자, 이주민인 공해의 어머니 아도씨物部氏, 마루가메성 돌담과 돌담쌓기 전문가 그룹인 이주민의 후예 아노슈穴太衆, 그리고 백촌강 전투 이후의 니시고 리노토라錦部刀良 등이 한반도 이주민의 좋은 예例다.

① 아야씨綾氏

아야키타평야綾北平野, 아야우타군綾歌郡 아야카와초綾川町를 일군 사람들은 일찍이 이와세오야마 남쪽 기슭에 자리 잡았던 가야계 아주민 아야씨綾氏다.

② 하타씨秦氏

시코쿠에도 예외 없이 대표적인 한반도 이주민인 하타씨秦氏의 발자취가 남아 있다. 다카마쓰시에 있는 제일 신사인 이치노미야인 다무라 신사는 신라계 하타씨의 씨사氏寺였다. 전국시대까지 하타씨가 대대로 궁사를 지냈다. 신라 신사들도 곳곳에 남아 있다.

③ 그 외 씨족들

이주민의 후손으로 니시베錦部, 니시고리 도라刀良는 아스카 시대의 무인으로 사누키香川縣 사람이다. 661년 백제 구원군에 참가, 당나라의 포로가 된다. 신분이 낮은 관호로서 40여 년을 보낸 후 방면되어 704년 견당사 아와타 마하토栗田 真人를 따라 귀국했다. 니시베씨錦部氏는 백제로부터의 이주민계 씨족으로 비단綾や錦을 직조하는 니시고리베錦織部, 錦部를 관장했다. 토라刀良는 성姓이 없이 니시고리베錦部造를 관장하는 부민이었다.

젠츠지시善通寺市 태생의 쿠카이空海, 공해의 어머니는 이주민 아도씨阿刀氏다. 공해는 삼촌인 아도노오오다리阿刀大足의 도움을 받아 사비 유학생으로 견당사의 일원으로 선정되었다. 공해는 중국어, 산스크리트어로 통했고, 또 아버지 사에키씨佐伯氏는 사누키의 유력 호족으로 지금도 윤택했다. 사에키씨佐伯氏도 신라계 이주민 하타씨의 일족이다.

마루가메시에 있는 마루가메성 돌담을 쌓은 아노슈穴太衆, あのうしゅう의 뿌리는 고분 시대에 한반도에서 온 백제계 이주민의 후예다.

5 시코쿠 답사

시코쿠 답사는 몇 차례에 걸쳐 이루어졌다. 본격적인 역사 기행 목적의 답사는 네 번째 방문 때 이루어졌다. 다무라 신사에서 시작하여 이와세오야마 고분군石淸尾山古墳群, 야시마성, 옛 아야군綾郡에 있었던 가가와 고쿠분지 유적지, 아리오카 고분군有岡古墳群, 신라대명신 및 신라 신사를 방문하였다.

이전에 이루어진 방문 시에는 마쓰야마, 아와지시마와 도쿠시마 및 **중앙 구조선**中央構造線⁶⁾을 따라 흐르는 요시노강을 거슬러 올라가며 강 주변 지역을 방문한 후 긴삐라 신사를 마지막으로 방문하였다. 히로시마에서 오시마섬을 거쳐 구로시마해협대교를 건너 마쓰야마에서 규슈의 벳푸 쪽으로 건너간 적도 있다.

6 오카야마 吉備

지금의 오카야마현에 해당하는 고대의 기비 지역은 일본의 역사서에 의하면 이 지역 호족들이 중앙 정권과 싸워 패배하기 전163年까지는 철기를 바탕으로 일본 전역에서 가장 강력한 세력이 있었던 지역이다. 그 증거가 현지의 거대 고분이다. 이 고분을 중심으로 기비 세력이 형성되어 있었다.

기비는 야요이 시대부터 소금 생산지였다. 이 시대 기비에서는 연철軟鐵, 철을 단련하는 기술이 발전하여 철제품을 만들었다. 이 철제 농기 구를 이용하여 농업 생산성을 현격히 높였을 것이다. 고분 시대의 기비는 고대 해상 교통의 요충지인 세토내해의 거의 중앙에 있었고, 코지마노쓰兒島宇野津 등 많은 양항良港이 있었으며 풍부한 경제력을 바탕으로 한반도, 기타큐슈와 기내 지역의 교통 중심지였다.

고분 시대 기비 지방의 현재 오카야마 평야에 해당하는 지역의 남부는 내해였다古備穴海, 기비혈해 혹은 기비내해. 발음 기비아나우미. 4세기부터 이곳 내해 근처에 다수의 전방후원분이 만들어졌다. 5세기가 되면 거대 고분인 조산 고분과 작산 고분 등 전국 굴지의 거대 전방후원분을 축조할 정도로 큰 세력을 형성했다. 두 고분은 발굴이 금지되어 있지만 조산 고분 남쪽에 있는 5세기 축조의 사카키야마 고분榊山古墳에서 출토된 청동말 모양의 벨트인 마형대구는 한반도에서 유래되었을 가능성이 높다. 사카키야마 고분은 쓰쿠리야마 고분造山 古墳의 배총으로 기비의 대수장의 관료였던 이주민의 묘일 가능성이 높아 고위직 가야인의 무덤으로 보는 견해가 지배적이다.

쓰쿠리야마 고분 북쪽의 즈이앙造山 고분에서 일본에서는 5곳밖에 없는 단야 세트가 나왔는데 수혈식 석실분으로 원통형 목관을 가야식 꺾쇠로 고정하고 있다. 이곳에서 7세기 후반까지 200년간의 단야 관계 유구가 확인되며 기비의 호족들은 이처럼 철을 기반으로 강력한 세력을 키웠다. 이 고분을 중심으로 가야인들이 살았던 주거지와 일터, 즉 철을 생산했던 공방과 무덤이 곳곳에 있다.

７ 오카야마 일대 도래인에 얽힌 지명

고지마반도児島半島가 섬이었을 무렵, 현재의 구라시키倉敷 시가지 일대는 '아나'의 바다穴の海라고 불리고 있었다. 그것은 한나라 바다韓. 漢あやの海가 바뀐 이름이라고 한다. 구라시키 동쪽에 아지阿知라는 땅이 있는데, 한인韓人의 조상인 아지사주阿知使主에서 따온 지명으로 추측된다. 신미新見. 니이미. 다카하시시 북쪽에 접해 있는 시 또한 신한부新韓部. 이마 기노 아야베가 신부新部. 니히베로 다시 신미新見로 변했다고 한다.

８ 가야국賀陽夜国

기비에는 그 중심부에 가야국賀陽夜国이라는 지방국이 있었는데 국조의 이름은 가야신賀屋臣이었다. 이 지역은 메이지유신 이후까지도 행정 구역상 가야군이었다. 여기서 가야는 가야伽倻, 즉 한반도 남부에서 유래했다고 생각된다. 왜냐하면 고대의 기비는 제철의 나라였고 그 기술은 이주민들이 가져왔을 것이기 때문이다.

９ 모모타로桃太郎 이야기

오카야마 지역은 '모모타로'라는 일본의 국민동화가 생겨난 곳이다.

옛적, 기비국의 오니노성鬼ノ城. 기노조에 우라溫羅라고 불리는 도깨비가 살고 있었다. 우라는 이즈모에서 하늘을 날아와溫羅は出雲から空を飛んでやってきて 이 지역을 거처로 삼았는데, 순식간에 기비 지방을 지배하게 되었다. 우라의 지배로부터 사람들을 구하기 위해 천황은 기비쓰 히코吉備津彦を를 파견하여 우라를 제압한다.

이 이야기는 이 지역의 고대사를 암시하고 있다. 우라는 누구이며 모모타로는 누구일까? 이 장에서 알아보기로 한다.

⑩ 오카야마 답사

시코쿠의 다카마쓰에서 출발하여 세토대교를 넘어 혼슈의 오카야마현으로 들어간다. 구라시키시에 잠시 들러 미관지구를 구경한다.

구라시키시의 대부분은 고대에는 바다였다. 고대에서 시작하여 헤이안 시대와 에도 시대를 거치고 근대에 이르기까지 꾸준히 간척이 이루어져 오카야마평야의 일부가 되었다.

구라시키시 북쪽에 있는 소자시 소재 작산作山 고분으로 향한다. 고대에는 이 지역이 바다에서 멀지 않았다. 여기서 얼마 떨어지지 않은 북쪽에 기노조鬼／城성이 있다. 기노조섬은 두 번째 방문 때 답사하였다.

작산 고분을 방문한 후 기비로를 따라 동쪽으로 이동하니 조산造山 고분이 나온다. 작산 고분보다 정리가 잘 되어 있다. 두 고분 모두 일본어로는 쓰쿠리야마 고분이지만 한자가 다르다. 작산 고분은 기존의 구릉을 이용하여 무덤을 만들었고 조산 고분은 땅바닥에서 시작하여 고분을 조성했다는 뜻이다. 조산 고분은 5세기까지는 일본 열도에서 제일 큰 고분이었다. 다시 말하면 이 지역이 일본에서 가장 세력이 큰 지역이었다. 일본 사서에 "463년 일어난 '다사田狹의 난'을 거치면서 중앙 정부가 기비 정권을 통제하기 시작하였다"고 기록되어 있다. '다사田狹의 난'에는 한반도 국가들과 여러 가지 재미있는 사건들이 연결되어 있어 역사적 해석이 필요하다.

기비쓰 신사吉備津神社를 방문했다. 신사의 이름津에서 알 수 있듯이 이 지역도 예전에는 바닷가였다. 이 신사는 지금은 기비 지역 중 중심부에 해당하는 빗추의 대표 신사이지만 예전에는 기비 지역 전체를 대표하는 신사였다. 이 신사에는 천황이 파견했다고 하는 기비츠히코와 우라라는 기노조를 근거로 했던 세력과의 대결의 역사가 숨어 있다. 이 이야기는 모모타로라는 오카야마를 대표하는 전설로 발전하였지만 시사하는 바가 크다.

우라(温羅) 전설을 필자의 견해에 맞추어 해석해 보았다. 우라는 도깨비로 표현되지만 가야국(伽陽国) 인근의 기노조를 근거로 하고 이즈모에서 날아왔다는 등의 출신에 관한 정보를 감안하면 가야를 대표하는 세력으로 보인다. 기비쓰히코는 중앙 정권에서 파견된 정복 세력일 것이다. 전쟁에서는 기비쓰히코가 이기지만 죽었어야 할 우라를 그대로 버려두기에는 기비 지역 주민들이 남아 있다. 우라는 죽었지만 우라를 그리워하는 기비의 주민들을 위해 우라의 제사를 지내고 있는 것이다.

마지막으로 오카야마 동쪽을 흐르는 요시이강(吉井川) 건너편의 신라 고분 두 기를 방문하는 것으로 오카야마 답사를 끝낸다.

I 시코쿠四国

1. 사누키讚岐 지역

옛 사누키국讚岐国이었던 시코쿠四国 북부 지방 일대에 산재한 가야伽倻와 신라新羅의 유적에 대한 답사 여행이다. 시코쿠는 이번이 두 번째 방문이다.

비행기 출발 2시간 전에 인천공항에 도착했으나 공항에 사람이 많아 체크 인과 출국 절차를 하는 내내 줄을 서다가 비행기 출발 시간 15분 전에야 비행기에 오를 수 있었다. 코로나가 잦아지니 출국자는 늘었는데 공항에서 근무하는 사람들이 충원되지 않아 그렇다는 설명을 들었다. 다카마쓰 공항에 도착해서도 우리나라 Q-code에 해당하는 Visit Japan web을 작성하느라 시간이 꽤 걸렸다. 아침부터 힘을 너무 뺐다.

시코쿠四国는 일본 본토의 4대섬 중에서는 가장 작은 섬18,800㎢으로 면적이 규슈의 절반 정도이지만 제주도1,845㎢에 비하면 10배 정도로 크다. 근세 이후에는 4개의 지방국이 있었다는 뜻에서 '시코쿠四国'라고 불리기 시작했다. 오늘날에는 도쿠시마아와국, 가가와사누키국, 에히메이요국, 고치도사국의 4개 현으로 구성되어 있다.

공해空海,구가이대사가 개척한 시코쿠 순례 88개소四国八十八箇所는 순례지로 유명하다. 시코쿠四國 북부 지방과 세토내해瀨戸內海, 세토나이가이 건너편 오카야마岡山 일대에 가야加倻와 신라新羅 유적이 산재해 있다. 다카마쓰시의 동쪽에 있는 야시마에는 백제와 관련이 있는 조선식 산성山城이 있고 서쪽 사카이데와 가메야마에는 고분 군이 밀집되어 있다.

공항에서 차를 렌트하여 처음 방문한 곳이 다무라 신사로 옛 사누키국의 제1 신사다. 모시는 신을 찾아보니 이름이 낯선 신이다.

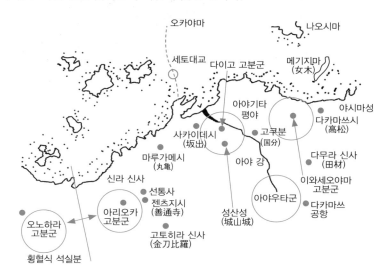

[그림 2] 시코쿠四國

1 하타씨에 의해 모셔진 다무라 신사

중심이 되는 제신은 야마토 도도히모모소히메노미코토倭迹々日百襲媛命로 물과 풍 작을 가져오는 신으로서 여신이 가지는 재생산의 기능에 기대하여 모셔지게 되 었을 것이다. 하타씨에 의해 모셔진 씨신적인 신사가 하타씨의 정치적인 힘에 의해 사누키 이치노미야가 되어 간 것 같다. 다카마츠시에 있는 사누키 이치노 미야인 다무라 신사는 하타씨의 씨사氏社였다. 전국시대까지 하타씨가 대대로 궁 사를 지냈다.

하타씨와 다무라 신사, 마쓰카 고분군万塚古墳群, 香川県 綾川町 사이에는 밀접한 관계가 있다고 생각된다. 특히 후기 군집분은 하타씨 가문에 의해 운영되었을 가능성이 높다.

2 이와세오야마 고분군石清尾山古墳群

이어 방문한 이와세오야마 고분군은 생각했던 것과 전혀 달랐다. 평지에 있는 고분이 아니라 산비탈에 있는 고분들이었다. 희총 고분을 간신히 찾아냈는데 다른 고분들의 모양을 짐작할 수 있는 좋은 근거가 되었다.

다음에 소개하는 대표적인 고분들은 희총 고분이 있는 산 정상 부근에 나 있는 소로를 따라 산 아래쪽으로 내려가면서 위치해 있다. 이 고분군이 소재한 미네야마峰山는 예전에는 이와세오야마石清尾山로 불렸던 것 같다추측. 바닷가에서 가까운 곳에 지리 잡은 봉긋하게 솟은 산이다. 가가와현 내에 남아 있는 수백 기의 고분 중 이와세오야마 고분군만 200기가 넘는다. 고분에서 한반도 유래 출토품이 많이 발굴되고 있다. 4세기 초에 만들어진 전방후원분으로 일본 고분 중에서도 상당히 오래된 것 중 하나다. 수혈식 석실竪穴式石室에서는 삼각연신수경이라는 동경 33면이 발견되었다.

이 중 네코쓰카 고분猫塚古墳은 밥주걱을 두 개 조합한 것처럼 재미있는 모양을 하고 있어 쌍방중원분双方中円墳이라고 불린다. 또 고분을 만드는 방법도 특징적이어서 보통 고분을 흙으로 쌓은 반면 이와세오야마 고분군石清尾山古墳群의 고분은 돌을 쌓아 만든 적석총積石塚, 돌무지무덤이라고 불리는 것이 많다. 또한 주목받는 것은 횡혈식 석실 안에 그린 그림이다. 다채로운 색감으로 말이나 방패, 유키靫, 화살을 넣는 용기 등이 적혀 있다. 이러한 고대의 그림이 그려진 고분은 장식 고분装飾古墳이라고 불리며 규슈 지방에서 많이 볼 수 있다.

다카마쓰시 서쪽의 이와세오야마石清尾山산은 다카마쓰 평야를 한눈에 볼 수 있는 명승지다. 이 산꼭대기 능선 위에 많은 적석총이 존재한다는 사실은 일찍부터 알려졌으며 특히 우메하라 스에지梅原 末治박사가 조사한 네코총은 쌍방 중원분이라는 특이한 형태와 부장되었던 거울로 유명하다.

이와세오야마 고분군은 세토내해瀬戸内 지방의 유명한 **고식**古式**고분군**[7]으로 학계의 주목을 받고 있었지만, 지금까지는 이시후네쓰카고분石船塚古墳만이 지정되어 있었기 때문에 산 정상에 있는 다수의 고분을 일괄적으로 지정하고 명칭을 이와세오야마 고분군으로 정한 것이다. 지정 범위에는 전방후원분 6기, 쌍방중원분 2기, 방분 1기, 원분 3기 이상 모두 돌무덤이 포함되어 있다. 이 밖에 고분 7기도 포함되어 있다.

본 고분군은 다카마쓰 시가지에 있는 해발 약 232m의 이와세 오야마 구릉 위에 소재하고 있으며 200기가 넘는 원분과 돌무지무덤 적석총과 성토분이 축조되어 있다. 돌무지무덤은 4세기에서 5세기 사이의 것이다. 5세기 말경부터 약 100년 동안 이 땅에서 고분을 만들 수 없게 되었고, 횡혈식 석실横穴式石室을 가진 성토분이 만들어진 것은 6세기 후반에서 7세기 전반에 걸쳐진 시기다.

이와세오야마 고분군은 가가와현의 향토를 이해하는 데도 학술적으로도 매우 귀중한 유적으로 평가를 받고 있다.

① **이시후네쓰카 고분**石船積石塚

고분의 전체 길이는 약 57m로 봉분 형상을 잘 간직하고 있다. 후원 부분에 할죽형割竹形 석관이 있고 관신에는 붙박이 베개가 있다. 이 석관이 배 모양으로 되어 있어 석선총이라고 불린다. **원통하니와**円筒埴輪[8]가 출토되어 5세기 초에 축조된 것으로 추정된다.

② **가가미쓰카 고분**鏡塚古墳

이 고분은 전국적으로 드문 형식의 쌍방중원분積石총으로 같은 형상의 네코쓰카猫塚 고분과 함께 축조 연대로는 가장 오랜 부류에 속하는 것으로 알려져 있다.

고분의 전체 길이는 약 70m, 높이는 약 3.6m이며 이와세오야마 고분군 중에서는 네코쓰카 고분에 버금가는 크기다. 거울이 출토되어 거울총 고분이라고 불린다.

③ **기타오츠카니시 고분**北大塚西古墳

이 고분들은 절발곡摺鉢谷, 스리바찌다니을 둘러싼 능선의 북단에 위치하고 있으며 근접하여 만들어진 전방후원분 2기, 방분 1기 등 3기 모두 적석총으로 이루어져 있다. 중앙부 전방후원분은 총길이 약 40m의 규모로 일부가 붕괴되었지만 형태를 잘 간직하고 있다.

④ 네코쓰카 고분猫塚古墳

전국적으로도 드문 형식의 캔디 모양의 쌍중원분双方中円墳, 적석총으로 이와세오야마 고분군 중 가장 큰 규모로 총길이는 약 96m, 높이는 약 5m다. 같은 형상의 카가미즈카 고분과 함께 고분군 중에서도 오래된 것 중 하나다. 전국적으로도 유례가 드물고 귀중한 고분이다.

중원부는 돌출부에 비해 매우 높다. 1910년에 큰 파괴를 당해 중앙이 크게 변형되었다. 중앙에 큰 수혈식 석실 1기와 이를 둘러싼 8기의 작은 석실이 있었다고 전해진다. 고분 시대 이전의 야요이 시대의 무덤과 비슷한 예가 있기 때문에 전통을 이어온 무덤으로 추측된다.

중앙의 석실에서 거울, 소동검, 돌팔찌, 통형동기, 동촉, 쇠도끼, 쇠칼, 쇠끌, 쇠창대패, 철촉, 토사기 등이 발견되어 도쿄국립박물관에 소장되어 있다.

네코쓰카 고분의 매장 시설은 중원부에 다수의 부장품이 있었던 대규모 수혈식 석실이 1개소가 존재하고 주변에 소규모 수혈식 석실이 여러 개 존재하였던 것으로 추정되고 있다. 거의 현존하지 않지만 유일하게 남아 있던 한 곳을 되메워 보존하고 있다. 이 석실은 길이 수m, 폭 1m 정도의 소규모이며, 머리 위치는 동서 방향을 향하고 있다. 수혈식 석실은 가야의 대표적 묘실 형태이다.

4세기 중반부터 5세기까지 유력한 고분들에는 하나의 돌을 도려내어 만든 고발식刳抜式석관이 사용되고 있다.

거울, 소동검, 통형동기, 동촉, 토기 등 다수의 유물 중에서도 내행 화문정백경内行花文精白鏡이라고 불리는 거울은 중국 전한시대BC 202년부터 AD 8년에 만들어진 거울로 기타큐슈 지방의 야요이 시대 무덤에서는 많이 출토되지만 고분 출토의 경우는 네코쓰카 고분뿐이다. 소동검도 하나밖에 출토되지 않은 희귀한 것이다. 그리고 이 유물들이 출토된 석실 주위에는 많은 석실이 발견되었다고 한다. 이러한 사실은 네코즈카 고분이 일반적인 고분에 비해 특이한 존재임을 보여준다.

⑤ 쓰루오 신사 4호분

쓰루오 신사 4호분鶴尾神社 4 号墳으로부터 출토된 토기는 기내의 3세기 양식의 **쇼나이식 토기**庄内式土器[9]와 병행기3세기의 전반로 이 고분은 사누키 지방가가와현에서 가장 오래된 전장 40m의 전방후원분이며 게다가 적석총이다. 일설에는 전방후원분은 늦어도 3세기 중간에 긴키 지방, 세토내해 연안, 기타큐슈 지방에서 발생했다고 알려져 있다. 즉 고분 시대의 시작기에 조성되었는데 쓰루오 신사 4호분은 그것보다 이전에 만들어진 전방후원분의 조형組形이 된 고분으로 여겨진다.

쓰루오 신사鶴尾神社는 172번 지방도香川県道172号川東高松線와 미네야마 터널로 가는 길이 마주치는 사거리의 한 코너에 자리하고 있다. 신사 뒤편이 절벽같이 솟은 산이 있고 그 언덕배기 비탈면 중간 어디쯤에 4호분이 있을 것이나 경사가 심해 아쉽지만 돌아서야 했다.

산꼭대기에서 세토나이카이의 다카마쓰항 앞에 있는 메기지마女木島가 잘 보인다. 해상 교통이 주된 교통 수단이었던 고대에는 바다쪽에서도 이곳 고분이 보였을지도 모르겠다.

③ 다카마쓰 적석총 고분군

일본 전국에 산재하는 적석총 고분은 1500기 정도 확인되고 있다. 그 중심적인 것이 이와세오야마 고분군石清尾山古墳群을 포함한 다카마쓰 적석총 고분군으로 나가노의 오무로 고분군大室古墳群을 넘어선다. 이와세오야마 고분군은 가지각색인 적석총이 있고, 이 대부분이 고분 시대 전기인 4~5세기 걸쳐서 만들어진 것이다.

사누키 지역에서 발견된 토기 및 적석총의 공통적인 요소는 사누키시코쿠 가가와현, 아와시코쿠 도쿠시마현 및 세토내해 건너편에서도 보여, 바다 양안에 걸쳐 있는 이 일대에 이주한 동질의 도래인들에 의해 세토내해 양안에 걸쳐 동일한 '적석총묘 문화권'이 형성되었던 것으로 추정할 수 있다.

4 야시마성적城跡

첫날의 마지막 일정으로 다카마쓰 동쪽 해안가에 있는 야시마성적으로 향한다. 야시마성적이 있는 지형은 마치 고구려 오녀산성처럼 우뚝 솟아 있었다. 경사면을 옆으로 따라 올라가는 자동차 도로가 나 있다.

다카마쓰시의 동편에 있는 야시마성屋嶋城은 고대 산성이다. 백촌강의 전투에서 나당 연합군에 대패한 왜국 방위를 위해서 쓰시마섬에서 기내에 이르는 요충에 다양한 방어 시설을 보강했다.

야시마성은 정권 기반인 도읍을 지키는 나라에 세워진 다카야스성高安城, 최전선인 쓰시마섬 남도의 가네다성金田城과 함께 세토내해의 제해권을 지키는 중요한 거점이었다. 옛날의 야시마는 남북 5km, 동서 2km의 섬으로, 세토내해의 주해로를 향한 요충이었다. 표고 290m의 산 정상부는 평탄한 넓은 대지이다. 에도 시대의 염전 개발, 그 후의 매립으로 야시마섬은 육지에 연결되었다.

야시마성은 산상 전역이 성터로 여겨지고 있다. 산상의 외주 7km의 대부분이 낭떠러지로서 남쪽 산봉우리의 둘레 4km의 낭떠러지 사이에 성벽이 쌓여 있다. 산상에서는 산하마을山下의 모습을 명확히 파악할 수 있고, 평야에 솟아 있는 고지대의 지세를 효율적으로 활용한 성으로 현문懸門 구조의 성문의 존재가 밝혀진 것은 일본에서 처음이었다. 이 현문의 존재는 규슈의 대야성大野城, 기이성基肄城과 같은 모양으로 야시마성의 복구에 있어서도 백제에서의 망명자가 관여한 것을 알 수 있다. 현문이란 입구 부분을 높여 쉽게 오를 수 없는 구조로 한반도 유래의 구조이다.

모래사장이 펼쳐진 해안으로부터 산골짜기를 오르면 산상으로 통하는 길이 있어 표고 100m의 산중에 산골짜기를 막는 길이 약 47m, 기저부 폭 약 9m의 돌담石壘과 초소의 유구가 있다. 야시마성은 이중 방어의 성이다. 후로지구의 유구는 진입로를 가로막는 차단성으로 대야성, 기이성, 오카야마의 기노성鬼ノ城, 수성水城의 유구와 같은 종류로 여겨지고 있다.

성문은 현문 구조에 더해 성의 내측은 옹성甕城, 성문을 반원형으로 둘러싼 성이며, 통로는 북쪽으로 직각으로 구불어진다. 문도門道는 계단 모양으로 성내에서 성밖을 향해서 암거暗渠, 지하로 파진 배수로가 설치되었고, 통로의 양측 기둥 구멍의 검출에 의해 건조물 대문의 존재가 실증되었다.

산상에서는 서쪽 약 28km 지점에 있는 가가와현의 오색대五色台와 오카야마현의 취우산와슈잔, 鷲羽山 사이에 있었던 히산세토備讃瀬戸의 해로를 멀리 조망할 수 있다. 또 사누키성산성과 바다 건너 오카야마의 기노성도 시야에 들어온다. 성벽을 따라 걷다 날이 어두워져 돌아섰다.

다카마쓰 이틀째 날이다. 밤에 잘 자고 일어났더니 어제의 피로가 풀린 듯하다. 오늘은 다카마쓰 서쪽에 있는 아리오카 고분군과 신라 신사들을 방문할 계획이다. 우선 중간에 있는 사누키국 국분사적지 근처에 지어진 자료관을 방문했다. 8세기 초 일본국 성립 초기에 민심을 수습하기 위해 전국에 지어진 67개 국분사 중 하나로 시코쿠에 4개가 있었다고 한다. 직원의 친절한 안내로 진열되어 있는 수막새 등 기와 유물을 구경하고 야시마성 및 기와 유적에 관한 책을 구입하였다.

국분사적지에서 다음 행선지인 아리오카 고분군에 가기 위해서는 두 평야 지대를 지나야 한다. 사카이데坂出시에 있는 아야키타평야와 마루가메丸亀시에 있는 마루가메평야이다. 국분사적지에서 아야강을 따라 북진하면 아야키타평야에 닿는다.

5 아야키타평야綾北平野와 아야씨

고대 아야군阿野郡, 綾郡, 安益郡, 阿夜郡의 북반부를 차지하는 아야키타평야綾北平野는 그다지 광대한 것은 아니다. 현 사카이데시로 흘러나가는 하구 부근의 평지가 아야카와강綾川의 충적 작용에 의해 서서히 형성되어 고분 시대부터 사누키 국부讃岐国府가 이 지역에 설치되었다. 고대까지의 기간 동안 아야카와강 하구에 가까운 다카야高屋, 카미야神谷, 야소바八十場 부근해안에서 약 4km까지는 바다가 스며드는 충적층이 부족한 삼각주 지대였다. 현 아야카와강綾川의 주류부를 중심으로 니시조초 별궁西庄町別宮과 카모초기타야마加茂町北山를 연결하는 2km 남짓한 라인을 바탕으로 여기에서 후추초신궁府中町新宮까지의 3.2km 정도를 깊이로 하는 좁은 삼각형 모양의 범위가 주된 토지 이용의 무대였던 것으로 보인다.

아야키타평야의 안쪽에 사누키 국부讚岐国府가 있었고 무엇보다 평야가 내려다보이는 서쪽 산록에는 손꼽히는 규모의 고대 산성인 **성산성**城山城10)을 쌓았다. 남단을 관도南海道가 지나가며 아야카와강의 도하점 근처에 역甲知驛이 놓여 있다. 가까운 위치에 가모폐사鴨廃寺, 카이호사開法寺, 다이고폐사醍醐廃寺 등 3개 사찰이 잇따라 건립된다. 아야사카綾坂를 사이에 둔 고쿠분 분지 북쪽 변에 이미 방문한 사누키 고쿠분지讚岐国分寺와 고쿠분니지国分尼寺를 두었다. 이처럼 고대 율령국가는 아야키타평야를 사누키讚岐 통치의 거점으로 선택했다.

이와 같은 배치를 단지 지리적인 요인으로만 설명하는 것은 어렵다. 이 배경에는 무엇이 있었을까. 아야키타평야의 거점화는 7세기의 3분기 아스카 시대 후반이지만 이보다 앞서는 고분 시대 말에서 아스카 시대 전반기의 양상을 거석분巨石墳, 대형 횡혈식돌방무덤의 축조 동향을 단서로 살펴볼 필요가 있다.

6 아야키타평야綾北平野의 거석분巨石墳

다카마쓰高松시에서 서쪽으로 20km 떨어져 있는 사카이데坂出시의 아야기타평야綾北平野. 또는 효호쿠 평야 유역의 평지가 내려다보이는 산허리 곳곳에 거석분巨石墳, 무덤방玄室이 8m를 초과하는 거대 분묘이 나뉘어 축조되어 있다. 아야카와 서쪽과 동쪽에 산재하는 다이고 고분군醍醐古墳群이나 야마노진 고분군山ノ神古墳群, 고노이케 고분군鴻ノ池古墳群에 속하는 거석 분은 그 수가 많다. 여러 그룹 유력자들의 공동묘지적 성격의 가능성이 있다.

7 다이고 고분醍醐古墳

다이고 고분군은 JR가모가와 역의 조금 서쪽에 있는 건널목을 건너 곧바로 오른쪽으로 약 250m 정도 진행된 곳에서 왼쪽으로 구부려져, 작은 강醍醐川을 따라 산을 향해 약 1km 정도에 있다. 이 고분군은 성산 북부의 경사면에 있는 거석을 이용한 횡혈식橫穴式 고분군으로 유명하며, 거대한 석실을 가진 고분이 12기다. 2호분이 분구가 잘 손질이 되어서 전단부를 제외하고 거의 완전한 상태로 남아 있다.

최근에 발견된 진주 근교의 백제식 아치 석실이 있는 가야 고분에 관해 '매림 역사TV'가 소개한 내용이 있었다. 필자에게는 이 무덤이 일본 시코쿠에 있는 다이고 고분醍醐古墳의 무덤 양식이 닮아 보였다. 일반성면은 함안 아라가야의 말이산 고분으로부터 27km 거리에 있다. 해설에 의하면 가야계 분묘 양식에 백제계 횡혈식 석실묘 양식이 접목된 것이라 한다.

거석분이 집중되어 있는 배경에 대한 가설이다.

고분 시대 말기에서 아스카 시대 초기에 아야카와강綾川 유역이나 주변의 유력 그룹이 결속하여 아야키타평야에 진출하여 이 지역의 거점화를 추진하는 움직임이 있었다고 한다. 그 결과 아야키타평야에 이상할 정도로 거석분이 집중되게 되었다.

오노하라 고분군大野原古墳群, 香川県 시부 観音寺市[11]으로 상징되는 서쪽 세력, 즉 사누키 서부에서 이요伊予, 愛媛県 동부에 이르는 지역의 동향에 대항하는 것이었을 가능성도 있다. 혹은 외부의 압력을 받은 백제계 신이주 집단이 있었는지도 고려해 봐야 할 것이다. 구체적인 계기의 해명은 앞으로의 과제이지만, 이 시기에 아야키타평야를 무대로 사누키 지역 유수의 이른바 호족 연합적인 '결집'이 발생했다.

흥미롭게도 아야키타평야의 인접 지역에서는 반대의 전개를 읽을 수 있다. 아야카와강을 거슬러 올라간 위치의 하유카 분지羽床盆地에서는 고분 시대 중기부터 후기 초까지 쓰가시라 고분津頭東古墳, 쓰가시라니시 고분津頭西古墳, 한냐가오카 고분般若ヶ丘古墳 등의 유력분이 연속적으로 축조되었는데, 후기 중반 이후 그것들이 자취를 감추고 대형 횡혈식 석실분이 축조되지 않았다.

자세한 내용은 알 수 없으나 누카자카 고개額坂峠를 넘은 성산 서남쪽 기슭 일대에는 중기 말에서 후기 후반 사이에 위치하는 구니모치 고분国持古墳, 구보오즈카 고분人保王塚古墳 등 유력분의 존재가 알려졌으나 신구우 고분新宮古墳 이후의 대형 석실분은 찾아볼 수 없다. 고쿠분지에서도 남부에 약간 대형의 횡혈식 석실을 가진 이시가코 고분石ヶ窪古墳이 있는데, 석실 형태에서 신궁 고분보다 앞서는 것이다. 이후 시기에 축조되었다고 비정할 수 있는 동등하거나 그 이상의 횡혈식 석실분은 알려져 있지 않다.

◆ **필자의 견해** ◆

선주 이주민인 가야계 아야씨 세력과 신라계 하타씨 세력이 기반을 다진 이 지역에 백제계 신흥세력이 들어온 것이 아닐까 생각한다.

다음 대에 성산성의 조영이나 국부의 설치와 같은 통치 거점화가 진행되는 것과 무관하지 않을 것이다. 이렇게 생각하면 아야키타평야에 군집되어 있는 거석분의 문제는 성산성城山城이나 국부國府의 존재와 일체적으로 연구되어야 할 것이다.

8 아야綾씨

앞에 나온 글에는 아야키타평야綾北平野, 아야군阿野郡, 綾郡, 安益郡, 阿夜郡, 아야카와강綾川, 아야사카綾坂라는 지명이 자주 등장하는데 여기서 아야綾라는 것은 대표적인 한반도 이주인의 성씨다. 아야綾씨에 대하여 정리해 본다.

신라계 하타씨족에 이어 일본에 이주하여 명문거족으로 뿌리를 내린 가문으로 바로 그들이 가야, 백제계 성씨인 아야漢씨족이다. 원래는 아야綾씨였는데 백제계 아야씨는 뒤에 한자만 바꾼 아야漢씨가 되었다. 이들은 대개 3~4세기 때 한반도로부터 일본 열도로 이주하기 시작한 씨족으로 5세기 말에는 완전한 계보가 형성될 정도로 군림하게 되었다. 이들을 아야漢씨족이라 하며, 이들은 두 지역을 기반으로 하였으니 '야마토노 아야東漢'와 '카와치노 아야西漢'씨이다. 동쪽의 나라 분지에 이주해서 정착한 가야, 백제계 가문들이 동한東漢이요, 오늘날의 오사카 지역에 있던 카와치河內 지역이 서쪽이니 이들을 서한西漢이라 불렀던 것이다.

이 두 가문의 공동 시조로 아치오미의 아들인 '쓰카오미都賀加使主'를 칭하는데 『신찬성씨록』 '쓰카'는 우리말로 지방장관을 의미하는 욕褥, 덕德, 탁啄과 통하는 말이다. 그러나 이들 동한과 서한인들이 한반도 출신에 대한 차별이 있기 전까지는 모두가 가야, 백제인임을 내세웠던 가문들이다. 동한인이 정착한 야마토국 히노쿠마노사토大和國檜前郡鄕-現 奈良縣 高市郡 明日村 檜前는 백제촌으로 알려진 곳이다.

이들이 처음 이곳에 정착한 아치오미阿知使主를 백제계로 주장하고 있었는데 주변에 백제 고분과 유사한 후지노키 고분이나 천문도로 유명한 키토라 고분이 발견되는 까닭이다. 아스카 지역에는 최초 가야인이 정착했던 곳으로 보이며 이곳에 백제인이 파도처럼 밀려드니 오히려 백제계가 주도권을 쥐게 되었다. 때문에 먼저 이주한 사람들은 이미 일본인으로서 원주민 행세하게 되었고 나중에 정착한 이마키今來-방금 막 온에 대한 차별도 존재했던 것 같다. 이들처럼 늦게 일본에 이주한 사람들을 위해 따로 행정 구역을 두어 이마키군今來郡-현 아스카 중남 부로부터 카시와라시 橿原市 남부에 걸친 지역이라 하였을 정도였다. 요즘말로 하면 '뉴커머New comer'를 위해서 새로운 군郡을 하나 신설한 것이다.

함안에 안라국安羅國, 통칭 아라가야阿羅伽倻가 있었고, 인접 지역인 밀양에 박씨도 있었는데 이들이 일본에 가서도 '아야漢'나 '아라이新井이나 荒井으로 표기'씨라 했다는 설이 있다. 재일동포들도 밀양박씨든 반남박씨든 대부분 '아라이'라는 성씨를 즐겨 사용한다고 한다. 백제계는 주로 '아야漢'를 선호한 것 같으나, 아라 가야 출신은 '아라이'를 선호한 것 같다.

시코쿠 사누키의 아야씨는 백제인 아야씨가 아니라 가야계 아라씨인 것 같다.

9 시코쿠 가가와현사누키국의 이주민 아야씨족

이와세오야마산石淸尾山남쪽 기슭은 사카타 향坂田鄕이라고 알려져 있다. 그 사카타 출신의 고승 관현觀賢, 서기 853~925년은 하타씨라고 한다. 관현은 공해에게 홍법대사 칭호를 주도록 운동을 일으킨 사람으로, 그로 인해 홍법대사 신앙의 평정이 이루어졌다. 또한 『일본 영이기日本靈異記』라는 책에는 이와세오야마 사카타坂田

의 대부호 아야씨 부부綾氏夫婦가 가난한 사람에게 베풀어 준 설화가 남아 있다. 하타씨와 아야씨는 모두 사누키로의 이주민으로 알려져 있으며 이와세 오야마 고분군이 만들어진 산기슭에 수백 년 후 이주계 씨족이 번성했을 것으로 보인다.

7세기가 되면서 아야키타평야 일대에는 가모폐사, 다이고사 등 고대 사찰이 건립되었다. 가모폐사, 다이고사지에서는 바깥 가장자리에 X무늬가 둘러진 팔엽복판연화문원기와八葉複弁蓮華文軒丸瓦가 출토되었다. 또 이와 같은 문장의 기와가 다무라 신사 하이바라灰原. 파손품이나 연료잔재 퇴적장 부근에서도 출토되고 있다. 아야강 중류의 스에陶 일대가 6세기 후반부터 헤이안 시대 말기까지의 스에키의 일대 생산지로 성장해 가는 것을 감안하면, 가모폐사나 다이고사 건립에 즈음하여 도자기와 기와 가마가 만들어져 아야카와강의 수운으로 운반되었음을 짐작할 수 있다. 가모폐사나 다이고사의 기와는 도자기로 구워졌을 가능성이 있다. 또한 가모폐사와 다이고사의 건립은 그 기와 문양으로 보아 하쿠호 시대白鳳時代, 645~710년 후반에 시작되었던 것 같다.

사누키 아야씨는 아야군阿野郡 일대에서 활약한 고대 사누키 씨족이다. 사누키 아야씨는 7세기 중반에 아야군평의 장관인 평독으로 임명된 이후 군사급 호족으로 발전의 길을 걸었던 것으로 추측되는데,『일본서기』와『육국사』및 기타 고대 문헌 자료 중 많은 기록이 남아 있다.

사료에 나타나는 사누키 아야씨의 기술을 통해 그 실태와 성격에 대해 생각해 본다.

10 아야씨가 남긴 거석분과 사찰 건립

사누키 국부가 있던 사카이데시 후추마치에 있는 신구 고분, 아야오리즈카, 다이고 고분 등 거석분 고분들은 출토 유물이 거의 전해지지 않기 때문에 유물의 내용으로 피장자의 신분과 성격을 알 수 없지만 축조 연대는 6세기 말이고 신궁 고분, 아야오리즈카와 다이고이치 9호분 등도 6세기 후반부터 7세기 전반에 걸친 시기로 알려져 있다.

아야씨의 지방 관리 진출에 관한 것이다. 율령제의 도입으로 평제가 시행되자 아야씨는 아야군의 평조評造에 맡겨진 것 같다. 『일본서기』 텐무천황 13년685년조에 따르면 사누키 아야씨가 기내 유력 호족인 오미와군大三輪君, 오가스카신大春日臣, 아배신阿倍臣, 고세신巨勢臣 등 51명과 함께 아손朝臣의 성을 받은 것으로 보인다. 아마 아야씨가 아손의 성을 받은 배경에는 아야군의 평조로서의 실적이 있었을 것이다. 나라 시대 후반 무렵이 되면 아야씨는 일족을 아야군의 이웃 군인 가가와군의 대령으로 출사시킬 정도의 유력 호족으로 성장해 간다.

『동사문서東寺文書』의 야마다군 홍복사 교출문서山田郡弘福寺校出文書에 따르면, 아야씨 일족綾公人足이 야마다 군의 대령 지위에 있었음을 알 수 있다. 이상의 사실을 정리하면 다음과 같은 '가설'이 성립된다.

사누키 아야씨는 6세기 후반부터 7세기 전반에 걸쳐 사카이데시의 성산 산록에 거석분을 많이 운영하였고, 7세기 후반경에는 가모폐사와 다이고사 등의 사찰을 건립하였다.

아야군의 아야씨에 의해 가모폐사나 다이고사가 운영된 것과 같은 무렵에 가가와군의 아야씨에 의해 사카다 폐사가 만들어졌다.

율령 시대에 이르러 평제가 시행되자 아야씨는 아야군의 평조評督로 임명되었다. 그리고 보제군사輔第郡司로서 아야군의 군수직을 세습하였다.

재청관인제在庁官人制가 시행되자 아야씨는 재청관인으로 국부유수소國府留守所에서 활약했다.

사누키 아야씨의 일족은 장원을 확대하는 한편 제염과 어업에도 손을 뻗쳐 세력을 늘렸다. 가마쿠라 시대에 이르러 사누키 무사단의 핵심 중 하나가 되었다.

아야씨의 자손은, 하유카羽床, 카사이香西, 오노大野, 후쿠이에福家, 니시류지西隆寺, 도요타豊田, 조다井地, 신혼新居 등의 재지무사在地武士로서 활약하였다.

이상의 가설을 요약하면 가야로부터 이주민인 아야씨는 언제 시코쿠로 이주했는지는 알 수 없지만 6세기 후반부터 시작하여 가마쿠라 시대1185~1330년까지 아야군을 중심으로 아야키타평야 일대에서 융성하였다는 것이다.

⑪ 아리오카 고분군有岡古墳群

아리오카 고분군 중 오하카야마 고분이 첫 번째 목적지다. 고분 근처에 있는 목표물의 전화번호를 찍고 달리다 보니 왼편으로 고분이 눈에 들어온다. 얼마를 더 진행하다가 돌아나와 고분이 보이는 쪽으로 나 있는 시골길로 접어들었는데 막다른 골목이다. 근처에 있는 집의 초인종을 눌러 양해를 구하고 집앞에 어렵게 주차를 하였다. 주인 여자분이 나오더니 날이 추운 데도 정성껏 주차를 도와주고 고분으로 가는 길을 안내한다.

가가와현香川県 젠쓰지시善通寺市 아리오카 고분군에는 400기를 넘는 고분이 확인되고 있다. 그중에서도 후데노야마筆ノ山, 가하이시산我拝師山, 오사야마大麻山 등 세 개의 산으로 둘러싸인 히로타강弘田川 유역의 아리오카지구에는 동일 계보상의 수장 고분으로 생각되는 전방 후원분이 집중되어 있다. 3세기 후반부터 7세기 초두에 걸쳐서 축조된 가가와현을 대표하는 고분군이다. 이 고분들은 당지역에 있어서의 역대의 수장 고분이며 사누키讃岐의 고대사 해명에 중요할 뿐만 아니라 중앙 세력이나 선진 지역 규슈과의 연관 관계를 보여주는 귀중한 유적이다.

오하카야마 고분王墓山古墳, 노다인 고분野田院古墳, 수리우스야마 고분磨臼山古墳, 쓰루가미네4호분鶴ヶ峰1号墳, 마루야마 고분, 미야가오 고분宮が尾古墳 등 6분은 3세기 말부터 7세기 초에 걸쳐 축조된 고분으로 아리오카 고분군이라고 총칭하고 있다. 이 중 현재 공개된 고분은 오하카야마 고분, 노다인 고분, 미야가오 고분 등 3개 분이다.

축조 순서는 노다인 고분-수리우스야마 고분-쓰루가미네4호분-마루야마 고분-오하카야마 고분-미야가오 고분이라는 계보가 인정되고 있다.

① 오하카야마 고분王墓山古墳

오하카야마 고분은 거대한 고분이었다. 고분 정상 부분에 있는 횡혈식 석실은 밖에서 볼 수 있도록 열려 있었다.

오하카야마 고분王塚山古墳은 아리오카 지구 중심의 소구릉 위로 쌓아진 6세기 초기의 전장 46m의 전방후원분이다. 세토내해 일대에서도 얼마 안되는 이시야형石屋形 횡혈식 석실이 있다. 이시야형石屋形 고분은 히고肥後, 구마모토 지방에 많이 분포되어 있고, 오하카야마 고분王塚山古墳은 이즈모出雲 지방의 '옆으로 입구가 뚫린 집모양 석관横口式家形石棺'의 특징을 겸비한 특이한 존재다.

출토된 스에키須惠器, 하세기土師器 등 다량의 토기 외에 목걸이, 귀걸이 등의 장식품, 무구, 마구류 등이 많은데 그중에서도 전국에서 처음이라는 금동제 관창金銅製 冠槍이나 상감된 도검과 금동제 마구 등은 고분 시대 공예 기술의 수준을 알수 있다. 같은 종류의 철도鉄刀가 군마, 나라, 시마네, 구마모토의 고분으로부터 출토되고 있어 당시의 지역 간의 관계를 유추하는 데 지극히 귀중한 자료다.

출토품은 젠쓰지 시립 향토관에 소장 전시되어 있다.

은상감입철도銀象嵌入鉄刀는 **도래공인**渡来工人[12)]이 제작하여 이주 집단의 중심이 되는 세력이 지방의 수장에게 권력의 상징으로 하사했다는 것이 일본 측의 정설로, 같은 상감 모양의 철도가 구마모토, 시마네, 나라, 군마 등 지방 세력의 근거지에서도 출토되었다는 것이 그 설을 뒷받침하고 있다. 또한 세토내해에서는 몇 안 되는 돌로 만든 집 모양石屋形의 석실은 규슈로부터의 이주민 집단과의 연관성을 말해 주고 있다.

필자의 개인적인 추측이다. 초기 고분들의 석실 모양을 보아서는 가야 지역을 떠나 규슈 지역으로 이주했던 집단이 다시 시코쿠로 이동한 한반도 이주민 집단의 고분으로 보인다. 6세기 후반에 축조된 고분에서 발견되는 은상감입철도銀象嵌入鉄刀 같은 부장품으로 보아서는 한반도에서 4세기 후반부터 이주를 시작하여 6세기 후반에는 일본 열도의 주도 세력으로 발전하는 백제계의 영향을 받은 것으로 보인다. 즉 가야계 이주민이 터를 잡은 곳에 후에 백제계가 들어온 흔적이 보인다는 뜻이다. 일본에서는 이러한 한반도제 물건들을 수입했다는 논리를 펴고 있지만 필자는 한반도 이주민이 이동하면서 기술자도 이주민의 일원으로 이동하여 이주민 집단을 이루었다는 생각이다.

[그림 3] 오하카야마 고분

백제의 상감 기술은 철제 칼을 장식하는 최고의 기법 가운데 하나였고, 5세기 이후 백제화된 상감 기술은 주변 지역인 가야, 신라와 일본 열도로 퍼져나갔다. 상감象嵌이란 금속이나 자기, 나무, 가죽 등으로 만든 기물에 홈을 파거나 무늬를 깊이 새겨서 그 속에 다른 재질을 넣어 무늬를 나타내는 기법이다. 은상감철도는 철로 만든 칼의 표면에 선이나 면으로 홈을 내고 여기에 퍼짐성이 좋은 금속인 은을 박아 넣는 기법으로 만든 백제식 칼이다.

② 미야가오 고분宮が尾古墳

다음 목표인 미야가오 고분은 길가에 위치하여 쉽게 찾았다. 규모는 작지만 구마모토 지역에 집중되어 있는 한반도 고분의 영향을 받은 장식 고분이라는 특수한 고분이었다.

미야가오 고분은 오사야마大麻山와 가바이시산我拜師山이 남북에 있어 계곡의 남측 저구릉 위에, 7세기 초두에 쌓여진 말기 장식 고분裝飾古墳으로 횡혈식 석실 안에는 인물이나 말, 배 등이 벽면에 선으로 그려져 있다. 전장 9m의 양축식 횡혈식 석실을 가지는 지름 약 20m의 원분이다. 연도羨道, 엔도에는 두 개의 무인상, 현실의 안쪽벽에는 인물군, 말을 타는 인물, 선단船團 등이 극명하게 선으로 조각되어 있다. 이 인물군은 고대의 귀인이 죽었을 때에 본장의 준비가 끝날 때까지 행하여진 의식을 그린 것으로 생각되어 전국적으로도 주목받고 있다.

③ 오하카야마-미야가오 고분

이 두 고분의 특성은 횡혈식 적석묘라는 데 있다. 아야키타평야의 거석분과 모양이 유사하다.

일반적으로 수혈식 적석묘는 가야식이고 횡혈식 적석묘는 백제식이다. 두 고분이 자리한 마루야마평야라고 불리는 지역은 가야계 이주민들이 번성했던 아야키타평야의 서쪽에 인접해 있다.

진주시 일반성면에서 발견된 백제식 아치 석실이 있는 가야 고분을 국내 재야 사학자는 '백제식 가야 고분'이라고 부르는 것을 앞에서 보았다. 시코쿠 아야타평야에 자리한 다이고 고분堤醐古墳의 무덤 양식이나 아리오카 고분군의 이 두 고분들도 '백제식 가야 고분'을 닮았다. 그렇다면 이 지역도 가야계 이주민이 자리 잡은 후에 백제계 이주민들이 들어온 것으로 추정된다. 미야가오 고분에서 발견되는 장식 고분의 양식은 규슈 미야자카 지역의 장식 고분 단원에서 다시 설명하기로 한다.

④ 노다인 고분野田院古墳

세 번째 목표인 노다인 고분田院古墳은 산의 정상 부근에 있는 고분이라 접근로 상황을 알 수는 없었지만 산 위에 있는 캠핑장을 목표로 정하고 출발했다. 그러나 산길을 한참 올라가다가 포기하기로 했다. 길이 너무 좁아 차량이 피해 지나갈 수 없는 외길인 데다 5~6km를 더 올라가야 한다는 내비의 안내와 동시에 포기하기로 결심하고 후진으로 내려와 샛길에서 방향을 바꾸었다.

이 고분은 일본의 지중해인 세토내해瀬戸内海, 세토나이가이가 내려다보이는 절호의 전망대 위치에 있다. 히미코卑弥呼 시대의 젓가락 고분箸墓과 같은 시기에 만들어진 것이라 한다. 해당 지역에는 여러 가지 적석총이 있지만 이 고분군은 가가와 지역에 존재하는 사카이데坂出와 아야우타綾歌 지역의 고분군을 거쳐 다카마쓰의 이와세오야마石淸尾山 고분군으로 이어지는 것으로 알려져 있다. 적석총의 발생과 변천을 연구하고 사누키의 고분 시대 전기의 지역 집단 관계를 이해하는 데 있어 대단히 귀중한 유적이라고 한다.

노다인 고분이 있는 대마산大麻山은 곤삐라궁金毘羅宮이 있는 상두산象頭山과 나란히 연결된 산이다.

⑤ 구연병장 유적

젠쓰지普通寺를 중심으로 하는 지역에서 야요이 시대 중기기원전후-고분 시대기원
250년경 시작에 존속한 대촌락과 45만㎡14만평 대규모의 구연병장 유적이 밝혀졌다.
수혈 건물군의 출토 상황이나 구조로부터 규슈 지방에서의 '집단 이주'의 존재도
확인할 수 있다고 한다. 유적 주변의 가바이시산이나 쓰루가미네鶴ヶ峰 등의 산록
으로부터는 구리검이나 구리방울의 출토가 알려져 있었지만, 구연병장 유적에
서도 구리종 파편, 동화살촉 및 후한 시대의 박재경舶載鏡 깨진 것이 출토되어 한
반도와 관계가 있었던 증거라고 한다.

고분 시대에는 사누키讚岐지역이 시코쿠에서 가장 많은 고분이 분포되어 있어
100개 남짓의 전방후원분이 만들어져 있다. 어떤 시기에 세토내해를 면하고 있
는 사누키는 '규슈에 상륙한 도래인들이 현 오사카 남부인 가와치河內로 동진하는
중계 지점'으로서도 중요했다고 보인다. 아리오카 고분군, 아야키타평야의 거석
문, 이와세오야마 고분군은 시대를 달리한 가야계 이주민들의 고분으로 보인다.

젠쓰지와 쿠카이 다음 목표지로 향하는 도중 엄청난 규모의 진언종 사찰인 젠
쓰지普通寺, 선통사가 있어 둘러보고 근처에서 부카케우동으로 점심을 했다.

젠쓰지는 진언종 선통사파의 총본산으로 일본에서 진언종을 일으킨 이 지방
출신 쿠카이空海를 모신 절이다.

젠츠지시普通寺市 태생의 쿠카이空海의 어머니는 이주민 아도씨阿刀氏다. 쿠카이는
외삼촌인 아도노오오다리阿刀大足의 도움을 받아 사비 유학생 자격으로 견당사의
일원으로 선정되었다. 쿠카이는 중국어, 산스크리트어로 통했고, 또 아버지 하
타씨계 사에키씨佐伯氏는 사누키의 유력 호족으로 지금도 윤택했다. 당나라 혜과
惠果로부터 밀교의 오의를 마스터하고 20년인 유학 기간을 2년으로 단축할 수 있
었던 것은 공해의 지혜와 어학력 및 재력의 뒷받침이 있었기 때문이다.

12 하타씨佐伯氣씨와 쿠카이空海

공해의 유소명幼少名은 사에키 마오佐伯 眞魚인데 그의 속성인 '사에키佐伯'의 출신지와 선조에 대해 알아보자.

오이타현豊後은 후쿠오카현後-前, 豊前과 함께 기타큐슈에 위치하고 있는데 예전에는 도요쿠니豊國이라고 불리고 있었던 곳이다. 수서 왜국전隋書 倭国伝에 의하면, 이 부근은 하타왕국秦王国이라고 적혀 있고, 하타씨의 거주지였다고 한다. 하타씨는 한반도 이주민이며, 한반도로부터 선진 기술을 일본에 들여와 도요쿠니는 풍부한 나라豊国가 되었다.

이 하타씨의 지역 안에 사에키佐伯라는 이름이 지명으로 있어, 사에키씨는 하타씨의 지족支族으로 생각된다. 당시의 하타왕국은, 수서 왜인전에 의하면, 현재의 기타큐슈뿐만 아니라, 주고쿠 지방의 스오, 이쓰쿠시마周防, 厳島도 포함하고 있었다. 히로시마현에 있는 사에키군佐伯郡 이름의 유래는 이쓰쿠시마 신사厳島神社 신주祀主가의 이름이라고 한다. 따라서 히로시마현의 사에키씨는 이쓰쿠시마 신사와 밀접하게 관계되어 있다. 이쓰쿠시마 신사의 제신은 이치키시마히메市寸島比売命를 비롯한 무나카타 세 여신으로 대한해협에 있는 오키노시마沖ノ島가 신화의 본향이다.

사에키씨가 하타씨의 지족이라고 하면, 쿠카이도 하타씨와 관계가 있게 된다. 이주민이 서일본 일대에 정착했던 것을 보면, 사에케씨는 이주민의 큰 주류인 하타씨 중에서 사누키 지방에서 활약했던 방계족이라고 생각된다.

쿠카이는 일본 천태종天台宗의 개조 사이초最澄와 함께 일본 불교의 대세가 나라 불교新羅 仏教에서 헤이안 불교日本 仏教로 전환해 가는 흐름의 벽두에 위치하여 중국으로부터 **진언밀교[13]**를 가져왔다. 능서가能書家로서 사가천황, 타치바나 이쓰세와橘逸勢와 함께 3필三筆의 한 사람으로도 꼽히고 있다. 간무천황 생전에 천황의 적극적인 지지를 받았다. 사이초와는 경쟁 관계에 있었던 것 같다.

불교에서 힌두교의 영향도 끌어들이는 형태로 탄생 발전한 밀교가 실크로드를 거쳐 중국에 전해진 후 중국에서 전수받은 오의奧義, 경전, 만다라曼茶羅 등을 체계적으로 일본에 전래시킨 인물이다.

홍법대사 쿠카이에 관한 전설은, 홋카이도를 제외한 일본 각지에 5천 건 이상 남아 있어 역사상 쿠카이의 실제 족적을 훨씬 뛰어넘고 있다. 전설 형성의 저변에는, 역시 공해의 폭넓은 분야에서의 활약과 공해에 대한 존경에서 나온 것으로 생각된다. 전설은 사원의 건립이나 불상 등의 조각, 혹은 성수聖水, 암석, 동식물 등 여러 갈래로 갈라지는데, 특히 홍법수弘法水에 관한 전설은 일본 각지에 남아 있다. 홍법대사가 지팡이를 짚으면 샘이 끓어 올라와 우물이나 연못이 되었다고 하는 홍법수의 전승이 있는 장소는 일본 전국에 천여 건에 이른다고 한다.

13 시코쿠의 신라 신사神社

시코쿠는 하타씨가 활약한 장소로서 한반도 이주민 문화의 색깔이 진하게 남아 있다. 신라계 하타秦씨는 아스카-나라 문화를 일구어낸 주역인 백제계 아야漢씨와 더불어 일본의 한반도 이주 씨족 가운데 가장 규모가 큰 성씨이다. 하타秦씨에서 갈라져 나온 성씨姓氏들이 일본에서 가장 많은 비율을 차지한다고 한다.

다카마쓰시 서쪽의 세토대교 입구 서쪽으로 있는 마루가메丸龜 지역의 기토쿠초木德町라고 하는 거리에 신라 신사新羅神社가 있다. 조금 더 서쪽으로 향하면, 가가와현 시모다카세下高瀨 초등학교 앞에 신라 사부로 요시미쓰新羅三郎義光의 자손이 세운 신라다이묘진新羅大明神이 있다.

오후의 첫 번째 목표지는 먼 곳에 있는 신라다이묘진이다. 선통사善通寺에서 출발하여 서쪽으로 약 1시간을 달렸다. 목표 지점에 도달했으나 찾을 길이 묘연하다. 마침 옆에 주차한 트럭기사에게 물었더니 모른다고 한다. 근처에 있는 나카지보中之坊라는 절에 들어갔는데 인기척이 없다. 밭을 건너가다 보니 체육센터 운동장이 보이고 선생으로 보이는 젊은이가 있어 물어보니 생소한 이름이라고 한다. 한참을 생각하더니 사람이 없는 신사가 하나가 있는데 혹시 모르겠다며 앞장을 선다. 신라대명신사, 즉 신라다이묘진이었다. 답사 여행의 묘미란 이런 것이다. 어렵게 그러나 끝내 찾아내는 것, 그것이다. 작은 규모의 신사로 최근에

[그림 4] 신라 신사

재건했는지 기부자의 이름이 새겨진 석비가 줄지어 있다. 이름에서 친숙한 이주민 성씨들을 확인할 수 있었다.

다음은 금장사金藏寺, 곤조지를 찾아가면 볼 수 있다는 신라 신사가 오늘의 마지막 목표다. 어렵지 않게 찾았다. 금장사라는 큰 절 옆에 위치한 신사였다.

금장사 옆에 나란히 자리하고 있는 것으로 보아 예전에는 금장사 터도 신라 신사에 속해 있었던 것으로 추정해 본다. 신라 신사新羅神社라고 써 있는 현판이 당당해 보였다.

14 곤삐라 신사金比羅神社, 곤삐라 신사, 고토히라신사

시코쿠에 있는 이름부터 재미있는 곤삐라 신사 방문기이다. 시코쿠를 동서로 가로지르는 요시노강에서 중앙 구조선의 북쪽 구릉으로 올라가는 산길을 넘어갔다.

고토히라 신사金刀比羅神社, 琴平神社, 事比羅神社 또는 곤삐라신사金比羅神社는 가가와현 나카타도군 고토히라초의 고토히라구를 총본영이라고 해서 그 주제신인 오오모노누시大物主神를 모시는 신사다. 오오모노누시는 이주민의 신인 스사노오의 후예로 오오쿠니누시大国主神와 동일한 신으로서 해신의 성격이 있다.

에도 시대에 선박에 의한 유통이 왕성해지면서 해운업자나 상인에 의해 곤삐라 신앙이 일본에 널리 퍼져 분사가 각지에 만들어졌다. 메이지유신에 의한 신불분리神佛分離, 폐불훼석廢佛毁釋에 의해 신불조화의 곤삐라대권현은 폐지되어 오오모노누시大物主神를 주제신으로 하는 신도의 신사가 되었다. 현재 곤삐라 신사, 고토히라 신사는 일본 전국에 약 600사가 있다. 해상 교통의 수호신으로 경내에는 조선회사에서 헌납된 거대한 스크루가 설치되어 있다.

이 신사는 돌계단이 유명하다. 본영까지 785단, 더 위에 있는 오쿠사까지는 또 583단의 돌층계가 있는데 올라가는 것은 쉬운 일이 아니지만 오쿠사에서의 조망은 절경이다. 파트너가 본영에서 휴식을 취하는 사이 필자만 오쿠사까지 다녀왔다. 위에서 내려다보는 풍경이 장관이다. 북쪽으로 내려다보이는 산으로 둘러싸인 평원 위에 아리오카 고분들이 있다.

15 다카마쓰高松와 세토내해瀬戸内海, 세토나이가이

다카마쓰시高松市는 시코쿠의 북동부, 가가와현의 중앙에 위치하는 도시로 가가와현의 현청 소재지이다. 세토내해瀬戸内海에 면하는 항구 도시이며 시코쿠의 정치, 경제의 중심 거점이다.

16 나오시마直島

첫날 마쓰야마에 도착하고 보니 나오시마로 가는 페리 시간이 임박하여 부두로 차를 몰았다. 예술의 섬인 나오시마直島로 향한다. 페리는 세토내해를 달린다. 삼십 년 전인가 오사카에서 근무한 경력이 있는 직장 상사가 세토내해의 아름다움을 극찬하던 기억이 있어 필자는 젊었을 때부터 세토내해에 대한 환상이 있었다. 그 환상을 볼 수 있는 섬이 나오시마가 아닌가 한다. 나오시마는 다카마쓰시의 북방 13km, 오카야마현 다마노시의 남방 3km에 위치한다. 가가와 현의 섬이면서 오카야마현에 가까우므로 나오시마행 배는 다카마쓰항과 우노항다마노시의 양측에서 출발한다. 페리로 출발하는데 배가 커서 파도의 흔들림이 느껴지지 않는다.

나오시마에는 1992년 베네세하우스를 열었다. 현대 예술의 전시 공간과 호텔 객실을 구비한 시설로 작품과 마주하면서 시간을 보내기 위한 장소를 제공하고 있다. 그 후 지중미술관地中美術館을 비롯해 예술 시설이 나오시마直島, 도요시마豊

島, 이누지마犬島에 차례로 개관되었다. 쿠사마 야요이草間彌生'의 커다란 호박 작품이 설치된 항구를 출발하여 섬 안의 넓지 않은 길로 차를 몰아 베네세하우스 박물관으로 향했다.

17 베네세하우스 박물관

자연, 건축, 예술적인 공생을 콘셉트로 미술관과 호텔이 일체가 된 시설로 1992년에 개관했다. 세토내해瀨戸内海를 바라다보는 언덕에 세워져 있고, 크게 뚫린 부분으로부터 섬의 자연을 내부에 이끌어 넣는 구조의 건물은 '안도 다다오安藤忠雄'의 설계에 의한 것이다. 오래전에 방문한 적이 있는 제주도 섭지코지에 있는 유민미술관ㅇㅇ, 지니 어스 로사이에서 안도 다다오의 이름을 처음 들었는데 지금은 그가 설계한 건축물이 우리나라에도 여럿이 있다고 한다. 박물관 건물 밖으로 나가 바다를 바라보니 먼 곳에 조그만 삼각형 섬이 하나 보인다. 조류가 바뀌는 시간인지 바닷물의 흐름이 눈에 들어온다.

호텔에 돌아와 다카마쓰시에서 유명한 우동집을 수소문했다. 시내에 있는 쓰루마루鶴丸라는 우동집을 소개해 준다. 호텔에서 걸어갈 수 있는 거리에 있어 차를 호텔에 주차한 후 시내를 걸었다. 쓰루마루에 도착한 시간이 저녁 7시경이었는데 우동집은 저녁 8시부터 연다고 한다.

근처에 시장이 있어 돌아보다보니 해적海賊, 가이조쿠이라는 간판의 이자카야가 있어 맥주라도 한잔 할 겸 들어갔다. 당시는 16세기의 동아시아 해적에 관심이 많던 시절이라 상호가 더 눈에 띄었던 것 같다. 어차피 일본말이 잘 통하지 않던 시절이라 주인과 어설픈 대화를 이어갔는데 나이가 들어 보이는 주인은 한국에 대한 이해가 부족해 보였다. 돌굴이 맛있어 보여 주문하고 해적에 대해서 질문을 하였더니 전국시대에 활발했던 세토내해의 수군이라는 집단에 대해서 설명을 해주었다. 세월이 좀 흐른 후 이 수군들이 섬기던 신이 백제신인 오야마즈미라는 것을 알게 되었다.

18 사누키讃岐 우동

저녁 8시가 되어서야 문을 연 쓰루마루 우동집에 들어가 파트너는 부카케 우동삶은 면과 부어먹는 장유가 따로 나오는 우동을 시키고, 필자는 이곳에서 유명하다는 카레우동을 시켰다. 이후 파트너는 **부카케 우동**[14]의 광팬이 되었다.

사누키 우동은 사누키국현 가가와현 일대에서 생산되는 우동의 일종이다. 가가와현에서 우동하면 오르는 화제가 홍법대사弘法大師가 당에서 전했다고 하는 구전이다. 우동의 공해청래설空海請来說' 속에 다음과 같은 문장이 있다.

'우동은 공해쿠카이가 당에서 가지고 온 당과자唐菓子가 원류라고 전해지고 있다. 당과자는 밀가루에 앙꼬를 넣어서 삶은 것으로 혼돈混沌, 곤돈이라고 불려지고 있었다. 그것이 겐돈梭飩이 되고, 삶아서 뜨거운 동안에 먹는 것이기 때문에 온돈溫飩이 되고, 다시 그것이 변해서 운돈饂飩이 되어 현재의 '우동'이 되었다'.

야마노 아키오山野明男의『우동 전래에 관한 고찰』에 나오는 설명이다. 그러나 이것도 공해空海, 도래인 하타씨의 자족으로 알려짐'에 대한 대사 신앙의 영향으로 보인다.

2. 세토내해瀬戸内海, 세토나이카이

세토내해瀬戸内海를 건너 동쪽 방향으로 일주하는 긴 여정이므로 아침 일찍 숙소를 나섰다. 다카마쓰시 서쪽에 있는 가메야마에서 세토 대교를 지나 혼슈의 오카야마 쪽으로 세토내해를 건너 동진하다가 고베 쪽에서 아와지시마를 남쪽으로 건너와 시코쿠의 동쪽 도시인 도쿠시마德島까지 가는 일정이다.

우선 세토내해 연안의 도시들과 이 바다를 근거지로 활약하던 수군이라 불리던 해적을 소개한다.

1 해적海賊

물결이 잔잔한 세토내해瀬戸内海는 먼 옛날부터 물류의 동맥이었다. 중세에 들어서 상품의 유통이 더욱 활발해지고 해운이 왕성해짐에 따라 바다에서 생활하는 사람들도 많아졌다. 세토내해의 서쪽 지역에 있는 게이요제도芸予諸島, 보요제도防予諸島 등 많은 섬이 모여 있는 해상 교통의 요충에는 항상 해적이 있었다. 해적 무리들은 기본적으로는 지배 해역에 들어온 배를 대상으로 크기나 적하물의 양에 따라 통행세를 받고 도선을 해주어 안전을 보장하고 따르지 않으면 가차없이 덤벼들고, 죽이고, 약탈하고 불을 놓았다. 일본에서 옛날부터 해적이라고 부르고 있었던 사람들을 일단 '바다의 스페셜리스트'이자 '무사단'으로서뿐만 아니라 바다의 안전이나 교역 및 유통을 담당하는 책임을 맡고 있었던 집단으로 보고 이야기를 시작하자.

세토내해에 다리가 놓이기 전에는 혼슈와 시코쿠를 연결하는 통로는 섬이 줄이어 있는 세토내해의 서쪽에 있었다. 히로시마의 오미치尾道에서 시작하여 시코쿠의 에히메현의 이마바리今治까지 세토내해의 섬과 섬 사이를 연결하는 시마나미 해도海道다. 필자는 히로시마에서 도고온천이 있는 마쓰야마 가는 길에 이 해도를 건넌 적이 있다. 이 해도에 줄지어 있는 많은 섬들을 게이요제도芸予諸島라고 부른다. 히로시 마현의 무코지마向島, 인노시마因島, 이쿠치시마生口島, 에히메현의 오미시마大三島, 하카타도伯方港, 오시마大島, 노시마能島, 구루시마来島 등이다. 이 지역은 인노시마, 노시마, 구루시마의 3섬을 주요 근거지로 하는 무라카미 수군의 지배하에 있었다. 무라카미 수군은 그들의 근거지의 이름을 따서 산도三島해적이라고 불렸다.

2 오야마즈미 신사大山祇神社

마쓰야마松山에 있는 도고온천道後温泉에 가기 위한 여정으로 시마나미 해도しまなみ海道를 지나는 도중 오야마즈미 신사大山祇神社의 본사가 있는 오미시마大三島에 들른 적이 있다.

시마나미 해도는 지금은 섬과 다리로 연결된 길이다. 도로를 따라 펼쳐지는 세토내해와 작은 섬마을의 풍경은 그야말로 환상적이다.

오야마즈미 신사大山祇神社는 '미시마미야三島宮'라고도 하는데 그 이유는 신사 중앙에 본전이 있고 본전 왼쪽에 수신을 모신 사당이 있고, 본전 오른쪽에 번개 신을 모신 사당이 있어서다. 그래서 신을 모신 사당이 3곳에 있다고 해서 미시마미야三島宮라고 한다. 이곳이 일본 전국에 있는 1만 개 '미시마 신사三島神社'의 본사다.

이 신사에 있는 기록에 의하면 이곳에 모신 신은 백제에서 건너왔다고 한다. 이 신사가 백제가 있었던 서쪽 한반도 방향을 향하고 있다는 점도 의미가 있다.

3 백제百済에서 도해渡海한 신神

『석일본기釈日本紀』에 「이요국풍토기에 말한다」고 하며 이렇게 기록되어 있다. '오야마즈미大山積, 대산적의 신, 또 다른 이름 와타시(도해)의 대신和多志(渡海) 大神는 백제의 나라에서 건너와 셋쓰노쿠니의 오시마摂津の国の御島에 왔다.'

「伊子国風土記〈逸文〉」という書には、乎知の郡。御嶋。坐す神の御名は大山積の神、一名は和多志の大神なり。是の神は、難波の高津の宮に御宇しめしし天皇の御世に顕れましき。此神、百済の国より渡り来まして、津の国の御嶋に坐しき。御嶋と

謂うは、津の国の御島の名なり'とある。すなわち、仁徳帝の世に、百済から渡来した
とはっきり書いている。

　와타시대신和多志の大神의 '와타'는 바다의 옛말로, 고대 조선어로도 '파타' 즉 하
타는 바다를 뜻한다. 오야마즈미는 한반도 서남부의 백제에서 규슈 북부를 거
쳐 세토내해 루트를 거쳐 온 야마토족大和族의 일파가 모신 와타쓰미 해신海神이라
는 뜻이다.

　세쓰노쿠니의 미시마摂津の国の御島란, 현재의 오사카부 타카쓰키시高槻市 미시마에
三島江 있다. 그곳에 있는 미시마카모신사三島鴨神社의 제신은 오야마 닌토쿠쓰미大山
にんとく祇다. 사전에 의하면, 제16대 닌토쿠천황4세기 말에서 5세기 전반에 실재했다고 하는 대왕이
요도가와강을 따라 제방을 쌓을 때 요도가와 진수鎮守의 신으로 백제百済에서 옮
겨 모셨다고 전해진다.

　고대의 오사카만에 있던 난바츠灣는 세토내해 루트로 기나이 당시의 수도권에
들어가는 현관으로, 한반도로부터의 배가 여기에 왔다.

　이즈 반도伊豆半島, 시즈오카현 미시마시에 있는 미시마 대사三嶋大社의 제신도 오
오야마즈미大山祇다. 세토내해와 마찬가지로 섬과 바다의 나라인 이즈국의 항해신
으로 모셔진 것이 기원이며, 오오야마즈미 신사와의 관계도 이야기된다. 해밑섬 1
권에 소개하였는데 김달수 씨는 백제신으로 소개하였고 필자는 백제계 이민이
들어오기 이전의 역사를 추적하였다.

　오야마즈미大山祇를 오야마구이大山咋라고도 하는데 이 둘은 동의同義라고 한다.

　고사기에 오오야마구이신大山咋神이 오미국 시가현의 히에산近江国滋賀県 日枝山比叡
山에 자리 잡았다고 한다.

　오오야마즈미신을 모시는 세토내해 미시마섬의 오오야마즈미 신사大山祇神社는
전국의 오오야마즈미 신사大山祇神社와 미시마 신사三島神社의 총본사이고 오오야마
구이신大山咋神을 모시는 히에이산의 히요시 신사日吉ひえ神社는 일본 전국에 수많은
히에 신사의 총본사다. 그렇게 되면 오야마즈미大山祇=大山咋의 자손이나 관계가

있는 사람들이 일본이라는 나라를 만들었다고 해도 과언이 아니다. 물론 실질적인 면에서는 하타씨도 그러하다.

오오야마구이신大山咋神의 구이咋, 한자읽기는 시는 '주主'라는 뜻으로, 그 신덕神德은 대산大山의 주인山神인 동시에 널리 지주신地主神으로 추앙되어, 산山과 물水을 관장하고, 대지를 지배하는 것이다.

이로써 도쿄 아카사카에 살 때 집 옆에 있던 히에신사日枝神社가 백제계 신사라는 김달수 씨의 말이 이해되고 긴자선에 있던 타메이케산노溜池山王역 이름에 산왕山王이 들어가는 이유도 이해가 된다.

스스로를 오미시마의 오야마즈미 신사大山祇神社에 제사 지내지고 있는 오오야마즈미大山積大神의 자손이라고 믿고 있었던 이들 해적 무리들은 세토내해 연안이나 많은 섬의 소호족들을 산하에 넣고, 게이요제도부터 호요제도에 걸쳐서 20여 군데나 되는 성채나 바다의 관문을 만들어 일본 최대의 바다의 왕국'을 이룩해 나갔다. 시코쿠 북서쪽에 있었던 이요국의 지방 역사서인 『이요 풍토기伊予風土記』에도 오야마즈미신大山祇命이 백제에서 온 신'이라고 씌어 있다.

大山積神は百済から渡来して津の国摂津国の御嶋に鎮座, のち伊予国に勧請されたとする. 伊予国風土記逸文 越智郡御島の条

세토내해, 기타큐슈 등의 연안에는 고대 국가의 확립 이전부터 해적촌海賊村이라고 불리는 작은 어촌이 무수하게 있었다. 육지에 경작할 수 있는 토지를 소유하지 않는 가난한 어민들은 생존을 위해 조난한 배의 표류물을 닥치는 대로 빼앗거나 작은 배로 다른 배를 습격하거나 했다. 그렇게 하지 않으면 먹고 살 수가 없었기 때문이다. 나중에 무력 집단으로서 조직화되어 갔다고는 해도 원래 수군은 신분이나 직업으로서 존재한 것이 아니고 어업만으로는 살 수 없는 어촌의 빈곤함이 그 발생의 이유였다.

처음에는 율령국가의 중앙정권 체제에 반발해서 세토내해를 중심으로 점차로 바다를 통제하게 되고, 드디어 겐페이源平해전에 합류해서 활약하다 헤이케平家편에 들었다 패배한 해적 무리들이 왜구倭寇가 되어 간다. 주로 기타큐슈 연안이나 고토 열도 등의 많은 섬에 산재해 있었던 날렵하고 사나운 왜구는 중국의 반정부 해상 세력과 결탁하여 멀리 대만이나 명의 복건福建 연안을 습격하기도 한다明대 왜구. 그들은 가마쿠라 시대의 몽고 침입 시에 힘을 발휘하고, 남북조의 내란기에는 선단으로 물자의 대량 수송을 담당하고, 상업 활동도 하는 군사 집단으로 활약한다.

드디어 전국시대로 접어든다. 이 시기의 일본의 주된 해적 무리로 이세伊勢의 구키수군九鬼水軍, 기이紀伊의 구마노수군熊野水軍, 기타큐슈의 마쓰우라당松浦黨, 세토내해에 시와쿠수군塩飽水軍, 고우노수군河野水軍 그리고 최대의 힘을 자랑하던 무라카미수군村上水軍이 있었다.

무라카미村上수군은 세토내해에서 최대의 세력을 자랑하던 해적 무리로서 타케요시1533년생는 이 무라카미수군의 절정기의 인물이다. 1576년 제1차 키즈가와구치木津川口 전투에서 모리수군의 일익을 담당하여 오다 노부나가織田信長의 구키수군九鬼水軍을 패배시켜 혼간지本願寺에 물자 보급을 성공시키는 등 그 힘을 보였다. 병사의 동원 능력은 1만 정도였다고 한다. 이 수군과 해적 집단들이 전국시대가 끝난 후 임진왜란에 동원된다.

4 구레시吳市

구레시吳市는 일본 히로시마현의 도시이다. 히로시마현의 남서부에 위치하고 세토내해에 접한 기후가 온화한 임해 도시이다.

지형적으로 천연의 양항으로 여겨지며 옛날에는 무라카미 수군의 일파가 근거지로 하고 있었고 메이지 시대 이후에는 일본 해군과 해상 자위대의 거점이 되고 있다. 제2차 세계 대전 중에는 일본 해군의 거점이었고 당시에는 일본 10대 도시에 꼽힐 정도의, 실로 40만 명을 넘는 인구를 가지고 있었다.

구레시吳市 야마토 뮤지엄大和ミュージアム을 방문하였다. 구레라는 이름의 유래는 여러 가지 설이 있는데 오래전 구레 부근에 살고 있던 이주민_{한반도에서 이주해온 주민들}을 くれ人이라고 부른 것에서 연유되었다고도 한다. 일본어 くれ의 어간은 くる _{来る}로서 '오다'라는 의미를 가진 단어다.

5 히메지성_{姬路城}

세토대교를 건너 오카야마에서 동쪽으로 방향을 틀어 히메지로 향한다. 히메지성을 방문한 날은 몹시 무더운 여름날이어서 걷기도 힘들 정도였다.

히메지성_{姬路城}은 효고현의 히메지시에 있는 성으로 에도 시대 초기에 세워진 천수나 노_{櫓, 방부 역할을 하는 건물} 등의 주요 건축물이 현존하고 국보나 중요 문화재로 지정되고 있다. 나고야성 및 오사카성과 더불어 3대 명성의 하나로 손꼽히고 있다. 임진왜란으로 일본에 끌려온 조선인 3,500명이 성과 천수각의 축성을 위해 일했는데 많은 사람들이 죽었다는 이야기가 있다. 히메지성이 조선성을 닮았다고 하는 것도 이때 일한 조선인들 때문인지 모르겠다.

필자가 일본에서 제일 아름다운 성으로 생각하는 성으로 히메는 신_神적인 여성을 뜻한다. 신라왕자 천일창이 찾아나섰다는 희메코소 신사에 모셔진 히메가 좋은 예다. 일본에서 로_路를 '지'로 발음하는 것은 '길'을 사투리로 '질'이라고 발음하는 것과 같이 우리말에서 온 것이라고 한다. 담로도_{淡路島}를 '아와지시마' 로 발음하는 데서도 '지'가 나타난다. 히메지시 주변의 신라계 신사나 사찰도 함께 고려하면 히메지_{姬路}란 신라계 세력인 천일창과 그들의 무녀신_{巫女神, 女神, 치} 히메가 거쳐 간 곳이라는 뜻으로 생각된다.

6 히메지시 부근의 신라인의 발자취

히메지성의 동쪽으로 시라구니 신사_{白國神社, 신라국 신사}, 시라기 신사_{新羅神社}와 신라계 도래인 진하승_{秦河勝, 하타가와가쓰}이 건립했다는 가쿠린지_{鶴林寺}가 있다. 신라와 관련된 신사와 절을 방문하였다.

① **시라구니 신사**白國神社

시라구니신라국 신사, 히메지 시가를 내려다보는 언덕 위에 있다. 겉으로 보기에는 평범한 신사로 보여졌지만 여기저기서 역사가 느껴졌다.

② **아케다신라 신사**明田新羅神社

히메지시에는 현재도 신라의 이름을 딴 신라 신사가 히메지시의 남쪽, 시고초 아케다에 있다. 히메지성의 동쪽을 흐르는 이치강 하류에 시라하마초라는 마을이 있는데 이 시라하마초의 시라하마白浜는 이전의 신라하마新羅浜이며, 시라하마초의 남부는 바다였다. 근처에 후쿠도마리항이 있는데 일찍이 '칸도마리韓泊'라 불리던 항구다. 칸은 한韓이고 도마리는 머문다는 뜻이다.

이 신사는 옛날에는 신라명신으로 불렸다고 기록돼 있고 신사에 걸린 설명판은 신라 글자에 신라라는 가명이 붙어 있다고 한다. 일본의 가나가 신라의 이두에서 왔음을 시사하는 대목이다.

③ **카쿠린지**鶴林寺

전승에 따르면 창건은 589년으로 거슬러 올라가며 쇼토쿠 태자가 당시 불교를 반대하던 **모노노베 모리야**[15]의 박해를 받아 하리마 땅에 있던 고려승 혜편惠便을 위해 진하승秦河承, 하타노 가와가츠에게 명하여 건립하게 했다고 한다. 다시 말해 도래인 하타씨에 의해 건립된 절이다. 서쪽의 법륭사라고 불리는 큰 절인데 시간이 늦어 밖에서 사진 몇 장만을 찍었다.

7 **아와지시마**淡路島, 이와지섬

시코쿠로 돌아가기 위해 명석해협대교를 지난다. 아와지섬 입구에 있는 휴게소에서 바라보니 명석해협대교가 마치 샌프란시스코의 금문교淡路島처럼 보인다. 아와지섬은 세토내해 동부에 위치하는 세토내해의 최대의 섬이다. 율령제 시대의 국명은 아와지국이다. 긴키 지방의 효고현에 속하고 현재는 북쪽으로부터 아와지시, 스모토시, 미나미아 와지시의 3개의 시가 있다.

『기기記紀』에 있는 일본 열도의 국토창세담 신화에 의하면 아와지시마는物部守屋

이자나기(伊弉諾尊)[16]와 아내인 이자나미(伊弉冉尊)가 일본 열도 중 최초로 창조한 섬이라고 한다. 『고사기고지키』에는 아와지노호노사와케노시마(淡道之穗之狹別島)라고 씌어 있고, 『일본서기』에는 아와지시마(淡路洲)라고 씌어 있다. 초기의 천황가와의 관계가 깊은 모양이고, 아와지궁(淡路宮)이나 아와지 출신 황후의 기재도 보인다. 또 18대 반정천황(反正天皇)은 아와지시마에서 태어났다고 한다. 고대부터 헤이안 시대까지 어식국(御食国, 미케쓰쿠니)[17]으로서 황실과 조정에 음식품을 헌상했다고 한다.

8 아와지시마의 유래

아와지시마의 유래에는 다음과 같은 설이 있다. 아와(시코쿠의 아와국, 지금의 도쿠시마)로 가는 길(阿波への道, 아와에노미치)이라고 해서 '아와지'라고 읽는다고 하는 설이 유력하다. '지'는 '길, 질'의 우리말이라고 한다.

아와지는 최고의 전설서인 『고사기(古事記)』를 보면, 아와지노호노사(別島) 와케시마(淡道之穗之狹別島)라고 씌어져 있다. 이것을 붙여 읽으면 길고 잘 이해할 수 없는 명칭으로 생각되지만, '淡道之穗之, 狹別島'로 나누면 '粟の穗の, 狹別島'로도 읽을 수 있다. 즉 '조의 이삭같이 생긴 큰 섬에서 좁은 해협을 사이로 떨어져 있는 섬'으로 볼 수도 있다. 조(粟)는 작은 알갱이(小粒)라는 의미로 세토내해에는 섬이 점재하고 있는데, 그것들은 모두 이름도 없는 작은 섬(淡島)이라는 억측도 있다.

아와지섬은 위(北)가 아카시해협(明石海峽), 아래(南)가 나루 토해협(鳴門海峽)의 좁은 해협으로 떨어져 있기(狹別島) 때문에 옛날에는 아와지시마가 '협별도'로 불렸는지도 모를 일이다. 마지막으로 백제의 봉건적 지방자치국인 '담로(淡路)'가 설치되어 있었기 때문에 '담로도'라고 불린다는 설도 있다.

9 이자나기신궁(伊弉諾神宮)

이자나기신궁(伊弉諾神宮)은 아와지시 다가(多賀)에 있는 신사로 식내사명신대사이며 아와지국에서 가장 사격이 높은 이치노미야다. 구신사의 등급은 관폐대사로 현재는 신사본청의 특별 표시 신사로 되어 있다. 가장 높은 등급이다. 제신은 '이자나기(伊弉諾尊)'와 '이자나미(伊弉冉尊)'로 양신은 일본 신화의 나라만들기와 신 낳기에 등장한다.

마쓰마에 다케시(松前健)에 의하면 아와지국의 지방신이었던 이나자기, 이자나미의 신화가 야마토조정의 신화 일부가 되어 편입되었다고 하는 흥미있는 설이 있다. 마쓰마에에 의하면, 이자나기를 황조신(皇祖神)이라고 하는 신앙이 궁정에 예로부터 있었다고는 생각되지 않고 양 신이 갖추어진 것은 7세기 중엽 이후로 대상제(大嘗祭)의 날에 신을 제사 지내는 일에 불러들여진 아와지 출신사나 궁정에 식료를 나르는 아와지의 어부에 의해 전해졌다고 한다. 또 일본『삼대실록』[18]에 의하면 이자나기신궁(伊弉諾神宮)이 무품훈 8등으로부터 일품의 최상위로 일약 신위가 올라간 것은 이 시기에 정식으로 이자나기신이 황조신의 가장 가까운 친지로 여겨지기 시작했기 때문이라고 한다.

『일본서기』와『고사기』에는 나라만들기와 신 낳기를 끝낸 이자나기가 최초로 만든 아와지시마의 다가(多賀)에 있는 가쿠리미야(隱宮)에 진좌했다고 씌어 있어 이 서술이 이자나기신궁(伊弉諾神宮)의 기원으로 여겨진다.

🔟 나루토 해협(鳴門海峽)

나루토 해협은 아와지섬(淡路島)과 시코쿠 사이의 해협이다. 즉 세토내해와 **키이수도**(紀伊水道)[19]를 해협이 가로지르는 것이다. 오나루토교가 해협의 양쪽을 잇고 있다. 아와지섬(淡路島) 측의 간자키(門崎)와 시코쿠측의 마고사키(孫崎)를 잇는 해협의 가장 좁은 부분의 폭은 약 1.4km다.

운전을 하면서 얼핏 대교 밑을 내려다보니 유명한 '나루토의 소용돌이(海潮)'가 무섭게 보인다. 해협 양편에 있는 하리마 여울(播磨灘)과 키이수도(紀伊水道) 사이의 조시차(潮時差)가 거의 정반대여서 양쪽 수역의 조위차는 대조 때 1.5m에 달하기 때문에 최대 유속은 11kt(20km/h)나 된다고 한다. 이것은 일본 내에서 가장 **빠른** 조류다.

3. 도쿠시마德島

1 아와국阿波国 일본의 원형原型

도쿠시마德島로 들어섰다. 아와국이었던 도쿠시마는 일본 원형이 남아 있는 지역이라는 자료들이 있다. 『고사기』에서는 이자나기와 이자나미가 최초로 만든 곳이 아와지시마이며, 그다음에 만든 것이 시코쿠였다. 그다음에 오키섬, 규슈, 이키, 쓰시마, 사도섬, 기내의 순서로 오야시마大八島, 일본 열도를 만들어냈다고 한다. 『고사기』에 '최초에 아와지시마, 다음에 시코쿠를 낳았다'고 씌어 있는 것을 보면 시코쿠에는 오랜 역사가 있다고 생각된다.

쓰루기산劍山이 있는 아와국 도쿠시마는 『고사기』에서는 아와노구니粟国라고 불리고, 별명을 오오게쓰히메大宣都比売라고 하는데 조와 피 등 오곡을 담당하는 음식물의 신으로 여기고 있다.

아와국 도쿠시마는 천황가와도 관계가 있다. 새로운 천황이 즉위했을 때 행하여지는 중요한 의식인 대상제大嘗祭에서는 '아라타에'라고 불리는 마麻로 된 신의를 입는데 그 마를 재배하고 있는 곳이 도쿠시마의 고야다이라촌木屋平村에 있는 미키가三木家이며, 미키가는 이무베씨忌部氏의 후예로 여겨지고 있다.

도쿠시마 시내에 있는 인베신사忌部神社에 모셔져 있는 아메노히와 시노미코토天日鷲命가 천반선天磐船을 타고 도쿠시마의 다나보산種穂山에 내려 마와 가지, 조 등 오곡의 씨앗을 주었다고 전해지고 있다. 신무천황 시대에 이무베씨가 마나 가지를 심어서 아와의 산업을 개척한 것과 관계가 있는 것 같다.

가미야마초神山町의 중심부는 신령神領이라는 지명으로 불리는데 가미야마초 진료神山町神領에는 아와국粟国의 별명인 오오게쓰히메大宣都比売를 제사 지내는 가미이치노미야오오아와 신사上一宮大粟神社가 있다.

『고사기』에는 오오게쓰히메가 스사노오에 죽임을 당하는데 그때에 그녀의 몸으로부터 조나 벼 등 오곡의 종씨앗이 생겨서 오곡의 기원이 되었다고 씌어 있다. 또 가미야마초 진료에 있는 고은산 비원사高根山悲願寺는 일본 열도의 역사상 가장 오래된 나라인 야마타이국의 여왕이었던 히미코의 거성이었다고 하는 설도 있다. 원래 아와국에 있었던 야마토조정은 이무베씨 등이 천황가와 협력하여 나라의 야마토에 천도했다는 가설이 있는데, 그 증거로서 공통되는 지명이 많이 남아 있다고 한다.

② 인베 또는 이무베忌部씨

인베씨에 대하여 좀 더 자세히 알아본다.

아와국阿波國, 즉 도쿠시마의 대표적인 성씨로는 이무베忌部씨가 있다. 이들 인베 또는 이무베忌部씨는 나라奈良 인베씨의 부민部民으로서 사누키와 이즈모와 아와阿波. 도쿠시마 등의 지방에 각각 산재해 있었다.

인베씨는 에치젠越前의 쓰루기신사劍神社의 신주를 맡고 있는데, 애당초 에치젠의 인베씨는 비젠備前에서 이주했을 가능성도 있고, 삼베를 만드는 직능 집단이었던 아와인베씨阿波忌部氏와 마찬가지로 검쓰루기. 劍을 만드는 직능 집단이었을 것이라는 견해도 있다. 이러한 관점, 즉 가야계의 땅이었던 비젠備前에서 이주했을 가능성이나 검을 만드는 즉 철을 다루는 집단이라는 관점에서 보면 인베씨는 가야계 집단이었을 가능성이 크다.

아와인베의 동천遷 설화는 『해밑섬, 일본을 걷다』에서 소개한 바 있다. 이 이동은 **고어습유**古語拾遺[20] 등에서 부민인 아와인베에 의한 보소房総로의 이동이 지명 기원으로서 설화가 알려져 있다.

고어습유와 선대구사본기先代旧事紀' 설화에 따르면, 인베씨의 원조遠祖인 아메노토미노미코토天富命는 각지의 재부를 이끌고 여러 가지 제구를 만들고 있었는데, 더 좋은 땅을 찾고자 아와의 재부齋部. 인베를 이끌고 동쪽으로 가서 그곳에 삼베麻와 곡식穀을 심었다고 한다.

이 책에서는 이어서 아메노토미노미코토가 심은 삼베가 잘 자랐기 때문에 그 땅을 '총국総國. 후사노구니'이라고 하고, 또 곡식이 자란 땅을 '결성군結城郡'이라고 하게 되었다며삼베麻는 '총総'의 고어, 아와인베가 이주한 땅은 '아와군安房郡'이라고 이름 붙였다고 한다.

고어습유 자체가 후지와라노 나카토미(中臣) 씨와의 세력 다툼 속에서 정통성과 격차시정(사이를 바로잡음)의 목적으로 편찬된 것이기 때문에 일설에는 아와로의 동천 설화의 조작에는 동국의 나카토미씨 세력과 맞서려는 목적이 있었다고 지적된다. 이 일설을 통해서 보아도 나카토미씨는 백제계 세력이었기 때문에 이와 대립했던 인베씨는 가야계 세력이었을 가능성이 크다는 것을 확인하게 된다.

③ 도쿠시마(德島)의 지형

서일본에서도 유수한 험한 산악 지대인 시코쿠산지가 위치해 있다. 산간에서는 요시노가와, 가쓰우라강, 나카가와 등 수량이 풍부한 하천이 다수 흘러나가고 있어 치수가 오랜 세월 동안 고민거리가 되고 있다. 반대로 가가와현은 하천이 적어 물 부족 현상을 겪기도 한다.

④ 도쿠시마의 역사

약 2만 년 전의 유물이라고 추정할 수 있는 칼 모양 석기가 도쿠시마현 영역에서도 발견되어 오래전부터 사람들이 생활하던 곳임을 알 수 있다.

시대를 내려와 전국시대에는 미요시군을 거점으로 하고 있었던 미요시씨(三好氏)가 동시코쿠에서 야마시로국(교토 일대)까지의 8국을 지배했다. 도요토미 히데요시의 시코쿠 평정에 의해 아와국은 하치쓰카씨(蜂須賀氏)에게 넘어가 그 통치가 메이지유신까지 계속되었다.

앞에서도 잠깐 언급한 것처럼 도쿠시마현을 여행하면 곳곳에서 도쿠시마와 고대 역사의 연결점을 만나게 된다. 여기서 잠시 일본의 고대사와 이를 전해 주고 있는 일본 신화와 그 속에 녹아 들어 있는 한반도 이주민(도래인)에 관하여 생각해 보기로 한다.

일본 열도는 조몬 시대에서 야요이 시대로 갑자기 이동하게 된다. 수렵채취가 주였던 그때까지의 사회에서 일변하여 벼농사를 중심으로 한 농경문화가 일어나면서 제철 기술이나 문자라는 고도의 문명이 갑자기 등장한다. 한반도로부터의 이주민이 일본 열도에 와서 그들의 뛰어난 문명을 펼쳤기 때문이라고 이해하면 납득이 될 것이다. 또한 일본 열도에 온 다수의 이주민이 소수였던 토착 조몬인과 접촉하였을 것이다.

1만 년 이상이라는 긴 시간 동안 지속된 조몬 시대를 통하여 약 10만 명 정도였던 일본 열도의 총인구가 야요이 시대에 이르러 100만 명 규모로 단숨에 급증한 것을 보면 상당수의 한반도인들이 일본 열도에 이주해 온 것으로 추정된다.

일본 신화에 나오는 신들의 이야기는 이 이주민渡來人에 관한 것으로 보인다. 이주민들은 고도의 문명을 가지고 있었기 때문에, 그때까지 일본 열도에 토착해 있던 조몬인은 배를 타고 나타난 이주민渡來人을 '신神'으로 추앙했다고 해도 그리 이상한 일이 아니다. 그런 신과 같은 사람들이 많이 일본 열도로 건너와서 그동안의 자연숭배로 있었던 신들과 합쳐져 800만 신으로 불리게 되었다고 생각된다. 이자나기나 이자나미라는 신들도 이러한 이주민渡來人일 것이다.

이주민들이 배를 타고 처음 도착한 장소는 구로시오의 유로로 보아 주로 규슈에서 시코쿠에 걸친 것으로 추정된다. 시코쿠의 세토내해 연안 지역은 특히 이주민들에게 매우 살기 좋은 낙원 같은 땅이었던 것으로 추측된다.

이주민渡來人들의 행동은 신앙의 형태로도 남아 있다. 산중에서 수행을 하는 슈겐도修驗道의 행자行者라는 존재가 그 일례로, 산악이라는 타계에 살면서 산의 영력을 몸에 흡수하고 타계와 현계를 잇는 자로서의 자기를 끌어올려 사람들에게 그 영력을 주는 존재로 여겨져 왔다. 그 산의 영력이란 사실 광물 자원을 말하는 것이 아닐까 생각한다. 야마부시山伏는 고도의 광산 기술이나 야금 기술 등을 보유한 이주민 엔지니어였을 것이다. 또한 야마부시天狗, 텐구는 흰옷에 높은 코, 붉은 얼굴을 가진 것으로 알려져 있어, 일본 열도에 예로부터 토착해 있던 백성이 아니라 이주민渡來人으로 생각된다. 광산 기술이나 야금 기술 등 고도의 문명과 기술을 가진 그들이 산에 다녔던 이유가 설명된다.

『고사기』와 『일본서기』에는 '구니우미国生み 国産み'라고 불리는 일본국토大八島, 오오야

^{시마} 창세담을 전하는 신화가 적혀 있다. 이자나기와 이자나미의 두 기둥신은 하늘다리에 서서 창으로 혼돈을 휘저어 섬을 만들었다는 것이다. 첫 번째로 낳은 것이 '아와미치노사카리시마'로 아와지시마淡路島를, 다음으로 낳은 것이 '이요노후타노시마'로 시코쿠四国를 말한다. 시코쿠는 몸통이 1개이고 얼굴이 4개 있다고 하는데, 얼굴 각각은 '아이히메 즉 이요쿠니伊予国', '이히요리히코 즉 사누키쿠니讃岐国', '오오케쓰히메 즉 아와쿠니阿波国', '타케요리와케建依別 즉 도사국土佐国'이다.

이와 같이 '이요노니지마'란 '이'의 나라와 '요'의 나라가 있었다고 하는 것으로, '이'의 나라는 현재의 도쿠시마현, 가가와현, 고치현을, '요'의 나라는 현재의 에히메현을 말하는 것으로 되어 있다. 즉, '이요'는 원래는 시코쿠 전체를 가리키는 것 같다. 시코쿠 다음으로 '오키노미츠코시마—오키노미츠시마', '쓰쿠시마—규슈', '이키시마—이키시마', '쓰시마—쓰시마', '사도시마—사도섬'을 만들고 마지막으로 '대왜도요아키츠시마—혼슈'를 낳았다고 한다. 이주민들이 일본 열도에 맨 처음 도착하여 탐험했던 해인족들의 배를 타고 이동했기 때문에 해인족들이 인도한 섬들에서 생활을 시작한 것으로 볼 수 있다.

또 이 '구니우미国国産々'란 이주민이 일본 열도에 정착하며 지배하기 시작한 순서를 말하는 것으로 생각된다. 일본 열도에서의 정착이 전쟁을 동반했다면 정복의 순서다. 위의 '구니우미国国産々' 순서는 이후 '왜국'의 주체 세력이 된 이주민들이 주변 지역 부족을 정복해 나간 순서로 보인다. 바다를 건너 일본 열도에 도착한 이주민渡来人들도 해외 이주의 혼란이 진정되자 토착민과의 또는 이주민 간의 세력 싸움이 있었을 것이고 그중 '왜국倭国'이 점차 힘을 기르며 주변국 부족을 정복하고 세력권을 확대해 간 것으로 생각된다. 여기서 중심 세력이었던 '왜국倭国'은 아와지시마淡路島, 그리고 시코쿠라는 구니우미의 순서로 보아 초창기에는 도쿠시마에 있었다고 생각할 수 있다.

앞에서도 언급한 바 있지만 『고사기』나 『일본서기』에 적혀 있는 '구니우미'의 이야기로 도쿠시마 지역은 '오오케쓰히메大宜都比売—아와국阿波国'이라고 되어 있다.

그 오오케쓰히메가 모셔져 있는 나라가 아와노쿠니현재의 도쿠시마현다. 그리고 그것과 인베씨족과의 관계들을 해독하면 야마토 왕권 성립의 수수께끼의 일단을 해명할 수 있을 것이다.

이상의 시나리오를 따른다면 원래 도쿠시마에 있던 '왜국'이 '대왜도요아키쓰시마오호야마타토 요아키쓰시마─혼슈'를 정복한 이후 이주한 지역이 키이수도紀伊水道, 혼슈의 와카야마현과 시코쿠의 도쿠시마현, 효고현 아와지섬으로 둘러싸인 해역 건너편에 있는 야마토로 이것이 현재의 나라현이다. 여기서 **야마토 조정**[21]이 시작된다. 그것은 아마도 도쿠시마에서는 요시노강의 범람으로 매년 큰 피해를 입고 있었던 것과 나라 쪽이 쌀농사에 적합했기 때문이 아닐까 한다. 그리고 연대가 맞지는 않지만 서기 684년에 발생한 난카이 트로프南海トラフ, trough를 진원으로 한 초거대 지진인 '백봉지진白鳳地震'이 결정적 원인이 되어 지진으로 괴멸한 도쿠시마 땅을 버리고 나라 지역으로 집단으로 대이동하게 된 것일 수도 있다.

기원전 200년경 일본 열도에서 합류한 이주민도래인들은 부족 간 권력 항쟁을 거듭하게 된다. 거기서 맹활약한 것이 대국주신, 오쿠니누시노미코토大国主命로 이즈모의 나라, 지금의 시마네현을 제압하게 된다. 이때 대국주신의 활약이 이나바의 흰토끼 이야기나『고사기』나『일본서기』에 기재되어 있는 '국양보国讓り, 구니유즈리' 신화와 연결된다고 생각된다.

5 중앙 구조선中央構造線

시코쿠를 위성지도로 보면 특이하게 생긴 부분이 보인다. 동서를 칼로 자른 듯한 지형인데 중앙 구조선中央構造線, Median Tectonic Line이라 한다. 일본 최대급의 단층이다.

규슈에서 간토까지 서남 일본을 종단하는 대단층계로 1885년 하인리히 나우만에 의해 발견, 명명되었다. 일부는 활단층이다. 중앙 구조선은 규슈 동부에서 스와호나가노현 부근까지는 대부분 끊어지지 않고 지표에 연결되어 있어 위성지도만으로도 확인할 수 있다. 긴키 남부부터 시코쿠에 걸쳐 있는 중앙 구조선을 따라 약 360km에 걸쳐 활 동도가 높은 활단층으로 요주의 단층의 하나로 여겨지고 있다.

도쿠시마시에서는 요시노강의 북쪽 하안을 달려서 미요시시에 도달한 후 시코쿠섬의 북쪽 바닷가에 도달해 가와노에川之江와 니하마新居浜의 바로 남측을 통과하고, 섬의 서쪽 끝, 마쓰야마松山 남쪽의 도베초砥部町에서 이요시 후타미초伊予市双海町를 통과하여, 사다 미사키 반도 북쪽의 오키아이沖合를 지나서 규슈와 마주하는 호요해협豊予海峽으로 들어간다. 바다 밑으로 해서 규슈의 오이타, 구마모토까지 연결되는 대단히 긴 단층대이다. 몇 년 전 대규모 지진이 발생한 구마모토 지역이 중앙 구조선의 서쪽 끝에 연결되어 있다.

지질 경계로서의 중앙 구조선은 요시노강의 북쪽 하안을 통하고 있지만, 그 북쪽에 활단층이 보인다. 활단층은 과거에도 지진을 일으킨 적이 있고 앞으로도 움직여 지진을 일으킬 가능성이 큰 단층을 말한다. 에히메현에서도 지질 경계로서의 중앙 구조선의 활단층은 마쓰야마松山를 통과하고 있다.

이 지구대 위로 흐르는 요시노강의 북쪽으로 난 자동차 전용도로를 타고 시코쿠의 중심을 서쪽으로 달린다. 중간에 가끔 강 위로 절경의 지점들이 있어 내려보기도 하였다.

6 오보케大步危

오보케大步危는 요시노강이 북향하고 있는 중류 유역에 위치하는 계곡이다. 일반적으로는 '큰 걸음으로 걸으면 위험하다'는 뜻이 오보케大步危의 지명 유래로 여겨지고 있지만, 원래 '호기' 또는 '호케'는 계류를 향하고 있는 낭떠러지를 의미하는 고어다.

전망대에서 절벽 밑으로 내려다보이는 강물이 매우 거세다. 시간이 없어 유람선은 타지 못했다.

7 가즈라교かずら橋

오보케에서 더 이상 강을 따라가지 않고 산을 넘어간다. 터널을 지나 고개를 넘으니 또 다른 계곡이 나타난다.

가즈라바시かずら橋, 덩굴풀다리는 키위 등의 칡류를 사용해서 가설한 원시적인 현수교다. 이 다리의 기원은 옛날 명승 '공해'가 '이야'에 왔을 때 어렵게 생활하고 있는 주민을 위해서 가설했다든가, 혹은 겐페이 전쟁에서 패한 헤이케의 도망자 平家の落人가 이 지역에 숨고 추격자가 쫓아와도 바로 잘라 떨어뜨릴 수 있게 칡을 사용해서 가설했다는 전설도 있지만 분명치는 않다.

4. 기타 지역

1 시코쿠 남부의 신사

시코쿠 남쪽의 고치현이라고 하면 사카모토 료마版本竜馬가 유명하지만 이 지역에는 하타씨가 전하는 문화 사적이 많다. 직접 방문하지는 않았다. 시만토강의 하류에 하타군이라고 하는 지명이 있다. 야하타사도 28사가 있다. 야하타사八幡社는 한반도 이주민인 하타씨가 세운 신사다. 이 신사의 총본사는 규슈의 오이타현에 있는 우사 하치만구宇佐八幡宮다. 별명을 우사 야하타신사라고도 한다.

그 외에도 고치현에는 하타신사秦神社도 있다. 전국무장으로 시코쿠 통일의 패자覇者인 나가무네 가베원長宗我部元親의 보리사菩提寺가 있는데 그는 생전에 "자신은 한반도에서 온 후예다"라고 말했다고 한다.

2 에히메현愛媛県, 옛 이요국伊予国의 한반도 유물

지리적으로 살펴보면 에히메현의 서쪽에는 길고 가늘게 뻗어나간 사다미사키 반도佐田岬半島가 있어 규슈 오이타현의 세키자키関崎까지의 거리가 20~30km밖에 되지 않는다. 따라서 시코쿠의 에히메 지역은 규슈 동쪽으로 이주하여 정착했던 선주 이주민들이 배를 타고 어렵지 않게 이동할 수 있는 지역이었을 것이다. 필자는 이 바다 구간을 카페리를 타고 세 차례 건너간 적이 있다.

삼국 시대에 한반도에서 만들어진 경질토기를 도질토기陶質土器라고 부른다. 시코쿠 중에서 에히메현은 이 도질 토기의 출토 사례가 가장 많은 지역이다. 그리고 우와분지宇和盆地에서도 이 도질토기가 출토되었다.

이세산 오츠카 2호분伊勢山大塚2号墳, 下松葉에서 5세기 후반의 유개고배有蓋高坏, 6세기 전반의 단경호短頸壺, 6세기 전반의 장경호長頸壺, 5세기 후반의 다리 달린 장계호脚付長系壺 5점이 출토되었다. 이들은 주로 가야, 신라 및 백제계 유물들이다. 이러한 한반도산 도질토기 등이 에이미현의 서쪽 바다에 가까운 우와분지에서 풍부하게 출토된다는 것은 5세기경 한반도에서 일본으로 다양한 문화와 함께 이주한 이주민이 존재하였음을 시사한다. 한편 시코쿠의 서부에 있는 에히메현은 일본에서 한반도 기와가 가장 많이 발견된 지역이기도 하다.

◆ 필자 후기 ◆

처음 여행은 시코쿠의 주요 지역을 둘러본 여행이었다. 당시만 하더라도 시코쿠의 사누키국 지역과 아와국 지역에 이렇게 유서 깊은 고적이 많은 줄 몰랐다.

이 여행 이후 생각하게 된 것은 야마토가 있기 이전에 아와국이 먼저 있었을 가능성도 있다는 것이다. 고분의 역사도, 일본 신화의 등장인물들이 모셔져 있는 신사들의 존재도, 아와지섬 즉 아와국으로 가는 섬어기서 아와지시마의 가운데 있는 글자인 '지'는 한자 로(路)로 표기되는데 우리말 '길'의 사투리인 '질'에서 온 것이다.과 관련된 일본의 신화도, 아와지섬의 지방 신화였던 일본 열도의 창조주, 아자나기와 이자나미의 신화도 그러하다. 어쨌든 시코쿠는 규슈에 상륙한 이주민들이 동쪽의 기내와 야마토 지역, 더 나아가서 관동 지역으로 이주하는 중간 기착지 역할을 한 것으로 추정한다.

Ⅱ 기비吉備

1. 오카야마岡山

  오늘은 시코쿠의 다카마쓰에서 출발하여 세토내해 건너에 있는 오카야마로 가는 날이다. 자동차도로高速道路로 사카이데坂出에서 세토중앙로瀬戸中央路로 접어드니 내해内海를 건너는 세토대교가 나타난다. 참고로 시코쿠와 혼슈를 연결하는 다리는 세 개가 있다. 세토대교는 세 교량 중 가운데에 있는 다리로 세계에서 가장 긴 다리에 속하는데 총연장이 9.4km이다.

① 구라시키倉敷

  1시간 반 이상을 달려 오늘의 첫 번째 목적지인 구라시키倉敷 미관 지구에 도착했다. 오카야마의 유명 관광지는 구리시키 미관지구와 일본 3대 정원의 하나인 고라쿠엔이다. 오카야마는 우리나라 사람들에게는 잘 알려져 있지 않은 지역이고 직항로가 없어서 아직은 여행하기 쉽지 않은 곳이다. 시코쿠의 다카마쓰 공항에서 2시간, 세토대교를 건너 오사카에서 고속 열차로 1시간, 자동차로 3시간 정도 걸리는 곳이다.

이 지역에 장대한 한반도 이주민들의 이주 역사가 잠들어 있다. 오하라 미술관을 찾아갔다. 미술관 별관에 있는 일본식 정원 신계원을 돌아보았다.

오카야마의 구라시키 미관지구 방문 시 꼭 들러 보고 싶었던 '엘 그레코 카페'를 찾기 위해 에도 시대 건물들과 근세 유럽식 건물들이 보존되어 있는 미관지구 중심지로 들어섰다. 결국 찾아낸 예스러운 '엘 그레코 카페'에서 커피 한잔을 마시면서 시간을 많이 보냈다. 파트너가 이틀간 고생한 관계로 여유롭게 답사 스케줄을 조정하기로 하였다.

관광 후 소자시에 있는 쓰쿠리야마고분으로 가기 위해 구라시키에서 출발하여 북쪽으로 길을 잡는다. 거리는 10km 정도인데 차들이 혼잡하여 30분 정도 걸렸다. 이동을 하면서 문득 이상한 생각이 들었다. 고대사의 중심지는 바닷가에 자리 잡고 있는 것이 보통인데 소자시는 바닷가에서 35km 정도 떨어져 있다.

[그림 5] 소자시

나중에 알게 되었지만 미리 방문했던 구리시키시 일대는 고대에 바다였다가 점차 간척되어 육지로 변한 지역이었다. 즉 소자시는 고대에는 바닷가에 위치하고 있었다.

2 기비 지방

기비古備 지방이란 오늘의 오카야마현과 히로시마현 동부를 포함하는 지역으로 7세기 중엽 이후 서부 일본을 기본적으로 통합한 야마토 정권에 의하여 중앙 집권 체제에 편입되면서 수도畿内에 가까운 순서로 기비의 앞-가운데-뒤의 순서대로 비젠備前-빗추備中-빈고備後로 나뉘어졌다. 8세기 초에는 비젠국의 6개 구역을 떼서 미마사까美作국을 만들었는데 이것을 일본 역사에서 기비4국이라고 부른다.

3 기비古備의 고대사

6세기 후반기 이전의 기비 지방 일대에는 『일본서기』 청녕천황[22] 즉위 전기'에 반영되어 있듯이 기내 정권과 군사적으로 당당히 맞설 정도의 강력한 경제력과 군사력을 가진 권력 집단이 존재하였다.

당시 기비국은 고대 일본의 지방 국가로 아스카의 야마토大和, 규슈의 치쿠시筑紫, 산인의 이즈모出雲 등과 함께 고대 일본의 4대 세력 중 하나였다. 이를 대변하듯 기비 지방은 대규모 고분군의 집결지로서 기내의 것들과 비길 만한 대형 고분들이 남아 있다. 8세기 말 편찬된 국조본기國朝本記에 의하면 8세기경에 9인 정도의 구니노미야쓰꼬 즉, 지방의 통치자인 국조国造가 존재했다고 한다.

기비는 고대 기나이畿内, 이즈모쿠니出雲国와 함께 큰 세력을 형성하고 거대 고분 문화를 가지고 있었다고 한다. 또한 뛰어난 제철 기술이 있어 강국이 되는 원동력이었다고 한다.

야요이 시대 후기 후반2세기 초부터 3세기 중엽까지에 이 지방 특유의 특수 항아리가 만들어지는데 능삼나무무늬綾杉紋나 톱니무늬鋸歯紋로 장식되고 빨갛게 주홍으로 칠해진 커다란 통 모양의 토기였다. 이는 부족별 수장 매장과 제사에 사용되며 오카야마 구라시키시의 다테쓰키 분구묘楯築墳丘墓에서도 출토되었다. 또한 가장 전방후원분, 젓가락 무덤箸墓 고분과 니시덴즈카 고분에서도 출토되었으며, 후에 하니와埴輪로서 고분 시대에 일본 열도 각지로 퍼졌다. 이는 기비의 역사를 말해 준다.

또 기비는 야요이 시대부터 소금 생산지였다. 이 시대 기비에서는 연철鍛鐵, 철을 단련하는 기술이 발전하여 철제품을 만들었다. 고분 시대에 접어들면서 기비에서는 철광석도 채굴하였다.

고분 시대의 기비는 고대 해상 교통의 요충지인 세토내해의 거의 중앙에 있고, 게다가 코지마노쓰兒島宇野津를 비롯한 많은 양항이 있어 한반도, 기타큐슈와 사마다이국 야마토를 잇는 대륙 문화와 교역의 세토 내 중계지로 발전해 해외와의 직접 교류도 거듭해 한반도의 선진 문화를 유입시켜 왔다.

고분 시대에 기비 지방의 현재 오카야마평야에 해당하는 지역의 남부는 내해였다吉備穴海, 기비혈해 혹은 기비내해, 발음 기비아나우미. 4세기부터 이곳 내해 근처에 다수의 전방후원분이 만들어졌다.

① 사도장군의 원정

『기기』나 신사 전승에서도 숭신천황崇神天皇, 250年頃~318年頃, 3세기부터 4세기 초기에 걸쳐 실재한 왕으로 추정의 **4도장군[23]** 원정에 의해 히코이사세리비 코노미코토彦五十狭芹彦命 또는 기비쓰히코노미코토吉備津彦命와 와카다 케히코노미코토稚武彦命 형제와 카모씨족鴨氏族이 기비에 진출한 것으로 기록되어 있다.

숭신천황 즉위 10년, 사도장군을 파견하여 전국을 교화하겠다고 선언하였다. 오히코노미코토를 호쿠리쿠도北陸道로, 다케누나카와와케를 동해도로, 기비쓰히코吉備津彦를 서도로, 단바노미치누시노미코토를 단바산인도에게 장군으로 보내 따르지 않는 자를 토벌하게 하였다.

② 다사의 난

5세기에 야마토 왕권의 **웅략천황[24]**은 **기비 다사**田狭**의 난**463년**[25]**을 진압하는 데 성공하여 야마토 중앙 정부의 우위를 결정지었다.

다사는 주위에 아내의 미모를 자랑했다. 이를 들은 웅략천황은 다사를 임나에 파견하고 부인을 후궁으로 취했다. 다사는 이에 반항했다. 조정은 다사의 아들, 오토키미吉備上道弟君와 아카오吉備海部赤尾를 임나에 가 있는 다사의 토벌에 보내고, 동시에 백제로부터 기술자才伎를 데려오는 임무도 추가했다. 하지만 오토키미는 현지에서는 신라로의 길은 멀다고 생각해 진군을 주저하고 바람과 파도를 구실로 백제의 기술자를 오시마에 체류시킨 채로 두었다. 그러자 아버지인 다사의 사신이 나타나 백제의 협력을 얻어 야마토 정권을 배반하라고 권했다. 이후, 오토키미는 충성심이 강했던 아내, 구스히메樟媛에게 살해당했다. 구스히메와 아카오는 오시마로 향하고, 천황은 고안젠弔安錢을 파견하여 송환했다. 반란은 실패하고 다사는 행방불명이 되었다.

재미있는 것은 백제에도 비슷한 시기인21대 개로왕蓋鹵王 또는 개루왕, 재위 455~475년 시대에 도미부인 설화가 있다.

두 설화의 유사성으로 인하여 우리나라의 재야 사학자 중에는 웅략천황의 역사가 백제 개로왕의 역사를 덮어씌운 것이 아닌가 하는 의심을 하고 있다.

③ 호시카와 왓카미야황자星川稚宮皇子의 반란

웅략의 죽음 직후, 다사의 전처이자 웅략의 비와 그의 아들 호시카와 왓카미야황자星川稚宮皇子, 雄略皇子, 웅략과 왓카히메의 아들가 기비상도신 일족吉備上道臣 一族의 지원을 받아 반란을 일으켰다. 이 병란에 즈음하여, 기비 본국의 기비상도신은 일족의 피를 이어받은 황자를 구하려고 선사兵船으로 編制한 水軍 40척을 이끌고 야마토를 공격하려 했으나, 황자가 불에 타 죽었다는 소식을 듣고 되돌아가고 말았다. 청령천황은 이를 진압하고479년 또 다시 기비의 세력을 감축시켰다는 기록이 있다.

④ 기비와 가야의 연관성

5세기 전반, 다사의 난463년 이전에 축조된 것으로 보이는 조산 고분造山古墳, 쓰쿠리야마 고분, 墳丘長350m과 작산 고분作山古墳, 쓰쿠리야마 고분, 墳丘長282m은 축조 당시 일본 열도에서 최대급이었고, 현존하는 일본 고분 중에서도 그 크기가 4위 및 9위의 규모로 기비 지방의 번영과 이 땅을 통합하던 호족의 힘을 보여주고 있다.

지방호족이면서 거대 고분인 조산 고분과 작산 고분 등 전국 굴지의 거대 전방후원분을 축조할 정도로 5세기에 일대 세력이 형성되었다. 조산 고분 남쪽에 있는 5세기 축조의 **사카키야마 고분**榊山古墳[26]에서 출토된 청동말 모양의 벨트인 마형대구는 한국의 경상북도 영천군 어은동 유적 계통에 속하며 한반도에서 유래되었을 가능성이 높다. 한국에서는 약 300점이 출토되었다.

조산 고분 북쪽의 즈이앙随庵고분에서 일본에서는 5곳밖에 없는 단야 세트가 나왔다. 이처럼 7세기 후반까지 200년간의 단야 관계 유구가 확인되며 기비의 호족들은 가야인들의 철을 기반으로 강력한 세력을 키웠다.

6세기 중반부터는 거대한 돌로 구성된 횡혈식 석실을 가진 원분이 만들어졌다. 또 6세기 후반의 센히키 카나쿠로 유적에서는 제철로가 확인되었다. 한편 우라마 다우스산 고분浦間茶臼山古墳, 墳長138m이나 금장산 고분金蔵山古墳, 墳丘長165m과 같은 초기 고분에서도 대량으로 철제품이 출토되고 있는 점에서 기비씨 정착 이전부터 제철 씨족이 선주하였던 것으로 보인다.

이들 고분의 전 시기에 해당하는 전방후원분 시대의 기비와 후기에 해당하는 7세기의 기비 지방에는 여러 호족들이 있었던 것으로 생각된다. 조산 고분과 작산 고분을 가지고 통일된 기비 정권의 존재를 증명하는 설과 이 시대에도 여러 유력 호족의 연합 정권이었다는 설, 야마토 정권 지배하에서의 유력 호족 집단이었다는 설 등이 있다.

기비의 고대에 관하여 히시다 데쓰오菱田 哲郎는 기비의 세력이 4세기 말부터 5세기 전반에 걸쳐 다카하시천高梁川과 아시모리천足守川 사이에 동서로 전개되어 있는 지역에 자리 잡고 적극적으로 신기술의 도입을 도모해 수공업의 생산 거점을 형성했다고 한다.

스에키須恵器 생산은 오쿠가야 가마奥ヶ谷窯, 단야鍛冶 생산은 쿠보키 야쿠시 유적窪木薬師遺跡, 대장간 도구들이 부장되어 있는 **수암 고분**晴庵古墳, 즈이안 고분[27], 항만 시설로는 간세이 초등학교 자리에 있는 우라야마 유적浦山遺跡이 있다.

치스이강, 즉 혈흡천血吸川은 귀성산鬼城山에서 흘러나와 동진하여 아시모리강에 합류하는 강으로 고대 기비국의 주요 지역을 관통하는 강이다. 전설에서는 기비 즈히코노미코토吉備津彦가 쏜 화살에 상처를 입은 우라溫羅의 피가 흘러 새빨갛게 되었다고 알려져 있으나 실은 철분이 많아 물이 붉었기 때문에 이런 이름이 붙었다.

5세기경까지 야마토 왕권은 기내를 영토로 하여 철이나 스에키 등의 제조 집적을 도모하여 기술면에서 돌출했다.

또한 5세기 중반까지의 야마토 왕권은 철기 생산, 조선 기술, 고분 제사 등에서 앞섰지만 이를 독점할 수 있는 위치에 있지 못했다.

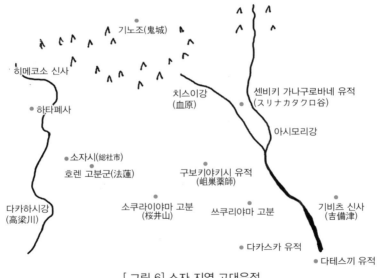

기노조(鬼城)

히메코소 신사

하타폐사

치스이강
(血原)

센비키 가나구로바네 유적
(スリナカタクロ谷)

아시모리강

소자시(総社市)

호렌 고분군(法蓮)

구보키야키시 유적
(岨巣薬師)

다카하시강
(高梁川)

소쿠라이야마 고분
(桜井山)

쓰쿠리야마 고분

기비츠 신사
(吉備津)

다카스카 유적

다테스끼 유적

[그림 6] 소자 지역 고대유적

⑤ 기비 지명의 유래

'기비'라고 붙는 지명은 몇 개 있지만, 고분 시대 이전부터 기비였다고 할 수 있는 것이 그중에는 하나도 없다.

기비츠吉備津가 유력한데 키비츠히코 정복 이전에도 이 지명이었는지는 불분명하다. 전승에서는 키비츠히코 이전부터 '기비국'이 있었다고 알려져 있다. 키비

츠히코에게 진 우라_{온리}는 '기비의 관자_{吉備の冠者}'로 불렸다고 한다.

기비의 지명 유래에는 여러 설이 있지만 '이것이 맞다'고 확실히 말할 수 있는 것은 없다고 한다.

⑥ 아이누어의 '기'='가야, かや"

아이누어로 '기'는 벼나 조나 수수나 보리 등 식물의 줄기를 의미한다. 비슷한 것으로 훤_{萱, カヤ}이 있다.

초가지붕의 '가야'로 갈대뿐만 아니라 배나 바구니나 지붕의 재료가 되는 식물 줄기의 총칭이다.

기비의 '기'가 '가야'를 가리킨다고 할 수도 있다. 다만, 기비의 '비'가 아무 의미가 없는 접미어 또는 장소라는 뜻이라면 가능하다.

⑦ 가야국조

국조란 고대 지방 장관으로 지방 호족이자 지방의 수장으로서 영토와 영민을 지배하던 사람들이다. 기비의 나라는 다음과 같이 나누어져 있었고 국조는 다음과 같았다.

大伯国(国造 吉備海部直), 上道国(国造 上道臣), 三野国(国造 三野臣), 下道国(国造 下道臣), *賀陽(가요)国(国造 *香屋(가야)臣, 笠国(国造 笠臣), 吉備穴国, (国造 阿那臣), 品治国(国造 品治君).

이 중 '가야국_{賀陽国}'에 주목해 보자.

가야국_{賀陽国}은 기비의 중심지인 현 오카야마시의 서쪽에 있었다. 이때의 가야는 가야_{加耶}, 즉 한반도 남부에서 유래했다고 생각된다. 왜냐하면 고대의 기비는 제철의 나라였고 그 기술은 가야 이주민들이 가져왔을 것이기 때문이다.

또 기비 신사의 기록에는 기비씨의 일족 중에 '가야나루미_{加夜臣奈留美}'라는 사람이 있다. 가야신 나루미_{加夜臣奈留美}라고도 한다.

이즈모_{出雲}의 신, 가야나루미_{加夜奈留美, 賀夜奈流美}와 이름이 같다. 가야에서 온 이주민 또는 이주계 이즈모인의 조상신일 것이다.

이러한 것들을 미루어 보면 기비의 '가야'도 이주계 사람들로부터 유래되었다고 생각된다. 이즈모에서 온 이주자가 기비에 그 신을 들여와 지명이 되었다.

기비의 지배층 기비씨는 이주계 이즈모인과 깊은 인연이 있었을 것이다. 그래서 '賀陽国'의 가야=가야라고 할 수 있다.

지리적으로는 가야 지역도 가야葭가 많이 자라는 습지대였을 것이다. 기비의 혈해穴海, 아나우미가 말라붙어 생긴 것이 오카야마 평야이기 때문이다. 그렇다면 賀陽国가요국의 가야=가야伽耶=훤葭, 가야이라고 할 수 있다. 동음 이의어로 두 개의 의미를 가진 지명일지도 모른다.

⑧ 지명에 보이는 한반도와의 관계

오카야마 일대의 이주민에 얽힌 지명을 알아보자.

고지마반도児島半島가 섬이었을 무렵, 현재의 구라시키倉敷 시가지 일대는 '아나'의 바다六の海라고 불리고 있었다. 그것은 한국 바다韓, 漢あやの海가 바뀐 이름이라고 한다.

구라시키 동쪽에 아지阿知라는 땅이 있는데, 백제계 한인韓人의 조상인 아지사주阿知使主에서 따온 지명으로 추측된다.

신미新見, 니이미, 다카하시시 북쪽에 접해 있는 시 또한 백제계 이주민의 주류인 신한부新韓部, 이마키노아야베가 신부新部, 니히베로 다시 신미新見로 변했다고 한다.

⑨ 가야국

기비에는 그 중심부에 **가야국**賀陽夜国[28]이라는 지방국이 있었는데 국조의 이름은 가야신香屋臣이었다. 이 지역은 메이지유신 이후까지도 행정구역상 가야군이다. 여기서 가야는 가야伽耶, 즉 한반도 남부에서 유래했다고 생각된다.

賀는 '하례할 하'자로 일본 발음은 가が, 陽은 '볕 양'자로 일본 발음은 요우よう이며 賀陽郡의 일본 발음은 '가요군'이다. 전에는 가야군으로 발음했던 적도 있다.

香屋かや도 賀陽이나 賀夜와 발음이 같아 가야를 표시하는 단어로 같이 사용되

었다. 당초에는 가야국조賀陽国造, 加夜国造가 지배했던 지역으로 기비국古備国 또는 빗추국備中国의 중심지로서 예로부터 번창한 지역이다.

옛날에는 '하賀'자 대신 加, 蚊발음 가, 可, 家, 香발음 가 등이, '양陽'자 대신 밤 야夜, 화살 시矢, 발음 아, 옥 야瑘, 야, 골 곡谷, 야, 집 가家, 발음 이에 들 야耶 등의 글자가 들어가 상당히 다양한 표기가 되어 있었던 것으로 보인다. 심지어 백栢가에 훤萱童가아 모苧가아 등의 글자도 볼 수 있다. 읽기는 모두 '가야'라고 읽는다. 그중에서도 賀夜와 賀陽의 2종류가 많이 사용되고 있었던 것 같다. 賀陽은 지금은 '가요 かょう'라고 읽는다. 군구정촌郡区町村 편제법 때 '賀陽'자를 써서 '가야かや'로 읽도록 통일되었다가 후에 '가요かょう'로 읽도록 바뀌었다.

2. 기비의 가야씨

■ 시노 도시오志野敏夫의 시견試見

우선 시노 도시오씨의 견해를 발췌 인용한다. 463년 일어났다고 추정하는 '다사의 난'을 중심으로 풀어내는 내용이 간단하지는 않지만 일본인의 시각에서 바라본 기비와 가야의 관계를 엿볼 수 있다.

다만 일본인들이 허구적으로 주장했던 '임나일본부설'의 느낌도 가끔 있으니 주의가 필요하다.

오카야마의 풍경이 조사차 갔던 부산이나 김해를 중심으로 한 한국 남부의 풍경과 너무 닮았다. 두 곳 모두 남쪽을 향해 비교적 '고요한' 산줄기가 있는데 그곳에서 강이 흘러나와 부채꼴 지형에서 약간 탁 트인 평야를 빠져나와 저편으로 바다와 섬을 조망할 수 있다.

지리학에는 경관학이라는 분야가 있는데 같은 풍경을 만들어내는 지리적 조건은 같은 생활양식을 낳기도 한다. 그래서 자세히 살펴보면 고대에 기비 지역에 많은 가야加耶 사람들이 이주한 것이 아닐까 생각한다.

오카야마현에는 가미보군上房郡 가요마치賀陽町가 있다. 오카야마현의 내륙 중앙부 약간 남쪽, 오카야마시의 서북쪽에 위치한다. 이전에는 현재의 소자惣社시와 오카야마시의 일부를 포함하는 가양군賀陽郡이며, 『속일본기』에는 '가양군賀陽郡'으로 되어 있지만 '화명초'에서는 '가야군賀夜郡'으로 표기되어 있다. 아스카지 유적飛鳥池遺跡 출토 목간木簡에는 가야평加夜平이 보이며 꽤 일찍부터 성립하고 있었다. 가야加夜는 カヤ가야로 발음한다고 하는데, 따라서 조선의 가야와 어떤 관계가 있을 것이다.

고대 기비 연구들에서 전론專論된 적은 없고 문헌 사료가 극히 한정되어 있어 현시점에서 한정된 문헌 사료로 어떤 것을 생각할 수 있는지 사견 없이 '시견試見'을 말해 보고 싶다.

가야는 지명뿐만 아니라 성에도 남아 있다. 참고로 현재는 오카야마현판 전화번호부를 통해 조사해 보면 賀陽가요 외에 萱가야, 賀屋, 嘉屋가야, 嘉陽가요, 榧가야, 加陽가요, 通生가요 등의 성을 볼 수 있다.

이처럼 헤이안기를 넘어서서 오랫동안 기비국에서 가요씨는 현성, 귀성顯姓, 貴姓으로 존속했다. 가요씨의 연원은 미토모와케御友別의 둘째 아들인 나카츠히코 카야노오미仲彦 香屋臣다. 『일본서기』 응신 천황조 기사가 가장 이른 것이지만, 물론 어느 정도 신뢰할 수 있을지는 모른다.

702년 때의 내용을 전한다는 '국조기国造記'를 바탕으로 쓰인 것으로 보이는 '국조본기国造本紀'에 기비의 구국조九国造의 하나로 가야 국조加夜国造가 있다. 여러 연구자들은 적어도 이 단계에서 가야씨加夜氏, 賀陽氏는 성립되어 있었을 것이라고 생각하는 것 같다.

응신천황이 기비의 하타葉田의 아시모리궁에 행차했을 때, 어우별御友別이 형제자손을 상부膳夫, 음식 대접 책임자로 하여 식사를 모셨다. 이에 기뻐한 천황이 기비를 나누어 아들과 형제들에게 분봉하는 내용이 기비의 시조 전승이다. 그래서 통설로는 가야신香屋臣이 가야쿠니 미야쓰코加夜国造가 되었다고 한다. '香屋臣=加夜氏=賀陽氏'라고 생각하는 것이다. 그렇다면 가야씨는 7세기 후반에 성립된 것이다. 카도와키 사다 지씨門脇禎二氏는 6세기 말이라고 한다. 그런데 여기서 주목되는 것이 있다. 이 가야국조의 영역이 매우 넓었다는 점이다.

다카하시 천의 동쪽 하안에서 아시모리, 사사가세가와 부근까지 대략 현재의 다카하시시, 소사시, 가요초와 오카야마시의 일부를 포함한다. 아시모리강 하구 부근은 당시에는 해안으로 되어 있었다. 일반적으로 이해되는 것처럼 국조가 이 정도 영역을 국조 성립 시에 가졌다는 것은 그 이전에 이미 가야씨가 상당한 세력을 가지고 있었다는 것을 의미하는 것이다.

한반도와의 관계

그렇다면 이 기비의 가야씨는 한반도의 가야와 관계가 있었을까? 이 문제의 단서가 될 것으로 생각되는 것이 이른바 '기비상도군 다사의 반란吉備上道臣田狭の反乱'이라 칭해지는 사건이다. 6세기 한반도 남부에서 일어난 역사적 사건들을 일본의 시각으로 보는 분석이다.

이 문제의 단서를 이른바 '기비상도신 다사吉備上道臣田狹, 이하 상도신의 반란'이라고 칭해지는 사건을 가지고 좀 더 자세하게 살펴본다. 『일본서기』 웅략천황 7년462년 조에 나오는 다사 사건의 개요다.

상도신 다사가 자신의 아내 와카히메稚媛를 자랑한 것을 들은 웅략천황이 와카히메를 빼앗기 위해 다사를 임나국사任那国司로서 한반도에 보내 버린다. 임지에서 아내를 빼앗겼다는 것을 알게 된 다사는 당시 야마토와의 관계가 악화되어 있던 신라에 의지하려고 했다. 그래서 천황은 다사의 친자, 즉 와카히메 사이에서 태어난 아들인 제군弟君과 기비아마베노 나오아카오吉備海部直赤尾를 파견하여 신라를 토벌하려 하였다. 그때 한반도의 재기才伎, 기술자 39명도 데리고 돌아오도록 하였다.

그러나 아들 제군弟君은 싸움을 피해 귀국하려 했다. 이를 본 다사는 아들에게 사람을 보내서 "너는 백제를 따르면서 일본과 통하지 마라. 나는 임나에 의지해 일본에는 다니지 않겠다"라고 권했다. 이를 알게 된 아들 제군의 아내 구스히메樟媛는 야마토에 충성하여 남편 제군을 살해했다. 그리고 백제가 진상한 재기를 데리고 귀국했다. 물론, 근대의 역사학자 쓰다 소우기치津田左右吉氏 이래, 서기편자書紀編者의 조작이 있는 것이 지적되어 전문을 그대로 믿을 수는 없다. 그러나 그중에서도 어떠한 사실을 그 배후에서 읽어내는 것은 가능할 것이라고 생각한다. 그중 하나가 상도신 다사일 것이다.

기비 일족이 한반도와의 외교에 자주 등장하는 것은 이미 알려져 있다. 웅략기 8년의 기비신 오나시吉備臣小梨, 웅략기 23년의 정신라장군征新羅将軍 기비신 오요吉備臣尾代, 흠명기 2년에도 기비신吉備臣이 보이며 뒤에 기비아마베나오吉備海部直가 등장한다. 다사는 분명히 '상도신'으로 기록되는 것이다. 이 점에서 상당한 신빙성을 인정받을 수 있지 않을까 한다.

그 상도신 다사가 임나국사가 되어 다시 임나로 망명하려 했다고 한다. 임나국사는 웅략기에는 없었으므로 여기에도 문제가 있지만 흠명기 임나회의任那会議

에서 일본 대표로 등장하는 인물들이 기비신인 것으로 보아도 기비 일족이 임나, 즉 가야와 깊은 관계를 맺고 있었음을 알 수 있다.

그럼 어떻게 관계를 맺고 있었을지 생각해 본다. 그것도 이 기사 속에 시사되고 있는 것 같다. 다사의 아들 제군의 아내 구스히메樟媛 의 존재다. 먼저 그녀는 정토전을 벌이는 현장, 한반도에 있었던 셈이다. 전투에 부인을 동반한 경우가 없었던 것은 아니지만, 이 경우 그것은 어떤 배경에서이었을까. 그리고 다음으로 본문에서는 남편을 죽이고 재기를 데리고 돌아오는데, 다른 기록에서는 제군이 재기를 데리고 귀환했다고 한다. 굳이 이곳에 구스히메가 등장하고 있다는 것은 그녀가 이 이야기 속, 즉 재기才伎를 데리고 온다는 것에 등장해야 할 중요성을 가지고 있었다는 것이 그 이유가 아니었을까 하는데 '재기를 초대한다는 것'은 무엇인가.

가와치노아야노 치히토칸 인치리西漢才伎歡因知利라는 사람이 제안했고, 그는 또 이 원정군이 되어 한반도로 향하고 있다. 그럼에도 불구하고 구스히메樟媛가 재기를 데려갔다고 기술되는 것은 그녀가 있었기에 백제의 재기를 데려올 수 있어서가 아니었을까. 그렇다면 그녀는 기술자들을 모아서 일본으로 보낼 수 있는 능력을 지닌 현지의 중요한 지위에 있던 자의 딸이었다고 생각할 수 있다. 즉, 기비상도신 제군은 한반도百濟의 여성과 결혼했다는 얘기가 된다. 이와 관련하여 요시다 아키라씨吉田晶氏의 견해다.

아키라씨는 『일본서기』 계체천황 24년531년조에 **기미카라코 타다리와 사포리**吉備韓子 那多利, 斯布利**29)**라고 하고, 그 분주에 대일본인, 영번여소생, 위한자야大日本人 娶蕃女所生. 為韓子也라고 함으로써 기비한자가 기비일족의 남성과 임나의 여성 사이에서 태어난 아이인 것은 확실하다고 했고 나아가 그들은 임나에서 일정한 정치적 역할을 담당했다고 한다. 그래서 '기비씨'가 '임나 지역의 상황을 파악하면서 독자적인 교류를 추진했다고 보아도 좋다'라고 결론을 낸다.

가야 지방, 특히 금관가야와 안라 근처에서 집중적으로 왜계 유물이 출토되고 있는 것이 그 증거가 된다고 생각하고 있다. 구스히메와 상도신 제군 또한 그러한 정치 전략에 따른 혼인 관계가 아니었을까. 또한 이 점에서 보면 임나부흥회의(任那復興会議, 541년과 544년)가 부진하게 끝난 뒤 대가를 치렀다. 가야(加羅加耶)가 멸망하는 흠명22년(562년)까지 가야 제국이 잇따라 신라에 의해 병합되어 가는 흠명 16년에 기비의 5군에 백저둔창(白猪屯倉, 직할지)이 놓이게 된 것은 기비국 강세의 원천이된 가야와 분리된 기비에 야마토 정권이 지배의 굴레를 박은 것과 연동된 것으로 볼 수 있다.

고구려의 공세가 거대해지면서 남쪽을 압박했다. 북부의 가야 제국은 대체로이 무렵까지 백제와의 관계가 깊었고 남부는 그 밖에 왜와의 관계도 강했다. 그런데 그 백제가 470년대 무렵부터 고구려의 막강한 압력에 시달리기 시작했고,마침내 475년에는 한성을 함락당했다. 다나카 도시아키(田中俊明) 씨는 이것이 북부고령의 대가야를 중심으로 연맹을 형성하게 된 계기였다고 하며, 연맹의 형성결과 479년 '가라왕(加羅王)'에 의한 중국 남조 제(齊)나라로의 파견사로 연결되었다고한다. 이런 상황에서 그들은 왜 여러 나라와도 돈독한 유대관계를 추구하지 않았을까. 그리고 그때의 방법을 보여주는 것이 조금 후의 시대인 6세기에 와서부활한 백제가 가야를 압박했을 때의 동향이다. 가야는 백제에 대항하기 위해신라와 연합을 맺으려고 하는데, 그때 신라에 혼인을 신청한 것이다.

이때는 결국 파탄이 나지만 이에 반해 5세기 후반 가야-기비 양측의 속셈이맞아떨어진 혼인은 상당히 이루어지지 않았을까? 이처럼 기비일족과 가야 제국이 혼인 관계에 있고, 기비한자가 가야에 있으면서 활구(活䳑)하고 있었다면 당연히 기비 쪽에도 가야의 히메(媛)를 따라온 사람들을 비롯하여 많은 가야 사람들이있었을 것이다. 가야의 왕자와 결혼한 기비의 여인도, 그리고 가야의 기비코라고 할 수 있는 사람도 있었을지도 모른다. 기비에 도래인이 있었다는 증거는 기기에서도 산견된다.

오카야마시 신조시모에 있는 사카키야마(榊山) 고분에서는 한반도 남부에서 출토된 사례가 많은 반면 일본에서는 보기 드문 마형버클(馬形帶鉤)이나 가야계 도질토기편이 나오고 있다. 이는 가야계 사람들이 이 땅에 옮겨 살았다는 유력한 증거일 것이다. 그리고 역시 주의하고 싶은 것은 제군弟君이 상도신이라는 점이다. 앞에 서술하였듯이 가야신伽屋臣은 상도신과 동조에서 나왔다고 하는데, 이는 이러한 상도신의 가야와의 적극적인 교류 결과 많은 가야 사람들이 상도신 밑에 있었던 것이 배경이 아니었을까?

또한 이 가야는 6세기에는 서서히 신라에 의해 정복되어 결국 562년 대가야의 함락으로 멸망하게 된다. 이 과정에서 그간의 혼인 관계를 이유로 더 많은 가야인들이 기비에 이주하였고, 이 시기에 가야인들의 세력은 일시에 증대되었을 것이다.

[참고] 재기才伎에 대하여

『일본서기日本書紀』에 따르면 서기 463년, 웅략천황은 가와치노아야노 치히토칸인치리西漢才伎歡因知利의 건언으로 백제에서 새로 재기才伎를 찾게 되었다. 그 결과로 도부陶部 다카키 외에 마구 제작의 안부鞍部 견귀, 화공의 화부인 사라아가, 비단이나 능을 짜는 니시키베 사다 안나니시 등 사중四衆의 공장, 화공군 및 역어의 우안나 등이 백제에서 일본을 방문하여 오려吾礪, 훗날의 광진유, 오사카부 야오시 우에마쓰초 부근으로 비정됨에 유치되었다. 그런데 풍토에 적응하지 못하고 병사자도 나오는 상황이었기 때문에 다른 궁인들과 함께 우에모모도하라上桃原, 시모모 모도하라下桃原, 야마토국의 마카미하라眞神原 세 곳으로 천거되었다고 한다. '모모하라'는 가와치국 이시카와군 또는 스미코천황 34년 5월조에 있는 소가마코가 매장된 '모모하라 무덤'이 있는 곳으로, '마카미하라眞神原'는 현재의 나라현 아스카무라 부근일 것이라고 생각된다.

일행은 기비상도 제군吉備上道弟君이 유치留置된 채로 놓인 백제로부터의 '뛰어난手末 재기'를 제군의 아내인 구스히메樟媛와 기비아마베나 오아카오吉備海部直赤尾가 재차 웅략천황에게 다시 헌상한 것이다. 아지사주阿知使主, 都加使主쓰가사주처럼 예로부터 이주한 한반도인과 달리 '새로 온 한반도인'이라는 뜻으로 '신한'이라고 불렸다. 그리고 이마키군今來郡, 현재의 高市郡을 본거지로 하여 동한씨東漢氏, 야마토아야씨에 의해 관리하게 되었다.

도부陶部 다카키는 스에키須恵器 제작에 참여한 한반도 도래인의 선구적인 존재이자 집단의 우두머리였던 것으로 보인다. 스에키는 한반도계 도질토기로 산화로酸化爐로 소성하는 기존의 토사기와 달리 환원로還元爐로 소성하므로 단단하다. 고분 시대 중기부터 보급되었기 때문에 이 전승이 시기적으로 부합한다. 말기에는 그 다수가 고분의 부장품으로 보이며 그 기법은 일본의 세토야키, 도코나메야키常滑燒, 비젠야키 등으로 발전했다.

2 기비씨吉備氏에 관한 일본 역사서의 기록

『기기』에 따른다면 숭신천황崇神天皇, 250年頃~318年頃 시절 사도장군의 일원으로 서도오카야마 포함를 정복한 기비쓰히코吉備津彦命가 기비씨의 시조로 알려져 있다.

① 가비씨 계보도

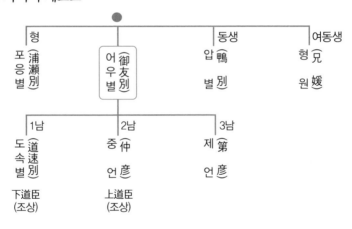

[그림 7] 가비씨 계보도

기비씨가 어떻게 분화되었는지를 알려 주는 다음 이야기에 나오는 미토모와케御友別는 시조인 기비쓰히코吉備津彦命의 2대손일 것이다.

7대 효령천황－若日子建吉備津日子命 기비쓰히코의 다른 이름－吉備武彦－御友別－仲彦
『일본서기』15대 응신천황 22년서기 412년조의 기록이다.

천황은 하다(羽田)[30]의 아시모리노 미야(葦守宮)[31]로 가서 머물렀다.

이때 어우별(御友別. 미토모와케)이 찾아와 그의 형제 자손으로 하여금 선부(膳夫. 가시하대)로서 천황의 식사를 위해 봉사하도록 하였다. 천황은 어우별이 삼가 공손히 받드는 것을 보고 기뻐하는 마음을 가졌다. 그래서 기비국을 나눠서 그 자손과 형제 등에게 주었는데 그때 성씨도 갈라진다.

3 기비씨와 가야(賀屋)씨

기비씨와 가야씨의 관계는 명확하지 않은 듯싶다. 기비국 자체가 가야로부터의 이주민들이 주축이 되어 발전한 나라로 짐작이 되지만『기기』에서는 가야를 소외시키고 있는 느낌이다. 도리코시 겐자부로씨(鳥越憲三郎氏)의 소견을 보기로 한다.

가야국조의 영역은 가야씨가 헤어졌다는 상도신의 상도현(上道臣 上道縣)을 나눈 부분이 아니라 하도신의 조상인 이나하야와케(稲速別)가 봉해진 가와시마현(川島縣)의 영역이 된다고 한다. 토리코시씨(鳥越氏)는 하도신을 기비의 본종(本宗)이라고 한다.

5세기 말경부터 가야로부터의 이주계 사람들의 세력이 기비국 안에서 새롭게 신장해 왔다. 그러나 이 생각은 현재의 대세와는 조금 다른 것이다. 대개는 가야씨를 포함해 기비는 어느 하나의 왕족에서 갈라져 제족이 분립하게 되었다고 해석하기 때문이다.

결론부터 말하면 하도신이나 상도신들이 하나의 가지에서 나뉘었다고 생각하는 것에 반대할 적극적인 이유는 없다. 하지만 가야씨에 관해서는 그들이 무엇보다도 '가야'라고 자칭하고 있다는 것, 그리고 위에서 살펴본 것같이 후세까지 한반도와의 관련성을 강하게 의식하고 있었던 것 같고, 또 당시의 여러 상황 등으로 미루어 보아 역시 이주계 사람들의 새로운 씨족이었다고 생각하고 싶다.

즉, 그들은 다른 지역이 '구니'(國)로서 통일되어 가는 데 있어 결국 분립하여 독립한 채로 있었다는 점이다. 확실히 야마토 정권에서는 '기비국'으로서 하나로 의식되어 많은 논자가 나타내듯이 하나의 나라라고 할 수 있는 실태를 가지고 있었다고 생각된다. 즉 그들이 원래는 하나였다고 할 수 있다. 적극적 증거로는 앞에 소개한 『응신기應神紀』에서처럼 제족은 어우별의 형제와 자식들御友別の兄弟, 子을 시조로 한다는 것이 하나의 논거로 여겨진다.

하도신으로 이어지는 것으로 보이는 조산-작산 고분造山-作山古墳은 이곳에 기비의 중심 세력이 있었음을 말해 준다. 하지만 이것들은 5세기 초에서 중기의 것이다. 그 무렵에는 이미 제족이 갈라져 있었을 것이다.

4 기비씨족에 대한 연구

『일본서기』에서는 웅략천황 때 신라의 원군으로 파견된 오나시小梨, 웅략천황의 붕어를 틈탄 하이의 반란을 진압한 정신라 장군 오대尾代, 흠명천황 때 관인으로 활약한 기비신명결 등, 외교에서 기비신吉備臣들의 활약이 두드러졌고, 그 배경에는 철, 소금 생산 장악을 통한 물질적 군사적 기초 확립이 있었다고 생각된다.

다만 흠명천황 때 관인이었던 '기비신' 제군弟君은 웅략천황 때 신라에 파견된 '기비상도신'吉備上道臣 제군弟君과 동일 인물로 여겨지며 후자에 관한 기사에는 호시카와 황자의 반란과 연관짓기 위해 만들어진 것으로 보는 견해도 있다. 또 반란을 모의하다 주살된 '기비하도신' 마에쓰야前津屋도 『일본서기』가 인용한 어느 책에서는 국조 '기비신' 야마山로 전해지고 있다. 이와 같이 『일본서기』에서는 기비신으로 여겨지는 인물이 기비상도신, 기비하도신이라고도 표기되는 경우가 있다. 이와 같은 기비계 씨족 간의 관계를 고려할 때 주목되는 것은 『기기』에 실린 세 가지 계보다.

1) 『고사기』 효령천황의 계보에서는 효령천황의 어자, 오오기비쓰히코미코토 大吉備津日子命가 기비상도신의 조祖, 와카히코다케키비쓰히코미코토若日子建吉備津 日子命가 기비하도신·가사노오미笠臣의 조祖로 여겨진다.

2) 그러나 『일본서기』 효령천황의 계보이하 효령기 계보에서는 와카히코다케키비쓰히코미코토若日子建吉備津日子命가 기비신의 시조로 여겨지며 오오기비쓰히코미코토大吉備津日子命의 후손 씨족에 관한 기술은 없다.

3) 또한 『일본서기』 응신천황의 전승(이하 응신기 계보)에는 기비신의 조상인 미토모와케(御友別)의 형제와 자식들이 기비국으로 분봉되었다고 하며 가와시마현(川島縣)에 장자 이나하야베쓰(稻速別), 가미미도현(上道縣)에 둘째 나카히코(仲彦), 미노현(三野縣)에 막내 오토히코(弟彦), 하쿠기노아가타(波区芸縣)에 동생 가모베쓰(鴨別), 엔현(苑縣)에 형 우라이베쓰(浦凝別), 오리베현(織部縣)에 누이 응신천황비가 각각 봉해졌다.

그리하여 도속별(稻速別)이 하도신(下道臣), 중언(仲彦)이 상도신-향야신(上道臣·香屋臣), 제언(弟彦)이 삼야신(三野臣), 압별(鴨別)이 입신(笠臣), 포응별(浦凝別)이 원신(苑臣)의 시조가 되었다고 한다.

또한 가모베쓰는 중애천황 때 구마소(熊襲)를 토벌했다는 전승이 실렸으며 그곳에서는 '기비신의 조'로 알려져 있다.

이 세 가지 계보를 둘러싸고 지금까지 다양한 논의가 이루어지고 있다. 통설적인 이해로는 기비계씨족 간에 미토모와케(御友別)라는 공통된 시조를 품고 있으며 각각의 씨족 간에 서열 의식이 희박한 응신기 계보가 가장 고체(古体)를 유지한 것으로 보인다.

그리고 6세기 후반 대왕가와 기비신이 결합하는 형태로 효령기 계보가 성립되었고, 응신기 계보는 중앙 정계에서 활약하는 하도신·가야신이 주장하는 왓카타케히코(稚武彦命)의 계보에 대항한 것으로 상도신이 기비평정의 전승을 가진 기비쓰히코(吉備津彦命)를 시조로 주장하기 위해 7세기 후반에 성립되었다고 한다.

이 점에는 이론도 있어 상도신이 열세인 시기에 상도신을 하도신- 가야신의 상위기(비즈히코노미코토는 왓카타케히코노미코토의 형)로 하는 계보개변을 일으켰다고 보기 어렵다고 하여 효령기 계보가 가장 늦게 7세기 후반에 성립했다는 설도 있다. 다만 기비계씨족이 전해온 원계보라고는 할 수 없지만 응신기 계보에 부족 동맹으로서의 '기비신'의 요소가 잔존해 있음을 인정해도 좋을 것이다.

당연히 이들 모든 기비계 씨족이 실제 혈연관계에 있었다고 볼 수는 없으며, 야마토 왕권의 기비 지배는 부족 동맹으로서의 기비신을 해체 분씨하고 국조에

임명함으로써 관철되었다고 생각된다. '기비신'이라는 우지명씨, ウヂ名에 관해서도 기비 지방의 세력을 기기에 채록할 때의 인식에 따라 '기비신'이라고 기술했을 뿐 진비真備에 대한 기비 아손吉備朝臣 사성까지는 '기비'를 우지명으로 하는 씨족은 존재하지 않았다는 설이 제창되고 있다. 다만 이 설을 따를 경우 이즈모 등 지역에 분포하는 '기비베吉備部'를 어떻게 이해하느냐가 문제가 될 것이다. 어찌되었든 기비씨의 역사에는 후대의 인위적인 조정이 있었다고 볼 수 있다.

기비 지역에서는 4세기 후반 각지에서 100m급 전방후원분이 축조되었는데 이들은 부족 동맹에 속한 각 수장들의 무덤으로 추정된다. 이윽고 5세기에는 조산과 작산 두 고분으로 대표되는 거대한 전방후원분이 출현하고 동시에 다른 지역에서 100m급 전방후원분이 자취를 감추고 있다. 거대 고분을 축조한 부족 연합을 통합하는 대수장 아래 권력이 집중된 것으로 보이지만 거대 고분의 분포는 특정 지역에 집중되지 않았고 대수장의 지위는 특정 지역의 수장에 의해 세습되는 것이 아니다.

그러나 5세기 후반의 양궁산両宮山과 숙사산宿寺山 고분을 끝으로 기비 지역에서는 약 1세기에 걸쳐 고분의 규모가 축소된다. 이는 『일본서기』에 있어서 기비계 씨족의 반란전승과 관련지어 이해되고 있으며 야마토 왕권에 의한 기비 지역 지배가 강화되고 구래의 부족동맹이 해체되어 간 결과로 볼 수 있다.

5 기비아나국조吉備穴国造

기비아나국조吉備穴国造는 기비아나국 히로시마현 후쿠야마시 주변을 지배했다고 하며, 『국조본기선대 구시본기』에 따르면 게이유키천황12대 景行天皇 때 와니노오미和邇臣와 동조 히코쿠니후쿠노미코토彦國葺命의 손자인 하치노스쿠네노미코토八千宿禰命를 국조로 정한 데서 비롯된다고 한다. 안나씨安那氏, 아나씨가 국조의 계보를 이은 것으로 보이며, 『신찬성씨록』에도 안나공安那公은 아메다라시히코구니오시히코노미코토天足彦国押人命의 3세손 히코구니후쿠노미코토彦國葺命의 후손으로 알려져 있다.

와니씨和邇氏 족보에서는 야찌노스쿠네八千足尼는 5대 고쇼천황考昭天皇의 아들 아메다라시히코쿠니오시히토노미코토天足彦国押人命의 후손 이자 안나공 오사카신大阪臣의 조상으로 알려져 있으며 『고사기』에도 아메아시히코쿠니 오시히토노미코토天足彦国押人命가 아나신阿那臣의 조상으로 기록되어 있다.

같은 기비의 이름을 가진 국조라도 기비 가문과는 다른 조상 전승을 가지고 있어 기비 가문의 권력 쇠퇴에 따른 주변 수장들의 자립과 병존을 엿볼 수 있다. 참고로 후쿠야마시 가미베초에 있는 사코야마 고분迫山古墳은 국조가 스스로의 힘을 보여주기 위해 만들어졌다고 전해지며 히로시마 후쿠야마시 간나베평야神辺平野의 거대한 고분은 안나씨의 무덤으로 추정되고 있다.

후쿠야마시 일대는 과거로 거슬러 올라갈수록 육지가 좁아져 간다. 400년 전 미즈노 가쓰나리水野勝成가 후쿠야마성을 쌓을 무렵 타지메多治米 가와구치川口 일대는 바다 밑바닥이었다. 1500년 정도 거슬러 올라가면 하구는 지금은 후쿠시마시 북쪽에 위치하고 있는 가나베평야神辺平野의 남쪽 부근에 있었다. 히고備後의 정치적 역사는 이 시대부터 시작되었다. 지금으로부터 1600년 전 고분 시대 일본 전국은 120개 가까운 작은 나라로 나뉘어 국조라 불리는 지방의 통치자가 다스리고 있었다. 그 무렵 천황가의 힘은 아직 약해 국조 위에 서서 완만하게 국토를 통치하고 있을 뿐이었다.

고서를 풀어 보면 후쿠야마 주변에는 이런 나라가 두 개 있어서 각각 국조에 의해 다스려졌음을 알 수 있다. 즉 '기비호무치국吉備品治国'과 '기비아나국吉備穴国'이다. 호무치국은 지금의 에키야駅家 근처에 중심이 있어 '오오후나 소코니大船足尼'라고 불리는 국조가 다스리고, 아나국은 에케야 동쪽의 후카야스군深安郡이 중심이어서 '야치아시니八千足尼'라고 불린 국조가 다스리고 있었다. 그들의 무덤이 가나베평야神辺平野 주변에 수백 개 있는 고분이다.

6 도요국豊国, 우사宇佐와 기비吉備

기비씨가 후쿠오카의 도요국에 정착했던 가야족이 기비 지역으로 이주했을 가능성을 보여주는 기록이 있다.

다음 기사에 도요豊와 기비吉備의 연결고리가 보인다.

- 성무천황志賀穴穂朝 시절에 기비신吉備臣과 동조同祖인 기비쓰히코吉備都命의 6세손 우사지宇佐自命를 도요국의 구니사키국조国前国造로 정했다先代旧事本紀 国造本紀.

- 도요국의 구니사키신国前臣은 효령천황의 아들인 히코사시카타와 케노미코토日子刺肩別命의 후손이다. 효령천황의 다른 아들에는 기비쓰 히코大吉備津彦命, 즉 와카히코다케기비쓰히코若日子建吉備日子命가 있다孝霊記.

- 옛 우사국菟狹国의 신도神都는 비젠備前이다. 비젠, 빗추, 빈고, 미마사카는 옛 우사국 제일의 신도로, 두 번째는 규슈다宇佐国造家伝承, 宇佐公康, 宇佐家伝承が語る古代史.

- 본래 황실밖에 받을 수 없는 품위品位를 우사신궁과 기비쓰히코 신사만이 받고 있다.

6 가야씨賀陽氏의 본관지

가야씨는 빗추국 가야군備中国 賀夜かや郡, 현재의 오카야마현 소자시 동부, 오카야마시 서부, 가미보군 가요정과 유한정을 본관지로 하는 고대부터의 명족이다.

가야씨의 본관지에 대해서『오카야마문고 기비즈 신사』라는 책에는 가야군 아시모리향賀夜郡 足守郷에 살았다고 기록되어 있다. 최근의 데이터에 의하면 아시모리초의 오이大井를 중심으로 15건의 가야노蒫野씨가 살고 있다. 나카쓰미코토仲彦命의 후예가 하도신과 상도신으로 갈라지기 전에 이곳이 최초의 본관지였다고 본다.

吉備津彦命の妻는 다른 이름에 다사田狹의 지명이 있기 때문이다. 뒤에 설명하는 '가미미치오미 다사上道臣田狹'의 이름은 여기서 유래되었다고 생각한다.

8 가야씨

가야씨賀陽氏의 시작은 오오기비쓰히코노미코토大吉備津彦命와 함께 기비 원정에 참가한 동생弟君 와카히코다케기비쓰히코미코토若日子建吉備津日子命,『고사기』에 7대효령천황의 황사, 稚武彦命 이후다. 이 사람의 4대손 '나카히코仲彦'가 응신천황으로부터 '가야국조加夜国造'로 봉해진 것이 '일본 역사상의' 가야賀陽씨의 시작이다.

이 '가야かや'라는 음이 加夜, 蚊屋, 香屋로 변하면서 마지막에 賀陽이 된 것 같다. 발음이 같거나 유사한 賀陽, 茅野, 茅原, 栢野, 萱野, 萱原, 仮谷, 仮屋, 狩屋, 狩屋 등으로도 표기된다.

기록에 남는 것으로는 '칭덕천황' 원년729년에 가야신 고다마베賀陽臣小玉部라는 기비즈 신사의 신관이 '가야 아손賀陽朝臣'의 성을 받았다는 기사가 있다삼대실록.

이들 가야씨賀陽氏는 한반도에서 이주한 가야 사람들과 어떤 관련이 있는 것으로 보인다. 이 가야씨가 기비쓰궁吉備津宮의 신주神主가 되어 이 지방도 통치한 것 같다.

739년의 빗추국 대세부 사망인장備中国大税負死亡人帳에 가야군 사람으로서 가야씨賀陽ノ氏를 가졌던 사람을 많이 볼 수 있다.

765년 가야노 오다마메賀陽臣小玉女가 **외종 5위하**外従五位下**32)**에서 하여져 훈육 등勲六等을 수여받았고, 같은 해 일족 12명과 함께 아손의 성朝臣の姓, かばね을 받았다속일본기.

859년에는 종5위하에 서거된 가야조신고코賀陽朝臣姑子의 이름이 보이고 일본 3대실록, 가야국조가加夜国造家의 여인이 일찍부터 채녀采女, 나인 또는 궁녀로 출사出仕했음을 상기시킨다.

가야씨賀陽氏에 관해서는 후지이 하야오씨藤井駿氏의 연구 등이 있는데 그것들에 의하면 후소약기扶桑略記'에 인용하는 선가비기善家秘記'와 금석물어今昔物語'에 가요군 아시모리향賀陽郡 足守郷에 본거지를 둔 부호 가야요시후지賀陽良藤의 이야기가 있는데 그는 그 재물로 비젠국 소자備前国 少自가 되었다고 한다. 그 밖에 정치요략政治要略' 간페이 5년893년조에는 요시후지의 형제, 가야군 대령 가요토요나카賀陽豊仲의 이름이 보인다. 헤이안기에는 교토에도 그 이름이 들리는데 기비에 있어서는 정치, 경제를 좌우하는 세호가勢豪家였음을 알 수 있다.

한편, 기비국 사람들로부터 기비의 대씨신大氏神으로 존경받고 852년부터는 관사官社로 열거된 기비쓰 신사의 신주 가요 사다마사 아신神主 賀陽貞政朝臣이 있는데 1716년 도쿠가와 막부에 의해 신관직을 몰수당할 때까지 가요賀陽씨는 대대로 신주를 비롯한 많은 신직에 봉사하며 세습하고 있었다.

다조茶祖이자 일본에 임제종臨濟宗을 퍼트린 영서榮西도 빗추국 가야군備中国 賀陽郡에서 출생한 가야씨 출신이고, 서명천황의 후비 '蚊屋采女 가야노 우네메 역시 가야씨 출신이다.

9 쓰쿠리야마作山 고분

오카야마에서의 첫 번째 답사지로 정한 구라시키倉敷시 북쪽에 있는 소자総社시 소재 쓰쿠리야마作山 고분으로 향한다. 찾아가는 데 길이 순조롭다 싶었는데 역시 주차를 하는 데 좁은 길에서 후진을 두 번이나 하며 애를 먹었다.

[그림 8] 쓰쿠리야마造山 고분

쓰쿠리야마作山 고분은 길이가 282m로 일본 전체에서 9번째로 큰 대규모 고분이다. 경주에 있는 황남대총이 남분과 북분을 합쳐서 120m이니 그 크기를 짐작할 수 있다. 낙엽이 쌓여 있는 미끄러운 길을 따라 전방부까지 올라갔다. 후원부는 육안으로만 확인하였다. 전방부에 올라가서 주위를 보니 주변에 넓은 평야가 펼쳐져 있다. 주차장에 설치된 안내판에는 주변에 여러 고분들이 있는 것을 보여준다.

🔟 쓰쿠리야마造山 고분

다음 목적지인 쓰쿠리야마造山 고분을 찾는 데 애를 먹었다. 벌써 시간이 많이 지나 기비로古備路라는 도로 옆에 있는 음식점에서 식사를 하고 휴식을 취했다. 쓰쿠리야마作山 고분에 올라가며 힘이 들었던 것 같다. 동서로 시원하게 뻗은 기비로는 예전에는 가야로 불리었을 것이고 가야 사람들이 활개치며 다녔을 것을 상상해 보았다.

음식점에서 쓰쿠리야마造山 고분에 가는 길을 물어서 한차례 실수를 한 후 도중에 이정표를 발견하여 드디어 고분에 당도했다. 주차장도 넓고 말끔하게 지어진 고분방문센터도 있었다.

[그림 9] 쓰쿠리야마造山 고분

고분에 올라 보니 규모가 상당하다. 야산에 오르는 기분이다. 일본에서 네 번째로 큰 고분으로 길이가 350m이다. 지난 여름 태풍으로 붕괴된 고분 한쪽의 복원 공사가 진행되고 있었다. 넓따란 원분 정상부에 올라가 사방을 둘러보니 평야가 넓게 펼쳐져 있다. 이 지역에 정착한 가야 세력의 경제적 원동력이 이 평야에서 나왔을 것이다.

고분방문센터에 들러 해설사보다는 학예사에 가까워 보이는 담당자의 설명을 듣고 책도 구매했다. 담당자가 이름이 같은 쓰쿠리야마 고분이지만 한자로 作山과 造山을 쓰는 이유를 설명해 주었다. 作山은 기존의 언덕을 이용했다는 뜻이고 造山은 밑에서부터 조성했다는 의미라고 한다.

2차 방문 시 쓰쿠리야마 고분의 전방부에 있는 아라荒 신사를 확인하고 고분의 남방에 산재하는 사카기야마 고분榊山古墳을 비롯한 6개의 부총의 존재를 확인하였다.

⑪ 고분 시대 전반기의 가야식 고분

매우 비옥한 기비 충적 평야에 일본에서 10위 안에 들어가는 대규모의 고분이 2기나 있고, 또 길이 100m 이상의 고분이 20기나 넘는다는 사실은 그 지역에 막강한 정치, 군사력을 가진 독립적 세력이 존재했었다는 것을 암시한다. 이 일대의 고분의 성격을 규명하는 것은 '미지의 기비왕국'의 진면모를 해명하는 데 중요하다.

3~4세기경부터 시작되는 일본의 고분 시대는 외부로부터 새로운 문화가 들어온 것으로 특징지어지는 시기다. 묘제에 있어서는 높은 봉분을 가진 석실묘가 성행하기 시작했다. 일본학자는 "AD 3세기 후반기 갑자기 기내를 중심으로 하는 제한된 지역에 고분이 새롭게 출현하였다"라고 하였다. 그러나 고분이 기내에서 처음 발생하였다고 하는 것은 속단이다. 고구려에서 시작된 대규모 고분 축조의 풍습은 백제, 신라, 가야에 보급되었고 한반도의 선진 문화를 일본 열도에 가지고 온 한반도 이주민 집단은 3세기 말경에 봉분이 있는 분묘를 세우기 시작한 것이다. 일본 고분의 발생은 전적으로 한반도 이주민에게서 기인한다.

초기 고분들로서는 미야야마 유적宮山遺蹟 曾作市 비와, 이부시다니 제1호, 제2호 고분, 묘토이와 유적, 쓰지야마다 유적, 다데쓰끼 유적 등을 들 수 있다. 최근에 조사된 '다데쓰끼 유적楯築遺蹟'은 아시모리강 하류의 충적지인 지금의 구라시키시倉敷市 오보산에 있는 전방후원식 고분으로 전체 길이 45m의 큰 고분이다.

『기비정권의 성격』을 쓴 일본학자 니시카와 히로시西川宏는 대형 고분의 분포 상태와 수리를 중심으로 한 지리적 환경을 기준으로 하여 비젠, 빗추의 평야 지대를 몇 개 지역으로 구분한다. 그다음 각각의 지역에서 호족들의 존재를 지적한다.

동부의 오쿠邑久, 가미쓰미찌上道, 나까야마中山, 소자總社 남부의 네 지역에서는 지역적 통일을 이룩한 호족들이 길이 100m 이상의 규모를 가진 전방후원분을 4세기 후반기에 만들고 있던 사실에 주목한다. 비젠, 빗추의 남부 평야 지역에서는 호족들 사이의 세력 균형에 의하여 호족 영합이 성립되고 그 영합이 기비 각지의 여러 집단을 지배하고 있었다.

5세기 전반기에는 소자 남부의 미수 고분군에 길이 350m의 '쓰쿠리야마조산 고분'과 길이 286m의 '쓰쿠리야마작산 고분'이 축조되었고 이런 큰 전방후원분의 주인공들은 매우 넓은 영역을 지배하고 있었을 것이다.

이 학자는 두 쓰쿠리야마 고분의 주인공이 전체 기비 지방을 지배, 통제하였다고 하였다.

① 옛 가야 세력권의 고분

오카야마현에는 기본적으로 세 개의 강이 북에서 남으로 흘러내린다. 오카야마시의 중간을 관통하여 오카야마성과 고라쿠엔後樂園 사이로 흐르는 강이 아사히강旭川142km이다. 아사히강旭川을 기준으로 동쪽으로는 요시이강吉井川이 흐르고 서쪽으로는 다카하시강高梁川이 흐른다.

이에 더하여 아사히강과 다카하시강 사이에 사사가세강笹ヶ瀬川 24km이라는 비교적 짧은 강이 있는데 이 강과 더불어 상류의 지류인 아시모리강足守川과 스나가와강砂川 주변에 고대사 유적이 널리 분포되어 있다. 먼저 일본학자들이 왕급 고분이라고 하는 고분들을 그들의 편년대로 강을 중심으로 열거하기로 한다.이를 뒤에 고분' 명칭 생략, 괄호 안은 크기를 말함.

② 아사히강 유역

구루마쓰까50m → 미나토차우스야마150m → 가나구라야마160m → 쓰나하마차우

스야마80m → 산오산70m → 신궁지야마150m → 잇봉마쓰65m

③ 아시모리, 사사가세강 유역

구루마야마140m, 일명 기리기리야마 → 나까야마차우스야마150m → 도오야마150m → 쇼
마루야마150m → 고모리가와100m

④ 스나가와 유역

우라마차우스야마120m → 고야마70m → 다마이마루야마140m → 료구야마180m →
슈센다70m

⑤ 다까하시강 유역 소자 일대

쇼쓰쿠리야마130m → 쓰쿠리야마조산, 350m → 센조쿠70m → 쓰꾸리 야마쟈산, 286m
→ 데라야마120m

이들 고분들의 대표적 특징을 들어보면 다음과 같다.

강하천과 수리 체계가 발달한 논밭을 한눈에 내려다볼 수 있는 낮은 산이나 언
덕꼭대기에 자리 잡고 있다. 전방후원 고분이 많고 그 밖에 원분도 있으며 규모
가 비교적 크다. 봉분의 바닥 부분에는 띠모양으로 생긴 1~2단의 축대가 있다.

수혈식 석실이 많으며 점토나 조약돌 등을 밑바닥에 깔고 그 위에 여러 가지
형태의 목관 또는 석관을 놓는다. 부장품은 간소하며 관 주위에 벌려놓는다.

쓰쿠리야마조산 고분을 비롯한 일본 고분 시대 전반기 기비 지방의 전방후원
분은 대부분 산이나 언덕의 꼭대기에 위치한다.

쓰쿠리야마조산 고분을 예로 들어 보면 그것은 평탄한 논지대에 튀어나온 낮
은 언덕 꼭대기에 축조되었음을 알 수 있다. 고분의 정상으로부터는 잘 발달한
농업 생산 지대를 내려다볼 수 있다.

이렇게 농업 지대의 중심에 위치한 낮은 산 또는 언덕 꼭대기에 고분을 축조
하는 것은 가야의 고유한 풍습이다. 가야에는 고령 지산동 고분군, 김해 대성동
고분군, 함안 말이산 고분군, 창녕 교동과 송현동 고분군, 고성 송학동 고분군,
합천 옥전 고분군 등 고분군이 많은데 고분군 주변에는 평야가 있다.

3. 기노조鬼ノ城

　오카야마를 두 번째 방문했을 때 기노조산성에 오를 수 있었다. 성으로 향하는 도중, 일전에 답사했던 쓰쿠리야마 고분作山古墳이 보였다. 스나가와공원砂川公園을 통과해 자동차로 좁은 산길을 10분쯤 올라가니 주차장이 나타났다. 스나가와砂川는 동남쪽으로 흐르다가 기노조 북쪽에서 흘러내리는 치스이가와血吸川에 합쳐져 쓰쿠리야마 고분 근처에서 아시모리강足守川으로 흘러 들어간다. 주차장에서 올라가기 쉽게 지그재그식으로 낸 길을 다시 10분쯤 걸어 올라가니 복원한 서문과 성벽이 있었다. 서문 아래쪽 길에서 마침 시찰 나온 소자시 시장을 만났다. 우리말로 인사를 하니 이 성은 한국성이라고 일러 주었다. 산성에 설치된 전망대에서는 소자시의 평야가 내려다보였다. 날이 흐려서인지 세토내해는 보이지 않았다.

　일본학계에서는 일본 열도에 남아 있는 조선식 산성의 축조 연대를 일률적으로 7세기 후반으로 본다. 즉 백촌강 전투에 패한 일본이 나당 연합군의 일본 열도 침입에 대비하여 백제 유민을 동원하여 쌓은 성으로 규정한다.

　반면 김석형 씨는 조선식 산성이 한반도 이주민들이 이주와 동시에 주거지 인근의 산에 쌓은 성으로 규정한다. 일본 사람들 가운데는 기비의 기노조산성의 축조 시기를 4~5세기로 보는 사람이 전혀 없는 것은 아니다. 그런 대표적인 사람들의 말을 들어 보기로 하자.

[그림 10] 기노조

[그림 11] 기노조 성벽

"기노조는 최근에 검토한 결과 오랜 조선식 산성으로 판단되었습니다. 아직도 산성을 쌓은 시기는 정할 수 없지만, 쓰쿠리야마조산 고분과 쓰쿠리야마작산 고분의 축조 시기쯤으로 짐작되며 그 후에 부단히 방비를 보강하였을 것으로 추측합니다."

이 일대에 가야 세력이 있었다는 것은 조선식 산성이 존재한다는 사실로도 알 수 있다. 오카야마시 산요정에 있는 오오메구리, 고메구리산^{일명 쓰어지산}이라는 두 개의 산에 걸쳐 쌓은 조선식 산성도 1973년경에 재확인되었다.

소자시에 있는 기노조_{鬼/城}성은 기비고원의 최남단에 위치한 해발 약 400m의 귀성산_{鬼城山} 정상 부근에 만들어진 고대 산성이다. 기노조_{鬼/城}는 '키의 시로_{キのシロ}'로 불려왔다. 키는 백제의 고어로 성을 의미하며, 나중에 '귀_鬼'라는 글자로 추측해 채용해 넣은 것이다. 기노시로는 기라는 백제말과 시로라는 성을 나타내는 일본말을 거듭한 명칭이다.

수수께끼 같은 우라_{溫羅}전승의 무대인 이 산성은 최근의 발굴 조사에 의해 구조가 밝혀졌다. 우선 귀성산의 9부 능선 부근을 둘러싼 성벽은 직선적인 구조를 한 단위로 하여 이를 차례로 연결했기 때문에 안과 밖으로 각도를 잡고 둘레를 도는 것이 특징이다.

성곽선은 2.8km, 폭이 7m, 높이 6~7m로 벽은 석축인 곳과 토축인 곳으로 나뉜다. 토축 부위도 성토한 것이 아니고 기초 부분에는 방형의 할석을 직선으로 놓고 그 위에 몇 cm 두께로 한 층씩, 흙벽이 6m 높이로 쌓아 올려져 있다. 이런 면에서 기노성은 석축성이라기보다는 토석 혼축성이라고 표현하는 것이 더 적절하다.

[그림 12] 기노조성

높은 서축 돌담의 방어가 필요한 방향에 4~5개소 성벽 밖으로 ㄷ자 모양으로 돌출한 치雉를 갖추고 있다. 각루角樓도 특기할 만한 것으로 일본에는 없는 이 각루는 성곽의 남서쪽 구석에 위치하고 성벽 선에서 바깥쪽으로 4m를 뻗어나간다. 성문은 동서남북의 사문이 모두 알려져 있다.

성벽에는 수문구가 있다. 유수에 의한 성벽의 붕괴를 방지하기 위한 수문은 방어 정면에 집중되어 있다. 성벽 하부의 2~3m에 돌담을 쌓아 수구를 마련해, 통수홈의 상부를 토루로 굳힌 수문이 4개소 있다. 다른 두 곳은 돌담 사이를 자연 통수시키는 침투식 수문이다. 성벽 하부에서 얕은 저수지가 발굴되어 많은 목제품이 출토되었다.

성내의 중심부에서 건물터 7동이 발굴되었다. 12기의 노를 비롯한 철기 제작 대장장이鍛冶 공방터에서 관련 유물과 다른 출토 유물은 스에키, 항아리, 식기류, 토사기 등이 있다.

귀성산의 정상에서는 눈 아래에 소사평야, 오카야마평야 서부, 오카야마 시가를 한눈에 볼 수 있다. 고지마반도児島半島의 전방은 세토내해, 바다 건너편의 육지는 가가와현이다. 사카이데시의 사누키 성산성과 다카마쓰의 야마성이 시야에 들어온다. 이곳은 다카하시강 하구의 사카쓰酒津와 **미즈시마나다**水島灘**33)**가 멀리 바라다보이는 곳으로 망루 시설도 있었을 것으로 추측된다.

세토내해는 기비 같은 내해 연안 지방의 주해로이다. 동단에 있는 기나이의 대표항인 난바쓰難波津까지 기비쓰항에서 약 180km이고 기비쓰항의 서쪽 약 240km에 하카다만博多湾 내의 나오쓰那大津가 있다. 기비쓰吉備津항은 동서 항로의 거의 중간점에 위치한다. 기노조鬼ノ城성 산기슭 일대는 위세를 자랑한 고대 기비의 중심부이며, 기노조鬼ノ城성은 기비쓰항에서 약 11km의 거리에 있다.

기노조鬼ノ城는 산성에 필요한 설비가 거의 갖추어져 미완성의 산성이 많은 가운데 보기 드문 완성된 고대 산성이다.

필자의 한반도와 옛 고구려 지역의 산성에 대한 이해에 따르면 기노조의 구조는 여기서 크게 다르지 않다. 특히 치雉는 고구려 산성이나, 백제의 부여 나성,

가야산 산성, 수원 화성에도 있다. 치성雉城이란 성곽의 요소에 성벽으로부터 돌출시켜 전방과 좌우 방향에서 접근하는 적과 성벽에 붙은 적을 방어하기 위한 시설이다. 치성의 '치雉'는 '꿩'이란 뜻을 가지는데, 제 몸을 숨기고 밖을 잘 엿보기 때문에 이런 이름이 붙었다. 화성에는 이러한 치성이 10곳 있다.

이러한 소위 '조선식 산성'은 일본에 흔하지 않고 일본 중세성들과 구조가 확연히 다르기 때문에 현대의 일본인들은 이해가 부족하다. 조선식 산성의 하나인 후쿠오카현 소재 대야성大野城 답사차 지쿠시노시역사박물관筑紫野市歴史博物館에 들렀을 때 박물관 학예사가 오히려 필자에게 대야성의 구조에 대한 질문을 하였는데 조선식 산성에 대한 이해도를 짐작할 수 있었다.

1 기노조의 축성 연대

기노조 산성의 축성 연대를 짐작하기 위해 이 성에 얽힌 전설과 고대 역사를 알아본다.

산성의 지배자였다는 우라라는 전설의 인물과 이를 물리친 기비쓰히는 역사상의 인물과의 전쟁 이야기로 단순히 전설로 치부하기에는 어려운 실제성과 역사성을 지닌 인물들로 뒤에 이 전쟁의 전개와 의미를 자세히 살펴본다.

고대 기비 지방에는 '우라'라는 오니鬼를 살고 있었는데 그는 기노성을 거점으로 이 지역을 지배하고 악행을 저질러 스진천황은 기비쓰히코를 파견하여 제압한다.

지금의 일본 역사계에서는 신무천황의 동정東征을 비롯한 야마토 왕권의 성립 시기가 3~4세기이며 야마토 왕권의 정복기가 4세기부터 시작되는 것으로 보는 견해가 있다. 스진천황과 신무천황이 동일 인물이며 야마토 왕권의 초대 인물이 맞는다면 스진천황의 시대는 고분 시대 초기인 3세기로도 볼 수 있다.

그 이후 3~4세기에는 조몬인, 야요이인과 다른 고분인이라는 별개의 유전자 집단이 일본 열도로 대거 이주한 것이 확인된다. 이들은 3세기부터 백제가 남하하면서 그 여파로 주민들이 일본 열도까지 이주한 것으로 추측된다.

일본 문헌에서도 이전까지는 신라, 가야 도래인의 영향력이 짙었다가 이즈음부터 백제(가야 포함) 도래인들의 영향력이 두드러지게 나타나기 시작한다.

2 우라 전설의 연대

우라(溫羅)는 기비관자(吉備冠者, 기비의 통치자) 또는 귀신(鬼神)이라고 한다. 기노조(鬼ノ城) 즉, 오니노성을 거점으로 한 오니(鬼, 도깨비) 혹은 '도래인'으로 하늘을 날 수 있는 거구로 괴력무쌍했으며 술고래였다는 등의 일화가 전해진다.

출신에 대해서도 이즈모(出雲), 규슈, 한반도 남부 등 문헌에 따라 다르다. 백제왕자라는 설도 있고 이즈모에서 왔다는 설도 있다.

첫째, 기노조의 축성 연대를 663년(백강 전투. 백제 연합 부흥군의 패배) 이후로 놓고 보자.

일본에서 공식적으로 이야기할 때 기노조의 축성 연대는 7세기, 즉 백제 멸망 이후이고 나당 연합군의 일본 열도 침공을 두려워하여 백제 유민이 중심이 되어 쌓았다는 것이다. 고고학 조사 이후에도 결론은 같다고 한다.

우라가 백제왕자라면 우라는 백제의 멸망으로 도망 나온 백제왕자여야 한다. 그러나 그 당시 일본의 중앙 정권은 백제 귀족을 우대하였다. 따라서 백제왕자가 당시 중앙 정권과 대립할 이유를 찾기 어렵다. 중앙(백제 우호 세력) 대 백제계와의 갈등은 부자연스럽다.

둘째, 기노조의 축성 연대를 3~4세기로 가정해 보자.

무엇보다도 우라를 쫓기 위해 스진천황이 장군을 보낸다. 앞에서 나왔듯이 스진천황의 연대와 괴리가 줄어든다. 이때 스진천황이 가야 출신이라면 백제왕자와 맞서는 것이 크게 이상하지 않다.

중앙 세력(가야 세력) 대 새로운 백제 세력의 갈등 구도는 납득이 된다.

셋째, 축성 연대는 3~4세기 또는 그 이전이라는 가정은 그대로 둔다. 구가야 이주민 세력과 신가야 이주민 세력 간의 충돌로 볼 수도 있다.

『고사기』와『일본서기』전승에서는 숭신천황이 야마토의 대왕이 되기 전에 있었다는 '나라양도國讓り 구니유즈리'라는 신화에 나와 있듯이 이즈모 사람들은 야마토 군의 공격에 항복하여 야마토의 지배를 따를 것을 약속한 것 같다. 우라의 일은 그 '구니즈리' 이후의 일이다. 이즈모는 한반도와 가깝기 때문에 많은 한반도 출신의 '이주민'들이 새롭게 들어와 살면서 철 가공을 시작하게 된 것 같다.

우라溫羅 집단은 한반도에서 이즈모로 옮겨 살았고, 주코쿠산맥中國山脈을 넘어 기비평야의 북쪽 끝으로 옮겨와 그곳에 정착했다. 당시는 철이 기비평야보다 더 동쪽에 있는 나라들에 널리 전해지지 않았다. 그래서 쇠로 만든 무기와 도구들은 당시 매우 귀중한 것이었다. 철 무기와 도구를 만들 수 있는 우라溫羅 집단은 귀중한 철무기와 도구를 만드는 법을 알고 있던 일본 열도에서는 몇 안 되는 인재 집단이었다.

이런 가정하에서는 신문명의 우라 집단이 구문명을 가진 기비쓰히코 집단에게 졌다는 것은 납득하기 어려운 점이 있다. 마지막으로 필자가 생각해 오던 가설이다.

지금의 오카야마 지역은 가야 세력이 융성했던 곳이다. 이런 배경하에 기노조를 당시 가야 세력의 대피산성으로 보는 견해다. 이 가설이 맞는다면 기노조성은 7세기 훨씬 이전인 3~5세기에 축성되었을 것이다. 기비의 가야는 지금의 소사시를 중심 도읍으로 했을 가능성이 크다. 도시의 이름 자체總社가 그렇기도 하지만 고대에는 소사시가 바다에서 멀지 않아 항구가 가까이 있었고 서쪽으로 흐르는 다카하시천도 북쪽으로의 하운을 편리하게 했을 것이다. 대규모 고분과 수많은 고분군, 그리고 유적들이 이 지역에 밀집되어 있는 점도 이런 가설에 뒷받침한다. 가야도 부여, 고구려 및 백제의 영향을 받아 도읍에 평지성과 대피 산성이 있는 형태를 가지고 있었을 것이다. 기노조라는 산성이 있고 성 아래 남쪽 평야지대 소사시에 왕궁과 평지성이 있었을 것이다.

이런 가설하에서는 우라는 가야 세력이다. 이를 물리친 세력은 새로이 일본 열도의 야마토 지역, 즉 나라와 오사카의 남쪽인 가와치를 중심으로 세력을 형성한 백제계 세력이었을 것으로 추정한다. 우라의 이름이 한자 표기로 溫羅로 '라加羅, 伽羅, 迦羅'자가 들어 있는 것도 그러한 추측을 가능케 한다.

기존의 가야계 세력은 신흥 백제계 이주민 세력에 굴복당하여 기비쓰 신사에는 공식적으로는 정복자인 기비쓰히코가 모셔져 있지만 실제로는 선주민인 가야인의 조상이 모셔져 있고 가야씨에 의하여 제사 지내져 왔던 셈이다.

산성 아래에는 고분 시대 전 기간을 통하여 대표적이라고 할 수 있는 고분들이 전개되어 있다. 산성 가까이에는 료구야마 고분전방후원분 길이 약 190m, 원부의 높이 약 20m, 모리야마 고분전방후원분 약 85m, 마와리야마 고분 전방후원분 약 65m 등이 있다.

그리고 시기는 좀 후세의 것이지만 기비 동쪽의 오오메 구리 고메구리산성 주위에는 이와타 고분군과 모사오즈카 고분이 있다. 이와타못 가까이에는 14기의 횡혈식 석실 고분이 있는데 그중 제14호 고분은 내부 보존 상태가 비교적 양호하다. 유물은 한반도적 색채로 주목을 끈다. 고분은 횡혈식 석실묘이다. 매장 시설은 6세기 후반기부터 7세기 초에 축조된 것이며 부장품은 스에키, 무기, 마구, 장신구 등 700점이 넘는다고 한다. 특히 2개의 단룡환두는 착상과 형상이 완전히 한반도제의 걸작품이다.

③ 고분 시대 후기의 백제식 고분

필자의 가설을 뒷받침하는 내용이 있어 소개한다.

고분 시대 중기 이후에 이르러 기비 가야 지역에서는 고분 형식에서 일련의 변화가 일어났다. 그 변화는 가야에 고유한 것이라기보다 백제적 요소, 백제적 색채가 농후해지는 데서 나타났다. 또한 고분 형식의 변화는 기비 가야 지역에서의 백제 세력의 대두와 관련되어 있는 중요한 변화이다.

무엇보다 먼저 세토내해 지역에 가장 이르다고 할 수 있는 5세기 중엽경의 횡혈식 석실 고분백제의 대표 양식이 기비 가야 지역에 있다는 사실이다. 쓰쿠리야마조산 고분 근처에 있는 6기의 배총 가운데서 사카키야마 고분의 남쪽에 위치한 센조쿠 고분길이 70m 전방후원이 바로 그것이다. 그 밖에도 기비 가야 지역에는 기비 지방에 횡혈식 석실 고분이 보급되던 시기의 초기 고분인 미와야마 제6호 고분도 있다.

쓰쿠리야마조산 고분의 축조는 5세기 전반기 늦어도 5세기 중엽경이다. 전방후원분의 기본 매장 시설은 후원부에 있다. 관은 대체로 고분 축조보다 좀 뒤지는 것이 일반적이다. 이러한 여러 측면을 고려할 때 쓰쿠리야마조산 고분에서 나왔다고 하는 석관은 센조쿠 고분과 그 건조 시기가 거의 일치하는 5세기 후반기로 추측된다.

요컨대 5세기 후반기경에 들어와서 백제 세력은 기비 가야국 지역에 진출하여 가야 세력과 연합하였다. 연합한 두 세력은 기비에서 가장 큰 가야식 고분인 쓰쿠리야마 고분의 신성시된 전방부에 백제식 석관을 묻었으며 또 그 고분의 배총적 위치에 자리 잡았던 것이다.

이 밖에도 기비 지방에는 백제식 고분들이 많다. 5세기 후반기부터 6세기까지는 거의 다 백제식 고분과 부장품이라고 하여도 지나친 말이 아니다.

4. 우라_{温羅}

쓰쿠리야마 고분의 방문센터에서 담당자에게 들은 '모모타로_{桃太郎}와 귀신 우라 _{温羅}'에 관한 내용이다.

1 모모타로 이야기

모모타로_{桃太郎}는 일본 전설상 대중적인 영웅이다. 모모타로라는 이름은 복숭아를 뜻하는 모모와 일본의 남자아이 이름인 타로가 합쳐져 만들어진 이름이다. 오카야마를 대표하는 동화로서 일본 국민이라면 모르는 사람이 없다. 놀랍게도 이 이야기 속에 한반도 이주민의 역사가 숨어 있다.

전설에 따르면 모모타로는 거대한 복숭아 안에 들어 있는 채로 땅에서 나왔다. 이 거대한 복숭아는 강을 따라 떠내려가다 빨래를 하던 자식 없는 노파에게 발견되었고, 그녀와 남편이 그것을 먹으려고 열었을 때 안에서 어린아이를 발견하였다. 아이는 노인 부부의 자식이 되기 위하여 하늘이 자신을 보냈다고 설명하였고, 부부는 아이의 이름을 복숭아를 뜻하는 모모와 장남을 뜻하는 타로를 따서 모모타로라고 이름 짓는다.

세월이 흘러 모모타로는 부모를 떠나 약탈을 일삼는 오니를 없애기 위해 괴물이 살고 있는 오니가시마_{鬼~岛}라는 섬으로 가게 되었다. 여행길을 떠나게 된 모모타로는 도중에 말하는 개와 원숭이, 꿩을 만나 자신의 임무를 도와줄 친구로 삼아 함께 행동하였다. 섬에 도착한 모모타로와 동물 친구들은 오니_鬼들의 요새로 쳐들어가 괴물들의 대장인 우라_{温羅}와 그의 군대를 패배시키고 항복을 받아내었다. 모모타로는 자신의 새로운 친구들과 함께 집으로 돌아오고 그의 가족들과 함께 오래도록 행복하게 살았다.

2 기비쓰히코의 우라 퇴치 전설

모모타로 이야기의 모태가 되는 전설로 이 이야기에 등장하는 기비쓰히코가 모모타로의 원형이다. 기비국에 '우라'라는 도깨비가 날뛰고 있다는 소문이 야마토국에 흘러 들어왔다. 우라는 기노조산을 본거지로 삼아 마을 사람들을 습격하고 나쁜 짓을 되풀이했다. 야마토국의 황자, 기비쓰히코는 우라를 퇴치하기 위해 기비국으로 향한다. 기비쓰히코는 기비의 나카야마에 진을 구축하고 거대한 돌로 방패를 구축하여 방어 태세를 갖추었고, 우라도 성에서 화살을 쏘며 이에 맞섰다. 그는 기비의 땅에서 우라와 싸우게 되었다. 우라는 커다란 돌을 던졌고 기비쓰히코는 첫 번째 강력한 화살을 발사했다. 공중에서 돌과 화살이 충돌하여 바다로 떨어졌다. 그는 두 번째 화살을 쏘았고 우라의 눈에 명중하였다. 많은 피가 흘러나와 강을 이루었는데 '피의 강'이라는 의미의 치스이가와血吸川가 되었다고 한다.

우라는 꿩으로 변신하여 도망쳤고 그는 매가 되어 추적하였다. 다시 격렬한 전쟁 끝에 부상을 입은 우라는 잉어로 변신하여 강으로 뛰어들자 그는 가마우지 새로 변하여 우라를 잡아서 퇴치했다.

전설의 이 마지막 부분이 우리나라에 전해 오는 이야기와 비슷하다.

① 구삼국사 동명왕편

왕을 시험하기 위해 하백은 정원 연못에서 잉어가 되어 물결과 함께 떠내려가자 왕은 수달이 되어 그를 잡았다. 하백은 또 사슴이 되어 달아나고 왕은 승냥이가 되어 추격했다. 하백은 꿩이 되자, 왕은 수리매로 변해 잡아챘다. 비로소 하백은 왕을 천제의 아들로 여겼다.

②『삼국유사』가락국기

가야국 중 하나인 대가락국金官加耶, 현재의 김해의 초대왕 수로가 신라왕 탈해와 왕위를 다투었을 때의 일로『삼국유사』기이 제2, 가락국기에 나오는 이야기다. 잠깐 사이에 탈해가 변해서 매가 되니 왕은 변해서 독수리가 되었고, 또 탈해가 변해서 참새가 되니 왕은 변해서 새매가 되었다. 이렇게 변하는 데 순간도 걸리지 않았다. 탈해가 제모습으로 돌아오자 왕도 역시 본 모습이 되었다.

우라 전설의 이야기는 고구려와 일본이 그다지 통행이 없었던 것을 생각하면

뭔가 납득할 수 없는 것이 있다. 그런데『삼국사기』는 1145년에 김부식이 고려 인종 때에 찬진한 것이고『삼국유사』는 13세기 승 일연이 저술한 것이기 때문에『삼국사기』가『삼국유사』보다 구하기 쉬웠을 수도 있다. 따라서『삼국사기』를 참고하여 중세에 와서 우라의 이야기가 만들어졌을지도 모른다. 그러나 어쨌든 중국이 아니라 한반도의 신화를 가져오려고 했다는 '작자'의 의식에는 유의해야 할 것이다.

그리고 우라가 거성이라 했다는 '기노조_{鬼ノ城}'가 있다. 이 이야기의 무대라고도 할 수 있는 곳인데 이것은 조선식 산성이다. 또 '기'는 백제의 고어로 성을 뜻한다. 오니노성은 1971년 다카하시 마호씨_{高橋護氏}의 답사 이래로 여러 차례 조사가 이루어졌고, 그 결과 늦어도 7세기 후반경 축성이 시작되었고 7세기 말경부터 8세기 초경에는 성으로서의 기능이 효과적으로 작용하여 8세기 후반경까지 존속하였다고 한다.

그리고 그 시기에 663년 조선의 백촌강에서 일본군이 백제 구원에 실패하여 나당 연합군에게 대패하자 방어에 나섰다. 이를 위해 규슈 북부에서 세토내해 일대에 걸쳐 조선식 산성을 쌓은 것이라고 생각한다_{일본 측의 견해}. 그러나 이 성은 그때의 기록에 나타나지 않는다. 그래서 카도와키 사다지씨_{門脇禎二氏}는 예를 들어 나가토성_{長門城}이나 쓰쿠시국_{筑紫国}의 대야성_{大野城}에는 망명, 도래해 온 백제 장군 억례복류_{憶礼福留}나 사비복부_{四比福夫}가 파견되었지만, 오니노성에는 중앙의 직접적인 기술 지도가 없었기 때문에 기록에 나타나지 않았던 것이 아닌가 생각한다.

그렇다면 조선식 산성을 현지인들_{在地, 토착민}의 힘만으로 쌓았다는 것이다. 기비에 조선식 기술을 가진 사람들이 있었다는 뜻이다. 그 기술자들을 이끌고 축성의 중심이 되었다는 것은 이 성이 가야군_{賀陽郡}의 한가운데에 쌓였다는 것까지 포함해서 생각하면, 가야씨_{賀陽氏}를 빼고는 다른 주인공을 생각할 수 없을 것이다.

기비는 고대부터 **다타라제철[34]**의 나라_{지방국}로 이미 유명한데 기노조 아래쪽에 있는 치스 이가와_{血吸川} 유역과 아소 부근은 현재의 가요쪼_{賀陽町}에 걸쳐 화강암 지질이 펼쳐져 있어서 사철 채집이 가능한 곳이다. 그렇다면 더욱 오래전부터 아소에는 제철, 철제품 생산자들이 정착했을 가능성이 크다. 그리고 제철이라고 하면 가야다. 가야의 철 생산은 매우 일찍부터 번창하고 있었다.

『三国志』魏書 東夷伝 弁辰条
国出鉄、韓···倭皆従取之、諸市買皆用鉄、如中国用銭。又以供給二郡

변장弁長. 훗날 加耶地方의 철을 매개로 한반도와 일본 열도에서 교역이 이루어진 모습이 기록되어 있다. 가야 시대에는 철은 판형으로 만든 것이 유통되었는데, 그것이 그대로 무기나 농기구의 철삭재鉄素材가 되었다. 기비의 가야씨가 가야로부터의 이주민이었다면 당연히 기비의 철 생산에 그들은 깊이 관여하고 있었을 것이다.

이 전설을 좀 더 자세히 살펴본다.

우라는 이즈모에서 날아와温羅は出雲から空を飛んでやってきて 이 지역을 거처로 삼았는데, 순식간에 기비 지방을 지배하게 되었다.

키가 1장 4척약 4.2m의 거한에 두 발은 타는 듯 붉고 눈은 호랑이虎狼 같다. 도읍에 보내는 공물과 부녀자들을 약탈하는 등 악행을 저질렀다고 한다.

이 우라의 지배로부터 사람들을 구하기 위해 스진천황이 파견한 사람이 기비쓰히코다. 그때에 3명의 신하를 데리고 왔는데, 이 3명이 전승에 의하면 각각 개, 꿩, 원숭이가 되었다고 한다. 기비쓰히코는 현재의 기비츠 신사에 본진을 두고 우라와의 싸움에 도전한다.

우선 화살을 쏘는데 잘 안되어 두 화살을 동시에 쏘았더니 우라의 왼쪽 눈에 명중한다. 궁지에 몰린 우라는 잉어로 바뀌어 강물 속으로 도망치자 기비쓰히코는 잉어의 천적인 가마우지로 몸을 바꾸고, 마침내 우라를 사로잡는다.

하지만 잡혀도 끈질긴 우라는 목이 잘리고 머리가 드러나도 13년 동안이나 신음 소리를 내며 사람들을 겁먹게 한다. 기비쓰히코는 개에게 그 머리를 먹이지만, 뼈가 되어도 으르렁거리는 소리는 가라앉지 않는다. 결국 기비쓰 신사에서 우라의 아내 아소히메가 신사神事를 지내고 우라의 시체를 가마솥 밑에 봉하여 겨우 우라와의 싸움이 끝났다.

❸ 야마타이국邪馬台国의 구노국狗奴国 정복과 우라 전설

이 전설은 단순히 지어낸 이야기로 생각하기에는 그 근원이 깊다. 사실은 기비 세력의 영역 내에서의 동서 항쟁 및 야마토 왕권과 기비국의 대결을 보여주고 있기 때문이다.

이야기의 무대가 되는 지역은 주로 소자시 등을 중심으로 하여 펼쳐진 영역이다. 이 지방과 서쪽 일대를 지배하고 있던 것은 기비씨족 중에서도 하도신 시모쓰미찌노오미下道臣. 祖=稚武彦命. 와가다케히코노미코트라고 불리는 일족이었다.

반면, 그 동쪽의 오카야마시 일대를 거점으로 하고 있던 것은 상도신 가미쓰미찌노오미上道臣. 祖=吉備津彦命, 기비쓰히코다. 상도신上道臣은 웅략천황대 이후, 야마토 왕권에 예속되었다는 기록이 있지만 하도신下道臣은 여전히 왕권에 속하지 않는 세력으로 남아 있었다. 중앙 왕권의 후원을 얻은 동부 상도신의 시조로 여겨지는 것이 기비츠히코인데 그 후, 그의 후예가 서부의 하도신 영역 내에 쳐들어간 것이야말로, 우라 전설 및 동화 모모타로의 근원이 된 것으로 추측할 수 있다.

다른 설도 있다. 모모타로와 야마타이국桃太郎と邪馬台国. 講談社現代新書. 200年을 저술한 마에다 하루토씨前田晴人가 내세우는 설이다.

동화「모모타로」에 등장하는 개, 꿩雉, 원숭이, 서쪽을 가리키는 무, 유, 신戌. 酉. 申을 나타내는 것으로 추측한다. 확실히 기비는 야마토에서 보면 서방이다. 또 기비쓰히코의 하인으로 이누카이현주犬飼県主, 토리카이신鳥飼臣, 사루메군猿女君 등의 호족이 있었다고 해서 이것이 개, 새, 원숭이로 언급되었다는 것이다.

더욱 흥미로운 것은 3세기의 사건까지도 이 이야기에 투영되어 있는 것이 아닌가 하는 것인데 마에다씨에 의하면, 야마토 왕권의 전신이 야마타이국邪馬台国이고, 기비국의 전신이 구노국狗奴國이었다는 것이다. 구노국이 야마타이국邪馬台国

과 항쟁을 계속하고 있었다는 것은 위지 왜인전에도 자세히 기록되어 있는데, 그 구노국을 귀신으로 보아 이를 퇴치한 것이 야마타이국邪馬台国, 즉 야마토 왕권의 전신이라는 설이다.

물론 엉뚱해 보이는 가설이지만 구노국과 야마타이국의 관계가 기비국과 야마토 왕권의 관계와 매우 유사하다는 점은 간과할 수 없다. 어쨌든 이상의 관점에서 보면 야마토 왕권 측의 권위자가 그들의 권위의 상징으로서 역사를 이용해 이 이야기를 만들어낸 것으로 생각된다.

4 도요국豊国과 우사宇佐와 기비吉備

도요국에 정착했던 가야족이 기비ォ.ヵャマ 지역으로 이주했을 가능성을 보여주는 기록이 있다. 선대구사본기 국조본기先代旧事本紀 国造本紀의 **성무천황조**志賀高穴穂朝[35)]에 기비신吉備臣과 동조同祖인 기비쓰히코吉備都命의 6세손 우사지宇佐自命를 도요국 구니사키국조国前国造로 임명한다는 기록이 그것이다.

옛 우사국菟狹国 제일의 신도神都는 비젠備前이고 두 번째는 규슈라고 주장하는 문헌도 있다宇佐国造家伝承. 宇佐公 康. 宇佐家伝承が語る古代史. 우사국菟狹國은 규슈, 시코쿠, 오카야마 일대를 영역으로 하는 고대 신화 시대의 국가다.

우사신궁과 기비쓰히코 신사가 본래 황실밖에 받을 수 없는 품위品位를 받은 것도 이런 맥락으로 이해할 수 있다.

기비 지방에는 다테쓰기 유적과 쓰쿠리야마造山 고분, 쓰쿠리야마作山 고분 등, 기나이 지역에 필적하는 대규모의 유적이 남아 있다. 또한 제사에 쓰인 원통형 토기는 그 뒤에 등장한 토우의 원형이 되었다. 이들은 대규모의 묘를 만들 수 있을 정도의 세력과 문화가 고대 기비에 존재했음을 말해 주고 있다. 그리고 기비신주 가야 세력와 야마토신흥 백제계 세력, 이 두 세력의 대립과 전쟁, 이것이 바로 우라와 기비쓰히코의 전투였을 것으로 생각된다.

5 우라 전쟁에 관한 다른 기록

기비쓰신사吉備津神社 연기緣起에 기록되어 있는 내용이다.

① 전쟁 개시

적군은 이국異國의 귀신 우라다. 빗추국 기노성鬼ノ城을 근거로 서국西國의 공선貢船輸納을 약탈하고 포로를 가마솥鬼の釜에 삶아 죽이고 부녀자를 약탈했다. 우라는 아시모리강 상류의 아시모리足守와 오이大井 지구를 기반으로 하며 소사시 니시아소西阿曽, 아내의 출신지를 지배했다.

조정은 무장을 파견하여 토벌을 시도하였으나 , 우라의 콩주머니 공격으로 실패하자 급기야 기비츠히코 파견하여 나카야마를 본거지로 하여 쿠니미의 언덕國見の丘에 포진한다. 기비의 재지호족在地豪族 중 오이大井의 햐쿠타다이케이百田大兄命, 大井神社, 야베矢部의 야메야마왕夜目山王. 鯉食神社, 니시야마의 가타오카 타케루片岡タケル, 楢葉高,구리사카栗坂의 유령신祐霊臣 . 栗坂神社 등이 기비쓰히코 측에 합류한다. 주로 동쪽 세력이다.

반면 서부소자시의 노마타野俣, 아사키麻佐岐, 요코타横田 등의 이즈모족은 우라편에 남아 대항한다. 기비쓰히코에 합류한 호족은 신사가 없지만 이들 이즈모족들은 소자 부근 이즈모족 신사 연희식에 모셔져 있다. 기비쓰히코는 우라뿐만 아니라 이즈모족의 잔존 세력인 이즈모 후루네出雲振根를 타도했던 타케누카와와케武渟川別命. 호쿠리쿠 사도장군, 阿部氏의 祖와 연합하여 이즈모 세력까지 제압한다. 기비츠신사의 건물이 북향을 하고 있는 것은 이즈모 세력에 대비한다는 의미이다.

② 전쟁 종결

도우군 세노오무라 니시이소都宇郡妹尾村 西磯, 현 오카야마시 미나미구 센노오에 있는 온자키신사御前神社 연기의 기록이다.

우라의 잔당인 청태마青太魔, 아오다마와 적태마赤太魔, 아카다마가 하야시마早島, 쓰쿠보군 하야시마쵸에 집결하여 선박을 공격하는 등 격렬하게 저항한다.

기비쓰히코 군대인 쿠리사카 나루나栗坂鳴名의 토벌대가 하나지리항花尻港을 출동한다. 7~8일의 치열한 전투 끝에 적장 다케루樂를 가 전사한다.

그리고 일기와 바다가 급변하였다. 우군은 갯바위로 필사적 노질을 하였다. 땀이 흘러서 눈, 입에 들어가 '괴로워한 해변汗入の浜, 아세리노하마'이라는 지명의 유래가 된다. 와타쓰미綿津見神에게 기도하자 커다란 흰 거북이 배를 부축하고 폭풍이 진정되어 기비쓰히코군은 생환한다.

이상은 이 전쟁이 얼마나 목숨을 건 치열한 전쟁이었는지를 은유적으로 표현한 것으로 보인다.

흰 거북이 나타났던 갯바위에 소코쓰쓰오신底筒男神의 신사를 짓고 눈, 입에 땀이 들어간 해변 근처에 와타쓰미綿津見神, 도요타마豊玉彦命, 豊豊玉彦命, 도요다마히메豊玉比売命를 모시는 신사를 지었다. 지금도 신사 안에 파도에 씻긴 대암大岩이 있고 토중土中에는 많은 조개貝가 보인다. 기비쓰히코의 비햐쿠타 유미야히메百田弓矢媛命를 기비쓰궁 신사에서 '아세리노하마汗入の浜'로 옮기고 세노오妹尾 온자키 신사御前神社를 창건한다.

5. 기비쓰 신사吉備津神社

오늘의 마지막 일정으로 기비쓰 신사吉備津神社를 방문하였다. 본전은 아름다웠다. 이곳은 1425년에 마지막으로 재건되었는데 일본과 중국의 건축 양식의 결합한 독특한 지붕이 특징으로 국보로 지정되었다.

▮ 기비쓰 신사吉備津神社

기비쓰 신사는 오카야마현 오카야마시 기타구 기비쓰에 있는 신사다. 식내사式内社, 명신대사로 빗추국의 이치노미야다. 구사격은 관폐중사로 현재는 신사 본청의 **별표 신사**別表神社[36]다.

[그림 13] 기비쓰 신사

'기비쓰히코신사'라고도 칭했지만 현재는 '기비쓰 신사'가 정식명이다.

오카야마시 서부, 비젠국과 빗추국의 경계의 기비 나카야마中山의 북서쪽 기슭에 북쪽을 향해 들어서 있다. 기비 나카야마는 예로부터 신체神体산으로 여겨지는데, 북동쪽 기슭에는 비젠국 이치노미야인 기비쓰히코 신사가 있다. 당사와 기비쓰히코 신사 모두, 주제신으로 현지를 다스렸다고 여겨지는 오오기비쓰히코노미코토를 모시고, 신의 일족을 제사한다.

원래는 기비국의 총진수였지만, 기비국의 삼국 분할로 인해 빗추국의 일궁으로 여겨져 분령이 비젠국과 비고국의 일궁비젠–기비쓰히코신사, 비고–기비쓰 신사이 되었다고 한다. 이 일로부터 빗추의 기비쓰 신사는 '기비총진수吉備総鎮守', '삼비일궁三備一宮'을 자칭한다. 즉 빗추의 기비쓰 신사가 중심이다.

아시카가 요시미쓰足利義満가 조영한 것으로 알려진 본전은 전국 유일의 비익팔작지붕比翼八母屋造으로, 배전과 함께 국보로 지정되었다. 또한 신전 3동이 국가 중요문화재로 지정되었으며, 특수 신사神事인 명부신사鳴釜神事가 유명하다.

기비쓰 신사의 창건은 사전社伝에 따르면 기비즈히코의 5대째인 가야신 나루미加夜臣奈留美命가 기비의 나카야마中山 기슭 모위궁茅葺宮, 가야미야이라는 재전터斎殿跡에 신사를 건립하고 조신 기비쓰히코를 모시고 상전에 여덟 명의 신을 모신 것이 기비쓰 정궁의 시작이라고 한다.

일설에는 와카히코다케기비즈히코노미코토若日子建吉備津彦命의 3대 후 이나하야와케稲速別, 미토모와케御友別命, 가모와케鴨別命가 처음으로 신전을 만들었다고 한다. 또 일설에는 인덕천황기상 재위: 433~519년이 기비쓰 가이베 나오吉備津海部直의 딸 구로히메娘黒媛를 사모하여 난바에서 기비국으로 행차했을 때 기비쓰히코의 공을 빌어 신전을 창건하고 신命을 모셨다고도 한다.

다이고천황대에 제정된 '연희식延喜式'에서 명신 대사名神大社에 등재되고 940년에는 일품에 올랐다. 그로부터 메이지 시대에 이르기까지, '일품 기비쓰궁'이라고 불리며 사람들의 신앙을 모았다. 기비쓰 신사는 빗추국 일궁一宮. 이치노미야이기도 하다.

독특한 건축으로 신사 건축의 전통적인 일본풍과 사원 건축에 인도풍과 당풍이 절충되었고, 나아가 신전조 기법을 능숙하게 도입한 무로마치 시대 건축 기술의 높은 수준을 보여주는 대건축물로 배전과 함께 국보로 지정되어 있다.

기비쓰 신사의 사가社家는 고대 가요씨賀陽氏가 맡아왔으나 1574년 신주 다카지神主高治의 죽음으로 절가했다.

① 주제신

오오기비쓰히코노미코토大吉備津彦命, 제7대 효령천황의 제3황자로 원래 이름은 '히코이카사세리히코노미코토'다. 숭신천황 10년, 사도 장군의 한 사람으로서 산요도에 파견되어 동생인 와카히고다케키비 쓰히코노미토若日子建吉備津彦命와 기비를 평정했다. 그 자손이 기비의 국조가 되어 고대 호족인 기비신기비조신이 되었다고 한다.

기비쓰 신사(吉備津神社)의 주제신 오오기비쓰히코토(大吉備津彦)는 다른 이름을 히코이사세리히코노마코토(彦五十狹芹彦命)로 천황의 제3황자라고 전한다. 『일본서기』에 따르면 제10대 숭신천황 10년 천황은 천하를 제패하기 위해 4명의 장군을 4도에 파견하였다. 서도에 파견된 것이 히코이사세리히코(彦五十狹芹彦)였다.

기비 지방 평정 후 오오기비쓰히코(大吉備津彦)라고 불리게 되었고, 그 공적에 대한 존경과 숭배는 오래도록 후세에 이르고 자손 일족이 번영하여 기비국을 만든 것이라고 전한다.

사전(社伝)에 의하면, 제신(祭神)인 오오기비쓰히코노미코토는 기비 나카야마 기슭의 초가궁(茅葺宮, 가야부키노미야)에 살다가 81세에 사망하여 산꼭대기에 묻혔다고 기재되어 있다. 5대손인 가야신 나루미노미코토(加夜臣奈留美命)가 초가궁에 신전을 조영하여 오오기비쓰히코노미코토를 모신 것이 창건이라고 하는 설도 있다. 또 기비국에 행차한 인덕천황이 오오기비쓰히코노미코토의 업적을 기려 5개의 신전과 72개의 말사를 창건했다는 설도 있다.

927년 성립의 연희식 신명장에서는 빗추국 가야군에 '기비츠히코 신사 명신대'라고 기재되어 있다. 중세에는 무가(武家)의 공경을 받아 종종 신전의 수복이나 사령의 기진이 있었다. 에도 시대 중기에는 삼중탑을 파각(破却)하고 신불분리(神仏分離)를 실시했다.

메이지유신 후 메이지 1871년에 근대 사격 제도에서 국폐중사에 열거되어 공칭을 현재의 '기비츠 신사'로 정했다.

② **본전과 배전**(本殿と拝殿)

현존하는 본전과 배전은 무로마치 시대인 1390년, 천황의 명을 받은 무로마치 막부 3대쇼군 아시카가 요시미쓰(足利義満)가 조영을 시작하여 1425년에 완공한 것이다. 비익팔작지붕의 본전 바로 앞에 맞배전, 평배전이 연결된 비익팔작지붕은 팔작지붕을 앞뒤로 2개를 나란히 얹은 지붕 형식으로 '기비진조'라고도 한다.

본전의 크기는 이즈모대사 본전, 야사카 신사 본전에 필적하는 것으로, 곳곳에 불교 건축의 영향을 볼 수 있다. 지면보다 한 단계 높고 회반죽으로 칠한 토단㈜壇 위에 세워졌다. 벽면 상반에는 신사에는 드문 연자창을連子窓을 두른다. 신사 본전에 가마쿠라 시대 초기의 건축 양식인 대불상大仏様을 응용한 유일한 예로 꼽힌다. 본전과 배전은 모두 1동으로 국보로 지정되어 있다.

두 번째 방문에서 본전과 배전을 자세히 둘러보았다. 본전에서는 어느 가족의 행사가 성대히 벌어지는 중이었다.

③ 오가마덴御釜殿

본전 뒤쪽에 있는 우라 전설과 관련된 역사적 의미를 품고 있는 건물이다. 남북으로 뻗은 직사각형으로 북쪽 두 칸에 솥을 두었다. 금요일을 제외한 매일 특수 제사인 '나루가마신지'가 진행된다. 국가중요문화재로 지정되어 있다.

기비쓰히코 신사에 있는 오가마덴의 '나루가마 신사鳴釜神事'는 잘 알려져 있고, '나루가마 신사'는 신찬조리神饌調理 부엌의 가마솥이 울리는 자연 현상이 유명하다. 제신의 귀신 퇴치 전설, 왕조 시대부터 중세에 걸쳐 빗추 지방 산악 불교의 성지로 번성했던 신산사新山寺

[그림 14] 오가마덴 나루가마 신사

의 존재 등이 어우러져 있다. 신비로운 복점卜占의 민간 신앙으로 태어나 「다몬인일기多聞院日記」[37]에서 볼 수 있듯이 무로마치 시대 말기에는 수도 교토에까지 알려졌다. 특히 문인묵객들의 참배로 붐볐던 에도 시대에는 기행문, 수필, 이야기 등에 그 괴이와 신비怪異와 神秘가 남아 천하에 유명해진 것이다.

④ 야오키이와矢置岩

귀신 우라을 퇴치한 활을 놓았었다는 야오키이와矢置岩와 화살 두 개를 한꺼번에 쏴서 우라의 눈을 맞추었다는 전설의 장소다. 아이언 돔Iron Dome을 생각나게 하는 전설이다. 신사 입구에 있다.

일본 임제종 선불교를 일으킨 에이사이가 이곳 출신으로 가야씨의 후예임을 확인하였다.

그 외에 본전 뒤쪽에 총연장 398m의 회랑[回廊]이 있다. 회랑을 통해 오가마덴 으로 연결된다.

② 우라는 살아 있다

우라 이야기가 계속된다. 우라의 몸은 잡아먹혀 사라졌지만 그의 머리는 여전히 남아 있었다. 이것이 바로 섬뜩한 이야기의 시작이다. 몸을 잃은 우라는 깊고 무시무시한 신음 소리를 내기 시작한다. 시끄러운 소리를 참다 못한 기비쓰히코는 우라의 머리를 신하의 개에게 던져 주었다. 개에게 먹혀서 두개골만 남았는데도 우라는 계속해서 신음 소리를 냈다. 개가 먹은 살덩어리들은 어차피 소리를 내는 데 아무런 영향도 미치지 않았다. 결국 그는 우라의 머리를 땅에 묻고 조용해지길 바랐다. 일본에서 시신을 땅에 묻는 것은 죽은 사람을 기리는 행위이다. 그래서 머리를 땅에 묻어준 것이 고마웠던 우라는 그날 밤 그의 꿈에 나타나서 놀라운 이야기를 한다.

"만약 당신이 죽어서 신이 된다면, 나는 당신의 가장 충실한 신하가 될 것입니다. 나는 기비의 사람들에게 선과 악에 대해 말하고 나의 아내는 주방에서 일하며 당신을 위해 음식을 만들 것입니다."

우라의 목은 기비쓰 신사[吉備津神社]의 가마전[御釜殿]의 가마 아래에 묻혔고 주방도 함께 그 자리에 있다. 지금도 가마솥 아래에서는 우라의 신음 소리가 들린다고 한다. 현재의 오카야마현에는 우라의 본거지였던 기노조산[鬼ノ城], 기비쓰히코노미코토를 모시는 기비쓰 신사와 기비쓰히코 신사, 떨어진 우라의 목이 땅속에 묻혀 있는 곳에 있는 가마의 울림 소리로 길흉을 점치는 나루카마신지' 등, 이 전설을 전하는 문화 유산이 많이 남아 있다. 이 전설의 배경을 찾아가다 보면 고대 기비의 거대한 세력이 모습을 드러낸다.

5월과 10월 두 번째 일요일에는 기비쓰 신사에서 도쿠슈신지特殊神事'라는 제를 지내는데 현재는 일본에서도 흔히 찾아보기 힘든 제이다. 이 행사를 위해 신사에서는 중요 문화재인 주방에 있는 가마솥에 불을 때서 75가지의 요리를 만든다. 150명의 사람들이 기비쓰히코노미코토를 위해 본전까지 음식을 나른다. 기비쓰 신사는 옛날부터 이어져 오는 의식을 지켜나가기 위해서 부엌을 없애지 않고 있다.

도쿠슈신지特殊神事에 참석해 본 사람의 경험담이다.

부엌으로 들어간다. 긴장되는 분위기가 느껴진다. 유리창으로 빛이 스며든다. 영원히 불타는 가마솥에서 연기가 나고 검은 나무 기둥이 서 있다. 신관과 두 명의 보조가 의식을 시작한다. 신관이 고대의 주문 같은 것을 읽기 시작한다. 다른 사람이 가마솥에 생쌀을 넣고 젓기 시작한다. 가마솥에서 어떤 소리가 들리기 시작했다. 분명히 기분 나쁜 무서운 소리지만 놀랍게도 내 귀에는 그리 나쁘게 들리지 않았다. 사실 이런 비슷한 소리를 들었다면 아마 나는 굉장히 불쾌감을 느꼈을 텐데, 이번 경우는 전혀 예상치 못한 일이다. 점점 소리가 잦아들자 우리는 우라에게 절을 했고 다시 햇빛 속으로 나아갔다.

우라溫羅는 그의 아내인 아소히메阿曾媛'에게 가나에도노釜殿. 밥 짓는 곳에서 일하던 사람가 직접 제물을 끓여 길흉을 점치도록 유언을 남겼다고 하는데 나루카마 제례鳴釜神事'에서는 밥을 지을 때 나는 소리로 길흉을 점친다고 한다.

오늘날까지도 이 의식에서 밥을 짓는 여성은 아소히메阿曾媛와 같은 아소지구阿曾地区 출신의 여성에게만 맡기고 있다고 한다. 아소지구는 기노조의 남쪽 지역으로 소자시에 있다.

오가마덴에 남아 있는 우라 이야기는 어떤 의미를 가지고 있을까?

우라가 죽었지만 13년 동안 신음 소리를 냈다는 것은 무엇을 은유하는 것일까? 그것은 이 지방의 원주민인 가야족의 끝없는 저항을 말하고 있는 것이라고 생각한다.

이러한 저항을 무마하기 위해 나루카마 신지'라는 제사가 시작되었고 오늘날까지도 이어지고 있는 것 같다.

③ 우라에 관한 제설

① 우라와 관련된 논문

「오니노성 '성주' 우라溫羅와 기비츠히코」라는 제목의 오카야마 대학 논문 요지는 다음과 같다.

우라溫羅 전설에는 여러 곳에서 '조선'이 나온다. 우라 자신이 조선에서 날아와 거성으로 삼은 귀노성은 조선식 산성이다. 우라라는 이름도 신라, 가라, 안라 등과 같이 조선식이다.

한반도 삼국 시대를 기록한 『삼국유사』에서는 신라 국왕 탈해는 둔갑해 매가 되고 대가야 국왕은 둔갑해 독수리가 되었다. 그 후 탈해왕은 참새가 되고 대가야 국왕은 해청ハヤブサ이 되는 등 우라의 변신담과 매우 비슷하다.

우라의 무대가 된 기비즈신사의 궁사는 '가야씨賀陽氏'다. 가야는 철산지로 아소阿曾, 오카야마 소재지의 주물 집단과도 관련이 있으며, 우라는 제철 기술을 가진 도래인이다.

가미쓰미찌노오미 다사上道臣狭, 고분 시대부터 5세기 후반에 활약한 기비의 호족는 가야 일족賀夜一族이다. 가야는 철산지로 아소의 주물 집단과도 관련이 있다. 우라는 신라에 멸망한 가야인으로 제철 기술을 가지고 6세기 중반에 기비에 왔다. 이후 가야국조가 되어 기비의 지배자가 되었다.

이상이 시노 토시오志野敏夫씨가 주창하는 우라 전설의 실재설이다. 즉 6세기 기비에 우라가 도래하면서 그 이전부터 기비를 지배하던 기비즈히코노미코토吉備津彦命의 후손들과 나란히 지배자가 되었다고 한다.(필자는 마지막 부분에는 동의하지 않는다. 즉 우라가 기비쓰히코보다 먼저라고 생각한다.)

② 제철 유적을 중시하는 설

소사시 교육위원회 직원으로서 센비키 카나쿠로千引カナクロ 유적 발굴에 종사한 타케다 야스아키武田恭彰씨가 주창하는, 기비의 철을 요구해 온 기비츠히코阿미로 조

'설이 있다. 6세기 후반에는 기비古海는 일본 열도에서 가장 많은 철을 생산했는데 이를 억누르기 위해 야마토 조정에서 파견된 것이 기비즈히코노미코토이고, 그 철을 생산하던 것이 소사의 센비키 카나쿠로 계곡 집단으로 이국의 왕자, 우라異国の王子, 温羅라는 것이 그 주장이다. 일본인에게는 대담한 설이다.

③ 신라 왕자 천일창과 결부시키는 설

계보학자 호카 토시오宝賀寿男는 고대 씨족 연구 시리즈 기비씨 모모타로 전설을 지닌 지방 대족吉備氏 桃太郎伝説を持つ地方大族'에서 '숭신조 당시 기비에는 우라라고 불리는 해외에서 도래했다는 제철 부족鍛冶部族 히보코가 있었다는 전승이 남아 있다'며, 그 제철 및 가공製鉄, 鍛冶부족이 '기비의 우라'라고 주장하고 있다.

신라 왕자로 알려진 천일창의 집단은 1차 내지 수차에 걸쳐 한지에서 일본 열도로 도래했는데 기비도 예로부터 풍부한 철산지이기 때문에 천일창 집단이 일족을 이곳에 남겨 두었을 것이다. 이곳 제철 유적은 전국적으로 가장 오래된 우라 유적이 있는 키노조산鬼城山에서 서남쪽으로 약 8km 떨어진 곳에는 신라계 히메샤신사姫社神社가 있다. 이 신사는 히메코소신사比賣詰曽神社로도 불린다.

4 기비쓰 신사吉備津神社가 있는 나카야마中山

기비의 중산 즉 나카야마는 먼 옛날 아직도 이 지방이 기비의 나라로 불렸을 때 그 중심에 있었던 것이 그 이름의 유래라고도 전해지고 있다. 이 산에 비젠이 치노미야의 기비쓰히코 신사와 빗추이치노야의 기비쓰 신사 본전과 배전은 국보가 기대어 있는 듯 자리 잡고 있다.

온난한 기후와 비옥한 땅, 이 산자락에 바다가 펼쳐져 있던 시대에는 해운업의 요충지로서이름에 나루 津이 붙어 있는 이유 이곳에 사는 사람들은 큰 힘을 가지고 있었다고 생각된다. 기비의 중산에는 가장 전방후원분의 하나라고 하는 야토우지야마 고분矢藤治山古墳과 100m가 넘는 대형 전방후원의 오노우에구루마야마 고분尾上車山古墳, 국가 지정 사적, 나카야마차우스야마 고분中山茶臼山古墳, 궁내청 관리지이 있다. 또한 후기 고분으로 훌륭한 석관이 남아 있는 이와후네 고분石舟古墳 등이 산 곳곳에 있다.

기비노나카야마에는 고분과 고대 제사 유적이 남아 예로부터 신체산神体山으로 신앙되었다고 생각되고 있다. 중앙의 차우스160m산 정상에 있는 하우스야마 고분은 오오기비쓰히코노미코토의 무덤으로 여겨지고 있고, 최고봉인 류오산북봉, 해발 175m산 정상에는 기비쓰히코 신사가 모시는 반좌磐座가 있다.

야마토의 나라에도 대항할 수 있는 큰 힘을 가진 기비의 나라는 후에 비젠備前, 빗추備中, 빙고備後, 나아가 미마사카美作로 분국된다. 이때 비젠과 빗추는 제사를 지내는 데 중요한 기비의 중산을 사이좋게 둘로 나누는 형태로 이 산 한가운데 국경을 정했다. 국경은 남쪽에 있는 사카이메강境目川에서 산으로 올라가 오누우에구루마야尾上車山 고분, 나카야마차우스야마中山茶臼山 고분을 반으로 나누어 정상 근처에서 북쪽 봉우리로 내려가는 호소 다니강細谷川으로 이어져 있다.

기비의 나카야마中山는 예로부터 수도에서도 유명한 산이었다. 헤이안 시대의 고금집과 여러 가지 가집에 노래되고 있다. 세이쇼나곤清少納言은 수필随筆『마쿠라노소시枕草子』에서 '山은 小倉山, 三笠山, 吉備의中山, 嵐山, 更級山'라고 꼽고 있다.

가마쿠라 초기에 겐페이 전투로 소실된 도다이지를 부흥시킨 시게모토重源는 기비쓰히코 신사 근처에 조교도常行堂를 세우고, 안에 이치 조로쿠一丈六尺, 약 5m의 아미타상을 모셨다. 또 산 서쪽, 지금의 진여원真如院 근처에 니와세도庭瀬堂를 세우고 역시 장륙丈六의 아미타상을 봉안하였다. 시게모토重源도 기비의 나카야마中山에게 매력을 느꼈을 것이다.

기비의 나카야마는 태고부터 **간나비산**神奈備山[38)]으로 사람들로부터 추앙받아 온 산이다.

5 고라쿠엔

일본 방문 나흘째인 오늘 오전 나절은 고라쿠엔이라는 정원에서 시간을 보냈다. 원래 오카야마 답사 여행을 생각할 때부터 계획했던 일이다. 입구에서 자원봉사를 하고 있는 해설사에게 안내를 부탁했다. 78세의 노인이었는데 걸음이

재서 따라가기가 힘들 지경이었다.

고라쿠엔後樂園, こうらくえん은 백성의 근심을 풀어 주고 '뒤後에 즐긴다樂'는 뜻의 오카야마시에 있는 총면적 133,000㎡4만 평의 다이묘大名 정원園으로 가나자와시의 '겐로쿠엔兼六園', 미토시의 '가이라쿠엔偕樂園'과 함께 일본 3대 정원으로 꼽힌다.

오카야마 번주 이케다 쓰네마사池田綱政가 오카야마 군다이칸 쓰다 나가타다에 명하여 만들게 하였다. 1687년 착공을 시작해 14년이 지난 1700년 완성되었다. 오카야마 시내에 흐르는 아사히강을 사이에 두고, 오카야마성이 위치한 언덕 중간쯤에 위치해 있다. 번주가 손님을 맞이하는 건물 엔요테이延養亭를 중심으로 하는 임천회유식 정원으로 오카야마성과 주변의 산을 풍경으로 삼고 있다. 에도 시대는 엔요 테이를다실, 정원을 후원으로 불렀다. 1871년 이 명칭을 고라쿠엔으로 개칭한다.

1884년 메이지유신 이후 쇼군 세력의 재산이 천황이나 국가 소유로 넘어오던 시절에 오카야마현의 소유가 되어 일반에 공개되었다. 1945년 오카야마시가 공습을 받아 오카야마성의 천수와 함께 정원 내 건물이 소실된 상태로 1952년 국가 특별 명승지로 지정되었다.

1956년 일찍이 오카야마에 유학을 했던 중국 정치가 궈모뤄郭沫若로부터 2마리의 두루미를 선물 받은 후 현재도 두루미를 사육하고 있으며, 새해 첫날에는 공원 내에 풀어주는 이벤트를 개최해 오고 있다. 머리가 까맣고 정수리에 빨간 부분丹頂이 있는 두루미다. 궈모뤄郭沫若, 곽말약, 1892~1978는 중국의 신문학 활동가, 극작가, 마르크스-레닌주의 혁명가, 마오쩌둥주의 문학사상 공작자인데 필자는 중국 역사를 연구하면서 그의 저서를 접할 기회가 있었다.

1960년 엔요테이가 재건되고 1967년 공원 내 모든 건물이 복원되었다. 오도노사마殿樣, 다이묘, 번주, 영주, 성주의 거처로 만들어진 '엔요테이 정자'가 주 건물인데 이를 중심으로 노能 전통극 무대, 연못, 산, 매화나무숲, 차밭 등이 있으며, 일본 정원으로는 드물게 넓은 잔디밭이 개방적인 구조를 이룬다. 정원 전체의 모습이 펼쳐지는 '유이신잔唯心山'산과 그 주변의 수로 등을 걸으며 변화하는 경치를 즐길 수 있도록 고안된 지천회유식池泉回遊式 정원이다.

정문 근처의 '엔요테이 정자'에서는 정원 안의 풍경이 한눈에 들어오며, 정원 밖의 오카야마성과 주변 산까지도 배경이 되어 함께 감상할 수 있는 '차경借景'도 압권이다. 정원의 중심부에는 건물 안으로 수로가 지나는 '류텐 정자'가 있는데 성루城主가 낮잠을 즐기던 곳이라고 한다. 수로의 흐름을 바꿔 건물 밑으로 통과시킨 이 일대에서는 물의 흐름을 즐길 수 있다. 여름에는 시원한 이곳에서 평온히 물을 바라보는 시간을 역대 영주들도 소중히 여겼다고 한다. 100그루의 매화나무로 이루어진 매화나무숲을 시작으로 봄철엔 벚꽃, 철쭉, 붓꽃, 연꽃 등의 계절별 꽃들, 가을철 단풍도 아름답다고 하는데 해설사가 보여주는 사진으로 확인할 수 있었다.

정원 건너편 아사히강가에는 오카야마성이 있다. 오카야마성은 1597년 도요토미 가문 5대로 중 한 명으로 당시 오카야마 번주였던 우키타 히데이에宇喜多秀家가 아사히강 유역에 있던 오카야마라는 작고 높은 산을 이용해 축성한 것이다. 이때 아사히강을 성 및 성읍의 방어를 다지기 위한 해자 대신 사용하기 위해 아사히강의 유로를 오카야마성 바로 앞에서 크게 동쪽으로 구부려 성의 북동면을 따라 더욱 남류하도록 바꾼 것이다. 이로써 성과 성하마을의 방어는 견고해졌지만 워낙 부자연스러운 유로가 되었기 때문에 이후 종종 홍수에 시달리게 된다.

오카야마성의 천수는 검은 옻으로 칠해진 판자 때문에 까마귀성이라는 뜻의 우성鴉城이라 불리었고, 하리마의 백로성으로 불리는 히메지성과 대비된다. 이 천수는 4중6계의 복합 형식으로 아즈치성의 천수를 모방한 것이라 전해진다.

　요시이강은 오카야마현의 제일 동쪽을 흐르는 강으로 고대에는 이 강을 사이에 두고 서쪽에는 가야 이주민 집단이, 동쪽에는 신라 이주민 집단이 세력을 이루었던 것으로 보인다.

　고라쿠엔 관광이 끝나고 남은 유적지 중 어디를 갈까 궁리 끝에 가장 동쪽에 있는 신라계 유적으로 이 지역 고분 중에 제일 크고 시대적으로 앞서는 게고오지야마 고분전방후원분110m과 덴진야마 고분전방후원분 125m을 답사하기로 했다. 비가 내리는 관계로 아사히강과 요시이강 사이에 있는 유적들가나구라야마 고분, 오오에구라고베구라산성과 우라마 차우스야마 고분은 다음 기회로 미루기로 했다.

　신라 세력은 요시이강 동쪽의 오쿠평야를 기본 활동 무대로 삼았다. 따라서 오쿠평야를 중심으로 한 지대의 고분들은 신라 색채를 많이 띠고 있다. 오카야마현 3개 시, 19개 군 중 오쿠군은 고분 수에 있어서 쓰구보군208개과 긴비군765개 다음가는 고분의 집중 분포 지역435개이라고 한다. 이것은 오카야마현 총고분 수1180개 가운데서 제3위를 차지한다. 오쿠 지역에서 왕급이라고 규정하는 고분 몇 개를 시기순으로 배열하면 다음과 같다.이름 뒤에 고분 명칭, 고분 형식, 크기 순.

　게고오지야마전방후원분,110m → 덴진야마전방후원분, 125m → 쓰루야마마 루야마원분, 50m → 쓰키야마전방후원분, 80m → 우시부미차우스야마만조개식보, 55m → 후나야마전방후원분, 70m

　오쿠의 신라 지역에서 가장 큰 게고오지야마華光社山 고분과 덴진야마大神山 고분은 하나의 구릉 위에 서로 접해 있는 고분이다. 그 두 전방후원분은 지금의 오사후네의 들판이 바라보이는 곳에 있다. 오사후네의 들판이란 신라의 항구인 하토리향과 하지향 등을 포괄하고 있는 오쿠평야의 중심 부분을 가리킨다. 쓰루야마 고분, 마루야마 고분은 직경 50m나 되는 큰 고분으로 고분의 수혈식 석실에는 한반도식으로 속을 파내어 만든 장대한 집 모양 석관이 나왔다. 오사 후네초長船

町. おさふねちょう는 오카야마현 남부의 오쿠군邑久郡에 있는 지역으로 2004년에 군내의 오쿠초邑久町, 우시마도초牛窓町를 신설합병하여 세토우치시瀬戸内市 소속이 되었다.

구글 지도상 양 고분을 지나서 있는 목표지를 내비에 찍고 고라쿠엔을 출발해 약 1시간을 동쪽으로 차를 몰았다. 목표 지역에 가까이 도착하여 천천히 운전하며 길가 돌에 새겨진 고분명을 확인했다. 두 고분 사이로 길이 나 있다. 근처에 또 다른 고분들이 있는 것도 확인하였다. 이제 다카마쓰로 돌아간다. 비가 부슬부슬 내리고 바람 부는 늦은 오후 시간이다. 내비를 찍어 보니 110km 정도 된다.

7. 오카야마의 한반도 이주민 하타씨

오카야마를 답사하며 찾아보고자 했던 것은 한반도 가야로부터의 이주민들의 자취였다. 그런데 오카야마에는 가야 이주민의 자취만 남아 있는 것이 아니었다.

'지명과 사람들의 생활地名と人々の营み'이라는 일본인의 글에 나오는 내용이다.

야마시로국山城国, 京都府中南部을 거점으로 한 하타씨와 그 지배하에 있던 족속들秦人, 秦人部, 秦部의 분포는 일본 각지에 보여지고 있어 그 수는 대단한 것이다.

하타씨를 뜻하는 지명을 기준으로 하여 오카야마에서 찾아본 것은 씨신사 이름인 마쓰오松尾와 거주지로 보이는 하타의 여러 가지 다른 표기들半田, 幡, 秦, 畑, 昆, 발음은 모두하타임이다. 지명은『오카야마현지명대사전岡山県地名大辞典. 角川書店』의 소자일람小字一覧에서 채취했다.

결과적으로 보면 지역에 따라 다소 밀도가 다르기는 하지만 하타씨를 나타내는 160여 개의 지명이 오카야마현의 각 지방에 걸쳐 골고루 분포되어 있는 것을 확인했다는 내용이다. 하타씨 하면 교토의 아라시야마가 생각나는 법인데 오카야마에도 그들의 흔적이 넓게 분포되어 있다는 것은 놀라운 일이다.

이 중에 하타씨의 흔적이 확실하게 남아 있는 지역이 있어 소개한다.

하타하라 마을秦原の郷−고대 기비국吉備国 발상지의 하나

북쪽 주코쿠 산지에서 발원하여 기비 고원을 침식하면서 흘러내리는 다카하시천高梁川이 아키하산秋葉山에 부딪혀 크게 남쪽으로 우회, 넓은 개구부開口部에 내뿜는 곳 안쪽에 생긴 평지와 그 서쪽에 있는 마사키산正木山, 성산城山 또는 아라히라야마荒平山를 포함하는 지역이 있다. 평지의 중심부 근처에는 오카야마현에서 가장 오래된 절터로 여겨지는 하타하라 폐사터秦原廃寺跡가 있으며, 옛날 이주민 하타씨의 지역으로 기비국의 발상지라는 설도 있다. 이를 뒷받침하듯 서쪽 성산의 구릉에서는 60기가 넘는 고분이 발견되었다.

① **하타폐사**泰原廢寺

다카하시천 우안, 소사 하타 지구에 있으며 아스카 시대에 창건된 오카야마현에서 가장 사원으로 하타씨의 씨사라고도 한다. **심초**心礎[39)]가 남아 있을 뿐이다.

② **잇초구로 고분군**一丁ぐろ古墳群

성산의 남쪽 산록을 따라 4세기 전반부터 7세기 후반까지 간헐적으로 쌓은 33기其般建分의 고분군이다. 그중에서도 1호분은 전체 길이가 70m에 달하는 전방후방분으로 사면에는 지붕돌葺石이 둘러져 있으며 발굴된 하니와 등으로 미루어 4세기 전반에 축조된 것으로 추정되고 있다.

이번 답사의 주목적은 현 오카야마현에 해당하는 기비吉備 지역과 여기서 바다 건너 보이는 시코쿠섬의 가가와현 일대에 자리 잡았던 가야 이주민 집단이 남겨놓은 유적과 유물을 살펴보는 것이었다. 그런데 한일 고대사 연구에 있어서 가야 역사와 많은 혼동을 수반하는 것이 신라 역사다. 일본 열도에 먼저 상륙한 집단은 가야계다. 그러나 신라계가 먼저 상륙한 것으로 보이는 지역도 있다. 예를 들어 규슈의 어느 지역은 신라계가 먼저 상륙하였으나 가야계에 밀려 동쪽으로 이동한 것으로 보이는 지역이 있고 이즈모에는 가야계가 먼저 이주하였으나 신라계에게 축출당한 것으로 보이는 지역이 있다.

역사를 보면 532년에는 금관가야가 신라에 흡수되고, 562년에는 대가야가 신라에 흡수된다. 나라가 망하면 나라의 역사가 점령국에 흡수된다. 이런 연고로 일본 열도에서 신라라고 불리는 것의 상당 부분은 가야의 것인 경우가 있다. 시코쿠의 경우에는 신라와 가야의 역사가 혼재되어 이런 혼동이 존재하는 것으로 보인다. 그러나 기비 지역의 경우는 요시이강을 경계로 동쪽은 신라, 서쪽은 가야의 이주민 세력이 뿌리를 내린 것으로 보인다. 여기서 더 동쪽으로 가면 히메지인데 히메지에는 신라의 유적이 뚜렷하다. 참고로 일본 열도에서 선진 세력인 가야나 신라에 비해 후진 세력인 백제와 고구려는 5세기 이후에 본격적인 이주가 이루어진 것으로 보인다.

8. 기비 지방의 고구려

이번 답사 범위에는 안 들어갔지만 오카야마현의 북쪽에 있는 구메군이 고마국이었다는 설이 있다. 고분을 비롯한 고고학적 유적과 유물을 통해서 설명된다.

구메군 일대의 고분들의 특징은 형식에 있어서 방형이 지배적이라는 것과 군집묘의 형태를 띠면서 횡혈식묘가 많다는 것이다. 군집묘란 일정한 좁은 지역에 비슷한 규모의 묘들이 밀집해 있는 것을 말한다. 전형적인 군집묘가 형성되어 있는 것도 고구려 형식이라고 할 수 있다. 일대에 방형 고분이 많지만 수장급의 고분에는 전방후방분이 비교적 많다.

어떻게 고구려 세력이 이곳에 정착하였을까? 그것은 우리 동해를 거쳐 이즈모 일대에 정착한 고구려 일부 세력이 내륙 지역으로 들어가며 척량산맥을 넘고 쓰야마분지 일대에 정착한 것을 생각할 수 있다. 이즈모와 그 일대를 연결하는 고대의 도로가 있다는 것도 밝혀졌다. 또한 동해를 거쳐 이즈모 일대에는 신라, 가야 세력과 고구려 세력도 정착했던 흔적이 있다. 이것으로 다카마쓰-오카야마 답사기를 마친다.

◆ 답사 후기 ◆

오카야마 지역의 답사를 무사히 마쳤다. 생각해 보니 일본 열도에 남아 있는 한반도 이주민의 발자취를 찾아 여기저기를 다니기 시작한 것이 벌써 오래다. 코로나로 인해 답사 여행을 중단했었는데 가 보지 못한 곳이 3곳이 남아 있었다. 그중 한군데가 이번에 방문한 기비 지역으로 옛 가야의 흔적이 남아 있는 가가와현의 다카마쓰, 오카야마현 및 히로시마현 동부 지역이다. 다른 두 곳은 가야-신라 유적지가 있는 무나카타시-북규슈시-유큐하시시 등 동북 규슈 지방과 가야 유적지가 있는 규슈 남부의 가고시마시와 미야코노조시이다. 북규슈는 그 후 방문하였다.

드디어 비행기가 이륙하고 있다. 아래쪽으로 필자와 파트너가 찾아다녔던 산과 벌판이 펼쳐지고 있다. 우리 선조들이 한반도에서 넘어와 개척한 땅이다. 아래쪽으로 보이는 것은 세토내해세토나이 가이, 瀬戸内海, せとないかい라는 바다다. 우리 선조들이 시모노세키를 넘어 또는 규슈와 혼슈本州의 남쪽 바닷가 어느 곳에서 동쪽을 향해 항해해 오던 바다다. 어느새 비행기가 우리나라 남동해로 들어간다. 선조들이 해밑섬 일본을 향해 출발하던 해변이다.

제2부

야먀토大和지역의
이주민 역사

일본 고대사의 핵심인 기내 지방으로의 역사 기행이다.
일본 고대사의 핵심은 야마토 지역에 있다. 야마토 지역
이란 아스카를 포함한 나라지역 일대를 말한다. 일본의
고대 왕권은 이곳에서 시작되었다고 알려져 있다.

일본 고대사의 핵심인 **기내**畿内. 수도 근방**지방**[40]으로의 역사 기행이다. 일본 고대사의 핵심은 야마토大和지역에 있다. 야마토大和지역이란 아스카飛鳥를 포함한 나라奈良지역 일대를 말한다. 일본의 고대 왕권은 이곳에서 시작되었다고 알려져 있다.

일본의 역사서에 기록된 건국 신화에는 야마토 정권의 최초의 수도는 나라 지역의 남부인 가시하라橿原였다고 기재되어 있다. 규슈로부터 이동한 정복 세력이 나라 지역에 있던 토착 세력을 물리치고 정복 왕조를 세운 것으로 기록되어 있다. 이 신화는 증명하기 쉽지 않은 상고사의 영역이다. 역사는 역사책에 기재되어 있는 것처럼 그렇게 단순하지가 않다.

그런 맥락에서 볼 때 일본의 고대사에서 상대적으로 소외되고 있는 지역이 있는데 바로 야마토 서쪽의 가와치河内, 현 오사카의 남쪽지역이다. 이 지역에 일본의 초고대 고분들이 밀집해 있다. 야마토와 가와치, 모두 한반도 이주민의 역사가 남아 있다. 따라서 필자의 역사 탐구 여정은 아스카~나라 지역으로도 향해 보고 가와치 지역으로도 향해 볼 것이며 가와치와 아스카를 연결하는 여정도 있다.

일본 고대사서는 일본 초대천황이라는 신무천황의 동정東征의 복사판처럼 서쪽에서 온 응신천황이 400년을 전후한 시기에 야마토에 다시 왕권을 수립했다고 기록하고 있지만, 일본의 활발한 역사는 백제에서 불교가 전파된 500년대 중반의 아스카 시대에 비로소 시작된다.

일본과 우리나라의 고대사라고 하면 의례히 성덕태자와 나라의 법륭사를 떠올린다. 성덕태자聖德太子 즉 쇼토쿠태자는 백제로부터 문화를 적극적으로 받아들이고 백제의 혜총惠聰과 고구려 승려인 혜자惠慈로부터 가르침을 받았다는 것이다. 또한 법륭사의 담징 벽화 이야기도 있다.

성덕태자는 어떻게 바다 건너 있는 백제와 그 문화에 대해 알게 되었을까? 기본적으로 그 시절 백제와 나라 지방 간의 인적 교류가 활발하였다고 보아야 한다. 특히 성덕태자 시절에는 한반도 특히 백제와 당시 일본의 왕권 사이의 관계는 깊었을 것이 틀림없다.

제2부에서는 이제까지의 가야나 신라 및 고구려 이주민의 이야기에서 벗어나 백제로부터의 이주민에 관한 이야기가 주를 이룬다. 좀 뒤처졌지만 백제도 일본 열도로의 이주 대열에 본격적으로 합류한다.

우선 가와치河内 지역으로의 이주에 대해 살펴본다. 이 지역은 우리에게는 잘 알려져 있지 않지만 한일 고대사의 중요한 비밀이 숨어 있는 지역이다. 일본 최대의 고분들이 모두 이 지역에 산재해 있지만 일본 사서들은 침묵을 지키는 편이고 그저 나라 지역을 중심으로 고대 왕권을 이야기한다. 그리고 소외된 또 한 곳으로 나라평야에서 벗어나 남쪽에 있는 와카야마和歌山 지역에도 백제계 이주민 역사가 뚜렷이 남아 있다.

가와치에는 다른 지역과는 달리 4세기 중반부터 시작된 백제계 왕족近肖古王의 후손들의 이주가 목격된다. 가와치에 있는 이들 백제계 이주 왕족들의 씨사인 야쭈지野中寺와 후지이데라葛井寺를 방문하며 백제로부터의 왕족 이주민인 후지藤井, 후나船, 쯔津씨족의 역사를 알아본다. 우리 사서에는 나오지 않는 백제계 이주민인 왕인의 후예로서 문필과 기록을 담당했다는 가와치노후미씨西文氏가 건립한 후루이찌古市의 사이린지西琳寺, 백제계또는 신라계 선주 이주민 집단으로서 가와치의 초대형 고분 건설을 담당했던 전문가 집단인 하지씨土師氏의 씨사, 도묘지道明寺를 알아본다.

소규모이고 간헐적이었던 이주의 형태가 5세기에 들어서면서 집단 이주로 변한다. 이곳에 이미 정착하고 있던 선주 이주민들은 새로 들어온 집단 이주민 그룹을 '새로 들어왔다'고 하여 이미키今來라고 불렀다. 가와치 지역과 나라평야의 남부인 아스카 지역으로 향한 한반도로부터의 집단 이주민들이다. 이에 관해서는 일본 사서에도 이러한 이주를 암시하는 기록들이 남아 있다. 이러한 변화가 가능해진 데에는 이 지역의 통제권을 얻은 세력의 비호가 있었기 때문일 것이다. 아무 이유 없이 자기 영역에 대규모 이민을 받아들인다는 것은 있을 수 없는 일이기 때문이다.

　가와치로의 이주가 시작된 지 약 백 년이 지나서 5세기 중반이 되면 백제는 늘어난 백제로부터의 이주민을 관리하기 위하여 가와치 지역에 곤지왕昆支王이라는 통치자를 파견461년한다. 그리고 가와치 지역에는 일본에서 제일 규모가 큰 모즈-후루이치 고분군이 축조되기 시작한다. 일본에서 가장 큰 다이센릉486m이나 곤다야마 고분426m은 그 크기가 세계로는 가장 긴 분묘들로 알려져 있다. 피장자가 누구인지는 확실하지 않다. 다만 발굴이 금지된 이들 고분에서 흘러나온 한반도계 유물에 비추어 한반도 이주민 집단의 지도자 능묘로 짐작한다. 당시 이 지역의 통치자였던 곤지왕 백제 개로왕의 동생은 가와치 동쪽 산록의 '왕릉의 계곡'에 가까운 곳에 세워진 아쓰카베 신사飛鳥戶神社에 모셔져 있다. 한일 고대사의 열쇠를 쥐고 있는 인물이라고 생각한다. 가와치 평야에 남아 있는 대규모 고분들은 모두 곤지왕과 관련이 있다는 것이 필자의 개인적인 소견이다.

　다음은 곤지왕의 세력과 영향력을 가늠해 볼 수 있는 사건이다. 475년 고구려의 침공으로 백제의 개로왕이 죽고 백제는 멸망 직전에 이르러 수도를 공주로 이전하게 된다. 이때 곤지는 자신의 아들로 가와치에서 나고 자란 동성왕東城王, 재위 479~501년을 백제의 왕으로 보낸다. 동성왕 다음으로 일본에서 태어나 곤지의 아들이거나 적어도 곤지가 키운 무령왕武寧王, 재위 501~523년이 백제왕에 오른다. 이로써 백제는 부흥의 전기를 잡는다. 일본 열도에 자리 잡은 인물이 한반도의 정치에 막강한 영향력을 미친 데서 그 인물의 세력을 가늠해 볼 수 있다.

　이 지역에는 세력가가 아닌 일반 평민들의 군집묘도 광범위하게 형성되어 가와치의 동쪽 산록에 그 자취가 남아 있다. 곤지왕의 일본 열도 이동에는 평민들의 이주도 함께 이루어졌을 것이다. 다카이다 고분군, 다카야스천총 고분군, 히라오야마 고분군, 이치스카 고분군 등이 그것이다. 이들 집단묘들도 대부분 방문하였다.

　가와치에 세력이 형성되기 이전부터 동쪽의 산 건너편인 아스카 지역에는 선주 이주민 세력이 자리 잡고 있었다. 나라평야에 남아 있는 대규모 고분들과 유서 깊은 신사들이 이를 방증한다. 이들은 주로 가야나 신라로부터의 이주민으로 생각된다. 나라평야의 동부 산록 아래에 이소노가미궁石上神宮, 하시바가 고분, 야나기모토 고분군, 미와 신사三輪神社, 大神神社, 야마토 고분군 등이 있고 나라평야 북부의 사키다테나미 고분군이 있으며 나라평야에 산재하는 인위적으로 지정된 대규모 천황릉들이 있다. 이들 가야계 세력의 주류는 규슈에서 출발하여 시코루를 거치거나 이즈모에서 출발하여 동진하다가 쓰루가에 이르러 비와호변을 따라 남진하면서 나라평야에 도달한 것으로 추측한다.

동시대를 전후한 선주 이주민들의 유적인 마키무쿠 유적纒向遺跡, 히에다稗田 환호집락環濠集落, 이토이 신사糸井神社, 한반도 이주민의 후손임을 숨기지 않는 오오신사多神社, 쓰쿠야마 고분군築山古墳群 및 4~5세기 축조로 보이는 우마미 고분군馬見古墳群 등을 답사했다.

야마토ヤマト는 일본을 가리키는 아어雅語다. 한자로 대화大和, 왜倭, 일본日本이라고 쓰고 읽을 때는 '야마토'라고 읽는다. 야마토라고 불린 지역奈良縣에 왕권이 있었던 것에서 그 이름이 유래한다. 처음에는 한자로 왜倭라고 썼으나, 겐메이천황 때707~715년 국명을 왜와 동음인 화和에 크다는 의미의 대大를 붙여 '대화'로 표기하고 '야마토'로 발음하도록 결정하였다고 한다.

필자는 야마토의 유래에 대한 색다른 견해를 가지고 있다. 야마토는 가와치에서 볼 때 산 너머 동쪽에 있는 지역이다. 이를 한자로 쓰면 산동山東인데 일본식으로 발음하면 야마山와 토東가 합쳐 야마토가 된 것이 아닌가 한다. 즉 새로운 세력이 가와치평야에 나타나 산 너머 나라 지역에 있던 구세력을 야마토라고 불렀을 것이다. 야마토를 산동山東이라고 표기한 기록을 본 적이 있다.

공식적인 설명은 원래 야마토 왕권의 본거지였던 나라 분지의 동남쪽 지역만이 '야마토'라 불린 지역이었고, 이후 야마토 왕권이 나라 분지 전체와 가와치 방면까지 지배하게 되자 그 지역후의 근기 또는 기내 또한 야마토라 불리게 되었다.

그리고 야마토 왕권의 본거지가 소재한 나라 분지 주변에 설치된 율령국을 야마토국으로 삼았다. 나아가 야마토 왕권의 지배와 제압이 일본 열도의 주요 지역_{동북지방 남부인 도 교평야에서 규슈 남부까지}에 미치자 이 지역들을 통틀어 야마토라고 부르게 되었다. 이리하여 일본 열도의 다른 이름이 야마토가 된 것이다.

여기서 필자가 의견을 달리하는 곳은 '야마토 왕권이 나라 분지 전체와 가와치 방면까지 지배하게 되자'라는 부분으로 오히려 가와치에 자리 잡은 후발 세력이 나라 분지의 구왕조를 통제에 넣은 후 역사가 길고 정통성이 있는 나라 지역 고왕조의 역사를 기본으로 삼아 일본 고대사를 야마토 조정이라는 기본 개념으로 조립하면서 가와치의 중요성이 오히려 가려졌다는 생각이다.

앞에서 기술했듯이 5세기가 되면 이 지역으로 백제로부터의 집단 이민이 쏟아져 들어가기 시작한다.

백제로부터의 이주민들이 어떤 경로로 아스카 지역을 발견하여 들어갔을까에 대한 의문은 아스카 언덕에 있는 오미아시 신사_{於美阿志神社}와 히노쿠사_{檜隈寺}가 말해 줄 것으로 생각한다. 가와치 지역을 통과하여 아스카까지 왔다는 일반적인 생각에 추가하여 와카야마 루트도 있었다는 것이 필자의 가설이다. 와카야마 해변에서 기노가와_{紀の川}를 따라 상류로 이동하여 고개를 넘으면 아스카 지역이다.

이들은 이 지역에 이미 거주하고 있던 가야계 선주 이주민과 같은 아야_漢라는 성씨로 불리는데 후에 가야로부터의 선주 이주민은 '아야'라는 성씨를 그대로 유지하거나 아라이_{新井, 荒井} 등의 비슷한 성씨로 변경하는 반면 백제로부터의 대규모 이주민들은 야마토아야, 가와치아야라고 부르는 동한, 서한의 한_漢씨로 성을 바꾼다.

아스카에 있는 백제계 이주민들의 군집묘_{니이자와천총}와 와카야마에 있는 군집묘_{이와세천총}도 찾아간다. 나라평야를 답사하다가 떠오른 생각인데 이들은 농사 방법에 일대 혁신을 일으켜 생산력을 바탕으로 경제력을 형성해 간 것으로 보인다. 오늘날에도 나라평야에는 수많은 크고 작은 저수지가 남아 있다.

6세기 중반이 되면 가와치가 본관出身地인 백제계 이주민 소가씨蘇我氏가 백제계 아야씨 세력의 지원을 배경으로 아스카 지역에서 세력을 형성한다. 아스카 시대의 시작이다. 이 시대의 문화는 백제 문화로 백제계가 주도한다. 이 시대의 유적 중 백제식 양식으로 지어진 사천왕사와 법륭사 및 그곳에 보관된 백제관음, 법륭사 주변에 있는 후지노키 고분 그리고 백제사지 등을 답사한다.

소가씨는 약 백 년간 절대 권력을 행사하면서 천황의 외척이 되어 천황들을 배출한다. 소가씨의 전횡을 중지시키기 위해 또 다른 백제계 나카노오에中大兄皇子의 주도하에 나카토미노 카마타리中臣鎌足의 보좌를 받아 을사의 변645년이라는 쿠데타를 일으켜 소가씨 제거에 성공한다. 나카토미씨도 백제계라고 한다. 석무대, 아스카사 및 소가우마코의 무덤 등을 방문하여 소가씨의 영욕의 자취도 살펴본다.

660년 백제계 세력의 본국인 백제가 멸망한다. 야마토 정권은 백제 부흥군을 파견한다. 그 규모는 당시 왕권의 명운이 걸린 정도의 규모였던 것으로 보인다. 이 전쟁은 실패하고 전쟁을 선두 지휘했던 나카노 오에황자 즉 천지천황은 궁지에 몰려 수도를 오미로 옮긴다. 오래지 않아 신라─가야계 세력의 힘을 등에 업은 후대의 천무천황천지천황의 동생은 672년 진신의 난壬申の乱 쿠데타를 일으켜 성공한다. 이 내전의 마지막 전투는 비와호에서 우지강으로 물이 흘러나오는 곳에 세워진 가라하시唐橋라는 이주민들이 세운 다리 위에서였다. 지금의 오쓰시에 있다.

이로써 백제계 세력은 힘이 약화된 반면 본국의 전쟁에서 승리한 신라계가 힘을 회복한다. 새로운 집권 세력天武. 지통. 천황은 이주민들의 힘을 합하여 새로운 국가인 일본국700년경을 만들기 시작한다. 나라에 있는 도다이지東大寺의 철불이 이러한 노력의 결정체이다. 이 당시의 일본국 건국 캠페인의 희생자인 민중의 편에서 민생을 돕는 '고대 일본판 새마을 운동'을 펼친 백제계 이주민의 후손인 행기에 대해서도 알아본다.

일본국은 천황가의 권위를 세우기 위하여 그들의 역사를 새로이 만들어낸다. 712년의 『고사기古事記, 고지키』와 680년경에 시작하여 720년에 완성한 『일본서기日本書紀, 니혼쇼기』다.

이 두 사서에 대한 필자의 견해이다.

이 사서들은 일본 열도의 역사에서 가야, 신라, 고구려 및 백제로부터의 이주민에 관련된 기록을 지우는 것을 우선 과제 중 하나로 정했던 것으로 보인다. 처음에는 백제계 천황들이 백제 이외의 가야, 신라와 고구려에 관한 기록을 지우거나 왜곡했다고 생각했으나 백제와 관련된 역사도 지우거나 왜곡했다. 그 이유는 이 사서를 제작한 이유를 생각해 보면 될 것 같다. 본국인 백제가 멸망하였으니 일본국이 멸망한 나라를 이어받았다고 하게 되면 위신이 서지 않기 때문일 것이다.

이러한 방향 아래 특히 일본 열도에 한반도의 세력이 본격적으로 유입된 4~5세기의 역사는 허구에 가까운 각색을 한 것으로 보인다. 일본인들조차도 이 기간의 역사에 대하여 의문을 표시하며 '미혹의 4세기'라고 표현한다. 그러나 4세기뿐만 아니라 5세기의 역사도 미궁 속에 있다. 5세기 역사 역시 일본 사서의 기록과 당시 중국 사서의 기록이 전혀 일치하지 않기 때문이다. 필자의 견해로는 5세기 중엽 이후 활약한 곤지왕의 행적도 이 기간의 왜곡된 역사 속에 감추어져 있다고 본다.

『일본서기』는 이미 존재했던 역사적 인물과 역사적 사건들을 짜맞추기하여 새로운 인물들을 만들어 내고 기존의 사건들을 전혀 다른 연대의 새로운 사건으로 바꿔치기하였다. 두 사서의 내용을 보면 분명히 실재했던 인물로 보이고 실재했던 사건으로 보이는데 주인공이 다른 사람이고 연대가 다른 곳이 많기 때문이다. 어떤 실존 인물들과 그들의 업적을 가공의 인물에게 덮어씌운 듯한 느낌을 강하게 받는다.

일본국과 그 이후의 집권자들은 소기의 목적을 달성하였을지 모르나 이러한 역사 왜곡은 끔찍한 부작용을 불러왔다. 신공황후라는 가공의 인물이 신라와 한반도 국가들을 항복시켰다는 삼한정벌 신화를 믿는 대다수인 일본인들은 한반도가 한때 그들의 속지였다고 믿어 오며 임진왜란을 일으키고 정한론에 따라 한반도를 침략하였다. 가장 완벽한 왜곡은 역사를 정반대로 쓰는 것이라는 생각이 든다. 한반도 이주민들로 채워지고 이룩되고 지배되던 땅이라는 것을 완벽하게 감추기 위하여 거꾸로 그 이주민들이 본국을 지배했다고 한 셈이니 말이다.

필자의 책이 이러한 왜곡과 허구를 밝히는 데 일조를 하였으면 하는 바람이다.

백제계가 다시 권력을 차지한 것은 794년 간무천황이 교토로 수도를 천도한 이후이다. 이는 천지천황의 충신으로 백제계인 후지와라 가타마리의 아들 후지와라 후이토不比等와 그 자손들이 천무천황계 왕족들에 맞서 영향력을 행사했기 때문이다.

Ⅲ 나라, 아스카

1. 야마토 지역의 고대사

일본의 고대사가 시작되었다는 지역이다. 역사라는 것은 과거의 기록인데 우리가 흔히 알고 있는 역사라는 것은 왕조사가 중심이다. 여기서 일본의 고대사가 시작되었다는 의미는 일본의 왕조사가 본격적으로 시작되었다는 뜻이다. 야마토란 현재의 나라 분지를 말하는데 분지의 남쪽에 치우쳐 있는 곳에 일본의 고대 역사의 시발점이라는 아스카라는 곳이 있다.

8세기에 쓰인 일본 최초의 역사서에는 아스카 지역에 이른 시기부터 야마토 정권이라고 하는 천황을 중심으로 하는 강력한 중앙 집권 정치 체제가 들어서 있었다고 기술되어 있다. 신무천황이라고 하는 1대천황이 규슈 동남쪽에서 출발하여 여러 가지 난관을 헤치며 이미 야마토 지역에 자리 잡고 있던 토착 세력을 물리치고 국가를 수립한다.

초대 신무천황과 야마토 정권의 중흥조로 기록되어 있는 응신천황 사이에는 13명의 천황이 있었다. 2대에서 9대까지 8명의 천황들은 역사적 사실들이 구체적으로 기술되어 있지 않아 실재성이 의심받거나 역사의 공백을 메꾸기 위해 만들어진 가공의 천황이라는 설이 유력하다_{欠史八代}[41]. 12대 경행, 13대 중애 및 그의 부인이라는 신공황후의 주된 활동 무대가 규슈인 점을 고려하면 규슈 지방에 있던 왕조로도 보인다. 세월이 흘러 규슈에서 출생한 15대 응신천황이라고 하는 지배자가 기원후 400년을 즈음하여 이 지역을 통치하는 천황 자리에 군림한다.

응신천황의 어머니는 신공황후라고 하는데 일본 고대 기록 역사에서 큰 비중을 차지하는 인물이다. 176년 출생하여 269년에 사망하는데 201년 응신천황을 낳은 후 시작하여 그녀의 사망 시까지 무려 70년간 아들 응신천황 대신 섭정을 하는 것으로 되어 있다. 일본의 고대 역사서는 편년에 있어서 120년을 더해야 한다는 **이주갑인상**_{二周甲引上}[42]이 정설이기 때문에 다시 환산하면 신공황후는 321년부터 389년까지, 그녀의 아들이라는 응신천황은 389년에서 430년까지 재위한 셈이다.

1 한반도의 상황

4세기 후반의 백제는 근초고왕_{재위, 346~375년}과 근구수왕_{재위, 375~384년}이 세력을 펼치던 전성기이다. 이어 침류왕, 진사왕과 아신왕의 왕권 다툼의 시기를 거치면서 세력이 약해져 고구려에 굴복했고 전지왕대_{재위 405~420년대}가 되어야 국력이 회복되기 시작한다.

고구려는 국력이 가장 왕성하던 광개토대왕_{재위, 391~412년}과 장수왕 시절이고 신라는 내물 마립간_{재위, 356~402년}에 이어 실성, 눌지 마립간의 시기다. 참고로 북쪽에 있던 부여는 이보다 조금 이른 시기인 서기 346년, 모용 선비 전연의 공격으로 왕을 포함하여 무려 5만여 명이 끌려가면서 사실상 붕괴되었다.

고구려가 백제를 정복하여 아신왕이 고구려에 항복한 것이 396년이고 고구려 광개토대왕이 다시 신라 구원을 위하여 남쪽으로 쳐들어간 것이 서기 400년이다.

2 최초의 이주 기록

한반도인의 일본 열도로의 이민을 말하는 것으로 『일본서기』에 의하면 응신천황 재위기인 283년403년의 기록이 있다. 궁월군弓月君이 백제에서 120현縣의 사람들을 거느리고 일본에 망명을 시도했으나 신라의 방해를 받고 가라국에 강제로 체류하게 된다. 일본 측은 가쓰라기노 소쓰히코를 가라에 파견했으나 소쓰히코 또한 3년이 지나도록 돌아오지 않았다고 한다.

이후 2년 뒤인 285년405년, 일본은 헤구리노츠쿠노스쿠네와 이쿠하 노토다노스쿠네를 가라국에 파견해서 체류하고 있던 궁월군의 인부들과 소쓰히코를 데리고 일본으로 귀환하게 된다.

日本書紀によると, 応神14年に弓月君が百済から渡来し, 率いる120県の人々が新羅人の邪魔により, 加羅加耶に留まっていると報じたので, 葛城襲津彦が加羅に遣わされた。 同16年になって平群木宿禰, 的戸田宿禰らを加羅に遣わし, 襲津彦と共に人々を連れてきたという。

'이류갑 인상'을 감안해 연대를 조정하면 400년대 초다.

이 집단 이민은 한반도 특히 백제가 전란에 휩싸여 있던 400년경에 발생한 이야기이기 때문에 굳이 집단 망명 또는 집단이주의 이유는 다음에서 찾을 수 있지 않을까 한다.

백제의 아신왕은 396년의 항복 이후 굴하지 않고 고구려와 전쟁을 계속하였으나 연전연패하였다. 이후 399년 8월에 고구려로 쳐들어갈 군사를 모으기 위해 징집을 단행하였으나 결국 백성들이 사보타주를 일으켜 북벌 자체가 취소되어 버렸다. 이들은 징집을 피해 대규모로 신라와 왜 등으로 달아났다. 심지어는 고구려나 가야, 후연, 동진으로 가는 사람들도 있었다. 이때 백제 왕족 아신왕계에 의해 쫓겨난 진사왕계이라는 설도 있는 유즈키노키미弓月君, 궁월군가 무려 '120현'의 인인人人을 거느리고 왜로 망명했다. 궁월군의 출신지에 대해서는 논란이 있다. 『일본서기』는 백제 출신이라 하는데 궁월군을 조상으로 모시는 하타씨가 신라 출신임을 고려하면 신라 출신이다. 백제 사람들의 입장에서 계속 지는 전쟁에 군대에 가도 죽음뿐이라는 생각에 전쟁을 꺼리는 분위기가 확산되고 있었기 때문이 아닐까 한다. 신라 말기 현의 개수가 400여 개였던 걸 보면 '120현민'은 굉장한 숫자다.

응신 20년, 즉 409년 9월에 왜한직倭漢直, 야마토노아야노아타이의 조상 아지사주阿知使主, 아지노오미와 그의 아들 도가사주都加使主, 츠카노오미가 그들이 이끄는 무리들 17현縣에서 데리고 왔다. 야마토아야씨倭漢直, 東漢氏의 조상이다.

日本書紀応神20年九月条には、倭漢直やまとのあやのあたひ、東漢氏の祖阿知使主、其の子都加使主つかのおみ、並びに己が党類ともがら、徒党十七県を率て、来帰りと伝わる。

続日本紀延暦四年785年六月の条によれば漢氏東漢氏の祖。阿智王の末裔氏族東漢氏出身で下総守の坂上苅田麻呂が述べた。

이상이 일본 역사서의 기록이다. 이 기록에는 여러 가지 의문이 있다. 이 많은 수의 이민이 짧지 않은 기간 동안 어떻게 일사불란하게 움직였을까? 왜 이들은 한반도에서 가까운 규슈에 정착하지 않고 멀리 아스카 지역까지 왔을까? 일본 역사서에서 이야기하는 것처럼 당시 아스카 지역이 정치 중심지였는데 왜 한반도에서의 집단 이민이 이렇게 중요한 지역으로 이동한 것일까? 당시 정치 세력은 수도 지역에 한반도에서의 집단 이민을 받아들이는 데 거부감은 없었으며 두려움은 없었을까? 이 이민 집단은 아스카 지역에 농사지을 수 있는 평야지대가 있다는 것을 어떻게 알고 있었을까?

일본사서는 이러한 집단 이민의 시기에 아스카에는 천황이 존재하는데 자신의 지역에서 발생하는 이러한 급격한 인구 증가를 큰 사건이 아닌 것처럼 태연하게 취급하였던 것으로 기술하고 있다.

필자가 느끼기에는 역사서에 기술되어 있는 천황의 행동을 보면 역사적 변동에 대한 주체가 아니라 방관자나 그림자처럼 느껴진다. 이 당시 집단 이주한 한반도 이주민들은 일본 역사의 조연이 아니라 주연이 된다. 황족은 항상 존재하는 것처럼 기술되어 있지만 이들 이주민의 후예들의 도움 없이는 어떤 일도 하지 못하는 것처럼 느껴진다. 결국 필자는 이런 의심을 하게 된다. 혹시 이 이주민들이야말로 일본을 일으킨 주역이 아닐까?

❸ 야마토 역사의 세 갈래

아스카 지역에서 일본 왕조의 고대사가 시작되었다.

그런데 역사적인 유적을 찾아가다 보면 세 갈래 길이 나온다. 첫 번째 길은 백제계 집단의 이주 이전에 자리 잡고 있던 선주민들의 유적으로 신라와 가야계 유적이다. 아마 역사서에 천황으로 기록된 집단의 유적이 아닐까 한다. 두 번째 길은 백제계 집단 이민 즉, 이마키 도래인의 유적이다. 세 번째 길은 가와치河內 지방에서 시작된다. 가와치는 서쪽으로 현재의 오사카 남쪽으로 바다에 면하고 있는 지역이다. 역사서에 잘 기록되어 있지 않은 백제계 선주 이주민과 또 다른 **이마키**今来**43)** 이주민의 유적이다.

일본 역사 시대의 시작이라고 볼 수 있는 아스카 시대, 즉 500년대 중반 이후의 역사를 따라가다 보면 당시의 주역은 거의 가와치 지방 출신이다. 소가씨가 그렇고 성덕태자가 그렇다. 그리고 이 지방의 옛 이름은 '가까운 아스카'이고 집단 이주가 시작되었다고 한 곳의 이름은 '먼 아스카'다. 어디가 중심인지를 일깨우는 지명이라고 볼 수 있다. 또한 가와치 지역에 자리 잡았던 백제 곤지왕은 아스카베씨飛鳥戸氏의 시조이다. 곤지왕이 살던 지역의 이름이 지금도 아스카이고 성씨명에도 '아스카'가 들어간다. 그리고 고분 중의 가장 큰 고분인 다이센릉大山陵, 인덕천황릉, 486m과 두 번째 큰 콘다릉譽田陵, 응신천황릉, 415m은 가와치 지역에 있다.

이곳에는 461년에 형인 백제 21대 개로왕에 의해 이 지역에 파견된 곤지왕昆支

王의 이야기가 살아 있다. 가와치의 하비키노羽曳野시 아스카飛鳥 마을에 있는 아스카베飛鳥戶 신사는 곤지왕을 모시는 신사이다. 백제의 제2 세력가였던 곤지가 이곳에 파견되었던 것은 이 지역에 백제인들이 대규모로 거주했고 그들을 통치할 필요가 있어서였을 것이다.

４ 일본 고대사에 대한 가설

따라서 다음과 같은 가정을 세울 수 있다. 아스카 지역에 구왕조가 있었고, 이 지역은 백제의 이주민을 대량으로 받아들이면서 번성했다. 가와치 지방에도 오랜 기간에 걸쳐 이룩된 대규모 이민 집단에 의해 정치, 경제적인 중심지로 떠오르는데 가와치 집단은 아스카 시대가 시작되기 전에 정치적 중심지를 아스카 지역으로 옮겨 백제와 불교의 색채가 짙은 아스카 문화를 만들어 낸다. 이 시기는 가와치 출신인 소가씨에 의해 근 100년간 주도되다가 646년의 다이카개신大化の 改新이라는 친백제계 세력의 쿠데타에 의해 본국백제에서 분리된 독자 세력으로 행세하며 전횡을 일삼던 소가씨가 몰락하고 친백제계 왕권으로 복귀한다.

본국인 백제가 660년 나당 연합군에 의하여 멸망하자 아스카의 친백제계 왕권은 대규모의 백제 부흥군을 일으켜 한반도의 백촌강으로 보냈으나 실패한다. 이후 왜국 내 친신라 세력의 후원으로 672년 임신의 난壬申の乱이라는 쿠데타가 일어난다. 그러나 본국에서 탈출한 백제계 귀족 집단의 대량 유입으로 친신라계 세력에 대한 견제 세력이 생긴다. 본국을 잃은 왜국은 독자의 길을 모색하며 서기 700년을 즈음하여 일본국日本国을 창건한다.

이상은 역사 가설이다. 역사란 사물의 윤곽을 각자 느낀 바대로 그려내는 스케치와 같다는 생각이다. 자연에 있는 사물을 있는 그대로 그려낸다는 것은 영원히 불가능한 일일 것이다. 하물며 1500여 년 전의 일을 완전하게 그려낸다는 것이 가능한 일이겠는가.

5 역사 탐방 루트

이와 같은 가설에 따라 필자의 역사 탐방은 다섯 가지 루트를 따라가기로 한다.

나라평야 선주 이주민의 역사, 아스카 지역의 아야씨를 중심으로 한 집단 이주의 역사, 가와치 지방의 숨겨져 있는 선주 이주민의 역사, 가와치와 아스카로 통합의 역사, 마지막으로 아스카에서 이루어진 아스카 문화기6세기 후반~8세기 초 이후의 역사다.

6 나라 지역의 지형

고대사 연구에는 지리적 이해가 중요하다. 고대사는 자연적 지형에 의해 크게 영향을 받았을 것이기 때문이다. 일본의 고대사가 시작되었다는 나라와 가와치 지방의 지리적 개괄이다.

약 일만 년 전 나라 지역은 바다였다고 한다. 해수면이 낮아70m지면서 해수가 빠져 평야로 변했다고 한다. 그래서 나라분지의 내부평야 염분을 포함하고 있다고 한다. 그런 이유 때문인지 아니면 분지를 둘러싼 산에서 일시에 흘러내려오는 물로 인한 홍수의 문제 때문인지 선주 이주민들은 평야에서 떨어진 주로 산 아래에 정착하였다. 대규모 고분과 유서 깊은 신사도 주로 산 아래쪽에 집중되어 있다.

신주이마키 이주민이 정착한 아스카 지역이 나라 분지에서 마지막으로 남은 산 아래 지역이었던 것으로 보인다.

7 나라평야

나라 분지는 남북으로 30km, 동서로 20km 정도의 규모다. 참고로 서울은 남북이 30km이고 동서가 37km이다.

나라 분지의 중간쯤을 동쪽에서 서쪽으로 흐르는 강이 있는데 이 강의 이름은 야마토천大和川이다. 이 강은 나라 지역과 가와치 지역을 남북으로 가로막고 있는 산맥 사이의 협곡을 빠져나가 가와치평야로 흘러나간다. 두 지역을 가로막고 있는 산맥의 북쪽에는 이코마산生駒山, 642m이 있고, 강이 지나는 협곡의 남쪽에는 이조산二上山, 517m이 있으며 더 남쪽으로는 가쓰라기산葛城山, 959m과 곤고산金剛山, 1125m으로 이어진다. 이 산맥의 동쪽 사면과 서쪽 사면에 수많은 고분군이 존재한다. 다시 나라평야를 보기로 하자. 평야의 중간을 흐르는 야마토천大和川으로 여러 가지 물줄기가 남쪽과 북쪽에서 흘러드는데 지류의 이름에도 역사가 담겨 있다.

[그림 15] 나라 지역의 고대 유적

우선 야마토천大和川의 남쪽을 보면 제일 동쪽에서 흘러나가는 지류는 그대로 야마토천이다. 야마토천大和川은 나라 분지의 동쪽 산맥 아래를 흐르며 나라 지역의 가장 오래된 역사 지역을 흐른다. 야마토천大和川 지류의 서쪽이 아스카천인데 한반도 집단 이주민들이 생활을 시작하고 뒤에 아스카 문화가 일어난 지역이다. 그보다 서쪽을 흐르는 지류가 소가천蘇我川인데 옛날 이름은 백제천百済川이다. 이 지역에는 소가씨 시대 이후의 백제 문화 유적이 많다.

야마토천大和川의 북쪽에서 야마토천大和川에 합류하는 하천이 두 개 있는데 하나가 현재의 나라 중심부에서 흘러내려오는 사호천佐保川이고 그 서쪽에 토미오천富雄川이 있다. 이 모든 지류가 마지막에 합류하는 지점이 이카루가斑鳩라는 곳으로 법률사에서 가까운 남쪽이다. 이카루가란 카루軽의 땅이란 의미로 카라韓의 땅이란 의미이다.

8 가와치평야

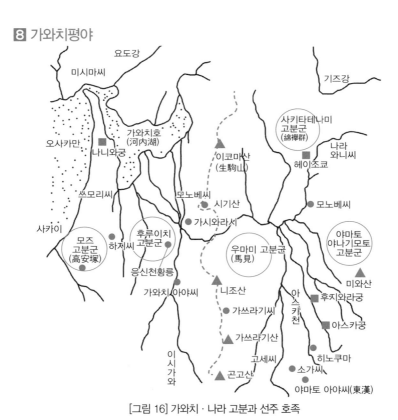

[그림 16] 가와치 · 나라 고분과 선주 호족

야마토천이 협곡을 빠져나와 흘러나오는 곳이 가와치 지역의 가시 와라시柏原市이다. 이곳에서 가와치 지역의 남쪽에서 동쪽의 산맥을 따라 흘러온 이시가와

石川가 만난다. 두 강은 여기서 만나 야마토천의 이름을 유지하며 오사카만으로 흘러나간다. 그러나 옛날에는 현재 흐르고 있는 야마토천 북쪽으로 가와치호河內湖라는 큰 호수가 있었다고 한다. 야마토천은 두 강의 합류 지점에서 서쪽으로 잠시 흐르다 북상하여 호수로 흘러들었다고 한다. 지금은 호수가 메워져 동오사카 지역이 되었다. 따라서 이주민의 유적은 옛날의 호숫가에 밀집되어 있다. 옛날 호숫가 동쪽에 해당하는 이코마산生駒山의 서쪽 산록에는 대단위의 군집묘가 밀집되어 있다.

가와치 가시와라시의 남쪽, 두 강이 만나는 지점에는 후루이치古市 라는 도시가 있다. 이 지역에 거대 고분이 밀집되어 있다. 응신왕의 묘로 지정된 콘다릉譽田陵도 이곳에 있다. 여기서 남쪽으로 가서 이시가와를 넘어가면 동쪽 산록 아래쪽으로 왕릉의 골짜기라는 곳이 있고 곤지왕의 아스카베 신사도 이 근처에 있다. 여기서 아스카로 넘어가는 다케우치가도竹內街道가 연결된다. 한편 후루이치시의 서쪽으로 가면 모즈百舌鳥라는 지역이 있는데 이곳에 가장 큰 규모의 고분인 다이센릉大山陵이 있다. 이 지역의 옛 지명은 구다라百濟였다고 한다.

9 나라 지역 답사 여행

나라 지역은 일본 역사의 시작이라고 하는 야마토 정권이 성립된 곳이다. 필자는 총 6차례에 걸쳐 나라 지역을 답사하였다. 답사 여행 중 가장 길었던 기간은 10일간으로 나라, 와카야마 및 가와치오사카 남부 지역을 답사하였다. 이 지역에 대한 세부적인 답사 계획은 김달수의 『일본 속의 한국 문화 유적을 찾아서전3권1999년 대원사』를 읽으며 구상하였다.

이 책은 한국의 독자들을 위해서 번역·출간되었다. 김달수의 또 다른 저서인 『일본 속의 조선 문화日本の中の朝鮮文化』도 참고하였으나 아직 한글 번역서가 나와 있지 않다.

10일간의 여행기를 위주로 나라-가와치 역사 기행을 기술하겠으며 그전 여행기도 틈틈이 넣기로 한다.

필자가 타고 있는 비행기는 탑승객의 90%가 젊은이들이었다. 서울에서 오사카로 짧은 여행에 나선 듯 보였다. 이들은 한반도와 밀접한 이 지역의 고대 역사에 대하여 대하여 전혀 알지 못하고 있다는 생각이 들었다.

나라의 동대사에 가까운 킨데쓰 나라역 근처에 숙소ⁿ에스캠프를 정하고 이 지역의 고분 및 고분 출토 유물, 유적 및 이 지역에 터를 잡은 사람들의 조상을 모시는 곳인 신사를 중심으로 방문하며 일본의 초기 역사와 한반도 도래인의 관계를 살펴보았다.

10 신무천황神武天皇과 가시하라橿原

신무천황은 일본 역사에 제1대 천황으로 등장하는 인물이다. 기원전 660년부터 기원전 585년까지 재위하였다고 기록되어 있다. 규슈 일향국日向國에서부터 신무천황의 동진東進에 동참한 이쓰세노미코토五瀬命와 이나히노미코토稲飯命가 있다. 이나히노미코토稲飯命는 신라왕의 조상이라고 쓰여 있고 일본의 국사대사전國史大辞典 6에 의하면 신무천황의 형으로 되어 있다. 『신찬성씨록新撰姓氏録, 신센쇼지로쿠』에도 이나히노미코토는 신라왕新羅王의 조상이라고 쓰여 있다. 이나히노미코토가 쓰는 도검은 『일본서기日本書紀』 신대의 기록에 카라사이韓鋤라고 쓰여 있으며 한반도에서 들어온 예리한 도검을 썼다고 알려져 있다.

기원전 660년에는 '신라'라는 나라가 없었는데 기원후 700년 초에 써진 역사서의 기록이기 때문에 후에 신라가 생긴 지역에서 왔다는 뜻인지 아니면 연대가 잘못된 것인지 확실치 않으나 필자는 여러 가지 정황을 살펴볼 때 연대를 인위적으로 만든 것으로 본다. 어쨌든 일본의 초대 왕으로 정해진 사람은 한반도 출신인 셈이다.

신무천황神武天皇이 도읍으로 정한 곳은 나라의 남쪽에 있는 가시하라橿原라는 곳인데 나라에서 전철을 타고 아스카로 남하할 때 전차를 환승하는 곳이다. 지나가면서 보니 전철역 주변에 매우 큰 신사가 있는데 이곳이 바로 일본 초대 천황으로 알려진 진무천황의 신사다.

일본 신화에 의하면 신무천황은 규슈 동해안의 휴가[日向]라는 곳을 출발하여 세토내해를 거쳐 지금의 오사카 쪽에 상륙하려 하지만 토착 세력의 저항이 심해 남쪽 와카야마를 지나 반도의 남쪽을 우회하여 해안에 상륙한 후 지금의 나라 지역으로의 침공에 성공한다. 그리고 가시하라에 도읍을 정한다.

三月辛酉朔丁卯、下令曰自我東征、於茲六年矣。賴以皇天之威、凶徒就戮。…觀夫畝傍山畝傍山、此云宇禰縻夜摩東南橿原地者、蓋國之墺區乎、可治之.'

이 이야기는 규슈 지역에 있던 가야 세력이 제1대 천황족이 되어 성장한 후 나라 분지에 터를 잡고 있던 선주민 일파와 손을 잡고 함께 토착 세력을 무찌르고 세력 범위를 동쪽으로 확장하게 된다는 이야기이다.

『신무동정神武東征』은 초대천황인 신무천황이 야마토를 정복하고 가시하라궁에서 즉위할 때까지를 적은 설화로서 휴가[日向]의 도읍을 야마토로 옮긴다는 의미에서 동천東遷이라고 불리는 경우도 많다.

가시하라시에는 초대 천황인 신무천황의 고분이 있다. 원분 형태이며, 주위는 약 100m로 주변에는 높이가 약 5.5m의 테두리와 폭이 약 16m의 해자를 둘렀다. 신무천황의 고분은 에도 시대까지 행방을 알 수 없었지만 현재의 고분은 현존하는 일본 최고의 역사서인 코지키[고사기記]의 '고분은 우네비야마[畝傍山]의 북쪽 카시의 산꼭대기에 있다'라는 기술이나 니혼쇼키[일본서기記]의 '우네비산의 우시토라의 노 미사사기東北陵, 동북릉에 안장되었다'는 기술을 바탕으로 찾아낸 것이다.

七十有六年春三月甲午朔甲辰、天皇崩于橿原宮、時年一百廿七歲。明年秋九月乙卯朔丙寅、葬畝傍山東北陵。

가시하라에 근처에 있는 가시하라 신궁[橿原神宮]은 1889년에 일본의 초대 천황인 신무천황이 황위에 오른 곳으로 여겨지는 가시하라궁 부지에 세워졌다.

2. 나라평야의 선주 이주민

나라 지역으로의 첫 번째 여행 루트로서 나라 지역 안에서 소위 한반도의 집단 이민이 시작되기 전에 즉, 아스카 시대 전에 터를 잡고 있었던 선주 이주민들의 역사 지역과 유적에 대한 답사 기행이다. 선주 이주민은 이즈모 지역에서 남하하거나 규슈, 시코쿠, 기비 지역에서 동진한 것으로 보인다.

1 나라평야의 서북부

숙소를 나와 역으로 걸어가는 길에 **한국 신사[44]**를 보았다. 한자로는 '한국漢國'이라고 쓰여 있지만 원래 글자는 '한국韓国'이라고 한다. 동대사 근처에 **카라비토**漢人[45]들이 많이 살았고 이들이 동대사 건설의 주역이었다고도 한다. 여기서 한인이란 후루키古来 도래인, 즉 선주 도래인을 의미하며 주로 가야, 신라계 도래인이라고 한다. 백제계 소가씨蘇我氏의 강권 정치에 반기를 들어 다른 백제계 세력이 주도하여 쿠데타가 일어났을 때645년 대화개신 이에 협조한 세력은 선주 이주민 씨족인 모노노베씨 세력이었고, 암살에 동원된 사람들이 카라비토漢人들이었다는 역사 기록이 남아 있다.

나라 한국 신사漢國神社. 간고신사의 유서由緒에 의하면 옛날에는 카스가이사가와사카오카사春日率川坂岡社로 불리며 7세기 말까지 신라신인 소노가미園神가 모셔져 있었는데 717년 후지와라 후히토나라 시대 초기인 공정대신~708년 우대신가 황실 수호신으로서 가라가미韓神 2좌二座를 추가하였다. 소노가미는 신라의 신이고 가라가미는 백제의 신이다.

藤原不比等公が更に韓神の二座を相殿として祀られたのが漢國神社であります. 古くは春日率川坂岡社と称しました.
宮中36神の最古神とされ, '園神は新羅の神', '韓神は百済の神'とされます出典: 神々のルーツ, 天皇家の守護神−園神と韓神, 片岡伸行, 가타오카뷰키

859년 신라신과 백제신은 교토 헤이안궁에 천좌하여 황실의 수호신으로 궁내성宮内省에 의해 제사 지내지다가 도쿄 천도에 따라 세 신도 천황을 따라 이동하여 도쿄 황궁 내 궁중삼전宮中三殿에 모셔지고 있다.

헤이안 시대 궁중의 성대한 원한신제園韓神祭가 현재는 도쿄 황거의 현소八咫鏡, 아타의 거울인 동경가 있는 정원에서 와금和琴 반주로 카구라神樂歌가 연주되며 미카구라御神樂로 재현되고 있다.

그런데 백제계의 왕권이 본격화되면서 가라비토는 백제인을 표시하는 말로 바뀌게 된다.

① 히에다稗田 환호 집락 유적지

고리야마郡山역에서 하차하여 도보로 20분 정도 거리에 있는 메타 신사賣太神社가 있는 히에다稗田 환호 집락 유적지로 향한다. 가까이 가자 마을을 둘러싸고 있는 물길이 보였다. 앞으로 방문할 예정인 마키무쿠 유적지와 이토이 신사 근처에도 이러한 환호 유적이 남아 있다고 한다. 이주민들이 무리를 지어 나라평야의 각 지역에 입주할 즈음에 우선 마을이 들어설 자리 주위를 파고 물을 채워 넣은 다음, 안에는 마을을 건설하고 밖에서는 농사를 지었던 것으로 추측된다. 이러한 형태의 환호 유적은 규슈 북쪽의 고대도래인의 유적에도 많이 나타난다. 이키섬에도 환호 유적이 있고 한반도에는 춘천의 중도에서 대규모 환호 유적이 발굴되었다.

메타 신사는 한자로 '매태賣太'라고 표기되고 있지만, 이전에는 '여전女田'이라고 표기되었던 것으로 추측된다. 발음이 같다. 신사는 마을 한편에 있었는데 여러 면에서 마을의 중심 역할을 했을 것이다. 아침이라 지나가던 사람들이 신사의 문 앞에서 모자를 벗고 목례를 하는 것을 보았다. 신사에 들를 때면 항상 모시는 신祭神, 제신을 확인하는데 사루다신猿田神이 적혀 있었다. 일본에서 한자猿는 발음 기호일 뿐 원숭이와는 아무런 관계가 없다. 여기서 '사루'는 우리말 '쌀'에 해당하고 일본에 벼농사를 가지고 들어온 선주민의 신이라고 한다. 일본 신화에는 천손족아마테라스의 손자인 니니기이 하늘에서 내려올 때 선주先住 이주민인 사루다 신이 길을 인도하는 것으로 나온다. 적절한 비유로 보인다. 돌아오는 길에는 마을버스를 타고 편안하게 왔다.

② 이쿠마대사生馬大社

다음 환승지는 오지王寺다. 야마토천으로 반쯤 둘러싸인 교통의 요지인 오지王寺에서 이쿠마生駒행 기차로 갈아탄다. 졸고 있는 사이 어느덧 이치부一分역에 도착했다. 역무원과 하굣길 여고생의 안내로 쉽게 이쿠마대사生馬大社를 찾았다. 쿠마라는 말이 '고마高麗'를 의미하고 있는 것 같다는 해석을 본 적이 있다. 신사는 고색창연하고 긴 역사를 품고 있는 분위기였다. 제신을 확인하니 신라계 도래인의 신인 사대주신スサノオ-대국주신-사대주신으로 이어지는 공식적인 도래인의 신과 메타 신사에서 보았던 사루다신도 있었다. 외견상으로는 응신천황과 신공황후 등을 제신으로 하고 있지만, 이는 권력자를 이용하려는 신사의 마케팅 용인 경우가 대부분이다. 그래서 꼭 주위에 있는 작은 원신사들을 둘러볼 필요가 있다.

③ 쓰쿠야마築山 고분

오지王寺로 돌아와 와카야만선으로 갈아탄다. 오늘 중 가장 걷기 어려운 방문지가 남았다. 방문하고자 하는 쓰쿠야마築山 고분에 가까운 JR 고이도역에서 내리니 인적조차 드문 시골역이다. 버스는 물론 없고 택시도 없다. 구글 내비를 켜고 걷기 시작했다. 한 20분 걸으니 다가오는 택시가 보인다.

벳소시로야마別所城山 1, 2호 고분3세기 말에서 4세기 초의 고분 시대 초기 고분으로 가자고 말하니 기사가 전혀 모른다고 한다. 주변의 공원 이름을 알려 주었다. 차를 대기시키고 상부가 헐벗은 고분을 둘러보았다. 다리가 풀려 깊이 쌓여 있는 마른 낙엽에 미끄러지기도 하였다.

중간에 백제사百濟寺도 들렀다. 백제사에 대해서는 뒤에서 다루기로 한다.

마지막 행선지인 스야마 고분巢山古墳까지 간 다음 가까운 기차역까지는 걸어갈 생각으로 택시를 보냈다. 200m가 넘는 거대 고분이다. 가쓰라기씨葛城氏의 고분으로 추정한다. 도로를 따라 걸어가다 보니 우마미馬見 구릉공원이 나온다. 주변이 잘 정돈되어 있어 들어가 보니 다른 큰 고분들이 여기저기 보인다. 알고 보니 우마미 고분군이 있는 일대를 공원으로 조성한 곳이다. 고분들은 4세기에서 6세기에 조성된 것들인데 공원의 크기가 대규모였으며 아스카의 나이자와 천총처럼 마음껏 고분 구경을 할 수 있었다. 가까이 있는 사미다타카라쓰카 고분佐味田宝塚古墳의 방문은 시간 관계상 다음 기회를 보기로 하였다.

참고로 일본의 고분에 대한 접근 방식은 크게 세 가지다. 감추고 드러내지 않으려는 것이 가장 기본적인 기조이고, 공원으로 조성해서 역사성은 뒷전으로 보내고 시민생활에 도움을 주겠다는 의도, 그리고 드물기는 하지만 역사까지도 드러내려는 접근법이 있다. 이러한 소극적인 기조는 역사를 드러내면 이주민을 언급해야 하는 어려움 때문이다. 예외적인 경우가 군마현으로 자신들의 조상이 신라에서 온 도래인임을 떳떳하게 밝히는 진보적漫情分析인 곳도 있다.

공원에서 근처의 이케베池辺역까지 가는데 산책로가 조성되어 있다는 표시가 있어 좀 멀지만 걷기 시작했다. 다리는 아팠지만 조용한 숲속길을 걷는 것만으로도 보상받는 기분이었다.

② 나라평야의 동부

오늘은 와니씨의 본거지와 칠지도가 발견된 이소노가미 신궁, 일본에서 가장 오래되었다는 미와 신사 그리고 가장 고분군인 천리시의 야마토 고분군 및 고대 천황들의 고분으로 지정된 야나기모토柳本 고분군을 방문한다.

숙소 앞에 있는 킨데쓰 나라역이 아닌 JR 나라역에서 출발하여 사쿠라이櫻井까지 남쪽으로 내려가는 사쿠라이선을 따라가며 나라 분지의 동쪽 지역을 답사하기로 구상하였다.

① **천황릉**天皇陵

숙소에서 나라역으로 가는 길에는 일본의 9대 천황인 개화천황길이 100m의 능이 있었다. 시내 한복판에 건물들로 둘러싸여 있어서 전모를 보기는 어려웠다. 참고로 일본의 천황릉은 메이지유신 이후에 거대 고분에 고증이나 기록에 근거한 역사적 연결이 약한 상태에서 역대 천황을 일률적으로 지정한 경우가 대부분이기 때문에 신빙성이 떨어진다. 우리나라도 고대왕릉은 무령왕릉처럼 지석묘지석, 능석이 발견된 경우를 제외하고는 '능陵'이라고 하지 않고 '총塚'이라고 한다.

우리나라 재야 사학자들은 개화천황을 5대 효소천황開製 사반왕의 손녀로서 **히미코[46]** 사후의 정치적 혼란기를 수습한 **일여[47])**로 보는 경우도 있다. 7대 효령천황을 부여 의려왕으로 보기 때문에 시기적으로 모순되나 이는 『일본서기』를 쓰는 과정에서 일본 천황들의 순서를 바꾸었기 때문이라고 한다.

② **와니 신사**和爾下神社

이치노모토櫟本역에서 내려 와니씨의 신사和爾下神社를 찾았다. 보통 신사들과는 다르게 와니씨족의 고분인 동대사산 고분 위에 자리 잡고 있었다. 안내판에는 이 부근이 야마토 정권의 일익을 담당했던 와니和爾씨족들이 살았고 동대사산 고분이 있는 곳에 와니씨의 성오진성이 있었다고 기재되어 있었다. 와니씨는 백여 개의 씨족으로 갈라져 번성하였고 주거 지역이 나라 바로 남쪽까지 다다랐다고 한다. 선주 이주민 씨족으로 추정한다. 와니는 왕인王仁의 다른 이름이라는 설도 있다.

③ **이소노가미궁**石上神宮

텐리역에서 내려 이소노가미궁石上神宮으로 가는 버스편이 있나 살펴보니 나라까지 가는 버스 이외에는 아예 보이지 않는다. 30분 동안 오르막길을 걸어가는 것은 무리일 듯하여 택시를 탔다. 기사가 마침 재일교포라 가끔 서툰 우리말을 섞어 가며 나라 일대의 유적에 대해 설명해 준다. 경주 불국사를 만든 사람들이 나라 동대사와 사쿠라이 아베문수원安倍文殊院의 불상을 만들었다고 설명해 준다.

신사의 정식 명칭은 **이소노가미신궁[48]**이다. 이소노가미 신사에 들어가니 마당에서 무리지어 울고 있는 닭들이 반겨준다. 이곳은 후루사布留社라고도 하는데 후루는 우리말 서라벌-셔블의 '블'과 같다는 해석을 본 적이 있다. 후루는 '도읍'을 의미하고 셔블의 '벌伐'과 같다는 설명이었다. 후루가 우리말의 '불'이라는 설도 있다. 불을 다루던 대장장이가 살던 지역이라는 뜻이다.

천리天理시의 옛 이름은 단파丹波였고 단谷은 골짜기를 뜻하는 우리 고어인 '다니'라고 한다. 시내에서 미시마三島 신사를 보았는데 앞에서도 설명한 적이 있듯

이 백제 이주민과 관련_{해인족}이 있는 신
사이다.

이소노가미 신사는 품위가 있었다.
이 신사는 백제 근초고왕이 하사했다
는 칠지도로도 유명하다. 신사에서
파는 칠지도가 수놓아진 수호_{부적의 일종}
가 기념이 될 것 같아 하나 사면서 닭
_{일본말로 니와도리}에 대해 물어 보니 일본
신화로부터 시작해서 설명이 자세했
으나 실제로는 쇼와_{1921년–}시대에 들어
와서 들여놓았다고 한다. 닭은 워낙
신라와 관계가 깊어 물어본 것이다.

[그림 17] 이소노가미신궁

텐리역으로 돌아오는 길에 큰 규모의 천리대학 건물 등 천리교_{天理敎}의 위세를
느낄 수 있었다. 천리교는 불교에서 시작되었지만 신도_{神道}의 성격이 강한 신흥
종교이다. 텐리역에서 다시 전차를 타고 다음 역인 나가라_{長柄}역에서 내릴 계획
이었는데 전차 출입문의 모양새가 달라 문을 열지 못하는 사이 열차가 출발하고
말았다. 나중에 알고 보니 2량이나 4량짜리 열차는 문 열리는 곳이 1량에 한 곳
뿐이라고 한다.

④ 하시바가 고분_{箸墓古墳}

두 역을 지나쳐 마키무쿠_{纏向}역에 내렸다. 우선 유명한 하시바가 고분_{箸墓古墳, 일}
_{명 젓가락 고분}으로 향한다. 공식적인 피장자는 7대 효령천황의 공주로 되어 있으나
'히미코'라는 설도 있다. 공주와 미와 신사의 신라계 도래인의 신인 대국주신_{大國}
_{主神, 오오구니}과의 혼인 이야기가 전설로 남아 있다. 고분은 평야지대에 있어서 어
디서든지 잘 보였다. 크기도 상당한 규모_{278m}였다. 마침 고분을 잘 볼 수 있는 곳
에 멋진 카페가 있어 막사발에 주는 커피를 한 잔 마셨다. 은퇴하고 전국의 일본
술을 찾아 여행하는 일본인을 만나 대화를 나누었다.

이곳 마키무쿠纒向 지역은 일본 고대의 주거 유적이 대대적으로 발견된 곳이다. 5세기 초 궁월군弓月君. ゆづきのきみ이 120현민을 이끌고 이주했다고 하는 곳이 이 지역이다. 전시관 같은 데가 있나 하여 구글 지도로 내비를 켜고 찾아갔는데 찾지 못하고 발길을 돌려 안돈야마고분行燈山古墳. 崇神陵으로 향했다. 이곳에는 나라 분지 동쪽의 남북을 가로지르는 도로가 있는데 옛날 야마토 정권 시절 아스카와 나라를 연결하는 도로였던 야마노베 길山の辺の道을 따라 놓여진 도로라고 한다. 산 아래쪽으로 길이 연결되어 있는 이유도 나라 분지의 지형에서 기인하는 것 같다. 길가 곳곳에 역사의 길이라는 안내판이 보였다.

가는 길에 12대 경행천황의 능242m이 있었다. 우리나라 재야 사학자들 중에는 경행천황을 백제 9대 책계왕298년 졸의 손자인 걸왕으로 보는 사람도 있다.

만약 일본이 자신의 고대사를 쓰면서 백제의 역사서를 모방하여 고대의 천황들을 만들어냈다면 일본의 왕에 대한 기술이 백제의 왕들을 닮을 수는 있을 것이다. 그렇다고 하더라도 그렇게 만들어진 일본의 왕들이 실재하는 것이 아니기 때문에 일본의 무슨 천황, 백제의 무슨 왕이라고 하는 주장은 의미가 없어 보인다.

⑤ 야나기모토柳本 고분군

경행천황의 능 근처에 있는 신라계 신사인 효즈 신사와 히바라 신사는 다음 방문을 기약하고 도로를 따라 북쪽으로 계속 가니 10대 숭신천황의 능길이 242m이 있었다. 해자를 포함하여 그 규모가 엄청나다.

고대 일본의 천황에 대해서는 실재성을 의심하는 경우가 많지만 신무천황, 숭신천황과 응신천황의 경우에는 의미를 부여하는 경우가 많다. 특히 세 천황의 이름에는 신神자가 들어가기 때문에 새로운 정권의 창설자로 의미를 부여한다. 기마 민족 정복 왕조설騎馬民族征服王朝說을 주장한 에가미나미오는 스진천황이 『일본서기』에는 하시쿠니시라 스스메라미코토御肇国天皇, 『고사기』에는 하시쿠니라스노미마키노스메 라미코토所知初国之御真木天皇라 하고 있어, 스진천황은 미마키미마 주 인나. 키 즉 실권으로 임나의 성이란 뜻에 거주하고 가야를 출발점으로 근처인 마키무쿠纒向 지역에 나라를 세운 것으로 본다. 미즈노 유의 3왕조 교체설에 따르면 이 가야계 왕조가 1대 왕조이고, 규슈 출신 응신왕에 의한 왕조가 2대 왕조인데 두 왕조 사이에는 평화적인 왕권 교체가 이루어진 것으로 본다.

우리나라 재야 사학자들 중에는 숭신천황을 부여 **의라왕**[49]으로 보는 경우도 있다. 큰 고분들을 보면서 문득 떠오른 의문은 일본 초기의 지배층이 한반도에서 건너간 무장 세력이었다고 한다면 굳이 그들이 한반도에서도 만들지 않았던 초대형 고분들을 왜 이곳에 만들었을까 하는 점이었다. 당시는 인구가 적고 땅이 넓은 곳이었기 때문에 크게 지었다는 생각에 다다랐다. 사람이 시골로 이사를 가면 넓은 집에 사는 것과 같은 이유일 것이다.

숭신천황릉 주변에는 천신산 고분과 쿠시산 고분이 있고 이들을 일컬어 야나기모토柳本 고분군이라 부른다. 천신산 고분 옆에 있는 이나자기 신사에도 들렀다. 이나자기는 일본 열도를 창조했다는 신이고 일본의 국신인 아마데라스를 낳은 신이기도 하다.

근처의 가장 가까운 역을 찾으니 하차를 못해 지나쳐 갔던 야나기 모토柳本역이다. 한 역의 거리를 거꾸로 걸어온 셈이다. 역으로 가는 길은 깨끗한 주택들이 들어서 있고 군데군데 논과 밭이 있어서 이른 봄냄새를 맡으며 산책하기에 좋았는데 가끔 새소리만 들릴 뿐 한적하고 사람은 구경하기 힘들었다.

⑥ 미와 신사 三輪神社, 대신 신사 大神神社, 동일 신사의 이명

[그림 18] 미와 신사   [그림 19] 대신 신사

이번에는 다시 기차를 거꾸로 타고 더 남쪽에 있는 미와역으로 향한다. 이곳에는 일본 제일의 미와 신사三輪神社가 있다.

야마토 왕권 성립 이전부터의 역사를 가진 나라현 사쿠라이시의 미와야마 신사大神神社, 三輪神社는 예로부터 본전을 짓지 않고, 뒤에 있는 산인 미와야마三輪山 자체가 신체였다. 대신 신사에서는 그것을 '신사의 신전이 성립되기 이전의 원초의 신사 제사의 모습'이라고 '유서'에 기록하고 있다.

참고로 일본에서는 신神을 '가미'라고 한다. 고대에는 신을 '가무간'으로 발음했다 하고 아이누어의 '카무이' 또한 신이라는 뜻이다. 또 아이누 사람들의 신은 곰을 의미하는데 고조선 건국 신화인 단군신화에도 신적인 존재로 곰이 등장한다. 인간으로 화신한 웅녀에게서 태어난 단군이 고조선의 왕이 된다는 전설이다. 우리말 '곰熊'이 일본에서 신의 고어古語인 '구무', '고마'가 되었을 가능성이 크다.

이즈모에 도착한 가야 신라계 도래인들이 이곳 나라까지 진출했을 때 지은 신사인데 뒤에 한반도에서 이곳으로 진출한 백제계 이마끼今來 도래인들에게 제압을 당하여 선주민들은 이즈모로 다시 돌아가거나 타 지역으로 이동했지만, 신사는 그대로 남아 있는 것으로 이해하고 있다. 미와 신사미와 신사는 가장 오래된 신사로 유명하다. 신사가 우리나라의 능묘 앞에 있는 정자각과 같다는 것을 알려주는 곳이다. 이 신사도 품위가 있었다.

⑦ 야마토 고분군

오늘 일정의 마지막으로 기차를 타고 내려오면서 놓친 나가라역으로 돌아가 야마토 신사와 부근의 야마토 고분군을 둘러볼 예정이다.

참고로 화和라는 글자는 일본을 상징하는 글자가 되어 있다. 야마토大和라는 글자에도 화和자가 들어 있다. 환무천황의 어머니가 화신립和新笠다카노 니가자라는 백제 왕족이고 아버지가 화을계和新笠인데 일본 황실이 야마토조신和朝臣으로 모신다. 화和씨는 백제 무령왕의 성씨라고 한다.

야마토 신사[50]를 방문하고 나오는 길에 주변을 둘러보니 언뜻 고분 같은 것이 보인다. 언덕 위에 난 작은 길을 따라가니 바구찌야마 고분馬口山古墳, 110m이 나온

다. 이어서 후사기총, 야하기총, 율총을 답사하고 시타이케야마 고분下池山古墳을
가까운 발치에서 확인하였다. 주택 넘어 감춰진 듯 있어서 하나씩 찾을 때마다
보물찾기를 하는 느낌이다. 이 고분군의 특징은 연대가 가장 오래되었다는 점이
다. 고분 시대 초기인 3세기까지 올라간다. 선주민인 가야와 신라 도래인들의
고분으로 보인다.

⑧ 서전총 고분西殿塚古墳

이 고분군 중 규모가 가장 크다는 서전총 고분西殿塚古墳, 즉 수백향황녀手白香皇女,
다사라가황녀의 후스마다릉衾田陵 답사는 다음 기회로 미루기로 했다.

⑨ 수백향황녀手白香皇女

수백향황녀가 무령왕의 딸이라는 설이 있다. 수백향이 백제 25대 무령왕武寧王,
재위 501년~523년의 공주라는 이야기는 역사 기록에는 나오지 않고 순전히 역사 해석
에 의해 나온 이야기다. 역사학자 문정창의 『일본상고사』가 이야기의 출처인데
그는 1970년 펴낸 이 책에서 수백향이 백제인이라는 3가지 근거를 제시했다.

'계체천황繼体天皇, 제26대 게이타이천황, 재위 507~531년이 수백향을 정실부인으로 맞이하는
과정에서 수백향의 국적이 드러난다. 이미 기혼자였던 계체천황은 백제의 지원
으로 왕이 된 뒤 제사 의식이라는 성스러운 절차를 거쳐 수백향을 정실부인으로
맞이했다. 그러자 기존의 정실부인은 수백향에게 안방을 내주었다. 이런 점을
보면 수백향이 백제 왕족일 가능성이 높다는 주장이다.

『일본서기』에서 계체천황과 수백향의 부부생활을 '수교우내修敎于內'라는 글자
로 표현한 사실에서도 수백향의 국적이 드러난다고 주장했다. 수교우내는 속국
왕과 상국上國 공주의 부부생활을 가리키는 표현이라는 게 그의 주장이다.

'수백향이 낳은 태자의 이름이 천국배개광정天國排開廣庭이라는 사실에서도 수백
향의 국적이 드러난다'고 주장했다. '천국배개'를 말 그대로 풀이하면 '천국 즉 상
국이 밀어주다'란 뜻이 되므로 태자가 백제 왕실의 외손자일 것이라는 추리다.
이런 근거들을 제시한 뒤 문정창은 '현행『일본서기』는 이러한 사실수백향이 백제 왕족이
라는 사실을 은폐하기 위해 수백향을 인현천황仁賢天皇, 24대 천황, 재위 488~498년의 제3녀로

만들어 놓았다'고 주장했다. 수백향이 백제인이라는 문헌상의 근거는 없지만, 여러 정황으로 볼 때 틀림없는 백제 공주로 보인다는 것이다.

첫 번째와 세 번째 근거는 그럴듯해 보인다. 그러나 글자 해석만으로 만들어 낸 이야기이지 다른 역사적 증거는 없다. 참고로 백제 25대 무령왕武寧王, 재위 501년~523년과 일본 제26대 계체천황繼体天皇, 게이타이천황, 재위 507~531년의 예에서 보는 것처럼 백제와 일본의 동시대의 왕들은 대代가 비슷하다. 『일본서기』를 편찬할 때 백제의 역사를 기록한 서기書記, 백제기百濟記, 백제신찬百濟新撰, 백제본기百濟本記를 기본으로 했기 때문에 영향을 받은 것이 아닐까 하는 생각이 든다.

나라로 돌아오는 전차에 올랐다. 동네 아주머니가 역으로 가는 길을 친절하게 알려 주었다.

3 나라평야의 중앙부

오늘은 나라평야의 중앙부를 북에서 남으로 내려가는 답사 여정이다. 서대사역에서 가시하라신궁 노선을 따라 남으로 내려간다.

① 수인천황垂仁天皇

첫 번째 정거장인 아마가쓰 지역에서 내려 11대 수인천황垂仁天皇, 스 이닌천황의 고분으로 지정된실제 피장자는 모른다 고분을 찾았다. 해자에 둘러싸인 거대한240m 고분이다. 재야 사학자들 중 일부는 수인천황이 신라 왕자인 천일창아메노히보코으로 본다. 학자들은 천일창이 한 사람이 아니라 이주민 집단이라고 보기도 한다. 천일창과 일본섬으로 도망간 아카루히메의 이야기는 이주민의 전설에서 매우 중요한 부분을 차지한다.

② 이토이 신사糸井神社

유자키역에서 내려 이주민 씨족의 신사인 이토이 신사糸井神社를 찾아간다. 신사를 향해 서쪽으로 20분 정도 곧게 뻗은 길을 걸어가며 문득 떠오른 생각이다. 어제는 이들이 '왜 이렇게 거대한 고분을 만들었을까'가 의문이었는데 오늘은 이들이 '어떻게, 무슨 힘으로 거대 고분을 만들었을까'로 바뀌었다. 답은 바로 이

드넓은 평야 지대에서 생산되는 농산물이 답이 아닐까 한다. 주변에는 여러 강이 흐르고 수많은 연못도 볼 수 있었다. 신사에 도착할 때까지 평지에 쭉 뻗은 길을 걸어갔다. 신사는 그리 크지 않았지만 식내사(천여 개의 주요 신사)로 지정된 곳이다. 이토이씨는 규슈의 이토반도에서 이주해 온 집단이다.

강을 건너 신사에서 멀지 않은 곳에 시마노야마(島の山, 200m)라는 거대 고분이 있었다. 주위에는 당원(唐院)이라는 지명이 있었는데 가야를 나타내는 카라(韓)를 당(唐)으로 바꾼 경우가 많기 때문에 가야 이주민과 관련된 지명일 가능성이 있어 보였다. 이곳에서 동남쪽인 이와미 지역에는 한반도 이주민 유적인 카라코(唐古)유적이 있다. 가라의 성(加羅의 城), 즉 카라키에서 유래한 거대한 환촌집락이다.

③ 오오 신사(多神社)

카사누이역에서 가까운 오오 신사(多神社)를 찾았다. 시간 관계상 갈 때는 택시를 이용했으나 올 때는 주택 사이로 난 소로를 걸어왔다. 오늘도 걸으면서 걸어다니면 더 많은 것을 얻게 된다는 것을 체험하였다. 오오씨의 자치회관을 보았는데 게시물을 통해 자신들이 백제 이주민이라는 사실을 잊지도 않고 숨기지 않고 있음을 알 수 있었다.

多の歴史

弥生時代前期～古墳時代後期　多遺跡
飛鳥時代　　百済系渡来人多く住む(団栗山古墳)
　　　　　　太子道が多集落の西側を通る
奈良時代　　下ッ道が多集落の東側を通る
平安時代中期「和名抄」の十市郡飫富郷郡比定
　　〃　　　延喜式神名帳に4社記載
延久二年(1070) 興福寺雑役免帳「太庄四町」

(a) 오오 신사　　(b) 오오마을 자치회관　　(c) 오오자치회관 마을 내역 소개문

[그림 20] 오오 신사

4 나라평야의 북부

사키다테나미 고분군(佐紀盾列古墳群)

숙소 바로 앞 긴데쓰 나라역에서 오사카행 전철을 타고 두 정거장을 이동한다. 야마토 사이다이 지역에 내려서 교토행 열차로 환승하여 한 정거장에 있는

헤이조平城역에서 하차하였다.

나라시 북쪽에 있는 헤이조 궁터의 뒤쪽에 동서 2.5km에 걸쳐 펼쳐져 있는 200m급 고분 18기로 구성된 고분군이다. 대부분 천황의 묘나 황후, 공주의 묘로 지정되어 있다. '다테盾, 방패나미列, 늘어서다'라는 명칭은 말 그대로 엎어진 방패가 늘어서 있는 듯한 모양을 표현한 말이다. 이 지역에 산재하는 고분들의 추정 연대는 4세기 후반에서 5세기 전반이다.

첫 번째 방문한 것이 신공황후릉276m으로 지정되어 있는 고분이고 두 번째로 방문한 것은 가까이 있는 13대 성무천황릉220m으로 지정되어 있는 고분이다.

신공황후神功皇后는 일본 역사에서는 14대 중애천황의 부인이며 15대 응신천황의 어머니로 오랜 기간 섭정을 한 것으로 되어 있어 천황보다 업적이 많은 것으로 기술되어 있다.

신공황후의 이름은 오키나가타라시노히메미코토気長足姫尊, 息長足姫尊, 오시타라노미코토大帯比売命로 전한다. 아버지는 9대 개화천황開化天皇, 가이가천황의 현손이라는 오키나가노스쿠네노미코토息長宿禰王이며, 어머니는 신라 왕자 천일창메노히보코의 후손 가즈라키노다카누카히메葛城高顙媛이며 응신천황의 어머니로 기록되어 있다.

사키다테나미 고분들은 규모가 크고 해자가 설치되어 있다. 수상지水上池, 미나가미이케리는 큰 연못을 끼고 있는데 북쪽과 동쪽에 있는 히샤게 고분磐之媛命陵, 218m, 고나베 고분コナベ古墳, 204m, 우와나베 고분ウワナベ古墳, 265m의 규모도 대단히 컸다. 분명 당시 이 지역을 통치했던 집단의 세력은 대단했을 것이라는 생각이 들었다. 고분은 겉모양만 보아서는 의미가 부분적이고 발굴된 유물을 보아야 피장자에 대한 구체적인 증거를 얻을 수 있다. 이곳의 한 부총에서 수많은 칼이 발견되어 '기마민족에 의한 일본 열도 지배설'이 실감이 날 정도였다고 한다.

오후 반나절의 일정이었지만 10km 이상 걸은 것 같다. 버스를 놓쳐 신오미야역까지 걸어가서 전철을 타고 돌아왔다.

3. 아스카 지역의 집단 이주 역사

1) 히노쿠마와 아스카

나라 지역 두 번째 여행 루트로서 한반도의 백제계 집단 이민에 관련된 오래된 역사 지역과 유적에 대한 답사 기행이다.

■ 히노쿠마

히노쿠마檜隈, 比乃久末는 5세기 초 백제계 아야씨가 정착을 시작하여 개척한 지역으로 현 나라현 다카이치군高市郡의 남부 지역이다. 5세기 말인 웅략조雄略朝에는 이마키노아야히토今来漢人, 新漢人가 대규모 이주를 시작하였다. 히노쿠마 지역은 다카이치군이마키군이 되었고 현재의 다카토리정과 아스카노무라아스카를 합친 지역이다. 흠명欽明 7년546년이 되면 야마토아야씨東漢氏와 이마키아야히토今来漢人가 많이 살아 이마키군今来郡이라는 별명을 얻었다. 이곳은 처음에는 가야인이 정착했던 지역으로 백제계 이주민이 밀려들면서 주도권을 잡게 되었고 먼저 와 있던 가야계 사람들은 원주민 처지가 되었고 나중에 정착한 백제인은 이마키今来-방금, 막 온의 의미로 불렸다.

히노쿠마는 이렇듯 유력한 이주계 씨족으로 히노쿠마 이미키檜隈忌寸라고도 불린 야마토 야야씨, 후에 동한씨東漢氏로 칭해지는 집단의 본거지다.

■ 히노쿠마 지역 유적

히노쿠마 중심부는 히노쿠마 오오아자大字, 시골의 마치(町) 주변으로 히쿠마사檜隈寺와 오미아시 신사於美阿志神社가 자리하고 있다.

5세기 후반대의 온돌 유구 대벽 건물이 발굴된 모리 오치오사 유적森ヲチヲサ遺跡과 시미즈야 나루미 유적, 이주계 토기 중 가장 오래된 것으로 히쿠마에 온 최초의 백제계 이주민 토기의 가능성이 있는 한식계 토기韓式系土器가 발굴된 히노쿠마오타 유적檜前大田遺跡과 아스카무라 최남부 아베야마 유적군이 있고 별도로 설

명할 니아자와센스카新沢千塚 고분군이 있다.

후기의 유적으로는 한반도 문화가 응축된 7세기 말에서 8세기 초의 키토라 고분과 다카마쓰즈카 고분이 있다.

한반도 이주민의 신사로 알려진 오미아시 신사於美阿志神社로 향한다. 근처에 있는 이 지역에 정착했던 이주민들의 군집묘로 알려진 니이자와천총新澤千塚에 먼저 들렀지만 이야기의 전개상 뒤에 기술하기로 한다.

아스카역으로 가는 도중에 환산 고분丸山古墳과 29대 흠명천황欽明天皇릉을 볼 수 있었다. 환산 고분은 길이가 318m인 거대 고분이나 피장자는 지정되어 있지 않지만 흠명천황의 능으로 추정하기도 한다. 우리나라와 일부 일본 재야 사학자들은 흠명천황이 백제의 성왕과 동일 인물이라고 주장한다. 그 근거로는『일본서기』의 흠명조가 60~80%가량이 백제 성왕의 기록으로 차 있기 때문이라고 한다. 자기 나라의 역사 기록을 다른 나라 왕의 기록으로 채우는 것이 심상치 않은 일임에는 틀림없다.

① **오미아시 신사**於美阿志神社**와 히노쿠사 옛터**檜隈寺跡

아스카역에서 택시를 탔는데 기사는 오미아시 신사於美阿志神社도 모르고 히노쿠사 옛터檜隈寺跡도 모른다고 한다. 필자의 구글 내비를 켜고 기사에게 안내하며 산 위에 있는 목적지에 도착했다.

(a) 오미아시 신사　　(b) 오미아시 신사와 히노쿠마사 설명문　　(c) 히노쿠마사 절터
[그림 21] 오미아시 신사와 히노쿠마사

앞으로 방문할 와카야마和歌山의 히노쿠마 신사와 관련이 있는 곳이기도 하다. 이마키今来 도래인들이 오카야마에 도착하여 기노강을 따라 북서쪽으로 이동하

여 아스카에 정착하였을 가능성을 알려 주는 중요한 징표가 되는 곳이다. 왜냐하면 오카야마에도 히노쿠마 신사가 있기 때문이다.

② 이마키今来, 신주 이주민의 고향 다카이치高市와 야마토노 아야漢씨

나라 야마토 분지 남쪽의 다카이치高市 지역은 6~7세기에 야마토 국가의 정치적 중심이 있던 곳이다. 고대 다카이치군은 일명 이마키今来 군이라고 하였다. 그것은 한반도에서 새로운 집단이 왔다는 데서 유래된 것이라고 한다. 다카이치군 지명의 유래는 한반도에서 수많은 이주민 집단의 진출과 정착을 보여주는 것이다.

772년 당시의 권세가인 사까노우에노 오이미끼 가리다마로 등은 왕에게 다음과 같은 상서를 하였다. "히노쿠마의 이마키 사람으로 야마토국 다카이치군의 장관을 시켰으면 좋겠습니다. 그 이유는 다음과 같습니다. 우리 조상은 아치노미阿智使主, 아지사주인데 응신천황 때 17개 현의 백성을 거느리고 왔습니다. 그래서 우리 사람들로 이 지역이 차고 넘치니 타성은 열에 한둘에 지나지 않습니다."

사까노우에는 다카이치군이 자기 동족들로 차고 넘치며 거의 다 아치노미의 후손들로 되어 있기 때문에 군의 장관도 마땅히 자기네 동족들로 임명해야 한다고 말한 것이다. 이것을 통하여 첫째, 8세기에 와서도 다카이치군의 주민 구성에서 한반도 이주민 집단의 후손들이 압도적 다수를 차지하고 있다는 사실과 둘째, 다카이치군에 차고 넘친 이주민계 집단의 후예는 곧 아치노미阿智使主를 조상으로 삼는 집단이라는 사실 등을 알 수 있다.

다카이치군 히노쿠마향현재는 아스카촌 히노쿠마 동쪽 구릉 위에는 연희식에 밝혀진 오미아시於美阿志 신사가 있다. 그것이 야마토노 아야씨의 조상인 아치노미阿智使主를 제사 지내는 사당이다. 그리고 지척에 야마토노 아야씨의 후손인 사까우에씨가 제사 지내는 히노쿠마사가 있다. 히노쿠마사에 대한 첫 기록은 『일본서기』에 나온다.

다카이치군의 주민 구성에서 지배적 지위를 차지한 야마토노 아야씨가 자기 조상을 아치노미라고 한 관점에서 아치노미의 계보를 밝혀 보자. 『일본서기』 응신 20년에는 '야마토노 아야노 아따히의 조상인 아치노미와 그의 아들 쓰카오미가 17개 현의 자기 무리를 거느리고 왔다'라고 기록되어 있음은 앞에서 밝힌 바 있다.

물론 야마토노 아야씨 집단이 백제 사람으로 단색화된 집단이 아닌 것만은 사실이다. 거기에는 가야 사람들도 있었을 것이다. 야마토 아스카 지방을 개척한 것도 가야 사람이던 것을 후에 백제 사람이 들어와 백제와 가야_{가라}의 연합 세력이 되었을 것으로 짐작된다. 아스카 지방에 아주 오랜 가야나루미 신사가 있는 것도, 그리고 미와야마 주변에 가야 계통의 무나카타_{宗像} 신사가 있는 것도 바로 그 때문일 것이다.

이처럼 백제, 가야의 여러 작은 집단들이 후에 소가씨에 의하여 통일적으로 장악되고 통합된 것이 야마토노 아야씨로 총칭하게 된 것으로 인정된다.

③ 백제계 아야_漢씨족

정리하면 이들 이주민 집단은 5세기 초부터 계획적으로 이주한다. 대규모_{수만 명 단위} 집단이었다. 이주 장소가 미리 정해진 듯이 일사불란하게 가와치, 나라의 아스카와 와카야마 일대로 이동하였으며 하타씨의 이동에서 볼 수 있는 중간 정착지가 오카야마의 구라시키와 니이미_{新見}를 제외하고는 거의 없다. 이들은 5세기 말이 되면 완전한 계보가 형성된다.

아야씨는 두 지역을 기반으로하여 발전하는데 나라 분지의 아스카를 기반으로 한 야마토노 아야_{東漢}계 가문과 오사카의 카와치_{河內} 지역을 기반으로 한 카와치노 아야_{西漢}계 가문이다. 두 가문의 공동 시조는 아치오미_{阿知使主, 아지사주}와 그 아들인 쓰카오미_{都賀使主, 도가사주}이다.

8세기 초에는 동족 의식 형성되는데 몇 개의 소씨족으로 구성되는 복합 씨족으로서 단순히 동족 및 혈연관계가 아니라 이주한 사람들이 공통의 조상 전승으로 연결되었다. 먼저 도래한 이주민들이 다음 이주민을 끌어들였을 것이다.

6세기초부터 신지식, 기술을 가지고 대거 이주한 백제계 이주민들을 이마키노 아야히토新来漢人라고 한다. 이들은 야마토노 야야씨를 특정한 직역職役을 맡은 조직을 거느리고 지휘하는 씨족의 반조伴造, 도모노 미야쓰코로 하여 지휘 계통하에 조직화되었다. 이들은 6~7세기에는 중앙 정부에서 크게 활약하였다. 이마키 아야씨와 더불어 아스카 시대에 활약한 기타 백제계 씨족으로는 쿠라쓰쿠리씨鞍作氏, 니시고리씨錦部氏, 백제 진손왕의 후손 왕진이王辰爾의 후예 씨족 등이 있다. 이들 같은 백제계 이마키 이주민들의 이주 가장 활발했던 시기는 6세기 전반이었고 이런 이유로 백제의 성왕聖王. 재위 523~554년은 '이마키今木의 왕'으로 불린다.

❹ 백제계 아야씨의 특색

① 혈족이 아닌 의제적 씨족으로서 집단 형성에 포용적이고 다양성을 수용했다. 동진중국남조으로부터 기술자를 영입할 정도로 신선Agile 신기술 도입에 적극적이었다.

② 훈독의 용법을 개발서문씨, 외국 문자인 한자를 활용하여 국내의 언어 소통과 기록을 활성화하였다. 외국 종교불교를 도입소가씨하여 동아시아 문화권에 접근하였고 아스카 문화와 헤이안 문화 융성의 기반을 마련하였다. 산업 생산뿐만 아니라 건축 기술절과 탑, 문학만엽집, 万葉集. 만요슈 및 기예를 발전시켰다. 하타씨는 주로 농업, 단조, 직조, 상업, 해운을 발전시킨 점과 대조된다.

③ 정치 제도를 수립하여 혈족 이양 제도, 업무 분장, 행정 관리, 재정 관리 제도 등을 정착시켰다.

④ 군사 기술과 전쟁 기술을 발전시켜 일본 열도 정복 전쟁에 이용했다.

⑤ 사찰의 건립으로 샤먼 숭배와 구복 위주의 원시적 신앙인 신도에서 벗어났다. 선주 이주 기층민의 신앙인 신도를 왕권 신성화에 이용하치만궁. 이세신궁하였다. 하타씨는 경제를 발전시켰고 아야씨는 정치, 문화를 발전시켰다. 이들은 전문 학식과 기술을 가지고 있던 집단으로 외교관이나 정부의 문서 담당 고위 관료로 많이 재직하였다.

⑤ 니이자와천총新澤千塚, 니이자와센쓰카 고분

　가시하라 신궁역에서 내려 오늘 답사의 하이라이트인 니이자와천총新澤千塚으로 가기 위해 택시를 탔다. 우선 천총 근처의 가시하라시박물관橿原市博物館에 들렀다. 자원봉사자인 듯한 사람이 천총 중 126호 고분에서 출토된 유물을 자세히 설명해 주었다. 필자가 한국인인 것이 조심스러워 보이는 안내인은 피장자에 대하여 백제인인지 도래인인지 알 수 없다며 말을 흐렸지만, 필자의 눈으로도 우리나라 고분에서 나오는 유물과 동일함을 확인할 수 있었다. 필자가 몇 가지 질문을 하자 안내인은 필자가 혹시 교수냐고 물어본다. 안내인의 친절한 설명에 따라 박물관 뒤쪽에 있는 니이자와천총新澤千塚 고분군으로 향했다. 느낌상으로는 망우리 공동묘지 같은 느낌이 들었다.

[그림 22] 니이자와천총 고분군

　천총600여 개의 고분에는 우리나라 왕릉과 규모가 비슷한 원분 몇 개 이외에는 우리나라에서 흔히 보이는 묘와 유사한 아담한 규모의 원분들이 산 전체에 빼곡이 들어차 있었다. 고령 대가야 고분을 보는 듯했다. 126호 고분을 확인하였다.

⑥ 고분과 부장품

　야마토노 아야씨구레히토를 포함가 백제계 이주민 집단이었음은 고고학적으로 증명해 보자. 현재 일본의 많은 학자들이 야마토 아스카의 히노쿠마에 정착, 거주한 야마토노 아야씨 집단의 공동묘지를 야마토 분지 남쪽의 구릉에 있는 군집분으로 추정하고 있다. 이 구릉은 해발 60~80m의 기복이 비교적 적은 곳이다. 군집묘 형태를 취한 구릉 서북쪽에 있는 군집묘를 니이자와센즈까 고분군新沢千塚古墳群이라고 부른다. 약 500기의 고분들로 이루어져 있다.

1962년부터 5년 동안에 걸쳐 약 130기의 고분이 발굴 조사되었다. 그 가운데서 대부분100기 정도이 직경 15m 안팎의 작고 둥근 고분으로 이루어져 있고 내부 매장 시설은 목관직장묘였다. 횡혈식 고

[그림 23] 니이자와천총126호분

분은 남쪽 구릉의 극히 제한된 일부에 축조된 데 불과하다. 고분 형성이 가장 성행한 시기는 5세기 후반기로부터 6세기 전반기이며 대표적인 초기 군집묘라는 것이 밝혀졌다.

야마토노 아야씨 집단의 공동묘지인 이 군집묘의 대부분이 목관직장묘木棺直葬墓라는 사실은 이 군집묘를 남긴 사람들의 출신을 보여주는 것이라고 생각한다. 백제의 무덤 형식에는 수혈식 석실묘竪穴式石室古墳도 있으며 횡혈식 석실묘橫穴式石室古墳도 있다. 그리고 목관직장묘 역시 백제 묘제의 중요 구성 부분의 하나이다. 한성백제 수도 인근이었던 경기도 광주 부근에서는 한때 돌석실, 석곽이 없이 땅에 구덩이를 파고 유해를 안치한 목관을 묻고 그위에 봉토로 하는 목관직장묘가 보편화되어 있었다. 서울 가락동 고분에도 목관직장묘가 많다. 일반적으로 목관직장묘는 고구려나 신라, 가야보다 백제에 더 많다. 백제에서 고구려의 영향을 받아 횡혈식 석실묘를 받아들이기 전에는 보편적 장묘법이 바로 목관직장묘였다.

니이자와센즈까의 대표적 고분 몇 기를 더 살펴보기로 한다. 니이자와 제126호 고분은 1963년 여름에 발굴, 조사되었다. 이 고분에서 니이자와센즈까를 대표한다고 할 수 있을 정도로 호화찬란한 국왕급 부장품이 나왔다. 동서 22m, 남북 16m의 장방형 고분이며 하니와 등의 외곽 시설은 없었다고 한다. 봉분의 높

은 곳에 목 관이 묻혀 있었다. 관 밖에서 철도 2개와 청동제 다리미 1개, 옻칠한 소반 3개가 나왔다. 관 안의 유물은 주로 장신구인데 유해에 붙어 있는 형태로 드러났다. 머리 부분의 장신구로서는 금으로 된 방형판, 장식 달린 금귀걸이 한 쌍, 머리 꾸미개로 보이는 금라선 모양 장식 한 쌍, 목걸이의 각종 구슬비취색 곡옥, 금으로 된 둥근구슬, 은으로 된 속이 빈 구슬, 유리로 된 금박 박은 둥근구슬, 유리로 된 구슬 등이 있다.

팔목 부분의 장신구로서는 왼팔에는 금, 은팔찌, 유리구슬, 오른팔에는 은팔찌가 있었다. 가락지는 금가락지 5개, 은가락지 3개가 나왔다. 허리에는 금동제 띠고리와 13개의 방형띠고리가 있었다. 또한 금으로 된 수많은 보요가 나왔다약 370개. 보요들은 피장자의 옷에 달아 매어져 있던 것으로 추정된다. 유리알 역시 관의 전면에 흩어져 있었는데 아마도 피장자의 옷에 금보요와 함께 달려 있었을 가능성이 있다. 고분 축조 시기는 5세기 후반기이다.

제126호 무덤의 관은 박물관 안에 모형으로 재현되어 있었다. 친근한 느낌이 들었다. 니이자와 제115호 고분은 제126호 고분의 서쪽에 위치한 직경 약 18m의 원분이다. 매장 시설은 목관직장묘로서 단갑과 뱃머리 모양 투구, 경갑, 목갑 등이 따로따로 놓여 있었고 목관 곁에서는 쇠활촉 2개와 많은 양의 작은 유리알이 나왔다. 투구 갑옷은 횡신판징 박이식 뱃머리 모양 투구와 삼각판 징박이 단갑이며 쇠활촉은 기마 전투용의 목이 긴 활촉이다. 고분 축조 시기는 유물들로 보아 5세기 후반기경의 것으로 추측된다.

니이자와 제109호 고분은 제115호 고분의 서쪽에 있는데 앞부분이 동쪽을 향한 28m의 전방후방 고분이다. 뒷부분은 목관직장묘로 되어 있다. 목관 밖에서 나온 유물로는 삼환령을 동반한 패갑일식과 꺾이어 휜 철갑, 단갑, 철점, 쇠칼, 쇠활촉과 거울 등이 있다. 목관 안의 유물은 장식 달린 금귀걸이 한 쌍, 유리알 등이다. 장식 달린 금귀걸이는 쇠사슬에 4개의 금구슬이 일정한 간격으로 달려 있다. 아랫단에는 가로로 긴 심엽형의 장식이 붙어 있다. 길이는 11m이다. 이 금귀걸이는 구마모토현 에다후나야마 고분에서 나온 금귀걸이와 계보가 같다. 이러한 장신구들은 박물관에 진열되어 있었다. 눈에 익은 모양이다.

단갑은 횡신판징박이로서 철판에 금동을 씌운 방형쇠붙이가 개폐 장치에 사용되어 있다고 한다. 쇠활촉은 모두 목이 긴 형식이다. 고분 축조 시기는 유물들로 보아 제115호 고분과 같은 5세기 후반기경이라고 한다.

제126호 고분에서 출토된 장식 달린 금귀걸이는 왕비급만이 쓸 수 있는 일등급의 사치품이다. 길이는 21cm로 한반도와 일본 열도를 포함하여 가장 긴 귀걸이로 이름이 높다. 금귀걸이는 석줄의 장식으로 되어 있는데 둥근 보요를 수없이 휘감은 한 줄과 사슬로 된 두 줄로 구성되었다. 무령왕비의 귀걸이 사슬에 보요를 많이 단 예로 보아 그 금귀걸이는 백제에서 제작된 것으로 인정된다. 고구려나 신라에서는 실례를 보지 못한 것이다.

금동제 대구帶鉤는 가로 긴 장방형으로서 아래위가 하나로 된 쌍엽 환무늬가 좌우에 두 줄로 나란히 있으며 심엽형 수식의 내부에는 아래위 하나의 쌍각 모양의 표식이 있다. 그와 같은 띠고리는 운학리 C호 고분과 특히 가와치 후루이치 고분군 중에 있는 마루야마 고분에서 찾아볼 수 있다.

청동초두靑銅鐎斗, 즉 청동다리미는 지짐판 모양으로 생겼는데 일본에서 그와 같은 것이 나온 것은 처음이다. 뒤에 가와치의 다카이다야마 고분高井田山古墳에서도 발견되었다. 백제에서는 무령왕릉에서 그것과 근사한 것이 나왔으며 또 광주 근방에서 청동초두가 발견되었다. 이와 같은 사실로 보아 제126호 고분에서 나온 청동다리미를 백제에서 건너간 것으로 보아 틀림없다.

전체적으로 보아 니이지와 제126호 고분의 매장 시설과 유래의 계보는 백제에서 찾을 수 있을 것이다. 그것에 대해서는 이 고분을 전문적으로 연구하는 일본학자까지도 "126호 고분의 피장자는 한반도로부터의 도래인일 가능성이 강하다"라고 말하였다. "그것도 장신구의 유례로 보아 백제 내지 가야의 지역에 한정해도 좋을 것이다"라고 말하고 있다.

갑옷류의 형태와 스에키류, 일련의 마구류 등으로 미루어 보아 니이자와센즈까는 야마토노 아야씨 집단이 남긴 고분군인 동시에 그것은 이곳에 진출, 정착한 백제계와 가야계 세력들의 중요한 고고학적 자료라고 말할 수 있다. 그 시작은 5세기 말경으로 보인다.

야마토노 아야씨로 대변되는 백제와 가야계의 이주민 집단은 당시 일본에는 없던 선진적 토목 기술과 수공업 기술을 가지고 야마토 분지 남쪽의 황무지를 개척해 나갔다. 제철, 단철 기술은 주로 오시노미 스구리, 사미 스구리 등이, 스에키를 비롯한 질그릇 생산과 천짜기는 수에베, 니시고리베, 기누누히베 등이, 말 기르기와 마구류 생산, 불상 조각, 사찰 건립 등은 구라쓰쿠리 스구리 등이 맡아 하였다. 수많은 기술 집단, 기마부대 등을 망라한 야마토노 아야씨 집단은 여러 곳에서 관개용 저수지 공사를 진행하는 등으로 생산적 토지를 확보하고 한반도식 마구류와 기마전투용 무기, 무장의 생산을 추진함으로써 강력한 경제력과 기마군단을 위주로 한 강한 군사력, 높은 문화적 성과 등을 이룩해 나갔다. 바로 그들에 의하여 6~7세기 일본 고대 역사의 개화기라고 이르는 '아스카 문화'가 시작된 것이다.

이와 같이 일본에서 가장 발전된 기술 수단과 군사력을 소유한 여러 한반도계 집단을 통합 지배한 것이 야마노 아야씨였고 그에 의거한 것이 바로 아스카 시대의 마지막 100년을 지배한 소가씨 일족이었다.

7 선화천황릉宣化天皇陵

니이자와천총新澤千塚 방문을 마치고 자동차도로를 따라 걸어서 28대 선화천황의 능으로 지정된 고분을 살펴보았다. 해자를 포함한 거대138m 고분이었다. 재야 사학자들은 **선화천황**[51]을 백제 21대 개로왕의 아들 중 하나라고 한다.블로그 백제인본사

앞에서 언급한 바와 같이 천황릉은 피장자에 있어서 신빙성이 떨어진다. 이러한 이유로 김달수 씨는 천황릉은 일부러 방문하지 않았다는 글을 읽은 기억이 난다. 또한 후세에 이렇게 지정된 왕릉들을 개축하였다는 기사도 본 적이 있다.

8 다카마쓰 고분高松塚古墳

정식 명칭은 다카마쓰즈카 고분高松塚古墳인데 흔히 다카마쓰 고분이라 부른다.

아스카무라의 국영 아스카 역사 공원 내에 있는 고분이다. 후지와라교기094년~710년에 축조된 말기 고분으로 지름 23m아단 및 18m상단, 높이 5m의 2단식의 원분이다. 1972년에 극채색의 벽화가 발견된 것으로 일약 주목받았다. 석실은 응회암의 깬돌切石, 기리이시을 조립한 것으로, 남측에 묘도墓道가 있고, 남북 방향으로 긴 평면이다. 묘도는 어른 2명이 구부려서 들어갈 수 있을 정도의 협소한 공간이다.

[그림 24] 다카마쓰총 고분 벽화

횡구식석곽橫口式石槨으로 이 계보에는 사이메이릉이라고 추측되는 겐고시쓰카 고분牽牛子塚古墳, 노구치 왕묘전무~지통릉, 나라의 기토라 고분 등이 들어가고, 7세기 전반의 중간에서 8세기 초두까지 계속되고 있다.

벽화는 석실의 동벽, 서벽, 북벽, 천장의 4면에 존재하고, 기리이시 위에 회흙칠을 칠한 뒤 그렸다. 벽화의 제재는 남자 군상, 청룡, 태양, 여자 군상, 백호와 달이 그려져 있다. 그중에서도 여자 군상은 벽화의 발견 당시는 색채가 선명하여 역사 교과서를 비롯해 다양한 장소에 소개되었으며, 아스카미인飛鳥美人의 닉네임으로 친숙하다.

인물 군상의 소지품이 정관의식貞觀儀式에서 볼 수 있는 새해 아침의 조례元日朝賀의식에 참석하는 도네리舍人, 황족과 귀족의 집사들과 관인의 소지품과 일치한다. 이 원일조하元日朝賀 축하의 의식에는 일월과 사신의 깃발幡도 세워진다. 천장화는 원형의 금박으로 별을 나타 내고, 별과 별의 사이를 주홍색의 선을 연결해서 성좌를 나타낸 것이다. 중앙에는 북극 오성과 자미원紫薇垣, 그 주위에는 이십팔숙二十八宿이 있다.

벽화에 대해서, 발굴 당초부터, 고구려 고분과 비교하는 연구가 행해지고 있다. 사신은 원래 고구려 양식의 고분에 특징적인 모티브이지만, 다카마쓰 고분 및 기토라 고분에서는 고구려의 화풍과는 약간 다른 점이 있다. 천공 그림에 관해서는 고구려에서 전래한 원도原來의 그림를 채용한 가능성이 지적되고 있다. 또, 여자 군상의 복장은, 고구려 고분인 수무총愁撫塚이나 무용총舞踊塚 벽화에 있는 부인상의 복장과 서로 닮은 것으로 지적되고 있다. 이 고분은 여러 가지 의문을 일으켰다. 무엇보다 벽화의 그림이 우리 고구려 벽화에 보이는 그림과 너무 닮았다는 점이다. 일본에서 해석하고 있는 것처럼 고구려 양식을 수입한 것이었는지 필자의 생각처럼 고구려 사람이 일본에 이주하여 만든 것인지는 알 수 없다.

이 고분이 있는 국영 아스카 역사공원을 방문할 때도 에피소드가 있다. 가끔 있는 일이지만 차를 렌트하면 전에 사용한 사람이 내비의 선택을 어떻게 해 놓았는지고속도로 우선, 최단 거리 우선 등를 확인해야 하는데 시간이 없다고 그냥 차를 몰고 나가면 낭패를 당할 수 있다. 이날도 내비가 가리키는 길을 따라가다 보니 시골 동네 길로 들어가더니 마을 뒤의 산길로 인도한다. 도착해 보니 공원 옆은 맞는데 공원 뒤쪽의 차도가 끊긴 길이다. 마침 사람이 다닐 수는 있어 공원 안에 있는 외딴 건물로 들어가 일하고 있는 사람에게 정문이 어디냐고 물어보니 웬일인지 대답이 없다. 나중에 깨달았지만 이 사람은 언어장애인 아니면 청각장애인이었던 모양이다.

다카마쓰 고분 답사를 마치고 뒤쪽의 언덕을 걸어 넘어가니 42대 문무천황릉이 소박하게 자리 잡고 있다. 꼭 시골 고향 동네에 온 느낌이 드는 아스카무라 쪽을 한참 동안 바라보았다.

9 키토라 고분キトラ古墳

신사에서 언덕길을 걸어서 역까지 내려갔다. 아스카는 방문할 때마다 느끼지만 편한 기분이 드는 곳이다. 내려오는 길에 만난 꼬부랑 할머니 한 분이 붙잡고 말을 붙이는데 싫지가 않았다. 주변에 있는 키토라 고분 등의 여러 유적지를 자랑한다.

키토라 고분キ╂ㅏㅋ古墳은 나라현 다카이치군 아스카촌에 있는 고분이다. 오미아시 신사於美阿志神社의 남쪽으로 신사가 있는 언덕에서 내려다보인다. 공원国営飛鳥歴史公園キ╂ㅏㅋ古墳周辺地区으로 조성되어 있다. '키토라'는 '北浦'의 독음에서 유래하였다고 한다. 이 고분은 1983년에 석실 안쪽의 채색 벽화에서 현무가 발견되어 주목을 끌었다. 사신四神이 그려진 벽화가 있는 등의 유사점 때문에 다카마쓰 고분高松塚古墳의 '형제'로 불리기도 한다. 7세기 말에서 8세기 초쯤에 조성된 고분으로 여겨지고 있다. 피장자는 확실하지 않다. 연대 등으로 미루어 40대 천무천황天武天皇, 재위 673~686년의 아들 또는 측근의 고관일 가능성이 높다고 여겨진다. 또한 출토된 물품으로 보아 다카마쓰의 매장자보다 신분이 낮은 인물이 매장되어 있다고 추측된다.

일본의 역사지리학자 센다 미노루千田稔는 키토라 고분의 피장자를 백제로부터 도래한 백제 창왕으로 추측하기도 한다. 여기서 창왕은 백제 27대 위덕왕인데 성왕의 아들이다. 백제 성왕聖王은 '이마키今来의 신神'이라고도 불린다. 위덕왕 승하 후 아들인 아좌태자가 왕위를 승계하지 않고, 동생인 혜왕이 71세의 나이로 왕위를 이어받았다. 이상한 점은 장성한 나이의 아좌태자가 일본에 머물고 있었음에도 불구하고 귀국하여 위덕왕의 뒤를 잇지 않아 동생인 혜왕이 왕위를 이었다는 것이다. 태자가 버젓이 있음에도 늙은 동생이 보위를 이은 것은 이상하다. 사망 기사도 묘한 여운을 주는데, 보통 『삼국사기』에서 왕이 죽으면 '왕이 죽었다. 시호를 뭐라 하고, 어디다가 장사지냈다'는 기록으로 끝맺는 것이 대부분이지만, 위덕왕은 '여러 신하들이 논의한 끝에群臣議 시호를 위덕이라고 정했다'고 적혀 있다. 이런 표현이 붙어 있는 삼국 시대 왕은 위덕왕이 유일하다.

고분의 내벽과 천장에는 옻칠이 되어 있고 벽화가 그 위에 그려졌다. 사면의 벽 중앙에 사신인 청룡, 백호, 주작, 현무가 그려져 있다.

천정에는 천문도가 있는데, 직경 약 60cm로 별자리, 천구의 적도, 황도, 태양, 달 등이 그려져 있다. 총 68개의 별자리, 약 350개의 별68개의 흔적 포함이 남아 있는 것이 확인되었다. 유사한 형식의 천문도 중 한반도에 남겨진 것은 12세기와 14세기의 것이어서 현존하는 가장   전천천문도全天天文圖로서 주목받았으며, **천상열차 분야지도**天象列次分野之圖[52)]의 원본인 고구려의 천문도와의 관련이 있었음이 추측되었다.

나라의 숙소로 돌아오는 길에는 박물관 안내인이 알려 준 가시하라 야기니시구치역八木西口駅 근처의 이마이마치今井町에 있는 에도마을을 둘러보고 차를 한잔하였다.

2) 와카야마和歌山 지역의 집단 이주 역사

이마키 이주민들이 와카야마에 정착했고 일부는 기노강을 따라 상류로 올라와서 아스카 쪽에 자리 잡았다는 가설을 확인해 보기 위한 날이다.

이마키 이주민들이 들어온 와카야마 지역을 돌아보고 일박 후 나라로 다시 돌아올 예정이다. 가시하라 신궁까지 내려가 요시노로 가는 특급으로 바꿔 타고 잠시 후 요시노구찌역에서 와카야마로 가는 JR을 타는 계획이다. 요시노구찌역은 IC카드를 사용할 수 없어 일단 정산 후 옛날식 종이 기차표를 구매했다. 시골역에 마련된 휴게실에서 잠깐 대기했는데 꼭 우리나라 시골 역사의 분위기다.

나라평야로 흘러내리는 강들과 와카야마로 흘러가는 강이 이 근처에서 반대방향으로 흐르기 시작한다. 고지대가 있어야 하는데 역시 기차가 완만한 경사를 오르는 게 보이더니 내려갈 때는 많이 내려간다. 아스카 지방이 해발이 있나 보다. 서북쪽으로는 곤고산金剛山이 보이다가 나라에도 있는 가츠라기산이 나타난다. 알고 보니 동명同名의 산이다.

얼마 지나자 요시노산지에서 흘러나오는 물이 요시노강吉野川, 194㎞이 되고 중류부터 기노강紀の川으로 변한다. 이 지역은 강이 흐르기는 하지만 평야의 폭이 좁아 우리나라 강원도 같은 느낌이다. 나라평야와는 분위기가 전혀 다르다. 이곳에 살던 이마키 이주민이 고지대 골짜기를 넘어서 나라평야를 처음 보았을 때 파라다이스에 들어온 느낌이지 않을까 하는 생각을 해보았다. 기노강의 폭이

점점 넓어진다. 고야산지高野山地로 들어가는 입구역을 지난다. 고야산지는 와카야마현 북부 이토군 고야초에 있는 1,000m급 산으로 둘러싸인 해발 800m의 고원을 일컫는 말이다. 헤이안 시대 승려 구카이空海가 수행하고 입적한 곳으로 히에이산과 함께 일본 불교의 성지이다. 현재는 '단상가람壇上伽藍'이라고 불리는 근본도장을 중심으로 종교도시를 형성했다. 깜빡 잠이 들었는데 주위가 어수선하여 깨어 보니 종점이다. 내려야 할 역을 지나쳤다. 역 밖으로 나오니 큰 역이라 오히려 다행히도 택시가 보인다.

1 이와세천총岩橋千塚

오늘의 중요한 목적지인 이와세천총岩橋千塚으로 향한다. 이곳은 미야자키의 사이토바루 고분군, 사이타마의 사키타마 고분군과 더불어 일본의 3대 고분군으로 불리고 특별사적으로 지정된 곳이다.

주산인 대일산을 비롯하여 주변의 서너 개의 산에 약 600여 기 고분이 널려 있다. 먼저 자료관에 들러 발굴된 부장품을 둘러보았다. 시대에 따라 한식 도기, 도기, 스에키로 이어지는 그릇들을 설명하는 데는 '조선반도'와 '도래인'이라는 단어가 이어져 있다. 생각해 보면 그저 잠잠하던 이 지역에 어떻게 어느 때부터 갑자기 수많은 고분들이 조성되기 시작했단 말인가? 이곳에 살던 사람들이 별안간 이제까지 없던 형태의 고분을 만들었을 리가 없는 게 아닌가? 마침 고분 가이드가 있어 설명을 들어 보니 서기 500년경에 이루어진 고분군이라고 한다. 산정까지 나 있는 길을 따라 올라가며 길가에 산재한 고분들을 살펴보기 시작했다. 돌을 쌓아 만든 횡혈식 석실이 주종을 이루고 있었다. 석실을 만든 돌은 큰 암채가 아니고 포개서 쌓은 돌이었다.

산을 계속 올라가며 머릿속에 떠오른 생각이 있었다. 475년 고구려의 공격으로 백제 개로왕과 왕족들이 몰살당한다. 백제 왕통이 끊어진 것이다. 개로왕 시절 목木씨의 중신木滿致, 목만치이 있었는데 구원군을 구하러 나갔다 돌아오니 왕조가 이미 끊어져 있었다.

와카야마 지역의 옛 이름은 기노국木之國, 즉 목씨의 나라이다. 그래서 강이름도 기노강木ノ川이다. 이 일족이 백제의 혼란기에 이주를 시작하여 일본 열도로 넘어왔다면 그들은 서기 500년을 전후로 이곳에 묻히기 시작하였을 것이다. 바로 이곳 이와세천총에 이마키 도래인이 묻히기 시작된 연대가 바로 이즈음이다. 『일본서기』에 나타나는 서기 400년대 초의 도래집단인 궁월군과 아지사이의 기록과는 시간 차이가 있으나 두 가지로 유추해 볼 수 있다. 하나는 『일본서기』에 기록된 연대가 틀릴 수 있다는 것이며 다른 하나는 와카야마를 통해 들어온 이마키 도래인은 2차 집단 도래인일 수 있다는 점이다. 1차 도래인이 터를 닦아 놓은 곳에 2차 도래인이 온 것으로 추측한다.

백제는 고구려의 침입을 받기 전에 미리 일본 가와치 지역에 나와 있던 곤지왕이 있었다. 곤지의 아들인 동성왕 시절을 거쳐 무령왕 시절이 되자 백제는 완전 부활하였으며 그다음 왕이 성왕이다. 성왕은 일본에서 '이마키의 신'으로 불려진다. 즉 성왕 시절에 백제인의 일본 열도에로의 계획적인 이주가 있었다는 이야기일 것이다. 그러고 나서 일본 열도에서는 야마토 정권이 생겨났고 백제계인 소가씨가 정권을 잡기 시작한 것이 500년대 중반 이후부터이다.

집 주변의 얕은 산도 잘 오르지 않는데 고분에 정신이 팔려 마구 산속을 헤매고 있는 나 자신이 좀 이상스럽다는 생각이 들었다. 석실이 개방되어 있는 고분은 어둠침침하고 습기가 있어 기분이 좋지는 않으나 들어가 보는 습관을 붙여 놓았다.

산 정상 부근에 가장 큰 고분이 있었는데 하나는 장군총, 다른 하나는 군장총으로 명명되어 있었다. 장군총 앞에서 피장자가 목장군이라 생각하고 교감의 시간을 잠시 가져 보았다. 산에는 이미 2월의 꽃 매화의 개화가 시작되었다.

❷ 이치젠 신사日前神社, 히노쿠마檜隈 신사

천총공원을 나와 카페에 들러 커피를 한잔하고 택시를 부탁했다. 졸지에 등산을 해서 더 이상 걷기가 만만치 않았기 때문이다. 이치젠 신사日前神社로 향한다. 이 신사의 옛 이름이 히노쿠마檜隈 신사이고, 아스카에서 며칠 전에 찾은 신사와 이름이 같다. 씨족 집단이 움직일 때는 조상신을 같이 모시고 이동하는 습속이 있기 때문에 신사의 전파는 바로 집단의 이동 경로를 보여주는 징표이다. 이것이 이마키 이주민의 와카야마−기노강−아스카로의 이동을 증명하는 하나의 증거일 것이다. 다만 이 집단은 이와세천총岩橋千塚을 만들어낸 목장군이 이끌었던 대규모 이주민들이 아니라 그 이전에 이주한 집단일 수도 있다. 왜냐하면 목장군이 인솔했을 것으로 보이는 이주는 기록된 역사상 히노쿠마檜隈 이주민들보다 60~70년 후대의 일이기 때문이다. 히노쿠마檜隈 이주민들이 미리 터전을 닦고 그 자리에 후대에 새로운 이주가 이루어졌을 가능성이 있다. 신무천황의 신화에서도 보이듯 오사카와 가와치 지역으로의 이주는 선주도래인과 토착민들의 저항으로 어려웠기 때문에 해안을 타고 남쪽으로 내려와 선주민의 저항이 약한 와카야마 쪽으로도 상륙했으리라 생각한다. 신사에 모셔진 이마키의 신들과도 마음속으로 대화를 나누어 보았다.

❸ 이타키소 신사伊太祈曽神社

오늘의 마지막 일정은 원래 이치젠 신사 자리터에 있다가 동쪽으로 옮겨간 이타키소 신사 방문이다. 역에서 기다리다 마주친 품위 있게 늙으신 부인에게 이 지방의 지명이 와카야마和歌山인데 와카야마라고 불리는 산山이 있는지 물어보니 없다고 한다.

시골에서 운행되는 전동차는 운영 방법이 19세기식이다. 운전사가 요금을 받는다. 전동차 안은 마치 초등학교 교실처럼 아기자기하게 꾸며져 있다.

역에서 걸어서 얼마 되지 않아 도착한 이타키소 신사伊太祈曽神社는 품격이 남달랐다. 알고 보니 고풍스러운 이 신사는 이치젠 신사와 더불어 기노국의 이치노미야一宮, 즉 중심 신사였다. 모시는 신은 선주先住 신라 이주민의 신인 스사노오素戔男尊의 아들 이소타케루五十猛命이다. 이마키 도래인의 신인 히노쿠마檜隈신이 선주先住 이주민의 신인 이소타케루五十猛命를 이곳으로 쫓아낸 셈이다.

◆ 정리 ◆

백제계 아야씨의 히노쿠마檜隈로의 집단 이주와 또한 이 지역을 기반으로 발전한 일본 왕조와 관련된 의문에 대한 필자의 생각을 풀어 본다. 왕조 구분은 미즈노유의 뒤에 설명하는 삼왕조 교체설을 적용해서 설명한다.

1. 왜 이주민들은 나라평야 중에서도 히노쿠마 지역으로 들어갔을까?

히노쿠마 지역은 나라분지의 최남단에 있는 산지 아래의 지역이다. 나라분지에 유일하게 남겨진 땅일 것이다. 분지의 동쪽, 북쪽과 서쪽 산록은 이미 선주 이주민 호족들이 차지하고 있었고 분지의 가운데는 선주 호족들보다 세력이 약한 선주 이주민들이 차지하고 있었다.

2. 이주민들은 어떻게 히노쿠마로 이동했을까?

다음과 같이 세 가지 가능한 루트를 생각해 볼 수 있다.

① 난바오사카만 입구에 상륙하여 가와치호수를 건너서 야마토강大和川을 거슬러 올라가 나라 분지로 들어간 후 아스카강飛鳥川을 따라 남쪽으로 이동

② 가와치평야에서 다케우치길竹內街道을 따라 육로로 아스카로 이동

③ 가와치의 남쪽 와카야마 해안으로 상륙하여 기노강紀の川을 거슬러 올라가 상류吉野川의 고조五条까지 이동한 후 가제노모리고개風の森峠, 259m를 넘어 나라분지 남쪽의 고세巨勢에서 기로紀路를 따라 아스카에 도착

3. 이주 시기는 언제였나?

5세기 초에 시작되었지만 6세기 초에 후발 이마키노 아야히토新來漢人들이 대거 이주해 왔을 것이다.

4. 아스카에서 멀지 않은 미와三輪 지역현 사쿠라이시에 자리 잡고 있던 제1왕조 세력은 아야씨의 지속적인 대규모 집단 이주를 허용했을까?

당시까지도 이 지역에 영향력을 가지고 있던 제1왕조는 이주를 주도한허용한 제2왕조(267 페이지 고대 일본의 왕조 항 참조)의 지배하에 있거나 협조 관계였을 것이기 때문에 허용하였을 것이다.

만약 당시까지도 제1왕조가 세력을 유지하고 있었다면 자기들의 영역 근처로의 이러한 대규모 집단 이주를 허용하지 않았을 것이다.

5. 제2왕조가 이러한 집단 이주를 주도_{유도,} _{허용}한 이유는 무엇이었을까?

　나라분지 지역에서 활동하고 있는 선주 이주민 세력_{오오토모, 모노노베, 와니, 아베, 가쓰라기, 고세, 헤구}
_리이 막강하기 때문에 자신들의 우호 세력을 신장시키기 위한 정책의　일환으로 우호 세력_동
_{족, 자국민}의 직접 이주와 번성을 통해 인구수를 늘리는 식민_{植民} 정책의 일환이었을 것이다. 본
국의 주민들이 이주하여 개척 활동을 통해 세력을 형성하도록 하였을 것이다.

6. 한반도 본국에서 일본 열도로의 이주를 허용한 이유는 무엇이었을까?

　경제적으로 주민을 부양할 능력이 떨어졌을 때_{전쟁으로 영토 축소} 신개척지의 필요성이 대두하
지 않았을까? 신개척지의 지배 세력과 우호 관계에 있다면 이주를 허용했을 것이다.

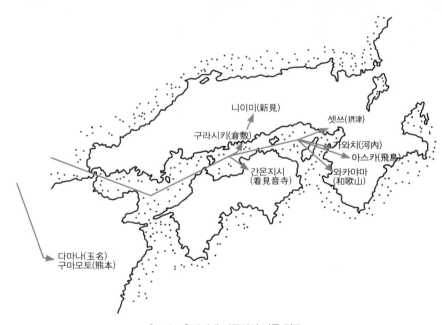

[그림 25] 백제계 이주민의 이동 경로

Ⅳ 가와치河內 지역

1. 가와치

1 가와치의 고대 유적

본래 가와치의 가시와라시 일대는 야요이 시기 후기경에 이미 한반도 이주민 집단이 진출한 곳이다. 이코마산지에 속하는 다카오산의 가시와라시 오아가차 동쪽 산등성이에 있는 고지성 집락 유적에서 한반도제 세문경이 나왔다. 고지성 집락高地性集落은 야요이 시대 중후기에, 평야나 바다 등 주위를 조망할 수 있는 산정이나 구릉의 능선 등에 형성되었던 고대 촌락이다.

산아래의 온지강恩智川 일대에는 야요이 시대에서 고분 시대에 걸친 오아가타 유적大県遺跡이 있다. 1985년의 발굴에 의해, 고분 시대 후기부터 나라 시대 무렵까지의 단야鍛冶 관련 출토품과 한반도 기원의 한식계 토기韓式系土器가 많이 발견된 것으로 보아 이 일대는 한반도에서 이주한 단야 기술 집단의 취락 유적이었던 것으로 추정되고 있다. 또한 조몬 시대, 야요이 시대 토기의 일부, 고분 시대 이후의 스에키, 하지기 등이 많이 발견되었고, 한반도에서 온 것으로 보이는 말의 이빨 등 각 시대의 유물이 한꺼번에 출토되었다.

고대 가시와라 평야의 오가타 유적이 있는 지역은 옛 야마토강이 다카오산을 따라 북쪽으로 흐르고 있었고, 그 사이를 난바와 나라를 연결하는 히가시타카노가도東高野街道가 지나가 수로와 육로에 있어서 교통의 거점이었다. 아스카 시대에는 이 지역에 가와치 로쿠지河内六寺가 건립되었고, 그중 미야케지와 오사토지三宅寺, 大里寺가 이 오가타 유적 지역 안에 있다.

가와치평야 바닷가의 구보지 유적에서 고분 문화 시기 초기의 파도막이 판자가 달린 준구조선의 뱃머리와 한반도식 질그릇이 나왔다. 4세기경에 한반도 이주민 집단이 가와치에 진출하였음을 보여주는 증거이다.

2 일본 고대사 속의 가와치

가와치 지역은 일본 고대 왕조사의 중심 지역이다. 고대 일본 왕조의 성립, 다시 말해서 야마토 정권 성립의 주체에 대해서는 여러 가지 가설이 있다. 물론 일본 정사에 나오는 내용은 규슈의 천손족의 후예인 제1대 왕이라는 진무천황이 토착 세력을 물리치고 야마토 지역을 점령한 것으로 시작한다. 4세기가 되면 신공황후와 규슈에서 태어난 그의 아들 응신천황이 야마토 정권을 이어받는다는 것이다. 여기서 응신천황의 활동 무대는 가와치다. 이 지역에 그의 능이 있고 그의 대표적인 후계 왕들인 닌토쿠, 리추, 한제이 천황들의 능은 모즈 고분군에, 인교, 유라쿠, 세이네이 천황들의 능은 후루이치 고분군에 있다. 모두 가와치 지역이다. 다시 말하자면 제1대 왕인 진무천황과 그의 후계 왕들은 나라 지역을 기반으로 했고 응신천황과 그의 후계 왕들은 가와치 지역을 기반으로 했다는 것이다.

일단 미즈노 유의 가설을 따라 진무천황을 제1왕조, 응신천황을 제2왕조로 보자. 제2왕조를 세웠다는 인물들에 대한 일본 역사서의 기술을 간단히 살펴본다.

3 신공황후

신라를 시작으로 삼한, 즉 한반도를 정복했다. 『일본서기』 편년상 200년이라고 하니 320년의 사건인 셈이다. 369년에는 가라 7국을 평정하여 백제에 주었다.

4 응신천황

주아이천황과 신공황후의 아들이다. 규슈에서 태어났다. 천황이 죽고 응신이 갓 태어나 신공황후는 201년321년~269년389년의 70년 동안 섭정했다. 응신천황은 270년390년 71세에 즉위, 310년430년인 111세에 사망하였다고 한다. 이 설은 대부분의 일본 역사학자와 우리나라 역사학자들이 정설로 인정하고 있다. 그러나 신공황후와 응신천황이 활동했다는 약 150년간266~413년은 일본인들도 수수께끼의 4세기 또는 공백의 4세기라고 부르는 기간이다. 즉 일본 이외의 제3국에는 당시 일본 역사에 관한 기록이 전혀 존재하지 않는 기간으로 일본 사서의 기록이 객관적으로 증명되지 않는 시기다. 뿐만 아니라 응신천황과 그의 후계 왕들이 활동했던 약 100년간413~477년의 소위 왜 5왕 시대의 일본 역사 기록은 당시 중국 왕조들의 역사 기록과 전혀 다르다.

전후 역사 연구에 자유화의 바람이 불면서 일본의 관찬 기록 역사에 반하는 이론異論들이 나오기 시작한다. 가장 획기적인 가설이 부여 기마민족에 의한 일본 정복설이다. 3~4세기를 기하여 기마에 관련된 유물이 갑자기 대량으로 출토되는 현상에 주목하여 만들어진 가설이다. 이 가설은 일본의 정통사학자들에 의해 수많은 비난을 받았지만 일본 국내외적으로 일본의 진정한 고대사와 일본인의 원류에 대한 연구를 자극해 이와 유사한 많은 가설들이 나오게 되었다.

『일본서기』 등의 역사서에 기록된 사건에 대한 해석에도 다양한 의견이 발표되어 일본 고대사의 중심 인물로 기술되어 있는 숭신천황이 가야 출신이고 신공황후는 부여 왕족으로 백제의 지원을 받아 가야 세력을 이끌고 일본으로 넘어와 아들인 응신천황을 통해 일본의 왕권을 만들어냈다는 가설도 나왔다.

일본사학계를 충격에 빠뜨린 가설도 발표되었는데 일본 사서에 나오는 한반도 국가들이 지역적으로 한반도에 있던 국가들이 아니라 일본 열도에 이주하여 만들어진 본국의 분국이라는 설이다. 이 가설에 의하면 야마토 정권은 가야의 기초 위에 백제 세력에 의해 이룩된 가와치 세력이 야마토 지역으로 이동하여 성립된 것으로 본다.

이 밖에도 일본 열도를 정복한 한반도 세력이 누구냐에 대한 다양한 가설이 있다. 백제의 근구수왕, 비류백제의 마지막 왕, 모용선비가 주도한 가야 세력 등이다. 이러한 가설 등의 공통점으로 그 주체가 정확하게 누구였든지 확실해 보이는 한 가지는 한반도의 어떤 세력이 일본 열도로 이동하여 일본의 통치 세력이 되었다는 점이다.

물론 이와 같은 왕조政治사는 필자의 주 관심 분야는 아니고 기층 민족의 이주 역사가 주된 관심 분야이다. 기층민의 역사는 다양하고 2차원적이고 광범위한 역사라면 왕조사는 단순한 1차원적 역사로 기술되기 때문에 단순화로 인한 오류의 가능성이 많다는 생각이다. 특히 왕조사에 근거한 역사는 '백제王朝가 일본인의 왜국을 300년간 식민통치하였다'는 식으로 피지배 기층민을 우리와는 적대적이고 관계없는 타인으로 보게 하는 오류를 만들어낸다.

필자는 이러한 개인적인 역사에 대한 관점을 유지하면서 왕조사에 대한 가설을 설명할 예정이다.

5 가와치

오늘의 오사카가 만들어진 것은 에도 시대 이후라고 할 수 있다. 오사카를 동에서 서로 가로지르는 여러 강물을 바로잡아 새로운 논을 만들고 오사카 동쪽 지역에 자리하고 있던 대규모 호수를 메꾸어 농업을 기반으로 하는 산업혁명이 성공하면서 경제력을 쌓아 일본의 물류 중심 도시로 발전했다. 일본 열도의 모든 생산품이 오사카로 모여 가격이 결정되고 物一價, 일물일가 다시 전국으로 유통되면서 오사카항이 발전하였다.

그러나 아스카–나라–헤이안 시대에 걸쳐 에도 시대가 시작되기 전까지 이 지역의 고대항古代港은 오사카 서쪽 해변의 난바항難波津과 남부에 있는 사카이堺였다. 이곳은 고대로부터 사람과 물자가 드나들었던 곳이다. 한반도 이주민들도 이 난바와 사카이를 통해 들어와 동쪽 벌판에 자리 잡았을 것이다. 오사카의 동남쪽에 있는, 사카이(堺)시의 동쪽 지역이 가와치(河内, 가와치다). 오사카에 갈 때 간사이국제공항에 내리면 육지쪽으로 보이는 나즈막한 산맥 아래까지의 평야지대이다. 산맥 너머에는 나라평야가 펼쳐져 있다. 이 가와치 지역은 그동안의 일본 고대사에서 일견 소외되어 있던 지역이다. 우리나라 사람들도 대부분 나라는 잘 알아도 가와치라는 지명은 생소하리라 생각한다. 그런데 사카이시와 가와치 일대에는 고대에 만들어진 초거대 고분들이 산재하고 있다.

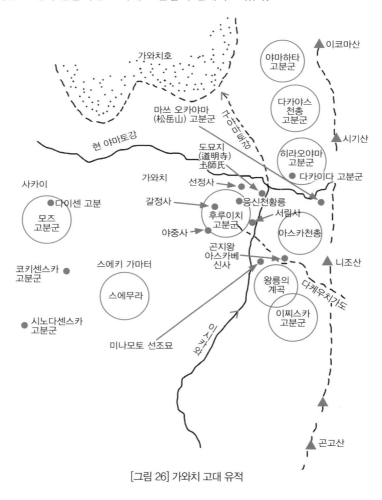

[그림 26] 가와치 고대 유적

오늘은 오사카에서 시작하여 가와치로 향하여 남쪽으로 내려가는 여행이다. 고대에 이 지역에서 형성된 세력의 숨겨진 발자취를 추적해 보는 여행이다. 사카이항을 낀 가와치 지역의 세력과 산 너머 나라 분지의 아스카 지역에 형성된 세력의 관계도 알아보기로 한다.

이 세력이 가와치에 있을 때의 중심지가 한때 오사카의 난바難波, 나니와였던 적도 있었던 모양이다. 난바難波는 에도 시대 이후의 계속된 간척으로 인해 오사카시의 중심부가 되어 있다. 필자가 근무하던 회사의 오사카 사무실도 난바에 있었는데 사람들이 많이 모이는 도톤보리도 근처에 있었다. 그러나 고대에는 이 지역이 남쪽으로 뻗어 있는 반도 형태의 지형으로 서쪽은 바다에 면해 있고 동쪽에는 커다란 호수가 있었다. 고대 일본의 주요 교통로였던 세토내해의 동단에 위치해 있었던 나니와에 16대 닌토쿠천황재위 433~519년이 처음으로 궁을 지었다는 전승이 『일본서기』에 있다. 아스카 시대에는 36, 37대 고토쿠천황재위 594~661년이 나니와에 **나니와노 나가라노 도요사키노 미야**難波長柄豊碕宮[53]를 지었다645년. 나라 시대의 45대 쇼무천황재위 724~749년 시절인 744년에도 1년간 나니와 궁으로 천도된 적이 있다.

나니와의 고대 궁터는 1957년에 발견되었다. 최근의 발굴을 통해 최소한 8세기 후반인 나라 시대의 것으로 보이는 도시의 존재가 확인되었다. 발굴 조사에서 나라 시대 후기의 나니와궁 주변에는 동서남북 정방향에서 넓은 해자가 다수 발굴되었고 건물터도 정방향으로 지어진 것이 많았다.

6 사카이堺

오사카에서 해변가를 따라 남쪽으로 이동하면 사카이라는 오래된 도시가 있다. 간사이공항을 오갈 때 통과하는 지역이다. 헤이안 시대平安時代는 이 지역이 셋쓰摂津, 가와치河内, 이즈미和泉 3국의 경계에 위치하고 있어서 사카이堺라고 불리게 되었다. 당시의 사카이는 세계에서도 진귀한 도시 주변에 해자를 만들어 물리적으로 도시를 분리시킨 구조인 환호도시環濠都市, 간고오도시를 형성하고, 자치도시로서 번영하였다.

4~5세기에 야마토조정大和朝廷이 성립했다고 하는데 동시대에 사카이에는 인덕천황릉 고분을 비롯한 대형 고분으로 이루어지는 모즈 고분군百舌鳥古墳群, 그 동쪽의 가와치에는 응신왕릉이라는 콘다야마 고분 등의 후루이치 고분군古市古墳群이 만들어졌다.

7 모즈 고분군百舌鳥古墳群

오사카와 나라를 갈라놓는 산은 북쪽에서부터 이코마야마生駒山, 시기산信貴山, 니조산二上山 가쓰라기산葛城山, 곤고산金剛山으로 줄지어 있다. 그 시기산과 가쓰라기산의 사이에 갈라진 곳이 생기고, 나라 분지를 흘러내린 강물이 오사카 쪽으로 흘러나간다. 그 가장 좁은 곳이 가메노세협곡亀の瀬峡谷인데 고대에도 나라에서 오사카로 들어가는 주요 도로였다.

나라에서 오사카 측으로 나오면 가시와라시柏原市가 있다. 가시와라시柏原市에서, 서쪽이 후지이데라시藤井寺市이고 그 서쪽이 사카이시堺市이다. 가와치는 가시와라시로부터 사카이시 사이의 일대이다. 후지이데라시에는 후루이치 고분군, 사카이시에는 모즈 고분군이라고 불리는 100여 개의 거대 고분이 존재한다. 이부근은 바다에 면한 평야 지대라는 지형적 측면에서 보아도 중요한 지점이었다. 이 지역에 남아 있는 분묘의 크기와 수로 보아도 중요 지역이었음을 알 수 있다. 수가 많을 뿐만 아니라, 일본에서 가장 큰 다이센 고분仁德天皇陵, 16대 인덕천황릉, 미산자이 고분履中天皇陵, 17대 리주천황릉, 履中天皇陵이 있고, 응신천황릉이라는 콘다 고뵤우야마 고분誉田御廟山古墳, 15대 응신천황릉, 오카미산자이 고분14대 중애천황릉 등이 있다. 전방후원분, 원분, 방분을 모두 합쳐 100기에 해당한다.

8 다이센 고분大仙古墳

북쪽으로 다이센릉이 있고 그 남쪽으로 동서를 가로지르는 도로가 지나가는데 그 남쪽에 다이센 공원이 넓게 조성되어 있었다. 주변에는 다른 거대 고분들도 보였다. 다이센릉 고분을 앞에서 보니 크기를 가늠할 수 없었다. 길건너에 있는 다이센공원의 탑에 엘리베이터를 타고 올라가야 전모를 볼 수 있다고 한다.

다이센릉 고분大仙陵古墳 또는 다이센 고분大山古墳은 오사카부 사카이시에 있는 고분으로 형상은 전방후원분이며 모즈 고분군百舌鳥古墳群을 구성하는 고분 중 하나이다. 실제의 피장자는 명확하지 않지만, 궁내청에 의해 모즈미노하라중릉百舌鳥耳原中陵으로 명명되고 제

[그림 27] 다이센 고분

16대 인덕천황의 능으로 결정되어 있었지만, 고증상의 문제가 있어 현재는 다이센릉 고분이라고 부르고 있다. 일본 전국 제1위 규모의 거대 고분이며, 사카이시는 이 고분을 쿠푸왕 피라미드 및 진시황제묘릉과 나란히 세계3대 분묘라고 부르고 있다. 고분의 최대 길이는 840m, 고분의 최대폭해자 포함은 654m, 분구의 길이는 486m이다.

9 축조 시기와 피장자

채집된 원통토용円筒埴輪이나 스에키須恵器의 특징으로 보아 일본에서는 5세기 전반부터 중반에 걸쳐 축조된 것으로 보고 있지만 6세기 초라는 견해도 존재한다.

기기나 엔기식 등의 기술에 의하면, 모즈의 땅에는 인덕천황, 반정천황, 리추천황의 3능이 축조되게 된다. 그러나 기기상의 삼능이라고 현재 궁내청이 정하고 있는 고분들은, 고고학적으로는 17대 리추 천황릉미산자이 고분, ミサンザイ古墳 → 16대 인덕천황릉다이센릉 고분 → 18대 반정천황릉田出井山古墳, 덴 이데이산 고분의 순서로 축조되었다고 추정되고 있어 모순이 생긴다. 이런 이유로 모즈의 거대 고분 중에서

가장 오래된 리추천황릉을 인덕천황릉에 대치시키는 견해도 있다. 그러나 이 경우는 후술하는 엔기식의 기술과 엇갈리게 된다.

① 분형墳形, 주호周濠

전방부를 남쪽을 향한 전방후원분으로, 전방부와 후원부가 이어지는 잘록한 부분에는 좌우로 쓰쿠리다시造リ出し, 붙임 마당가 만들어져 있다. 현재 분구는 삼중의 주호周濠로 둘러싸여 있는데 현재의 세 번째 호는 매몰 부분을 1896년에 다시 파서 복원한 것이다. 최근의 발굴 조사에 의하면 전방후원분의 축조 시에는 분구의 사면은 후키이시葺石, 덮음 돌로 덮여져 있고, 분구의 능선 부분에는 원통토용円筒埴輪이 늘어놓아져 있었다고 여겨진다.

② 출토품

다이센릉 고분大仙陵古墳은 메이지유신 직전부터 현재까지 연구자 등의 출입이 전혀 허용되고 있지 않다. 그러나 상기의 세 번째 호 굴착에 즈음하여 출토되었다고 전해지는 여자인물두부女子人物頭部나 말의 머리이상 궁내청 소장와 동쪽의 쓰쿠리다시로부터 출토된 다수의 큰항아리大甕 파편이 있다.

에도 시대에 부근의 촌장이었던 남가南家의 1795년의 문서에는 초벌구이물병素燒ノ水瓶, 埴輪, 토용이 나열해 있었던 것이나 **고로타석**葺石[54]이 많았다는 것이 적혀 있다.

후원부는 중요한 인물이 매장되어 있는데 에도 시대에는 매장 시설의 일부가 노출되었다. 에도 중기 1757년에 씌어진 전계상지泉堺詳志에는 길이 318cm, 폭 167cm의 거대한 장지형석관長持型石棺이 있는데 도굴되어 있다고 쓰여 있다. 후원부 매장 시설의 부장품은 알려져 있지 않지만, 전방부의 석실은 1872년의 발굴 조사의 즈음에 석관의 동쪽에서 갑주甲冑, 유리잔硝子坏, 칼太刀이 석관의 북동에서 철검鐵刀이 발견되고 있다.

전방부 정면의 둘째단 사면에서도 수혈식 석실이 발견되었다. 1872년에, 비바람에 의해 전방부 전면의 사면이 붕괴되어 매장 시설이 노출되었다. 그때의 발굴 조사로 석실과 석관이 파헤쳐졌다. 남겨진 그림 도면에 의하면, 그 매장 시설은 장지형 석관長持形石棺을 묻은 수혈식 석곽竪穴式石槨으로, 동서로 길이 3.6~3.9m, 남북으로 폭 2.4m다. 주변의 벽은 둥근돌河原石, 가와하라 이시을 쌓아올리고, 그 위를 3장의 천상석天上石으로 덮고 있다.

갑주는 히마사시쓰키가부토眉庇付冑, 한반도의 영향이 보이는 차양이 달린 투구와 단갑짧은 갑옷으로 투구에는 금동제의 조각과 장식을 내리고 차양에 구멍이 뚫린 호화스러운 것이고 갑옷은 금동제의 판이 이어 맞춰져 있다. 또 오른쪽 앞몸통 쪽을 개폐할 수 있게 옆에 2개의 경첩을 하고 있는 모습으로 보아 당시의 유행을 짐작할 수 있다.

철검 20인분은 칼집에 금속제의 장구가 없는 간략한 외장의 칼이고, 유리잔은 초록계의 유리 항아리와 흰 유리 접시가 세트가 된 물건이었다고 한다. 한편, 이 조사에서는 석관의 개봉 조사는 행하여지지 않았다.

미국의 보스턴 미술관에 인덕천황릉 출토로 여겨지고 있는 구리거울銅鏡이나 환두대도環頭大刀 등이 수장되어 있다. 거울은 세선식수대경細線式獸帶鏡으로 청룡, 백호, 현무, 주작 등을 섬세한 선으로 나타내고 있어, 일본 측에서는 박재경舶載鏡, 외부에서 들어온 동경으로 추정한다. 백제의 무령왕릉으로부터 동종同種의 거울이 발굴되었다. 이 거울은 백제왕으로부터 칠지도와 동시에 보내진 칠자경七子鏡이라는 설도 있다. 대도는 칼의 몸통이 접혀 결실되어 있어, 길이 23cm의 손잡이把와 환두環頭, 칼자루의 끝만 남아 있다. 환두는 동주조의 금도금으로 환의 안쪽에는 용의 머리를 나타내고, 환에는 쌍룡을 부각시키고 있다. 손잡이把에는 연속삼각형 안에 금수禽獸를 새긴 띠 모양의 장식 금구를 붙이고 있다. 이와 유사한 유물이 한반도 남부의 신라나 가야의 고분옥전 고분으로부터 출토되고 있다.

③ 엔기식延喜式의 기술

헤이안 시대의 법령집인 엔기식에는 인덕천황의 능은 '모즈미미하라중릉百舌鳥耳原中陵'이라고 하는 이름에 나타나듯 이즈미국 오토리군和泉国大鳥郡에 있는데 규모兆域東西八町 南北八町 陵戸五烟에 관해 기술되어 있다. 이렇게 기술된 부지는 다른 능묘와 비교하면 특출나게 광대한 것이기 때문에 여기에 적혀 있는 '모즈미미하라중릉'이 다이센릉 고분을 가리키고 있다고 생각된다. 중릉이라고 한 이유는 이 고분의 북쪽과 남쪽으로도 대고분이 있기 때문이다. 북쪽은 반정릉, 남측은 리추릉이라고 적혀 있다.

④ 명칭의 변천과 혼란

이 고분이 인덕천황의 고분인가 아닌가의 논쟁에 있는데, 1976년부터 학술적인 유적의 명명법에 준해 다이센릉 고분이 사용되기 시작하였다.

2. 가와치河內로 이주한 백제 왕족

1 백제 왕가의 이주와 번영

가야와 백제계 이주민들이 들어와 어느 정도 개척이 진행된 땅에 백제계 왕족들의 이주가 시작된다. 『속일본기』에 의하면 응신천황은 백제에 황전별荒田別과 무별鹿別을 파견하여 학자를 보내 줄 것을 요청한다. 이에 근구수왕은 손자인 진손왕辰孫王. 356년 출생과 왕인王仁을 보낸다. 진손왕은 가와치에 정착하는데 후손들이 대를 이어 번영한다.

아들인 태아랑왕太阿郞王은 인덕천황의 시종이 되고 손자가 해양군亥陽君이며 증손이 오정군이다. 오정군午定君은 세 아들을 두었는데 미사味沙, 진이辰爾, 마로군麻呂君으로 이들은 대를 이어 세습하는 관야조신菅野朝臣 가문의 선조가 된다.

첫째 미사味沙는 시라이노후비토白猪史. 569년씨로 불리다가 후지이씨葛井氏. 720년가 되었고, 둘째 진이辰爾는 후나船連. 553년씨, 셋째 마로麻呂는 쓰津連. 574년씨의 조상이 된다. 이 중에서 특히 둘째인 왕진이王辰爾. 오신니의 업적이 기록으로 잘 남아 있는데 553년 선세船賦. 稅를 잘 기록하여 당시 권신이었던 소가노 이나메로부터 포상으로 선사船司라는 관직과 후네노후비토船史, 즉 후나船라는 성을 얻는다. 572년에는 독수리 날개에 쓴 고구려의 상표문을 해독하여 비다쓰 천황572~585년과 소가노 우마코570~626년의 칭찬을 받았다는 기록도 있다.

668년이 되면 왕진이의 손자인 후나노오고船王後의 분묘가 만들어지며 선씨왕후묘지船氏王後墓誌라는 금동제 묘지를 남긴다. 신찬성씨록상에도 진손왕 후예로 스가노菅野朝臣, 후지이葛井宿禰, 미야하라宮原宿禰, 쓰津宿禰, 나카시나中科宿禰, 후네船連. 攝津国 船連 등이 남아 있는데 오정군의 세 아들이 일으킨 성이 보인다.

2 가와치 지방 백제계 왕가의 존재감

진손왕의 후손은 왕 또는 왕격 취급을 받았다. 진손왕 아들 태아랑왕은 천황의 최측근으로 있었고 손자는 군왕자격 칭호로 불리었다. 이들이 살고 있었던 위치를 씨사와 씨신사 및 고분이 있는 주변의 지리로 추정하면 후대의 고쿠분國分, 고쿠부國府 소재지로 가와치의 중심지이며 홍수의 위험이 없는 주거 최적지였다.

❸ 진손왕 왕가의 고분

선씨왕후묘지國보가 출토되어 이주계 백제 왕족인 진손왕의 후예 선씨의 묘로 보는 마쓰오카야마 고분군松岡山古墳, 松岳山古墳群은 야마토강 좌안의 송악산 구릉에 있는 9기 이상 고분으로 송악산 고분과 차우스쓰카 고분茶臼塚古墳이 현존한다.

① 마쓰오카야마 고분군송악산 고분

대형 전방후원분으로 판석쌓기板石積, 수혈식 석실, 대왕급 고분 석관인 장지형석관長持形石棺, 입석立石을 특징으로 하고 타원형 원통식륜楕円形円筒埴輪 등 풍부한 부장품이 출토되었다.

참고로 장지형석관長持形石棺은 가와치와 나라 지방에 20개, 기비에 4개, 규슈 지방 2개, 관동의 케누 지역에 2개가 분포되어 있을 뿐이다.

② 차우스쓰카 고분茶臼塚古墳

초기 고구려식 판석 수직 쌓기, 직사각형 고분, 수혈식 석실, 할죽형 목관으로 고분 구조로 보면 4세기 말의 진손왕의 이주 시기와 비슷하다. 주요 출토품은 동경銅鏡, 삼각연신수경三角緣神獸鏡과 사수경四獸鏡, 철제농공구鉄製農工具, 초형석鍬形石, 가래 모양 돌, 차륜석車輪石, 방사선무늬 팔찌, 석천石釧, 돌팔찌, 벽옥제팔찌컵玉製腕飾, 단도短刀와 원통 토용円筒埴輪 등으로 풍부하다.

두 고분 모두 4세기 후반에서 5세기 초에 조성된 것으로 보는 견해가 있다. 근처에서 선씨왕후묘지國보가 출토되어 이주계 백제 왕족인 진손왕의 후예 선씨의 묘로 보는 의견이 많다. 진손왕 후손들은 처음에는 마쓰오까산 일대를 근거지로 하다가 자손이 퍼지면서 후대에 지금의 야중사야추지 일대로 옮겼다는 설이 있다.

4 선씨왕후묘지船氏王後墓誌

선씨의 시조인 왕진이의 손자이고 진손왕의 6대손인 선왕후船王後, 후나노오고, 남자의 묘지墓誌로 668년 선왕후를 매장할 때 무덤에 넣었던 묘지다. 단조鍛造된 얇은 단책형短冊型 동판銅板, 30x7cm 정도에 새겨진 금석문金石文으로 현존하는 일본 최고의 묘지이며 국보國寶다. 에도 시대 출토되었고 니시린지西琳寺에 소장되어 있었다.

앞면 뒷면 4행 162자 명문 각자刻字로 내용을 요약하면 다음과 같다.

왕진이의 손자인 후나노오고노 오비토船氏王後首, 王智仁首孫, 那沛故首子는 민달천황 세 탄생하여 추고천황기에 조정에 봉사하였고 서명천황대에 공적을 이루고 641년 사망하였다. 668년 송악산松岳山에 부인安理故能刀自과 합장하여 매장하였고 장형刀羅古首 묘의 옆이다.

5 후대의 고분

야추지, 후지이데라 등 하비끼노구릉 지대와 야추지 남쪽의 절산, 하비끼노 북쪽 끝의 선정사 주변에 분포되어 있다. 백제식 횡구식 석곽橫口式石槨과 석관식 석실石棺式石室을 갖추고 있고 백제 부여 능산리 고분군과 동일 구조라고 한다.

6 진손왕 후손들의 절과 신사

첫째 후지이씨-갈정사, 가라구니 신사

둘째 후나씨-아중사, 국분 신사

셋째 쯔씨-선정사, 오쓰 신사

갈葛, 후지이씨의 씨사는 갈정사葛井寺, 후지이데라다. 선船, 후네씨의 씨사는 야중사野中寺, 야추지로 정창원正倉院, 쇼소인 문서에는 이주계 씨족 선船씨의 본거지라 하고 선씨는 오진니王辰爾를 시조로 한다.

쓰津씨의 씨사는 선정사善正寺로 쓰씨津氏는 항구 관리 운영, 교역세와 항만세 징수 체제를 갖추어 재정 확보에 공헌하였다고 한다. 선정사는 동서 탑 배치, 약사 사식 가람배치藥師寺式伽藍配置, 탑塔, 금당金堂, 강당講堂, 기단基壇 등의 배열로 미루어 백제식 사찰이며 나라 시대奈良時代 초기에 건립되었다. 이 사찰들 중 갈정사와 야중사를 방문하였다.

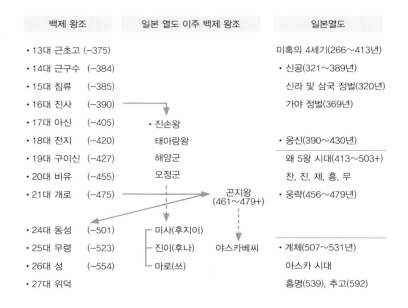

백제 왕조	일본 열도 이주 백제 왕조	일본열도
• 13대 근초고 (-375)		미혹의 4세기(266~413년)
• 14대 근구수 (-384)		• 신공(321~389년)
• 15대 침류 (-385)		신라 및 삼국 정벌(320년)
• 16대 진사 (-390)		가야 정벌(369년)
• 17대 아신 (-405)	• 진손왕	
• 18대 전지 (-420)	태아랑왕	• 응신(390~430년)
• 19대 구이신 (-427)	해양군	왜 5왕 시대(413~503+)
• 20대 비유 (-455)	오정군	찬, 진, 제, 흥, 무
• 21대 개로 (-475)	곤지왕 (461~479+)	• 웅략(456~479년)
• 24대 동성 (-501)	미사(후지이)	• 계체(507~531년)
• 25대 무령 (-523)	진이(후나) 야스카베씨	아스카 시대
• 26대 성 (-554)	마로(쓰)	흠명(539), 추고(592)
• 27대 위덕		

[그림 28] 일본 열도 이주 백제 왕족

다이센릉 고분 방문을 마치고 서쪽으로 이동하며 가와치 들판에 남아 있는 한반도 이주민의 사찰들을 둘러본다. 중요한 점은 가와치 지역으로 이들 이주민들이 들어온 시기가 궁월군과 아지사주에 의해 주도된 아스카 지역으로의 집단이주보다 앞선다는 것이다. 즉 아스카 지역으로의 이주가 백제 아신왕 시절인 400년대 초인 반면 이 지역으로의 이주는 300년대 후반으로 백제의 **근구수왕~진사왕**[55] 시절이다. 아스카 지역으로의 이주가 전란을 피하기 위해서였다면 가와치 지역으로의 이주는 한성 백제의 전성기에 평화적으로 이루어졌다는 차이점이 있다.

사찰들은 모두 쇠락한 느낌을 받았지만 과거의 영화를 일깨워 주는 놀라운 유물들을 하나씩 간직하고 있었다.

7 갈정사葛井寺

백제계 갈씨, 전에는 백저씨白猪氏의 사찰인 갈정사葛井寺는 고색창연한 분위기를 품고 있었고 특별히 보호되고 있는 비불秘仏인 천수관음상이 있었다. 놀랍게도 근처의 도시 이름이 절 이름에서 따온 후지이데라시葛井寺市인 것을 보면 이 사찰이 미쳤던 영향력을 느낄 수 있다. 후지이데라시에 있는 후루이치古市라는 곳은 사카이의 모즈 고분군과 더불어 초대형 고분들이 집중되어 있는 곳이다.

후지이데라葛井寺, 갈정사는 오사카부 후지이데라시에 있는 진언종 오무로파御室派의 사원이다. 후지이데라藤井寺, 고린지剛林寺라고 하는데 본존은 천수관음千手観音이다.

길가의 주차장에 차를 세우고 좁고 복잡한 옛날식 골목길을 한참 걸어 들어갔다. 절의 건물들은 큼직큼직했는데 역시 정돈이 잘되지 않아 어수선한 느낌이었다. 마당에는 절 이름에 맞추려고 그랬는지 등나무藤, 후지가 심어진 정원이 있었다.

『절연고』에는 725년, 쇼무천황聖武天皇의 칙원으로 행기行基, 일본 발음은 교기. 이하 행기로 한다가 창건하고, 후지이데라葛井寺의 칙호를 얻었다고 하지만, 실은 백제 왕족의 자손인 이주계 씨족인 갈정葛井. 藤井씨에 의해 8세기 중간에 창건되었다고 추정되고 있다. 헤이안 시대 초기에 절을 재흥했다고 전해지는 아보친왕의 어머니도 후지이씨藤井氏다.

백제 진손왕辰孫王의 후예 씨족인, 백저씨白猪氏는 나라 시대인 720년에 후지이씨葛井氏로 성을 고친다. 백제 진손왕356년생은 근구수왕의 손자이자 진사왕재위385~392년의 아들이다. 근구수왕의 명으로 유학자 왕인과 함께 사절로 일본에 건너갔다. 『절연고』에 의하면 807년에 후지이씨葛井連道依娘의 딸인 후지코藤子와 평성천황재위806~809년 사이의 왕자인 아보친왕에 의해 재건되었다. 또 아보친왕백제계로 알려진 50대 간무천황의 아들의 왕자인 아리와라 나리히라在原業平가 안쪽의 절 건물을 건설했다. 1096년에는 야마토국 후지이군의 주민인 후지이안기藤井安基가 황폐한 가람을 고쳤다고 전한다. 현존하는 건물은 근세 이후에 재건된 것이다. 진손왕의 씨족을 기리기 위해 세워진 절이다.

건칠 천수관음좌상11면 천수천안관세음보살상, 국보, 乾漆 千手観音坐像, 十一面千手千眼観世音菩薩像은 본영궁전本堂宮殿 내에 안치된 당사의 본존상으로 8세기 중기경에 만들어진 것이지만 기록에 의하면 가마쿠라 시대에는 육각보전 내에 안치되어 있었다고 한다.

팔릉형광八稜形框 위에 보병宝瓶을 설치한 5중연화좌 위에 거치되어 있는데 높이는 144.2cm이다. 가슴 앞에서 합장하는 2개의 손을 중심으로 1039개의 대소의 옆손이 원형으로 전개하고 있다. 합장한 본수本手를 포함한 본체는 한반도로부터 전래한 탈활건칠법삼베를 옻으로 붙여 거듭 상의 형을 만드는 기법으로 만들어져 그 위에 나무건칠의 대소 팔뚝옆손을 조합한 구조다. 합장한 손을 제외한 대소의 옆손은 불상의 배후에 세운 2개의 지주에 붙어 있어 본체와는 떨어져 있지만, 정면에서 보면 불상의 본체로부터 천 개의 손이 나와 있는 것처럼 보인다. 일본에 현존하는 천수관음상으로서는 최고最古 불상의 하나지만, 일부는 후대에 보충된 것이다. 조각된 천수관음상은 보통 40개의 손으로 천 수千手를 대신하는 것이 많지만, 본 불상과 같이 실제로 1,000개의 손을 표현한 천수관음상은 진귀하다.

8 야중사野中寺

백제계百済系 선씨船氏의 야중사野中寺도 조용한 분위기였는데 절터 안에 남겨진 주춧돌이 옛날의 절의 규모를 짐작하게 한다. 안치되어 있는 미륵보살반가사유상은 비불秘仏이다.

야중사野中寺, 야추지는 오사카부 하비키노시에 있는 고야산 진언종의 불교사원으로 본존은 약사여래이며 창건은 아스카 시대에 하였다. 전승에 의하면 성덕태자가 건립한 48사의 하나라고 하고, 태자의 명을 받은 **소가 우마코**馬子[56]가 창설자로 추측된다.

그러나 「정창원正倉院, 쇼소인」 문서에 의하면, 이 부근은 이주 씨족인 선船씨의 본거지이며, 야추지는 선씨의 씨사氏寺였을 가능성이 높다. 선씨는 오진니王辰爾를 시조로 하는 자손이다. 오진니는 백제에서의 이마키今来 이주민으로, 29대 긴메이천황欽明天皇. 흠명천황. 재위539~571년의 시대에 선부船賦를 기록해서 선장船長에 임명되어 선씨 성을 받았다. 그 이름은 30대 민달천황 원년572년에 까마귀의 날개에 씌워져 고구려에서 온 국서를 해독한 것으로 유명하다.

선씨는 갈정씨나 진津씨와 동족으로 백제의 제14대 근구수왕近仇首王을 공통인 선조로 하고 있어 도래한 후에도 서로 근처에 거주하고 있었다. 갈정씨는 지금의 후지이데라 부근에, 진씨는 그곳에서 서쪽으로 1.2km 떨어진 오쓰 신사大津神社 부근을 본거지로 하고 있었다. 야중사야추지는 이 두 지점에서 남쪽 1.3km에 위치한다.

야중사도 왠지 적막감이 돌았다. 경내에 남은 주춧돌을 보면, 아스카 시대에서 나라 시대 전반에 걸쳐 대규모 가람이 존재했던 것이 분명하다. 창건 시의 당탑은 남북조 시대의 병화로 모두 소실되고 경내에는 중문적, 금당적, 탑적, 강당적, 복도적 등 호류지식 가람 배치를 보이는 주춧돌이 남아 있어 야추지 구가람적은 사적으로 지정되고 있다.

동조미륵보살 반가사유상銅造弥勒菩薩半跏思惟像은 야중사 내의 창고로부터 발견된 불상이다. 높이가 18.5cm의 소불로 두부가 크고, 허리의 비율은 아스카 시대-나라 시대의 금동 불상에 많이 보이는 형식이다.

두부에는 큼직한 삼면 머리 장식을 하고, 치마나 대좌 등은 정으로 무늬를 새긴 정성을 드린 작품이다. 왼발을 밟고, 오른손을 볼에 대는 사유상의 포즈는 이러한 종류의 반가사유상의 통례이지만 오른손의 손바닥이 정면을 향하는 점이 진귀하다. 표정에는 아스카 시대의 불상에서 볼 수 있는 '고풍스러운 미소古拙の微笑'가 남아 있다.

본 불상이 안치된 대좌의 광框. 틀 부분에는 명문 62글자가 음각되어, 본 불상이 병인년 4월에 천황이 병이 났을 때 박사博士의 신도들이 병 낫기를 기원해서 모신 미륵보살상인 것을 알 수 있다. 병인년은 666년에 해당한다. 이러한 종류의 반가사유상은 이름이 불명인 것이 많지만, 본 불상은 명문 중에 미륵이라고 명기가 되어 있어 제작 연대가 명확한 미륵상의 기준품으로서 중요하다.

◆ 필자의 견해 ◆

서기 300년대 중후반의 백제계 도래 왕족임이 확실한 세 성씨의 조상을 모시는 사당에 해당하는 3개의 절 즉, 후지이(藤井)씨의 후지이데라(藤井寺), 후나(船)씨의 야추지(野中寺), 쓰(津)씨의 선정사(善正寺)는 야마토대왕묘(古市大王墓, 후루이치 대형 고분, 今 천황릉으로 지정된 대형 고분들) 근처에 있다. 필자가 야중사와 갈정사를 방문할 때도 바로 북쪽으로 거대 고분이 눈에 띄었는데 지도상에서 확인해 보니 중애천황릉으로 지정된 에가노나가노노니시릉이었다.

선정사 남쪽으로도 윤공천황릉으로 지정된 이치노야마 고분(市野山古墳, 惠我長野北陵)이 자리 잡고 그 남쪽으로는 응신천황릉으로 알려진 에가노모후시노오카릉(譽田御廟山古墳)이 자리 잡고 있다. 일본에서 두 번째로 큰 거대 고분이다. 다시 말하자면, 서기 300년대 중 후반에 가와치에 자리 잡은 백제계 왕족의 이주지와 활동지가 거대 고분 지역과 일치한다는 것이다. 이것을 어떻게 설명해야 할까. 옛날에 우리 조상들은 자신의 출신지에 묘를 썼다. 이로부터 70~80년 후인 461년에 가와치에 파견된 개로왕의 동생인 곤지왕은 초기 백제계 왕족의 후손들과 불어난 그들의 신민을 통치하기 위하여 가와치로 왔을 것이라는 생각이 들었다.

백제 곤지왕을 모신 아스카베 신사(飛鳥戸神社)도 여기서 6km 정도이니 말을 타고 10~20분 정도 걸리는 정도의 거리다. 또한 서기 500년대 중후반부터 아스카 시대를 이끌었던 소가씨의 사당과 성덕태자의 묘도 여기서 6~7km 정도밖에 되지 않는다. 이러한 정황을 살펴보면, 야중사에서 동쪽으로 6km의 거리에 있는 선씨의 묘로 알려진 송악산 고분이 있는 곳도 4세기 후반 백제로부터의 귀족층 선주 이주민의 정착지에서 멀지 않기 때문에 그들의 무덤일 가능성이 농후하다. 이런 의미에서 소가씨와 성덕태자도 백제계의 후예로 보는 것이다.

3. 후루이치

도시 이름古市 그대로 오래된 마을이다. 마치 경주 시내처럼 사방으로 거대 고분들이 눈에 들어오는 지역이다.

■ 콘다고뵤우야마 고분 誉田御廟山古墳, 응신천황릉

가와치에서 가장 큰 다이센릉 고분에 이어 두 번째로 큰 콘다야마 고분을 찾아간다.

고분의 주변에 있는 장소를 찾아 내비에 입력하니 고분이 아니라 콘다하치만신사誉田八幡神社로 인도한다. 콘다 고분의 주인이라는 응신応神천황의 신사다. 응신의 이름이 콘다, 혼다 또는 호무다라고 한다. 응신천황応神天皇. 15대, 390~430년 재위 추정 호무다와케 노미코토誉田別尊는 실질적인 일본 최초의 천황이라고 전해진다. 그전의 천황들은 구체적인 행적에 대한 기록이 거의 전무하기 때문이다. 신사의 옆이 그의 능인데 너무 커서 작은 산처럼 보인다. 일본에서 두 번째 크기의 고분이다. 궁내청의 안내판이 있고 출입금지로 되어 있다. 이 고분의 피장자로 지정되어 있는 15대 응신応神천황은 일본 고대사의 중심에 있는 인물이다.

응신応神천황은 『일본서기』상 연대로 201년 신공천황의 유복자로 규슈에서 출생하여 310년 나라의 가시하라에서 사망했다는 게 일본 정사에 기재되어 있지만 수많은 이설이 있다. 우선 사망 연도는 기기상의 310년에 120년을 더한 430년이라는 것이 정설로 자리 잡고 있다. 실존했던 천황이라고도 말하지만, 일부 사학자들은 전설적인 천황이라고 주장한다. 16대 닌토쿠천황조의 기록과 중복과 혼란 등이 있어, 오진·닌토쿠 동일 인물설 등이 나와 있다.

응신천황의 실존에 대해 의문이 있어, 응신천황의 실상을 둘러싸고 여러 가지 설이 나왔다. 응신천황의 일본식 시호인 호무다는 8대 이전의 가공의 천황과 현저하게 차이가 나는 점으로부터 실존했다는 설, 3왕조 교대설에 있어서의 2왕조인 정복왕조의 창시자로 하는 설, 야마타이국의 동천설에 관련되어 황실의 선조로서 제사 지내지고 있는 신이라 하는 설, 가와치 왕조河內王朝의 시조라고 보는 설 등이 있다. 또 일본 밖의 사료와 비교하여, 송서, 양서에 보이는 왜오왕찬倭五王讚에 비정하는 설이 있다.

가야계 숭신천황계의 왕권이 응신천황에게 넘어오는 과정에도 다양한 가설이 있는데 쿠데타가 아니라 숭신천황의 데릴사위가 되어 나라의 가야계 정권을 평화적으로 계승했다는 설이 있다. 독특한 주장으로 이시와타리 신이치로石渡信一郎의 저서『백제에서 도래한 응신천황』에 의하면 응신천황이 백제 개로왕의 동생인 곤지왕이며 가와치 지방의 백제계 세력을 배경으로 하여 곤지가 쿠데타로 기존에 야마토 지역에 존재했던 부여계 왕권을 접수했다는 가설도 있다. 이 경우는 응신천황이 400년대 사람이 아니고 그보다 100년 후인 500년 즈음의 사람이 된다. 이 가설들은 가와치와 후루이치 지역에 있는 초대형 고분들의 실제 축조 연대에 대한 분석과 함께 설명된다.

응신천황 이전에 나라 지역에는 이미 왕권이 존재했는데 숭신천황가야의 왕의 가야계라는 설도 있고 부여계라는 설도 있다.

응신천황의 어머니로『일본서기』에 나오는 신공황후의 실재에 대해서는 더 많은 의혹과 가설이 존재한다. 존 카터 코벨John Carter Covell의『부여 기마 민족과 왜』에 의하면 부여계 왕족 출신으로 백제의 후원을 받아 한반도의 가야 지역을 거쳐 일본 열도로 넘어가서 규슈를 정복하고 응신천황을 낳았다는 설이 있다.

2 가와치의 가야

고고학적 자료들은 5세기 중엽 이후 가야 출신의 기마 풍습을 가진 이주민들의 가와치평야로의 진출과 정착을 보여준다. 고고학적으로 보면 가야 계통의 기마전투 무기류들은 일단 가와치에 나타난 다음 야마토에서 발견된다. 따라서 가야 세력의 긴키 지방으로의 진출은 그들이 일단 가와치에 진출, 정착한 다음 야마토에 들어간 것으로 보는 것이 합리적이다. 후루이치 고분군과 모즈 고분군들에서 출토된 5세기 중엽의 마구류와 무기, 무장 및 스에키는 한반도 가야계 제품이며 북규슈의 이토지마, 나카천 일대의 가야계 유물들 및 히무까의 가야계 유물과 계보를 같이한다.

③ 가와치의 백제

가와치 평야에 백제계 세력이 형성되기 시작하는 것은 4세기 중엽경으로 추정된다. 이것을 증명해 주는 것이 이코마산 서쪽 기슭에 자리 잡은 다마테야마 고분군玉手山古墳群과 마쓰오카야마 고분군松岡山古墳群 등 일련의 4세기의 고분들이다. 다마테야마 고분군은 야마토강과 이시가와강이 합쳐지는 곳에서부터 시작되며 남북 2.8km에 이르는 구릉언덕 위에 전방후원분 17기를 중심으로 원분7기와 2기의 횡혈식 고분으로 구성되어 있다. 고분군의 형성은 4세기 후반기경으로부터 시작된다. 다마테야마 고분군의 북쪽에는 안복사횡혈묘가 약 20기 있고 남쪽에 35기 이상의 횡혈묘가 있다. 횡혈묘는 백제에 시원을 두고 있다. 안복사횡혈묘에는 백제인의 특징을 보여주는 말탄 무사를 그려 놓았다.

④ 가와치의 고분에 대한 정리

후루이치 고분군와 모즈 고분군 및 그 주변의 군집묘에 대하여 정리하면 다음과 같다.

다이센 고분과 콘다야마 고분은 발굴 조사가 금지되어 있으나 그 배총 고분들에서 나온 유물을 통하여 추정하면 그 축조 시기는 5세기 말~6세기 초에 해당한다. 다시 말하면 일본의 역사서가 기술하듯 4세기에 이 지역의 주역이었다고 하는 신공황후나 응신천황의 시대와는 1세기의 차이가 있다는 이야기다. 모즈 고분군과 후루이치 고분군 중 대표적 고분의 발굴 조사에 의하면 출토된 마구류와 무기, 무장, 스에키류들은 가야계가 지배적이며 매장 시설인 횡혈식 석실과 석관류 등은 백제적 요소가 강하다. 이 지역의 고분군에서 나온 유물들은 한반도 유래라는 것이다. 대체로 5세기 중엽 이후 가와치평야는 새로운 농구, 공구의 출현과 함께 급속히 개간되며 그에 따라 이 지역은 사회 경제적으로 더 높은 발전 단계로 가게 되었을 것이다.

5 하비키노시羽曳野市

대규모 고분의 도시인 가와치河內의 하비키노시는 '백조가 되어 서쪽 하늘로 날개羽를 끌며, 힘껏 당기며曳 날아갔다'는 야마토다케루日本武尊의 이야기에서 나온 지명이라고 한다. 하비키羽曳는 날개를 끈다는 의미이다.

백조릉 고분白鳥陵古墳, 시라도리노 미사사기 고분을 구글 지도를 켜 놓고 찾아가는데 주변에 큰 고분이 많아 찾기가 쉽지 않다. 이 근처의 지명이 후루이치古市인 이유를 알겠다. 고분에 접근하기 위해 마을 안의 소로를 따라가다 동네 주차장에 차를 세우고 걷다 보니 간신히 고분의 주변에 도착한다. 자세히 보니 골목길 입구에 서 있는 작은 나무기둥에 붙어 있는 판에 백조릉白鳥陵이라고 쓰여 있고 밑에 화살표가 있다. 화살표 방향을 다시 따라가니 정식 입구가 나타난다. 일본 열도를 최초로 통일하였다는 야마토타케루日本武尊의 백조릉白鳥陵이라는 묘비석이 있다.

6 야마토타케루日本武尊

5세기말 가와치의 한반도 이주민에 관한 이야기와는 시간 차이가 나지만 이 지역에 소재하는 고분이라 여기에 소개한다.

야마토 다케루日本武尊는 일본의 전설적인 야마토 왕조의 왕자였다. 그는 일본의 12대 게이코천황의 아들로 이 인상적인 인물의 비극적인 이야기는 일본 연대기『고사기』와『일본서기』에 기록되어 있다. 그의 아들 중의 한 명이 14대 중에 천황이 된다.『일본서기』에는 야마토 다케루의 극적인 고난에 대해서 쓰여 있으며『고사기』의 경우 실사적인 인물로 그려져 있다.

야마토 다케루라는 일본어 이름의 한자 표기를『일본서기』는 야마토타케루노미코토日本武尊,『고사기』는 야마토타케루노미코토倭建命로 적고 있다. 또 오와리국『풍토기』일문逸文과『고어습유』[57)는 야마토타케루노미코토日本武命, 히타치국『풍토기』는 야마토타케루미코倭武天皇, 아와국『풍토기』일문에는 倭健天皇 또는 倭健

天皇命으로 적고 있다.

그의 역사적인 존재는 불분명하지만, 문헌에 따르면 그는 4세기의 인물이다. 야마토타케루는 형 오우스노 미코토가 게이코의 왕비를 빼앗자 오우스노 미코토의 손과 발을 묶어 거적에 넣어 던져 죽였다. 아버지 게이코천황은 그러한 야마토타케루를 두려워하여 규슈 남부에 있는 구마소노 다케루熊襲建 형제를 무찌르러 보냈다. 야마토타케루는 구마소의 적들을 격파하였는데, 두 번째 경우에는 여장을 하고 술판을 벌이고 술에 취한 적을 죽였다. 패한 구마소에 수장은 그에게 구마소의 소규모 무사 집단의 우두머리라는 뜻의 다케루建師 라는 호칭을 붙여 줬다.

게이코천황은 다시 야마토 다케루를 동쪽으로 보냈는데, 그들이 황권에 복종하지 않았기 때문이다. 그는 아내를 폭풍에 잃었다. 이 내용은 도쿄 지방의 고대사에서 소개한 적이 있다. 야마토타케루는 이세에서 죽었다. 그곳에도 고분이 있다.

우리 야사野史를 보기로 한다. 필자가 백조릉에 관심이 갔던 이유는 다음의 야사에 나오는 흥미로운 이야기 때문이었다.

백제 11대왕인 비류대왕재위304~344년의 태자와 쌍둥이 아들들이 **걸대왕**[58]을 따라 일본 탈환 전쟁에 참전해 태자와 쌍둥이 형은 318년에 전사하고 쌍둥이 아우인 근초고 왕자가 일본 전역에 혁혁한 공을 세워 야마토타케루 즉 일본무존日本武尊, 왜건명倭建命이라는 최고의 칭호를 얻었다. 근초고 왕자가 백제 태자가 되어 백제로 돌아가니 그를 기리는 백조릉이 일본 곳곳에 세워지고 근초고대왕의 아들들이 당연하게 일본 천황으로 즉위하였다.

일본무존의 빈 고분 기록에 의하면 근초고대왕은 295년에 태어나 『삼국사기』에 기록되어 있는 374년까지 80세를 살았다. 일본무존의 고분은 일본무존이 백제로 떠난 뒤에 만들어진 '빈empty' 고분으로서 일본사기 인덕천황기에도 확인된다.

일본 교토京都의 **히라노 신사**平野神社[59]에는 제신祭神에 관하여 다음과 같은 기록이 남아 있다. 히라노 신사에서 제사를 지내는 제1신은 금목신今木神이자 일본무존이고 제2신은 구도신人度神인데 일본무존의 아들이다. 가장 중요한 것은 구도신은 일본무존의 아들인 데다가 백제 상고왕尙古王은 近尙古王, 즉 근초고대왕의 아들이라는 것이다. 따라서 구도신인 근구수대왕을 낳은 일본무존은 당연히 백제 근초고대왕인 것이다. 일본에서도 현재 이들 히라노 신사의 4신을 모두 백제왕으로 인정하고 있다. 야마토타케루가 젊은 시절의 근초고대왕이라는 의미이다. 필자는 고토의 히다 신사를 방문하여 위의 글을 안내판에서 읽은 바 있다.

필자로서는 이 이야기의 사실 여부보다는 이러한 이야기가 나온 배경이 궁금하다. 백조가 되어 서쪽 하늘로 날개翔를 끌며, 힘껏 당기며曳 날아갔다는 야마토다케루日本武尊의 이야기에는 그 배경이 있을 것이다. 해자 너머에 있는 백조릉 역시 작은 산처럼 보인다. 궁내청의 표지판이 있고 출입금지이다.

4. 가와치 북쪽

오늘은 나라 시내 근처의 명소를 걸어 다니며 휴식을 취할 계획이었고 그중에서도 나라국립박물관을 가 볼 생각이었다. 월요일이라 휴관일지도 모르겠다는 생각이 문득 들어 인터넷을 체크하니 휴관일이다. 플랜 B를 가동하기로 했다. 마지막 숙제로 남겨 놓은 시기산信貴山 일대의 두 고분군을 둘러보는 것이다. 고분군이 분포된 지역이 근접해서 이동을 많이 하지 않아도 될 것 같아 반나절 코스로 남겨 놓은 곳이다.

이 두 고분군은 이주민들의 고분군으로 남쪽에 있는 히라오야마 고분군平尾山古墳群은 이마키 이주민 소가씨蘇我氏의 것이고 북쪽의 다카야스천총 고분군高安千塚古墳群은 후루키 이주민인 모노베씨物部氏의 것이라고 한다. 이 두 집단 고분군은 가츠라기산 서쪽의 왕릉의 골짜기 남쪽에 있는 이찌쓰카 고분군─須賀古墳群과 더불어 고분의 숫자로 볼 때 가와치의 3대 고분군이다.

▇ 가와치 3대 군집묘共同墓地

① 히라오야마고분군平尾山古墳群

신주이마키 이주민 소가씨 계열의 군집묘로 1,407기위 횡혈식 석실묘로 이루어져 있다. 다카이다 고분군高井田山古墳群이 그 일부이며 횡혈横穴 고분들이 포함되어 있다. 횡혈 고분의 벽에는 인물상, 백제식 변弁을 쓰고 웃저고리 통옷을 입은 기마상과 남자상, 배, 나무, 꽃, 집 등이 선각화로 그려져 있다. 천정이 채색되어 큰 새가 그려져 있는 곳도 있다. 6세기의 것으로 추정된다.

② 다카야스천총 고분군高安千塚古墳群

선주후루키 이주민 모노베씨 계열의 군집묘로 600기 원분과 방분우로 이루어져 있으며 횡혈식 석실묘가 주를 이룬다. 돌멘 고분大窟·山畑36号墳, 이실총 고분二室塚古墳, 준덕환경 고분俊徳丸鏡古墳 등이 있다.

③ 이치스카고분군 -須賀古墳群

6세기 후만에서 7세기 중반까지 조성된 공동묘지로 262기의 분묘로 이루어져 있으며 직경 10~20m, 원분과 방분으로 되어 있고 횡혈식 석실묘가 주를 이룬다. 남쪽에 자리하고 있어 왕릉의 계곡편에서 소개한다.

2 횡혈식 석실 橫穴式石室

이 지역에 백제계의 계속된 집단 이주로 백제계 고분인 횡혈식 석실이 늘어난 것이 특징이다.

고고학자인 타이치로, 시라이시白石太一郎씨의 의견이다. '히라오야마천총 고분군平尾山千塚古墳群'은 같은 가와치河內에 조성된 다카야쓰천총 고분군高安千塚古墳群 등과 마찬가지로 이주계 씨족의 고분에 특징적인 밥솥의 미니어처의 부장鍋葬이 보이는 것으로 보아, 가와치河內에 정착한 이주계 집단이 남긴 군집분일 가능성이 높다.

히라오야마 고분군의 조성이 6세기 전반에 시작되어 그 절정기가 7세기 전반에 이르는 것에 비해 다카야쓰야마 고분군의 경우, 마찬가지로 6세기 전반에 시작하지만 7세기 초에 먼저 종말을 맞이한다는 차이가 있다. 그 배경으로 생각할 수 있는 것은 히라오야마 고분군이 소가씨 휘하의 이주계 집단에 의해 이루어진 것인 데 반해 다카야쓰야마 고분군은 6세기 말에 소가씨와의 항쟁으로 패해 몰락한 모노베씨의 지배하에 있던 이주계 집단이 조성한 데서 비롯된 것으로 보인다.

이 지역은 나라에서 직접 연결되는 노선이 없어 오지王寺를 지나 야마토강이 계곡을 빠져나간 곳에 있는 다카이다高井田역에서 내려 야마토강을 걸어서 건너면 긴데츠오사카선의 가와치고쿠분河內国分역이 있는데 여기서 전차를 타고 오사카로 향하다가 조몬야마모토川內山本 역에서 내려 다시 갈아타야 고분군에 가까운 핫토리가와服部川역과 안도安堂역에 닿을 수 있다.

3 다카이다高井田**고분군**히라오야마 고분군의 일부

다카이다역 근처에 히라오야마 고분군의 일부인 다카이다高井田 고분군이 있어 먼저 들르기로 했다. 공원으로 조성되어 있었는데 바위에 굴을 뚫어 만든 횡혈식 석실 고분이 길 옆으로 줄지어 있다. 이와 같은 형태의 고분 양식은 사이타마의 요시미백혈吉見百穴 고분과 구마모토 야마가시 소재 나베다횡혈군鍋田横穴群에서 본 적이 있다. 이주민의 고분 양식 중 하나다. 공원 정상에는 수혈식 고분이 하나 있었다. 일본학자들은 이 다카이다야마 고분을 백제 곤지왕의 고분으로 추정하기 때문에 곤지왕 편에서 소개한다. 근처 주택가에 있는 안도제6지구 3호분도 방문하였다.

야마토천을 건넌다. 도래인들이 오사카 해변에 도착해 야마토천을 따라 상류의 나라 지역으로 진출했다는 독자적 가설을 만들어 보았기에 감회가 새롭다. 그렇지만 이주민들이 도착하던 기원전후에는 지금의 야마토천은 없었다. 오사카 일대는 지금의 오사카성과 난바 지역을 제외하고는 호수만과 강하류가 만나 호수처럼 된 곳였다고 한다. 따라서 이주민들은 호수 동쪽의 산 아래 지역에서 집단으로 거주하였을 것이다. 이러한 지형 때문에 이 지역을 뜻하는 가와치川内, 강의 안쪽라는 지명이 생긴 것 같다.

4 다카야스천총 **고분군**高安千塚古墳群

고쿠분에서 열차를 타고 가와치야마모토역에 내려 시기산행 열차를 기다리며 플랫폼에서 두리번거리고 있는데 전동차 운전사가 부르는 소리가 들려 돌아보니 플랫폼을 건너오라는 얘기다. 시골 버스를 생각나게 한다. 핫토리가와服部川역에 내려 역앞 시골 카페에서 점심을 먹었다. 주변이 느리고 조용한 느낌이 들었다. 앞에서도 언급한 적이 있지만 역의 이름에 들어 있는 핫토리服部는 한반도 도래인 하타족의 성씨다.

다카야스천총 고분군高安千塚古墳群을 답사하기 시작했다. 총 600기의 고분 중 확인된 고분의 수가 224기라고 하는데 우선 기운이 있을 때 가장 산 위에 있는

고분부터 보기로 했다. 돌멘 고분大窟, 山畑36호墳을 찾아서 20~30분 정도 완만한 산길을 오른다. 오늘은 날이 따뜻해 안에 입은 스웨터를 벗었다. 구글맵으로 가리키는 장소에 분명 도착했는데 고분이 보이질 않는다. 찾지 못했다. 저녁에 일본 인터넷을 검색하다 보니 구글맵이 잘못된 곳을 표시하고 있다는 사실을 알았다.

다음 목표인 이실총 고분二室塚古墳을 찾는데 역시 못 찾았다. 마침 보이는 방문 판매원 같은 사람에게 물어보니 밭 가운데 있는지 모르겠다고 한다. 나중에 알고 보니 가건물로 덮여 있어서 막상 보고도 아니라고 생각한 것이다. 마지막으로 준도쿠마루가가미 고분俊徳丸鏡古墳을 찾았다. 주택에 둘러싸여 있는데 관리 상태가 부실하다. 그러나 횡혈식 석실은 훌륭했다. 이 고분을 통해서 이 지역 다른 고분들의 형태를 짐작할 수가 있어 다행이었다.

다카야스천총 고분군은 야오시 다카야스산의 서쪽 기슭인 야마하타, 하토리가와, 고오리가와에 걸치는 표고 50~200m의 지대에 분포되어 있는 가와치에서 가장 큰 군집묘이다동서 800m, 남북 700m. 군집묘의 고분들은 대체로 고분 시대의 전기, 중기, 후기 등 전 기간에 걸치는 것들인데 주로 직경 10~20m, 높이 3~4m 정도의 봉분이 작은 후기 횡혈식묘들이 많다. 그리고 이곳의 고분 축조는 7세기에 이르러서는 완전히 끊어진다. 하토리강의 동쪽인 다카야스산의 중턱에서 큰 석실이 나타났는데 거기에서 구슬류와 스에키가 나왔고 고오리강의 어느 한 전방후원 고분에서는 은장식 귀걸이가 나왔다고 한다. 그 밖에도 횡혈식 석실 고분들에서 이러저러한 모양을 한 스에키와 마구류 그리고 금귀걸이가 수없이 나왔다고 한다.

5 히라오야마 고분군 平尾山古墳群

돌아오는 길에 전철을 타고 안도安堵역에 내린다. 히라오야마 고분군으로 찾아 올라갔다. 그러나 지도에 표시된 곳을 찾아가니 지금은 공동묘지이고 표지판 하나밖에 없다. 옛날 고분들 위에 후손들이 또 묘를 쓴 것이다. 지금까지 1,407기의 고분이 발견되어 일본에서 최대 규모의 군집묘라고 하는데 의존하는 구글 지도상에는 표시가 되어 있지 않아 더 이상은 찾을 수가 없었다.

히라오야마 고분군은 이코마산지의 남쪽 끝인 야마토천이 눈아래로 흐르는 가시와라시 다카이다의 히라오산에 있다. 이 고분군의 남서쪽으로 약 500m 떨어진 곳에는 다카이다의 횡혈식 고분군이 있다. 해발 239m 히라오산 서쪽에서 남쪽으로 파생한 작은 산등성이 위에 구축된 이 고분군은 해발 50~220m에 걸쳐 분포되어 있다. 군집묘는 주로 횡혈식 석실로 된 전방후원분이나 큰 원형 고분은 없고 작은 원형 고분_{직경 12~15m}이 대부분을 차지한다.

군집묘는 6세기 초부터 만들어지기 시작하였고 6세기 후반기에 갑자기 증가되다가 7세기 중엽경에는 자취를 감춘다. 석실의 형태는 묘실과 묘도의 구별이 없는 것이 일반적이다. 근처에는 제철과 관련한 쇠부스러기 등이 가린도오바타_{雁多尾畑} 지역에서 나왔다. 그곳에는 한반도계 제철 집단의 제사신을 모신 가나야마 신사_{金山神社, 金山媛神社, 金山彦神社}가 있다. 연희식내사로서 제철 및 대장간 생산을 수호하는 신으로 여겨지며, 가시와라 지역의 대규모 철기 생산 집단과의 관련성이 고려되고 있다. 1983년 가시와라시의 오아가타 유적_{大県遺跡}에서 퇴적된 철제품과 목탄층의 노_爐자리 7기가 발견되었는데 약 100kg의 철제와 송풍장치 등이 드러났다고 한다.

6 야마하타 고분군_{山畑古墳群}

야마하타 고분군_{山畑古墳群}은 다카야스천총 고분군_{高安千塚古墳群}의 북쪽으로 동오사카의 표고 50~170m의 이코마산 기슭 경사지에 축조된 후기 고분군이다. 이전에는 100기 이상 있었다고 여겨지지만, 주택 개발 등으로 파괴된 것도 포함해 70기 정도가 확인되고 있고 대부분은 히가시오사카시립 향토 박물관 부근 주위에 밀집해 있다. 6세기 중엽부터 산 위쪽에서 만들어지기 시작하였다고 한다. 고분들은 원분, 원형쌍분, 방분 등 그 형태가 다양한 데 특색이 있다. 제일 높은 곳인 표고 150m에 있는 제2호고분은 길이 16.7m의 석실로 되어 있으며 제22

호 고분은 길이 약 30m나 되는 원형쌍분으로서 동서에 두 개의 횡혈식 석실이 있다. 두 개의 석실이 있는 방분도 있다제30호고분. 고분에서 나온 유물로는 스에키, 하지기, 철제 무기, 철제 농구, 귀걸이 등이 있다. 거의 모든 석실들에서 행엽과 말자갈 등 한반도제 마구류가 나오는 것이 이 고분군의 특색이라고 한다. 그 지대가 오랫동안 말사육이 성행한 지대로 이름이 있었던 것은 이와 같은 고고학적 사실을 반영한 것이라고 본다. 즉 이 일대는 말을 기르던 마가부馬飼部를 이끌던 이주계 씨족의 세력지이른바 말 기르는 마을馬飼いの里로 알려져 있으며, 이 고분들은 그 일족의 것으로 추정된다. 22호와 30호 이외의 주요 고분은 야마하타 51호분으로 일명 '성산 고분城山古墳'으로 불리는 지름 약 15m, 높이 약 3m의 원분이고 야마하타52호분은 가장 고도가 낮은 위치에 있으며 약 50m의 쌍원분으로, 그 형상을 따서 '표주박산'으로 불린다.

나라에 일찍 도착하여 나라 시내를 걸어 보았다. 지난 8일 동안 원래 계획했던 일정을 거의 소화하였기 때문에 이튿날에는 천천히 나라 시내를 관광하기로 하였다. 한 가지 잊기 전에 적어 놓을 것이 있다. 열차를 갈아탄 가와치고쿠분国分 지역은 두 강이 만나는 곳에 형성된 가와치 지방의 행정 중심지였던 것으로 보인다. 백제 후지이씨의 씨사인 후지이데라藤井寺가 있고 일본에서 두 번째로 큰 응신천왕의 능이 있고 대규모 고분의 밀집 지역인 후루이치古市가 있다.

히라오 고분군과 다카야스 고분군 일대에 고쿠분 지역의 지배자 계급을 위해 일하는 관료, 중산층 및 서민층이 살았던 지역으로 보인다. 하토리가와에 살던 하토리服織, 하타오리씨는 옷감을 만들던 사람들이었다. 하토리씨는 가야, 신라계 도래인인 하타씨秦氏의 일족이고, 한 갈래는 나중에 나라 동쪽의 이가 지역으로 이주하여 닌자忍者의 원류가 된다.

5. 왕릉의 계곡

오늘은 가와치 남쪽 왕릉의 계곡을 둘러본다. 나라에서 보면 서쪽의 산넘어 가와치 쪽에 있는 왕릉의 골짜기로 알려진 타이시정太子町을 먼저 방문하기로 했다. 가시하라신궁에서 남오사카선 전차로 바꿔 타고 니조산二上山을 넘어 카미노 타이시역에 내리는 것으로 계획하였다. 그러나 상상했던 것과 다르게 카미노타 이시上ノ太子역은 작은 간이역이었다. 버스가 기다리고는 있는데 행선지를 몰라 탈 수가 없었다. 역 앞에 있는 안내판을 보고 우선 성덕태자묘를 목표로 정했다.

지도상으로 보니 가는 도중에 가마쿠라막부를 세운 쇼군 미나모토 요리토모 의 조상묘가 있어 들러 보기로 하였다. 그러나 길을 걷기 시작한 지 얼마 되지 않아 무언가 잘못되었다는 것을 느꼈다. 아침이라 생각 없이 씩씩하게 언덕길을 걸어 오르다 보니 인적이 드문 길이었다. 언덕길을 다 올라간 후 내리막길로 접 어들면서 보니 북쪽의 카미노타이시역이 아닌 서쪽의 이시카와石川 쪽에서 들어 가도록 되어 있는 지역이었다. 이 지역의 북쪽을 막고 있는 언덕을 넘은 셈이 다. 그러나 힘들여 지형을 파악하고 나니 가지고 있던 의문의 실마리가 풀리는 듯했다.

가와치국 니시카와군 쓰보이河内国石川郡壷井를 본거지로 하는 가와치 겐지씨河内源 氏의 웅장한 신사와 조상3~4대조인 미나모토 요리노부源頼信의 사찰터가 있었고 주 변에는 겐지씨의 묘들이 있었다.

가마쿠라막부를 세운 미나모토노 요리토모源 頼朝의 출신지가 오사카라는 것은 알고 있었다. 겐지씨는 근원이 신라의 김씨라는 이야기를 그저 반신반의하며 들 었는데 출신지의 지형을 보고 믿음이 생겼다. 그들의 조상은 가와치평야로 상륙 하여 남쪽으로 난 이시카와를 따라 내려와 가쓰라기산의 동쪽에 정착한 신라계 이주민 집단일 수도 있겠다는 생각이 떠올랐다. 원源, 源과 김金, 金은 일본식 발음이 비슷하다.

❶ 예복사

얼마를 더 걸었는지 모르지만 태자릉까지는 먼 길이었다. 태자의 위패가 모셔져 있는 예복사로 들어갔다. 제법 큰 사찰이었다. 절 뒤의 고분은 나무가 무성한 동산이었다.

❷ 소가우마코蘇我馬子의 고분

주변에 소가우마코蘇我馬子의 고분터가 있다고 하여 내비를 따라 찾아갔는데 내비에는 분명 도달했다고 표시되는 데도 보이질 않는다. 구글에 있는 현장을 찍은 사진을 보고 간신히 아주 초라하여 눈에 띄지도 않는 무덤을 찾았다. 6세기 중반부터 7세기 중반까지 백 년간 야마토 조정을 손에 쥐고 흔들었던 인물인데 후손이 쿠데타로 제거되어 악인으로 낙인찍힌 후 고분조차 없는 것이다. 더구나 7세기 이후 일본의 천황들은 모두 소가씨의 피가 흐르고 있는 데도 말이다. 소가씨의 역사로부터 일본 역사의 비밀이 시작된 것이 아닌가 하는 생각이 들었다.

❸ 성덕태자와 소가씨

성덕태자와 소가씨는 강력한 파트너였다. 그들은 한반도에서 들여온 불교를 통해 경쟁 세력들을 물리치고 일본 열도의 통일을 이루려고 했다. 소가씨가 멸문된 이후 소가씨의 업적이 모두 성덕태자의 업적으로 각색되었다는 의심도 있다. 일본에서도 고대에는 사람이 죽으면 고향출신지에 고분을 썼다. 성덕태자의 어머니인 추고천황33대의 능도 근처에 있다. 그렇다면 성덕태자와 소가씨는 동향인또는 친척일 것이다. 소가씨의 신사로 알려진 이치스카 신사一須賀神社는 예복사에서 2km 정도 떨어진 곳에 있다. 태자정의 성덕태자묘 주위에는 민달30대, 용명31대, 추고33대, 효덕36대천황 등의 능이 있어 이 지역은 왕릉의 골짜기라 불린다. 추고천황은 소가씨가 옹립한 천황이다. 6세기 중반에서 645년까지의 백 년간은 이 지역 출신들이 야마토 지역에서 정권천황위와 지배 세력을 쥐고 있었던 것이다.

4 다케우치가도竹內街道

이 지역과 나라 남쪽의 아스카를 연결하는 고대도로가 다케우치가도竹內街道다. 일본의 첫 번째 관도라고 한다. 이 도로는 지금도 남아 있어 태자정에서 이조산의 남쪽으로 넘어간다. 그래서 야마토大和는 원뜻이 야마토山東, 산의 동쪽, 즉 지금의 태자정에서 보면 가쓰라기산葛城山 동쪽에 있는 아스카 행정수도라는 뜻인지도 모르겠다. 다케우치가도는 난바에서 사카이를 거쳐서 아스카, 나라로 넘어가는 길이다.

가까운 아스카近つ飛鳥, 지가쓰아스카라고 하는 지명은, 712년 백제의 멸망으로 일본에 가게 된 백제인 오노 야스마로太安麻呂가 구술을 듣고 편찬하였다고 하는 고지키에 기재가 있다. 17대 리추천황의 남동생後의 18대 반정천황이, 당시의 황궁인 난바의 나니와궁에서 출발하여 야마토의 이소노카미신궁石上神宮에 참배하는 도중에 2박하고, 지명을 붙였는데 가까운 곳을 가까운 아스카近つ飛鳥, 지가쓰아스카, 먼 곳을 먼 아스카遠つ飛鳥, 도오쓰아스카라고 명명했다고 한다. 가까운 아스카는 지금의 오사카부 '하비키노시 아스카'를 중심으로 한 지역을 가리키고, 먼 아스카는 산 넘어 나라현 '다카이치군 아스카'를 중심으로 한 지역을 가리킨다. 이 가까운 아스카 지역은 난바의 나루津과 야마토 아스카를 잇는 고대의 관도인 다케우치 가도竹內街道의 연변에 위치하여 주변에는 한반도의 유물이 출토되는 6세기 중엽 이후의 군집분이 퍼져 있다. 또 남부의 이소하세磯長谷에는 여러 천황들30대 敏達, 31대 用明천황과 그의 아들 聖德太子, 33대 推古, 36대 孝德의 각 능묘지정지 등 아스카 시대의 대고분이 모여 있어 흔히 왕릉의 계곡이라고도 부르고 있다. 한편, 헤이안 시대에 편찬된 『신찬성씨록새롭게 선택된 성씨 목록』에 의하면, 당시 주변에는 백제계飛鳥戸造, 上日佐와 신라계竹原連의 이주계 씨족이 거주하고 있었다고 하는 기재도

[그림 29] 다케우치가도 하지씨 도명사

있어 가까운 아스카 지역이 한반도 이주민이 들어온 지역이었음을 말하고 있다.

역으로 돌아올 때는 버스를 탔다. 길가 버스 정류장에 종점이 표시되어 있었기 때문이다.

⑤ 이치스카 고분군 -須賀古墳群

이 지역에 있는 이치스카 고분군에 대하여는 일본 자료에서 인용해 본다. 『신찬성씨록』에 의하면, 이치스카 고분군 주변에 백제계飛鳥戶造, 上口佐와 신라계竹原連의 이주계 씨족이 거주하고 있었다고 기재되어 있는 사실을 소개하며 이주계 씨족의 집단묘로 추정하고 있다. 이치스카 고분군은 6세기 중엽부터 7세기 전반에 걸쳐 축조된 군집분으로 부내에서도 유수한 군집분으로서 알려져 있다.

총수는 200여 기로 알려져 있으며 대부분은 직경 10~20m 정도의 원분이다. 부장품에 **박재**舶載, 수입품 [60]으로 생각되는 금동제 신발이나 드리개 달린 귀걸이, 미니어처 밥솥도구 등이 보이는 점과 북쪽에 위치한 7세기의 왕릉군인 이소나가타니 고분군石長谷古墳群에서 유래된 새로운 밥솥이 전해지는 점과 북쪽에 위치하는 7세기의 왕릉군陵群인 이소나가타니 고분군石長谷古墳群과 연관이 강하게 상정된다는 점에서 한반도에서 받아들인 새로운 기술력을 배경으로 한 유력 씨족이 장악한 이주계 씨족의 집단묘일 것으로 추측된다.

一須賀古墳群は 6世紀中頃から 7世紀前半に かけて 築造された 群集墳で府内でも 有数の群集墳として 知られます.

総数は 200余基と 言われており 大半は 直径10~20メートル 程度の円墳です. 副葬品に 舶載品と考えられる 金銅製の沓や 垂飾付耳飾, ミニチュアの炊飯具などが みられることと, 北側に位置する 7世紀の 王陵群である 磯長谷古墳群との 強い結び付きが 想定されることから, 朝鮮半島から もたらされた 新しい 技術力を 背景に, 有力氏族が 掌握した 渡

来系氏族の 集団墓と 考えられています.

이치스카 고분군은 니조산의 서쪽 기슭에 있는 시나가다니廳長谷의 배후에 있다. 가와치에 있는 3개의 큰 군집묘 가운데 하나인 이치스카 고분군은 세 갈래로 나뉘어 있으며 모두 150기로 구성되어 있다. 대부분이 원형 고분으로서 내부를 알 수 있는 약 20기는 다 횡혈식 석실묘다. 축조 시기는 6세기 초로부터 7세기 전반기에 걸치며 산등성이 아래로부터 시작하여 차츰 산꼭대기로 올라가면서 축조된 것 같다. 제1호 고분에서는 금귀걸이, 금동판, 용무늬 환두대도가 나왔으며 제17호 고분에서는 금은상감 환두대도, 쇠판에 금동 장식을 한 안장 쇠붙이, 검능형 행엽, 장식한 굽 높은 그릇 달린 기대 등이 나왔다. 그리고 제6호 고분에서는 시루식 가마 등 한반도형 밥솥이 나왔다.

6 기타 군집묘

아스카센쓰카飛鳥千塚는 가와치 아스카의 동쪽 구릉 지대에 있는데 약 70기의 고분이 확인되었다. 이 군집묘는 일본 열도에 군집묘가 만들어지기 전에 집중적으로 축조된 횡구식 석관, 석곽과 같은 특수한 구조를 가진 고분들이다. 이와 같은 현상이 야마토 아스카에서도 유사한 형태로 나타난다. 토키센쓰카 고분군陶器千塚古墳群은 오사카부 사카이시 쓰지辻之에 있는 약 100기에 이르는 대표적 고분군이다. 거의 다 목관직장묘다.

토키센쓰카 고분군은 소형 전방후원분을 포함한 35기가 현존하고 대부분은 원분圓墳이다. 목관직장木官直葬의 장법을 택하여 쓰키쓰카つき塚처럼 2관이 병치된 것도 있었다. 출토 유물로는 소형 동경, 옥류, 철도, 스에키, 하시키 등이 있으며, 한 기에는 마구를 부장하였다. 또한 스에키 뚜껑이 달린 접시 안에 가야 열매カヤの実를 넣은 예가 있었다. 이 고분군은 고분 시대 후기 초부터 형성이 시작되어 후기 후반에 형성을 마친 것으로 보인다. 또한 토키센쓰카에는 가마도총カマド塚으로 명명된 화장 고분이 있다. 가마형 목심점토곽窯形木心粘土槨이라고도 할 수

있는 매장 시설을 만들고, 이 내부에서 시신을 화장한 후 화장한 **뼈**를 움직이지 않고 봉분을 쌓은 것으로 6세기 말에서 7세기 초의 것으로 보인다. 토키센스카는 화장이라는 새로운 장법이 일본 열도에서 한층 일찍 출현한 곳으로, 여기에 이 고분군을 구축한 집단의 특색을 엿볼 수 있다.

시노다센쓰까信太千塚古墳群는 오사카부 이즈미시의 시노다구 남서쪽에 있으며 이즈미 지방에서 가장 큰 군집묘다. 남동으로 길이 2.5km, 너비 800m의 구릉 안에 약 100기가량의 고분들로 이루어져 있다. 전방후원분 2기, 원분 약 80기가 확인되었고 가장 크다는 마루가사 고분제61호 무덤, 전방후원분은 길이 96m이다. 그리고 제66호분은 직경 80m의 대형의 원분이다. 그 밖의 많은 고분들은 직경 15~20m 안팎의 원분들이다. 매장 시설로서는 수혈식 석실, 횡혈식 석실, 상자형석관, 목장직관 등 여러 가지가 있다. 이 고분을 직접 방문하였기 때문에 뒤에 다시 설명한다.

토오키센쓰카와 시노다센쓰카는 가와치평야에서 스에키 생산이 시작되는 것과 때를 같이하여 축조되기 시작한 것으로서 그 일대오사카 남부 가마터 일대에 정착한 한반도계 수공업자들의 고분으로 생각된다.

6. 센난泉南과 이즈미和泉

　와카야마를 방문하고 나라로 돌아가는 길에 센난泉南과 이즈미和泉 지역을 돌아보았다. 와카야마에서 출발하여 지금의 오사카항과 와카야마 사이의 해안선을 따라 산재하는 도래인의 흔적을 찾아보기로 한다. 이곳에는 선주 이주민인 가야, 신라의 유적도 있고 이마키 이주민주역은 백제의 유적이 역사의 지층에 위아래로 같이 묻혀 있다. 이마키 이주민의 한 갈래는 기노강을 따라 와카야마 지역으로 올라와 나라평야의 남쪽의 아스카로 진출하고 또 일부는 지금의 오사카와 와카야마 사이의 해안선으로도 상륙하였을 것이다. 와카야마에 서해안선을 따라 간사이 공항 앞을 지나 오사카의 난바까지 운행하는 난카이선南海線 전철을 타고 오늘의 답사를 시작한다.

■ 서릉 고분西陵古墳과 우도묘 고분宇度墓古墳

　우선 서릉 고분西陵古墳, 사이료 고분, 길이 210m과 우도묘 고분宇度墓古墳, 길이 200m을 방문한다. 두 고분은 미사키공원역과 단노와역 사이에 있기 때문에 미사키공원역에서 내려 걷기로 하였다. 두 고분 모두 멀리서도 보일 정도로 규모가 컸다. 서릉 고분은 474년 21대 웅략천황의 명으로 신라를 공격하다 전사한 기노오유미紀小弓宿 장군의 묘라고 안내판에 써 있다. 일본의 고대사의 내용은 역사적으로는 사실인 경우가 많지만 대부분 연도와 주어主語, 즉 행위자가 바뀌어 있다고 보면 된다. 재야 사학자들은 『일본서기』에 기재되어 있는 웅략천황의 역사의 뒷부분은 백제 개로왕과 일본의 가와치 지역을 통치한 개로왕의 동생인 곤지왕의 역사를 주어를 바꾸어 차입한 것으로 본다. 개로왕은 475년 고구려의 침입으로 죽는다. 당시 일본 열도특히 가와치 지역에 진출해 있던 백제 세력들은 본국을 돕기 위해 일했을 것이다. 기紀는 기木를 나타내니 목장군이다. 이마키의 지도자가 본국백제 구원 전쟁에서 전사하였고 그 공을 기려 여기 묻혀 있는 것으로 상상해 보았다.

　우도묘 고분宇度墓古墳은 11대 수인천황의 2왕자의 묘로 치정治定되어 궁내청 관리하에 있다. 새로 울타리를 치는 작업이 진행 중이었다. 재야 사학자들은 수인천황을 신라의 왕자인 천일창으로 본다는 이야기는 앞에서도 소개한 바 있다. 혹 이 고분이 이 지역으로 들어온 신라 이주민 집단의 지도자와 관련이 있을지 모르겠다는 생각을 해본다. 신화상 천일창은 일본으로 달아난 히메라는 여인을 찾아내기 위해 지금의 오사카 지역을 공격하는 것으로 기술되어 있다. 난카이선을 계속 타고 가서 니시키노하마二色の浜역에서 내려 한반도에서 전래되어 이 지역의 특산품이 된 이즈미빗和泉櫛의 발상지인 야시나 신사八品神社를 방문할 예정이었는데 보통 열차가 역을 모두 정차하는 열차만 정차하는 역이라 시간을 맞추기가 힘들어 취소하기로 했다.

② 구메다가이부키야마 고분久米田貝吹山古墳

해안선을 남북으로 달리는 노선은 난카이선 외에 JR이 있는데 두 노선은 거리를 두고 평행으로 달릴 뿐 만나는 역이 없다. 다음의 방문지는 구메다久米田역 근처의 구메다가이부키야마 고분久米田貝吹山古墳인데 문제는 구메다역은 JR노선에 있다는 것이다. 궁리 끝에 난카이선을 공유하는 공항철도로 갈아타고 공항 전역인 린쿠타운역에 가서 JR로 갈아탔다. 고분은 역에서 걸어서 10분 정도 거리에 있는데 관리가 되어 있지 않아 분구에 흙이 드러나 있었다. 분구 전장全長은 135m로 발굴된 부장품鏡, 碧玉製管玉, 鍬形石, 車輪石, 石釧, 鉄剣, 銅鏃, 鉄小札革綴冑 등으로 보아 지방 지도자의 고분으로 보인다. 고분 시대古墳時代 전기前期인 4세기 말경의 고분으로 추정한다. 이 지역으로 상륙한 이마키 이주민의 고분일 것이다.

고분을 답사할 때는 주위에 사는 사람들의 문패를 통해 성씨를 확인하는 습관이 있는데 처음 보는 '기노모토木ノ元'라는 문패가 보인다. 집이 고풍스러워 이 지방에 뿌리가 있는 집안이 사는 것 같다. '목씨의 근본' 또는 '원래 목씨' 정도로 해석되는데 목씨木氏는 백제 8대성의 하나로 천안 근처 목천이 본관지라고 읽은 적이 있다. 우리나라에서는 볼 수 없는 백제 성씨를 여기서 본 셈이다. 물론 기木씨도 같은 기木씨이다.

참고로 대성팔족大姓八族이란 백제에 있었던 8가지 큰 성씨를 말한다. 중국의
역사서인 수서隋書는 백제의 대성팔족으로 사씨沙氏, 연씨燕氏, 협씨劦氏, 해씨解氏,
정씨貞氏, 국씨國氏, 목씨木氏, 백씨苩氏가 기록되어 있는데 정씨貞氏는 진씨眞氏의 오기
인 것으로 본다.

❸ 시노다천총 고분군信太千塚古墳群

　다음 방문지는 시노다야마역信太山駅에서 접근 가능한 시노다천총 고분군信太千塚
古墳群의 하나인 시노다호총 고분信太狐塚古墳이다. 역에 내려서 보니 걸으면 30분이
걸리는 곳에 있다. 걸어가기가 부담스러워 지도를 보며 연구를 하였다. 그다음
방문지인 수에무라가마터 유적군陶邑窯跡群에 가기 위해서는 기차로 북쪽으로 올
라갔다가 센보쿠고속철도선泉北高速鉄道線을 타고 내려오게 되어 있는데 시간을 절
약하기 위해 시노다호총 고분信太狐塚古墳을 거쳐 택시로 연결해서 가는 편이 좋을
듯싶었다. 역앞 카페에서 점심을 시켜 먹으며 택시를 불러 달라고 부탁했다.

　사노다호총은 그리 크지는 않았지만 이마키 이주민의 공동묘지인 사노다천총
고분 중에서는 제일 큰 것으로 이주민 지도자의 고분이었을 것이다. 시노다마역
앞에서 안내판을 보니 이마키 마찌今木町라는 지명도 보였다. 후발 이주민의 마을
이라는 뜻일 것이다. 시노다호 고분군은 시노다산 구릉에 소재한 고분 시대 후
기의 군집분이다. 85기의 고분이 확인되었으나 현재는 많은 고분이 파괴, 소멸
되었다. 전방후원분은 길이 56m의 1기뿐이며, 대부분은 원분으로 지름
10~20m 정도의 것이 많고, 이어 20~30m의 것이 많다. 매장 시설은 수혈식
석실, 횡혈식 석실, 목관직장木棺直葬, 직륜원통관埴輪円筒棺, 옹관 등 여러 종류가 있
다. 부장품이 많지는 않지만 주로 칼 등의 무기, 농구, 마구, 장신구金銀박의 귀걸이와
垂와 스에키다. 이미 많은 고분이 소멸되었지만, 시노다호분군은 사카이시 도키
센쓰카 고분군陶器千塚古墳群과 함께 센슈 지방의 대표적인 고분군이다.

4 스에무라가마아토군陶邑窯跡群

택시가 자동차전용도로를 열심히 달려 유적이 있다는 대련大連, 오히수공원 앞에 내려 준다. 공원의 한 귀퉁이에서 간신히 가마터 유적을 찾았다. 안내판에 써 있는 몇 문장을 보고 답사의 보람을 느꼈다. 일어, 영어, 중국어 및 한글로 적혀 있었는데 내용은 조금씩 차이가 있었다. 다음에 인용한다.

'스에무라가마아토군陶邑窯跡群은 센보쿠泉北 지역을 중심으로 1,000기 이상이라고 알려져 있는 5세기 초부터 고대 한반도에서 전래된 스에키토기를 생산했던 가마터입니다. 스에키須惠器 생산 초기의 스에무라가마아토군에서는 한반도의 도질 토기와 아주 흡사한 토기가 출토되어 이 지역이 한반도와 관계가 아주 깊었다는 것을 시사하고 있습니다.'

5 스에키須惠器

이 지역에 남아 있는 스에키 가마터 유적은 당시 이주민의 규모가 어느 정도였는지를 보여준다. 이전의 조몬토기繩文土器는 저온 소성으로 토기가 두꺼운 편으로 새끼줄 무늬가 있고 야요이토기弥生土器는 좀 더 고온으로 소성하여 두께가 얇으면서도 잘 깨지지 않는 특징이 있다. 또한 하지기土師器라는 토기도 있는데 스에키와 같은 시기에 만들어졌지만 야요이토기의 연장선상에 있다고 한다. 스에키須惠器는 청회색의 딱딱한 토기로 물레轆轤 기술을 사용하여 모양을 만들어 아나가마窖窯라고 불리는 지하식 또는 반지하식 경사진 가마登り窯. 노보리가마에서 1100℃ 이상의 고온으로 환원염焔 소성을 한 토기다. 백제에서 가야를 거쳐 일본 열도에 스에키가 출현한 것은 5세기 중엽이나 5세기 전반이라고 한다.

6 가마터窯跡

고분 시대 후반에 한반도 이주민에 의해 만들어진 도자기가 스에키須惠器다. 이 도자기는 기존의 조몬토기 이래의 전통적인 토기가 아니라 완전히 새로운 기술과 수법으로 만들어진 도질 토기로 일본에서 최초로 본격적인 생산이 시작된 것이 오사카부 남부의 센보쿠구릉泉北丘陵이다.

스에키 가마가 산재하던 수에무라 유적군은 오사카부의 남쪽에 있는 사카이시의 남단부에 펼쳐진 센보쿠구릉상에 위치하는데 현재 이 구릉 부분은 크게 개발되어 센보쿠 뉴타운이 되어 구릉의 지형은 크게 변모해 있다.

스에키를 생산하기 위해서는 가마가 필요하다. 이 가마는 스에키를 구우려면 내부 온도가 1000℃를 넘어야 하기 때문에 벽면은 파랗게 타버렸고 주위도 붉게 익었는데 이러한 흔적이 뚜렷이 지면에 남아 있어 가마터 확인이 비교적 용이하다. 물론 터널식의 구조를 가지기 때문에 깊은 지하에 구축되어 있는 경우에는 발견이 어려울 수도 있다. 그러나 가마에는 연료 찌꺼기와 불에 제대로 구어지지 못한 스에키가 버려져 있는 것이 보통인데 이런 곳을 하이바라灰原 혹은 스테바ステ場라고 부른다. 이런 곳이 표면 관찰로 확인되는 경우가 많기 때문에 불탄 흙의 관찰과 병용하면 비교적 확인하기 쉬운 유적이다.

이즈미가오카구릉泉ヶ丘丘陵, 보구릉栂丘陵, 광명지구릉光明池丘陵 등에 분포되어 있는 수에무라 유적군陶邑遺跡群은 구릉과 계곡 등의 자연 지형에 따라 지구 구분이 이루어지고 있다. 동쪽에서부터 이즈미가오 카구릉泉ヶ丘丘陵, 보구릉栂丘陵, 광명지구릉光明池丘陵이 남북으로 펼쳐져 있다. 이곳에는 적어도 5백 기 이상1000기까지의 스에키 가마터가 분포되어 있어 수에무라 유적군陶邑遺跡群이라 불리는데 시기적으로는 5세기부터 10세기 중반까지 그 생산이 계속되었다.

이즈미가오구릉泉ヶ丘丘陵은 센보쿠고속철도泉北高速鉄道 이즈미가오카역泉ヶ丘駅을 중심으로 주택단지가 되어 있고 도가구릉栂丘陵은 도가 미키타역栂-美木多駅이 중심지이다. 예전의 가늘고 키 작은 소나무숲이 지금은 주택지로 조성되어 옛 모습은 상실되고 지형에는 큰 변화가 있으나 과거의 언덕들泉ヶ丘, 栂, 光明池의 위치 관계에는 변함이 없다.

나라로 돌아오니 집에 온 것 같은 느낌이다. 저녁 무렵부터 가는 비가 내리고 있다. 처를 비롯하여 친구, 지인들이 무리하지 말라는 고마운 충고 메시지를 보내 주어 내일은 휴가 모드로 전환할까 생각 중이다.

7. 아스카베 신사飛鳥戸神社, 곤지왕 신사昆支王神社

[그림 30] 아스카베 신사

가와치 지역 방문 중에 찾아간 곳인데 중요성 때문에 별도로 설명하기 위해 미루어 놓은 곳이다.

백제 곤지왕昆支王, 개로왕의 동생, 동성왕의 아버지의 신사를 찾아간다. 내비에 먹히지 않아 아이폰으로 구글 지도의 안내를 받는데 백미러까지 접고 간신히 빠져나갈 수 있는 좁은 마을길로 인도한다. 신사로 들어가려는데 궁사인 듯한 분이 인사를 한다. 현지에 살고 있는 곤지왕의 후손인 나카무라 요지仲村要司씨다. 이분의 안내로 신사에 참배를 하고 이곳을 찾게 된 사연을 설명했다. 설명을 다 듣고 헌금을 하고 신전에서 나오니 부인과 신사 주변의 텃밭에서 일하던 동네 분도 나와 반가워한다. 화기애애한 분위기가 되었다. 명함을 나누고 다시 만나기를 기약하고 따뜻한 악수를 나누며 헤어져 다음 행선지로 향했다.

필자는 곤지왕昆支王이 고대 일본 열도 내에 있었던 백제의 역사를 풀어 주는 중요한 인물이라는 생각을 가지고 있다.

1 곤지대왕昆支大王

가와치 지역을 다스렸다고 전해지는 백제의 왕족인 곤지왕에 관한 이야기다.

2 『일본서기[日本書紀]』의 기술

『일본서기』에 기술된 백제 무령왕[武寧王]의 출생 이야기에 곤지가 등장한다. 461년에 백제의 가소리군[加須利君, 蓋鹵王, 개로왕]이 남동생인 군군[軍君] 곤지[昆支]를 왜국에 공[貢]할 때, 이미 임신한 자신의 부인과 함께 보내면서 도중에 아이가 태어나면 돌려 보내라고 명했다는 구절이 있다. 일행이 규슈 쓰쿠시[筑紫]의 가카라시마[各羅嶋, 加唐島]까지 왔을 때 아이가 태어났으므로 아이를 시마군[嶋君, 섬에서 태어난 왕자]이라고 명명해서 백제에 돌려보냈는데 이 아이가 무령왕이라고 전하고 있다.

3 『삼국사기』와 『삼국유사』의 기술

『삼국사기』와 『삼국유사』에 따르면, 부여곤지[扶餘昆支]는 백제의 왕자이자 왕족, 정치인으로 개로왕의 동생이다. 형인 개로왕으로부터 하사받은 후궁과 함께 일본에 정착하였다. 실제로 왕으로 즉위하지는 않았으나, 일본에서는 왕족의 이름 뒤에 왕 또는 군이라는 칭호가 붙는다. 일명 곤지[昆支] 또는 곤지[昆攴], 군군[軍君], 곤기왕[昆伎王]으로도 부른다.

곤지는 일본 열도에 가기 전인 458년에 형인 개로왕의 추천으로 중국 송나라로부터 정로장군 좌현왕[征虜將軍左賢王]에 봉해진다. 461년[백제 개로왕 7년]에 일본에 파견되었다. 백제로부터는 장군의 벼슬을 받았다. 일본의 『신찬성씨록』에 의하면 그의 아들인 동성왕은 일본 여성 축자녀[筑紫女]'소생이라 한다.

461년 이후 곤지는 약 15년간 왜국에 머물면서 간사이[關西] 지방의 가와치[河內] 등을 개척하다가 475년 고구려가 침입하여 개로왕이 죽고 문주왕이 도읍을 한성에서 웅진으로 천도하자 귀국하여 477년 4월 삼근왕자를 태자로 책봉할 때 내신좌평에 취임하였으나 그해 7월에 갑자기 죽었다. 『삼국사기』나 『삼국유사』에는 그의 사망 원인이 기록되어 있지 않다.

사후 하비키노시의 하비키노아스카 마을에 곤지의 위패를 모신 아스카베 신사[飛鳥戸神社]가 세워졌다. 곤지는 아스카베 마을의 수호신이자 조상신으로 숭배된다.

4 곤지왕尾支王

이제까지의 여행기에서는 도래인을 순수한 이주민으로 표현하였을 뿐 정복자나 통치자로 표현한 적은 거의 없다. 도쿄 지방의 고구려와 신라, 이즈모의 신라, 규슈의 가야 도래인들은 모두 순수 이주민의 모습이었다. 신라 왕자 천일창은 일견 군사 세력으로서 정복자의 모습도 보이고 있다. 일본 역사 이야기에 백제 세력이 등장하기 시작하면 이제부터는 순수 이주민의 이야기라기보다는 정복자와 통치자의 이야기로 변모하기 시작한다.

이미 소개하였듯이 오사카 남부에 있는 가와치河内 일대에는 일본에서 규모가 큰 고분의 대부분이 분포되어 있다. 이 고분들은 일본의 고대 역사상 유명한 천황들의 고분으로 지정되어 궁내청의 관리를 받고 있다.

이 고대 고분들이 암시하는 것은 이 지역이 일본의 고대에 있어서 중요한 역사적 무대였다는 점이다. 그런데 재미있는 사실은 이 지역은 아스카가 나라나 도쿄처럼 유명 관광지가 아니어서 우리들에게는 잘 알려져 있지 않다는 점이다.

필자의 견해로는 이 지역이야말로 일본 역사의 비밀을 간직하고 있는 곳이고 기층민으로서의 한반도 이주민도 정착하고, 지배자로서의 한반도 세력도 그 영향력을 행사하던 지역으로 보인다. 이 지역에는 이주민의 역사가 가야로부터 시작하여 신라의 역사까지 겹겹이 쌓여 있고 이러한 역사의 하부지층 위에 부여일본사가들의 견해와 백제우리나라 사가들과 일부 일본사가들의 견해가 지배자로서의 역사를 현저하게 나타내는 지역이다.

이 지역의 숨겨진 백제 역사의 수수께끼를 푸는 열쇠를 쥐고 있는 인물 중 하나가 백제 출신 곤지왕이다. 앞에서 곤지왕을 제신으로 모시는 아스카베 신사를 간략하게 소개한 바 있다. 곤지왕에 관한 재야 사학자의 글을 인용하면서 필자의 견해를 더해 볼까 한다. 재야 사학자 김운회 씨의 『새로 쓰는 한일 고대사』에 나오는 내용으로 5세기 중국 사서에 나오는 왜5왕 중 마지막 왕인 왜왕 무武는 웅략유라쿠천황이자 곤지왕이라는 가설이다. 매우 설득력 있는 가설이라고 생각한다.

5 웅략천황과 곤지왕尾支王

김윤회 씨의 가설을 인용한다. 현재 일본에서는 왜왕 무武가 제 21대 웅략雄略천황이라는 것이 정설로 굳어지고 있다. 웅략의 일대기를 보면서 곤지왕과의 공통점을 찾아서 검증을 하도록 하자. 웅략의 일본어 발음인 유라쿠를 혼용한다.

첫째, 유라쿠천황의 성격과 관련한 문제다. 유라쿠천황은 매우 포악한 인물로 기록되어 있다.『일본서기』에는 유라쿠천황이 신하의 아내가 더없이 아름답다는 말을 듣고 그를 죽이고 그 아내를 후궁으로 삼았다는 기록이 있는데 이 사건은 마치『삼국사기』열전에 나타난 개루왕또는 개로왕의 '도미설화'를 보는 것 같다.『일본서기』유라쿠천황조를 보면, 유라쿠천황이 등극한 후 6년에야 비로소 정치적인 사건들이 기록되고 있다. 그 이전에는 유라쿠천황의 행적이 주로 사냥, 엽색, 전쟁 또는 살인 등으로만 묘사되어 있을 정도다.

유라쿠천황이 난폭하다는 문제는 또 다른 각도에서 볼 수 있다. 즉 유라쿠천황으로 인하여 많은 사람들이 피해를 본 것을 나타낸 말이기 때문이다. 유라쿠천황은 엄청난 정치적 격변을 겪으면서 등극하였기 때문에 매우 난폭한 인물로 묘사될 수밖에 없었을 것이다.『일본서기』에 따르면, 유라쿠천황은 자신의 형들을 포함하여 경쟁자들을 살해하고 즉위했다.『일본서기』에 나타나는 이 엄청난 정치적 격변은 반대 세력의 일시적 소탕의 의미로 해석할 수 있다.

그런데 이 시기에 야마토 지역에 머물렀던 사람이 바로 곤지왕이다. 곤지왕은 주로 군사적인 업무를 담당한 군벌 세력이다. 그래서 그 이름도 군군軍君으로 묘사된 것 같다. 한족식漢族式으로 말하면 무제武帝와 같이 그 묘호廟號에 무武가 들어가는데 왜왕 무武라는 말과 연관성이 있다. 유라쿠천황과 같이 강고한 인물이 곤지왕이 아니라면, 야마토 지역에 유라쿠천황과 곤지왕, 이 두 사람이 15년 이상 아무 탈없이 공존하기는 어려웠을 것이다.

둘째, 유라쿠천황이 백제왕을 임명하여 반도로 보낸 문제다.『일본서기』에 따르면, 유라쿠천황은 곤지왕의 아들 가운데 둘째 아들인 마다末多를 백제에 보내 동성왕479~501년이 되게 한다. 만약 유라쿠천황이 백제와 아무런 상관이 없는 사람이라면 이 기록 자체가 엉터리다. 그러나 만약 유라쿠천황이 백제계의 가장 큰 어른이었다면 이 기록은 사실이 된다.

당시 한성 백제는 멸망하고 개로왕도 잡혀서 죽고 문주왕과 삼근왕이 4~5년 사이에 의문의 죽음을 당하는 상황에서 백제왕을 지명할 사람은 역사 기록상으로는 곤지왕이 유일할 것으로 추정된다. 유라쿠천황이 백제왕을 지명하고 있다면 이 두 인물은 동일인이지 않으면 이야기의 논리가 성립하지 않는다. 곤지왕은 자기의 장성한 아들을 백제_{반도부여}로 보내어 다스리게 한 것이다.

『일본서기』유라쿠천황 21년 즉 476년에 '천황은 백제가 고구려에 의해 파멸되었다고 듣고 구마나리_{久麻那利,熊川 또는 공주}를 문주왕에게 주고 그 나라를 다시 일으켰다'고 한다. 『삼국사기』에는 문주왕_{재위 475~477년}이 곤지왕의 형님으로 나오는데, 개로왕 사후 백제의 권력 변동_{문주왕의 등극}을 왕위 계승 서열 2인자인 곤지왕이 이를 인정했다는 의미로 봐야 할 대목이다. 그리고 문주왕이 477년경 서거한다. 그런데 478년경에 나타난 왜왕 무의 국서에서는 '아버지_{개로왕}와 형님_{문주왕}의 죽음' 이라는 표현이 나타나 모든 사건들이 맞아 떨어지고 있는 것이다.

당시의 정황이나 기록으로 보더라도 당시 백제를 부흥시킬 만한 실질적인 세력은 곤지왕밖에 없다. 따라서 곤지왕은 유라쿠천황이라는 것이다. 만약 유라쿠천황과 곤지왕이 동일인이 아니면 『일본서기』의 기록이나, 『삼국사기』, 송서, 위서 등의 기록이 상반되는 반면 곤지왕이 유라쿠천황이 되면 이 기록들은 고도의 일치성을 가지게 된다.

지금까지의 분석을 토대로 본다면 곤지왕은 일본의 유라쿠천황이며 그는 한편으로는 멸망한 반도 부여를 중흥시키고 다른 한편으로는 열도 부여를 고대 국가의 반열에 오를 수 있도록 많은 노력을 한 군주라는 것을 알 수 있다.

곤지왕의 실재성을 더 확인하기 위하여 곤지왕이 주재하던 지역, 곤지왕의 무덤으로 추정하는 고분, 곤지왕 후손들의 군집묘, 곤지왕 주재지 근처에 살던 백제계 이주민 계열 등에 대하여 알아본다.

6 아스카베군安宿郡

곤지왕昆支王이 자리 잡았던 지역은 아스카베군安宿郡으로 지금의 가시하라시柏原市와 하비키노시羽曳野市의 남동부 지역이다. 다이카개신大化改新, 645년 이후 행정 구역이 구니, 고오리, 사토五十戸, 里로 재편되면서 아스카베노고오리安宿郡가 되었다가 대보령大宝令, 701년에 의해 고오리가 사토로 분화되며 가미賀美, 上, 오와리尾張 또는 나카資母, 中, 시모資母, 下의 3개 향이 생겼다.

가미賀美향은 아스카飛鳥 주변이고 나카資母향은 다마테산玉手山 주변이며 시모資母향은 고쿠분国分 주변이다. 현재의 아스카베 신사가 소재하는 가와치 아스카河内飛鳥가 가미賀美, 上, 즉 위쪽이다. 나라 시대가 되면서 2문자를 선호하여 한자 표기가 아스카베飛鳥戸에서 아스카베安宿로 변경되었지만 발음은 같다.

7 곤지왕 고분 추정

일본 학자들 중 아스카베군에서 야마토강을 건너 있는 다카이다산 남록에 있는 다카이다야마 고분高井田山古墳을 곤지왕의 묘소로 보는 의견이 있다. 이 분묘는 초기의 횡혈식 석실인 우측 편소매식에 짧은 연도, 천장 돔 형태 등 백제식 횡혈식 석실묘를 닮아 있다. 기나이 횡혈식 석실의 원점이 된 석실이라고 한다. 오른쪽에 남자를 먼저 매장하고 나중에 왼쪽에 여자를 매장하였으며 쇠못鉄, 釘, 가스가이을 사용한 것이 무령왕릉과 동일하다고 한다.

아스카베 신사의 동쪽으로 구라쓰카 고분蔵塚古墳이 있는데 분할 성토 공법分割盛土工法이 창녕교동 고분군昌寧校洞古墳群 봉분 축조 기술과 공통이라고 하며 축조 연대 상한 6세기 전반으로 보아 백제 왕가의 후예로 이주계 씨족인 아스카베 미야쓰코 씨飛鳥戸造氏의 분묘로 본다. 이 고분의 500m 근처에 '어총御塚'의 지명이 있어 곤지왕의 묘소일 가능성이 있는 어총 고분御塚古墳, 오쓰카 고분의 존재를 추정하기도 한다.

8 아스카센스카飛鳥千塚 고분군

하비키노시 동부의 데라야마寺山와 하치부세산鉢伏山에서 내려오는 산등성이나,

그에 딸린 구릉상의 넓은 범위에 걸쳐 분포하고 있는 후기 군집분으로 포도밭의 개간 등에 의해서 많은 고분이 파괴되어 지금은 130기 정도밖에 남아 있지 않다. 분포 조사에 의해 7개의 그룹으로 나누어졌는데 대부분의 고분은 지름 약 10m, 높이 5m 정도의 원분으로 내부에는 횡혈식 석실이 만들어졌고, 석실 안에는 목관과 집모양 석관이 들어 있었다. 가미노다이시역上ノ太子駅 북방 600m 지점에 있는 간논쓰카 고분觀音塚古墳에서 보이는 것과 같은 횡구식 석곽橫口式石槨도 여러 개 있다.

7세기를 전후하는 시기에는 이전의 횡혈식 석실과는 다른 횡구식 석곽이 출현한다. 백제 능산리형 석실로부터 영향을 받았지만 규격성이 떨어진다. 646년 박장령薄葬令이 공표되자 대형 횡혈식 석실이 소멸하면서 횡구식 석곽이 일시적으로 확산되기도 하였다. 박장령이란 신분에 따라 분묘의 규모 등을 제한한 칙령으로 분릉은 소형 간소화되고 전방후원분의 조영이 없어지면서 고분 시대는 사실상 끝난다.

출토 유물로는 도검과 마구 등이 있으며, 특징적인 것으로 미니어처 밥솥과 금동 신발 등을 볼 수 있다. A지군 안에 백제 왕족 곤지왕을 제신으로 하는 아스카베 신사가 있다. 6세기부터 7세기에 걸쳐 일대는 백제계 이주민 씨족의 묘역이었다고 보고 있다.

9 아스카베 일대의 백제계 거주민

『일본서기日本書紀』에는 당시 이 지역에 살던 거주민을 알려 주는 적마 전설赤馬伝說이라는 이야기가 있다. 가와치국 아스카베군河内国 飛鳥戸郡에 사는 다나베후히토하쿠손田辺史 伯孫의 딸이 후루이치군古市郡 후미노오비토 가료우書首加竜에게 출가하였는데 딸의 집에 다녀오던 길에 나타난 붉은색 말에 관한 이야기다. 이 이야기에서 다나베씨田辺史 伯孫가 가와치의 아스카베군에 살고 있었고 후미씨書氏=西文氏, 가와치노후미는 후루이치군에 살고 있었으며 두 가문이 결혼을 통해 교류가 있었다는 것을 알 수 있다.

당시 이 지역에 살던 백제계 호족들을 정리하면 다음과 같다.

① 아스카베노 미야쓰꼬씨飛鳥戸造氏

신찬성씨록에 백제국 말다왕末多王, 東城王의 후손으로 되어 있다.

② 다나베씨田辺氏

적마전설에 나오는 백제계 집단으로 씨사였던 다나베 폐사터가 가시와라시 가스가春日신사 경내에 남아 있는데 남문, 중문, 금당의 위치, 금당자리 중심축선상 부처 안치, 동탑 기단 등이 백제 부여군수리터 형식이라 한다.

③ 가와치 후히토베西文部, 河內史部

역시 위 이야기에 등장하는데 왕인의 후예로 5~6세기경 백제에서 이주하여 후루이치하비끼노시 일대에 정착하였다. 559년 씨사로 서림사를 건립하였다.

④ 가와치노 아타히河內直

스다하치만 신사에서 발견된 화상경의 명문에 나오는 씨족으로 이두문자로 '開中가이쭈우=가와치, 費直費=直, 아타헤'라고 쓰여 있다.

7세기 이후 세력을 떨치는 가와치 장관 씨족으로 682년 무라지 가바네를 받고 669년 가와치노아따히 구지라는 견당사로 발탁된다. 씨사인 가와치노 아타히 곤데라河內寺는 7세기 중엽에 창건된 절로 탑, 금당 남북 배치가 백제식인 사천왕사식 가람 배치를 하고 있다. 유력한 이주계 씨족 '가와치 아타히' 씨사 건립有力 渡来系氏族 '河內直' 氏寺 建立이라는 기록이 있다.

10 백제 이주계의 고분

① 후루이치 고분군

목곽직장분으로 백제계 이주민 세력의 고분이 산재한다.

② 다마테야마 고분군玉手山古墳群

고분 시대 전기 고분군으로 가와치 지배 집단이었던 다나베씨田辺氏의 고분군이다.

③ 다카이다 횡혈묘, 다마테야마동편 횡혈묘, 다마테야마 안복사 횡혈묘군

아스카베노 미야쓰꼬씨飛鳥戸造氏의 고분일 가능성이 있다.

Ⅱ 곤지왕에 관한 필자의 의견 종합

① 곤지왕이 정착한 지역

아스카베군은 가와치의 요지다. 북쪽으로는 야마토천이 흐르고 서쪽으로는 이시카와천이 흐르며 동쪽은 산맥이 가로막고 있다. 두 방향은 강으로 막아 주고 한 방향은 산으로 막아 주는 천혜의 요새다. 강에서 떨어져 있기 때문에 홍수의 위험도 없다. 지역의 바로 후방은 데라야마寺山와 하치부세산鉢伏山이 솟아 있어 대피처도 되고 있다. 남쪽 방향으로는 왕릉의 계곡이 있는 다이시조의 평지가 펼쳐져 있다. 이 사이로 옛날 가와치와 아스카를 연결하던 다케우치가도가 지나가고 있다. 당시 가장 중요했던 교통로의 목이 아스카베군을 통과한다. 아스카베군 영역의 서북쪽 끝은 후에 가와치 국부가 들어선 곳으로 가와치 지역의 도읍이 되었다. 당시 곤지왕의 어소가 있었던 곳으로 생각되는 현재의 아스카베 신사 자리는 가와치 지방을 통치하는 데 최적의 자리였을 것이다.

② 진손왕과의 관계

곤지왕에 60~70년 앞서 근구수왕의 손자인 진손왕도 먼저 이 지역에 자리 잡았다. 아스카베군의 북쪽, 야마토강 남안이므로 현재의 고쿠분 주변이 선주 이주 왕족의 근거지로 추측된다. 진손왕의 아들 대인 태아랑왕이나 손자 대인 해양군 시절에 이곳에 이주한 곤지왕은 선주 왕족의 후예들을 통솔하였을 것으로 추측된다. 백제 왕권의 서열상 곤지왕이 당시 왕의 동생으로서 단연 가와치 백제 영역의 제1인자의 자리를 차지했을 것이다. 그래서 진손왕의 후예들은 자리를 내주고 서쪽으로 근거지를 옮겨 현재의 후루이찌시와 후지이데라시 쪽으로 옮겨간다.

③ 두 곳의 아스카

아스카베 신사가 자리 잡고 있는 곳은 지금도 지역의 이름이 아스카다. 6세기

후반에 야마토 정권의 도읍이 들어서는 나라분지의 아스카와 지명이 같다. 가까운 아스카와 먼 아스카, 두 지역은 같은 사람들이 살았고 동일한 지배자가 통치하던 지역이었을 것이다. 그러지 않고서 어찌 같은 지역명을 유지하고 있었겠는가? 『일본서기』에는 곤지왕이 가와치로 이동하기 전후로 두 곳에 아스카라는 지명이 존재했다는 기록이 있다. 두 곳 모두 백제계 이주민들이 새롭게 집중적으로 자리 잡은 지역이기 때문에 우리말로 아스카, 즉 큰 마을이라는 명칭으로 부르며 시작되었을 것이다. 야마토 정권의 수도가 된 나라분지의 아스카는 이 지역 전체의 백제계 이주민을 통치하기 위해 부임한 곤지왕과 그 세력의 영향력이 펼쳐졌을 것이니 결국 야마토 정권은 곤지왕의 후예가 세운 정권으로 보인다. 아스카 시대의 왕들과 권신이었던 소가씨도 곤지왕이 정착했던 지역의 출신인 것이 이러한 추정에 힘을 실어 준다.

④ 곤지왕의 역할

본국인 백제가 위기에 처했을 때 자신이 왕위를 잇지 않고 아들인 동성왕을 보낸다. 이는 두 가지 사실을 암시하는데 하나는 백제의 왕위를 결정하는 힘이 가와치에 있던 곤지왕에게 있었다는 점이고 다른 하나는 가와치와 아스카 지역의 통치도 본국의 문제만큼 중차대했다는 추측이다. 아들로 보이는 무령왕이 왕위를 계승하고 나서 신주이마키 이주민이 급격하게 늘어나는 현상도 본국 백제와 가와치─아스카 지역의 백제계 지역을 상호 보완하면서 균형적으로 발전시키기 위한 정책의 소산으로 보인다.

⑤ 곤지왕과 같이 이주한 세력

곤지왕이 가와치 지역으로 이주할 당시 곤지왕과 소수의 근신들만 대동하고 이주한 것은 아닐 것이다. 여러 귀족들과 군인들 그리고 그들에게 소속되었던 수만은 일반인들도 같이 이주하였으리라 본다. 이러한 결과 가와치 지역에는 수많은 군집묘가 생기고 스에키 가마가 1000기 이상 생긴 것이다. 그 증거로 가와치─이즈미 지역에 자리 잡았던 백제계 왕족과 귀족의 씨족을 보면 가와치 15씨와 이즈미 8족이 있다. 대부분 왕족의 후예이거나 귀족이다. 이들의 이름과 선조에 관한 정보다.

(가와치 15씨)

- 미즈우미노 무라지水海連, 츠키노오사調日佐-백제국인 노리사주努理使主
- 가후치노 무라지河內連-백제국 도모왕 아들 음태귀수왕陰太貴首王
- 사라라노 무라지佐良々連-백제국인 구미도언久米都彦
- 니시고리노 무라지錦部連-미요시노스쿠네와 시조 동일, 백제국 속고대왕速古大王
- 요사미노 무라지依羅連, 야마카하노무라지山河連-백제국인 소이지야마미내군素祢志夜麻美乃君
- 오카하라노 무라지岡原連-백제국 진사왕辰斯王 아들 지종知宗
- 하야시노 무라지林連-백제국 직지왕直支王
- 구레하토리노 미야츠코呉服造-백제국인 아루사阿漏史
- 미야츠코宇努造, 우노노오비토宇努首-백제국인 미나자부의弥耶子富意
- 아스카베노 미야쓰코飛鳥戸造-백제국 비유왕比有王 아들 곤지왕昆伎王
- 아스카베노 미야쓰코飛鳥戸造-백제국 말다왕末多王
- 후루치노 스구리古市村主-백제국 호왕虎王
- 가미노 오사上日佐-백제국인 구이능고사주久尓能古使主

(이즈미 8씨)

- 구다라노 키미百済公, 무토베노무라지六人部連-백제국 주왕酒王
- 니시고리노 무라지錦部連-미요시노스쿠네와 동조
- 시노타노 오비토信太首-백제국인 백천百千
- 도로시노 미야츠코取石造-백제국인 아마의미阿麻意弥
- 아시야노 스구리葦屋村主-백제 의보하라지왕意宝荷羅支王
- 스구리村主-아시야노스구리와 동조, 대근사주大根使主
- 기누누히衣縫-백제국의 신 노령露命

간무천황 재위 시[781~806년] 백제계 이주민을 우대하자 자진하여 등록하며 밝혀
진 성씨들의 목록으로 보인다.

⑥ 곤지왕의 일본에서의 성씨

곤지왕보다 먼저 이주한 진손왕의 후손들은 후지이씨, 후네씨, 쓰씨 등으로
번성하는 데 비하여 곤지왕의 후손은 아스카베노 미야쓰코[飛鳥戸造]씨 하나밖에 없
다. 그것도 자료에 따라 곤지왕의 후손이 아니라 백제로 건너간 동성왕의 후손
으로 되어 있다. 세력으로 볼 때 진손왕계를 훨씬 뛰어넘는 곤지왕계의 씨성이
다양하지 못한 데는 연유가 있을 것이다. 필자의 추측으로는 곤지왕의 후예들이
천황족이 된 것이 아닌가 한다. 천황족은 성씨가 없다.

◆ 필자 후기 ◆

간사이 공항으로 향하는 길에 '곤지왕 국제네트워크'의 회장인 오사카 산업대의 Y교수에게서
메신저를 통해 문자가 왔다.

"안녕하세요? 오늘 아스카베 신사에 다녀가셨다고 들었습니다. 관심 가져 주셔서 감사합니다.
특히 오늘 곤지왕 간판이 걸린 날이어서 의미가 있는 날이었습니다. 앞으로도 지속적인 관심 부탁
드립니다. 감사합니다."

필자와 파트너는 페이스북상의 모임인 '곤지왕 국제네트워크'의 멤버이다. 모임에서 주최하여
서울한성 백제박물관에서 열린 한일 공동세미나에 참석한 적도 있다.

옛 터전에 아직도 생뚱맞게 살아 있다는 사실만으로도 아주 소중한 것이라고 생각한다.

8. 다이센 고분, 콘다야마 고분과 군집묘의 연대

　다이센 고분의 경우, 세 번째 해자에 해당하는 곳에서 원통 하니와가 발굴되었는데 5세기 말로부터 6세기 초쯤으로 추정된다. 그리고 최근에 동쪽의 목 부위의 혹_{스꾸리다시}에서 독저각 스에키가 나왔는데 이것이 그 고분의 축조 시기를 5세기 후반기 또는 말기로 보게 되는 유력한 증거로 보고 있다. 그뿐만 아니라 다이센 고분에서 나온 횡신판징박이단갑_{橫矧板釘甲}은 6세기 초의 것으로 추정되는 구마모토현 에다후나야마 고분의 단갑과 형태적으로 아주 유사하다. 더욱이 그 단갑은 도금을 한 금동단갑으로 당시의 일본에서는 만들지 못하던 한반도의 물건이다.

　이 밖에도 다이센 고분의 축조 시기를 규명할 수 있는 자료로서 거울이 있다. 다이센 고분에서 나온 것으로 전해지는 동경이 미국의 미술관에 보존되어 있다. 그런데 그 동경이 백제 무령왕릉에서 나온 거울과 같은 계열의 동경이라는 사실이다. 1971년에 발견된 무령왕릉에서는 동경이 5면씩이나 나왔다. 그 가운데 수대경_{獸帶鏡}이 있는데 이것과 다이센 고분의 동경은 같은 거푸집으로 만들었다고 할 정도로 아주 유사하다. 다이센 고분에 묻혔던 동경과 백제 무령왕_{재위} _{501~523년}에 묻힌 동경이 같은 시기의 물건이라는 사실은 바로 그 두 동경이 묻힌 시기, 두 고분의 축조 시기가 비슷하다는 증거가 될 수 있다.

▮ 가와치의 군집묘

　다이센 고분과 콘다야마 고분이 축조될 때 그 큰 고분과 같이 또는 그보다 앞서 수많은 군집묘들이 가와치평야의 여러 곳에서 '폭발적'으로 축조되기 시작하였다. 6세기 이후 이코마산 서쪽 기슭으로부터 남가와치 이즈미에 이르는 광대한 평야의 구릉 지대에 출현한 수많은 군집묘 즉 야마하타 고분군_{山畑古墳群}, 다카야쓰센즈까_{高安千塚} 군집묘, 히라오야마센즈까_{平尾山千塚} 군집묘, 아스카센즈까_{飛鳥千塚} 군집묘, 이치스가_{一須賀} 군집묘, 토오키센즈까_{峠千塚} 군집묘, 시노다센즈까_{信太千塚} 군집묘 등이 그것이다. 이 일대에 이처럼 수많은 군집묘가 만들어졌다는 것은 달리 말하면 종전에는 황무지였던 그곳에 사람들이 와 살면서 개척되었고 생활을 영위했다는 것을 말해 준다.

다이센 고분, 콘다야마 고분이 축조되던 시기를 전후하여 그 주변에는 군집묘들이 형성되었다. 이 군집묘들은 대부분 구릉 지대에 축조되었는데 이러한 군집묘에 묻혀 있는 피장자들의 활동에 의하여 가와치의 넓은 충적대지가 개척되어 갔을 것이다. 그리고 가와치평야의 중심에 자리 잡은 다이센, 콘다야마의 두 고분의 주인공은 여러 군집묘의 피장자들의 통치자였을 것이다.

2 가와치의 고분과 한반도의 관계

다이센 고분과 콘다야마 고분의 배총 및 모즈 고분군, 후루이치 고분군의 대표적 고분들의 발굴 조사에 의하면 출토된 마구류와 무기, 무장, 스에키류들은 가야계가 지배적이며 매장 시설 등에는 백제적 요소가 강하다고 한다. 대체로 5세기 중엽 이후 가와치평야는 새로운 농구, 공구의 출현과 함께 급속히 개간되며 그에 따라 그 지방은 사회경제적으로 한층 더 높은 발전 단계에 이르렀다. 이들 고분군에서 나온 유물들은 다수가 한반도의 것이다.

9. 가와치와 아스카, 가쓰라기산 동쪽의 고분들

가미노타이시上ノ太子역에서 기차를 타고 나라 쪽으로 넘어가 타이마 데라當麻寺 역에 내렸다. 신라 절이라고 하는 타이마사唐麻寺를 방문하기 위해서였다. 역에서 니조산 쪽으로 일직선으로 뻗은 길을 걸어 올라가니 절이 나타났다. 규모가 컸 다. 휘어진 절의 지붕선이 눈에 익숙했다. 불국사에 있는 것 같은 돌계단도 놓여 있었다. 야마토 삼대 정원 중 하나가 있다고 하여 구경했다.

가쓰라기 지역에 있는 고분 두어 곳을 방문할 예정이었으나 따뜻한 봄 햇살 아래 경치 좋은 절을 구경하고 나니 마음이 관광 모드로 바뀌었나 보다. 고분 답 사를 포기하고 종착역인 고세御所로 향했다. 역앞에서 버스를 타니 평탄한 산길 을 올라간다. 가쓰라기산葛城山 로프웨이를 타고 정상에 올라가 나라평야를 일망 하고 싶은 생각이 있어서였다. 승객은 필자 하나였는 데도 30인승 곤돌라가 운 행되었다. 내려올 때도 마찬가지였다. 산 위에서 내려다본 나라평야는 주변이 높지 않은 산들로 둘러싸여 있고 그야말로 평평했다. 천혜의 요지로 보였다. 산 밑의 가쓰라기 지역의 고분들이 여기저기 보였다. 가쓰라기 지역에 독립적인 왕 국이 존재했었다는 설도 있다.

다케우치가도는 가와치에서 야마토 분지로 가는 주요 루트였다. 그 길 연변에 는 고분군들이 이어져 있다. 대표적 고분이 신조 히라오까 니시가타 고분군平岡西 方古墳群으로 가쓰라기산 로프웨이 승강장 아래쪽으로 북쪽으로 2km 거리에 있 다. 시간 관계상 답사하지 못한 고분들은 자료를 통해 소개한다.

1 히라오까 고분군 平岡西方古墳群

가쓰라기시 신조정新庄町에 있는 히라오까 고분군은 가쓰라기 산기슭에 있는 분지를 내려다보는 위치에 자리 잡고 있다. 5세기 후반기경으로부터 6세기 말 경까지의 약 100년간에 걸쳐 축조된 고분들로서 현재 170기 이상의 고분이 확 인되었다. 이곳에는 오시미忍海라는 지명이 남아 있어 가야계 단야鍛冶수공업자

집단의 집중적인 정착지로 추측되고 있다. 단야鍛冶, かじ, たんや는 금속을 단련해 제품을 제조하는 것으로 일본말 가지かじ는 쇠치기金打ち, かねうち에서 유래했으며, 이 단야를 업으로 하는 사람이 대장장이다. 칼을 만드는 장인은 도공刀鍛冶, 刀工 등 으로 불린다.

忍海の名が使用されたのは鉄生産技術を持って朝鮮から渡来した人たち の集団である忍海氏の本拠地であったことによるものと推測されます。

특히 주목되는 것은 모든 고분이 백제식 횡혈식 석실묘라는 점과 부장품이 가야식 단야 공구 및 마구류 등 한반도 가야 색채가 확연한 유물들이라는 사실 이다.

가와치로부터 다카이치高市, 야마토 분지 남쪽로 가는 길목에 해당하는 신조정 일대에 이와 같은 한반도 고분들이 5세기 후반기경부터 나타나 1세기 동안 존속한다는 사실은 가와치로부터 아스카로 진출한 한반도 이주민들의 발자취를 짐작하게 한다.

2 셋코산 고분군 石光山古墳群

히라오까 고분군의 지척인 셋코산 고분군에서 한반도의 가야 지방에서 나는 사철로 만든 철제 도검이 나왔다. 셋코산 고분군은 5세기 후반기부터 7세기 초 에 걸쳐 축조된 약 100기의 고분들로 이루어진 군집묘다. 고분군 형성이 시작된 것은 5세기이며 절정기가 기내의 다른 예보다 반세기 이상 빠른 6세기 전반으로 목관 직장묘를 주로 하는 니이자와천총 고분군과 함께 초기 군집분의 전형적 사 례로 여겨지고 있다. 대부분이 백제계 목제 직장묘로서 제43호 고분에서 백제 계 도질 토기가 나왔다. 신조 일대가 분지 남쪽의 아스카 지역에 진출할 교두보 의 역할을 하지 않았나 생각하게 한다. 부장품은 장식품勾玉, 管玉, 金環, 철제품刀, 鐵, 斧, 鎌, 마구轡, 鐙, 杏葉 스에키須恵器와 하니와埴輪 등이다.

3 야마토의 탄생

가와치 세력과 야마토 분지의 아야씨를 대표로 하는 백제계 신세력 및 가야-신라계 구세력의 관계는 어떠하였으며 어떤 변화를 거쳐 야마토 정권이 탄생하였고 가와치에 근거하던 소가씨의 세력이 어떻게 야마토 정권의 주역으로 부상했는지 알아본다.

야마토 분지에서는 와니씨와 가쓰라기씨 그리고 오오토모씨가 가장 유력하였다. 세 호족은 야마토 분지에서 큰 호족 세력을 이루고 있었다. 그런데 소가씨는 5세기 말엽경 야마토에 진출한 백제 세력으로서 본래부터 야마토 분지에 정주하고 있던 호족 세력이 아니었다.

4 미와야마 三輪山, 오오토모 大友 세력

야마토 분지 동쪽 지역에 비교적 큰 호족 세력이 있었다는 것은 그 지역에 형성된 5세기 초중엽까지의 고분군을 보아도 잘 알 수 있다. 분지 동쪽 지역에 조성된 사끼다테나미 고분군, 미와야마산을 중심으로 한 시끼 고분군磯城古墳群이 대표적 고분군들이다. 특히 미와야마를 중심으로 한 시끼고군 일대에 있는 경행릉 전방후원분, 길이 310m, 젓가락 고분하시하카, 길이 278m, 숭신릉, 사쿠라이, 차우스야마 고분이 시즈까 등이 미와야마 세력을 대변하는 대표적 고분들이다.

미주노 유의 가설상 제1왕조 세력이다.(267페이지 고대 일본의 왕조 항 참조) 나라현 야마토 분지의 동쪽은 일찍부터 신라 세력이 진출, 정착한 고장으로 보인다. 『고사기』, 『일본서기』에 기술된 미와야마 세력은 신라 세력이었음을 보여주고 있다. 먼저 『고사기』의 미와야마 설화를 보면 이즈모에서 건너간 신이 미와야마의 제사신으로 진좌한 것이라고 한다. 이것은 미와야마의 오모노누시大物主신과 이즈모의 오나무찌치大國主신이 다 같은 신이라는 것을 보여준다.

오래전부터 일본학계는 미와야마 세력을 이즈모시마네현족의 야마토 지역 진출로 설명해 왔다. 이즈모족은 신라계의 주민 집단이다. 그리고 미와야마 일대에는 시라기 등 신라에서 유래한 지명들이 남아 있다고 한다.

혼슈 북부 해안[이즈모, 와까사 등]과 그와 잇닿은 오미[近江, 헌 시가헌] 그리고 야마토 분지 동쪽의 고분 시대 전기의 고분[4세기]에서는 신라적 색채를 띤 구슬과 철검, 거울 등이 나온다. 이런 사실은 미와야마 세력에 의하여 대변되는 신라계 호족 세력이 서쪽에 위치한 가쓰라기 호족 세력과 더불어 야마토 분지를 지배하고 있었다는 것을 알 수 있게 한다. 그리고 혼슈 북쪽 와가사[후쿠이현] 일대에 진출한 신라 이주민 집단의 일부는 비와호 양쪽 기슭을 따라서 남하하였다가 야마토 분지에 이르러 그곳에 정착한 것으로 보인다. 아무튼 나라 분지의 동서에 위치해 있는 두 고분군은 4세기[고분 시대 전기]의 고분군들이다.

5 야마토 분지의 세력 변화

그러던 것이 6세기 야마토 분지가 강력한 경제력과 군사력을 가진 정치적 중심지로 변하는 것은 기존의 권력 지반 내에서 일어난 변동이 아니라 외부에서 들어온 세력이 그곳에 정착한 결과로 보인다. 이와 관련하여 한 일본학자는 "5세기 후반기경에 와서는 큰 고분[5세기 초엽까지의 큰 고분]에 직속하는 대형 고분은 만들어지지 않게 되었는데 이와 같은 사실은 5세기 중엽경에 분지 남부에서 중요한 정치적 변동이 생겼음을 보여주고 있다"고 주장하였다.

일본학자들이 지적하고 있는 것처럼 5세기 후반기경에 와서 가쓰라기시와 시키군 일대에 있는 큰 고분군은 갑자기 축조가 멈추어진다. 그것은 나라 야마토 분지에 커다란 정치적 변화가 일어나 분지를 크게 동서로 분할 지배하던 두 호족 세력이 자기의 통제력을 상실하게 되었다는 것을 의미할 수 있다.

5세기 후반기에 들어서면서 미개척지인 야마토 분지 남쪽 지역이 선진 영농 기술에 의해 급속히 개간되어 갔다. 그와 때를 같이하여 그 시기에 이르러 전 시기에는 볼 수 없었던 횡혈식 고분과 목관직장분 등 백제식 고분 형식이 나타나기 시작한다. 그러다가 6세기 이후 나라 야마토 분지의 정치적 중심지는 남쪽의 야마토 분지로 옮겨지기 시작한다.

가와치 세력[가야 백제 연합 세력]과 야마토의 히노쿠마 아야씨를 연결했던 것은 가와치와 야마토아스카를 연결하는 다케우치길[竹内街道]이다. 이 길은 서쪽으로 모즈 고분군과 후루이치 고분군으로 가는 다치히길[多治比道]로 이어진다. 그 길은 가와 치평야의 남쪽을 횡단하면서 하비키노시의 후루이치에 이른다. 다치히길은 아 스카강을 거슬러오르는 다이마거리를 거쳐서 다케우치 고개를 넘어 곧바로 평 야를 횡단하여 야마토 아스카에 연결된다.

6 야마토국의 발생

야마토에 백제계 세력의 중심이 세워진 다음에는 야마토국이라고 불리게 된 다. 가와치에서 모즈 고분군, 후루이치 고분군의 축조가 정지된 직후 시기인 6 세기 초중엽부터 일본 통합 사업에 착수한 것으로 인정된다.

가와치에 본관을 두었던 수많은 사람들[백제, 가라 계통 이주민 집단과 원주민들]이 야마토 분지 특히 정치적 중심지[기훈]로 된 남부 야마토의 아스카 지방으로 이동, 정착 한다.

신라 계통 세력의 거점이던 이소노가미신궁에 가와치 야오시 일대에 본관을 둔 모노노베씨가 옮겨 가게 되고 신궁 관리자가 된 것도, 백제칠지도의 소장지 가 모노노베씨의 이동과 함께 이동되게 된 것도 그때였을 것으로 추측된다. 사 람의 이동은 지명의 이동을 동반하게 되었다. 야마토의 여러 지명들이 가와치의 것과 꼭 같은 것은 가와치 백제 세력의 가와치로부터 야마토에로의 이동이라는 역사적 사실을 배경으로 하고 있다. 다같이 백제계의 아야씨인데 아야씨를 동녘 동자를 써서 '야마토의 아야씨'로 부르고 서녘 서자를 써서 '가와치의 아야씨'로 도 부르는 것과 같다. 말하자면 그 시기부터 가와치와 야마토는 하나의 국가 세 력권인 백제계의 야마토 왕국의 세력권 밑에 들어가게 되었다. 따라서 그 왕국 의 통치자들은 동서의 아야씨를 가와치, 야마토로 구분하게 된 것으로 보인다. 야마토의 아스카도 본래부터 야마토 지방에 있던 고장 이름이 아니라 백제 사람 들이 가와치로부터 그곳으로 옮겨가면서 가와치 왕국의 수도였던 가와치 아스 카의 이름을 따서 붙인 것이다.

가까운 아스카, 먼 아스카, 백제계 세력의 가와치로부터 야마토에로의 이동을 강하게 밀고나간 것은 소가씨였다. 다른 한편 소가씨는 야마토노 아야씨 집단의 강력한 경제적, 군사적 힘에 의거하여 그와 같은 이동, 진출을 성과적으로 추진할 수 있었다.

야마토 남쪽 분지에 거점을 두게 된 백제계 세력은 야마토와 가와치의 넓은 지역을 지배, 통제한 데 기초하여 점차 사방으로 힘을 뻗쳐 6~7세기 중엽까지 서부 일본을 통합하는 데 성공하였으며 소가씨는 실질적인 국왕 행세를 하게 되었다. 야마토국에서 소가씨의 전횡은 곧 야마토 아스카 정권의 한반도적 성격을 보여주는 것이었다. 왜냐하면 소가씨와 소가씨가 의거하였던 야마토노 아야씨는 한반도_{백제, 가라} 계통의 주민 집단이었기 때문이다.

7 소가_{蘇我}씨의 계통

6세기 중반부터 아스카에 자리 잡게 되는 야마토 정권에 대하여 설명할 때 그 기반 세력으로 두 그룹이 있다. 하나는 히노쿠마에 자리 잡아 번성한 백제계 아야씨와 이마키_{신주} 아야씨 집단이고 다른 하나가 정치가로 등장한 소가씨라는 가문이다. 가와치 출신의 소가씨에 의해 서쪽의 가와치 백제 세력과 나라 분지의 아야씨 백제 세력이 통합되어 야마토 정권의 기초가 되었을 것이다.

소가씨의 계통을 밝히는 것은 야마토 아스카 정권의 성격을 밝히는 데 중요한 문제의 하나로 제기된다. 왜냐하면 6세기부터 7세기 전반기까지 야마토 아스카 정권을 장악했던 것이 소가씨였기 때문이다. 소가씨의 계보는 『고사기』 효원기에 의하면 하타, 고세, 헤구리, 기, 가쓰라기, 와카고의 제씨와 함께 다케우치 스쿠네로부터 갈라져 나왔다고 하였다. 다케우찌치 스쿠네의 아들이 소가 이시가와 스쿠네이고 그가 소가노오미, 가와베노오미, 다나카노오미, 다까무꾸노 오미, 오와리다노오미, 사쿠라이노오미, 기시다노오미 등의 조상이라고 하였다.

다케우치 스쿠네_{建內宿禰, 武內宿禰}는 가공의 인물이다. 하지만 다케우치 스쿠네의 자손이라고 하는 소가를 포함한 5명의 인물들은 한결같이 한반도계 인물이다.

가쓰라기씨, 헤구리씨, 소가씨는 물론이고 고세 노오가라 스쿠네 역시 한반도계 인물로 볼 수 있다.

소가씨의 계보는 소가 이시가와 스쿠네-마치滿智-가라코韓子-고마高麗-이나메-우마코-에미시-이루카의 계보이다. 그 계보에서 가라코니, 고마니 하는 것은 한반도에 관련된 이름들이다. 그 가운데서 마치滿智는 중요한 자리를 차지한다. 소가씨의 구체적인 활동이 기술되는 것은 6세기 중엽의 소가노 이나메蘇我稲目 부터이다.

마치滿智는 일본학자들이 말하는 것처럼 백제의 목木씨일 수 있다. 마치滿智는 『일본서기』 응신기에 나오는 목마치木滿致와 같은 동음동명의 인물이다. 목씨는 백제의 대성 8족의 하나다. 이 마치는 『삼국사기』 백제본기 개로왕대에 나오는 목협木劦만치滿致와 일치한다.

백제의 목협만치에 대해서는 『삼국사기』에 다음과 같이 적혀 있다. 장수왕이 백제를 치려고 장수들에게 군사를 나누어 주었다. 근개루제21왕가 이 말을 듣고 아들 문주에게 말하기를 "내가 어리석고 총명하지 못하여 간사한 사람의 말을 신용하다가 이렇게 되었다. 백성들이 역락하고 군사가 약해지니 아무리 위급한 사태가 있은들 누가 나를 위해 힘들여 싸우려 하겠는가. 나는 당연히 나라를 위해 죽어야 하지만 너는 여기 있다가 함께 죽어도 유익함이 없으니 어찌 난을 피하여 왕통을 잇지 않겠느냐?" 하니 문주가 곧 목협만치와 조미걸취 등을 데리고 남쪽으로 떠났다. 『삼국사기』의 기록에서 명백한 바와 같이 만치는 실재한 역사적 인물이었으며 소가씨의 계보 및 『고사기』 등에 실린 소가 마치와 한자와 음이 같다. 이것은 백제 수도가 함락되면서 백제왕자 문주와 더불어 "남으로 갔다"라고 한 목협만치가 일본에까지 갔을 수 있다는 것을 보여준다.

목협만치가 일본땅에 건너갔다면 만지는 맨 처음 가와치 이시가와 일대에 정착한 것으로 생각된다.

남가와치군 태자정 야마다에는 이시가와 구다라마을이 있다. 백제에서 건너간 만치는 먼저 그곳 일대를 본거지로 삼았을 것이다. 가와치를 첫 본거지로 삼

앞을 것으로 보는 이유는『일본서기』에 개로왕의 동생이라고 전하는 곤지왕이 그곳에서 멀지 않은 곳에 있는 가와치 아스카의 아스카베 신사로 모셔진 사실과 결부되기 때문이다.

소가 마치는 나라 야마토 분지로 진출하여 이미 나라 분지 서쪽 일대에 정착해 있던 오랜 백제계 호족 세력인 가쓰라기를 복속시켰을 것이며 그를 발판으로 하여 점차 남하하여 분지 남쪽의 아스카 일대로 진출하였을 것이다.

물론 소가씨가 아스카 지방으로 세력을 뻗치게 된 것은 이나메 때인 6세기 중엽경이지만 어쨌든 마치 때는 소가씨가 일본에 진출한 첫 시기로서 이미 오래전에 그곳 일대에 진출한 한반도계 이주민 집단을 통솔하는 데 힘을 기울였을 것이다. 그리하여 소가씨 집단은 가와치와 야마토서부 지방을 지배 통제하는 큰 세력을 가지고 주변 세력들에게 강한 영향을 준 것으로 보인다.『일본서기』에 '목마치가 나라의 정치를 집행하다', '해구리노 스쿠네, 소가노마치 스쿠네, 모노노베노 이코후노 오무라지, 쓰부라노 오미 등이 함께 나라의 정치를 집행하다'라고 한 것은 비록 시기적으로 각각 다른 기록이지만 어쨌든 백제계 귀족 집단의 우두머리인 마치가 여러 호족들과 함께 나라야마토의 지방 국가를 다스리는 데 한몫 끼었다는 것을 말해 주는 것이다. 여기서 연합으로 나라의 정치를 집행한 인물들이 다같이 나라 야마토 분지의 동쪽이 아니라 서쪽에 있던 호족들이라는 사실은 주목할 만한 일이다.

◆ 정리 ◆

아스카의 아야씨 세력과 가와치의 백제계 세력이 가와치 출신 소가씨에 의해 연합되어 수립된 일본 야마토 왕조

1. 백제계 이주민들이 몰려가서 개척한 지역이 어떻게 도읍제3왕조이 되었을까?

아스카 왕조는 백제계 이주민 아야씨 집단과 신흥 친왕계 귀족인 가와치의 백제계 이주민 세력을 등에 업은 소가씨의 연합에 의해 만들어진 왕조다. 이 지역에 자리 잡은 백제계 이주

민 세력이 성공적으로 신도시를 만들었고 백제계 왕조도 자연스럽게 이 지역에 자리 잡았을 것이다. 꼬리가 몸통을 흔든다는 말이 있듯이 만약 꼬리인 이주민 세력이 몸통인 왕족보다 더 강력했다면 꼬리가 몸통을 흔드는wag the dog 일이 일어날 수 있었을 것이다.

2. 백제계 이주민들의 신개척지에 생긴 왕조가 수도제3왕조의 최초 도읍는 어떤 변천과정을 거치나?

처음에는 지배자지통 이후 천황으로 호칭들의 거소가 이 지역에 자리 잡았다가 592년에 정식으로 왕궁인 아스카궁이 건립되었다. 수도의 규모가 확장되면서 후지와라궁694년으로 옮기나 정권의 심각한 변동천지에서 천무로의 왕권 교체 이후 북쪽의 헤이조쿄나라, 710년로 천도한다. 그 후 나라의 구세력의 영향에서 벗어나고자 했던 간무천황과 신백제 세력후지와라 가문에 의해 나가오카교교토 낙쪽, 784년와 헤이안궁교토, 794년으로 도읍을 이전해 나간다.

3. 제3왕조의 초기에는 왜 친백제계 왕들이 많을까?

4세기 후반부터 시작된 백제 왕족들의 일본 열도 가와치 지방으로 이주의 연속선상에 461년 백제 개로왕의 동생인 곤지왕의 가와치로의 이주가 있다. 곤지가 주재하던 지역은 아스카베라 불렸고 지금도 아스카라는 지명이 남아 있다. 이 지역에 '왕릉의 계곡'으로 불리는 지역이 있고 여기에 아스카 시대의 천황들인 민달572~585년, 용명585~587년, 추고593~628년, 효덕645~654년의 왕릉을 비롯하여 아스카 시대의 권신 소가노 우마코권좌: 570~626년의 신사一須賀神社 및 무덤과 성덕태자십정: 593~622년의 무덤에복사에 유해 안치이 있다.

제3왕조 즉 아스카 시대에 친백제계 왕들이 많은 배경에는 가와치에서 아스카로 이어지는 약 200년간의 백제 왕족들과 정치 권력가들의 일본 열도로의 이주 역사가 자리 잡고 있다.

4. 백제계 아야씨는 가와치의 친백제계 소가씨와 함께 제3왕조의 수립에 깊이 관여한 이유는 무엇일까?

소가씨는 가와치 출신의 백제계 신흥 귀족으로서 나라평야에 자리 잡고 있던 막강한 선주 이주민 호족 세력오오토모, 모노노베, 와니, 아베, 가쓰라기, 고세, 헤구리과 경쟁하기 위해서는 자신의 배경인 가와치 백제계 세력과 같은 백제계로 산업 분야뿐만 아니라 정치와 군사 부문의 전문가 집단인 아스카 아야씨의 통합 세력에 의존하였다.

이 연합은 효력을 발휘하여 소가씨는 나라분지의 선주 이주민 세력인 가쓰라기씨로부터 시작하여 어오토모씨, 모노노베씨의 순서로 나라의 유력 호족 세력을 차례로 제거한다. 소가씨와 아야씨의 연합은 소가씨가 권세를 유지하는 약 100년545~645년 간 굳건하게 유지된다. 아스카 시대는 소가씨와 아야씨 연합 세력의 전성기다.

5. 최초의 정착지인 히노쿠마에서 3km 범위 내에 긴메이천황릉, 사이메이천황 무덤, 센카천 황궁 등 친백제계 천황의 무덤을 포함하여 일본국을 만든 천무–지통천황의 합장릉 등이 자리 잡고 있는 이유는 무엇일까?

당시는 사람이 죽으면 고향에 묻히는 풍습이 있었던 것으로 미루어 보면 히노쿠마가 이들 천황들의 고향이었음을 암시하는 것으로 본다. 즉 이들 천황들은 백제계 아야씨가 뿌리내린 히노쿠마 출신이다.

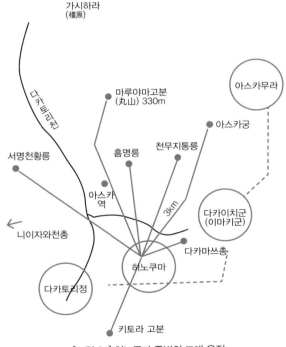

[그림 31] 히노쿠마 주변의 고대 유적

8 아야씨의 특색

필자가 관찰한 아야씨의 특색을 하타씨와의 비교적 관점에서 다시 한번 기슬 해 본다.

① 다양성

혈족이 아닌 의제적 씨족으로서 다양성과 포용성이 돋보인다. 동진中國 南朝의 기술자를 영입하는 등 신선Senbo 신기술 도입에 적극적이다. 하타씨에서는 보이지 않는 특성이 있다.

② 문화적

서문씨가와치 이야씨는 훈독을 도입하여 한자로 일본말을 표현하였다. 한자로 금천金川이라 쓰지만 읽을 때는 쇠내라고 하는 방식이다. 외래 종교인 불교를 도입하여 동아시아 문화권으로 들어갔다. 이러한 수용성은 아스카 문화를 발전시키고 헤이안 문화에서 꽃을 피운 후 유럽 문물을 받아들인 메이지 유신을 통해 세계 문화권에 편입한다. 하타씨의 후손들은 근대 기업을 일으킨 것으로 보인다.

백제의 문화를 적극 수용하여 아스카 시대를 거쳐 헤이안 시대에 꽃을 피우며 건축, 기술, 절과 탑의 축조와 만엽집万葉集, 만요슈과 같은 문학 및 기예技藝의 발전을 이루었다. 하타씨가 농업, 단조, 직조, 상업, 해운 등의 경제 활동에 기여한 것과 대비된다.

③ 정치적

정치 제도Governance를 확립하여 혈족 이양 제도 및 법에 의한 통치 체계를 만들고 행정 관리와 재정 관리에 업무 분장제를 확립한다. 메이지 유신의 주역도 아야씨 계통의 후예가 아닌가 생각한다.

④ 군사적

군사 기술, 전쟁 기술, 무기 체계를 발전시켜 정복 전쟁을 주도한다.
하타씨는 전쟁의 주역으로 나온 적이 없는 것 같다.

⑤ 현실적

신사社民, 구복 신앙 대신에 절을 건립한다. 백제에서는 불교가 쉽게 도입되었지만 신라에서는 상당한 저항이 있었던 현상을 일본 열도에서도 볼 수 있다. 가야, 신라계 선주 이주민들의 신앙인 신사를 왕권 신성화에 이용하였다. 하치만궁과 이세 신궁에서 그 예를 볼 수 있다. 신무-지통조에 이루어졌다.

⑥ 계획적 이주

이주 장소를 미리 정해 놓고 일사불란하게 집단 이주를 단행하였다. 중간 정착지에서 머문 흔적구마모토, 시코쿠, 오카야마 등이 있지만 부분적이다. 개인 의견으로 보면 아야씨는 정치와 문화를 발전시켰다면 하타씨는 권력에 접근하는 것을 최대한 피하고 조연으로 일관하며 조정을 수호함으로써 정착과 번영을 도모하며 경제 발전의 주역을 담당한 것으로 보인다.

9 고대 일본의 왕조 소개

관찬 사서인 고사기나 『일본서기』에 기재되어 있는 일본 왕조의 단일계 영속설과 달리 일본 왕조의 변천사에는 여러 가지 가설이 있다. 필자는 일단 다음 가설을 이용하여 이야기를 전개하기로 한다.

10 삼왕조 교체설三王朝交替說

1948년 발표된 에가미 나미오江上波夫의 기마민족 정복 왕조설에 영향을 받아 나온 설로 1952년 미즈노 유水野祐는 규슈의 닌토쿠仁德라는 인물이 기나이를 정복함으로써 새로운 왕조第2王朝를 세웠다는 가설이다. 미즈노는 고사기에 나오는 천황들의 사망 시 간지와 일본식 시호를 분석하여 33명의 천황 중 18명의 천황은 가상의 인물이라는 생각을 하게 되었고 따라서 천황가는 중단없이 연결된 것이 아니라는 결론에 도달한다.

① 제1왕조: 스진崇神 왕조

고古 왕조로 미와三輪 왕조라고도 하며 야마토大和 미와三輪 지역에 3세기 중엽에서 4세기 초반까지 존재하던 가야계 왕조다. 미와산三輪山 주변에 있는 200~300cm 대고분인 시부타니무카이야마 고분渋谷向山古墳, 하시하카 고분箸墓古墳, 안돈야마 고분行燈山古墳-스진천황을 남겼다.

② 제2왕조: 닌토쿠仁德 왕조

가와치河內 왕조라고 하며 왜5왕 시대로도 불리는 5세기에 존재했던 왕조다.

곤다 고뵤야마 고분恵田御廟山古墳,　다이센릉 고분大仙陵古墳. 닌토쿠 천황릉 등의
300~400m급 일본 최대 고분을 남겼다. 한반도 남부에서 건너간 가야계 혹은
기마민족계로 규슈를 손에 넣은 뒤 5세기 전반에 오사카, 나라 지방을 정복했
다. 오진應神은 대한해협을 건너가 7년간 일본 열도 동쪽 지방을 정벌하였으며
뒤를 이은 닌토쿠가 433년 오사카 평원에 가와치 왕조를 열었다. 가와치 왕조는
100여 년간 지속되다가 마지막 왕 부레쿠武烈가 암살당함으로써 막을 내린다.

③ 제3왕조: 게이타이継体왕조

북부 기나이 출신으로 응신계와는 혈연관계가 없는 게이타이라는 인물이 야
마토에 진출하여 전 왕조의 통치 기구와 가문을 계승하여 연 왕조다. 와카야마和
歌山의 스다하치만隅田八幡 신사에서 발견된 5~6세기경 제작의 말을 탄 왕, 신하들
조각된 인물화상경에 같이 기재되어 있는 게이타이의 이름인 남제왕男弟王과 백
제 무령왕의 이름인 시마斯麻를 근거로 백제계로 추정하는 의견이 있다. 현 천황
가는 신왕조게이타이의 후예다.

⑪ 중앙 정권야마토 정권의 탄생

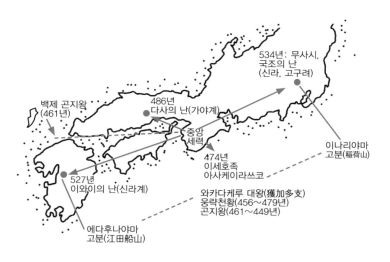

[그림 32] 일본 열도 왕권의 출현

고대 국가 형성기에 일본 열도의 중심 세력으로 기나이_{畿内}의 야마토 제2왕조, 규슈 쓰쿠시_{筑紫} 세력_{이와이}, 산인_{山陰, 시마네}의 이즈모 세력, 산요우_{山陽, 오카야마}의 기비 세력과 관동의 게누_{毛野} 세력이 있었다.

400년 고구려의 공격으로 금관가야가 심각한 타격을 받아 가와치평야로의 가야 유민의 제2 이주 시대가 있은 후 지금의 오사카 평원에 철기 대장간이 확산되고 도기_{스에키} 생산이 급속 확대되었으며 475년 한성백제가 멸망하면서 백제 이주민에 의한 제3이주 시대로 전환되며 백제식인 횡혈식 석실묘가 급속하게 확산된다. 백제 이주민에 의해 국가 제도가 본격적으로 정립되기 시작한다.

제2왕조나 제3왕조와 같은 중앙 정권이 탄생하는 과정에서 지방 세력의 저항이 있었는데 나라 분지 남서부의 가쓰라기씨의 반란_{442년}, 오카야마 기비 세력의 반란인 '다사의 난'_{462년}, 이세 호족 '아사케이라쓰코의 난'_{474년}, 쓰쿠시_{규슈}의 친신라계 '이와이의 난'_{528년}과 관동계누 세력이 연관된 '무사시국조의 난'_{534년}이 있다. 지방에 있는 대수장들의 반란을 진압하며 중앙의 권력을 강화하게 된다.

V 아스카 시대 飛鳥時代

　드디어 나라 분지의 남쪽에 야마토 정권이 들어선다.

　아스카 시대飛鳥時代는 고분 시대의 종말기와 겹치기도 하지만, 6세기 후반부터 8세기 초반에 걸쳐 아스카에 궁전, 도시가 세워진 시대를 가리키는 일본 역사의 시대 구분의 하나이다. 이전엔 고분 시대와 합쳐서 야마토 시대로 부른 시기가 있었지만, 지금은 고분 시대와 아스카 시대를 나누는 것이 일반적이다. 아스카 문화飛鳥文化와 하쿠호 문화白鳳文化가 개화한 시기이다.

　6세기 말에는 한반도에서 불교가 전래되어 7세기 전반의 아스카 시대에 일본 최초의 불교 문화가 생겨났다. 7세기에 이르러 도래인 계열 씨족 중 대표적인 씨족이었던 소가씨蘇我氏는 불교를 앞세워, 보수 세력으로서 토속 종교를 지키려는 모노노베씨 등의 경쟁 씨족을 제압한다. 또한 소가씨는 왕실과 인척 관계를 맺어 5대에 걸쳐 일본 왕실의 외척이 되어 정치적으로 실세를 떨치기도 하였다. 천황의 섭정인 쇼토쿠 태자는 불교를 후원하였고 604년에 만든 십칠조헌법에 불교에 관련된 내용도 들어 있다.

　아스카 시대의 불교 예술은 사원에 건축할 때 나타나는데 대표적인 사원이 아스카사와 나라 외곽에 쇼토쿠 태자가 만든 법륭사가 있다.

이 시대명은 현재의 나라현 다카이치군 아스카촌 근방에 해당하는 아스카에 궁전, 도시가 세워진 것에서 유래한다. 아스카 시대라고 하는 시대 구분은 원래 미술사와 건축사에서 사용하기 시작한 말이다.

1 아스카 시대

아스카 시대는 539년 흠명천황의 즉위와 함께 시작되었다고도 하고 592년 추고천황 시절 아스카궁이 성립된 때를 시점으로 하기도 한다. 710년 나라로 천도할 때까지의 120년에서 170년간을 말한다.

이 시기의 전후로 재위하는 천황들은 계체507~531년-안칸-센카, 흠명539~571년, 민달572~585년-용명-숭준, 추고592~628년, 서명629~641년-황극-효덕-제명천황 등이다.

천황의 재위 기간은 흠명천황이 32년, 민달천황이 13년이고 추고천황 38년으로 가장 길며, 서명천황은 12년이다. 성덕태자574~622년는 추고천황의 섭정을 했다고 한다.

2 아스카 제3왕조의 시작

계체천황507~531년: 아스카왕조의 초대 천황인 계체천황은 출신이 불분명하다. 백제 무령왕의 동생이라는 설이 있는데 503년 시마斯麻 무령왕가 계체천황인 남제왕男弟王의 장수를 염원하는 기록이 적힌 인물화상경이 가와치 아따히와 예인 아마수리 두 명에 의해 백상의 구리거울로 만들어졌다.

킨메이흠명천황539~571년: 한국 재야사학자들은 무령왕의 아들이라 하고 일본 역사학자들은 백제 성왕이라고 주장한다. 고바야시 야스코小林惠子는 흠명킨메이이 한반도의 백제 성왕과 일본 열도의 천황을 겸임했다고 한다. 홍윤기 교수는 국체가 같아야만 가능한 불교를 받아들였고538년, 신찬성씨록 흠명킨메이의 차남인 비다츠 천황敏達天皇이 백제 왕족으로 되어 있고 손자인 조메이舒明 천황은 백제 대정궁百濟大井宮과 백제 대사大寺를 건립하고 백제궁에서 서거하여 백제대빈百濟大殯으로 장사 지냈고, 성명왕聖明王 긴메이欽明천황이 명明자를 공유하고, 556년 성왕의 차남 혜왕자가 백제로 귀국할 때 조신朝臣 등 1천여 명의 군사가 호위한 점, 『일본서기』 킨메이 천황기가 성왕의 기록과 백제 관련 기록이 주류를 이루어 『일본서기』 킨메이 천황기는 성왕과 위덕왕의 생생한 전기로 보인다는 점을 주장의 근거로 들고 있다.

아스카에 있는 마루야마 고분丸山古墳은 길이가 320m로 전국 6번째인데 피장자가 긴메이천황이라는 설이 있다.

'후일의 일은 그대에게 맡긴다. 그래서 신라를 쳐서 임나任那를 세워라. 옛날처럼 두 나라가 서로 친하면 죽어도 여한이 없을 것이라'는 흠명의 마지막 유언도 백제의 입장을 대변하는 듯이 보인다.

비다쓰 천황572~585년은 572년 백제 대정궁을 건립한다元年夏四月. 是月宮于百濟大井『일본서기』.

조메이舒明 천황629~641년은 백제천百濟川 근처에 백제궁과 백제대사百濟大寺를 짓고, 백제궁에서 살다가 백제궁에서 붕어했다『일본서기』.

기타 사다키치喜田貞吉는 백제 대정궁이 구다라촌 구다라百濟村 百濟 땅에 있었다고 하고 가토 에이코加藤瑛子는 구다라강百濟川, 백제경이 현재의 소가강曾我川이며 강변에 백제궁百濟宮이 있었다고 한다.

아스카 시대 초기의 토착 호족 출신 권신 가문으로는 오토모大伴씨가 있었고 모노베物部씨로 대체되었다가 신흥 친왕 귀족인 소가씨蘇我氏가 등장하여 근 100년간 세력을 행사한다.

소가씨가 불교 도입을 옹호하며 모노베씨를 축출한 것이 정미의 난丁未 亂, 587년으로 이후 소가씨 권세의 절정기는 근 60년간 지속되어 소가씨가 몰락하는 을사의 변乙巳 変, 645년까지 이어진다.

3 소가씨

소가씨의 조상인 소가노 마치蘇我滿智아스카 시대는 백제의 권신 목만치와 동일 인물이라는 설이 있으나 지금은 크게 지지를 받지 못하고 있다. 소가씨는 가와치 출신으로 5세기에 나라분지의 가쓰라기씨葛城氏아스카 시대 세력을 흡수하며 대두하였고 6세기가 되면서 야마토노아야씨東漢氏아스카 시대 등 백제계 씨족들과 연합하여 세력을 키워나갔다.

권신 소가씨 가문의 내력과 집권의 역사는 다음과 같다.

① 소가노 이나메507~570아스카 시대는 539년 대신으로 임명되고 세 딸을 자신의 지지로 즉위한 긴메이천황539~571아스카 시대을 비롯한 천황들에게 시집보내 천황가의 굳건한 외척으로 자리 잡는다.

② 우마코551~626아스카 시대는 아버지 이나메의 570년 대신직을 세습하여 근 50년간 집권한다. 비다쓰천황572~585아스카 시대을 대리청정하고 587년 정미의 난에 모노노베씨를 척결한다. 스슌천황587~592아스카 시대을 암살하고 스이코천황592~628아스카 시대을 세워 성덕태자가 섭정하도록 한다. 596년, 소가씨 씨사인 호코지法興寺-飛鳥寺아스카 시대의 아스카대불 불사리 봉안식에 소가노 우마코와 100여 명의 인사들이 백제 옷을 입고 춤을 추었다고 한다. 성덕태자 사망622아스카 시대 후 전횡을 하며 저택에 호화스러운 정원을 설치하는 등 권력을 남용하다가 석무대 고분에 묻힌 것으로 추정한다.

③ 에미시587~645아스카 시대는 626년 등장하여 조메이천황629~641아스카 시대 시절 절대 권력을 행사했다.

④ 이루카610~645아스카 시대는 643년 대신이 되어 고토쿠천황642~645아스카 시대 시절 폭정과 권력 남용을 자행한다. 644년 아마카시오카 저택에 궁문에 해당하는 우에노미카도를 설치하고 자녀를 미코皇子아스카 시대라고 칭했다.

구분	연대	주요 사건 및 활동
이나메	507~570	539년 대신, 긴메이천황(539~571), 긴메이 장인
우마코	551~626	50년 집권, 570년 대신 세습, 비다쓰천황(572~585), 우마코 대리청정, 587년 정미의 난(모노노베씨 척결), 스순천황(587~592) 천황 암살, 스이코천황(592~628), 성덕태자 섭정, 596년 호코지(法興寺), 100명 백제옷, 성덕태자 사망(622), 정원(島大臣), 석무대고분
에미시	587~645	626년 등장, 조메이천황(629~641)
이루카	610~645	643년 대신, 고토쿠천황(642~645), 644년 아마카시오카 저택, 우에노미카도(上の宮門), 자녀 미코(皇子)
을사의 변	645	나카토미 가마타리(中臣鎌足), 중대형황자(中大兄皇子), 사이메이천황(655~668), 천지천황(661~672), 천무천황(672~686)

[그림 33] 소가씨와 천황

아스카 시대의 대표적인 유적에 대한 답사 기행이다.

4 후지노키 고분藤 / 木內項 답사

처음 법륭사를 방문하였을 당시는 법륭사 주변에 이 고분이 있다는 것을 몰랐다. 기차를 타고 법륭사역에 내려 법륭사문 앞을 가는 버스를 탔다. 찾아가는 후지노키 고분이 법륭사 옆에 있기 때문이다. 한적한 시골길을 걸어 올라갔다. 고분은 대단한 크기는 아니었으나 출토된 부장품으로 유명하다. 6세기 후반의 고분인데 전시된 안장, 금동관, 금동 신발 등의 부장품의 사진을 보니 무령왕릉 부장품과 거의 같다. 백제왕大原氏의 고분으로 추정하는 이유다.

후지노키 고분은 나라현 이코마군 이카루가정에 있고 국가 사적으로 지정되어 있다. 후지노키의 명칭은 소재지의 문자명文字名에서 유래하지만, 법륭사 관계의 고문서·고기록에 의하면 이전에는 미사사 키야마山, 농산 등으로 불렸다. 현실 내에서 대량으로 출토된 하지기土師器와 스에키의 연대로 볼 때 고분 시대 후기, 6세기 4분기의 원분으로 추정되고 있다. 이 시기에 기내畿内에서는 전방후원분의 조영이 끝나가고 있었다. 후지노키 고분의 석관에 묻혀 있는 인물이 한반도에서 건너간 이주계임에는 거의 틀림없다. 최근에 발견된 **구도신사제신고**[61]

씨 소장에 따르면 수수께끼의 인물은 백제의 왕손일 가능성이 크다. 이 문헌에 따르면 법륭사에는 다음과 같은 글이 새겨진 관음상동패가 보관되어 있다. '대원 박사 일족은 백제의 왕으로 있었으며 이 땅에서 왕의 성을 가졌다'고 되어 있다. 이 동패의 다른 한쪽에는 현재 후지노키 고분이 발굴된 지명과 백제의 왕족들이 살았던 왕사의 지명 및 서기 611년을 가리키는 갑오년이라는 간지도 기록되어 있다. 오하라 박사가 백제에서 왔다는 것을 극명하게 밝힌 사람은 일본의 신학자이며 역사학자인 히고씨다. 히고씨는 법륭사의 동패에 새겨진 글을 인용하면서 현재 후지노키 고분 근처에 있는 구도 신사는 백제 14대왕 근구수왕을 제사 지내기 위해 만들어졌다고 밝혔다. 그에 따르면 근구수왕의 왕손들이 나라에 살면서 선왕인 근구수왕을 추모하기 위해 구도라는 신사를 만들었으며 그들이 이 지역을 다스리는 왕이 되었다는 것이다. 근구수라는 이름은 나중에 구수에서 구도로 변형되어 구도 신사로 현존하고 있다.

백제의 왕이 살았다고 해서 왕사로 불린 현재의 지명은 법륭사 동패에도 기록되어 있다. 법륭사와 왕사 및 구도 신사는 모두 가깝게 위치하며 후지노키 고분은 이들의 중간에 위치하고 있다. 이 고분의 부장품을 조사해 온 가스베씨는 "말안장의 전륜이나 후륜의 투각을 자세히 보면 고대 백제의 것으로 볼 수 있다"라고 밝히고 있다.

1985년 후지노키 고분이 발굴된 이후 피장자의 신분에 대해 연구해 온 김달수 재일 고대사 연구가 씨는 "관뚜껑을 열어 보아야 알겠으나 지금까지 조사한 결과로는 백제 왕족이 묻혔음이 거의 확실하다. 이를 뒷받침하는 여러 가지 문헌이 있으며 당시부터 현재까지 계속 사용되어 온 지명에서도 이를 엿볼 수 있다"라고 설명했다.

후지노키 고분의 답사를 마치고 역쪽으로 10분쯤 걸으니 주택가 뒤에 이카루가 대총 고분이 나타난다. 5세기 전반의 고분이라 하는데 많이 훼손되어 있다. 법륭사가 있는 지역을 이카루가라고 하는데 카루, 즉 카라의 땅이라는 뜻이라 한다.

5 사천왕사四天王寺

오사카에서 가와치로 가는 길에 방문했다. 이곳은 오사카성의 남쪽에 있는데 성덕태자와 관련이 있는 사찰이다. 번화한 시내 한가운데 있어서 분위기도 소란스러웠다. 백제식 가람배치로 알려진 절이다.

사천왕사四天王寺, 사천왕사는 593년에 건립되었다. 『일본서기』가 전하는 바에 의하면, 모노베 모리야物部守屋와 소가우마코蘇我馬子의 전투 때, 숭불파崇仏派인 소가씨편에 선 성덕태자聖德太子가 형세의 불리를 타개하기 위해서 스스로 사천왕상四天王像을 새겨 "만약, 이 싸움에 승리하면, 사천왕을 안치하는 사원을 건립해 이 세상의 모든 사람들을 구제한다"라고 서원하여 승리 후 그 맹세를 다하기 위해서 건립되었다고 한다.

가람 배치는 남쪽에서 북쪽을 향해 중문, 오층탑, 금당金堂, 강당을 일직선으로 늘어놓고, 그것을 복도로 둘러싸는 형식의 백제식 가람 배치로 알려져 있다. 법륭사法隆寺 서원西院 가람의 전신인 와카구사若草伽藍의 가람 배치도 사천왕사식이었던 것은 잘 알려져 있다. 사천왕사는 소가우마코蘇我馬子의 법흥사法興寺, 아스카사에 버금가며 일본의 본격적인 불교 사원으로는 가장 오래된 것이다.

6 『일본서기』에 보이는 창건의 경위

소가군蘇我軍은 모노베物部, 선주 도래인 세려씨의 본거지였던 가와치국河内国 시부강渋河에 공격해 들어갔지만, 적인 모노베 모리야物部守屋는 이나기稲城, 벼를 쌓은 성채를 쌓고, 스스로는 팽나무榎 위로부터 화살을 쏘며 방어하므로 소가군은 세 번 퇴각했다.

성덕태자聖德太子 즉 우마야도厩戸皇子, 당시 14세는 소가씨군의 후방에 있다가 이 전황을 보고, 흰누루데白膠木라고 하는 나무를 잘라 사천왕四天王의 형상을 만들어 서원을 했다. 그 효험으로 이쪽 편의 화살이 적인 모노베 모리야에 명중하여 그는 팽나무에서 떨어지고, 싸움은 숭불파인 소가씨의 승리로 끝났다.

성덕태자는 셋쓰 난바摂津, 難波의 아라하카荒陵에 사천왕사의 건립에 착수했다. 절의 축성을 위해서 모노베씨에게서 몰수한 노비와 토지를 사용했다고 한다. 소가우마코의 법흥사는 이 전쟁의 다음 해부터 건축이 시작되고 사천왕사의 조성이 시작된 것은 그로부터 6년 후였다.

7 창건에 관한 이설異說

건립 동기는 죽은 모노베 모리야 일족의 영령을 진호시키기 위해서 모리야의 거점인 다마쓰쿠리 난바 저택지鵬森宮에 불당을 만들고, 그 후 아라룽이 있는 곳에 본격적인 가람 건축이 시작된 것으로 보기도 한다. 현 사천왕사에도 모리야 사당守屋祠이 있는데, 절의 전설에는 모리야가 사천왕사를 딱따구리가 되어서 날뛰며 돌아다녀 그것을 성덕태자가 시라타카白鷹, 흰 수리가 되어서 퇴치했다는 이야기가 남아 있으며, 모리야 사당을 내려다보는 가람 난간에 태자의 매 획가 설치되어 있다.

사찰터를 아라하카산荒陵山이라고 하는 데는 예전에 이 근처에 대규모 고분이 있어, 사천왕사를 조성할 때 그것을 파괴한 것이 아닐까 하는 설도 있다. 사천왕사의 정원 돌다리에는 고분의 석관이 이용되고 있는 것이 그 방증으로 여겨지고 있다.

20세기 말로부터 '일본 불교 번성의 아버지로서의 성덕태자는 허구였다'고 하는 설이 일어나, 『일본서기』의 기술에 의문을 보이는 경향도 있다. 또 사천왕사는 신라에서 온 이주계 씨족인 나니와기시難波吉士씨의 씨사가 아닐까 하는 설도 있다.

성덕태자는 일본 불교의 조祖로서, 사천왕사는 헤이안 시대 이후 태자 신앙의 메카가 되었다. 경내 중심 가람의 동쪽으로 성덕태자를 모시는 성령원聖靈院이 으리으리하게 서 있다.

경내 남단과 동쪽 끝의 입구에는 각각 남대문, 동대문이 세워져 있지만, 서쪽의 입구에는 문이 아니고 돌로 된 도리이石鳥居가 세워져 있어, 서대문은 그 도리이를 빠져나온 곳에 세워져 있다. '극락정토의 입구로 통한다'고 믿는 이시 도리이石鳥居의 참배자가 많다. 절의 서쪽 편으로 정원四天王寺本坊庭園, 極楽浄土の庭이 조성되어 있어 정원을 거닐다가 와쇼안和塞庵이라는 찻집에서 잠시 휴식하였다.

8 법륭사法隆寺

필자가 학교 시절에 배운 일본과 나라에 대한 기억이 몇 가지 있다. 법륭사를 세우고 백제의 문화를 적극적으로 받아들였다는 성덕태자의 이야기가 그중 하나이다. 나라를 방문하면서도 촉박한 일정 때문에 방문하지 못했던 법륭사를 방문한다. 절 앞에 늘어져 있는 상점가를 한참을 걸어 올라갔다.

법륭사法隆寺, 호류지는 나라현 이코마군 이카루가초에 있는 사원으로 성덕종의 총본산이다. 별명은 이카루카사斑鳩寺, 반구사, 법륭학문사 등이다. 이카루카는 큰부리밀화 부리새를 말한다.

법륭사가 있는 이카루가 지역은 이코마 산지生駒山地의 남단 가까이에 위치하고, 야마토천大和川을 통해서 야마토와 가와치를 잇는 교통의 요충이었다. 부근에는 후지노키 고분藤 / 木古墳을 비롯하여 많은 고분이나 고분 시대의 유적이 존재한다.

법륭사는 7세기에 창건되어 고대 사원의 모습을 현재에 전하는 불교 시설이며, 성덕태자와 인연이 깊은 사원이다. 창건은 금당 약사여래상의 광배명金堂 薬師如来像 光背銘에 근거한 성덕법왕제설上宮聖徳法王帝説을 근거로 하여 607년으로 여겨진다. 금당, 오층탑을 중심으로 하는 서원 가람과, 몽전을 중심으로 한 동원 가람으로 나눌 수 있다. 경내의 넓이는 약 5만 7천 평으로 서원가람은 현존하는 세계 최고의 목조 건축물군이다.

『일본서기』에 의하면, 성덕태자 즉 우마야도 왕자厩戸皇子, 용명천황의 왕자는 601년, 아스카

[그림 34] 법륭사

로부터 이 지역으로 옮기는 것을 결의하고, 궁宮跡璧竜. 이카루가궁⁁의 건조에 착수, 605년에 이카루가궁으로 옮겼다고 한다. 법륭사의 동원 소재지가 이카루가궁의 옛터이다. 이 이카루가궁에 접해서 건립된 것이 이카루가사, 곧 법륭사이었다.

643년, 소가 이루카蘇我入鹿가 야마시로오에왕山背大兄王을 습격했을 때 이카루가궁은 소실되었지만, 법륭사는 이때는 무사했다고 생각된다. 한편, 팔각당의 몽전八角堂 夢殿을 중심으로 하는 동원 가람은 738년경, 행신승도行信僧都가 이카루가궁의 옛터에 태자를 그리워해서 건립한 것이다.

서원 가람은 남대문을 들어가서 정면의 다소 높은 대지에 위치한다. 오른쪽으로 금당, 왼쪽으로 오층탑을 배치하고, 이것들을 평면 凸자형의 복도가 둘러싼다. 복도의 남정면에 중문을 열고, 중문의 좌우에서 뻗어 나가는 복도는 북쪽에 세워진 대강당을 좌우로 접해서 끝나고 있다. 복도의 도중, 凸글자의 어깨 부근에 동쪽으로 종루, 서쪽에 경장經藏이 있다. 금당, 오층탑, 중문, 복도는 성덕태자 시절의 것이 아니고 7세기 후반경에 재건된 것이지만, 세계 최고最古의 목조 건조물군인 것에는 다름이 없다.

금당, 오층탑, 중문에서 보이는 건축 양식은, 짜맞춤組物. 처마의 나온 부분을 떠받치는 건축材에 구름 모양 받침雲斗, 운주목雲肘木. 처마의 나온 부분을 떠받치는 목재이라고 불리는 곡선을 많이 넣은 부품을 채용한 것, 건물 네 구석의 짜맞춤이 기울게45도 방향 나오는 것, 만卍자 난간卍高欄과 그것을 지탱하는 사람人자형의 받침束 등이 특색이다. 이것들은 법륭사 금당, 오층탑, 중문, 법기사法起寺 삼층탑, 법륜사法輪寺 삼층탑 소실에만 보이는 양식으로 아스카 양식으로 여겨진다.

① 금당金堂. 국보

팔작집 지붕의 2층 불당으로 1층은 차양 모양의 처마로 되어 있고 상층에는 방은 없고, 외관만 있다. 2층의 처마를 지탱하는 사방의 용조각을 새긴 기둥은 구조를 보강하기 위해서 수리 시 보강된 것이다.

금당벽화金堂壁畵는 우리에게 고구려승 담징의 걸작으로 알려져 있는데 중국의 원강 석불, 경주의 석굴암과 함께 동양 3대 미술품의 하나로 일본의 불교 회화의 대표작으로서 유명한 것이었지만, 1949년, 벽화모사 작업 중 화재에 의해, 아래층 안쪽 벽과 기둥이 타버렸다. 새카맣게 탄 벽화와 기둥은 현존하고 있어, 절 안의 대보장원 동측의 수장고에 보관되어 있지만 비공개다.

② **오층탑**五重塔, 국보

목조 오층탑으로서 현존하는 세계 최고의 것이다. 1층에서 5층까지의 지붕의 체감률크기의 감소하는 율이 높은 것이 이 탑의 특색으로, 5층 지붕의 1변은 1층 지붕의 약 반이다. 1층으로부터 4층까지의 기둥 칸은 통례의 3칸이지만, 5층째만 2칸으로 되어 있다.

동원 가람東院伽藍은 성덕태자 일족의 주거지이었던 이카루가 궁터에 건립되었다. 법륭사 동원 연기에 의하면 739년, 이카루가궁이 황폐해 있는 것을 보고 한탄한 승 행신行信, 교신이 창건했다고 기록되어 있다. 복도에 둘러싸인 가운데로 팔각원당인 몽전夢殿이 세워져 있고, 복도 남측에는 예당礼堂, 북면에는 회전絵殿 및 사리전이 그리고 그 북쪽으로 접해서 전법당伝法堂이 세워져 있다.

인위적으로 복원된 익산 미륵사지의 동쪽 석탑益山 彌勒寺址 石塔을 어떻게 복원하였느냐고 미륵사지 안내인에게 물었더니 법륭사 오층탑을 모델로 하였다는 답을 들은 기억이 난다. 백제식 불탑으로 현존하기 때문이라는 설명이었다.

③ **몽전**夢殿

나라 시대에 건립된 팔각원당으로 당내에 성덕태자의 등신상으로 여겨지는 구세관음상이 안치되어 있다. 백제 위덕왕이 아버지 성왕의 모습을 기려 만든 상이라는 설이 있다. 몽전은 739년의 법륭사 동원 창립을 기록한 법륭사 동원 연기의 기술로부터 그 시기의 건축으로 여겨지고 있다. 8세기 말경에는 몽전이라고 호칭된다.

④ **백제 관음**百済観音

백제 관음百済観音은 법륭사가 소장하는 아스카 시대 작인 불상木造観音菩薩像, 목조관음보살상이다. 일본의 국보로 지정되어 있고 지정명은 목조 관음보살입상百済観音, 백제 관음이다.

일본에 있어서의 목조 불상 조각의 고례古例로서 귀중함과 동시에 20세기 초에 와쓰지 데쓰로和辻哲郎의 고찰 순례, 가메이 가쓰이치로亀井勝一郎의 야마토 고찰 풍물지 등의 서적에 소개되어 유명해졌다. 큰 키에 날렵한 몸매가 특색이다. 실제 보니 비현실적인 비율로 보였다.

[그림 35] 법륭사 몽전 구세관음상

[참고] **성덕태자**聖德太子, 쇼토쿠태자

성덕태자聖德太子, 574~622년, 즉 우마야도 황자厩戸皇子, 마굿간의 문 황자는 아스카 시대의 황족이며 정치가다. 성덕태자는 후세의 시호로 31대 용명천황用明天皇의 제2왕자다. 어머니는 29대 흠명천황의 왕녀公女다.

33대 스이코천황推古天皇의 밑에서, 소가 우마코와 협조해서 정치를 하고, 국제적 긴장 상태였던 고구려–수전쟁麗隋戦争, 598~614년의 와중에 견수사遣隋使, 600~618년를 파견하는 등 발전하고 있는 중국의 문화, 제도를 배워 관위12계冠位十二階와 17조 헌법十七条憲法을 정하는 등 천황을 중심으로 한 중앙 집권 국가 체제의 확립을 도모하고, 불교를 받아들여 신도神道와 함께 깊게 신앙하여 그 번성에 노력했다.

일본 불교의 시조로서의 성덕태자의 실상에 대해서는, 20세기 말경부터 재검토가 행해지고 있어, 『일본서기』 등이 전하는 성덕태자의 공적은 모조리 후세의 조작이라는 주장도 있다. 단, 이러한 성덕태자 비실재론에 대하여는 뿌리가 깊은 반론도 있다. 또 성덕태자 비실재론설을 외치는 오야마 세이이치大山誠一 도, 우마야도 왕자라고 하는 황족의 존재와, 그 인물이 이카루카사斑鳩寺, 호유지를 건립한 것까지는 부정하지 않고 있다.

최근에 와서 생긴 '성덕태자는 실제로는 없었다'고 주장하는 몇 가지 설을 소개한다. 성덕태자라고 하면, 역사 교과서에 반드시 등장하는 등, 일본의 역사를 생각하면 없어서는 안 되는 중요 인물이다. 그런데 왜 최근에 그런 성덕태자지만 사실은 없었다고 하는 설이 부상하고 있을까?

『일본서기』에 우마야도 왕자는 기재되지 않고 있다. 성덕태자라고 부르고 있는 인물은 우마야도 왕자다. 『일본서기』가 탄생했을 때에는 성덕태자라고 하는 명칭으로 변경되어 있다. 이 우마야 도 왕자라고 하는 인물이 실재했다고 하는 것은 서적 등으로 확인할 수 있다. 그러나 이 인물이 성 덕태자와 같은 인물인지 어떤지 하는 점에서 의문이 남아 있다.

우마야도 왕자의 실적으로 확실하다고 말해지고 있는 것이 17조의 헌법과 관위12계다. 그러나 수서隋書에 기재되어 있어야 할 사항이지만 수서에는 스이코천황이나 우마야도 왕자에 대해서는 일절 기재가 보이지 않는다. 『일본서기』에 있어서도, 우마야도 왕자는 기재되어 있지 않다. 그렇게 생각하면 성덕태자라고 하는 것은 없었던 것이 아닐까 생각한다.

모두가 알고 있는 성덕태자의 초상화는 사실은 본인이 아니었다. 성덕태자가 없었다고 여겨 지는 설에는, '초상화가 본인이 아니다'라고 하는 연구가 진행되고 있기 때문이다. 성덕태자의 초상화라고 하면, 일본 최고로 불려 1만 엔짜리 지폐에도 그려지고 있는 등, 누구라도 알고 있 는 것이다.

요즘은 이 초상화는 성덕태자가 아니라는 주장이 설득력을 얻고 있다. 그 근거는 머리에 쓰고 있는 관과 의복, 게다가 허리띠笏 也도 성덕태자가 살고 있던 시대에는 존재하지 않은 것이라고 여겨지고 있기 때문이다. 얼굴에 그려진 수염도 다이카의 개신 이후의 것으로, 누군가가 첨가한 것으로 여겨지고 있다.

성덕태자가 제정했다고 알려져 있는 17조의 헌법에는 불분명한 점이 있다. 17조의 헌법도, 정 말로 우마야도 왕자가 존재하고 있는 시기에 만들어진 것인지 의문시하는 소리도 들린다. 역인役人 의 호칭법이나 내용 등에, 당시에는 별로 채용되지 않았던 후세의 사고방식 등이 포함되어 있다는 것이다. 나중에 17조 헌법의 내용이 더해진 것인지는 불분명하지만, 『일본서기』 이외에 17조 헌법의 기재가 없는 것도 조금 부자연스럽다.

스이코천황推古天皇의 존재도 창작의 가능성이 있다. 수사隋史는 608년에 배세청裵世淸이라는 사 신이 일본을 방문한 것을 기록하고 있다. 그때 만난 왕은 남성이라고 하고 있는데 당시는 스이코 천황이므로, 당연 여성이 아니면 안 된다. 그리고 스이코천황이 왕이었다고 하는 것은 성덕태자와 의 관계로 만들어진 사료에서밖에 눈에 띄지 않는다. 즉 성덕태자뿐만 아니라, 스이코천황 등도 모 두가 가공으로 만들어진 인물이었던 것이 아닐까 생각된다.

『일본서기』에 성덕태자가 처음으로 등장하는데 왜 유능한 성인으로 불리는 인물이 성덕태자의 활동기인 600년 초부터 『일본서기』의 발간 연도인 720년까지의 100년이나 되는 시간 사이에는 이야기될 일이 없었던 것인지도 의문이다. 이렇게 성덕태자는 없었다고 생각하는 쪽이 자연스럽게 여겨지고 있는 것이다. 학교에서 배우는 역사 교과서도 성덕태자라고 하는 이름을 단정하지 않고 '성덕태자로 여겨지고 있다'는 식으로 변하고 있다. 시대의 변화에 의해, 점점 새로운 발견이 되고 있으니, 성덕태자에 관한 새로운 사실이 밝혀질지도 모르겠다.

9 백제사지 百済寺趾

백제사지로 향했다. 스야마 고분亀山古墳, 奈良県北葛城郡広陵町으로 가는 도중이었다. 가쓰라기강과 소가강 구명 백제강 사이에 자리 잡고 있다. 평야지대라 멀리서도 삼층탑이 보였다. 주변에는 아직도 구다라大字百済, 구다라는 큰 나라라는 뜻라는 지명이 남아 있었다. 택시를 대기시키고 삼층탑을 둘러보았다. 639년 건축한 탑이 불타 가마쿠라 시대13~14세기에 재건한 것으로 되어 있다. 백제사는 다른 곳으로 옮겨 갔지만 삼층탑은 남아서 이곳이 한때는 백제사지였다는 것을 말해 주고 있다. 옛날 한반도 이주민들이 많이 살았었다고 한다.

백제사의 창건 시기와 경위 등은 분명하지 않다. 절은 삼층탑과 작은 본당만을 남길 뿐 인접해 있는 카스가와카미야 신사에 의해 관리 되고 있다. 전승에 의하면, 이 절은 쇼토쿠태자 건립의 웅응정사를 계승한 백제대사의 옛터라고 한다.

[그림 36] 백제사 삼층탑

⑩ 백제대사百済大寺

다무라 황자田村皇子는 세자의 뜻을 받들어 즉위 후인 서명천황[62] 11년639년 백제 천변에 대궐과 큰 절을 짓기 시작했다. 『일본서기』에 '금년에 오미야大宮 및 대사大寺를 짓는다. 백제천百済川을 옆에 두고 궁처로 삼는다'고 되어 있다. 이것이 바로 백제 대궁과 백제대사이다. 백제대사百済大寺는 일본 최초의 관사官寺이자 나라의 대사로서 존숭尊崇을 받았다. 나라현 기타카쓰라기군 고료마치広陵町의 백제사를 백제대사지로 하는 설은 에도 시대부터 있었지만, 아스카飛鳥에서 멀리 떨어져 있고 서명천황과의 관련이 명확하지 않으며 부근에 천황 건립 절터로 보이는 절터의 발견이나 고기와의 출토도 없다.

나라문화재연구소의 조사 결과 1997년 나라현 사쿠라이시 남서부에 있는 기비지 폐사지가 백제대사지로 추정된다는 견해를 발표했다. 이 절터는 후지와라 궁터의 동쪽, 일찍이 이와레磐余라고 불린 지구에 있다. 이후 계속된 발굴 조사에서 기비지 폐사吉備池廃寺跡의 가람 양상을 확인하였다. 기비지 폐사는 동쪽으로 금당, 서쪽으로 탑이 세워져 있는 법륭사식 가람 사찰이었음이 밝혀지며, 발굴된 고기와 양식 연대로 보아 이 사찰이 서명천황 11년639년에 건립된 백제대사에 해당할 가능성이 높다고 보고 있다.

⑪ 아스카飛鳥**의 어원**

일본의 역사는 아스카에서 시작되었다고 배웠다. '아스카'라는 이상하게 들리는 이 지명은 처음 듣게 된 그날부터 의아했고 지금까지도 그 의미가 완전히 풀리지 않은 채 궁금증으로 남아 있다. 앞에서 소개하였듯이 아스카 시대 이전에 가와치의 역사가 있다는 것을 알게 된 것은 필자가 일본 역사에 관심을 갖기 시작한 이후의 일이다.

아스카飛鳥는 예전에 야마토국 다카이치군에 있었던 지역이다. 현재의 나라현 다카이치군 아스카무라 오아자아스카大字飛鳥 주변을 가리켰다. 또 가와치국 아스카군安宿郡, 즉 현재의 오사카부 하비키노시와 태자정太子町에 아스카라는 지명이

있어, 양자를 구별하기 위해서, 가와치국의 아스카는 지카쓰아스카近つ飛鳥, 가와치 아스카라고 불리고, 야마토국 나라현의 아스카는 도오쓰 아스카遠つ飛鳥, 야마토 아스카라고 불린다. 이 지명들은 예전에 도읍이 있었던 난바궁으로부터 보아 가까운지, 먼지에 의한다는 설도 있다.

아스카의 어원에 대해서는 여러 가지 설이 있지만 확실한 것은 없다. 아소카 또는 아쇼카라는 산스크리크어라고 하는 설과 안슈쿠安宿 라는 해외 지명을 도래인이 잘못 전했다는 설과 더불어 고대 한반도어로 부여어의 스카에 접두어 '아'가 붙었다고 하는 설이다. 백제 멸망 후 3년째가 되는 663년, 한반도 남서에 있는 백촌강 하구의 바다에서 왜-백제 연합군과 당-신라의 연합군 사이에 있었던 전쟁을 일컫는 '백촌강의 전투白村江の戦い'의 일본식 읽기는 하쿠'스카'노에노 다 다카이이다. 여기서도 보이듯이 촌村을 '스카'로 읽는다. 지형 유래설과 기타설도 있다. 필자는 고대 한반도어설이 가장 설득력이 높다고 본다.

12 을사의 변乙巳の変

나카노오에 황자가 나카토미노 카마타리의 후원을 받아 소가노 이루카를 암살하여 소가씨를 멸망시킨 정변이며 다이카 개신리이라는 제도 개혁으로 이어진다. 622년, 섭정을 하던 쇼토쿠태자가 사망하여 견제 세력이 없어지자 소가씨는 전횡을 시작한다. 권세가 황실을 능가할 정도에 이른다. 626년 소가노 에미시가 대신의 자리를 승계하고 628년 천황이 후사 없이 승하하자 쇼토쿠태자의 아들 야마시로노오에왕 대신에 다무라 황자田村皇子를 조메이 천황으로 옹립한다.

641년 조메이 천황의 후계로 고교쿠 천황을 옹립하고 643년 상궁왕가쇼토쿠태자 후예를 멸족시키는데 야마시로노오에왕의 이카루가궁斑鳩宮을 공격하자 이카루가지斑鳩寺 왕자는 자살함으로써 쇼토쿠태자 상궁 왕가가 멸망하는 사건이 발생한다. 왕조를 권신의 세력으로부터 보호하기 위하여 나카토미노 카마타리는 소가씨를 타도하기 위하여 왕족인 나카노오에 황자에게 접근하여 소가노 이루카를 암살할 계획을 세운다.

645년 삼한의 사자가 아스카를 방문하는 것을 기회로 삼아 카마타리 등은 활과 화살을 호위하고 나카노오에 황자가 창을 잡고 대극전 옆에 매복하였다가 소가노 이루카를 살해한다. 고교쿠천황은 남동생인 카루 황자에게 양위한다. 나카카노오에 황자가 황태자가 되어 카마타리를 내신으로 삼아 다이카 개신이라는 정치 개혁을 시작한다. 나카토미 가마타리는 후지와라씨 시조로서 일본의 역사상 최대 씨족이 되어 호족 중심 정치를 천황 중심 정치로 바꾸는 데 기여한다. 660년 한반도의 백제가 멸망하자 나카노오에 황자와 그의 어머니인 제명천황은 국력을 총동원하여 백제부흥군을 보내나 백촌강 전투에서 대패한다.

13 백촌강 전투

663년 8월 백제의 백촌강 하구에서 백제-왜 연합군과 당-신라 연합군 사이에 벌어진 전투다. 백촌강의 위치에 대하여 『동사강목』은 백마강이라 하며 일본 사학계는 동의한다. 중국의 역사서에는 기벌포, 지화포로 표기되어 있으며 『삼국사기』 신라본에는 흐름에 따라 배를 맬 수 없는 험애한 지형이라는 표현이 보이고 동진강 하구라는 설도 있다. 백제의 귀족 귀실복신과 흑치상지는 백제 부흥 운동을 시작하고 일본에 있던 의자왕의 아들 부여풍을 옹립 왕으로 추대한다.

『일본서기』상 왜국의 파병 기록이다.

- 661년 5월, 부여풍 호위 1만여 인 선발 부대, 선박 170여 척 출발
- 662년 1월, 화살 10만 척, 곡식 종자 3천 석, 3월 피륙 300단
- 662년 3월, 주력 2만 7천 출발
- 663년 8월, 이오하라기미 지휘하에 1만 출발

사이메이 천황과 황태자 나카노오에의 지휘하에 백제 지원에 전력을 다한다. 663년 8월, 당나라 유인궤가 170여 척에 수군 7천 명을 파병, 수륙협공으로 백제 부흥군의 주도성인 주류성으로 진격한다. 부흥연합군은 네 번 모두

대패, 1천 척 함선 중 4백 척만 남았다고 한다. 『삼국사기』에는 연기와 불꽃은 하늘을 붉게 물들였고, 바닷물마저 핏빛이 되었다고 기록되어 있다. 백촌강 전투에 관하여 우리 국사교과서에는 단 한 줄만 나온다. 왜군 4만 2000명 참전하여 1만여 명이 전사함으로써 외국에 가장 큰 패배를 안겨준 전쟁에 대해 국사교과서가 침묵하는 이유는 동맹국 백제를 원조했다는 사실이 통상적 일본관에 배치되기 때문이라고 한다.

『삼국사기』의 기록은 간략하고 『일본서기』 상세하다. 전반적으로 가야, 백제에 대한 역사 기록은 『삼국사기』나 『삼국유사』보다 『일본서기』에 더 많이 남아 있다.

14 백촌강白村江 전투 전후의 일본 천황

사이메이천황655~668

천지천황661~672, 1남

천무천황672~686, 2남

전쟁에 패한 나카노오에 황자는 도읍을 오미로 옮기고 제명천황 사후 6년 만에 천지천황으로 등극하나 동생인 오아마노 황자의 반란인 임신의 난壬申 乱, 672년이 발발하는데 이는 고대 일본사 최대의 내란이다.

15 임신의 난壬申の乱

672년 황위 계승을 둘러싼 일본 최대 내전으로 천지천황 아들로 황위를 계승받은 오토모 황자의 관군과 천지천황의 동생인 오아마노 황자 반란군과의 내전이다.

천지천황 사후, 호적 작성을 통한 세금 강화와 백촌강 대패 등의 정치적 불만이 폭발하고 있던 상황에서 오아마노 황자가 기존 왕권에 반기를 들자 불만을 품고 있던 호족들이 합세하여 반란군 진영은 압도적인 병력으로 불어났다. 다이카의 개신 시 형에게 협조하고 인망이 좋아 호족들로부터 우호적 평을 갖고 있던 오아마노 황자는 요시노吉野에 은거하다가 이가, 이세를 거쳐 자신 영지인 미노美濃에 도착할 때는 큰 세력으로 변해 있었다. 미노 지역의 호적 세력은 반백제계, 친가야-신라계 세력이었다고 한다.

반란군운 비파호琵琶湖, 비와코 양안을 두 패로 진공하였고 오토모 황자天지천황의 아들 측은 방어하면서 1개월간 전개 계속되었다. 관군이 비와코 남쪽의 세타瀬田 전투 중 세타가라하시瀬田唐橋에서 대패하면서 반란군은 승리를 거두었고 오토모황자 는 자결하였다. 천지천황의 궁이었던 오미 신궁近江神宮에는 '백촌강 830km'라는 이정표가 있다.

16 일본국의 탄생700년경

천지-지통조에 일본이라는 국호와 천황이라는 칭호를 사용하기 시작한다. 일 본국의 관찬 역사서인『고사기712년』와『일본서기720년』가 완성된다.

17 『일본서기』, 『고사기』

『고사기712년』는 오오노아소미 야스마로太朝臣安麻呂에 의하여 편찬되었고『일본서 기720년』는 천무천황의 명으로 680년경 시작하여 후지와라노 후히토藤原不比等가 주 도하여 기씨紀氏 등 18개 주요 씨족이 전해 온 활동 기록과 유래 기록인 묘기墓記 를 탈취691년하고 금서禁書, 중국 수사−남사−북사 강탈708년하여 편집한 것이다. 수기로 기록되 었으며 일부만 원본이 남아 있다. 역사 편찬의 주도 인물은 백제 출신으로 선주 이주민 출신 호족들의 기록이 삭제, 왜곡되고 당시 주도권 세력이었던 천황, 백 제계 호족과 백제 학자들에 의해 주도되었다.

18 『일본서기』역사 편찬 절대 원칙

- 백제가 본국이었다는 사실 철저히 배제
- 관련되는 사실 기록, 유적, 유물 및 역사적 인물에 대한 왜곡과 편집
- 가상의 영웅straw man을 만들어 한반도 이주민 영웅들의 일본 열도에서의 업 적 전가
- 일본 열도에 남아 있던 가야나 신라의 역사를 가리거나 왜곡가야와 신라 관련 지명과 명칭이 변경

⑲ 후지와라노 후히토_{不比等}

후히토는 나카토미 카마타리의 2남으로 나카토미가 천지천황에게 하사받은 카가미노 오키미_{鏡王女}의 아들이다. 나카노미는 천지천황의 중신이었기 때문에 아들인 후히토가 활동했던 천무천황의 시대에 보면 당대 천황의 반대편 세력의 후손이었다. 다만 나카토미가 669년에 사망하여 천지-천무 두 세력이 맞붙은 672년 임신의 난_{壬申の乱} 시에는 관여할 수 없었다. 후히토를 필두로 하는 후지와라씨가 천무천황 시대에도 세력을 펼치게 된 데에는 다음과 같은 이유가 있다.

천무천황 사후 황후_{鸕野讚良}는 황위를 계승시키려 했던 아들인 쿠사카베 황자_{草壁皇子}가 급사하자 손자인 가루 황자_{軽皇子}를 즉위시키려고 했다. 가루 황자는 7살이었기에 황후 본인이 직접 즉위하고자 했고 이 과정에서 황후와 후히토가 서로 손을 잡고, 황후를 지통_{持統}천황으로 옹립하게 된다. 아마테라스 오오카미의 여성화와 천손강림 신화는 지통천황의 신격화는 후히토가 만들어낸 것이라는 추측이 있다.

지통천황은 가루황자에게 양위하여 문무천황이 된다. 문무천황_{683~707년} 치세 때, 오사카베 황자_{忍壁皇子}와 후히토 등이 율령을 담당하여 701년에 다이호 율령이 완성되었다. 형법에 해당하는 6권의 율_律과 행정법과 민법에 해당하는 11권의 영_令으로 일본 천황을 정점으로 2관 8성의 관료 기구를 기본 골격으로 하는 본격적인 중앙 집권 통치 체제를 규정했다. 지방 행정 체제에 대해서는, 구니_国-군_郡-리_里로 조직되고 중앙정부에서 파견되는 고쿠시_{国司}에게 막대한 권한을 부여한다.

후히토는 장녀인 미야코_{藤原宮子}를 문무천황의 부인_{夫人}으로 삼고, 미야코가 낳은 외아들, 오비토황자_{首皇子}를 즉위시키려고 했다. 문무천황이 일찍 사망하자 문무천황의 어머니를 겐메이천황으로 즉위시켰고, 710년에 수도를 나라의 헤이조쿄로 천도하였다. 헤이조쿄로 천도는 후히토가 중요한 역할을 수행하였다.

겐메이천황이 원로하다는 이유로 양위를 선언했고, 오비토황자_{首皇子}가 아직도 어리기에 문무천황의 친누나가 겐쇼천황으로 즉위하게 된다. 후히토는 후지와라의 피를 이은 천황을 즉위시켜 소가씨와 같은 방식으로 권세를 확고히 하고자 했다.

이후 후지와라 씨족은 그의 네 아들이 이어받았으며, 이들은 아버지의 뜻을 이어 오비토황자를 쇼무천황으로 즉위시키고, 후히토의 딸 아스카베 히메를 황후로 만들며 권세를 확고히 했다. 헤이안 시대 섭관정치의 시작에 해당한다.

◆ **필자의 견해** ◆

대화개신과 임신의 난은 단순히 왕족 간의 왕위 계승을 둘러싼 갈등으로 보일 수도 있다. 그러나 필자의 견해로는 나카노오에 황자, 즉 후의 38대 천지천황은 일본 열도에 있어서 친백제계 세력을 대표하는 천황이라고 말할 수 있고 대해인황자 즉 40대 천무천황은 비파호 동쪽 미노 지역의 친신라계 세력의 후원으로 일본 열도를 일본국이라는 나라로 탈바꿈시킨 첫 번째 천황으로 볼 수 있다. 천지천황은 백제 부흥의 꿈을 간직한 채 백제 유민을 이끌고 도읍을 비파호 주변의 오미지방의 오오쓰大津로 옮기고 이곳에 신백제를 건설하려는 꿈을 꾸었는지도 모른다. 최인호의 『잃어버린 왕국』

그러나 임신의 난의 승자인 천무천황과 지지 세력은 이미 한반도의 정세가 변했기 때문에 일본 열도에 독자적인 나라를 만들자는 생각을 시작한 사람들일 것이다. '일본'이라는 국호가 이때 처음으로 사용되기 시작하였다. 천지천황 때부터 백제의 멸망으로 일본 열도로 건너온 왕족, 귀족과 더불어 테크노크라트technocrat를 적극적으로 활용한다. 이들 즉 기술 관료란 소위 과학자, 기술자 출신의 고급 관료나 과학적 지식이나 기술을 소유하고 있는 사람이다. 이들이 전문 기술을 바탕으로 새로운 사회에서 영향력을 행사하게 된다.

백제 멸망 후 그리고 백제 부흥군의 패배 이후에 백제에서 이주한 세력들의 목표와 천무천황을 지지하여 독립적인 일본국을 세우려 했다고 믿어지는 세력들의 목표는 같았을 것으로 생각한다. 백제에서 이주한 세력들은 이미 모국인 백제가 다시 일어설 수 없는 지경이 되었다는 것을 잘 이해하고 있었기 때문에 일본 열도에 새로운 국가, 즉 신백제를 만드는 꿈을 가졌을 것이다. 일본 열도에서 살고 있던 친백제 세력은 백촌강의 전투에서의 패배와 38대 천지천황을 마지막으로 힘을 잃고 40대 천무천황을 중심으로 더 이상 한반도에 종속되지 않는 새로운 나라를 친신라계 선주 도래인, 소위 일본인들과 협력하여 만드는 꿈을 가지게 되었을 것이다.

이 두 집단의 이해가 맞아 떨어져 더 이상 '왜국'이 아닌 새로운 나라인 '일본국'을 만드는 일이 일본 열도에서 시작되었을 것이다. 임신의 난 이후 친신라계 세력이 정권을 주도하다가 700년대 말이 되면 다시 친백제계가 후지와라 가문의 주도하에 신라계 세력보다 우위에 서게 되며 헤이안 시대가 시작된다. 참고로 후히토不比等라는 이름은 인물의 뛰어남 때문에 지어졌다고 하지만 대표적 가와치 도래계 성씨인 후히토의 다른 표기라는 생각이 든다.

20 답사

아스카 방문을 위하여 가시하라橿原 동쪽의 사쿠라이시에 미리 정해 놓은 민숙民宿을 향해 떠난다. 민박집 아주머니가 반갑게 맞아 준다. 저녁식사를 하는데 주인 아주머니가 손님 대접을 하려는지 여러 가지 얘기를 끊임없이 이어 간다. 우리가 한국에서 온 것을 알고는 서쪽에 있는 '가시하라橿原'라는 도시 이름이 '서울'이라는 지명에서 왔다는 역사 이야기를 최근에 배운 적이 있다고 교재를 보여주며 열심히 설명한다. 아침에 일어나 보니 민박이 있는 곳이 산골 마을의 외딴집이다.

21 단잔 신사談山神社

아스카로 떠난다. 차의 내비가 가르쳐 주는 대로 길을 가다 보니 산길이 지름길인 모양이다. 산을 한참 올라가다 보니 관광객들이 꽤 많이 몰려 있는 곳이 있다. 단잔 신사 입구라 하여 들르기로 했다.

단잔 신사談山神社는 나라현 사쿠라이시의 다무봉多武峰에 있는 신사로 제신은 나카토미 가마타리中臣鎌足이다. 가마쿠라 시대에 쓰인 절의 연고에 의하면, 후지와라씨의 시조인 나카토미中臣鎌足의 사후인 678년, 장남인 승려 조에定惠가 당에서 귀국 후, 아버지의 고분을 셋쓰摂津, 오사가 북서부로부터 야마토의 이곳으로 옮기고, 십삼층탑을 세웠다고 한다.

단잔談山이라는 이름의 유래는, 나카토미와 중대형황자中大兄皇子, 나카 노오에가 645년에 다이카 개신의 담합을 이 다무봉에서 하고, 뒤에 단잔談山이라고 부른 데에 기인한다. 나카토미中臣鎌足와 후에 천지천황天智天皇이 된 중대형황자中大兄皇子, 나카노오에는 한일 고대사에 있어서 매우 중요한 인물이다.

22 이시부타이 고분石舞台古墳

고갯길을 넘어 드라이브하기 좋은 내리막길을 내려가다 보니 예상치 않게 전에도 방문했던 석무대石舞台가 보인다.

석무대 고분石舞台古墳, 이시부타이 고분은, 나라현 아스카무라明日香村에 있는 고분 시대 후기의 고분으로 특별사적으로 지정되어 있다. 원래는 흙을 쌓아 만든 분구에 덮여 있었지만, 그 흙이 상실되고, 거대한 돌을 이용한 횡혈식 석실이 노출되어 있다.

분구는 현재 없어졌지만, 하부는 방형方形으로, 20~50cm 크기의 화강암 첩석貼石을 약 30도의 경사로 쌓아 늘어놓았다. 분구 주변을 폭 6~8m의 빈 해자空堀, 가라호리가 둘러싸고, 폭 약 7m의 외벽外堤, 소토쓰쓰미이 설치되어 있었다. 외벽을 복원하면 한 변이 약 80m이고, 높이는 약 1.2m라고 한다.

봉토盛土의 상부가 벗겨져 있기 때문에, 분의 형태는 명확하지 않고, 2단으로 쌓은 방분 또는 상원하방분上円下方墳 혹은, 하방팔각분下方八角墳이라고도 추정되고 있다. 또 한 변 51m의 방형 기단의 주위에 참석을 붙인 빈 해자를 돌리고, 거기에 담남북 약 83m, 동서 81m을 쌓은 장대한 방형분이었다고 한다.

매장 시설은 양축식의 횡혈식 석실로, 서남 방향에 입구가 놓여 있는 화강암으로 만들어진 석조다. 현실은 길이 약 7.7m, 폭 약 3.5m, 높이 약 4.7m이고 현실과 외부를 연결하는 길인 선도羨道는 길이 약 11m, 폭 2.5m 규모다.

현재 볼 수 있는 석실은 약 30개의 큰 돌로 쌓여 있으며, 총중량은 2,300톤으로 추정되고 있다. 돌은 고분의 옆을 흐르는 후유노강冬野川의 상류 약 3km에 있는 다무봉토우노미네, 多武峰의 기슭으로부터 옮겨졌다. 석실은 이미 대부분의 매장품이 도굴을 당한 후이며, 석관의 조각등이 발견되는 정도다. 선도와 외벽에서 하세키土師器, 비교적 저온에서 구워진 야요이 시대의 토기와 스에키須恵器, 가야의 도기나 구리로 된 장식 등이 나왔고, 시대가 지난 송전末錢이나 칸에이통화寬永通宝도 나왔다. 지난번 방문 시 석실 안에 들어가 보았는데 커다란 암석으로 둘러싸인 방이 위압감마저 느껴질 정도였다.

피장자는 소가 우마코蘇我馬子라는 설이 유력하다. 『일본서기』의 626년조에 '대신大臣이 서거했다. 그리하여 도원묘에 매장한다大臣薨せぬ。仍りて桃原墓に葬る'는 기록이 있는데, 대신大臣, 오오미은 소가 우마코를 지칭하고 있다. 봉토가 벗겨지고 고분이 파해쳐진 것은 소가씨에 대한 후세의 징벌이 아니었는가 하는 설도 있다.

㉓ 아스카데라飛鳥寺

이 절은 그리 크지 않았는데 좁은 방안에 크게 들어앉아 있는 철불이 인상적이었다. 아스카데라飛鳥寺는 일본 나라현 다카이치군 아스카촌에 있는 불교 사찰이다. 소가씨蘇我氏의 씨사氏寺로서, 일본에서 가장 오래된 본격적인 사찰인 호코지法興寺의 후신이다. 호코지의 창건은 스이코천황의 섭정攝政으로 불교를 중심으로 국가를 운영한 성덕태자聖德太子, 쇼토쿠태시의 시대, 화려한 불교 문화를 꽃피운 아스카 시대의 서막을 알리는 것이었다.

호코지法興寺는 소가노 우마코의 주도하에 백제의 승려들과 장인들이 지었다. 588년에 백제는 불사리佛舍利와 혜총 등 승려 여섯 명, 노반박사鑪盤博士, 와박사瓦博士와 화공畵工 등 사찰 건설에 필요한 기술자를 일본에 파견하였다. 호코지는 씨사氏寺를 건립하는 씨족 불교 유행의 시작이기도 하다. 호코지의 완공을 기념하는 불사리 봉안식에 소가노 우마코를 비롯한 100여 명의 인사들이 모두 백제 옷을 입었더니 보는 사람이 한결같이 기뻐했다는 기록이 있다. 이러한 분위기 속에서 소가의 가문은 권력을 잡을 수 있었다. 고구려의 승려 혜자와 백제의 승려 혜총은 호코지에 살면서 포교하였다.

[그림 37] 아스카사 대불

VI 일본국의 탄생

1 천무천황

친백제적 성향의 천지천황과는 달리 친신라적 성향의 천무천황은 신라계 이주민을 우대하지도, 백제계 이주민을 푸대접하지도 않았다. 백제 망명 귀족인 사택소명沙宅昭明과 백제왕 창성百濟王昌成에게 관위를 주었고 한반도로부터 이주민들에게는 674~681년 사이 과세를 면제하였다. 천무천황은 민간에서 전해지던 습속을 적극적으로 포용해 국가 단위로 소급시켰다. 오늘날 대부분의 역사학자들은, 신도의 제사를 포함해 주요 궁정 의식의 대부분은 천무천황에 의해 집대성되었다고 추정하고 있다. 일본의 전통적인 토속신에 대한 제사를 중시했던 천무천황은 지방에서 행해지던 제사의 일부를 국가 단위의 제사로 승격시켰다.

685년 천무천황은 집집마다 불사佛舍를 짓고 예배, 공양하라는 조를 내렸다. 이 무렵까지 기나이를 제외하고 다른 지방에 불교 사찰의 수는 적었지만, 천무–지통조에 이르러 정책적인 지지하에 전국에 씨사氏寺가 활발히 축조되었다. 국가 신도를 견제하기 위한 국가 불교의 형태였다.

2 나라 시대

　천무天武천황의 계승자는 그의 손자인 문무천황697~707년이었고 그의 후계자 역시 문무천황 손자인 쇼무천황724~749년이다. 그러나 나이가 어려 어머니인 겐메이천황707~715년과 누이인 겐쇼천황715~724년이 천황 자리에 있다가 724년 천황위를 물려준다. 쇼무천황724~749년은 천무천황의 직계로서 나라 시대의 중심 인물이다. 쇼무천황 사후 딸인 고켄천황749~758년이 황위를 물려받는데 잠시 준닌천황749~758년이라는 인물이 황위에 있었지만 제대로 역할을 하지 못하자 다시 딸인 고켄이 쇼토쿠천황764~770년으로 재위한다. 따라서 나라 시대는 쇼무천황25년 재위과 고켄-쇼토쿠천황실제적으로 25년 재위이 중심이 되는 천황이라고 말할 수 있다. 쇼토쿠천황이 후사가 없이 서거하자 권신이었던 후지와라씨 세력에 의해 천지천황계로 천황위가 넘어가게 되는 내력은 다음과 같다.

　48대 쇼토쿠천황749~770년의 후임이 될 황위 계승 결정권이 좌대신 후지와라노 나가테藤原永手,우대신 기비노마키비吉備真備 외 후지와라씨 3인과 이시가미石上씨 1인에 의하여 논의되었다. 6명의 궁중 합의를 유도한 사람은 좌대신의 인척인 후지와라노 모모가와藤原百川로 백벽왕白壁王. 시라카베왕을 추대하게 된다. 시라카베왕은 일본의 대원군에 비견될 수 있는 인물로 770년에 황태자로 결정되었다가 62세에 천황으로 즉위한 고닌천황光仁天皇이다. 천지천황의 손자이다. 이어서 천무천황계의 후예로 쇼무천황의 딸이었던 황후와 황태자를 폐위시킨다. 타카노노 니이가사高野新笠, 790년의 아들인 야마베왕山部王. 후의 간무천황 桓武天皇을 황태자로 지명한다. 그는 어려서 총명聰明이라 불렸다. 타카노노 니이가사는 무령왕武寧王의 직계자손인 야마토 토모히사和乙継의 딸이다.

　이로써 천무천황계의 천황에서 천지천황계의 천황으로 이어진다. 교토 센뉴지泉涌寺는 황실의 보리사인 미테라御寺인데 천무계 천황의 제사는 지내지 않는다고 한다. 고닌천황770~781년과 그의 아들인 간무천황781~806년의 천지천황계는 신백제계 왕권을 열어 헤이안 시대 390년의 막이 오른다.

3 정치사

대외적으로는 신라, 당과 통교를 긴밀하게 하는 한편, 727년에는 발해와도 국교를 열었다. 전국에 고쿠분지国分寺를 세워, 불교적인 성격의 덴표 문화天平文化가 번성하였다. 고지키, 니혼쇼키, 만요슈 같은 현존하는 가장 오래된 역사서와 문학 작품이 등장했다. 이 시대에는 중앙에서 많은 전쟁이 발생하였고, 도호쿠에서는 에조蝦夷와 전쟁이 끊이지 않았다.

정치사적으로 다음과 같이 3기로 구분한다.

① 전기前期

710년 헤이조쿄 천도부터 729년의 나가야왕의 정변까지로, 후히토 사후 천무천황의 손자인 나가야왕이 우대신이 되어 정권을 담당하였다. 전대부터 누적되어 온 과중한 부담을 견디지 못한 농민들의 유랑과 도망이 급격히 늘어나 사회 불안이 표면화되었기 때문에, 정부는 재원 확보를 위해 723년에는 새로운 법을 시행하여 개간을 장려하였다. 쇼무천황이 즉위한 즈음부터 후히토의 네 아들 무치마로武智麻呂, 후사사키房前, 우마카이宇合, 마로麻呂가 정계에 진출하였다. 729년 나가야왕이 사실상 정계 최고직에 해당하는 좌대신에 취임하자, 위기감을 느낀 후지와라 4형제는 "좌도左道에 빠져 국정을 기울게 한다"라고 참소하여 나가야왕을 자결로 몰아넣고나가야 왕의 정변, 정권을 장악했다. 후히토의 딸을 쇼무천황의 고묘시황후로 추대하였다.

② 중기中期

후지와라 4형제후히토의 네 아들의 집권부터 764년의 후지와라노 나카마로의 난藤原仲麻呂の乱까지로, 후지와라 4형제가 모두 사망하고, 737년 황족 출신의 다치바나 모로에橘諸兄가 정권을 담당하게 되었다. 이에 불만을 가진 후지와라 히로쓰구藤原広嗣가 740년에 규슈에서 거병하였으나, 정부군에 패배하고 전사하였다. 이 반란 소식에 중앙 정권은 크게 동요하여, 쇼무천황은 여러 궁을 전전하였다. 잦은 천도로 인한 조영 공사와 잇따른 역병과 천재지변으로 사회 불안은 한층 높아져 갔다. 본래 깊은 신앙심을 지니고 있던 쇼무천황은 진호국가의 사상에 기대어 사회의 동요를 가라앉히고자 741년에 고쿠분지国分寺 건립 칙명, 743년에는 대불 조성 교지를 내려 도다이지 대불이 주조되기 시작하였다. 대불은 752년에 완성 되어, 고켄천황과 쇼무상황이 임석한 가운데 성대한 개안공양이 이루어졌다.

동대사 답사기와 당대에 민중의 생활을 위해 힘쓰고 대불의 조성과 동대사 완 성에 큰 공을 세운 행기에 대한 설명이 뒤에 이어진다. 고묘시황후의 신임을 얻 은 후지와라 남가南家의 후지와라 나카마로가 대두하여, 시비추타이紫微中台를 조 직하여 755년에는 다치바나 모로에를 실각시키고, 757년에는 모로에의 아들인 다치바나 나라마로橘奈良麻呂 역시 정권에서 배제하는 데 성공하여 정권을 장악하 였다. 나카마로는 독재적 권력을 손에 넣고 허수아비로 준닌 천황을 옹립하여 유교를 기본으로 하는 정치를 추진하였다. 고묘시 황후가 사망하고, 고켄상황의 총애를 얻은 승려 도경道鏡이 두각을 나타내기 시작하자 이를 막고자 764년에 반 란을 일으켰으나 패사하였다. 준닌 천황은 폐위되어 아와지로 유배되고, 고켄 상황이 쇼토쿠천황으로 중조하였다.

③ 후기後期

고켄천황과 도경道鏡의 집권 시기이다. 도경은 법왕이 되어, 일족과 수족들을 고위 관직에 출사시켜 권세를 휘두르고, 불교에 기반하여 정권 안정을 꾀하였 다. 쇼토쿠천황과 도쿄는 우사하치만궁宇佐八幡宮의 신탁을 빙자하여 도경을 황위 계승자로 옹립하려고 하였으나, 후지와라 모모카와藤原百川와 와케 기요마로和気清麻 呂에게 저지당하고 770년 쇼토쿠천황이 사망하자 도경은 실각하였다. 쇼토쿠천 황의 뒤를 이은 고닌천황은 천무천황의 혈통이 아니라 천무천황의 형인 천지천 황의 자손으로 이후 천황위는 천지천황의 혈통으로 이어지게 된다. 고닌천황은 관인의 인원을 삭감하는 등 재정 긴축 정책을 펴고 지방관인 고쿠시와 군지의 감독을 강화하여 지방 정치의 투명화를 꾀하였다. 그러나, 780년에는 무쓰국에 서 고레하리 아자마로伊治呰麻呂가 반란을 일으키는 등, 도호쿠 지방에서는 에미시 蝦夷의 저항이 강화되었다. 간무천황781~806년은 지나치게 강대해진 사원과 신사 세력의 영향력에서 벗어나기 위하여 784년에 나가오카에 도성을 축성하였다가

794년 새로운 도성을 축조하여 헤이안쿄라 이름하였다. 이 천도로 나라 시대는 종언을 고하고 헤이안 시대가 시작된다.

4 신라와의 관계

① 우호적 외교 관계

나라 시대 초기에는 아스카 시대 말부터 시작된 일본과 신라 간의 우호 관계가 이어졌다.

② 외교 갈등의 악화

720년경부터 두 나라의 관계는 악화일로를 치닫기 시작했다. 신라에서는 일본에 사신을 파견했다가 다자이후에서 돌아갔다. 『속일본기』에는 이곳에 온 신라 사신들을 그냥 돌려보낸 몇 차례의 사건들이 기록되어 있다.

『해동제국기』에는 성덕왕 때인 720년에 신라가 일본의 서쪽 변방을 쳤다고 기록하고 있다. 722년 모화군毛火郡에 모벌군성毛伐郡城을 쌓아 관문으로 삼고, 일본의 적들의 길을 막았다. 이는 경주의 동남쪽 경계였다. 731년에는 동쪽 해안으로 쳐들어온 일본의 병선 300척을 격퇴하고, 쇠뇌車弩 사격 등의 군사 훈련을 실시했다.

③ 일본의 신라 정벌 계획

양국 간의 극한의 대립은 신라의 경덕왕대, 일본의 후지와라 나카마로의 집권기에 악화되었다. 경덕왕 원년742년과 753년 일본국 사신이 이르렀으나 받아들이지 않았다.

다자이후에서 신라 정벌을 목적으로 태제부조행군식太宰府造行軍式이라는 세부적인 계획안을 마련해 이를 실천하기 시작했다. 756년 일본 조정은 기타큐슈에 이토성怡土城을 축조했다. 여러 가지 축조 기술을 동원해 견고히 건설된 성은 근방에 주선사主船司라는 관청과 용광로와 무기 제조 공장을 세우는 등 대규모의 병참기지로서 기능했다.

759년에는 3년을 기한으로 호쿠리쿠도, 산인도, 산요도, 난카이도 4도에 할 당량을 제시해 500척의 전함을 건조하도록 지시한 데 이어 761년에는 미노국, 무사시국에서 20명씩의 소년을 징발해 신라어 교육에 들어가는 등 준비는 유래가 없을 만큼 대규모적으로 진행되어 갔다. 신라도 일본의 움직임을 파악하고 모벌성毛伐城에 노당弩幢을 증원하는 등 준비를 갖추었다. 경덕왕 대에는 신속한 군대 동원을 위한 군제 개혁도 단행했다. 발해의 비협조에 이어 일본은 나카마로의 몰락 등으로 신라 침략 계획을 접었고 신라 정토 계획도 사라졌다.

5 신라 왕자 김태렴

752년 다자이후太宰府에 신라 사절단이 도착했는데, 700명에 달하는 대규모였으며 대표는 신라의 왕자 김태렴이었다. 신라 사절단은 나라로 가서 고켄천황을 알현했다. 김태렴이 가져온 물건들을 구입하기를 원하는 귀족들에게 필요로 하는 물건의 품목, 수량, 가격 등을 기록하여 문서로 제출하게 했는데 이 문서가 '매신라물해買新羅物解'다. 김태렴은 도다이지東大寺를 방문해 예불을 올리고 나라 정부의 협조하에 가져간 물건을 다 팔아치우고 귀국했다.

이 사건에는 여러 가지 의문이 있고 다양한 해석이 존재한다.

752년 당시 경덕왕에겐 왕자가 없었다. 김태렴은 신라의 공식 외교 사절이 아니라, 신라의 관인이나 상인이 내세운 '거짓 왕자假王子'로 보는 견해다. 나라奈良 동대사의 대불大佛 개안식開眼式의 참석과 경제 교역을 시행하기 위해서 파견했다는 견해도 있다.

6 헤이안 시대를 연 간무천황

794년 나가오카쿄에서 헤이안쿄平安京로 천도한다. 간무천황을 만들어 준 후지와라 모모카와藤原百川가 일찍 죽고 간무 정권의 중추였던 후지와라노 다네쓰구藤原種継가 785년 사망함으로써 간무천황은 후지와라 세력을 배제하고 조정의 안정을 꾀할 수 있었다. 천황의 권위를 유지하며 독재적인 친정을 통해 25년간 독자적으로 정권을 구축할 수 있었다.

⑦ 간무천황의 대표적 치세

① 헤이안쿄의 조영

나가오카쿄와 헤이안쿄로 천도하였다.

② 국가 불교와 정치의 분리

신라 불교와 도다이지東大寺를 통제하였다.

③ 일본 불교에 새로운 바람

히에이산 엔랴쿠지比叡山延曆寺를 중심으로 한 신흥 일본 불교가 성립되었다. 최징의 천태종과 공해의 진언종이 탄생하여 현재의 일본 불교의 기반이 되었다.

④ 에미시 평정

세이이 대장군 사카우에 타무라 마로를 시켜 794년 두 번째 토벌을 하였다. 801년 이와테현 오슈시, 모리오카시를 시켜 3번째 토벌을 하였다. 804년 네 번째 준비 중 의견을 청취하여 헤이안쿄 조영을 중지하였다.

⑤ 백제계 이주민 우대

구다라노코키시씨는 짐의 외척이다百濟王等者朕之外戚也는 칙명에 따라 헤이안 초기 백제계 이주민을 특별 대우하고, 과역과 잡요를 영구 면제하였다. 의자왕의 아들 부여선광이 시조인 구다라노코키시百濟王. 백제왕 씨족이 백제계 씨족의 구심점과 후견인이 되었다. 아소미朝臣. 조신성을 받기 위해 백제 왕족으로 계보를 바꾸려면 구다라노코키시씨의 보증이 필요하였다.

⑥ 간무천황이 일본인의 한반도 유래由來 기록을 없앴다는 주장

책 시작하면서 설명한 한반도인의 일본 열도 이주의 증거 중 3, 기록증거편에 기술을 하였다.

⑧ 동대사東大寺. 도다이지

동대사 즉 일본 발음으로 도다이지東大寺는 나라현 나라시 조시초에 있는 화엄종 대본산의 사원이다. 나라 관광이라면 빠지지 않는 필수 관광 명소다. 이 절과 일본국의 기반을 확립하려는 노력과 한반도 도래인에 얽힌 이야기다. 일본국의 기반을 확립하는 시기는 8세기로 볼 수 있는데 동대사 건립이 이러한 노력의 한 가운데 있었다.

동대사는 금광명사천왕호국지사_{金光明四天王護国之寺}라고도 한다. 나라 시대_{8세기}에 45대 쇼무천황_{聖武天皇}이 국력을 다해서 건립한 절이다. 나라의 대불이라고 알려진 노사나불_{廬舎那仏}을 본존으로 해서 개산은 료벤_{良弁}이었고 현 주직은 222대째이다.

나라 시대에는 중심 전당인 대불전금당 외에, 동서 2개의 칠중탑_{추정 높이 약 70m 이상}을 포함하는 대가람이었지만 중세 이후 두 번의 병화로 많은 건물들이 소실되었다. 현존하는 대불은 대좌_{연화좌} 등의 일부에 당초의 부분이 남아 있을 뿐이며 현존하는 대불전은 에도 시대인 18세기 초엽에 재건되어 창건 당시의 건물에 비해 폭이 3분의2로 축소되어 있다. 대불전 안에 들어갔을 때 큰 대불에 비해 실내 공간이 약간 답답하게 느껴진 것도 그 때문인지 모른다.

대불의 절로서 고대부터 현대에 이르기까지 넓게 신앙을 모으고, 일본의 문화에 엄청난 영향을 주어 온 사원이며, 쇼무천황이 당시의 일본 60여 지방국에 건립한 고쿠분지_{国分寺}의 중심이 되는 총고쿠분지의 위치를 차지하고 있었다.

9 창건과 대불 조립

8세기 전반에는 대불전 동쪽의 약초산_{若草山, 와카쿠사산} 산록에 전신_{前身}사원이 세워져 있었다. 도다이지의 기록인 도다이지 요록에 의하면, 733년 약초산 산록에 창건된 금종사_{金鐘寺}가 도다이지의 기원으로 여겨진다.

대불의 주조가 시작된 것은 747년으로, 이때부터 도다이지라는 절 이름을 사용했다고 생각된다. 한편, 도다이지 건설을 위한 관청인 조도다이지사_{造東大寺司}가 사료에 보이는 것은 748년이 최초다. 쇼무천황이 대불조립의 천황 조칙을 발한 것은 그보다 전인 743년이다. 신흥 국가의 대규모 국책 사업이 시작된 것이다.

[그림 38] 동대사 대불

쇼무천황은 단기간에 천도를 되풀이했지만, 745년 도읍인 헤이조교^{平城京}로 되돌아온다. 동시에 대불 조립도 현재의 도다이지의 터로 바뀌어서 행하여지게 되었다. 이 대사업을 추진하기 위해서는 폭넓은 민중의 지지가 필요했기 때문에, 조정에서 탄압받고 있었던 백제 출신 승려인 행기^{行基}를 대승정으로 맞이하고 협력을 얻었다. 일본의 원효라고도 할 수 있는 행기에 관한 설명은 뒤에서 하기로 한다.

난공사 끝에 대불의 주조가 종료되고 천축^{天竺} 출신의 승려인 보리센나^{菩提僊那}를 도사^{導師}로 대불 개안회가 거행된 것은 752년이었다. 그리고, 대불 주조가 끝나고 나서 대불전의 건설 공사를 시작하여 준공한 것은 758년이었다. 도다이지에서는 대불 창건에 힘을 쓴 량변^{良弁}, 쇼무천황, 행기^{行基}, 보리센나를 사성^{四聖}이라고 부르고 있다.

756년 쇼무천황이 서거한다. 그해에 일어난 것이 다치바나 나라 마로의 난^{橘奈良麻呂の乱}이다. 체포된 나라 마로는 "도다이지 등을 조영해 인민이 고생하고 있다. 정치가 무도하기 때문에 반란을 기도했다"고 모반을 자백했다. 이 사건을 보면 동대사 건설이 민생에 얼마나 고통을 주었는지 짐작할 수 있다.

🔟 이월당 ^{二月堂, 니가쯔도}

동대사 북쪽에 있는 양옥으로 된 숙소에 머물렀는데 교양 있게 생긴 여주인이 밤에 이월당을 방문하면 좋다고 하여 동대사와 이월당 사이에 있는 한국 신사도 볼 겸 밤이 어두운 데도 길을 나섰다. 동대사 뒷길은 깜깜하고 인적이 드물다. 정창원 앞을 지나 올라가는데 갑자기 숲속에서 송아지만 한 사슴이 튀어나와 벽력같이 소리를 내며 지나간다. 파트너는 기겁을 하였고 갑자기 공포가 엄습한다. 언덕길 끝에 있는 불꺼진 이월당을 올라갔는데 금방이라도 귀신이 나올 것 같은 분위기다.

도다이지 니가쯔도二月堂는 도다이지에 있는 나라 시대8세기 창건의 불당이다. 현존하는 건물은 1669년의 재건되어 일본의 국보로 지정되어 있다. 나라의 조춘 풍물인 오미즈도리お水取り 행사가 행하여지는 건물로 알려져 있다. 니가쯔도는 도다이지 금당대불전의 동쪽 언덕길을 꼬박 오른 구릉부에 위치하는 11면 관음을 본존으로 하는 불당이다. 바로 남쪽으로는 삼월당으로 통칭되는 법화당이 있다. 이 당이 소재하는 한쪽을 상원上院이라고 칭한다. 대불 개안 이전부터 존재한 도다이지의 전신 사원이 있었던 장소다.

이른 아침에 시간을 내어 동대사 뒷산인 약초산에 올라갔다. 사슴이 여기저기 무리 지어 다녀 어젯밤에 놀란 생각으로 다니기가 조심스러웠다. 아래쪽으로 내려다보이는 아침 안개가 낀 동대사 대불당은 고요 속에 잠겨 있었다.

11 도다이지의 신, 가라쿠니辛国 신사

[그림 39] 가라쿠니 신사

느긋하게 아침을 먹고 버스를 타고 동대사 입구에 내린다. 숙소에서 멀지는 않지만 오르막길이라 아침부터 기운을 빼지 않기 위해서였다. 동대사 앞은 언제나 그렇듯이 관광객들이 많다. 사슴들도 그대로다. 본당으로 가지 않고 옆으로 돌아 이월당 쪽으로 향한다. 동대사 안에 들어 있는 한국 신사韓国神社, 亐国神社를 보기 위해서다.

한국 신사 입구의 돌에는 신국사亐国社라고 써 있다. 동대사가 생기기758년 대불전 완성 전에 이 근처에 살던 카라히토韓人들의 신사였다고 한다. 일본의 절이나 신사를 방문해 보면 재미있는 사실을 발견한다. 절터 안에 옛날에 그 자리에 있던 절이나 신사의 흔적을 지우지 않고 남겨 놓는 것이다. 이러한 습관을 고려하여 생각해 보면 대불전 옆의 한국 신사는 동대사가 들어서기 전부터 그 자리에 있었던 것으로 생각된다. 다시 말하면 이 터는 예전 선주 이주민들이 살기 시작할 때부터 신성한 땅이어서 이주민들의 사당으로 지은 한국 신사가 서 있었던 곳이라는 이야기다. 교토의 시모가모 신사에서도 언급하겠지만 그 터에 그 신사가 있기 전에는 선주 이주민인 모노베씨의 사당이 있었고, 그 이전에는 조몬인들의 기도 터였던 것이다.

가라구니 신사亐国神社는 대불전의 동쪽의 대불상을 내려다보는 곳에 있다. 가라구니 신사를 한자로 쓰면 한국 신사韓国神社이다.

한국 신사는 도다이지를 세우는 데 공로가 컸던 백제계 이주민을 모신 신사라고 보는 견해가 있다. 나라의 대불을 제작하던 백제계 장인들이 수은 중독에 걸린 것은 잘 알려져 있다. 그 이주민 피해자들의 혼을 제사 지낸 것으로 추측하기도 한다. 한국 신사에서 예를 갖춘 후 근처에 있는 행기당을 찾아보았다.

12 행기당行基堂, 교기도

성무천황은 대사업을 추진하기 위해서는 폭넓은 민중의 지지가 필요했기 때문에, 조정에서 탄압받고 있었던 백제 이주민계 승려인 행기行基를 대승정으로 맞이하고, 협력을 얻었다. 초대 주지 료벤 승정은 도다이지 니가쯔도에 모셔져 있고, 한국 신사에서 조금 올라간 곳에 행기당行基堂, 교기도이 있다.

일본의 원효라고도 할 수 있는 행기는 지시키유이知識結라고 불리는 새로운 형태의 승속 혼합의 종교 집단을 만들어 긴키 지방을 중심으로 빈민구제, 치수, 가교 등의 사회 사업 활동을 했다. 우리나라 새마을 운동과 흡사하지만 정부의 도움이 없는 민간 주도의 운동이었다. 행기와 그 집단의 활동이 커져 가고, 개간한 밭의 개발이나 사회 사업이 진전되면서 호족이

[그림 40] 행기당

나 민중들을 중심으로 한 종교 단체의 확대를 억제할 수 없었고, 행기들의 활동이 조정이 두려워하고 있었던 반정부적인 의도를 가진 것이 아니라고 판단되어 731년에 탄압을 완화하였다. 참고로 행기行基의 이름은 고지 사이찌高志 才智다. 고지씨는 왕인王仁을 시조로 가와차국, 이즈미국에 분포하는 백제계 이주민 씨족으로 여러 책에서도 행기를 백제인의 후예이며 이즈미국 오토리군 출신으로 전하고 있다.

도다이지 건립에는 신라계 고승로벤良弁과 백제계의 행기行基가 지휘를 하고 건설에는 신라계의 이나베씨猪名部氏가, 대불 주조에는 백제계의 국중씨国中氏가 활약했다고 한다. 대불에게 칠하는 금이 부족한 때는 무쓰陸奧国에 있었던 백제 왕가의 후예 경복敬福이 무쓰에서 출산한 사금을 올려 완성에 크게 공헌했다고 한다.

이게 무슨 시츄에이션인가? 일본인은 어디 가고 온통 한반도 이주민들이 모여 이 대불상을 만들고 있는 것인가? 위의 기술은 모두 일본 자료를 근거로 한 것이기 때문에 우리나라 입장에서 과장한 사실이 아니다. 이 사실은 8세기에 일본국이 완성되고 있을 당시의 주도 세력은 한반도 도래인 집단이었다는 것을 강력하게 암시한다. 한반도 이주민들이 고향인 한반도를 잊고 일본 열도에 새로운 나라를 건설하기 위해 힘을 합쳐 땀을 흘리는 모습이 눈앞에 선히 떠오른다.

⑬ 카스카대사 春日大社

동대사와 같은 경내의 동쪽에 있는 신사가 카스카대사春日大社인데 이 신사의 경내에는 넓은 숲이 있다. 그 안을 걸어 보았다. 카스카 대사는 후에 후자와라씨의 씨사가 되었다. 숲을 빠져나와 부견당 쪽으로 향했다. 호수 위에 다리가 놓여 있다. 근처 나라 호텔의 일본 정원을 보러 갔는데 계절이 이르다. 아라이케 호수가 내려다보이는 청엽다옥靑葉茶屋에서 점심을 먹을 예정이었는데 안에 인기척이 없다. 아직 시즌이 아니라 영업을 하지 않는 모양이다. 나라 공원에서 사슴에게 주는 과자를 사서 먹여 주고 길 건너에서 식사를 한 후 나라국립박물관으로 향했다. 오늘은 특별전을 하는 날이라 보고자 했던 고분 출토 부장품은 전시되어 있지 않았다. 커피숍에서 쉬다가 일단 숙소로 돌아왔다. 늦은 오후에 근처에 있는 나라의 옛날 집들이 몰려 있는 거리를 봄바람을 맞으며 걸었다. 우리의 북촌이나 서촌 같은 곳이다. 내일은 아침 일찍 근처에서 출발하는 공항리무진을 타고 서울로 출발한다.

나라, 아스카, 와카야마, 가와치 지역의 한반도 도래인의 역사를 찾아보기 위한 답사 여행은 이것으로 끝낸다.

⑭ 행기 行基

행기668~749는 나라 시대의 승려다. 절과 승려의 수를 늘리고 불법의 가르침을 설해 사람들로부터 독실하게 존경을 받았다. 그리고 행기집단行基集團이라는 것을 형성하여 도장이나 사원 49원, 저수지 15군데, 도랑 9군데, 가교 6곳을 건설했다. 국가 기관 이외의 직접적인 민중에 대한 불교의 포교 활동을 금한 시대에 금령을 깨고 기내近畿, 긴키를 중심으로 민중이나 호족 등 계층을 막론하고 곤궁자를 위한 보시옥布施屋 9곳의 설립 등 수많은 사회 사업을 각지에서 완수했다. 조정에서 자주 탄압하고 압제하였지만, 민중의 압도적인 지지를 얻고, 그 힘을 결집해서 역경을 넘었다. 그 후, 대승정최고위인 대승정의 지위로 행기가 일본에서 최초으로서 쇼무천황에 의해 나라 도다이지東大寺의 대불大佛 조립에 실질적인 책임자로서 초대되었다. 이 공적에 의해 도다이지의 사성의 한 사람으로 이름이 남아 있다.

행기는 가와치국 오토리군에서 668년, 아버지 고지 사이찌高志才智, 어머니 하찌다 고니히메蜂田古爾比売의 장자로 태어난다. 부모 모두 백제계 도래인渡来民이며, 아버지는 왕인이 시조인 일족이었다.

682년에 15세로 대관대사에서 출가한다. 691년, 24세로 고미야사의 광덕선사로부터 수계를 받는다. 아스카사, 약사사에서 법상종을 주로 해서 교학을 배운다. 가르침을 받았다고 여겨지는 스승인 도쇼道昭는 입당해서 현장의 가르침을 받은 것으로 유명하고, 행기는 그와 함께 우물을 파고, 나루터와 항구에 배를 구비하고 다리를 가설하여 뒤에 행기의 사업에 절대적 영향을 준 것으로 지적되고 있다.

704년, 생가를 가원사이에하라데라로 개조하고, 어머니와 야마토의 사기당佐紀堂에 산다.

그 후, 지시키유이知識結라고 불리는 새로운 형태의 승속 혼합의 종교 집단을 만들어 긴키 지방을 중심으로 빈민 구제, 치수, 가교 등의 사회 사업에 활동했다. 행기가 창건했다고 여겨지는 사원은 『속일본기』에 40여 곳, 흥륭사에 있는 가마쿠라 시대 중기의 현창비에는 49곳으로 알려짐으로써 수가 불분명한데 소규모 수행과 포교를 위한 거점이었을 것으로 보인다.

그러나 717년 '소승 행기와 제자들이 도로에 몰려나와서 함부로 죄와 복을 설하고 집집을 설교하며 돌고 거짓으로 성도라고 칭하며 인민을 미혹하고 있다'는 제소가 올라와 이러한 활동이 '새로운 종교 집단의 절 밖에서의 활동'을 금한 승니령僧尼令에 위반된다고 여겨져 규탄되고 탄압을 받았다. 그 후 730년, 헤이조교平城京의 동쪽 구릉현재위치로 추정에서 요사스러운 말로 몇천 명, 많을 때에는 1만 명을 모아서 설교해 민중을 혼란시키고 있었다고 『속일본기』에 기록되어 있다.

738년에 조정에서 행기대덕行基大德의 시호를 받게 되었다日본 최초의 율령법전인 다이호 율령의 주석 등에 의해 있다.

토지를 늘리기 위한 삼세일신법三世一身法이 시행되자 관개 사업 등을 비롯해 많은 행기의 사업은 권력 측에 있어서도 바람직한 것이 된다. 드디어 쇼무천황 쪽이 접근하여, 행기는 740년부터 쇼무천황에게 의뢰받아 대불 건립에 협력한다. 745년 조정에서 일본 최초로 불교계 최고위인 대승정의 직위를 주었다_{속일본기}.

15 가원사_{家原寺}

백제계 이주민의 후손인 행기의 가원사_{家原寺}에는 절의 규모에 어울리지 않는 높은 삼층탑이 서 있었고, 수많은 학생들이 합격 기원을 하고 있는 모습이 보였다. 이 절은 다이센릉 고분 방문 후에 이어서 찾아간 곳으로 절의 건립은 700년대 초이다.

왕인_{王仁}의 후손_{後孫}인 행기_{行基}의 가원사_{家原寺, 에바라지}는 오사카부사 사카이시에 있는 고야산 진언종의 특별 본산인 사원이다. 왕인_{王仁}은 일본의 『고사기』와 『일본서기』에 등장하는 백제_{百濟}의 학자로서 왜국에 건너가 천자문과 논어를 전했다는 인물이다. 근구수왕_{재위 375~384년}의 명으로 왕의 손자 진손왕과 함께 일본으로 건너갔다. 다만 천자문은 500년대 초반의 작품이라 연대가 맞지 않으나 문자를 전했다는 뜻으로 이해하면 될 듯하다.

골목길을 따라가다 보니 높은 삼층탑이 보이는데 언덕을 내려가니 그곳이 가원사였다. 생가를 사찰로 만들어서인지 지붕의 모양이 여느 사찰과는 달라 보였다. 본존은 문수보살로 이 고장에서는 지혜의 문수로 친숙하다. 『절연고』에 의하면 704년 행기_{行基}가 생가를 절로 변경하여 시작되었다고 한다. 쇠락한 느낌의 사찰로서 구복 신앙의 영향으로 합격 기원을 하고 있는 학생들로 북적였다. 여러 건물과 유적이 있는 규모가 작지 않은 절이었지만 왠지 어수선한 느낌을 받았다. 백제계 이주민의 후손인 행기_{行基}승은 민중을 위한 경이로운 업적을 이룬 사람이다. 승속을 떠나 민중의 삶의 향상을 위해 노력한 그의 인생은 현대에도 본받을 만하다.

16 백제의 신神

일본 열도의 고대는 신과 신사의 나라였다. 일본 열도에 있었던 고대의 신사에는 신화에 나오는 신들과 인격신으로 표현된 자연신 그리고 조상신이 모셔져 있었다. 고대 이주민과 그들의 후예들은 신사에 신들을 모시고 안위와 복을 빌었다. 이와 유사하게 우리나라 무속에서도 고대의 영웅들에게 영험한 힘이 존재한다고 믿고 그들을 신으로 섬기는 것을 볼 수 있다.

필자는 특정 지역에 모셔진 신사의 존재와 신사의 역사 기록인 신사연기를 통해 일본 열도의 고대사를 유추해 왔다. 특히 신사의 신들을 고대에 실제로 존재했던 인물이나 집단의 신격화神格化로 해석하는 접근법을 사용했다. 고대의 한반도 이주민들은 일본 열도를 서쪽에서 동쪽으로 이동하면서 그들이 모시는 신과 같이 이동했다. 따라서 동일한 신을 모시고 있는 신사를 추적하면 특정 이주민 집단의 이동 경로를 추적할 수 있다는 접근법이다.

지금 신도神道, 신토는 일본 신화, 신가미, 자연 신앙과 애니미즘, 조상 숭배가 혼합된 민족 종교가 되어 자연과 신을 하나로 보고 신과 인간을 잇는 도구와 방법인 제사를 지내는 곳으로 신사가 지어져 성역화되었다. 참고로 신도에는 교조, 창시자, 경전, 천당과 지옥이라는 식의 내세관이 없다.

일본 열도로의 한반도 이주민의 역사를 연구하면서 하나의 사실을 깨닫게 되었다. 그것은 가야나 신라 이주민의 경우는 그들의 신사가 많지만 백제 이주민의 경우는 그들 집단이 모시고 그들 집단을 대표하는 신사가 손에 꼽을 정도로 드물다는 것이다. 메이지유신 때 개조한 신도는 전통 신도와 모습이 다르다.

나라분지를 둘러보면 오래되고 유명한 신사들은 모두 가야나 신라의 신사들이고 백제의 신사는 찾아보기 힘들다. 그 대신에 백제의 경우는 대규모 불교 사찰이 많다.

왜 이런 차이가 있는 것일까? 일본 열도로의 첫 번째 이주 집단은 가야계와 신라계다. 그들이 이주해 오던 시기에는 불교라는 종교는 없었고 신을 섬기는 샤머니즘이 팽배했다. 이런 환경에서 수많은 신이 생기고 신사가 만들어진다.

가야와 신라 이주민 집단의 신사가 많은 이유다.

그에 반해 백제의 이주는 가야와 신라에 비하여 늦게 시작되었다. 또한 그들 백제계 이주 집단은 본국에 있을 때부터 불교가 들어와 있었을 것이다. 백제에 불교가 들어온 것은 384년이라고 하지만 그 이전부터 불교가 들어와 있던 것으로 보고 있다. 신라의 경우는 이차돈異次頓의 순교527년가 있은 후에야 불교가 공인되었다. 토속 종교가 강하다 보니 타 종교에 대한 저항이 백제보다 심했던 것이다. 이와 달리 백제의 경우는 불교에 대해 저항이 있었다는 기록은 보이지 않는다.

일본에 불교가 소개된 것은 538년또는 552년이고 친백제계 아스카왕조가 본격적으로 불교를 국교화한 것은 587년 정미의 난 이후다. 신에 기복하는 종래의 신사 위주의 토속적 민속 종교에서 탈피하여 법리와 생사관과 세계관을 갖춘 범동아시아적 종교를 받아들인 것이다. 따라서 신사는 더 이상 필요하지 않았을 것이다. 그런데도 불구하고 친백제계 아스카왕조에서도 신사를 도외시한 것은 아닌데 다음과 같은 3가지 정도의 이유가 있다고 본다.

① 하나는 백제에도 불교 이전에 고유의 샤머니즘이 있었을 것이기 때문이다.

백제 이주민들이 일본 열도에 들어와서 본 것은 가야계와 신라계 선주 이주민들이 세워 놓은 수많은 거대한 신사였을 것이다. 따라서 백제계도 이곳에 형성된 풍습에 따라 그들 고유의 신을 일본 열도에 들여왔다. 그 신들은 다음과 같다.

㉠ 오야마즈미大山積

『석일본기』釈日本紀에 있는 이요국풍토기伊予国風土記 逸文의 기록은 다음과 같다.

오야마즈미大山積신은 인덕천황 대 백제의 나라에서 건너와百済国より渡来 셋쓰국攝津国 오시마御島에 왔다御島に坐す라고 적혀 있다. 이 신이 안치된 곳은 오사카 타카츠키시高槻市의 미시마三島에 있었던 미시마가모 신사三島鴨神社로 제신은 이 신과 오야마 닌토쿠쓰미大山仁德紙이다. 즉 닌토쿠 천황이 요도가와강을 따라 제방을 쌓을 때 요도가와 진수鎮守의 신으로 백제百済에서 옮겨 모셨다는 것이다. 백제계의 동진에 따라 이즈 반도

伊豆半島에도 미시마 대사三嶋大社가 생겼는데 제신이 오오야마즈미大山祇다. 현재 세토내해의 오미시마섬에 있는 오오야마즈미 신사大山祇神社가 전국 오오야마즈미 신사大山祇神社와 미시마 신사三島神社의 총본사다.

ⓛ 오야마구히大山咋

오야마즈미와 동의同義라고 하는데 『고사기』에서는 오오야마구히신大山咋神이라 하고 히에산日枝山. 比叡山에 모셔졌다. 히요시신사日吉神社라고도 하며 히에이산에 일본 히에 신사 총본사가 있다. 대산大山의 주인山神, 지주신地主神, 산山과 물水을 관장하고 대지를 지배하는 성격의 신이다.

② 두 번째 이유는 아스카 시대 이후 지배층이 된 친백제계 왕조가 기층민의 신앙을 안고 있는 신사를 기층민을 포용하는 수단으로 그리고 왕권 강화에 이용했다는 생각이다.

친백제계의 흠명천황 시절인 571년, 가야-신라계의 핵심 신사인 우사신궁의 신으로 『일본서기』상 응신천황과 그의 어머니 신공황후를 신의 자리에 앉힌다. 왕권의 신권화로 볼 수도 있고 백제계 왕권이 기층민 속으로 파고들기 위한 시도라고도 볼 수 있다. 친신라계로 알려진 천무천황은 일본의 전통적인 토속신에 대한 제사를 중시하여 지방에서 행해지던 제사의 일부를 국가 단위의 제사로 승격시켰다. 천무천황이 중시한 것이 이세신궁이었다. 천황위에 오른 뒤 딸을 이세신궁에 보내어 사이오齋王. 재왕로서 이세신궁을 섬기게 했다. 이세신궁을 현 위치로 이전시킨 것도 천무천황이다. 아마테라스 오미카미라는 신격을 처음으로 창조한 것이 천무천황이었다는 설이 있다.

왕권의 신인 아마테라스오노카미天照大神는 황조신皇祖神이고 계승자는 히코日子라 불리는 천황이다. 이 인격화된 지고신至高神은 7세기 후반 천무-지통조天武-持統朝에 만들어진 것이라는 설이 있다筑紫시 노부자네筑紫申真, 아마테라스의 탄생-アマテラスの誕生. 천무천황과 지통천황이 처음으로 천황이라는 존호를 사용했다고 한다. 건국 신화에 나오는 다카마가하라高天原, 아마테라스오카미 탄생, 황위皇位 황손 계승 신칙 성립 등이 이때 만들어졌다고 한다. 이 내용이 『고사기』와 『일본서기』 편찬에 적용되었

다. 또한 궁정가인 가키노모토노 히토마로柿本人麻呂가 200여 수의 왕권을 칭송하는 시를 지어 왕권신화가 완성된다.

③ 세 번째로 일본 열도에서 만들어진 것으로 보이는 백제계 이주민의 신이 있다.

이 신은 간무천황의 어머니이고 백제 무령왕의 후손인 의 다카노 니이가사高野新笠를 통해서 쉽게 설명된다. 니이가사의 선조는 백제 무령왕으로 아버지가 백제 부여씨 후손인 야마토노 오토쓰구和乙継다. 니이가사는 천황가에서 중시하는 상칠사上七社의 하나인 히라노平野 신사의 창건에 관여했다고 하는데 백제의 신과 니이가사의 조상을 기리는 신사라고 한다.

지금은 교토에 소재하는 히라노 신사의 제신은 이마키신今木神, 구도신久度神, 후루아키신古開神과 히메신比咩神이다. 이마키신은 백제 출신 이주민의 조신祖神으로 이마키 지방今来가 가와치에 정착한 백제인들의 선조의 신이고 광인천황의 부인인 백제계 다카노 니가사高野新笠의 조신祖神이며 백제계 하지씨土師氏의 씨신이기도 하다. 헤이조쿄平城京 내에 있다가 794년 헤이안쿄平安京 천도에 따라 교토로 이전했다. 다무라후궁田村後宮이러고도 불리는 이 신사에서 '황태자의 수호신'으로도 불렸던 이마키대신今木大神, 다카노 니가사高野新笠, 야마베친왕山部親王, 간무천황을 제사한다. 구도신은 가마도신竈神, 화신이라고도 불리는데 나라 오지王寺에 있는 식내사인 구도 신사가 있고 근처에 니이가사의 아버지인 야마토노 오토쓰구和乙継의 무덤이 있다. 백제계 이주민 야마토씨和氏가 제사 지내는 신이다. 나라분지에 있는 오오신사多神社도 백제계 이주민의 오오多씨의 신사다. 이마키신을 백제 성왕, 구도신을 백제 근구수왕으로 보는 설도 있다.

④ 네 번째로 우사신궁이나 이세신궁의 경우처럼 사회-정치적인 목적으로 만들어진 신이 아니라 천황가의 조상신으로 섬기는 신과 신사가 따로 있다.

우선 황실 수호신으로 가라가미韓神가 있다. 나라 간고 신사漢國神社, 한국신사의 유서由緖에 의하면 6세기말까지 소노가미園神, 신라신만 모시다가 717년 우대신이던 후지와라노 후히토가 가라가미韓神, 백제신 2좌二座를 추가했다고 한다.

藤原不比等公が更に韓神の二座を相殿として祀られたのが漢國神社であ
ります. 古くは春日率川坂岡社가스가이사가와사카오가사と称しました.

宮中36神の最古神とされ, '園神は新羅の神', '韓神は百済の神'とされます神々
のルーツ, 天皇家の守護神—園神と韓神, 片岡伸行, 가타오카뷰키

859년 이들 신라신과 백제신을 교토 헤이안궁으로 천좌하여 황실의 수호신으
로서 궁내성宮内省에서 제사를 지낸다. 메이지 우신 이후 도쿄로 천도하면서 세
신, 천황 따라 이동하여 도쿄 황궁 내 궁중삼전宮中三殿에 모셔진다. 헤이안 시대
궁중에서 성대하게 열리던 원한신제園韓神祭가 현재는 미카구라御神楽라 불리며 황
거 내의 현소八咫鏡, 야타의 거울인 동경 정원에서 와금和琴 반주에 맞추어 카구라神楽歌를
부른다고 한다.

⑰ 일본 천황가의 백제 인식

1989년 아카히토천황 즉위식에서 치를 대상제大嘗祭에 관해 외교부를 통해 백
제의 대상제 의식에 대해 비공식으로 문의했다고 한다. 아키히토明仁 일본 천황
은 2002 한일월드컵을 앞두고 다음과 같은 발언을 했다. 나로서는 간무桓武,
737~806년 천황을 낳은 생모다카노노 니이가사, 高野新笠가 백제 무령왕의 자손이라는『속일
본기續日本紀』의 기록에 한국과 인연을 느끼고 있다.

무령왕은 일본과의 관계가 깊고, 그 시기 일본에 오경박사五經博士가 대대로 초
청되었다. 무령왕의 아들 성명왕聖明王, 성왕은 일본에 불교를 전했다고 알려져 있
다. 이와 같은 발언에 일본의 메이저 언론들이 침묵하거나 무시하였고 국수주의
우익 세력들 집단은 패닉 상태恐慌에 빠졌다. 천황의 5촌 당숙皇族인 아사카 도모
히코朝香誠彦 2004년 무령왕릉을 비공식 방문하여 무령왕릉 내부에서 제사 의례

를 지냈다. 향로, 향불, 화과자 제물을 갖추고 3번 절했다고 한다.

18 일본 소수 학자들의 한반도 이주민에 대한 인식

한_韓 발상 야마토족_{大和族}이라는 다음 인용은 기비군사_{吉備郡史, 오카야마현 기비군교육회 발}_{행, 1937년}라는 책의 기술이다. 고대의 일본 열도에는 쓰찌구모_{土蜘蛛}, 구즈_{國樔}, 히에키_{稗蟇}, 에조_{蝦夷}, 구마소_{熊襲} 등의 토착 세력이 있었는데 한반도로부터 야마토족_{大和}_族이 들어와 토착족을 평정하였다. 한반도 발상의 야마토족_{大和族}에는 3파가 있었는데 오오야마쓰미_{大山祇, 백제}, 이즈모_{出雲, 신라}, 다카치호_{高千穂, 가야-신라} 세력이다.

세키 아키라씨_{関晃氏}는 그 저서 『귀화인_{帰化人}』에서 다음과 같이 말하고 있다.

帰化人はわれわれの祖先なのである. 彼らのした仕事は, 日本人のためにした仕事ではなくて, 日本人がした仕事なのである－

"귀화인은 우리 조상이시니라. 그들이 한 일은 일본인을 위해 한 일이 아니라 일본인이 한 일인 것입니다."

그들은 한반도 등에서 온 사람이 아니라 우리의 직접적인 조상이라는 것이다. 역사를 배우면 한반도 사람들과 일본 사람들은 형제와 같은 관계에 있었음을 알 수 있다. 형제라면 서로 인정할 수 있을 것이다.

19 그 후의 일본 역사

백제계가 주도하는 역사는 헤이안 시대_{794년~185년} 말까지 계속된다. 이런 의미에서 헤이안 시대의 일본 열도에서의 '신백제 시대'라고 불러도 좋을지 모르겠다는 생각을 해본다. 신라계 혈통인 겐지씨가 고구려와 신라 세력의 후예인 관동 무사들에 의존해 세력을 잡는 가마쿠라 시대_{1185~1333년}와 겐지씨의 방계에 해당하는 아시카가씨의 무로마치 시대_{1336~1573년}, 그리고 관동 세력에 의한 에도 시대_{1603~1868년}가 이어진다. 이 세 시대 즉 무가 시대의 특징은 백제계 세력을 대표하는 천황의 권력이 유명무실하였다는 점이다.

　메이지유신을 일으킨 주도 세력은 사쓰마, 남부의 가고시마와 야마구치의 조슈 세력이다. 이들은 관서 지방에서도 서쪽 끝에 위치하기 때문에 백제 멸망 후에 발생한 백제 유민의 후예들일 가능성이 있다. 이들이 주도하여 천황제를 부활시키고 일본 제국을 만들어 나간다. 일본은 한반도를 두 번에 걸쳐 대대적으로 침략하였는데 첫 번째가 관서 세력을 대표하고 백제 혈통의 후예로 알려진 도요토미의 히데요시 때였고, 두 번째가 관서 세력이 주도해 일어난 메이지유신 이후의 일본 제국 시대였다. 필자는 아직도 일본에 있는 백제 후예들의 핏 속에 본토 회복의 욕망이 DNA처럼 남아 있는 게 아닐까 상상해 볼 때가 있다. 또 어디선가 누구에게 들은 이야기인데 '일본인 각료들의 머릿속에 들어 있는 첫 번째 숨겨진 목표hidden agenda가 한반도 수복'이라는 무서운 말도 생각난다. 한국과의 관계를 극도로 악화된 상태로 유지했던 일본 수상인 아베도 이토 히로부미와 같이 야마구치 출신이다.

제3부

교토와 주변 지역의
한반도 이주민 역사

일본의 여러 지역 중 우리에게 가장 잘 알려져
있고 인기 있는 지역이 교토일 것이다.
일본 하면 맨 먼저 떠오르는 곳인 교토시는 약
1,600개의 절과 400개의 신사, 궁전, 정원 등이
그대로 보존되어 있는 일본에서 전통 건축물이
가장 잘 보존된 도시다.

일본의 여러 지역 중 우리에게 가장 잘 알려져 있고 인기 있는 지역이 교토일 것이다. 일본 하면 맨 먼저 떠오르는 곳인 교토시는 약 1,600개의 절과 400개의 신사, 궁전, 정원 등이 그대로 보존되어 있는 일본에서 전통 건축물이 가장 잘 보존된 도시다.

교토는 나라에서 천도한 이후 중세를 거쳐 근세에 이르기까지 천 년이 넘도록 일본의 수도首都였다. 교토가 이토록 오래 수도로 남을 수 있었던 이유는 그 기간 동안 천황이 교토에 있었기 때문이다.

서기 700년경에 일본 열도에서는 친백제계 세력과 친신라계 세력의 협조로 일본국이 생겨났다는 필자의 견해는 이미 밝힌 바가 있다. 천황은 백제계가 차지하고 있었지만 한반도의 전쟁에서 신라가 승리하자 친신라계 세력은 영향력이 막강해졌다. 간무천황은 천도를 통해 친신라계 왕족과 귀족 세력을 약화시키려 했다.

794년, 간무천황桓武天皇은 수도를 나라奈良에서 교토로 옮긴다. 당시 교토를 헤이안쿄平安京라고 했다. 일본 역사상 헤이안 시대가 시작된다.

그로부터 천여 년이 지난 1868년이 되어서야 메이지유신明治維新의 결과로 수도는 교토에서 도쿄東京로 옮겨진다. 그러나 어떤 의미에서 아직도 일본의 수도는 교토다. 교토京都라는 지명이 수도라는 의미이기 때문이다. 이름만 보면 도쿄東京는 동쪽에 있는 수도에 불과하다. 교토는 일본의 헤이안 시대794~1185가 시작되는 곳이기 때문에 교토 하면 떠오르는 역사는 이 책에서 다루고자 하는 내용과 시대적으로 맞지 않는다. 그러한 교토에도 고대의 한반도 이주민의 역사가 숨어 있다.

교토에 숨겨져 있는 중세 이전의 고대사를 파헤쳐 본다.

1 하타씨

간무천황에게 교토로의 천도를 권유한 세력은 한반도 이주민으로서 이 지역에 자리 잡았던 하타씨 세력이라고 한다. 하타씨의 일족은 일찍이 규슈, 도요국,

시코쿠, 기비, 아스카 일대를 거쳐 교토평야의 서북부인 아라시 야마_{嵐山} 지역에 자리 잡는다. 이들의 첫 번째 과제는 치수였다. 협곡을 빠져나오며 급류로 변하여 홍수를 유발하는 호즈강_{保津川}의 물줄기를 잡고 보를 설치하여 교토평야를 벼농사가 가능한 농경지로 개발한다. 그들은 축적한 부를 천도에 소요되는 비용의 일부로 부담하였다고 한다. 이것이 사실이라면 대단한 셈법으로 보인다.

교토 하타씨의 영향력을 상징하는 유물이 하나 있다. 아라시야마에서 멀지 않은 곳에 있는 하타씨의 씨사로 고류지_{広隆寺}에 보존되어 있고 한반도에서 제작되었다고 하는 목조미륵보살 반가사유상_{木造弥勒菩薩半跏思惟像}이다. 아스카 시대의 작품으로 일본 국보 제1호였다. 적송의 목조 조각_{높이 약 125cm}인데 오른쪽 다리를 왼쪽 무릎에 올리고 오른손을 살짝 볼에 대고 사색에 잠긴 반가사유상이 희미하게 미소 짓는 표정은 신비롭기 그지없다. 필자와 파트너가 본 일본의 불교 유물 중 가장 감동을 받았던 유물이다.

일본의 국보 제1호가 도쿄국립박물관이 아닌 하타씨의 씨사에 보존되어 있다는 사실은 시사하는 바가 크다.

2 교토_{山城, 야마시로}는 하타씨의 나라_{秦の国}

구리 정제를 시작으로 벼농사, 견직물, 술에 이르기까지 다방면에 걸친 하타 일족의 영향력을 전한 기술_{記述}이 오카야마현 기비군 교육회에서 발행한 『기비군사_{吉備郡史}』_{나가야마 우사부로永山卯三郎 지음, 1937년}에 있다.

〈大和の如きは事実上, 漢人の国. 山城は事実上, 秦の国〉

〈야마토_{나라 일대}라는 것은 사실상 아야 사람_{漢人}의 나라이고, 야마시로_{山城, 교토}는 사실상 하타의 나라다〉

❸ 오미 상인近江商人

천도를 지원한 또 다른 세력이 있었는데 교토 동쪽의 비와호琵琶湖 주변인 지금의 시가현에 자리 잡았던 백제 망명 세력에 기반을 둔 오미 상인近江商人 집단이라고 한다. 오미 상인近江商人은 오미국近江国, 현재의 시가현, 滋賀県 출신의 보부상이 주가 된 상인 집단이다. 오사카 상인, 이세 상인伊勢商人과 함께 일본 3대 상인 중 하나로, 우리로 치면 개성 상인에 해당한다. 이들은 중세 시대부터 이름이 알려져 근대에 걸쳐 활동한 집단이지만 기원은 훨씬 오래전인 것으로 보인다.

오미 상인近江商人의 발생 원인에 대해서는 이 지역 상인들에게 다른 지역보다 빠르게 통제로부터 자유로운 상업 활동에의 길이 열렸기 때문이라는 오구라 에이이치로小倉栄一郎의 해빙설雪解け과 인근에 문화 도시인 교토나 상업 도시인 오사카가 존재하고, 고대부터 교통의 요충지였기 때문에 상인이 많이 생겨났다는 교통 요충설交通要衝説이 있다. 오미는 동해도, 호쿠리쿠도, 나카센도, 니시오미로東海道, 北陸道, 中山道, 西近江路 등 교통망과 연결되어 있어 보부상 장사를 할 수 있는 좋은 조건이 갖추어져 있다.

역사 소설가 시바 료타로司馬遼太郎는 이러한 현학적인 분석보다는 오미인 상재의 특질은 한반도 이주민에게 귀결된다고 보는 것이 가장 솔직하다고 주장했다. 상인적 소질을 가진 이주민들이 이주하여 본국에서 배운 대로 장을 열어 많은 특권을 지녔던 히에이잔比叡山의 천태종 세력과 연결하여 전매권을 확립하고 상권을 확장하고 도약하여 전국의 행상 행각을 확립했다는 설이다歷史を紀行する, 文春文庫, 2010, 司馬遼太郎. 필자는 이 설이 반가웠다.

❹ 일본식 불교

교토에는 나라에 남아 있던 한반도의 고대 불교로부터 탈피하여 일본식 불교를 세운 역사도 남아 있다. 가장 대표적인 것이 사이초最澄최징의 천태종이다. 사이초는 일본 천태종天台宗의 개조開祖로 오미국近江国 후루이치 향古市郷, 지금의 大津市에서 태어났다. 선조는 응신천황応神天皇 때에 일본에 도래했다고 한다.

헤이안 시대에 이르러 불교는 천태天台와 진언眞言의 2종이 중심이 되어 전개되었다. 천태종의 사이초最澄와 시코쿠편에서 소개한 진언종의 구카이空海공해는 일본식 불교의 개조開祖들이다. 나라 시대710~794년에 성립한 구불교는 이들 종파가 발전함에 따라 점차 그 세력을 잃어 갔다. 사이초와 구카이는 간무천황의 강력한 지원을 받았다. 간무천황 생존 시에 가장 각광을 받은 사람은 구카이와 밀교이지만 그 후 일본 불교의 근간이 된 것은 사이초의 천태종이다. 헤이안 불교는 귀족들의 열성적인 귀의와 보호를 받아 귀족 불교라 일컬어졌으며 천태종을 이었다.

일본 불교가 민중 속에 뿌리내리게 된 것은 가마쿠라 시대에 일어 난 정토종淨土宗으로, 이후 여러 종파로 분립되었는데, 그중에서도 가장 주목할 만한 것은 신란親鸞이 개설한 정토진종淨土眞宗이다. 정토진종은 일본 불교 최대의 종단으로 천태종을 이었다.

교토에는 1,600개의 사찰이 있다. 그중 우리에게 알려진 몇몇 큰 사찰들, 남선사南禪寺, 천룡사天龍寺, 켄닌지建仁寺, 동복사東福寺 등은 앞에서 이야기한 천태종의 사찰들이 아니라 막부 시대 집권자였던 무가武家들이 신앙했던 선종의 사찰들이다.

이러한 선종 사찰들은 일본에 임제종우리 조계종과 같은 종파을 일으킨 에이사이榮西가 막부의 후원을 받아 지은 사찰들이다. 에이사이는 12세기 현재의 오카야마현岡山県 가가군加賀郡, 옛 가야군에서 아버지 가야사다도賀陽眞遠와 어머니 다씨田氏 사이에서 태어났다. 에이사이의 아버지는 기비쓰 신사吉備津神社의 신직神職이었다고 한다. 기비편에서도 짧게 소개하였듯이 에이사이는 가야계 이주민의 후예다. 참고로 도겐道元에 의해 창건된 조동종曹洞宗도 선종의 일파다. 일본 불교로서의 'ZEN'을 세계적으로 알린 종파다.

교토의 유명 사찰에 대해서는 본서의 답사 목적과는 상관없이 기행 목적으로 별도로 소개한다.

5 교토 주변 지역

교토 남부의 우지라는 지역은 나라에서 교토로 가는 길목으로 고대사 유적이 남아 있다. 비와호에서 발원하는 우지강이 흐른다.

오미의 남쪽 지역_{나라의 동쪽}인 미에현에 있는 일본의 '종묘'에 해당하는 이세 신궁伊勢神宮의 기원과 역사에 대해서도 알아본다. 일본에서 가장 큰 규모의 신사로, 일본의 주신으로 숭배되는 아마테라스오미가미天照大御神를 모시고 있는 일본 내 신사의 중심이다. 규슈의 우사신궁처럼 여기서도 정권을 잡은 집단 백제계 천황가에 의해 신사의 주역이 바뀌는 현상을 볼 수 있다.

이세신궁 중 외궁은 혼슈 북쪽 해변에 있는 미야즈시의 아마베씨海部氏가 신직으로 있는 모토이세 고노 신사元伊勢籠神社가 옮겨간 것이다. 이러한 이유 때문에 이세 주변에는 고노 신사의 원주인인 해인족 海人族의 역사가 살아 있다. 일본의 사학자 사와다 요타로澤田洋太郎는 한반도 남부 해안에는 많은 가야식 선박의 잔해와 청동기가 발굴되고 있어 거대한 해양 세력이 존재했다고 추정되며, 한반도 남부 해안에서 어업을 하고 있던 사람들이 세력화되고 해인족 집단이 결성되어 일본 열도에 건너왔을 가능성을 제기한 바 있다澤田洋太郎, 『日本語形成の謎に迫る』 新泉社 1999年. 필자는 해인족도 대마도를 기반으로 일본 열도를 탐사하기 시작하고 이주민들을 실어나를 한반도 이주민의 일파로 간주하고 있다. 나가노 근처의 해인족인 아즈미阿曇씨를 소개하며 그들의 신인 와타쓰미신綿津見神이 와타 즉 '바다'에 쓰미住 즉 '사는' 신이라는 설명을 한 바 있다. 와타쓰미신은 대마도에서 유래한 신이다.

나고야 남서부, 나라의 동부인 미에현 이가 지역의 닌자忍者와 도래인 핫토리槻織씨에 대해서도 알아본다.

오미近江는 백제 멸망 후 망명자들이 집단으로 이주한 곳이다. 백촌강 전투를 지휘했던 천지천황天智天皇이 전쟁에 패한 후 수도를 천도했던 곳이기도 하다. 니케이사이언스의 조사에서 보았듯이 시가현은 도래인 유전자 비율이 전국에서 가장 높은 지역이다. 아마 비율이 90%를 넘을 것이다. 다시 말하면 온전한 한반도 이주민의 땅이라고 할 수 있다.

이 지역에서는 역사적으로 결정적인 전쟁이 두 번 일어났다. 임신의 난壬申の亂은 서기 672년에 일어난 고대 일본사 최대의 내란이다. 천지천황天智天皇의 태자 오토모황자에 맞서, 오아마황자가 천신라계 지방 호족들을 규합해 반기를 든 사건이다. 일본 역사에서 예외적으로 반란을 일으킨 측이 승리한 내란으로 일본국 탄생의 기반이 된 전쟁이다. 또 다른 내전인 세키가하라 전투關ヶ原の戰い의 결과 도쿠가와 이에야스편이 승리하여 에도막부를 열게 된다. 우리나라 재야사학자 중에는 4세기에 이 지역에서 백제계와 가야−신라계 이주민 간의 전쟁이 있었다고도 한다.

기후현의 히다산맥飛驒山脈, 통칭 북알프스, 한류의 원조였던 조선통신사가 지나간 기소가도木曾街道와 온타케산御嶽山의 방문을 통해 수겐도修驗道라는 일본 고래의 산악 신앙과 일본의 중세에 대해 알아본다. 참고로 히다산맥의 히다는 우리말 '희다'에서 온 것이라 한다. 히다飛驒라는 성씨도 있는데 한반도 이주민의 성씨로 알려져 있다.

VII 교토 京都

교토의 고대사와 한반도 이주민에 관해 소개하면서 이 책의 취지에 맞지는 않지만 역사의 연결성을 위하여 헤이안 시대의 이야기도 곁들이기로 한다.

1. 교토京都와 한반도 이주민

이번에는 교토를 제대로 돌아보는 여행이라 사전에 교토에 관해 여러 지인들에게 수소문을 했다. 일본 회사의 한국인 직원 중에 국립교토대학을 졸업한 재원인 S양이 있었는데 소개해 준 곳 중 한 곳이 시모가모 신사다. 교토 시내에 지금도 이렇게 넓은 터를 차지하고 있는 신사라면 무언가 대단한 것이 있는 곳임에 틀림없겠지만 당시만 하더라도 일본의 역사에 대하여 무지한 필자는 신사 건물만 쳐다보고 나왔다.

1 가모 신사 下鴨神社

이 신사에는 일본 열도의 아주 오래된 교토 창생의 역사가 숨어 있다. 물론 한반도 이주민의 역사이다. 가모미오야 신사賀茂御祖神社는 교토시 사쿄구에 있는 신사다. 통칭 시모가모 신사下鴨神社로 불린다. 연희식에 기록된 신사의 하나이자 옛 야마시로국의 이치노미야地方国의 본사였고 중요 신사 22사의 하나이며 옛 사격社格은 관폐대사이다.

가모미오야 신사賀茂御祖神社와 나란히 있는 가모와케이카즈치 신사賀茂別雷神社도 가모씨의 씨족신을 제사 지내는 신사이며, 양사는 가모 신사賀茂神社, 가모사, 賀茂社로 총칭된다. 양사에서 개최하는 가모 축제賀茂祭, 통칭 아오이 축제, 葵祭가 유명하다. 본전에는 가모와케이가즈치賀茂別雷命, 가미가모 신사의 주제신의 어머니인 다마요리히메玉依姫命와 그녀의 아버지인 가모다케쓰누미賀茂建角身命를 제사 지낸다. 긴시金鵄, 솔개 및 야타가라스八咫烏, 삼족오는 가모다케쓰누미賀茂建角身命의 화신이다.

신무천황의 동정 시 야타가라소 까마귀로 변해 길을 인도했다고 한다.

경내에 다다스의 숲糺の森, 미다라시강御手洗川, 미다라시 연못池 등이 있다. 신사는 2개의 강의 합류점에서 일직선으로 뻗어 나온 참배길과 그 정면에 신전이 있는 직선적인 배치가 되고 있다. 교토의 신사와 절 중에서 가장 오래된 부류에 들어간다. 『신사연고』에는 신무神武천황의 시절에 미가게산御蔭山에 제신이 강림했다고 한다.

가미가모 신사는 나라 시대 이전부터 조정의 숭경을 받았다. 헤이안 천도794년 교토 천도의 뒤에는 한층 더 숭경을 받게 되고, 가모 축제는 칙축제勅祭, 조정의 행사로 여겨졌다. 『엔기식신명장』에는 명신대사名神大社에 속해 있는 것으로 기록되어 있다. 이 신사는 매우 중요한 신사임을 알 수 있고 황실과도 밀접한 관계가 있음을 알 수 있다.

가모 신사에 모셔진 가모씨를 비롯한 한반도 선주 이주민에 대하여 알아본다.

2 선주 이주민

① 가모씨賀茂氏

후시미이나리대사伏見稲荷大社 발행의 이나리백화稲荷百話에 하타노 이로구秦伊呂具는 야마시로가도山城国葛野현의 현주県主, 県의 首長인 가모노 구다라賀茂久治良의 아들이라는 기술記述이 있다. 하타씨와 가모씨가 친척 관계임을 암시한다.

신무천황과 신라의 관계를 언급한 적이 있지만 『산성국풍토기』 일문에 따르면 가모씨는 신무의 동정을 선도한 인물이다. 하타씨와 마찬가지로 신라계일 것이다. 가모씨의 씨신을 모시는 것이 상칠사上七社의 하나인 교토시의 가미가모 신사上賀茂神社, 賀茂別雷神社와 시모가모 신사下鴨神社, 賀茂御祖神社다.

시모가모 신사의 '다다스의 숲'에 있는 강물로 몸을 씻는 시설은 수원이 풍부해서 물이 마르는 일이 없다. 이 다다스의 숲糺の森에 관한 이야기다. 하타씨秦氏 중 제사족祭祀族으로 규정되는 가모씨賀茂氏가 이 숲이 있는 하천 합류 지역에 시모가모 신사를 창건하기 이전에는 모노베씨物部氏가 살았고, 그 모노베씨 이전에는 소위 조몬인이 이 지역에 거점을 가지고 활동하고 있었던 것이 확실하다. 그러한 이 하천의 합류 지점의 성스러운 숲에 하타씨와 가모씨가 뒤에 들어와서 시모가모 신사를 창건한 것이다. 그런데 가모씨는 나라 분지의 남서부에 있는 가쓰라기葛城에서 '요도강淀川이나 가모강鴨川을 거슬러 올라와서 이 땅에 이주했다'는 전승과 함께 '하타씨가 다다스의 숲을 우다노宇多野에 있던 원래의 다다스의 숲으로부터 이 땅으로 옮겼다'는 전승이 각각 확인되고 있다.

이 둘의 전승이 전하고 있는 것은 동일한 사실일 것이다. 이로부터 하타씨와 가모씨 사이에 서로 협의나 합의가 있었던 것을 알 수 있다. 이 전승은 '가모씨는 하타씨의 제사족이며, 하타씨는 가모씨의 본류로 다양한 산업에 종사하는 일반 씨족이었다'고 하는 아스카아키오씨飛鳥昭雄氏의 주장을 뒷받침한다.

② 가이베씨海部氏

선주민인 모노베씨나 기타의 씨족과 이주민인 하타씨나 가모씨와의 관계가 어떤 것이었을까? 그 위에 모노베씨와 기타 씨족이 새로운 선주 씨족과의 관계가 어떠했을까? 정복이었나, 동화였나, 아니면 구축駆逐이었던 것인가?

아스카 아키오씨飛鳥昭雄, 오사카시 출신의 작가에 의하면, 모노베씨도 역시 기원전 3세기에 단바丹波, 현재의 교토부 중부와 효고현 동북 일부나 기타큐슈北九州에 이주해 온 이주민이다.

단바에 정착한 제사 계급은 해인족으로 소개했던 가이베씨海部氏라고 한다. 이 가이베씨가 정착해 만든 지역이 당시는 이즈모出雲라고 불리고 있었다.

가이베씨海部氏는 오오쿠니누시大国主를 지도자로서, 예를 들면 **호즈쿄**保津峡[63])를 굴착해서 가메오카 분지亀岡盆地에 있었던 호수를 경작지로 바꾸고, 그 동부에 이즈모타이샤出雲大社, 묘총를 세우는 등 하타씨 이전에 이미 단바丹波, 교토 북서쪽의 지방국로부터 야마세山背, 교토의 옛이름 즉, 이즈모에서 교토까지에 걸치는 대단히 넓은 지역의 대규모 개척을 하고 있었다고 전해지고 있다.

오미近江나 이세伊勢, 오와리尾張─사가미相模─무사시武蔵, 이세伊勢─구마노熊野─아와安房, 그 위에 이즈모出雲, 기비吉備, 유타카─쓰쿠시筑紫, 호쿠리쿠北陸─고시越라고 하는 식으로 야요이 시대 종반에 있어서 일본 열도를 다방면에서 대규모로 개척해 간 것도 가이베씨였다고 생각된다. 나중에 하타씨가 하리마播磨와 함께 중요한 근거지의 하나로 자리 잡게 되는 오사카만 연안의 가즈라노 지역도 산기슭의 가까운 곳은 처음에는 모노베씨에 의해 개척이 시작되었을 것이다.

③ **모노베씨**物部氏

모노베씨와 선주 부족과의 단바나 야마세에 있어서의 관계는 구축이나 지배가 아니고 동화였을 것으로 생각된다. 그것은 예를 들면, 후의 야마토 분지에 있어서의 이주민 지도자인 니기하야히饒速日와 야마토의 호족인 나가스네히토長髄彦, 진무동정에 저항하다 귀순의 관계를 닮았다고 하면 이해하기 쉬울 것이다.

모노베씨는 토지를 개척해서 촌락을 만들고 정착해서 농경을 하는 문명 생활의 실적을 이미 중원에서 쌓아 올리고 있었던 사람들이었다. 모노베씨의 경우는 선주 씨족에 대한 관계에서도 가혹한 지배를 하지 않았다. 스사노오에 의한 야마타노오로치 퇴치의 전설에는 확실히 이주민에 의한 정복이나 구축의 뉘앙스를 읽어낼 수 있다. 그러나 이것은 모노베씨나 가이베씨의 일본 열도 도래보다도 옛날의 일이었다. 선주민에게 있어서 모노베씨는 자신들의 생활권을 전혀 침범하지 않으며 자신들의 생활권의 밖에서 자신들이 할 수 없는 고도의 방식으로 활기차게 개척해 그것에 의해 이웃 사람인 자기들에게도 풍부함과 안전을 초래해 주는 존재로 비쳤을 것이다.

④ **하타씨**秦氏

하타씨는 이제까지 단순하게 신라계로 구분하여 왔지만 세분하여 들어가면 다음과 같은 복잡한 계보를 가지고 있었다고 생각된다. 본래의 백제계 하타씨秦原에서는 진(前)하타에서 후(後)하타로 계승, 단바 모노베계의 하타씨, 선주계의 하타씨와 규슈 모노베계의 하타씨로 크게 구분할 수 있다. 참고로 가모씨의 경우도 본래의 가모씨뒤에 천황과 아타가라스 조직가 특별히 존재하는 것을 제외하고는 단바 모노베계의 가모씨와 해인족의 가이베씨, 선주계의 가모씨, 규슈 모노베계의 가모씨로 분류되는 것이 하타씨의 계보와 비슷하다.

위에 설명한 하타씨의 계보를 부분적으로 뒷받침하는 사실로서는 마쓰노오타이샤松尾大社를 창건했다고 여겨지는 하타노이미키토리秦忌寸都理에 관한 새로운 『신찬성씨록』의 기술을 들 수 있다. 전前하타씨 중에서 이 마쓰노오타이샤의 하타씨만이 '니기하야히노미토의 후손이다饒速日命之後也'라고 기술되고 있는 것이다. 이것은 하타씨 중에 규슈 모노베계의 하타씨가 따로 존재하는 증거라고 생각할 수 있다.

⑤ **신라계 하타씨**秦氏

그럼 신라계의 하타씨는 어떠한가? 신라계의 하타씨는 일단은 신라에서 몇 단계에 걸쳐 바다를 건너서 열도 지배층으로의 진출을 되풀이하였다.

또 일본 열도에 있어서 스사노오로 호칭되는 우두신전은 모두 이즈모계의 신사가 되고 있고, 오오쿠니누시大國主神나 대물주大物主神와 관련시킬 수 있는 것도 많아 신라계의 하타씨를 우두천왕 숭배의 담당자로 보는 연구도 적지 않게 있는 것 같다. 이것을 감안하면 겐지源氏를 포함하는 소위 '신라계 하타씨'의 원조는 아무래도 모노베씨가 백제계의 하타씨 도래 이전에 어떠한 관계를 가지고 있었던 열도의 선주 부족 속에 섞여 들어 있었을 가능성이 높다고 생각된다.

⑥ **아라시야야마**嵐山**와 하타씨**

일본에 오고 나서 오사카 출장길에 잠시 틈을 내어 교토를 잠깐씩 구경하고 온 적은 있었는데, 이번에 제대로 계획을 세우고 교토에 본격적인 관광을 오게 되었다. 교토에는 청수사, 금각사, 은각사 등 잘 알려진 유명한 절이 많지만 일본 직원의 추천은 단연 아라시야마였다. 묵고 있던 미야코호텔이 동쪽이어서 시내를 가로질러 가면 될 것 같았는데 지하철 노선에 자신이 없어 교토역까지 가서 산인본선의 종점인 아라시야마역에서 내렸다.

교토의 관광 명소인 아라시야마嵐山하면 떠오르는 상징적인 곳이 가쓰라강桂川을 건너는 도케츠교渡月橋다. 이 다리를 건넌 적이 있다면, 조금 상류에 목제로 된 말뚝을 늘어놓은 제방이 있는 것을 알아차린 사람이 많을 것이다. 가즈라노 오오이葛野大堰라고 부르는 제방이다. 이 제방으로 가쓰라강의 흐름을 멈춰 세우기 때문에, 상류에서 내려오는 호즈쿄구다리保津峡下 배들도 여기서 하류로는 내려갈 수 없다. 가즈라노 오오이의 역사는 오래되었는데, 최초의 제방은 5세기 후반에 이주계 씨족인 하타씨秦氏가 구축했다고 알려져 있다.

현재의 가쓰라강桂川은 오래전에는 가즈라노葛野의 평야를 가로질러서 남쪽으로 흐르는 강이기 때문에 가도노葛野강이라고 불리고 있었다. 단바丹波산지를 수원으로 하는 이 강은 가메오카 분지亀岡盆地로부터 호즈쿄保津峡를 빠져나가면, 교토 분지의 서북에 있는 사가 들판嵯峨野과 아라시야마嵐山의 좁은 계곡을 지나면서 뿜어 나오듯 흘러내린다. 이 때문에 고대에는 장마나 태풍의 계절에 홍수가 되풀이되고, 유로가 정해지지 않은 범람하는 강이었다. 그 덕에 가쓰라강 유역은 교토 분지 안에서 가장 비옥한 토지가 되었다.

따라서 치수에 의해 홍수의 불안을 해소할 수 있다면, 가쓰라강 유역은 훌륭한 전답이 된다. 그것을 훌륭하게 실현한 것이, 하타씨에 의한 가즈라노 오오이의 축조였다. 이 제방을 만듦으로써 뒤에 나가 오카쿄長岡京나 헤이안쿄平安京 등의 수도를 만들 때 스폰서를 할 정도로 하타씨는 재력을 축적할 수 있었다고 한다. 교토 발전의 원동력은 가즈라노 제방의 축조에 있었다고 해도 과언이 아니다.

녹음이 무성하고 물이 깨끗했던 헤이안 천도 이전의 야마세 분지山背盆地는 한반도 이주민이 개척한 곡식이 풍요로운 분지였다. 이번 여행에서는 교토의 고대 풍경을 생각하며, 이주민 씨족인 하타씨가 남긴 사적도 돌아본다. 하타씨가 어떻게 가즈라노 지역에 정착하고 어떤 활동했는지를 미리 알아본다.

우선 이주민이라는 명칭에 관한 이야기다. 고대, 한반도에서 온 사람들은 어떻게 불리었나? 이들을 일본에서는 귀화인歸化人이라고 부르고 있었는데 1970년대까지는 그 통칭이 정착되어 있었다. 그러나 김달수 씨의 노력에 의해 지금은 도래인이라고 부르는 경우가 많다. 귀화는 군주의 덕을 흠모해서 신하가 된다고 하는 중화사상이 담겨 있다. 한반도大陸로부터 일본 열도에 온 사람들을 귀화인이라고 총칭하는 것은 본래의 의미에서 무리가 있다는 김달수 씨의 주장으로 지금은 도래인이라고 하는 말이 일반화되었다. 필자는 도래인 대신 한반도 이주민 또는 이주민이라는 단어를 사용한다.

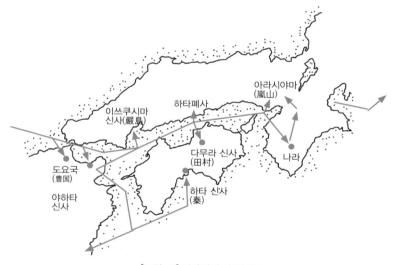

[그림 41] 하타씨의 이주 경로

이주민 집단 중에서도 특히 유력했던 하타씨가 일본 열도에 들어온 것은 4~5세기로 추정되고 있다. 사가노 지역은 하타씨의 일본 내 최초의 도착지가 아니라 최후의 정착지였다. 이후, 하타씨는 이주계로서 빠른 속도로 세력을 확대하였는데 그들은 비단 생산, 즉 양잠 하타오리蠶蠶機織나 농업 관개 기술을 가진 강점이 있었다.

강에 제방을 만들어서 물을 분산하여 각지에 공급하는 토목 기술은 교토 분지를 풍부한 농지로 바꾸는 초석이 되었다. 영화 촬영소가 많았던 것으로 알려진 교토의 우즈마사太秦의 지명에 하타秦의 글자가 들어 있다. 우즈마사도 하타씨에게 인연이 있는 땅이다. 예전에 벌판이었던 우즈마사에서 사가 들판嵯峨野에 걸쳐 있는 토지는 하타씨에 의해 개척되었다. 그로 인해 하타씨는 막대한 재산을 갖게 되어 야마토 조정조차 자금을 의지했다.

하타씨 중에서 특히, 이름이 알려진 인물이 하타 가와가쓰秦河勝다. 그는 사가 들판에 거주하며 야마토아스카나라 지역에 있었던 성덕태자를 원조했다. 하타 가와가쓰秦河勝가 603년에 우즈마사太秦에 고류지를 건립한 것도 성덕태자의 불교 교의를 깊게 하기 위해서였다.

⑦ 고구려계 도래인씨족

교토의 고대에 관한 이야기는 신라계의 하타씨에 머무르지 않는다. 고구려도 결부되어 있다. 예를 들어 고구려 병사의 투구에는 소의 뿔이 붙어 있었다. 또 소머리 천왕牛頭天王, 고즈텐노과 스사노오를 제사 지내고 있는 것으로 유명한 기온의 야사카 신사祇園神社, 八坂神社는 고구려에서 이리시오미伊利之使主라고 칭하는 인물이 이주해서 창건한 것으로 전해지고 있다.

그 위에 고구려에서 조의皂衣라고 하는 명칭의 무장 밀교 조직武装密教組織, 그 대표는 国仙과 신라에서 화랑花郎이라고 하는 명칭의 무장 밀교 조직그 대표는 원화이 일본 열도에서는 뒤에 겐지源氏가 되었다. 가부키의 구마도리隈取り와 같이 모두 같은 화장을 하는 전통을 가지고 있었던 공통성을 지적하는 사람도 있다. 또 가모씨의 깃발인 삼족三本足의 야타가라스八咫烏는 고구려도 중요한 깃발로서 가지고 있었다. 그 위에 시모가모 신사나 마쓰노오타이샤에 전해지는 붉은 칠을 한 화살丹塗り矢, 니누리야의 전승은 고구려의 시조인 주몽의 어머니가 주몽의 아버지와 결혼할 때의 이야기다.

이주민들이 교토 지역에 세운 신사들에 대하여 알아본다.

❸ 이주민 씨족의 신사들

시모가모 신사도, 야사카 신사도 그렇지만 이주민이 신사를 세울 때는 조몬 시대 이래의 성지 위에 세우는 적이 많았던 것 같다. 이것을 정복이라고 하는 발상으로 보았을 경우는 '피지배자에게 자신의 신과 같은 신을 빌게 해, 지배를 비교적 용이한 것으로 하기 위해서 지배자가 양의 동서를 막론하고 채용해 온 상투 수단이다'라는 논리가 되는 것 같다.

[그림 42] 교토의 고대 유적과 사찰

지도 위에서 계측해 확인해 보면 야마시로교토의 옛 이름에 있어서의 하타씨의 대표적인 신사인 마쓰노오타이샤松尾大社와 시모가모 신사下鴨神社, 후시미이나리 타이샤伏見稲荷大社는 마쓰노오타이샤를 정점으로 하며 정확하게 서쪽 방향에 배치된 1변, 약 5마일의 정삼각형을 형성하고 있다. 그 위에 시모가모 신사와 후시미이나리 타이샤의 중간 지점에 있다. 그리고 마쓰노오타이샤에서 보아서 정확하게 동쪽에 있는 야사카 신사八坂神社는 마쓰노오타이샤와의 거리도 약 5마일, 마쓰노오타이샤를 중심으로 반경 약 5마일의 원의 원주 위로, 북쪽부터 시계 방향으로, 가미가모 신사와 시모가모사, 야사카 신사, 후시미이나리 타이샤, 후지모리 신사藤森神社, 그 위에 오구라이케巨椋池, 지금은 메꾸어진 거대 호수를 넘어서 나가오카 천만궁長岡天満宮이 배치되고 있다.

① 마쓰오다이샤松尾大社

마쓰오다이샤는 하타씨의 씨족신을 모신 신사로 아라시야마嵐山에서 멀지 않다. 당시 하타씨의 세력을 보여주듯 뒤쪽의 마츠오산을 포함하여 약 12만 평으로 규모가 크다. 정원도 아기자기하게 조성되어 있었다. 주조酒造의 신을 모시는 신사로 경내 뒤쪽에 있는 샘인 '용의 우물 亀の井'은 주조가의 술의 원료로 물에 섞어서 사용하는데 장수, 소생의 물로 알려져 있다. 신사 입구에 술통이 즐비하다.

마쓰오다이샤를 둘러본 후 사가노라는 아라시야마嵐山에 있는 음식점에서 교토 명물이라는 유도후湯豆腐를 먹었다. 주변의 대나무숲으로 바람이 지나가면 마치 새소리가 나는 듯하다. 날씨는 청명하고 바람은 상쾌하다. 도게쓰교渡月橋를 건너 강변에 어렵게 낸 길을 따라 강을 내려다보며 호시노야星野や 호텔의 입구까지 걸었다.

② 야사카 신사八阪神社

고구려 사람이 한반도에서 조상신을 모셔와 지은 야사카 신사는 도쿄의 아사쿠사만큼 관광객이 넘쳐난다. 기온祇園 옆에 자리한 이 신사의 마쓰리祭り가 발전하여 교토를 대표하는 기온마쓰리가 되었다고 한다. 우두천황소머리대왕상을 찾았으나 보지 못하고 시라히게 신사白鬚神社가 입구에 있는 것을 확인하였다. 야사카 신사의 동문으로 나가면 완만한 경사면에 마루야마 공원円山公園이 넓게 펼쳐져 있다.

마루야마 공원 동쪽으로는 지은원知恩院이 있다. 지은원은 원래 정토종 종조인 법연法然, 호넨상인이 살던 초가집에서 유래했고 일본 불교 종파인 정토종淨土宗 본산이다. 정토종과 여기서 갈라져 나온 호넨의 제자 신란이 시작한 정토진종까지 합치면 이 두 교단은 일본 불교의 압도적 신도수를 자랑하는 일본 불교를 대표하는 종파다. 법연은 오카야마, 즉 옛 기비 출신이다. 어머니가 하타씨다.

③ 후지미이나리 신사伏見稻荷神社

교토 사람들이 제일 좋아한다는 후지미이나리 신사를 방문했다. 이곳도 평일인 데도 불구하고 수학여행을 온 학생들과 관광객 및 참배객이 넘친다. 산 정상까지 늘어서 있는 센본도리이千本鳥居를 구경하였다. 하타씨가 조성한 신사이다. 후지미이나리 신사, 마쓰오다이샤, 그리고 또 다른 선주 입주민인 가모씨의 신사인 시모가모 신사下鴨神社를 지도상에서 연결하면 정삼각형에 가깝고 한 변이 약 5마일8km이라는 이야기는 앞에서 소개하였다.

④ 히라노 신사平野神社

히라노 신사는 일반인들에게 잘 알려진 금각사金閣寺에서 도보로 남쪽으로 10분 정도 걸리는 거리에 있다. 아침 일찍 방문하였는데 신사가 고풍스럽다.

백제 출신의 조신祖神인 이미키신今木神을 모신 신사다.

아스카무라明日香村를 비롯하여 나라현 중부의 고세시, 남서부의 고조시, 요시노군 등 광활한 일대는 고대, 이마키, 今木今来 지방이라고 불렸다. 고대에 한반도에서 온 사람을 '今来る지금 온다'라고 쓰고 '今来이마키, 금래'라고 칭했다. 이 이마키 지방에 정착한 백제인 선조들의 신이 바로 '이마키신今木神'이다. 고닌천황의 아내가 되는 백제계 다카노 니가사高野新笠의 조신祖神으로 여겨진다.

헤이안쿄平安京로 도읍을 옮긴 것은 다카노 니카사高野新笠의 아들로 고닌光仁을 이어 천황이 된 간무桓武, 재위 781~806년다. 황위 계승을 둘러싼 피비린내 나는 역사를 짊어진 천황가이지만, 간무도 당시 그 와중에 있어 천도 전에는 천재나 근친자의 불행 등도 겹친다. 장래를 염려한 어머니 니가사가 아들 황태자의 수호를 아손에게 맡겼다고 해도 이상하지 않다. 벚꽃의 명소로도 유명한 백제계 신사에 '히라노平野'라는 이름이 붙여진 이유일 것이다.

히라노 신사는 백제의 근초고왕, 근수구왕仇首大王 및 그 아들今木神, 久度神, 古開神이 모셔진 신사라는 설이 있다. 나이토 고난(內藤湖南)은 히라노 신사의 구도신(久度神)은 구수왕(혹은 구태)이라고 추정했다. 후루아키신(古阪神)은 두 신격이 합쳐진 것으로 고(古)는 초고왕, 개(阪)는 온조의 형인 비류라고 보았다. 이 주장은 언어의 유사성만을 근거로 한 것이다. 『일본천황은 한국인이다』는 단행본을 출간하고 일본 고대 문화사를 전공한 홍윤기 한국외대 교수도 같은 주장을 한다.

또한 히라노 신사의 주제신인 이마키신(今木神)이 백제 성왕이라는 주장이 있다. 이 이야기는 에도 시대 학자인 반 노부토모(伴信友)의 주장에서 시작됐다. 반 노부토모는 저서인 『번신고(蕃神考)』에서 이마키신은 순타태자(무령왕의 장남이자 성왕의 형)이자 성왕이라고 주장했다.

⑤ 기요미즈데라(淸水寺)

교토의 절 중에 가장 아름다운 곳으로 특히 가을의 단풍이 일품이다. 그런데 기요미즈데라(淸水寺)의 창건자가 한반도 이주민인 것을 아는 사람은 한국인이든 일본인이든 많지 않다. 기요미즈데라는 사카우에 다무라 마려(坂上田村麻呂)에 의해 건립되었다. 다무라 마려는 간무 천황대의 정이대장군으로 헤이안 시대의 명장으로서 알려져 있다. 선조인 야마토노아야씨(東漢氏)는 백제계 중 최대 세력의 이주민이었다.

다무라 마려는 동한(백제계 도래인, 아야씨)으로부터 갈라진 일족이다. 다무라 마려의 아버지는 백제계의 이주민으로, 야마토국 다카이치군(大和国高市郡)에 살았다. 다카이치군은 현재의 나라현 아스카 일대를 중심으로 하는 지역이다.

아스카는 백제계의 이주민을 중심으로 개척되었다. 아스카는 한반도 문화를 제외하고는 이야기할 수 없다. 아스카는 백제계 호족과 기술자가 개척자였다. 야마모토 켄키치(山本健吉)씨는 "아스카라고 하는 것은, 일본인의 마음 고향이라고 말하고 있지만, 거기에 살고 있었던 것은 백제인이나 신라인이다. 아스카의 주민 8~9할을 차지한 것은 도래인이었다"라고 말하고 있다. 게다가 이노우에(井上光貞)씨는 "그것은 속일 제왕의 일대기에 씌어 있다"라고 진술하고 있다.

참고로 아라시야마(嵐山)의 관광지 몇 곳을 소개한다.

정식 지명은 니시쿄구西京区, 가쓰라가와의 오른쪽 강변이고, 좌안은 우쿄구 사가右京区嵯峨
이지만, 관광 안내 등에서는 사가지구를 포함한 도게츠교 주변 전역을 일괄하여
아라시야마로 칭하는 경우가 많다. 아라시야마는 벚꽃과 단풍의 명소다. 헤이안
시대에 귀족의 별장지가 된 이래, 교토의 대표적인 관광지가 되고 있다.

오이가와桂川의 상류인 호쓰강의 유역에서는 임업이 왕성해서, 예전에는 벌
채한 목재를 교토로 나르기 위해서 강이 이용되었다. 아라시야마는 그 종착점이
며, 현재에는 같은 코스를 유람선으로 내려가는 '호쓰강 배타고 내려가기'가 가
메오카시亀岡市에서 출발한다. 2013년에 대규모 수해가 있었다.

4 도게츠교渡月橋

[그림 43] 오이가와 가쓰라강

'달이 다리를 건너는 것처럼 보였다'
는 일화로부터 명명된 도케츠교는 한
큐 아라시야마역에 근처에 있다. 다리
의 길이는 155m로 중앙에 차도, 가장
자리에 보도가 있어, 많은 보행자가 호
쓰강과 아라시 야마를 배경으로 사진
촬영을 하는 장소다. 사계절에 따라 도
케츠교에서는 봄은 연분홍색, 가을은
단풍의 아름다운 모습을 보여준다.

5 천룡사天龍寺, 덴류지

천룡사天龍寺는 사가텐류지스스키노바바초嵯峨天龍寺芒ノ馬場町에 있는 임제종 덴류
지파의 대본산인 사원이다. 천룡사는 교토5산의 제1로서 번성하고 절 영역은
약 29만 평으로 광대하여 본사 경내에 작은 절이 150개나 되었다고 한다. 그러
나 그 후 화재로 인해 창건 당시의 건물은 모조리 상실되었다. 창건 이후 6~7회

의 대화재로 소실되고 현존 가람의 대부분은 메이지 시대 후반 이후의 것이다.

6 호쓰강 배타고 내려가기 保津川下り

헤이안으로 천도한 옛날부터 뗏목 수운으로 번성한 호쓰강 중에 가장 험한 곳으로 여겨진 보진협곡 ホ즈코, 保津峽을 재래식 목선을 타고 내려간다. 역사가 깃든 길을 걸어가듯 유유히 강놀이를 즐기는 것이다. 호즈쿄 뱃놀이를 즐긴 후, 사가 아라시야마에 도착하면 전통 있는 가게인 와타리 쓰키테이 渡月亭에서 온천욕을 한 후 명물인 와타리 쓰키테이의 교토 요리 점심을 먹으며 이야기를 나누는 코스다.

가이드가 동승하여 교토의 역사, 호쓰강의 매력을 충분히 소개한다. 반나절 코스다. 가장 바람직한 코스는 아라시야마 트롤리역에서 도롯코 열차를 타고 계곡을 따라 강을 거슬러

[그림 44] 호쓰협곡

올라가 종점인 가메오카역에서 다시 배를 타고 내려오는 것이다. 필자가 방문한 날은 이미 도롯코 열차가 예약이 끝나 산인본선의 전차로 가메오카역까지 갔다. 우리가 방문했을 때는 벌써 날씨가 추워져 담요를 덮고 배를 타야 했었다.

7 우지 宇治 와 교토 남부

우지 宇治 는 교토부의 남부에 위치하는 곳으로 평등원 平等院, 우지가 즈와사 宇治上神社, 응신천항의 왕자인 우지노와키이라쓰코 莵道稚郎子, 15대 응신천황 応神天皇, 16대 인덕천황 仁德天皇 을 모신 신사 등의 문화재가 있고 우지차 宇治茶 등의 특산물이 알려져 있다. 참고로 교토의 기온시조역에서 게이한 분선으로 30분이면 닿는 우지역에서 걸어서 2분 거리에 츠엔 通園 이라는 오래되고 유명한 찻집이 있다. 서쪽

에는 오구라이케_{巨椋池, 둘레 16km, 면적 240만 평}가 있던 자리가 간척되어 현재는 농지와 주택가가 되어 있다.

도요토미 히데요시의 벚나무로 유명한 다이고지_{醍醐寺}, 정토진종의 개조인 신란_{親鸞}이 탄생했다는 히노노리_{日野の里}, 백제계 출신 정이대 장군이었던 사카우에다무라 마려_{坂上田村麻呂}의 고분 등이 있다.

8 평등원_{平等院}

평등원_{平等院}은 일본 10엔짜리 동전의 뒷면에도 새겨져 있는 일본을 대표하는 건조물이다. 나라에서 출발하여 우지강과 나란히 난 24번 국도를 타고 오다 조금 복잡한 길거리를 지나니 평등원이 나온다.

필자와 파트너가 처음 평등원을 방문하였을 때는 마침 봉황당이 공사 중이어서 흰 천으로 건물 전체가 덮여 있었고 두 번째 답사에서 수리가 끝난 봉황당 건물을 볼 수 있었다. 입구로부터 정토원, 최승원과 관음당을 구경하고 보물들이 수장되어 있는 호쇼칸_{鳳翔館}을 마지막으로 구경하였다. 평등원의 마당은 마침 한창인 단풍으로 새빨갛게 물들어 있어서 가을의 정취를 만끽할 수 있었다. 정원 한곳에는 후지와라씨와의 인연을 나타내는 후지다나_{藤棚, 등나무 줄기가 올라가는 나무로 식령}가 있었다.

평등원_{平等院}은 우지시에 있는 후지와라씨_{藤原氏}와 인연이 깊은 사원이다. 헤이안 시대 후기인 11세기에 만들어진 건축, 불상, 회화, 정원 등을 오늘에 전하고 있는 고도 교토의 문화재로서 세계문화유산에 등록되어 있다.

교토 남부의 우지는 겐지모노가타리의 『우지10첩_{宇治十帖}』의 무대이며, 헤이안 시대 초기부터 귀족의 별장이 있었다. 현재의 평등원의 터는 9세기 말경, 히카루겐지_{光源氏}의 모델이라는 좌대신 미나모토 도오루_{源融}의 별장이 우다천황_{宇多天皇}에게 넘어가고 천황의 손자인 미나모토 시게노부_{源重信}의 소유를 거쳐 998년, 섭정인 후지와라 미치나가_{藤原道長}의 별장인 우지전이 되었다.

미치나가는 1027년에 사망하고, 그 아들인 관백 후지와라 요리미찌가 1052

년에 우지전을 불교 사원으로 바꾸었다. 이것이 평등원의 시작이다. 다음 해인 1053년에는 서방극락정토를 현세에 드러내게 한 것 같은 아미타당현 봉황당, 鳳凰堂이 건립되었다.

[그림 45] 평등원

참고로 헤이안 시대의 권신은 백제계 후지와라 가문이었다. 나라 시대부터 두각을 나타낸 후지와라씨는 결정적으로 간무천황을 옹립하는 데 기여함으로써 천황의 권력을 대신 행사하는 셋쇼摄政가 되면서 압도적인 권력을 행사하였다.

『관무량수경觀無量寿経』의 한 구절에 '만약 서방정토에 태어나고 싶다면 먼저 연못 위에 있는 것 같은 일장육 크기의 불상을 보도록 하라若欲至心生西方者. 先当観於一丈六 像在池水上'라는 구절이 있는데 봉황당과 그 주위의 정토식 정원은 관음무량수경의 이 구절에 근거하고, 서방극락정토와 그 교주인 아미타여래를 관상観想하기 위해서 만들어졌다는 것이 정설이다.

아스카, 나라, 헤이안 시대 전기에 널리 퍼진 불교는 현세에서의 구제를 추구하는 것이었다. 평등원이 창건된 헤이안 시대 후기 일본에서는 말법사상末法思想이 널리 퍼졌다. 말법사상이란, 석가의 입멸 이천 년 이후는 불법이 쇠퇴한다고 하는 사상이다. 천재와 인재가 계속되었기 때문에 사람들의 불안은 한층 깊어져 종말론적인 사상이 나타나고 이 불안으로부터 달아나려는 염세적인 사상도 자리 잡게 된다. 불교도 현세에서의 구제로부터 내세에서의 구제로 변해 갔다.

평등원이 창건된 1052년은 말법의 원년이어서 당시의 귀족은 극락왕생을 기원하고, 서방극락정토의 교주로 여겨지는 아미타여래를 본존으로 하는 불당을 열심히 조성했다. 봉황당과 그 당내의 아미타불, 벽비화壁扉画나 공양 보살상, 주위의 정원 등은 관무량수경의 설에 근거하고, 서방극락정토를 관상하기 위해, 현세의 극락정토로서 만들어진 것이 틀림없다.

헤이안 시대 후기의 교토에서는, 평등원 이외에도 황족 및 귀족에 의한 대규모 사원의 건설이 잇따르고 있었다. 미치나가道長는 1020년 무량수원 이후의 法成寺을 건립하고, 또 11세기 후반부터 12세기에 걸쳐 시라카와천황白河天皇 칙원의 호쓰쇼지法勝寺를 필두로 육승사尊勝寺, 最勝寺, 円勝寺, 成勝寺, 延勝寺가 지금의 교토시 사쿄구 오카자키 근처에 잇따라 건립되었다. 그러나 이 대가람들은 현존하지 않고, 헤이안 시대의 귀족이 건립한 사원이 건물, 불상, 벽화, 정원까지 포함하여 잔존한다고 하는 점에서 평등원은 유일한 사적이다.

평등원 옆으로 우지강을 따라 우지교까지 가는 길목에는 음식점 등이 늘어서 있어 산책하기 좋다.

9 우지강宇治川

평등원에서 나와 조금 걸어가니 우지강이 보인다. 강에는 물이 힘차게 흘러가고 있었는데 그 모습이 시원스레 보였다. 우지강 건너편에 볼거리가 많아 중도에 놓여 있는 아사기리바시朝霧橋라는 다리를 지나 동쪽 강가로 건너갔다. 다리 위에서 본 강의 모습은 '일본에 아직도 이런 곳도 있었구나' 싶게 시골에 있는 큰 개울을 보는 듯한 광경이었다.

우지강은 시가현 남서부에서 교토부 남부를 흐르는 강으로 오사카를 통과해 세토내해로 흘러가는 요도강淀川 수계의 일부이다. 비와호에서 유출하는 세타강을 원류로 하고, 오쓰시 난고南郷에서 우지강으로 이름이 바뀌고, 기즈가와木津川, 가쓰라가와桂川와 합류해 요도강淀川이 될 때까지의 부분을 말한다.

길이 약 25km로 낮은 산지를 지나자 협곡은 없고, 우지에서 교토 분지로 흘러나온다. 예전에는 우지에서 곧게 서쪽으로 흘러서 거량지오구라이케, 巨椋 池라는 호수에 강물이 일단 모였지만, 1594년 도요토미 히데요시가 후시미를 경유하는 현재의 유로로 바꾸었다. 협곡부는 우지강 라인이라고 불리는 명승지로서, 우지

의 근처에 유량 조절 및 발전용의 아마가세댐天ヶ瀬ダム이 있다. 댐에 의해 형성된 인조호수는 봉황호鳳凰湖라고 명명되어, 평등원 봉황당 등과 함께 우지 지역의 주요한 관광지가 되고 있다. 강가에는 길이 잘 놓여 화창한 가을날 시원한 강바람을 맞으며 자전거를 타는 사람들이 즐거워 보였다.

평등원에서 상류쪽으로 1.5km 올라가 아마가세天ヶ瀬 다리 건너에 있는 윤동주 시비도 방문하였다.

🔟 흥성사興聖寺

다리를 건너 오른쪽인 상류 쪽으로 강변길을 따라 올라간다. 바로 우지 신사 입구가 나오는데 당시만 해도 신사를 기피하던 시절이라 그냥 지나쳤다. 도중에 도자기 공방도 있고, 일본 찻집도 있어 시간 여유를 가지고 하루를 즐길 수 있는 곳이라는 생각이 들었다. 주변에 겐지 모노가타리 투어도 있다고 한다. 마침 찾고 있는 흥성사 입구가 보였다.

흥성사興聖寺의 본당으로 올라가는 참도는 단풍과 벚나무로 우지에서는 유명하다는 이름에 걸맞게 단풍이 한창이었다. 파트너도 예쁜 경치를 담아 보려고 사진찍기에 여념이 없다. 단풍의 새싹이 올라오는 4월 말부터 5월 초순도 볼 만하여 사계절 모두 예쁜 경관을 보여준다고 한다. 우지강 오른쪽 강변을 향한 총문에서 본당까지의 200m 정도가 완만한 비탈의 참도로, 고토사카琴坂라고 부르고 있다.

고토사카 참배길가에 흐르는 샘물은 본당 옆의 저수조에 일단 모은 아사히야마朝日山의 산수가 흐르고 있어 물의 흐름이 마치 거문고의 음색으로 들리고, 긴 참배길이 거문고의 형상을 닮아 있어 고토사카라고 불리게 되었다. 우지12경의 하나로 손꼽히고 있다.

흥성사는 교토부 우지시에 있는 조동종의 사원으로 선종의 일파인 일본 조동종의 최초 사원이다. 도겐道元이 흥성보림사興聖宝林寺를 건립한 것에서 시작된다. 본존은 석가삼존이다. 도겐은 송宋으로부터 1227년에 귀국하여 잠시 동안 켄닌지(建仁寺)에 몸을 의지한 후, 동사를 떠나서 후카쿠사의 안양원에서 한거하였다. 안양원은 예전에 후카쿠사에 있었던 후지와라씨의 대사원인 고쿠라쿠지(極楽寺)의 옛터에 있었는데, 현재의 교토시 후시미구 후카쿠사 부근에 있었다고 추정되고 있다. 1233년 도겐은 후카쿠사에 흥성사를 연다.

흥성사는 히에이잔 엔랴쿠지(比叡山延暦寺)의 탄압을 받고 1243년, 도겐이 에치젠(越前)으로 내려간 이후 황폐해졌다. 그 후 1649년, 요도성주가 아사히다원(朝日茶園)이 있는 현재 위치에 부흥한 것이 지금의 흥성사다.

조동종의 시조인 도오겐은 우리나라 성철 스님이 중요시했던 인물이다. 후쿠이에 있는 조동종 본사인 영평사(永平寺) 대신에 흥성사를 방문한 셈이다.

김달수 씨의 책에 의하면 흥성사가 하타씨와 관련이 있는 절이라고 설명되어 있는데 필자는 해당되는 자료를 찾지 못했다. 대신에 근처의 우지교 옆에 있는 교사 방생원이 하타씨가 만든 절로 되어 있는 자료를 찾았다. 교사 방생원(橋寺 放生院)은 아스카 시대인 604년, 성덕태자의 발원에 의해 진하승(秦河勝)이 우지교를 가설했을 때 창건했다고 한다.

🔟 다이고지(醍醐寺)

우지강을 방문하고 교토 쪽으로 길을 잡는다. 지금은 교토역이 교토 남쪽에 자리 잡고 있어 그곳이 교토로 들어가는 입구로 인식되어 있지만 예전에는 교토의 남쪽에는 앞에서 소개한 거량지라고 하는 큰 호수가 있어 나라 쪽에서 우지를 거쳐 교토로 들어갈 때는 교토의 동쪽과 비와호의 서쪽 사이에 있는 야마시나라고 하는 분지를 거쳐 청수사 쪽으로 들어갔다. 필자 일행이 향하고 있는 길이 바로 옛날의 그 길이다. 그 중간에 다이고지라고 하는 단풍의 명소가 자리 잡고 있다.

다이고지(醍醐寺)는 교토부 교토시 후시미구에 있는 진언종 다이고파의 총본산인 사원으로 본존은 약사여래, 창립자는 이원대사 성보(理源大師聖宝)다. 후시미구 동쪽에 있는 다이고산(醍醐山), 가사토리산에 200만 평 이상의 광대한 경내를 갖고 있는 사원이다. 도요토미 히데요시에 의한 다이고의 하나미花見가 행하여진 곳으로도 알려져 있다.

다이고지醍醐寺의 창건은 874년으로 공해의 손제자인 이원대사 성보가 창사하고 성보는 산의 정상 부근을 다이고산이라고 명명했다. 다이고지는 산이 깊은 다이고산 정상 일대上醍醐, 상다이고를 중심으로 많은 수험자修験者의 영지로서 발전한 후 다이고천황이 다이고지를 자기의 기원사로 정한다. 동시에 극진한 비호를 시작하여 그 압도적인 재력을 이용하여 다이고 산록의 광대한 평지에 대가람인 '하다이고下醍醐'가 발전하게 된다. 그 후 오닌의 난 등 전란으로 하다이고는 황폐하고, 오층탑만이 남겨졌다. 그러나 도요토미 히데요시에 의한 '다이고의 하나미'를 계기로 기주紀州, 오카야마와미에 남부로부터 사원 건축물이 이축되거나 삼보원이 건설되어 오늘 모습이 되었다. 경내에는 이루 헤아릴 수 없는 많은 건축물이 들어서 있어 이보다 더 큰 절이 있을까 싶은 정도다. 참고로 다이고醍醐는 최상의 맛을 내는 유제품으로 부처의 깨달음이나 가르침을 비유한다.

12 가니만지蟹満寺

우지로 가는 기즈강 유역의 가니만지蟹満寺는 '게의 절'이라는 재미있는 이름이지만 그 이름을 파헤치면 그 속에는 이주민의 역사가 숨겨져 있었다. 지금은 한적한 곳에 자리 잡고 있는 작은 절인데 본당을 꽉 채우고 있는 석가여래좌상은 경이로웠다.

가니만지蟹満寺는 교토부 기즈가와시 가바타綺田에 있는 진언종지 산파의 사원이다. 아스카 시대 후기白鳳期, 하쿠호우기에 구리로 만들어진 석가여래좌상釈迦如来이 본존이 되고 있다.

나라에서 우지를 거쳐 교토로 가는 옛 통행로였던 기즈강변의 24번 국도를 달리다 오른쪽으로 방향을 잡으니 논이 계속되는 농촌 풍경이 나타난다. 작은 다리를 건너 개울가에 절이 보였다. 본당에 들어가면 실내를 압도하는 국보인 석가여래상이 모셔져 있다. 이 불상의 크기로 보면 고대의 가니만지는 대가람을 구비한 당시 유수한 큰절이었던 것 같다. 이 부근은 고대에는 이주민의 촌락이었다고 한다. 가니만지는 나라 시대 이전에 하타씨의 일족인 하다와가秦和賀에 의해 건립되어 뒤에 행기가 관여하여 널리 신앙을 모았다고 여겨지지만 정확한 유래는 모르고 있다.

지금 이 지역은 가바타綺田, 하마다라고 하는데 옛날의 고마촌高麗村, 가미코마정上狛町, 上高麗町이라고 하는 마을들이 합병된 곳이다. 지금도 가까운 역은 시모코마역下狛駅라고 불리는 등 고구려의 흔적이 남아 있다. 문헌에는 6세기경, 많은 한반도 이주민이 옮겨와 살았다고 한다. 여기에 산 한반도 이주민들은 농가의 개척과 함께 직물 생산에도 그 기술을 발휘하고 있었던 것 같다.

마쓰모토 세이초松本清張의 『교토의 여행』에는 다음과 같이 쓰여 있다.

이 부근은 예로부터 도래인의 개척지로서 뛰어난 염직 기술을 가지고 있었다. 그 우수한 직물을 '간하다綺'라고 했다. 마을은 '綺田'라고 쓰고 가바타라고 읽고 있었다. '간綺하다'에서 바뀐 지명이다. 또 가니만지는 한때 '蟹幡郷가니하다고우'라고 쓴 적도 있다. 이것은 간강하다 → 간하타 → 가니마타 → 가니마 → 가니만으로 전화하고, 글자와 읽기가 '가니만지'가 되었다고 생각한다. 그리고 이 지역에 있는 게의 보은에 관한 옛날이야기가 관음신앙에 편승한 것이 아닌가 한다. 그렇지 않으면 음과 훈音訓을 섞은 부자연스러운 사명 등이 된 것이 이해가 가지 않는다.

가니만지 북쪽에는 다카쿠라 신사라高倉神社고 하는 신사가 있는데, 고구려가 다카쿠라가 된 것이라는 말은 『해밑섬, 일본을 걷다』에서 설명한 바와 같다. 가니만지의 남쪽에는 옛날 절터인 고려사적高麗寺跡이 있다. 이러한 사적寺跡을 생각했을 때, 이 지역은 광범위하게 많은 한반도 이주민이 살았음을 알게 된다. 그리고 이 가니만지에 있는 '가니만지 석가여래좌상'은 1,300년 전에 한반도 이주민들이 고려사高麗寺에서 만든 것으로 그 후 여기에 옮겨졌다고 말해지고 있다.

13 동조석가여래좌상 銅造釈迦如来坐像

본존인 구리로 만든 석가여래좌상높이 240㎝은 아스카 시대 후기백봉기의 작이다.
원래는 도금되어 있었지만, 볼 부근에 도금의 흔적이 남아 있을 뿐, 상의 표면
은 검은색을 보인다. 오른손은 가슴의 근처에 올리고 엄지와 검지로 고리를 만
들고, 왼손은 손바닥을 위로 해서 무릎 위로 두고, 중지를 가볍게 구부린 모양
이다.

2. 교토京都의 사찰

교토의 사찰에 관한 이야기다. 교토에는 약 1,600개의 사찰이 있다. 여기에 약 400개의 신사를 더하면 2,000개의 기도 시설이 있는 셈이다. 교토의 사찰하면 으레 청수사清水寺, 기요미즈데라, 금각사金閣寺와 은각사銀閣寺를 떠올린다. 그러나 교토에는 그 이 외에도 커다란 사찰이 수없이 많다. 2~3일의 여행으로는 큰 절만도 다 가 볼 수 없을 정도다. 오늘은 그중에서도 인상 깊었던 몇 개의 불교 사찰을 소개하기로 한다.

1 서방사西芳寺 · 고케데라苔寺, 이끼절

사이호지西芳寺는 교토시 니시쿄구 마쓰오에게 있는 임제종의 사원으로 아라시야마에 있는 덴류지天龍寺에 속하지만 경내 밖에 있는 탑두지사다. 일반적으로는 이끼절苔寺, 고케데라이라는 통칭으로 알려져 있다. 본존은 아미타여래이며 창시자인 개산開山은 백제계 승려인 행기行基라 전하고, 중흥 개산은 무소 우소세키夢窓疎石이다. 고도 교토의 문화재로 유네스코 세계유산에 등록되어 있다.

절에 들어가니 반야심경 사경이 시작된다. 우선 자리가 좁아 오랜만에 무릎을 꿇을 수밖에 없다. 수백 명이 숨소리도 내지 않고 사경에 몰두한다. 그동안 붓을 써보지 않은 필자는 그림을 그리는 기분이다. 중간에 승려들이 반야심경을 세 번 낭송하는데 발음은 비슷하나 모노 톤이라서 어디쯤 하고 있는지 감이 잡히지 않는다. 목탁도 뉘어 놓고 친다. 파트너는 발에 쥐가 나서 열외를 하니 기다리던 승려가 의자에 앉혀 주는 친절을 베푼다.

전승에 의하면, 사이호지가 있는 장소는 아스카 시대에 성덕태자聖德太子의 별장이 있어, 태자가 만든 아미타여래상이 모셔지고 있었다고 한다. 나라 시대에 이르러 천황의 칙원을 얻은 행기가 별장을 절로 바꾸었다고 전한다.

가마쿠라 시대에 재흥하여 초대된 법연法然에 의해 정토종으로 개종되고, 본존은 금도금이 되었다고 한다. 그 후에 신란親鸞은 구토쿠당愚禿堂을 건립해 절에 체류한 적이 있다. 가마쿠라 막부 제5대 집권이었던 호조北条時頼가 사쿠라도桜堂를 건립했다.

1339년, 당시의 고승이며 작정作庭, 정원 만들기의 명수이었던 무소우소세키夢窓疎石를 초청해서 선사로서 재흥했다. 무소우소세키夢窓疎石는 이것을 사이호지西芳寺라고 바꾸었다. 이는 선종의 원조인 달마에 관한 구句에서 유래한다고 한다.

원래는 고산수枯山水이었던 황폐한 정원을 이끼로 뒤덮은 것은 에도 시대 말기에 들어가서다. 바로 옆에 개울이 흐르는 골짜기가 있는 지리적 요인 덕분으로 여겨진다. 무소우소세키夢窓疎石의 작정정원 만들기으로 상단의 고산수枯山水와 하단의 지천회유식정원池泉回遊式庭園의 2개로 이루어져 있었다. 오늘날, 사이호지 정원 중에서 가장 잘 알려져 있는 것은 이끼의 정원으로 숲속에 있는 황금지라고 부르는 연못을 중심으로 한 유람식 정원이다. 연못의 주위를 메우는 100종류 이상의 이끼는 지금과 같은 이끼 정원이 된 에도 시대 말기부터 길러졌다고 한다.

전체적으로 정원을 뒤덮은 이끼 때문에 고색청연하고 차분한 분위기에 싸여 있다.

2 켄닌지建仁寺

임제종의 선사로 선방이 크다. 일본 제일의 선실이 있는 곳이다. 켄닌지建仁寺는 교토시 히가시야마구에 있는 임제종 켄닌지파의 대본산이다. 개산開山, 주지은 사카에 에이사이栄西다.

교토5산의 제3위를 차지하고 있다. 다와라야 소타쓰俵屋宗達의 풍신뇌신도風神雷神図, 가이호우 유쇼海北友松의 맹장지 그림襖絵 등의 문화재가 많이 전해지고 있다. 절내의 탑두로서는 모모야마 시대의 지천회유식 정원으로 유명하고, 귀중한 고서적이나 중국 서적, 조선 서적 등의 문화재도 다수 소장하고 있는 것으로 알려진 양족원両足院 등이 있다.

참고로 교토5산은 다음과 같다. 별격別格 남선사南禅寺, 제일위第一位 덴류지天龍寺, 제이위第二位 상국사相国寺, 제삼위第三位 켄닌지建仁寺, 제사위第四位 동복사東福寺, 제오위第五位 만수사万寿寺다.

자주 일본 최초의 선사라고 말해지지만, 이것은 맞지 않고 하카타_{후쿠오카}의 성
복사_{聖福寺}가 일본 최초의 선사다.

일본에 임제종을 정식으로 알린 것은 사카에 에이사이_{榮西}다. 사카에는 1141
년, 비추국_{備中國, 오카야마현}에서 태어났다. 13세로 히에이잔에 올라 다음 해 출가하
였다. 1168년과 1187년의 2회, 남송_{南宋}으로 향했다.

첫 번째의 도송은 불과 반년이었지만, 두 번째의 도송 시에는 임제종 황용파<sub>臨
濟宗 黃龍派</sub>의 허암 회창_{虛庵 懷敞} 밑에서 참선했다. 1191년 허암으로부터 인가<sub>印可, 선생
의 법을 이어받았다고 하는 증명</sub>를 얻고 귀국한다.

당시 교토에서는 히에이잔_{엔랴쿠지}의 세력이 강대해서 선사를 여는 것이 곤란했
다. 에이사이 1202년, 가마쿠라 막부 2대 장군인 미나모토 요리이에의 원조를
얻어 교토에 있어서의 임제종의 거점으로 건립된 것이 켄닌지_{建仁寺}이다.

켄닌지는 **오닌의 난**[64]에 의한 소실 등 자주 화재가 있어 창건 당시의 건물은
남아 있지 않다. 지금 남아 있는 건물은 무로마치 시대의 건물로서 원래 히로시
마의 안코쿠지_{安國寺}에 있던 것을 1599년에 켄닌지에 이축하였다. 오닌의 난은
무로마치 막부 시대인 1467년에 쇼군의 후계 문제를 둘러싸고 지방의 다이묘<sub>大
名</sub>들이 교토에서 벌인 항쟁이다.

이를 통해 무로마치 막부체제가 약화되어 전국시대_{戰國時代}로 들어가 1세기 동
안 내란이 계속된다.

건인사 탑두인 양족원_{兩足院, 료소쿠인}은 반하생_{半夏生}으로 불리는 꽃이 피는 지천회
유식정원_{池泉回遊式庭園}으로 유명하다. 계절에 맞게 방문하여 반하생을 바라보며 차
를 한잔 하였다.

3 묘신지_{妙心寺}

대규모 절단지의 중앙에 법당이 있고 단지 안에 46개의 작은 절과 암자탑두가
들어서 있다. 단지 중간에 일반인들이 지나가는 길이 있어 도심 가운데 이렇게
큰 절이 있다는 게 믿기지 않는다. 묘신지_{妙心寺}는 교토시 우쿄구 화원에 있는 암

제종 묘신지파의 대본산인 사원이다.

교토의 선사禪寺에는 5산 10찰로 대표되는 무로마치막부의 비호와 통제 아래로 있었던 일파와 그것과는 선을 긋는 재야의 사원이 있었다. 전자를 선림禪林, 후자를 총림叢林이라고 했다. 묘신지는 다이토쿠지大德寺와 함께 수행을 중요시하는 엄격한 선풍을 특색으로 하는 총림叢林의 대표적인 사원이다.

헤이안 교토의 북서부를 차지하는 경치가 좋은 묘신지의 터에는 화원상황花園上皇의 별궁인 어소花園御所, 離宮萩原殿가 있었다. 화원상황은 1335년 출가하여 법황이 되고 화원어소를 선사로 바꾸었다.

묘신지는 오닌의 난1467년~1477년으로 가람을 소실했지만 6조 셋코雪江宗深의 의해 부흥하여 1509년에는 닌나지仁和寺령의 토지를 구입해 경내가 확장되었다. 그 후의 묘신지는 전국 무장 등 유력자의 원호를 얻고, 근세에는 크게 번성했다.

묘심사 탑두인 동림원東林院은 사라수沙羅双樹의 숲으로 볼 만하다. 하루 만에 진다는 사라화의 흰 꽃을 보며 맏차를 한잔 했다.

4 난젠지南禅寺

난젠지는 교토에 들를 때 묵곤 했던 미야코호텔의 길 건너편에 있는 절인데 처음에는 모르다가 나중에 시간이 나서 우연히 방문하게 되었는데 그때까지도 이 절의 중요성을 모르는 상태였다.

난젠지南禅寺는 교토시 사쿄구 난젠지후쿠치초에 있는 임제종 난젠지파 대본산의 사원이다. 일본 최초의 칙원선사勅願의 절이며, 교토5산 및 가마쿠라5산 위에 두어지는 특별 취급의 사원으로 일본의 모든 선사 중에서 가장 높은 지위를 가진다.

난젠지의 건립 이전에 이 장소에는 고사가천황이 1264년에 조영한 이궁인 젠린지전禅林寺殿이 있었다. 가메야마천황은 1289년, 40세에 출가해서 법황이 되었다. 1291년, 법황은 젠린지전을 절로 변경하고 당시 80세의 무간 후몬無関普門을 개산으로서 앉히고 용안산 선림선사龍安山 禅林禅寺라고 명명했다.

1334년, 고다이고천황은 난젠지를 5산의 제1로 했지만, 1385년에 아시카가 요시미쓰는 자기가 건립한 쇼코쿠지相国寺를 5산의 제1로 하기 위해서 난젠지를 별격別格으로 만들어 5산의 위로 위치를 부여하고 교토5산과 가마쿠라5산으로 분할했다.

무로마치 시대에는 구불교 세력인 천태종의 비예산 엔랴쿠지延曆寺나 오쓰의 미이데라三井寺와 대립해서 정치 문제로까지 발전하여 관령인 호소카와細川頼之가 조정에 나선 적이 있다. 1393년과 1447년에 화재로 주요 가람은 소실했지만 곧 재건되었다. 그러나 오닌의 난1467년 당시의 시가전으로 가람이 모조리 소실되고 나서는 재건하지 못했다. 난젠지의 부흥이 진행된 것은 에도 시대인 1605년 헤이신以心 崇伝이 절에 들어오고 나서다.

메이지유신 후에 건설된 당사의 경내를 통하는 교토의 물 부족을 해소하기 위하여 동쪽의 비와호에서 물을 끌어들이는 비와호 소쓰이의 수로각琵琶湖 疏水 水路閣은 TV드라마 촬영에 이용되는 등 지금은 교토의 풍경으로서 정착하고 있다. 건설 당시는 옛 도시의 경관을 파괴한다고 해서 반대의 목소리도 컸지만 난젠지의 삼문에는 구경꾼이 쇄도했다고 한다.

메이지유신 직후에는 정부의 사원 몰수 정책으로 절의 토지를 잃어버리고 폐절에 몰린 탑두도 적지 않았는데, 그 철거지는 저택지로 재개발되었으며 소쓰이疏水로부터 끌어들인 수류를 주경으로 하는 수많은 명정원이 만들어졌다. 지금도 귀중한 공간으로서 남아 있다.

5 대덕사 고동원高桐院

대덕사大徳寺는 임진왜란 때 뺏어온 한반도의 물건으로 가득 찬 절이다. 대덕사 안에 있는 고동원高桐院은 오사카에서 박사학위를 위해 공부한 외국인 간부인 F씨의 소개로 알게 된 곳이다. 고동원은 교토시 기타구에 있는 임제종 다이토쿠지大徳寺의 탑두 중 하나다. 창립자는 호소카와 다다오키細川忠興, 초대 주직은 교쿠호쇼소玉甫紹琮다. 전국 시대에 지장으로서 이름을 떨치고, 다도에 통한 사람으로서 리큐칠철(利休七哲) 중 한 명으로서 알려진 호소카와 후지마키(細川藤孝)가 아버지를 위해서 1602년에 건립한 절이다. 83세에 죽은 다다오키(忠興)는 유언에 의해 그 유치를 고동원에 매장하였고, 이후 호소카와가의 보리사로서 비호된다.

서원 서측의 일렬은 이호쿠켄(意北軒)이라고 불리는데 센노리큐(千利休)의 저택 서원을 이축했다고 알려져 있다.

정원은 통칭 단풍나무의 정원이라고 불리는 간소하면서 정취가 있는 정원으로 좁은 이끼가 덮인 땅 위에 몇 주의 단풍나무만 심어져 있다. 정원 중앙에 가마쿠라 시대의 장명등(石灯籠)이 설치되어 있다. 고동원에서 가장 유명한 경치가 이 객전에서 보는 단풍나무의 정원이다. 평평한 땅이끼와 큰 가지의 단풍나무, 정원을 네모나게 단락짓는 배경이 되는 죽림과 한복판에 있는 가스카등롱(春日灯籠)이 어딘가 모르게 료안지(龍安寺)의 석정(石庭)을 상기시키는 깨끗함이 이 정원에서도 느껴진다.

필자는 개인적으로 서원의 나무 마루에 앉아 바라다보는 대나무 울타리의 숲이 좋았다. 대나무가 바람에 나부끼며 내는 소리는 마치 새소리 같았고 시간이 멈춰선 느낌이었다.

5 고류지(廣隆寺)

고류지(広隆寺)는 오래전에는 하치오카데라(蜂岡寺) 혹은 하타 절, 하타공 절, 가즈라노 절, 우즈마사 절 등으로 불렸다. 고류지의 성립을 『일본서기』는 이렇게 전한다. 태자가 말했다. "내가 귀중한 불상을 가지고 있다. 누군가, 이 불상을 모실 사람이 없는가?" 진하승이 앞으로 나와서 "신이 이것을 모시겠습니다."라고 말하며 불상을 받고 하치오카데라를 건립했다.

진하승이 성덕태자에게서 넘겨받은 불상이

[그림 46] 교류지

[그림 47] 미륵반가사유상

고류지의 본존으로서 현존하는 미륵보살 반가사유상弥勒菩薩半跏思惟像이라고 한다. 볼수록 신비하기만 한 이 목조 불상과 우리나라 국보인 금동미륵보살 반가사유상을 비교하는 경우가 많다. 이것은 603년의 이야기이지만, 이후에도 하타씨의 이름은 널리 퍼졌다. 고류지는 하타씨의 근거지였던 우스마사太秦에 있는, 하타씨가 세운 절이다.

앞에서 언급하였듯이 이 절은 아스카 시대 만들어졌다는 불상으로 유명하다. 이 절 창건 당시의 본존이라고 전해진다. 일본의 국보 제1호였는데 적송을 조각한 목조 불상으로 높이가 약 124cm이다. 오른쪽 다리를 왼쪽 무릎에 올리고, 오른손을 살짝 볼에 대고 깊은 사색에 잠겨있는 반가사유상으로 희미하게 미소를 지은 표정이 신비롭다. 그 미소에 끌려 넋을 놓고 한참을 쳐다보았다. 일본인 모양으로 성형을 하였다는 설도 있다. 정식 명칭은 고류지 목조 미륵보살반가상木造弥勒菩薩半跏像, 보관미륵宝冠弥勒이다.

⑥ 대각사大覺寺

일본 정원이 시작된 곳으로 알려져 있다. 오사와이케라는 비교적 넓은 호수가 있는데 호숫가에 천황이 탔었다는 배들이 놓여 있어 멋진 정경을 연출한다. 산책하기 좋은 곳이다. 아라시야마 북쪽에 있다.

3. 교토 이야기

교토京都는 우리에게 친근한 지역이다. 역사적으로 일본국日本國이 성립된 나라 시대710~794년가 끝나고, 이어지는 헤이안 시대平安時代. 794~1185년의 수도로서 가마쿠라 막부가 관동의 가마쿠라로 수도를 옮길 때까지 약 390년간 일본국의 정치 중심지였던 곳이다.

■ 교토 북쪽 다카오산高雄山과 신호사神護寺. 신호사

오늘은 교토의 북서부에 있는 산골짜기로의 여행이다. 교토 시내를 벗어난 버스는 좁은 길을 달려 산속으로 들어가더니 저 밑으로 강이 내려다보이는 산중에 내려놓는다. 시내를 벗어난 지 얼마되지 않은 시간인데 이런 곳에 와 있는 것이 의아스러웠다.

다카오高雄는 교토시 우쿄구 우메가하타梅ヶ畑의 지명이다. 다카오라고도 쓰고, 이웃의 마키노오槇尾, 도가노栂尾에 맞춰서 산비三尾라고도 불린다. 대만의 가오슝시高雄市의 명칭에도 채용되고 있다. 신호사神護寺가 있고, 단풍의 명소로서 유명하다. 다카오산高雄山 기슭의 계곡에는 기요타키강清滝川이 흐르고, 주변의 요리료칸料理旅館에서는 강옆에 자리를 펼치고 먹는 가와유카요리川床料理를 즐길 수 있다.

옛날에는 여기를 어떻게 올라왔는지 가파른 계단의 끝없는 연속이다. 가와바타 야스나리의 소설을 바탕으로 한 영화「고도古都」는「교토京都」를 말한다. 영화 속에서 묘코가 부잣집에 양녀로 들어가 잘살고 있는 쌍둥이 언니를 만나고 버스를 타고 돌아오던, 스기소나무가 가득 찬 산골짜기를 볼 때는 비현실적이라고 생각했다. 실제로 교토시 근처에 이런 심심산골이 있다는 것이 놀랍다.

신호사의 내력을 설명하면서 '헤이안 시대의 역사' 속으로 잠깐 들어가 보기로 한다. 신호사神護寺는 교토시 우쿄구 다카오에 있는 고야산 진언종의 유적인 본산의 사원으로, 사원의 산호山号를 다카오산이라고 일컫는다.

교토 시가의 북서쪽에 있는 아타고산愛宕山. 924m 산계의 다카오산의 중턱에 위치하는 산악 사원으로 단풍의 명소로 알려져 있다. 기요 타키강淸滝川에 가설된 다카오교로부터 긴 참배길을 걸어 올라가면 산중에 금당, 다보탑, 대사전 등의 건물이 세워져 있다. 신호사는 '공해空海'가 도지東寺와 고야산高野山의 경영을 담당하기 전에 일시 주거한 절이며, '사이초最澄'도 여기에서 법화경 강의를 한 적이 있는 일본 불교사상 중요한 사원이다. 절의 정식 명칭은 신호국조 진언사神護国祚 真言寺, 진고코쿠소 신곤지인데 절의 사료인 신호사 약기나 국보인 문서文覚上人四十五箇条起請文 등에는 신호사라고만 써 있고, 절의 입구 누문에 가설된 판액에도 신호사라고 되어 있다.

신호사는 모두 와케씨의 개인 사찰이었다고 생각되는 신원사神顗寺와 다카오산사高雄山寺라고 하는 두 개의 사원이 824년에 합병해서 만들어진 절이다.

나라 시대 실질적인 천황이었던 여제 칭덕천황女帝, 여제의 신임이 두터웠던 승 도경道鏡은 하치만대보살의 말씀八幡大菩薩のお告げ에 의해 황위를 이어받는 사람으로 여겨지고 있었지만, 칭덕천황은 신의神意를 재확인하기 위해, 와케노 기요마로를 하치만대보살이 진좌하는 규슈의 우사 하치만궁에 파견했다. 친신라계의 후원을 받고 있던 천황이 신라계 신사에 자문을 요청한 것은 자연스러운 것으로 보인다. 칭덕천황은 고켄천황孝謙天皇으로 일본의 제46대와 48대 천황재위 749~758년이다.

우사 하치만궁에서 돌아온 기요마로는 황제에게 우사 야하타우佐八幡는 신하가 황위에 오르는 것을 바라고 있지 않다고 주상奏上했다. 이것이 도경道鏡의 노여움을 사고, 이로 인해 기요마로와 그의 누나法均尼는 769년 각각 오스미大隅와 비후備後에 유배된다.

이 대목이 필자에게는 특별하게 들렸다. 하치만 대보살은 원래 불교가 들어오기 전에는 하치만신八幡을 한자식 발음이 아닌 일본어식 발음으로 읽으면 야하타로 즉 위대한 하타족의 조상신이라고 불리던 원시 종교 또는 전통 종교의 신을 불교식으로 바꾸어 부른 이름이다. 그러나 중요한 점은 불교가 들어온 이후에도 황실은 신도의 신神 조상신에게 신탁을 구했다는 점이다. 이때 우사 하치만궁의 누군가가 조정에서 파견된 기요마로에게 승 도경에게 황위를 물려주는 것은 옳지 않다고 조언하였을 것이고 기요마로는 이 메시지를 황제에게 전했을 것이다. 황실에서 이 조언 또는 신탁을 받아들였다는 것은 하치만 대보살의 살아 있는 권위를 보여준다.

두 번째로 필자의 관심을 끈 것은 신탁을 구한 대상이 왜 이즈모대사의 오오구니신大國主神이나 이세 신궁의 천조대신天照大神이 아니고 우사신궁의 하치만 대보살이었는가 하는 점이다.

두 가지 의문점에 대한 필자 나름의 해석은 다음과 같다필자의 독자적인 의견임. 하치만 대보살, 즉 하치만신은 야하타신이며 야하타신은 하타씨의 조상신이다. 앞에서도 간략하게 소개하였듯이 헤이안 교토로의 천도에 즈음하여 막대한 영향력을 지니고 있던 세력은 신라계 도래인 하타씨이다. 황실도 하타씨와 혈족으로 연결되었을 것으로 추측할 수 있다. 따라서 황족에게 영향력이 컸던 하타씨의 조상신, 또는 그것이 상징하는 하타씨족의 의견을 묻지 않을 수 없었을 것이고 황제의 질문神意에 대한 하타씨족의 의견은 부정적이었던 것이다.

도경道鏡이 실제로 황위를 바라고 있었는지 사건의 진상에는 불분명한 부분도 있지만, 770년에는 칭덕천황이 타계하고, 천황의 신망이 두터웠던 도경은 좌천되고, 교대로 기요마로와 누이는 용서를 받고 교토로 돌아왔다. 기요시 마려가 와케씨의 개인 사찰인 신원사의 건립을 청원한 것은 그로부터 10년 후인 780년이라 한다. 신원사라고 하는 절 이름은 우사 야하타宇佐八幡의 신의神意에 근거해서 세운 절이라고 하는 의미다.

전승에는 아타고 곤겐愛宕権現을 아타고산에 옮겨 앉혔을 때에 다른 몇 산악 사원과 함께 건립되었다고 한다.

이 대목에서도 신도와 새로 유입된 종교인 불교와의 관계를 엿볼 수 있다. 아타고 곤겐権現이라는 산신을 옮기면서 새로운 사찰을 같이 개설하였다는 것은 불교가 전통 종교였던 신도를 배척한 것이 아니고 동반자 관계를 유지한 것임을 추측할 수 있는 대목이다. 우리나라에서도 불교가 들어오며 전통 종교인 샤마니즘의 산신각과 칠성각을 절 내에 유지했던 것과 같은 대목이다.

곤겐權現은 일본신 명칭의 하나다. 일본의 신들을 불교의 부처나 보살이 임시의 모습으로 나타난 것으로 보는 본지수적사상本地垂迹思想에 근거한 신호神의 명칭다.

일본의 신들이 일본 불교에 받아들여진 때는 본지수적사상에 근거해 곤겐이라고 하는 신호가 많이 쓰였다.

곤겐은 산왕신도천태종와 양부신도진언종에 근거하는 것이나, 자연 숭배산악 신앙와 수험도가 융합되어 민간 신앙에 있어서는 지역의 명사나 뜻하지 않은 죽음을 맞은 인물 등이 사후에 곤겐으로서 제사 지내지는 예도 보인다. 한편 묘진호明神 호와 곤겐호權現号가 구별되지 않고 사용되는 예도 적지 않다이타고 곤겐은 아타고 묘진, 시라야마 곤겐은 시라야마 묘진 등

812년에는 공해空海가 다카오산사에 주거하기도 하였다.

절은 쇠퇴기를 거친 후 고시라카와 법황이나 미나모토노 요리토모 등의 원조를 얻어 재흥이 진행되었다.

금당의 본존인 목조 약사여래입상木造 藥師如来 立像은 키 170.6cm로 비자나무를 재료로 나무 하나를 깎아서 만들어졌다. 입술에 주홍색을, 눈썹, 눈동자 등에 먹을 칠하는 것 이외에는 채색을 하지 않은 상이다. 눈을 가늘게 뜬, 심각하고 침울한 표정과 체구의 볼륨감은 친밀감보다도 위압감을 준다. 도식적, 관념적으로 정돈된 의복 무늬 등에 헤이안 시대 초기 특유한 양식이 보인다.

하반신에서는 양각 간에 U자형의 의복 무늬를 종으로 연속시켜, 그 좌우로 평활한 면을 만들어서 대퇴부의 볼륨을 강조하고 있는데 이러한 의복 무늬도 헤이안 시대 초기의 부처상에 많이 보이는 것이다. 약항아리를 잡는 왼손을 내리지 않고 가슴의 근처까지 들고 있는 점과 오른쪽 어깨부터 오른팔에 걸쳐서 횡피橫被라고 부르는 천을 걸치고 있는 점 등이 특색이다. 약사상과는 작풍이 다르다.

한반도 이주민의 예술에 대하여 시스오카 신문에 게재되었던 '야마토 고불탐방' 시리즈 중 '신호사 약사여래입상 재고神護寺藥師如来立像 再考'에는 다음과 같은 구절이 있다.

'좀 더 상상의 날개를 펼치면, 도래인과 그들의 규벌閨閥, 처의 일족 세력을 중심으로 연결된 관계의 존재는 길게 뿌리를 내리고 난바, 가와치, 호류지, 나라, 아스카로 계속되는 '성덕태자의 길'을 따라서 유력 사원 관계자가 살아 활동하고 있었던 것이다. 그리고 그 인맥으로 보아도 그 길을 따라 크게 왕래가 있었던 것이 아닐까 하는 것을 중시해야 한다고 생각한다. 이처럼 일본의 초기 불교 작품에는 그 어디에라도 도래인의 흔적이 남아 있는 것이다. 오죽하면 일본인 야나기 무네요시柳宗悅는 일제 강점기에 출간한 그의 저서『조선과 그 예술朝鮮とその芸術』에서 '일본의 국보는 거의 모두 한반도에서 온 것이거나 한반도 도래인이 만든 것이니 도대체 일본 것이란 무엇이냐?'라는 언급을 했겠는가'

2 기요타키강淸滝川과 가와도코요리川床料理

절이 있는 산에서 내려와 강위에 걸쳐 있는 다리를 건넌다. 깊은 산중의 계곡을 흐르는 강이다. 기요타키강淸滝川은 교토시 기타구와 우쿄구를 흐르는 요도가와 수계인 가쓰라강의 지류로 일급 하천이다.

수원은 교토 북산의 사지키가다케桟敷ヶ岳 등이다. 다카오에서 기요타키까지의 사이의 일부를 금운계錦雲渓 기요타키에서 가쓰라강保津川, 호즈강 합류 지점까지의 일부를 금령협金鈴峽이라 부르며 하이킹 코스로 많은 사람이 방문한다. 또 다카오는 옛날부터 단풍의 명소로서도 유명하다. 가쓰라강과의 합류부 부근은 호즈쿄保津峽라고 부르고 있다.

강가의 언덕을 따라 지어진 음식점에서 만찬을 하기로 되어 있다. 이렇게 여름에 서늘한 강가에서 식사하는 것을 칭하는 노료유카納涼床는 오사카 기타하마에서는 가와유카, 교토 가모가와에서는 유카, 기후네와 다카오에서는 가와도코라고 하는데 교토나 오사카의 여름 풍물의 하나다. 5월경부터 9월경까지 교토의 가모가와, 기후네, 다카오, 다카가미네鷹峯 등에서 즐길 수 있다.

③ 게이샤芸者 게이코芸子

식사가 진행되고 있는 동안 생전 처음 보는 게이코芸子와 마이코舞子가 직접 자리로 찾아와 인사를 한다. 특히 지요코千代子라는 게이샤가 되기 위해 수습 중인 마이코가 인상 깊었는데 교토가 고향이 아니고, 게이샤芸者가 되기 위해서 규슈에서 왔다고 한다. 모습은 마이코의 복색과 화장을 하고 있지만, 말하는 것을 들어 보면 여느 소녀와 전혀 다름이 없다. 얼굴도 예쁘장하게 생기고 말도 곧잘 하여 신기하기만 했던 마이코라는 존재가 가깝게 느껴지는 시간이었다. 파트너도 지요코가 사랑스러운지 연신 질문을 퍼붓는다.

게이샤 또는 게이기芸妓는 무용이나 음곡, 악기로 연회석에 흥을 더하고, 손님을 대접하는 여성을 말한다. 게이샤芸者, 芸子는 술자리에서 각종 기예技芸를 보여주며 자리를 주도하는 여자이며, 관료들의 놀이가 성했던 에도 시대 중기경부터 인기를 얻은 직업의 하나다. 에도 시대에는 남자 게이샤와 여자 게이샤가 있었다. 교토나 오사카에서 게이샤芸者라고 하면 남성인 호우칸幇間,연회에서 흥을 돋는 직업의 남자을 지칭하고, 게이코芸子가 여성이었지만, 메이지 시대가 되면서 게이샤芸者가 남성을 지칭하는 경우는 사라진다. 이후는 오사카에서도 여성을 게이샤芸者라고 하게 되었다. 게이샤는 많은 경우 수습을 마친 게이샤와 수습 중인 마이코로 구별되고 있어 각각의 명칭이 지역에 따라 다르다.

교토에서는 차나 경단을 제공하는 물찻집水茶屋에서 일하는 차립녀芸立女, 차다테온나가 가부키 연극을 흉내 내서 샤미센

[그림 48] 기온 풍경

이나 춤을 보여주게 된 것에서 시작되었는데 게이샤를 게이코芸妓, 수습을 마이코舞妓라고 부른다.

도쿄와 관동関東지구에서는 게이샤를 게이샤芸者, 수습을 한교쿠半玉 또는 오샤쿠御酌 등으로 부른다. 기타 지역야마가타, 이시카와에서는 게이샤를 게이코芸妓, 수습을 마이코舞妓라고 부른다.

옷차림装束의 경우 게이샤는 주로 미혼 여성이나 화류계 여성이 하는 일반적 여성 머리 모양인 시마다마게島田髷를 하고, 쓰메소데좁은 소매의 기모노詰袖の着物, 수백분水白粉에 의한 화장을 하는데 히키마유黛眉, 눈썹을 미는 것는 하지 않는 것이 일반적이다. 긴키계 게이샤는 정식으로는 치흑涅歯을 하지만, 현대에는 통상은 치흑을 하지 않는다. 지방 풍습에 따라 소쿠하쓰束髪, 서양식 머리 모양에 보통 화장을 할 경우도 있다. 샤미센 상자를 남자들에게 들게 해서 술자리에 나온다.

견습생인 한교쿠半玉나 마이코舞妓 등의 소녀 게이샤의 의상에서 머리 모양은 모모와레桃割れ 등의 소녀 머리로, 어깨를 올린肩上げ, 또는 수삽입한 넓은 소매 기모노를 입는다. 오비帯, 허리띠도 게이샤와는 다르다. 이 중, 교토의 마이코는 나비 묶음의 허리띠에, 신발은 높은 배 모양의 일본식 나막신인 고보こぼり를 신는다. 도쿄 후카가와지금의 강동구 지역의 다쓰미 게이샤辰巳芸者는 버선을 신지 않고 맨발에 오동나무 나막신을 신고, 겉옷羽織, 하오리을 걸쳐 입는 것을 멋으로 했다고 한다. 따라서 다쓰미 게이샤를 하오리 게이샤羽織芸者라고도 불렀다.

게이샤는 오이란花魁, 고급 유녀이나 신부花嫁와 같이 오른손이 아니고, 왼손으로 기모노의 아랫단褄을 잡으므로, 히다리쓰마左褄라고 불리는 경우도 있다. 게이샤는 통상, 오키야置屋라는 곳에 적을 둔다. 오키야는 게이샤의 가카에모토抱え元, 즉 탤런트들의 소속 사무소에 해당한다. 현재는 겐반検番, 見番을 두어 게이샤나 호우간男芸者의 대부분은 여기에 소속하고 있다. 겐반은 게이샤의 교육을 하는 경우가 많다. 게이샤에는 무용을 주로 하는 입방立方, 다찌가타과 샤미센 음악의 장르인 나가우다長唄, 장패나 주로 가부키 음악의 반주곡으로 사용되는 기요모토清元 등의 노래, 이야기, 샤미센이나 악기의 연주를 맡는 지방地方, 지가 타이이 있다. 지방이 되기 위해서는 수련이 필요해서 통상은 입방을 졸업한 선배 게이샤가 지방으로 옮겨간다. 그 밖에 게이샤는 소양으로서 대중의 음곡, 다도 등의 수행이 요구될 때가 많다.

앞에서 설명한 바와 같이 마이코舞妓는 교토에서 게이샤芸妓가 되기 위해 견습 수행 중인 여성을 말한다. 기온 거리를 걷다가 마이코상이 걸어가는 것만 보아도 큰 화젯거리가 될 정도로 최근에는 보기가 쉽지 않다.

4 교토의 근세사

메이지유신 후에 황실과 조정의 대부분이 도쿄로 옮겨 갔기 때문에 급속한 쇠퇴를 보였다. 에도 시대에는 3도라고 불렸지만 메이지유신 후의 1873년에는 24만 명 선에서 인구가 주춤했다.

교토의 부흥을 위해 1871년에 일본 최초의 박람회가 민간에 의해 니시혼간지西本願寺에서 열렸다. 비와호 소쓰이와 같은 수로의 건설과 수로를 이용한 일본 최초의 수력 발전과 그 전력을 이용한 일본 최초의 전철 운영 등 선진적인 시책이 실행되었다. 쇼와1926~ 초기에 이르러 후시미시 등 주변의 시읍면을 편입하여 인구는 100만 명을 넘어섰다.

제2차 세계대전 중, 6대 도시도쿄, 오사카, 교토, 나고야, 고베, 요코하마 중에 공습의 큰 피해를 입지 않아 옛날 건조물이 비교적 많이 남아 있다.

4. 교토의 일본 불교

교토의 역사 중 중요한 하나가 이곳이 바로 8세기 말을 전후하여 진언종과 천태종을 중심으로 하는 일본 불교가 일어난 곳이란 점이다. 아스카–나라 시대의 불교는 한반도를 통해 전해진 것과 달리 헤이안 시대의 불교는 당나라에서 직접 들어왔다. 그리고 밀교를 위주로 하는 일본의 불교는 우리나라 불교와 매우 다르다. 일본을 이해하는 데는 일본식 불교의 이해가 많은 도움이 된다. 불교의 의식은 일본인의 일상생활에도 자연스레 배어 있다.

❶ 오하라大原 산젠인三千院

교토를 방문하기 전에 오사카에서 공부한 외국인 간부 F씨에게 정보를 구했다. 개인적으로 가장 좋아했던 장소 중에 추천한 곳이 오하라의 산젠인이었다. 우선 오하라로의 여행이다. 오하라大原는 교토시 사쿄구 북동부에 있는 지역으로 교토 중심부가 아니기 때문에 버스를 타고 히에이산 옆으로 해서 북쪽으로 한참을 올라가야 한다. 히에이잔比叡山의 북서 산록, 고노강高野川 상류에 위치한다. 예전에 오하라에는 조정의 마키馬牧場가 있었고, 교토에의 목재나 땔감의 공급지로서 중요한 역할을 하고 있었다. 가마쿠라 시대 이후에는 교토까지 땔감을 행상한 오하라메大原女, 오하라 여자가 기타시라카와北白川의 꽃을 행상한 시라카와 여자와 가쓰라가와의 은어 등을 행상한 가쓰라 여자와 함께 알려졌다. 나중에는 시바쓰케柴漬, 가지나 오이장아찌나 차, 보릿가루 등의 특산품으로도 알려지게 되었다.

산젠인三千院은 오하라에 있는 천태종의 사원으로 산젠인문적三千院門跡이라고도 한다. 초대 주지는 천태종의 창시자인 '사이초最澄'다.

경내에는 유명한 왕생 극락원 이외, 침전, 객전 등의 건물이 있다. 침전에 딸려 있는 정원이 아주 보기 좋고, 경내에 깔려 있는 이끼가 차분한 분위기를 만들어 준다.

오차세키お茶席 나무마루에 앉아 슈에키엔聚碧園 정원을 바라보며 앉아 있으면 기분이 차분해진다.

산젠인 가까이에는 교토에서 인기 있는 호센인宝泉院이라는 절도 있고 짓코인実光院도 있다.

2 히에이잔比叡山

비예산히에이잔으로 부른다은 교토의 동쪽을 비와호로부터 가로막고 있는 산으로 이 산에는 일본 불교의 엄청난 역사가 살아 있다. 비예산, 즉 히에이잔은 『고사기』에도 그 이름이 보이는 산으로, 고대부터 산악 신앙의 산이었다. 히에이잔比叡山, 비예산은 나라 남부의 고야산과 나란히 예로부터 신앙 대상의 산으로 여겨지고, 엔랴쿠지延曆寺나 히요시타이샤日吉大社가 있어 번영했다. 히에이잔의 산 정상에서는 비와호琵琶湖나 교토 시가지 이외 히라연봉比良連峰 등의 교토 북쪽의 산도 바라볼 수 있다. 산의 동쪽에는 천태종의 총본산인 엔랴쿠지가 있다.

3 엔랴쿠지延曆寺

엔랴쿠지는 오쓰大津시에 있는 표고 848m의 히에이잔 전역을 경내로 하는 사원으로 헤이안 시대 초기의 승려인 '사이초最澄, 767년~822년'에 의해 시작된 일본 천태종天台宗의 총본사이다. 사이초의 개창 이래 고야산 곤고후지金剛峯寺와 함께 헤이안 불교의 중심이 되었다. 천태 법화의 가르침 이외에 밀교, 선지관, 염불도 행하여져 불교의 종합 대학의 양상을 보였다.

엔랴쿠지라는 곳은 단순한 절의 명칭이 아니고 히에이잔의 산상부터 동쪽 산록에 걸쳐 있는 동탑, 서탑, 요코카와横川 등의 구역이것들을 총칭해서 3탑16곡이라고 칭한다에 소재하는 150개 정도의 당탑의 총칭이다.

『일본 불교의 초』라는 책에 의하면, 히에이잔의 최성기에는 삼천 개를 넘는 절들로 구성되어 있었다고 적혀 있다. 788년에 사이초가 약사여래를 본존으로 하는 일승지관원一乘止觀院이라고 하는 초암草庵을 세운 것이 시작이다.

엔랴쿠지는 수많은 명승을 배출하고 일본 천태종의 기초를 쌓은 엔닌円仁, 円珍,

융통염불종의 개조 료닌良忍, 정토종의 개조 법연法然, 정토진종의 개조 신란親鸞, 임제종의 개조 사카에 에이사이榮西, 조동종의 개조 도겐道元, 일연종의 개조 일연日蓮 등, 신불교의 개조나 일본 불교사상 저명한 승려 중 많은 사람이 젊은 시절 히에이잔에서 수행하였기 때문에 '일본 불교의 어머니산'이라고도 칭해지고 있다. 또 '12년 고모리야마행籠山行', '천일회 봉행峯行' 등의 엄격한 수행이 현대까지 계속되고 있는 일본 불교의 대표적인 성지다.

4 사이초最澄 천태종天台宗

사이초는 766년 오미국近江國 시가군 오쓰시, 大津市에서 태어났다. 780년, 오미 고쿠분지近江國分寺의 승려였던 행표行表의 밑에서 출가하고 사이초라 자칭한다. 청년 사이초는 나라奈良의 대사원에서의 안정된 지위를 구하지 않고 785년, 고향에 가까운 히에이잔에 소당을 세우고 수행과 경전 연구에 몰두했다. 20세 때인 785년, 나라의 도다이지에서 수계受戒, 정식 승이 되기 위한 계율을 받는 것를 받고 정식 승려가 되었다.

사이초는 수많은 경전 중에서도 법화경의 가르침을 최고의 것이라고 생각하고, 중국의 천태대사 지기智顗의 저술인 『법화삼대부법화현의, 법화문구, 마하지관摩訶止觀』를 연구했다.

788년, 사이초는 미와야마三輪山, 나라 소재에서 오모노누시大物主神의 분령을 히에산日枝山에 권청해서 소규모 사원을 건립하였는데 엔랴쿠지라는 절이름이 붙은 것은 후의 일이다. 당시의 간무천황桓武天皇은 사이초에게 귀의하고, 천황이나 그 측근인 와케씨和氣氏의 원조를 받고, 히에이잔지는 교토의 귀문鬼門, 북동방향을 지키는 국가 진호鎭護의 도장으로서 점차 번성하게 되었다.

802년, 사이초는 환학생還學生, 단기유학생으로서 당나라에 도항하는 것을 인정받아서 804년, 견당사遣唐使 배로 당으로 건너갔다. 사이초는 영지인 천태산에 가고, 천태대사 지기智顗 직계의 도즈이道邃화상에게서 천태 교학과 대승보살계, 행만좌주行滿座主로부터 천태교학을 배웠다. 또 월주소흥의 용흥사龍興寺에서는 준교順曉阿闍

桀에게 밀교, 샤쿠넨修然선사로부터 선을 배웠다. 간무천황이 죽기 전해인 805년 당에서 귀국한 사이초는 천태종을 열었다. 또한 간무천황은 사이초를 초빙하여 병의 쾌유를 비는 독경을 부탁하기도 하였다. 사이초가 설하는 천태의 사상은 일향대승—向大乘, 즉 모든 사람이 보살이며, 성불득도할 수 있다고 하는 것으로 나라의 구불교의 사상과는 서로 상용相容하지 못했다.

이렇게 법화경을 중심으로 천태교학, 계율, 밀교, 선에 이르는 4개의 사상四宗相承, 4종상승을 모두 배워 일본에 알린 것이 사이초 학문의 특색으로 엔랴쿠지는 종합대학으로서의 성격을 가지고 있었다. 나중에 엔랴쿠지에서 정토교나 선종의 종조를 배출한 근원이 여기 있다. 불교도로서의 사이초가 생애에 걸쳐서 달성할 수 없었던 염원은 히에이잔에 대승계단大乘戒壇을 설립하는 것이었다. 대승계단을 설립한다는 것은 곧, 나라奈良의 구불교로부터 완전히 독립하여 엔랴쿠지에서 독자적으로 승려를 양성할 수 있도록 하는 것이었다. 당시의 일본에서는 승려의 지위는 국가 자격이며, 국가 공인의 승려가 되기 위한 의식을 행하는 계단戒壇은 일본에 세 군데나라의 東大寺 도다이지, 쓰루시의 觀世音寺 간제온지, 시모쓰게의 藥師寺 야쿠시지밖에 존재하지 않았기 때문에 천태종이 독자적으로 승려를 양성할 수는 없었던 것이다.

사이초는 자기의 불교 이념을 나타낸 산가학생식山家學生式 안에서, 히에이잔에서 출가한 사람은 12년간 산을 내려가지 않고 고모리야마 수행籠山修行에 전념한 후, 수행이 끝난 사람은 그 적성에 따라 히에이잔에서 후진의 지도를 맡게 하여 일본 각지에서 불교계의 리더로서 활동시키고 싶다고 주장했다. 그러나 사이초의 주장은 나라의 구불교南都로부터 심한 반발을 받았다. 남도의 반발에 대하여 사이초는 『아키라 계론顯戒論』에 의해 반론하고, 각지에서 활동하면서 대승 계단의 설립을 계속해서 호소했다.

대승 계단의 설립은 822년, 사이초의 사후 7일이 지나서 드디어 허가되어 이것이 중요한 계기가 된다. 얼마 후 엔랴쿠지는 일본 불교의 중심적 지위에 오르게 된다. 823년, 히에이지는 엔랴쿠지의 칙액을 받는다. 엔랴쿠지는 서서히 불교 교학에 있어서의 권위가 되고 남도에 대하여 북령이라고 불리게 되었다. 한편, 사이초 사후에 요시노부義信가 최초의 천태좌주가 되었다.

5 히에이잔의 발전

대승 계단 설립 후 히에이잔은 일본 불교사에 남는 수많은 명승을 배출했다. 엔닌慈覺大師, 794~864과 엔친智証大師, 814~891은 당에 유학하여 많은 불전을 갖고 돌아와 히에이잔의 밀교 발전에 최선을 다했다. 또 엔초円澄는 서탑을, 엔닌장보고의 도움을 받은 사실을 기록한 『입당구법순례행기』가 있음은 요코카와橫川를 열고, 10세기경, 현재 보이는 엔랴쿠지의 모습이 완성되었다.

헤이안으로부터 가마쿠라 시대에 걸쳐서 엔랴쿠지에서는 많은 명승을 배출했다. 엔닌과 엔친의 뒤에는 원삼대사元三大師의 별명으로 알려진 신라계 이주민의 후손인 료겐良源, 자혜대사은 엔랴쿠지 중흥조였으며, 정토교의 기초를 쌓은 겐신惠心僧都 源信이나 융통염불종融通念仏宗의 개조인 료닌良忍도 나타났다.

6 엔랴쿠지의 무장화

한편 히에이잔의 승려는 이후에 엔닌慈覺大師파와 엔친智証大師파로 갈라져서 격렬하게 대립하게 되었다. 993년, 엔친파의 승려 약 1,000명은 산을 내려가 온조지園城寺, 미이데라에 틀어박혔다. 이후 산문山門, 엔닌파의 엔랴쿠지과 사문寺門, 엔친파의 온조지은 대립과 항쟁을 되풀이하고, 이러한 항쟁에 참가하고 무장화한 법사法師 중에서 저절로 승병이 나타났다.

엔랴쿠지의 무력은 해를 지날 때마다 강해져, 강대한 권력으로 대리 정치를 한 시라카와 법황白河法皇조차 "가모 강물, 주사위, 산법사山法師, 이것이야말로 짐이 뜻대로 안 되는 것이다"라고 말하고 있다. 산법사는 엔랴쿠지의 승병이다. 즉 강대한 권력을 갖고도 제어할 수 없는 것에 비유했던 것이다. 엔랴쿠지는 자기의 뜻에 따르지 않는 일이 일어나면, 승병들이 신여神輿를 메고 강소强訴하는 수단으로 권력자에 대하여 자기의 주장을 통하게 하고 있었다.

또 기온사祇園社, 현재의八坂神社 아사카 신사를 엔랴쿠지 지배하의 말사로 만들었다. 1070

년에는 기온사는 가모가와鴨川 서안의 광대한 지역을 경내로 인정받아 조정 권력으로부터 독립권不入權을 승인받았다. 이렇게 엔랴쿠지는 그 권위에 따르는 무력이 있고, 또 물자의 유통을 장악하는 데 따르는 재력도 가지고 있어, 권력자를 무시할 수 있는 일종의 독립국과 같은 상태인 지샤 세력寺社勢力이 되었다. 엔랴쿠지 승병의 힘은 두려운 세력이 되었다. 엔랴쿠지의 세력은 귀족을 대신하는 힘을 기른 무가 정권마저도 위협했다.

VIII 교토 주변 지역

이 장에서는 고대사뿐만 아니라 헤이안 시대와 에도 시대를 포함하여 막부 시대의 역사도 소개한다.

1. 나고야, 미에, 시가

① 나고야名古屋

필자가 오사카 출장에서 돌아오는 금요일 저녁에 도쿄에 있던 파트너를 나고야역에서 만나기로 하였다. 여행 목적지는 이세 신궁이었는데 마침 일본인 수석 간부 K상이 고향 시골집에 들르는 길에 이 지역을 안내해 주기로 했다.

나고야名古屋는 아이치현의 현청 소재지이다. 일본에서 네 번째로 인구가 많은 도시로 일본의 주요 항구이다. 역사적으로 교토와 도쿄의 중간에 위치해 '중앙의 수도'라는 뜻으로 주쿄中京로 불렸다. 1610년에 도쿠가와 이에야스는 오와리국의 국부國府를 기요스清洲로부터 약 7km 떨어진 전략적인 곳에 위치한 오늘날의 나고야로 옮겼다. 새로운 커다란 성인 나고야성은 부분적으로 기요스성清洲城

의 자재를 사용해 건설되었다. 성의 건설과 함께 6만 명의 주민과 절, 신사가 기요스로부터 나고야성 주변의 계획된 마을로 옮겨 왔다. 이 무렵에 고대의 아쓰타신궁熱田神宮은 교토와 에도東京를 연결하는 도카이도의 역참으로 개발되었다. 마을은 신사 주변에 개발되었다. 이들 두 개의 성과 신궁 마을이 오늘날의 나고야를 형성하였다. 에도 시대에 도쿠가와 집안 사람인 신판 다이묘親藩大名, 이에야스의 남계 자손을 시조로 한 번의 다이묘를 중심으로 지배하였다.

나고야 지역은 공업의 중심지가 되었다. 지역 경제권은 유명한 도기 생산지인 도코나메常滑, 다지미多治見, 세토瀬戸와 막부하에 유일한 화약 생산지였던 오카자키岡崎를 포함했다. 이 지역의 다른 산업으로는 목화와 움직이는 가라쿠리 인형이 있었다. 나고야 지역은 도요타 등 자동차 공업 지역을 형성하고 있으며 주쿄공업 지대中京工業地帯의 중심 도시이다.

2 이세 신궁이세징구, 伊勢神宮

쓰津에서 K상을 만나 우선 목적지를 일본 최대의 신사인 이세 신궁으로 정했다. K상의 말에 따르면 일본인은 인생의 기념일이면 이곳을 방문한다고 한다. 이세 신궁伊勢神宮은 미에현 이세시에 있는 일본에서 가장 큰 규모의 신사로, 일본 내 신사들의 중심이다. 히쿠마 신궁日前神宮, 구니카카스 신궁國懸神宮과 더불어 신계神階가 없는조원하는 신궁으로 우사 신궁宇佐神宮, 이와시미즈 하치만구石清水八幡宮와

[그림 49] 이세 신궁

더불어 일본의 종묘라고 할 수 있다.

태양을 상징하는 신인 아마테라스 오미카미天照大神를 모시는 황대 신궁과 의식주를 상징하는 신인 도요케노 오미카미豊受大御神를 모시는 도요

케 대신궁이 있다. 황대신궁을 내궁, 도요케 대신궁을 외궁이라 부르기도 한다. 특히 아마테라스는 천황 가문의 조상신이었기 때문에 아마테라스를 모시는 이세 신궁은 일본 천황 가문과 조정에서 매우 중시했던 곳이다. 그래서 본래 이세 신궁은 국가 제일의 종묘로서 천황만이 공물을 바칠 수 있었다. 그러다가 중세 이후 이세 신궁의 온시御師 신사에 소속된 기도사들의 활동에 의해 아마테라스가 일반 민중들 사이에서도 일본의 수호신으로 신앙되어 광범위한 숭배의 대상이 되었다. 그리고 무로마치 시대에 이르러서는 일본인이라면 누구나 일생에 한 번쯤 이세 신궁에 참배해야 한다는 관념이 국가적으로 형성되었다. 두 정궁 주변에 별궁, 섭사, 말사, 소관사 등 123개의 크고 작은 사궁社宮들도 있다. 20년에 한 번씩 신궁을 새로 짓는데, 이를 식년천궁式年遷宮, 시키넨센구이라 한다. 우리가 방문했을 때 새로 지어 놓은 궁을 볼 수 있었고 그해 가을에 천궁을 한다고 들었다.

인터넷에 나와 있는 한 재일교포의 질문과 그에 대한 답이 흥미로워 소개한다.

🔳 이세 신궁神宮의 천조대신은 도래인의 신이라고 하는 설이 있다. 그러므로 이세 참배를 하면 우익 측에서 재일교포在日, 자이니찌로 취급될 우려가 있나?

🔳 일본인이라고 하는 것은 선주의 조몬인과 뒤에 온 도래인이 융합해서 성립한 민족이다. 도래인과 일본인은 불가분의 관계에 있다. 한편, 당시 한반도의 신라, 백제, 고구려는 서로 다른 민족으로 '한국인'이라고 하는 민족은 아직 성립하고 있지 않았다. 일본인의 선조 대부분은 한반도에서 왔다. 이세 신궁뿐만 아니라 이나리신稲荷神, 야하타신八幡神 등 많은 신이 이주계 신이다. 스사노오須佐之男命도 신라 출신의 신으로 여겨지고 있다. 아메노히보코天之日鉾, 천일창도 신라에서 온 신이다. 『기기記紀』도 많은 신들이 이주계인 것을 인정하고 있다. 쉽게 말하면 신사 그 자체가 도래한 것이다. 한반도에서 도래했지만 한반도가 신사의 발상지는 아니고 경유지였다.

◆ **필자의 해석** ◆

이 글 중에 일본인들의 생각이 잘 들어 있다. 한반도로부터의 도래를 굳이 인정한다고 해도 그 것이 한 민족의 도래는 아니고 북방 민족의 도래이며 한반도는 일시적으로 지나친 경유지에 불과하다는 생각이다. 일본인 직원에게 한반도로부터의 도래에 관해 의견을 물어보면 즉시 나오는 말이 한민족도 한반도에 정착하기 전에 실크로드를 따라 서쪽에서 온 것이 아니냐는 반응이었다.

3 이세 신궁의 고분

원래 신사란 고분 앞에 있는 사당 같은 곳이다. 따라서 신사 뒤에는 고분이 있기 마련이고 고분의 주인이 신사의 주인이다.

다카쿠라산高倉山은 이세 신궁 외궁의 부지에 있는 산영역의 총칭이다. 산 정상에는 다카쿠라산 고분이라고 하는 원분이 있고, 산영역에는 그 외에도 고분이 존재한다. 고분 시대 후기의 원분으로 분구의 지름이 32m, 높이가 8m이지만, 분구의 규모에 걸맞지 않은 전장 18.5m, 높이 4.1m의 두 축형의 횡혈식 석실이 있고, 길이 9.7m, 폭 3.3m, 높이 4.1m의 현실玄室이 있다. 발굴 조사 결과 6세기 중간에 만들어진 고분이라고 추측되고 있다. 이 조사로 스에키, 하세기, 마구, 철도, 소도, 옥류 등이 출토되었다.

다카쿠라산에서 약 20km 떨어져 있으며 옛날에는 '아사카'라고 부르던 지역 일부에 해당하는 마쓰자카시松阪市 소재 다카라즈카 고분宝塚古墳 1호분은 5세기 초에 축조된 이세국 최대의 전방후원분이다. 계속되는 2호분은 후원부 직경이 1호분을 능가하지만, 전방부가 축소된 가리비형을 보이고 토용도 비교적 빈약하다. 동분 이후, 이 근처 고분군에 있어서의 대형분의 축조는 끝났는데, 피장자로서는 아헤노 오미구니미阿閉臣国見와 동일 인물로 보이는 아사케노이라쓰코朝日郎를 들 수 있다. 아사케는 474년에 주살되었다고 전해지고 있어 이러한 사건과 고분군의 쇠퇴와는 무관하지 않은 것 같다. 463년에 일어난 기비 다사의 난과 더불어 백제계 중앙 정권의 일본 열도 정복의 일환으로 보인다.

외궁은 478년 창사한 것으로 여겨지고 있다. 거슬러 올라서 459년에는 다쿠하타히메 왕녀出王姫媛女가 자살하는 사건이 발생한다. 그 결과 사이왕率王이나 아헤阿閇씨가 황대 신궁에 관여하는 것이 없어지고 대신 이소베씨磯部氏가 대두했다. 이는 지방호족의 세력이 중앙 권력을 물리치고 자신의 세력을 유지한 예로 보이는 사건이다. 그러나 이로부터 250년이 지나면 내궁의 창건을 통하여 중앙 권력의 영향이 다시 커진 것을 볼 수 있다.

외궁 남방의 다카쿠라산 산 정상에 만들어진 다카쿠라산 고분은 외궁에서 제사 지내던 씨족, '이소베씨磯部=あたらい씨'의 권세를 내보이는 것이었다고 생각한다.

4 한신산韓神山

이세 신궁 바로 북쪽인 이세시 구스베초에 한신산韓神山이 있었다고 한다. 현재의 지도에서는 사라졌지만, 330여 년 전 에도 시대의 사료伊勢市中有財産自治会 보관에 그 이름이 보인다. 지도에는 '당목협唐木挟'이라는 지명도 있는데 당목唐木, 唐末은 '한韓에서 왔다'라고 해석할 수도 있다. 탱자와 대나무 숲이 우거진 한신산 정상부에는 한신사韓神社의 작은 사당이 세워져, 이곳을 지키고 있던 것은 내궁의 신직을 대대로 지낸 아라키다씨荒木田氏였다. 조금 떨어진 어두운 숲속에 들어가면, 거암을 우러러보는 일족의 제사山宮祭의 장소가 황폐해져 남아 있다. 이곳은 제사의 장소이자 아라키다가荒木田家의 묘소였을 것이다. 아라키다씨는 가야계 이주민으로 보인다. 고대에 한반도에서 온 사람을 '지금 온다今来'라고 쓰고 '이마키'라고 칭했다. 반도 남부에 가야라고 불리는 작은 나라의 연합체가 있고, 그중 하나로 아라, 안라阿羅, 安耶가 있었다. 신라에서 온 사람新羅末에 '시라키白末', '시라키白城' 등의 글자를 맞춘 것처럼, 아라키荒木성은 안라安羅에서 온 '아라키安羅末'라는 설이 있다.

5 이세 신궁伊勢神宮의 역사

이세 신궁에는 외궁과 내궁이 있다. 원래는 외궁만 있었는데 후에 일본국이 만들어지면서 내궁이 만들어졌다. 이 신사의 창건 세력에 대해서는 두 가지 설이 있다.

6 해인족 와타라이씨와 이소미야외궁

이세 신궁의 원초의 궁은 태양신인 천조대신을 요배하기 위해서 해인족 아즈미씨의 일족인 와타라이씨이소베씨와 동족가 만든 이소미야, 즉 남쪽에 있는 이자와미야伊雜宮이었다. 그러나 달이나 별을 관측하기 위해서는 주변이 산에 둘러싸인 이소베초 근처보다는 현재의 외궁이 있는 이세시 야마다 근처의 열린 지역이 적합하여 원래는 두 군데에 이소미야가 있었다고 생각된다. 뒤에 조정야마토 정권이 아라키다씨를 파견해서 이세 신궁 내궁나이쿠을 창건했을 때 와타라이씨의 이소미야이자와미야를 이세 신궁 외궁으로 분할했다고 생각하면 이야기가 맞아 떨어진다.

이 외궁은 원래는 단고 반도丹後半島의 원이세元伊勢라고 전해지는 고노 신사籠神社와 이자와미야伊雜宮를 잇는 직선상에 있어 외궁의 신인 도요케오오 가미는 고노 신사에서 초대되었다고 전해진다. 즉, 원래는 오키노시마神の島, 와카사만若狹灣, 기이반도紀伊半島 부근이 해인족 아즈미씨의 근거지이며, 오키노시마의 정동쪽에 위치하는 이자와미야와고노 신사는 해인족 아즈미씨가 제사 지내는 신역이었다. 이 고노 신사의 신체御神体, 고신타이가 이세에 이동해서 외궁으로 세워진 것으로 추측된다. 이세만 연안은 해인족海人族의 근거지이었다. 지금의 미에현 와타라이군의 지역은 원래 이소磯라고 했던 것 같다. 이 해변 일대의 지역을 지배하고 있었던 것이 인근 바다에서 채취생활을 하던 집단의 수장인 와타라이씨度会氏다. 이 와타라이씨해인족의 공동신이 이소미야磯宮다. 와타라이씨는 이소베磯部 성도 자칭하고 있었던 것이 『속일본 제왕일대기』에도 보인다. 와타라이씨는 해인족의 아즈미족阿曇族이다. 이 이소미야磯宮는 조정이 만든 이세 신궁에 나이쿠內宮가 만들어졌을 때 외궁이 되었다. 나이쿠가 해안으로부터 수십 km 떨어진 산골짜기인 이세시 우지宇治에 있는 것에 반해서 외궁이 해안에 가까운 이세시 야마다山田에 있는 것은 오래된 모습의 이소미야磯宮임을 보여주고 있다.

7 대해인황자大海人皇子

지방신이었던 이세 신궁伊勢神宮이 황조신皇祖神을 모시는 신사로 승격된 것은 나라 시대 전후다. 승격의 계기로서는 임신의 난672년에 의해 대해인大海人 쪽의 세력이 커졌으므로 와타라이度会의 이소미야磯宮에 있는 사이구斎宮가 조정의 숭배하는 곳이 되어 이세 신궁伊勢神宮이 되었다고 일반적으로 말해지고 있다.

『일본서기』숭신천황기에 의하면, 천황이 왕녀 도요스키이리히메豊鍬入姫命에게 명해서 궁중에 모셔지고 있었던 아마데라스오미가미天照大神를 야마토국의 가사누이읍笠縫邑에 모시게 했다고 써 있어, 이것이 사이오斎王, 斎宮의 시작으로 여겨진다. 참고로 사이오斎王 또는 이쓰키노미코斎皇女는 이세 신궁 또는 가모 신사에 무녀巫女로서 봉사한 미혼의 내친왕內親王, 천황의 왕녀 또는 여왕女王, 천황 혹은 친왕의 왕녀이다. 양자를 총칭해서 사이오斎王라고 부른다.

지방신인 아마테라스가 황조신의 지위에 오른 하나의 이유가 형인 천지천황의 아들을 몰아낸 임신의 난672년에 즈음하여 대해인왕자 즉, 천무천황天武天皇이 이세의 황대신궁을 바라보고 전승기원을 한 것에서 시작되었다고 여겨지고 있다. 형인 천지천황은 백제를 부흥시키고자 백촌강의 전투를 지휘한 친백제계 천황으로 일본 열도에서 그와 그의 아들이 죽음으로써 백제에 의존하는 정치가 끝나고 천무천황으로부터 시작하여 한반도로부터 독립적인 일본이라는 정권이 생겼다.

나이쿠의 신관으로 조정은 와타라이씨와 경쟁하는 지역의 호족 아라키다씨荒木田氏를 임명했다. 아라키다씨는 중앙의 나카토미中臣氏와 결탁하여 계보상으로 나카도미씨의 지류를 만들고 있다. 와타라이씨는 신궁이 생겼을 때부터 나이쿠와 외궁의 제사 지내는 일을 독점했다고 그 전력을 주장하고 있는 데 반하여, 아라키다씨는 나이쿠의 성립 당초부터 제사 지내는 일을 하고 있었다고 주장한다. 긴 이 '논쟁'은 성질상 결론을 보이지 않지만, 와타라이씨는 이소미야의 사이구가 외궁이 되었을 때부터 제사 지내는 일을 담당하였고, 아라키다씨는 나중에 나이쿠가 생겼을 때부터의 신관으로 보인다.

8 한半島 발상發祥의 야마토족大和族

신화의 시대부터 645년의 '대화의 개신' 즈음까지를 '상고上古'라고 부른다. 『기비군사』『吉備郡史』오카야마현 기비군교육회 발행 안에 옛 일본 열도의 모습이 다음과 같이 기록되어 있다. 앞에서도 기술한 바가 있지만 중요한 기록이라 다시 소개한다.

고대의 일본 열도에는 쓰찌구모土蜘蛛, 구즈国栖, 히에키蝦夷, 에조蝦夷, 구마소熊襲 등이 토착해 있었는데 거기에 한반도로부터 야마토족大和族이 들어와서 토착족을 평정했다.

야마토족大和族은 오오야마즈미大山祇, 백제, 이즈모出雲, 신라, 다카치호高千穂, 가야-신라의 3파로, 모두 한반도가 발상지다. 다카치호파로 규슈와 휴가日向로부터 열도의 동쪽을 향해 지배를 넓혀, 야마토의 땅에서 왕권을 쌓은 것이 초대 대왕인 신무神武, 神武다.

신무의 실재를 믿는 전문가는 거의 없지만 위 문장에서 주목되는 것은 야마토족 3파의 발상지가 모두 한반도라고 단정하고 있다는 점이다. 아라히토 신사現人神社 항에서 '신무 신라인설神武 新羅人説'을 언급한 바 있다. 『기비군사』의 발간 시기는 1937년으로 천황주권天皇主権, 괘씸죄不敬罪 시대의 와중지만, 천황가의 조상이 한반도 출신이라는 이 책의 명기에 대해 문제시한 흔적은 없다.

신화에서 황실의 조상은 여왕 아마테라스이지만, 실제로 천황가가 대대로 모셔온 수호신守り神이 따로 있다.

고대에 천황가의 수호신으로 여겨진 것은 연희식『신명장神名帳』에 궁내성 좌신 삼좌宮内省 坐神三所라고 기록되어 있는 원신園神과 한신韓神이다. 궁중 36신의 가장 오래된 신最古神으로, '원신은 신라의 신', '한신은 백제의 신園神は 新羅の神, 韓神は 百済の神'으로 여겨진다. 헤이안 시대에는 궁중에서 성대하게 '원한신제園韓神祭'가 열렸다. 중세에 이르러 중단된 것 같지만 현재도 궁중에서 개최되는 미카구라御神楽에 그 정수가 계승되고 있다고 한다.

2019년에 거행된 황위 계승 의식인 대상제의 마지막을 장식한 것이 '가시코도 코로 미카구라 의식賢所 御神楽の儀'이었다. 비공개이기 때문에 현재의 내용은 알 수

없지만, 문헌에 의하면 현소天照大神의 御靈代神体인 신경神鏡八咫鏡, 야타의 거울인 동경을 모셔 놓은 장소의 정원에서 의식을 행하고 일본 고유의 현악기로 일본에서 가장 오래된 악기인 와금和琴의 반주로 카구라神樂歌가 불린다. 그 카구라 중 하나로 '한신'이 있는데 다음 구절을 불러 궁중에 한신을 맞이한다.

〈三島木綿 肩にとりかけ われ韓神の 韓招ぎせむや 韓招ぎせむ〉

한신을 부르는불러내는 노래다.

궁중에 백제의 신을 모시고 제사를 지내고 천황가의 지킴이가 최고신인 신라의 신과 백제의 신인지에 대해 일본 궁내청에서는 명쾌한 설명이 없다.

9 해인족과 나라낳기 신화

일본 신화에서 열도의 섬들을 만든 것은 이자나기와 이자나미다. 남매는 부부가 되어 「오오야시마大八島」라고 불리는 8개의 섬 등을 차례차례淡路島, 四国, 隠岐島, 九州, 壱岐島, 対島, 佐渡島, 本州로 낳아 간다. 처음으로 낳은 것이 아와지시마淡路島로, 여기에 이자나기와 이자나미를 모시는 오노코로시마 신사おのころ島神社, 효고현 미나미아와지시가 있다. 2번째가 '이요노 후나시마伊予之二名島, 시코쿠'였다. 세토내해瀬戸内海의 섬들이 국생 신화国生み神話의 발상지라고 하는 것이다.

나라의 탄생 신화国生み神話는 해민海民에 의한 열도의 발견담을 말해 주는 것 같다. 상륙한 섬이나 바다 근처의 육지나 고지대에 해로를 바라볼 수 있는 기도의 장소로 신사를 마련했을 것이다. 오오야마즈미大山祗는 해신족의 발자국을 나타내는 땅大三島, 摂津에 모셔져 있는 것 같다.

10 이세만 해인족海人族의 계보

이세 지역의 원세력 즉, 이세 신궁 외궁의 주인인 해인족의 계보에 대하여 알아보자. 해인족은 한반도 남부로부터의 선주先住 이주민으로 보인다. 해인족의 또 다른 계보로는 세토내해에서 스미요시씨와 활약하던 무나카타씨가 있다.

① 아즈미 安曇, 阿曇氏

아즈미족은 해신인 와타쓰미綿津見命를 조상으로 하는 지기계씨족地祇系氏族, 황족이 만들어지기 전에 한반도에서 도래하여 일본 열도에 자리 잡았던 부족이다. 한자로 阿曇族, 安曇族으로 표기한다. 이들은 고대 일본을 대표하는 해인족으로 알려진 유력 씨족이다. 발상지는 지쿠젠국筑前国 가스야군糟屋郡 아즈미쿄阿曇郷로 현재의 후쿠오카시 동부로 기록되어 있지만 더 올라가면 대마도가 발상지다.

아즈미족이 활약한 시기는 기원전으로 야마타이국邪馬台国의 히미코卑弥呼 시대보다 더 이전의 시대에 일본 열도와 한반도種々 대륙이라고 표기함를 배로 왕래한 사람들이다. 시카노시마志賀島라는 후쿠오카, 하카타만의 입구에 있는 요지에 살면서 한반도大陸와의 교역이나 어로를 생업으로 한 해인족이다. 아즈미족과 스미요시계住吉系는 한동안 기타큐슈 해역을 근거지로 하며 세토내해瀬戸内海를 중심으로 그 연안과 많은 섬에 살다가 다시 나루토 해협鳴門海峡을 빠져나가서 기주紀州 연안을 돌아 이세만에 들어가 이세해인으로서 일대의 중심 세력이 되었다. 그리고 아즈미족은 동방의 내륙으로 나아갔다. 8세기 후반까지 번성하고 뛰어난 선박 기술을 구사해서 일본 열도 각지를 건너고 오미近江나 야마시로山城, 교토의 옛이름, 오와리尾張, 나고야 북쪽 기후현나 시나노信濃, 나가노에까지 세력을 넓혔다. 전국에 30군데 정도 남아 있는 '시카, 아즈미'의 지명은 그 족적을 나타낸다. 한자로 安曇, 渥美, 安積, 安曇川, 安曇野 등의 지명을 남기고 있다.

② 오가이씨 大海, 凡海氏

5세기 초에 중앙에서 해인족의 통솔권은 대해大海, 凡海씨에게 옮겨졌다. 대해씨大海氏는 아즈미씨에서 나뉜 동족으로 모두 오와리씨의 계통을 이어받은 일족이었다.

③ 오와리씨 아마군 尾張氏 海部郡

오와리씨는 별성을 가이후海部라고 한다. 야마토조정大和朝廷 수군 근거지인 우미베군海辺郡을 중심으로 한 이세만의 수군의 수장이었다. 우미베군海辺郡은 오와리씨가 모신 아쓰타 신궁熱田神宮으로 아마군의 동방에 있었다. 그곳에 3종 신기 중 하나인 구사나기 쓰루기草薙劍가 모셔져 있다. 오와리씨는 4세기 중반에서 4세기 말에 걸쳐서 모노베씨와 함께 조정의 동방 경영을 맡았다.

오와리씨는 천황의 외척이 되어 중앙 왕권과도 밀접하게 연결되고 점점 그 지배력을 넓혀 나갔다. 임신의 난에서는 모노노베 노오키미物部雄君는 오와리 일대를 다스리고 있었던 오와리씨와 깊이 연결되었다. 모노노베에 의해 정세를 정확하게 판단한 오와리씨는 대해인 황자大海人皇子의 편에 서기로 결의한다. 쿠데타를 일으킨 대해인 황자를 위해 오와리의 국사인 찌이사코베노 무지사히찌小子部 鉏鉤가 2만의 병사를 데리고 왔다. 이 병사는 오와리씨의 힘으로 모아진 대군이었다.

다시 한번 설명하면 임신의 난壬申の亂은 서기 672년에 일어난 고대 일본사 최대의 내란이다. 천지천황의 태자 오토모황자에 맞서 황제皇弟 오아마大海人 황자가 지방 호족들을 규합해 반기를 든 사건쿠데타이다. 일본 역사에서 예외적으로 반란을 일으킨 측이 승리한 내란이었으며 사건이 일어난 것은 서기 672년이다. 간지로 임신년壬申年에 해당되므로 간지의 이름을 따서 '임신의 난'이라 부른다. 임신란壬申亂으로도 칭한다. 이를 계기로 한반도 백제의 영향력에서 벗어난 독자적인 '일본'이 탄생하는 시초가 되었다. 그러나 주도 세력은 백제계가 아닌 또 다른 이주계 세력인 친가야와 친신라계 세력이었다. 백제가 멸망660년하고, 백제 부흥 전쟁백촌강의 전투 663년이 실패하고, 잔여 백제 부흥 세력이 7~8년간 활동하다가 사그라든 것이 일본 열도에서 임신란이 일어난 672년경이니 사카구치 안고坂口 安吾의 '일본 내에서 일어난 역사적인 모든 전쟁은 본국本國, 여기서 본국은 한반도를 지칭한다의 세력 변화에 영향을 받은 것이다'는 촌철살인의 명언은 여기서도 일본 고대사를 이해하는 데 혜안을 제공한다.

대해인황자는 친가야 신라계 세력을 등에 업고 『일본서기』상 38대 일본천황인 천지천황이 되어 왕권을 잡지만 100년 정도 후에는 친백제계 세력이 다시 일어나 나라, 헤이안 시대를 주도하게 된다.

④ 가이베씨海部氏

원이세의 신사인 미야즈 고노 신사籠神社의 해인족이다. 교토의 북쪽이고 우리 동해에 면한 와카사若狭만 일대는 조몬 시대부터 항해 기술을 가진 해인족의 거점이며, 어로뿐만 아니라 광역적인 해상 교역의 요충항이었다. 어로, 항해와 교역에는 위험이 따른다. 아마노하시다테天橋立 북쪽의 마나이하라真名井原에 살고 있었던 해인족은 음식물 획득과 항해 안전 등을 빌고 바위나 물가에서 태양신, 월신, 화신, 수신, 뇌신, 해신, 풍신 등의 영혼을 진압하는 제사를 행하고 있었다.

고노 신사의 가이베씨는 바다 건너 한반도에서 온 해인족의 수장이었다. 당사의 신관은 이전부터 가이베씨의 일족이 담당하고 있다. 가이베씨라는 것은 해신족을 통괄한 도모노미야쓰코족伴造氏族으로 전국에 분포하며 당사의 신직은 그들 가운데 '가이베 다다시'성을 칭하는 단고丹後에 거점을 가진 일족이다. 천황가와 가이베씨의 선조는 공통이라고 한다.

이세만을 중심으로 활약한 아마씨海人氏도 오와리씨도 태양신인 아메노호아카리天火明命를 조손으로 했다. 현재의 미야즈시宮津市 일대에 있었던 해양민인 가이베씨 일족이 태평양 측에 옮겨 살게 되고 오와리씨와 깊게 연결되었다. 이 관계에 의해 오와리씨가 이세만 일대의 수운과 어업을 완전히 지배할 수 있었다. 또한 오와리씨는 이세 신궁의 시작에 크게 관계가 있었다고 생각된다. 이세에 있어서 이 해인족 계보의 마지막이 이세 신궁外宮을 세운 와타라이씨度会氏인 셈이다.

◆ 필자의 해석 ◆

이세 신궁은 이즈모대사, 우사 신궁과 더불어 일본의 삼대 신사 중 하나이다. 현재의 일본 황족은 메이지유신 이후 천황 제도가 부활하였기 때문에 중흥조라고 할 수 있는 메이지천황의 메이지 신궁 참배를 기본으로 하고 있지만, 역사적으로 일본국이 세워진 이후에는 이세 신궁이 천황가의 공식적인 종묘로서의 역할을 하여 왔다. 백제 멸망660년 후 일어난 대해인 황자에 의한 임신의 난672년은 일본 열도의 한반도 종속을 단절하는 계기가 되며 이로부터 이세 신궁이 일본의 공식 종묘로 자리 잡게 되는 것이다.

이즈모대사는 신라 도래인의 조상이 모셔진 곳이고 우사 신궁은 가야-신라 이주민의 조상이 모셔진 곳이라면 이세 신궁은 원래는 한반도 남부에서의 이주민을 비롯한 해인족의 조상이 모셔져 있던 신사伊勢宮를 그 역사를 기반으로 하여 백제계 이주민이 일본 자체의 독자적인 신사大神로 바꾼 것이다.

11 도바 전망대鳥羽展望台

이세 신궁에서 나와 하코다산箱田山 정상에 있는 도바 전망대로 향했다. 이곳은 미에현 도바시의 펄로드 연선에 있는 전망대로 펄로드 제일의 조망이라고 알려져 있다. 전망대로부터는 태평양을 바라볼 수 있어 아쓰미반도渥美半島, 가미지마神島, 아노리곶安乗岬, 대왕곶大王崎 이외에 날씨가 좋으면 후지산이나 일본 알프스까지 전망할 수 있다.

12 누오토이와大婦岩

후타미노우라二見浦는 이시자키立石崎의 해안이다. 이곳에 부부암이 있다. 이와 모양새가 비슷한 부부암이 후쿠오카 서쪽의 이토시마糸土志摩 부부암이다. 지금도 음이 같은 이토시마糸島라는 지명이 남아 있는데 옛날 이토국伊土国의 지명이다. 규슈의 이토시마糸島 지역은 한일 고대사에 있어서 매우 중요한 곳이다. 이토시마糸土志摩의 부부암과 이세시마의 부부암은 결코 우연이 아닐 것이다. 이세시마伊勢志摩를 만든 사람들은 이토반도의 가야계 이주민과 관계가 있기 때문일 것이다.

13 마쓰자카규松坂牛

돌아오는 길에 K상이 자기 고향에서 제일 유명하다는 마쓰자카 소고기로 만든 스키야키를 먹자고 한다. 와다킨和田金이라는 오래된 음식점을 찾아갔다.

마쓰자카규松阪牛는 다지마 소田馬牛를 비롯하여 전국 각지에서 구로 게와슈黑毛和種의 송아지를 사들여 미에현 마쓰자카시 및 그 근교에서 비육한 소다. 일본 삼

대 와규 중 하나이며, '고기의 예술품'이라는 이명을 가지고 있는데 시모후리니
쿠霜降り肉, 식육 가운데 지방이 근육의 사이에 잘잘하게 그물코와 같이 들어 있는 것가 특징이다. 가격은 일인
당 십만 원 정도였는데 그때의 그 맛은 잊지 못한다. 특히 시종일관 옆에 앉아
요리를 해주던 나이 지긋한 초로의 아주머니의 친절함은 잊을 수 없다. 그날 도
쿄로 돌아가야 하는 K상을 마쓰자카역에 내려주고 어두운 밤길을 달려 나고야
로 돌아왔다.

14 가야加羅라 불렸던 이가국伊賀国

이세 신궁 북서쪽의 산쪽에 있는 것이 닌자로 유명한 이가伊賀다.

『이가국풍토기』 일문에 의하면, 이가국은 이름이 정해지지 않아 그동안 이곳
을 '가라구사加羅具佐'라고 칭한 것으로 기록되어 있다. '가라'는 가야국의 호칭이
고, '구사'는 '나라'일 것이다.

이곳에는 한반도에서 이주한 사람들이 살았던 흔적이 많이 남아 있다. 쓰시津
의 유적에서는 야요이 후기부터 고분 시대의 고대 토사기 등이 다수 출토되었
고, 이세시 기타노 유적에서도 토사기, 스에키 등이 출토되었다.

그 땅에 세워진 신라의 발상지인 '신궁', 그곳에 천황가의 조신이 모셔져 있고,
근처의 산은 한신산이라고 명명되어 그곳을 지키고 있던 것이 '아라'에서 왔다는
설이 있는 아라키다씨, 이웃의 이가가 '가라국'이라고 불렸던 것, 이것들은 우연
이 아니라 역사적 배경이 있는 것이다.

15 닌자忍者

이세伊勢나 쓰津에서 가까운 이가伊賀 이야기를 하나 하고 넘어간다. 젊은 직원
중에 핫토리상이 있었다. 우선 무엇보다 이름이 재미있었다. 이 성이 한반도 이
주민의 성이라는 것을 알게 된 것은 김달수 씨의 책을 읽고 난 후였다. 핫토리
상을 따로 불러 고향이 어디냐고 물어보니 도쿄라고 한다. 집에 가서 아버지나
할아버지에게 혹시 미에현 이가에서 오신 것이 아닌가 여쭤 보라고 하였더니

며칠 후 그렇다고 답을 했다. 자기 집안의 내력을 넘겨짚는 필자에게 닌자 집안의 이야기를 해주었다. 핫토리는 하타오리의 줄임말로 하타씨에서 나온 성이라고 한다.

고카나 이가를 본거지로 하고 있었던 닌자 집단은 유명하다. 이가 류伊賀流 닌자는 이가국의 땅에 전해지고 있었던 인술유파의 총칭이다. 고카류甲賀流와 함께 인술 중에서 가장 유명한 유파 중의 하나다. 근거지는 현재의 미에현 이가시와 나바리시名張市에 있었다. 평소에는 농업이나 행상을 해서 각지의 정보를 몰래 살피다가 지령이 떨어지면 전장이나 그 후방에 나가서 공작 활동에 힘썼다. 이가 류 훈련법의 독특함이 알려지고 있는데, 예를 들면 얼굴의 반을 종이로 덮고, 종이를 얼굴로부터 떨어뜨리지 않고 1리 이상을 주파하는 등, 어렸을 때부터 엄격한 훈련하에 뛰어난 닌자를 키우는 것을 전통으로 하여 왔다. 이것 때문에 이가 닌자忍者는 몸기술이 좋다고 전해졌다.

이 장소에는 다수의 닌자 저택이 있어 매일 훈련이 행하여지고 있었다고 생각된다. 고카와 이가는 가마쿠라 시대의 그 영지 대부분이 장원으로 목재의 공급지였기 때문에 수호나 지두地頭에 의한 지배를 받지 않았지만, 전국시대가 되어 장원이 붕괴되면서 지방 사무라이가 몇십 개의 세력으로 나뉘어져 군웅할거했다. 여러 지역의 사무라이들이 세력을 유지하기 위한 목적으로 매일 밤 정보 수집전과 게릴라전을 행하면서 닌술이 자연 발생한 것이 아닐까 여겨진다.

산을 하나 사이를 둔 곳에 있는 고카류와 다른 점은 고카 닌자가 한 명의 주군에게 충의를 다하는 것에 대해 이가 닌자는 금전에 의한 계약 이상의 관계를 고용주와의 사이에 가지지 않는 점으로 여겨진다.

이가 향사郷土, 무사 계급의 하층는 자주 고용주가 적의 관계에 있어도 의뢰가 있으면 쌍방에 닌자를 파견하는 실례도 있었다. 그 때문에 가령 동료일지라도 즉석에서 처단할 수 있는 가혹한 정신도 요구되었다. 탈주 닌자 처벌抜忍成敗, 누케닌세이바이은 그 극한이라고도 말해야 할 것으로 배신이나 탈주는 어떤 경우에도 인정되지 않는다고 하는 것이다.

가마쿠라 시대부터 무로마치 시대에 걸쳐서 이가국에는 소영주가 군웅할거하며 경쟁하고 있었다. 그 때문에 주민은 자기 자신을 지키기 위해서 게릴라전의 기법을 갈고 닦아 갔다. 이것이 이가 닌자의 기원으로 여겨진다. 이가는 점토질의 토양 때문에 농경이 어려운 지방이었다. 특히, 갈수가 되면 깊은 금이 가고, 수전은 심한 타격을 받는다. 그 때문에 이가인은 용병으로서 각지에서 객지벌이를 하게 되었다. 그들은 특수 기능을 체득해 외지로 이동해서 닌자 집단을 형성했다. 장남은 지역에 남고, 차남들이 나라나 교토에 병사로서 객지벌이에 나갔다.

전국시대에 이가는 이가의 수호인 니키씨仁木氏의 산하에 속하면서도 '이가소우고쿠잇기伊賀惣国一揆, 지배층이 결합하여 확립한 정치 공동체'라고 불리는 합의제가 강한 자치공동체가 형성되고 있었다. 그러나 실력자였던 상닌삼가上忍三家 즉 핫토리服部, 모모찌百地, 후지바야시藤林의 발언력이 강해 합의를 열어도 그들의 의견을 따르는 적이 많았다. 반대로 고카는 소惣라고 불리는 자치 공동체를 형성하고 있었지만 각각이 대등한 입장에 있었기 때문에 다수결의 원리를 중요시하여 이가의 운영과는 대조적이었다. 일반적으로는 이가와 고카는 서로를 용인하지 않았던 숙적 간의 이미지가 있지만 이것은 오해이며 산 하나를 사이에 둔 이웃 사이로 서로 경쟁해 봐야 아무런 득이 없었다. 오히려 이가의 사람들과 고카의 사람들은 항상 협력 관계에 있어 어느 쪽인가의 지역에 적이 공격해 들어왔을 경우는 힘을 합쳐서 적을 물리치도록 약속하고 있었다.

1962년 이가우에노의 구가에서 『우에시마가 문서』가 발견되었다. 이것에 의하면, 이가국의 핫토리 씨족과 우에시미가에 관한 계보가 나오는데 우에시마가의 선조도 핫토리씨라고 자칭하고 있었다고 한다. 노부나가가 대군을 편성해 공격해 들어가 왔을 때 이가국의 닌자 집단은 괴멸적인 타격을 받았다.

16 핫토리服部씨

핫토리服部라고 하는 이름의 원조를 찾으면 구레하타오리吳服織라는 이름으로부

터 하타오리 → 하토리織, 핫토리服部로 바뀌어 간 것 같다. 하타씨의 '하다秦氏의 秦'
가 '하타機'로 변한 것 같다. 그리고 구레하타오리吳機織り의 구레吳는 고구려의 구레
句麗로부터 왔다고 한다. 이가우에노伊賀上野 지방은 베짜기機織り가 왕성해서 유명한
이가짜기伊賀織り를 고려짜기高麗織り라고 한다.

　이가에는 많은 고분도 남아 있고, 이치노미야 신사인 아에쿠니 신사敢国神社의
두 신은 한반도 이주계 신이다. 그리고 우에노시 아라키에 있는 수찌아라키 신
사須智荒木神社의 원래 이름은 시라히게 신사白髭神社다. 시라히게는 고대 한반도국인
시라기新羅 신라를 말하는데 원래는 신라 신사였다고 생각된다.

　이가시 핫토리초에 고미야카미사小宮神社라고 하는 신사가 있다. 핫토리초의 중
심부에 있는 이 신사는 핫토리씨의 신사로서 제신은 구레하토리히메吳服姫命라고
쓰여 있다. 이 구레하토리 즉 포목吳服이란 바로 핫토리로서 근처를 흐르는 핫토
리강도 옛날에는 포목강이라고 하였다. 이 공주는 고구려국으로 건너가 오吳, 동
진에 가고, 오吳왕에게서 바느질하는 언니, 동생, 옷감 짜는 사람, 구멍 뚫는 사
람 등 4명을 받았다고 하는 기재가 있다.

　도쿄에 있는 황거의 대문 중 하나인 한조몬半蔵門의 유래가 된 핫토리 한조服部半
蔵의 최초의 개조는 오계吳系의 한반도 이주민의 자손이다. 핫토리씨의 선조는 이
지역에 많은 밭을 소유한 태양 신앙을 믿는 이주민이었다. 그 때문에 이 지역을
고구려에만 결부시키는 것은 타당하지 않으며 고구려, 백제, 신라계의 이주민이
많이 옮겨 산 마을, 「이가의 마을伊賀의 里」로 보는 것이 적당할 것이다.

2. 오미近江

교토 서남쪽에 근접해 있는 오미 지역은 역사적 중요성에도 불구하고 사람들의 관심을 받지 못하고 잘 알려지지 않은 지역이다. 그리고 유명 지역인 교토와 나라쪽으로 여행을 하다 보면 바로 근처에 있는 오미도 들르겠다는 생각을 하기가 쉽지 않다. 필자도 꼭 들러야겠다고 오랫동안 생각해 왔지만 일본에 있을 때도 들르지 못한 지역이다.

[그림 50] 오미 지역의 고대 유적

천일창天日槍의 역사를 따라가 보는 답사 여행을 계획하면서 오미를 출발지로 하기로 하였다. 필자가 운영하는 밴드 회원이신 L대표와 K전무에게 동반 의견을 타진하여 흔쾌히 동행하겠다는 약속을 받은 후 필자와 파트너를 포함한 4인은 3박4일의 답사 여행을 다녀오게 되었다. L대표는 국내에서도 나주 일원의 고분 답사에 동행한 적이 있다. 두 분 다 오른쪽 핸들로 하는 일본의 운전을 금방 습득하여 장거리 운전에 크게 도움을 받았고 편한 분들과 함께하는 여행이라 여행 내내 즐거웠다.

오미는 일본에서 제일 큰 호수인 비와호를 끼고 있어 경치가 아름다운 곳이다. 이번 여행에서는 미야즈와 도요오카시를 방문하는 여행의 동선을 고려하여 호수의 서쪽을 돌기로 하였다. 실은 호수의 동쪽 지역이 백제 유민의 유적이 많이 남아 있는 곳이다. 백제 멸망 후 일본 열도로 건너온 백제 유민들이 새로운 터전을 건설하기 위해 노력한 곳으로 백제 유민에 의해 건립된 햐쿠사지百済寺가 있다. 이곳에 정착한 백제 유민들은 오미 상인이라는 일본에서 가장 강력한 상인 집단우리의 개성상인에 해당이 되어 후에 나라 정부가 나라에서 교토로 천도하는 데 영향력을 행사하게 된다. 또한 역사를 거슬러 올라가면 이 지역은 천일창으로 대표되는 신라계 또는 가야계가 터를 잡은 곳이다.

오미현의 현도인 오쓰에 있는 있는 도래인 유적을 둘러보았다.

1 석산사石山寺, 이시야마데라

신라 도래인의 숨결이 살아 있는 이시야마데라는 비와호에서 내려오는 우지 강 상류의 강언덕 위에 자리하고 있다. 11세기 일본 귀족들의 생활상을 담은 『겐지모노가타리源氏物語』를 쓴 무라사키 시키부紫式部가 집필한 곳이다. 겐지씨源氏 는 우리 김씨金氏와 같다는 설이 있다. 신라의 절이라 이 설이 그럴듯해 보였다.

2 세타가라하시唐橋

가라唐하시는 그 이름에서도 알 수

[그림 51] 가라하시

있듯이 이주민이 건설한 다리로 일본 역사를 바꾸어 놓은 쿠데타_{임신의 난, 672년}의 현장이다. 친백제계가 친신라-가야계에 패배한 사건이다.

3 미이사_{三井寺, 또는 온조사園城寺}

절이 크다. 천태종 대본산으로 국보인 신라 선신당_{新羅善神堂}이 있다. 장보고도 신으로 모신 신당이다. 최인호씨의 소설 『잃어버린 왕국』에 자세한 방문기가 실려 있다.

4 아노슈_{穴太衆}

아노슈_{穴太衆}는 일본의 근세 초기에 해당하는 직풍 시대_{織豊時代, 쇼쿠 호우지다이}, 즉 아즈치모모야마 시대_{安土桃山時代}에 활약한 석공_{石工}의 집단이다. 주로 사찰이나 성곽 등의 돌담 시공을 한 기술자 집단이다.

구마모토성의 움푹 파인 돌담은 지진에서도 견고하게 남았다. 움푹 파인 형태_{穴太積み}의 발상은 시가현의 오쓰시 사카모토_{坂本}다. 옛날 마을 사람들은 '아노슈_{穴太衆}'라고 불리는 석공 집단을 구성했고 축성 시 돌담 기술로 많이 이용되어 왔다.

원래 '아노슈_{穴太衆}'는 엔랴쿠지_{延暦寺}와 관련된 돌담 등을 만들어 왔다. 엔랴쿠지 몬젠초_{門前町}의 사카모토_{坂本}는 돌담이 아름다운 거리로 유명하다. 이 기술들은 사카모토 주변에 돌을 쌓아 만든 고분들이 많기 때문에 이 석축 기술이 전해진 것으로 보인다. 돌로 쌓은 고분에는 누가 모셔졌고 누구의 손에 의해 구축되었을까? 고대 이 지방은 백제계 이주민 집단이 집중적으로 살았던 곳이다. 발굴 조사에 의하면 그들의 고분임은 분명하다. 즉 한반도 이주민의 기술이 '아노즈미_{穴太積み}'의 원점_{原点}이다.

과거 히에이 산록_{比叡山}의 '아노_{穴太}'라고 불리는 지역에서 활약하고 있던 돌담 장인의 집단이 있었는데 이들은 '아노슈_{穴太衆}'라고 불리며 자연석을 가공하지 않고 그대로 쌓아 올리는 '야면 쌓기_{野面積み}' 기법으로 돌담을 쌓았다. 다소 무질서하게 쌓는 것처럼 보여도 무게의 비중을 두는 방법과 크고 작은 돌을 조합하는

데 비전의 기술이 숨어 있어 지진에 매우 강하고 호우에 대비해 배수를 잘할 수 있는 길도 갖추고 있다.

이 아노슈穴太衆들이 만든 돌담을 '아노즈미穴太積み' 라고 부른다. 1571년의 비예산 방화 토벌에도 아노쓰미 돌담만은 전혀 무너지지 않았고, 오다 노부나가도 그 견고함에 놀랐다고 한다.

비와호 동안의 '아즈치성安土城'의 돌담 공사 때부터 아노슈穴太衆가 각광을 받기 시작하여 일본 전국 성의 돌담쌓기에 동원되었다. 2016년의 구마모토 지진으로 인해 지금으로부터 1300년 전의 석축 기술이 오늘날 다시 각광받고 있다.

5 오미 신궁近江神宮

[그림 52] 오미 신궁

백제의 부흥을 위해 대규모 군대를 파병하고 지휘했던 친백제계 천지천황의 백제 부흥의 한이 서려 있는 신사다. 백촌강금강 아니면 변산반도의 어디쯤, 또는 충청남도 서해안이나 아산만 또는 안성천 입구까지 830km 라는 이정표를 볼 수 있었다. 무녀들의 춤이 인상적이었다.

6 시라히게 신사白鬚神社

시라히게시라기, 신라 신사는 고색창연했다. 비와호 호수 안에 서 있는 도리이는 신조상이 호수를 건너 들어온 것을 의미하는 게 아닐까 생각하게 했다.

7 가모이나리야마 고분鴨稲荷山古墳

해인족을 나타내는 지명인 아도강安曇川 주변에 있다. 이주민의 일족인 해인족海人族의 고분일 수도 있다는 생각이 들었다.

오사카 산업대 Y교수의 페북을 읽다 보니 다음과 같은 내용이 있다.

고대 오미국近江国 다키시마시高島市에 있는 가모이나리야마 고분鴨稲荷山古墳에서 금동관, 금동 신발, 금귀걸이, 환두대도가 발굴되었다. 우리나라 경남 합천군 옥전 고분의 금귀걸이와 무령왕릉의 환두대도가 닮았다. 금동관에 붙은 물고기 문양은 수로왕릉의 쌍어문을 연상시킨다. 그 외에도 수많은 도질토기와 스에키須恵器가 있는데 자료관 설명문에 가야伽倻에서 전해진 것이라고 소개되어 있다.

8 오미의 역사

오미 지역에서는 일본의 역사를 바꾸는 매우 중요한 전쟁이 세 번에 걸쳐 일어났다. 382~384년, 672년 그리고 1600년에 일어난 전쟁을 순서대로 설명한다.

첫 번째 글은 네이버 블로그 「자료로 정리해 본 한국고대사」에 게재된 '단국의 역사—가야의 영토 분쟁편, 필명 '사후'에서 발췌한 것이다. 『일본서기』에 나오는 야마토 다케루의 동정을 독자적으로 해석한 것이다. 가야계 세력天皇과 백제계 정복 세력귀수대왕, 야마토 다케루 사이의 전쟁으로 보았다.

① 첫 번째 전투

가야계天皇 세력과 백제 정복군근구수왕, 귀수대왕 사이의 전투이다. 천황은 토전의 고창산 꼭대기에 올라가 나라안을 둘러보았다. 백제 군사가 반여읍에 가득 널려 있었다. 적의 근거는 모두 요해지였다. 그래서 길이 끊기고 막혀 아무 데도 갈 수 없었다. 천황은 난감했다. 이날 저녁 신에 기원하고 잤다. 추근 진언이 적진에 위장하고 들어가 적을 괴멸시킬 수 있는 비법秘法을 만들어 가지고 나오는데 그 작전은 다음과 같다.

백제군이 도강할 만한 지점의 상류에 있는 여러 지천을 막고 비가 많이 오기를 기원하는 것이었다. 짐작건대 동쪽 산록에서 비와호로 흘러드는 강이마노강, 大野川으로 보인다은 우리나라의 섬진강과 비슷한 성격의 강으로 보인다. 비가 웬만큼만 와도 갑자기 급류가 형성되는 지형으로 보인다. 그런 지형을 이용하여 도강할 만한 지점의 상류에 물목을 막고 기다리는 것이다. 비가 오기를 기원하는 듯한 내용도 있다.

강 상류의 각 지류를 막은 여러 곳으로 봉화로 신호를 보내기 위해 백제군의 동정을 완전히 파악할 수 있는 전망 좋은 곳에서 기다리고 있었던 것이다.

귀수대왕貴須王이 이끄는 백제군이 도강할 때를 기다렸다가 횃대에 불을 붙이고 봉화를 올려 신호를 하면 천수결天手抉을 일제히 당겨서 물막이를 터뜨리도록 연락을 하는 수단인 것이다. 천수결天手抉이란 둑을 일시에 터뜨릴 수 있는 장치로, 밧줄로 연결해서 신호에 맞춰 일시에 여럿이서 당기는 것이다. 적군이 비자나뭇잎처럼 둥둥 떠올랐다고 한다. 이 전투에서 백제군은 괴멸하고 야마토 다케루는 전사한다.

『일본서기』에 기술되어 있는 실사는 일언반구도 없다. 왕의 전사와 전사지에 대해 오로지 알아보기 어려운 암호문만 한 구절 기술해 두었을 뿐이다. 실사는 몽땅 절사한 것이다. 이것은 기기의 실사 내용을 알고 백제가 열도에 진출했던 사실은 모조리 절사하고 본문 기사에 유일하게 남겨 놓은 기록이 아닌가 생각된다. 그런데 이 문장이 뜻하는 바가 무엇인지 학계에서는 아직 모르고 있다.

② 두 번째 전투

임신의 난壬申の乱, 비와호 남쪽의 세타瀬田에서 벌어진 전투다.

오아마노황자는 그 병사를 비와호琵琶湖, 비와湖를 끼고 두 패로 나누어 진공시켜 간다. 오토모황자天智천황의 아들 측도 진격 체제를 갖추고 방어하지만 1개월 뒤, 비와호의 남쪽으로 위치하는 세타瀬田에서의 전투에서 대패한다. 양측이 대처했던 곳은 한반도 이주민들이 건설했다는 오쓰의 세타가라하시瀬田唐橋다. 승리한 오아마노황자는 40대 천무천황天武天皇이 되고, 천황을 중심으로 한 국가 만들기에 주력한다.

③ 세 번째 전투, 세키가하라 전투

세키가하라의 전투関ヶ原の戦い는 전국시대 말기인 1600년, 미노의 세키가하라에서, 도쿠가와 이에야스德川家康를 대장으로 하는 동군과 이시다 미쓰나리石田三成를 중심으로 하는 반도쿠가와 세력인 서군이 벌인 전투다. 전투가 시작되기 전

에는 서군이 유리했지만, 도쿠가와 쪽의 전략이 힘을 발휘해 서군쪽에서는 배신하거나 움직이지 않는 다이묘가 속출하게 된다. 이렇게 해서, 서군은 붕괴되고 6천에서 8천의 전사자가 발생한 세키가하라의 전투는 도쿠가와 이에야스쪽의 대승리로 막을 내린다.

3. 기후岐阜

나고야에서 출발하여 기후를 거쳐 가나자와까지 간 다음 쓰루가 쪽으로 돌아서 나고야로 돌아오는 약 500km에 이르는 여정이다.

1 기후岐阜, 미노美濃

기후와 미노 지역은 시바료타로의 소설 '나라를 훔친 도둑'으로 필자에게 익숙해진 지역이다. 일본 전국시대의 최강자였고 지금도 일본인들에게 존경의 대상인 오다 노부나가의 장인, 도산에 관한 이야기다. 나고야가 있는 아이치현의 북쪽에 자리한 기후현은 일본의 중앙에 위치하고 있으며 바다와 면하지 않은 내륙에 있다. 평야인 미노美濃 지방과 3,000m급의 고산들로 이어지는 히다 지방을 포함하고 있다.

검이나 일본 전통 종이인 와시和紙와 도기 등의 전통공예로 유명하다. 1,300여 년 전에 시작된 미노 종이는 '나가시스키流しすき'라는 방법으로 종이를 뜨기 때문에 얇으면서도 천처럼 튼튼하고 아름다운 것이 특징이다. 지금도 옛 기법으로 만들고 있으며 다양한 종이 제품에 이용되고 있다. 다지로多治見, 도키土岐, 미가나미瑞浪 등의 지역에서는 전국에서 생산되는 일본 식기의 2/3가 나오고 있다. 이 지역에 있는 가마터와 현재의 공장 등을 미노가마美濃窯라고 하며, 여기서 굽는 도자기를 총칭하여 미노야키라고 한다. 또한 횃불을 밝힌 배에 탄 우조가 가마우지를 조정하며 은어를 잡는 나가라강長良川의 우카이는 1,300여 년의 역사를 지닌 고대부터 내려오는 어획법으로 기후의 여름 풍물 가운데 하나다.

2 오리베織部, Oribe 도자기

미노기후현 지역을 다녀왔다는 지인이 방문 시 사 왔다는 생활용 찻주전자를 보여준다. 주전자 밑바닥을 보니 브랜드가 오리베織部다.

카도와키 데이지門脇 禎二에 의하면 미노美濃, 기후현 남부에는 한반도 이주민으로 기

술부민術部民이 많아 안부鞍部, あんぶ는 안장, 발걸이 등 각종 마구를 제작하던 집단이었고, 금부錦部, にしごり는 견직물 제조를 담당했다고 한다.

오리베織部는 핫토리服部, はっとり와 함께 직조에 종사하던 한반도 이주민 집단에서 사용한 주요 성씨로 보인다.

금부錦部, にしごり는 넓은 의미에서는 직물의 직성에 종사하는 기술 노동자 전체를 칭하나 평직의 비단이나 거친 명주가 아니라, 보다 고도의 기술을 필요로 하는 비단, 능, 라絹, 綾, 羅 등의 고급 직물의 직조에 관계되는 기술 노동자에 한정해 이용되는 경우가 많았다. 그 원류는 한반도에서 이주한 기술자 집단이며, 금부錦部, にしごり, 한직漢織, あやはとり, 오직吳織, くれはとり 등으로 불렸다.

❸ 다카야마高山

다카야마와 히다飛騨로 들어가는 표지판이 보인다. 히다는 우리말 '희다'라는 설명을 들은 적이 있다. '히다'는 이주민 성씨 중의 하나로 알려져 있다. 일본에서 '히다'씨를 만나고 반가워한 적이 있다.

다카야마시에는 에도 시대 이래의 조카마치, 상가 도시의 모습이 보전되고 있어, 그 경관을 '히다의 소교토飛騨の 小京都'라고 부르고 있다. 좁은 골목길에 데고시出格子 즉, 바깥으로 불거져 있는 격자창이 아름다운 집들이 이어진다. 고도 다카야마高山를 상징하는 경관이다. 보통의 조카마치城下町와는 달리, 성이나 무가의 가옥이 없고 상가나 양조장 같은 상가가 밀집해 있으며 상인의 문화나 장인의 전통이 깊이 뿌리내리고 있다. 다카야마의 중심인 '산마치'에는 지금도 그 시절 상인들의 전통과 기질이 강하게 남아 있다.

❹ 히다飛騨

히다고지飛騨高地의 북부에 위치하는데 몇 가지 특산품이 있다. 기후현에서 사육되는 양질의 검은털 일본소에게만 '히다소' 라는 이름이 붙는다. 부드러운 육질과 감칠맛은 스테이크나 전골 요리 등에 최적이다.

히다순케飛驒春慶는 히다에서 자라는 화백나무 등 나뭇결이 아름다운 양질의 목재를 사용하는 히다의 칠기漆器 제품으로 역사는 16세기로 거슬러 올라간다. 나무를 깎는 기지시木地師와 옻칠을 하는 누리시塗師의 공동 작품으로 투명한 옻칠과 황금색이 눈부시다.

하나의 창칼로 소박하고 간단히 조각하는 방법이나 그렇게 만들어진 조각을 잇토보리一刀彫라고 한다. 침엽수 가운데 고운 결을 지니고 시간이 지남에 따라 광택이 나고 다갈색으로 변하는 주목을 사용하여 채색 없이 칼자국을 남기며 파낸다. 가면, 장식물, 가문의 현판, 다기 등 다양한 작품에 활용되고 있다.

가나자와를 방문한 후 호쿠리쿠 자동차도로를 타고 고대 가야, 신라 이주민들의 관문으로 알려진 쓰루가敦賀로 향한다. 호쿠리쿠 자동차도로는 니이가타현 니이가타시로부터 시가현 마이바라시의 마이바라米原에 이르는 고속도로다. 시간이 부족해 쓰루가항에는 들르지 못하고 남쪽으로 방향을 잡아 늦은 밤 나고야로 돌아왔다.

5 기소가도木曽街道

나고야를 기점으로 하는 이튿날의 여행은 기소가도木曽街道로의 여행이다. 기소가도하면 왠지 낭만적인 느낌이 든다. 교토에서 에도로 갈 때 넘어가던 고갯길이다. 조선통신사는 주로 이 길을 이용했다. 나고야의 복잡한 외곽순환도로를 빠져나오니 넓지 않은 이차선 도로가 계속된다. 이런 길에서는 속도를 낼 수 없다. 시골길을 가면 차 뒤에 노인 표시를 붙이고 있는 차들이 많은데 지정 속도가 40km이다. 다른 차들이 웬만하면 추월하지 않고 뒤꽁무니를 줄지어 따라가는데 보통 경우 얼마 가다 중간에 있는 마을로 들어간다.

기소가도는 나고야에서 일본의 남북 알프스의 중간에 있는 계곡길로 넘어가는 길이다. 길옆은 계곡이고 도쿄에서 나고야까지 가는 중앙본선 기찻길이 나란히 달리고 있다. 강에는 여기저기 멋진 다리가 걸쳐져 있다. 겨울에 기차를 타고 눈덮인 이곳을 달리면 좋겠다는 생각을 하였다. 반면 중앙 본선 철도와 행선지가 동일한 중앙 자동차 도로는 이 계곡과 나란히 있는 또 다른 동쪽의 계곡을 따라 나 있다.

기소가도木曽街道는 교토와 에도를 미노국美濃国 및 시나노국信濃国을 통과하면서 연결하는 산길의 속칭이다. 고대부터 중세에는 동산도, 에도 시대에는 나카센도 인데 다른 이름으로 기소가도라고도 썼다. 협의로는 나카센도 가운데, 미노국과 시나노국의 경계부에 해당하는 기소 지방의 일부 구간을 가리켰다. 쓰마고숙妻籠宿, 마고메숙馬籠宿 등 11개의 슈쿠바가 설치되어 있었다.

에도 시대 그림을 곁들인 목판본으로 다미야田宮橘庵가 지은 귤암만필橘庵漫筆에 의하면, 기소가도는, 예전에는 지금과 같은 인마의 통행은 전혀 없었고, 옛날에는 마귀할멈山姥을 우연히 만나는 등 통행이 곤란한 길이었으며, 나가노의 젠코지善光寺를 참배하는 데도 기소가도로 가면 100리면 되는데 목숨이 중하므로 200리 걸리는 호쿠리쿠도를 경유하는 경우가 많았다고 써 있다. 당시 권력의 핵심에 있던 헤이케平家마저 교토에서 간토로 오는데 호쿠리쿠도를 이용한 것으로 기재되어 있어, 기소로가 대단히 험한 길이었던 것을 암시하고 있다.

한 방향으로 난 길을 죽 따라 올라가다 보니 터널만 지나면 마쓰모토 남부의 시오지리에 도착하는 오노까지 간 모양이다. 길을 돌려 내려오다 온타케로 들어가는 입구를 보게 되었다.

6 온타케산御嶽山

길을 따라가다 보니 산을 올라가는 로프웨이 안내문이 보인다. 군마의 아카키산을 어렵게 올라갈 때와 마찬가지로 여기서도 나중에 알고 보니 험한 길로 올라간 셈이 되었다. 중간중간에 마주 오는 차를 기다려야 하는 불완전 도로가 여러 곳이다. 중간쯤 올라가는데 경사가 급해 운전대에서 전면의 도로 밑바닥이 보이지 않는 곳도 있다. 길가에는 야생의 원숭이 가족이 피하지도 않고 멀뚱멀뚱 쳐다보고 있다. 로프웨이 주차장에 차를 세우고 표고 2,300m의 정상역까지 올라간다.

온타케산御嶽山은 나가노현 기소군과 기후현 게로시에 걸쳐 있고 동일본 화산대의 서쪽 끝에 위치하는 표고 3,067m의 복합 성층 화산이다. 산의 기슭이 광대한 독립 봉우리다.

기소 온타케산木曾御嶽山은 표고 3,000m을 넘는 산으로서는 일본 내에서 가장 서쪽에 위치한다. 도카이지방 특히 오와리尾張, 아이치현 서부 지방에서는 대부분의 지역에서 이 큰 산을 바라볼 수 있어서 지역의 후지산과 같이 친숙한 산이다.

7 온타케 수험도 修験道

로프웨이 정상역에서 산정을 구경하고 있는데 흰옷을 입은 기괴한 차림을 한 일행이 산 위에서 맨발로 내려오는 것을 목격했다. 그때는 몰랐지만 이들이 수험도의 신도들이었다.

예로부터 산악 신앙의 산으로서 신자의 외경을 받아 온 거봉으로 몇 개의 봉우리가 연이어 있는 우뚝 솟는 활화산이다. 신성한 신앙의 산임과 동시에 기소를 대표하는 산으로서 일반에게 친숙한 산이었다. 일본의 수많은 산 중에 '산은 후지, 다케는 온타케'라고 불리게 되었다.

폭포인 신타키와 기요타키는 수행처行場로서, 신타키에는 동굴이 있어 여기에 들어가 단식을 하고 폭포물을 맞는 수행처가 되고 있다.

온타케산은 산악 신앙의 산이다. 통상은 후지산富士山, 시라야마白山, 다테야마立山가 일본삼영산日本三霊山이라고 말해지고 있지만, 이 중의 시라야마 또는 다테야마를 온타케산으로 바꿔 넣어서 삼영산으로 한다는 설도 있다. 일본의 산악 신앙사에 있어서, 후지산후지강에 버금가는 결사講社로서 서민의 신앙을 모은 영산이다.

교파신도教派神道의 일종인 온타케교의 신앙 대상으로 되고 있다. 최고점인 겐가미네劍ヶ峰에는 오호나무찌大己貴尊와 에비스를 제사 지내는 온타케 신사 오쿠사가 있다. 가마쿠라 시대 온타케산 일대는 수험자의 수도장이었지만, 그 후 쇠퇴해져 갔다. 무로마치 시대 중기에 온타케는 백일 정진을 하지 않고서는 오를 수 없었다. 일정 기간 동안 수도장에 들어가 수행을 하고, 주야로 광명진언을 낭독하고, 미즈고리水垢離, 목욕수행를 행한다고 기재되어 있어, 산 정상의 온타케 신사 오쿠샤에 오를 때에 즈음하여 기슭에서 75일 또는 100일간의 수행 정진으로 청결하고 엄격한 수행을 끝낸 후에야 1회의 등배登拜, 산에 올라 예배하는 것가 허용되고 있었다.

1560년에는 기소 요시마사가木曾義昌가 종자와 함께 무운을 기원하기 위해서 온타케 신사의 리궁에서 100일 정진을 마친 후 등배하였다. 에도 시대 전기의 행각승行脚僧 엔쿠円空도 등배하고, 주변 사원에 많은 목조의 불상을 남기고 있다.

1785년에 오와리 출신의 가쿠누이 행자覺明行者가, 구교단의 박해를 피해 현지 신자와 함께 구로사와 구찌에서 등배를 감행하여 가벼운 정진 후의 등산을 보급하는 데 성공함으로써 엄격한 수행을 하지 않아도 미즈고리水行만으로 등배를 할 수 있게 되었다. 에도 시대에, 오다키구치, 구로사와 구찌 및 고사카구치小坂口 등 3개의 길이 열려, 오와리나 간토 등 전국에 온타케교가 널리 퍼지고, 신앙의 산으로서 대중화되어 갔다.

임도인 유료도로나 온타케 로프웨이의 개설에 따라, 노송나무 갓과 나무 지팡이에 하얀 옷을 입은 신자들로 붐볐던 요배길에 일반의 등산자가 섞이게 되었다. 1985년 이후에 산의 중턱에 4개의 스키장이 건설되었다.

이전에는 사화산이나 휴화산이라고 생각되던 산이지만, 1979년 돌연 분화했다. 최근에는 2014년 9월에 분화하여 남측사면으로 화산 분출물火碎流이 흘러내려 분화 경계 수준이 3으로 올라갔다. 이 7년 만의 분화로 산 정상 부근에 있었던 등산객이 희생되었는데, 1991년 운젠 후겐타케雲仙普賢岳의 화산 분출에 의한 희생자 수를 넘는 참사가 발생하였다. 필자와 파트너가 이 산을 방문한 지 일 년 정도 후의 일이었는데 우리가 올라갔던 로프웨이 방향으로 화산재가 날아와 분화구에서 4km 범위까지 심한 피해가 있었다. 로프 웨이의 정상역은 분화구에서 3km 거리에 있었다.

2014년 9월에 발생한 분화는 분화 경계 수준1평상의 단계에서 분화했기 때문에 마침 분화구 부근에 있었던 등산객 58명이 사망한, 일본에 있어서의 전후 최악의 화산 재해였다. 온타케 로프웨이는 분화 이후 상당 기간 동안 운행을 정지하였다.

8 나카센도 中山道

나카센도 中山道 또는 기소가도 木曽街道 는 에도 시대의 오가도의 하나로, 도카이도와 더불어 에도 와 교토를 연결하는 도로였다. 에도와 교토 사이에는 69개의 슈쿠바 宿場 가 있었으며 무사시국, 고즈케국 上野国, 시나노국, 미노국, 오미국을 통과한다. 도쿄, 교토와 더불어 나카센도는 오늘날의 사이타마현, 군마현, 나가노현, 기후현, 시가현을 통과하며 총길이는 약 534km이다.

해안을 지나는 도카이도와 달리, 나카센도는 이름에서 볼 수 있듯 이 내륙의 산악 지대를 지난다. 나카센도는 잘 만들어진 도로이기 때문에 하이쿠 시인 마쓰오 바쇼를 포함해 많은 사람들이 이 길을 따라 여행했다. 나카센도는 여울을 건널 필요가 없기 때문에 여성을 비롯해 많은 여행자들이 선호했다.

7세기 초에 율령제가 시작될 무렵에 나카센도가 지나는 지역인 동산도 東山道는 혼슈의 내륙 지역과 도호쿠 지방에 해당 에 속했다. 센고쿠 시대에 동산도는 다케다씨 甲斐国, 오가사와라씨 信濃国, 가나모리씨 飛驒国, 오다 씨 美濃国 의 통치하에 있었다. 동산도와 도카이도를 연결하기 위해 도로 체계가 개발되었다.

에도 시대 초기에 많은 정치적, 문화적 변화가 일어났다. 그들 중 하나가 일본의 옛 도로 체계의 복원이었다. 5가도 五街道 는 쇼군과 기타 다이묘들이 사용하는 공식적인 도로로 지정되었고 도쿠가와 막부의 지방 지배권 강화를 위한 통신망 역할을 했다. 고카이도의 하나인 나카센도는 쇼군이 지배하는 에도부터 혼슈 중앙의 산지를 통과해 교토까지 연결되었다.

에도 시대 이전에 길은 산도 山道 또는 동산도 東山道 로 불렸으나 에도 시대에 나카센도로 바뀌었다. 당초에 중산도 中山道, 中仙道 등의 한자 표기가 혼용되었으나 1716년에 도쿠가와 막부에 의해 중산도 中山道 로 통일되었다.

나카센도를 따라 현대적인 개발이 이루어졌으나 일부는 옛모습을 간직하고 있고 일부는 복원이 이루어지기도 했다. 가장 유명한 부분은 나가노현의 쓰마고주쿠와 기후현의 마고메주쿠를 연결하는 기소 계곡 부분이다. 이 지역은 20세기 초의 작가 시마자키 도손의 소설인 '동트기 전'에 의해 유명해졌다. 쓰마고주쿠妻籠宿와 마고메주쿠馬籠宿 사이의 8km 부분은 여전히 보행로로서 보존되고 있다. 이 길을 걷는 데는 2~3시간 정도가 소요되며 길을 따라 숲과 폭포를 볼 수 있다. 때때로 곰이 나타나기 때문에 곰방울을 달고 가야 한다.

9 쓰마고주쿠妻籠宿

쓰마고주쿠妻籠宿는 나카센도의 42번째의 슈쿠바로 현재는 나가노현 기소군 나기소마치의 난강아라라기가와의 동쪽 하안에 위치한다. 인접하는 마고메숙과, 마고메 고개를 넘는 구나카센도 부분이 사적으로서 기소로를 대표하는 관광 명소다. 쓰마고주쿠의 이곳저곳을 구경하였는데 옛 정취가 물씬 깃들어 있는 거리였다.

10 마고메주쿠馬籠宿

마고메주쿠馬籠宿는 나카센도中山道의 역참을 중심으로 발달한 시가로 기후현에 있는 17개 슈쿠바 중 하나로 화강암과 기소돌이 깔린 길을 따라 격자의 민가, 다실, 토산품점 등이 이어지고 있어 당시의 분위기를 그대로 느낄 수 있었다. 대학 동창들과의 여행 때 방문한 곳이다.

제4부

규슈로 건너간 한반도 이주민의 역사

규슈의 가라쓰와 이토반도를 지나 현재의 후쿠오카시 일대의 연안 지역과 여기서 동쪽으로 있는 무나카타 지역은 한반도로부터의 초기 이주민들이 넘어온 지역이다. 일본 역사로 이야기하면 조몬 시대를 끝내고 벼농사를 시작한 야요이 시대를 연 지역이다.

물론 이 지역 이외에도 일본 열도에는 초기 한반도 이주민들이 정착한 지역이 있는데 혼슈 북쪽의 우리 동해에 면한 지역으로 이즈모, 쓰루가와 후쿠이 지역 및 노토반도 서쪽 일대이다.

혼슈 북쪽 지역에 대해서는 『해밑섬, 일본을 걷다』 마지막 부분에서 다루었다.

규슈의 가라쓰와 이토반도를 지나 현재의 후쿠오카시 일대의 연안 지역과 여기서 동쪽으로 있는 무나카타 지역은 한반도로부터의 초기 이주민들이 넘어온 지역이다. 일본 역사로 이야기하면 조몬 시대를 끝내고 벼농사를 시작한 야요이 시대를 연 지역이다.

물론 이 지역 이외에도 일본 열도에는 초기 한반도 이주민들이 정착한 지역이 있는데 혼슈 북쪽의 우리 동해에 면한 지역으로 이즈모, 쓰루가와 후쿠이 지역 및 노토반도 서쪽 일대이다. 혼슈 북쪽 지역에 대해서는 『해밑섬, 일본을 걷다』 마지막 부분에서 다루었다. 우선 이토반도와 후쿠오카시 일대에 산재해 있는 초중기 야요이 유적을 살펴보면서 한반도와의 관계를 살펴본다. 또한 세부리산 주변 지역에는 각색되기 전의 일본 신화의 원형이 숨어 있기 때문에 이에 대해서도 살펴본다. 라이잔雷山산성과 이토산성을 통하여 가야 지역에서 볼 수 있는 생활 터전-고분군-산성과의 연계성에 유사점이 있음을 살펴본다. 이 지역에서 발굴된 옹관묘와 한반도 나주의 반남 고분군에서 발견된 옹관묘에서 '마한'의 흔적을 유추해 본다.

후쿠오카에 있는 아라히토 신사의 연기傳해지는 이야기를 통하여 한반도 이주민과 그들의 해상 활동에 있어 수호신이었던 해신海神 아라히토신 및 스미요시신의 관계를 음미해 보고 이 지역의 역사상 통치자였던 히미코 여왕과 일본 역사가 만들어낸 신공神功황후의 관계를 음미해 본다.

다음은 장소를 무나카타 지역으로 이동하여 초기 이주민 유적인 이마가와유적今川遺跡을 살펴보고 일본 최초의 천강하늘에서 내려온 신인 니니기와 더불어 천강한 무나카타 세 여신을 모신 무나카타대사의 연기를 살펴보며 이주민들의 해상 이동 루트를 짐작해 본다. 이들의 후손들이 묻혀 있는 심바루-누야마新原-奴山 고분군도 같이 살펴본다.

이어서 이들 초기 이주민의 향후 이동로를 따라가기로 한다. 후쿠오카 북부와 무나카타 지역에 정착했던 이주민 집단은 규슈의 동쪽으로 이동을 시작하여 오이타의 우사 신궁 일대로 이동하는데 이동의 중간 지점에 다가와田川가 있다.

다가와에 있는 가와라 신사春春神社와 아라히토 신사現人神社의 연기를 통하여 이들의 활동을 알아본다. 특히 이 지역은 구리東광산을 끼고 있기 때문에 한반도에 있을 때부터 금속 제련에 능했던 집단은 큰 힘을 얻었을 것이다. 이들은 가야와 신라 지역으로부터의 이주민들이었다. 필자가 도쿄평야에서 발견한 신라인들의 신인 히메코소 여신종二女를 섬기던 집단이 지나간 흔적도 남아 있다.

이들이 다가와 다음으로 이동한 지역은 지금의 유쿠하시시-나가쓰시-부젠시 일대로 추정된다. 스우나다周防灘라고 불리는 세토내해 서단의 바다와 면한 지역이다. 고대에는 이 지역을 도요국이라 불렀으며 역사 기록의 파편들을 모아 보면 도요국은 바로 한국韓國, 가라구니이었다. 이 지역에는 수많은 고분들이 산재한다. 이 고분들에서 출토된 유물들은 일본 열도에서 만들어지지 않은 물건들로 일본인들도 한반도 이주민들의 것이었음을 인정한다. 고분의 형식으로 보았을 때 주로 가야로부터의 이주민들이었을 것으로 추정된다. 4세기 전후에 만들어진 이시쓰카야마 고분石塚山古墳과 5세기 후반 축조된 고쇼야마 고분御所山古墳이 중심이 되는 고분들로 길이는 각각 120m다.

이들이 마지막으로 정착하고 번영한 곳은 우사 신궁이 있는 우사 일대의 지역이다. 이곳에 자리 잡고 있는 우사 신궁은 이세 신궁, 이즈모대사와 함께 일본 3대 신사의 하나로서 이세 신궁에 이어 천황들에게 있어 제2의 '종묘'로 알려져 있다. 일본 전역에 있는 하치만 신사의 총본부이다.

우사 신궁의 기원과 연기로 보아 여러 이주민 집단들의 족적이 혼재되어 있다는 것을 알게 된다. 우사 신궁의 하치만신은 신직을 담당하던 우사宇佐, 카라시마辛島, 오가大神 세 가문의 신격이 융합되어 탄생한 것으로 보인다. 먼저 선주 이주민인 우사씨와 가야계 도래인 카라시마씨가 하치만 신앙을 형성했고 이후 치쿠젠국筑前国의 오가씨가 응신천황과 신공황후를 여기에 끌어들이면서 오늘날의 하치만신이 되었다.

우사 신궁宇佐 하치만궁의 일본말식 이름은 야하타 신사로 야하타란 '위대한 하타족'이라는 의미다. 즉 이곳은 신라로부터의 이주민인 하타씨들이 머물렀던 곳이다. 신사의 오래된 연기를 보아도 그러한 짐작을 할 수 있다. 그런데 신사의 이름과는 달리 신사에 모셔지고 있는 재신을 보면 고개를 갸우뚱하게 된다.

우사 신궁의 주재신은 하치만신응신천황이지만 건물 배치에서는 오히려 히메신比売大神이 주제신의 자리인 중앙에 놓여 있다. 이 히메신의 정체를 두고 여러 설이 있다. 우사 지역의 전통신, 무나카타타대사宗像大社에서 모시는 3명의 여신 등으로 다양하다. 그리고 다른 두 신은 신공神功황후와 응신천황이다.

필자의 견해로는 일찍이 조성된 하치만 신앙을 뒤에 정권을 잡은 왕조 세력 집단이 천황을 신격화하기 위해 만든 것이 아닌가 한다. 참고로 응신천황과 신공황후는 일본 역사의 한가운데, 즉 '미혹의 4세기'의 주역인 미스터리의 인물들이다.

도요국과 우사 지역에 자리 잡았던 이주민 집단은 여기서 세토내해를 건너 동쪽에 있는 시코쿠, 기비, 아스카와 교토 지역으로 이동한다.

이 중 규슈의 동해안을 타고 남쪽으로 이동한 집단도 있었다. 그들의 유적으로 추정되는 미야자키 북쪽에 있는 사이토바루 고분군은 그 규모가 작지 않다. 이 고분군에는 제일 큰 고분인 오사호쓰카男狭穂塚와 메사호쓰카女狭穂塚를 합해 총 319기의 고분이 있다. 5세기 전반에 축조된 남규슈의 맹주분盟主墳이다. 메사호쓰카는 규슈 최대176m의 전방후원분이며, 오사호쓰카는 일본 열도 최대의 가리비 조개형 고분이다. 고분 출토품인 금동관이나 금동제 마구들은 한반도에서 출토되는 같은 유물들과 흡사하다. 3세기에 한반도에서 이 지역으로 이주한 집단의 고분이라는 의견도 있으나 필자는 가야, 신라인이 세운 도요국의 일부 세력이 남하하여 세운 고분이고, 고분의 크기로 보아 막강한 세력을 유지하고 있었다고 생각한다.

미야자키에서 가까운 휴가日向라는 지역은 일본 역사상 첫 번째 천황인 신무천황神武天皇이 나라-아스카 지역으로 동정을 떠난 출발점이다.

『일본서기』와 『고사기』 등에 따르면 신무천황은 일향국日向國에서부터 이쓰세노미코토, 이나히노미코토와 같이 동진을 시작하였는데 이 중 이나히노미코토는 신라왕의 조상이라고 쓰여 있다. 또한 이 지역은 아마테라스의 손자인 니니기邇邇芸命가 고천원高天原에서 내려왔다는 다카치호高千穗에서도 멀지 않은 지역이다. 이러한 신화적인 이야기들 때문에 사이토바루 고분군은 신화와 연관 지으려는 트랩에 붙잡혀 진면목을 파악하지 못해 온 모양새다.

한편, 후쿠오카평야에 이주했던 집단 중 동쪽으로 이동하지 않고 지금의 다자이후 방면으로 남하하여 구루메시로 시작하는 사가평야로 이주한 경우도 있을 것이다.

지쿠고강이 흘러가는 구루메시久留米市에는 도요히메豊比売를 모시는 고우라다이샤高良大社가 있다. 도요히메豊比売는 부젠, 다가와의 가와라 신사의 재신이다. 부젠국 풍토기豊前国風土記에 따르면 '옛날 신라의 신이 바다를 건너 이 강변에 살았다. 북쪽에 삼봉三峰이 있고, 한 봉우리에 한반도唐土에서 건너온 신 '가라구니오끼나가辛国息長大姫大目命'를 모시고, 한 봉우리에는 신무천황의 외조모인 스미요시대명신의 어머니인 '도요히메豊比売'를 모시고 있었다'고 쓰여 있다. 도요히메도 알고 보면 대마도를 본거지로 하는 한반도 이주민의 신이다. 이러한 도요히메는 지쿠고의 고라산高良山 주변에도 집중되어 모셔져 있다. 구루메久留米의 고라대사는 지쿠고국 이치노미야筑後国一の宮였으며, 도요히메豊比売는 지쿠시筑紫, 후쿠오카현의 국혼으로 추앙되고 있다. 재신은 **고라타마다레노미코토**高良玉垂命[65]이다. 좌우의 상전에 야하타대신八幡大神, 스미요시 대신住吉大神을 모시고, 도요히메 대신豊比売大神을 합사했다고 한다. 모두 한반도와 관계가 있는 신들이다.

구루메시 남쪽에 있는 야메시八女市 일대에는 규슈 올레길 주변으로 수많은 고분군이 펼쳐져 있다. 이 중에서 제일 큰 것이 이와이磐井의 무덤으로 알려진 이와토야마 고분磐戸山古墳, 135m이다. 이와이는 야마토군이 규슈를 통과해 한반도의 신라를 침공하려는 것을 막기 위해 전쟁을 벌인 것으로 일본 사서에 기록되어 있다.

이 내전에 대한 필자의 견해는 간단하다. 이와이는 규슈에 남아 있던 신라계 세력이고 야마토군이란 야마토가와치−나라−아스카 지역에 새로 기반을 잡고 일본 열도를 통일하러 나선 백제계 세력으로 본다. 이 내전의 결과 규슈 지역에 남아 있다가 이와이편에 가담했던 해인족 세력인 아즈미족이 동쪽으로 이동하기 시작한다.

여기서 더 남쪽으로 내려가면 다마나시玉名市가 나오는데 이 지역에 있는 에다 후네야마 고분江田船山古墳은 고대 한반도, 특히 백제와의 관계에 대한 여러 가지 열쇠를 쥐고 있는 고분으로 보인다. 이 고분에서 출토된 유물들은 익산의 입점리백제 고분에서 출토된 부장품과 흡사하다. 또한 출토된 칼에 새겨져 있는 명문도 한일 고대사의 비밀을 푸는 중요한 자료로 보인다. 이 지역은 후쿠오카에서 남하한 집단일 수도 있겠지만 규슈의 서쪽 바다인 아리아케해有明海를 통해 직접 한반도에서 이주했을 가능성도 보인다.

구마모토 북쪽에서 시작하여 다마나시 쪽으로 빠져나가는 기쿠치강菊池川 유역에도 고분이 산재한다. 기쿠치성은 한성 백제가 있었던 하남시의 이성산성과의 유사성으로 주목을 받고 있다. 이 지역의 고분 중에는 장식 고분裝飾古墳이라는 묘실 안쪽이 여러 가지 기하학적 무늬로 채색이 된 고분이 많은데 이는 일견 고구려식 고분과 닮아 보인다. 장식 고분은 한반도의 영향이라는 것을 일본 학예사도 숨기지 않았는데 필자의 개인적인 소견으로는 광개토대왕 시절 고구려 수군이 한반도 남부의 가야를 공격하기 위해 내려왔을 때 바다 건너 일본 열도에 있는 가야 세력도 공격하기 위하여 도해하였을 수도 있다는 생각이다. 구마모토현립 장식 고분관熊本県立装飾古墳館 실내에는 실물대實物大 크기의 광개토대왕비가 설치되어 있다. 필자의 눈에는 이상하게 보였지만 다 이유가 있을 것이다.

구마모토시를 흐르는 사라가와강과 남쪽의 미도리가와강 주변에도 크고 작은 고분이 무수히 많다. 이 지역은 아직 답사를 하지 않았다. 구마모토 남쪽에 있는 야쓰시로시八代市로부터 가고시마 일대의 고대사는 재야 사학자인 이종기 씨의 『가야공주 일본에 가다』라 는 책에 재미있게 기술되어 있어 간단하게 소개한다. 이 책의 일본판 판매가 금지되었다는 사실은 이 책의 역사적 민감성을 암시한다.

이 책의 주인공은 히미코卑弥呼인데 중국사서와 『삼국사기』에도 나오는 인물이다. 『삼국지』三國志 위서魏書에는 '왜국의 여왕 히미코가 사신을 보내 봉헌하였다'倭國女王伸彌呼遣使奉獻'고 기재되어 있고 『삼국사기』 아달라 이사금 본기에도 '왜의 여왕 히미코가 사신을 보내와 예방하였다'倭女王卑彌手遣使來聘'고 기재되어 있다. 그러나 일본 사서에는 히미코卑弥呼에 관한 기록이 없다. 이러한 점은 일본 사서의 고대사 부문에 대한 불완전성 또는 의도적 왜곡을 보여주는 것이다.

Ⅸ 북부 규슈

　역사 기행인 이 책本書의 마지막 방문지는 규슈다. 도쿄에서 이야기를 시작하여 일본 열도의 중부 지방을 거쳐 규슈에서 이야기를 마무리하는 게 좋겠다고 생각한 이유가 있다. 이곳이 그동안 역사 여행을 하며 생겨났던 모든 의문의 시작점일 것이라고 생각해 왔기 때문이다. 그 수수께끼 같은 일본의 신화들도 일본 열도의 다른 곳이 아닌 바로 이곳에서 시작된다. 규슈 중부의 산악 지대인 다카치호에 천신이 강림하는 것으로 시작하는 일본 신화는 무엇을 상징하는 것인지 오랫동안 의문 속에 남아 있었다.

　규슈의 여행 기행과 역사 이야기를 시작해 본다.

　규슈九州라는 지명은 이 섬에 있는 9개 지방국의 옛 이름, 즉 치쿠젠筑前, 치쿠고筑後, 부젠豊前, 붕고豊後, 히젠肥前, 히고肥後, 휴가日向, 오오스미大隅, 사쓰마薩摩로 인해 생긴 것이다. 이 중 한반도 이주민의 유적은 치쿠젠筑前, 후쿠오카와 치쿠고筑後, 사가 부젠豊前, 오이타 및 히고 구마모토에 집중적으로 분포되어 있다.

　놀랍게도 일본의 신화는 규슈에서 시작한다. 지금은 도쿄가 일본의 중심지이고 중세까지의 상당 기간 동안 아스카, 나라, 교토가 일본의 중심지였는 데도 일본 신화에는 '일본의 역사가 규슈에서 시작되었다'고 쓰여 있다.

후쿠오카 서쪽의 사와라早良구에서 동북으로 뻗은 세부리背振산지를 넘어가는 길을 따라 이토시마반도의 마에바루前原로 가려면 히무카고개日向峠를 넘어야 한다. 이 고개는 고대 일본 건국의 출발점인 이른바 '천손강림설화天孫降臨說話'의 장소이자 한반도와 깊은 연관을 가진 곳으로 알려져 있다.

『고사기古事記』와 『일본서기日本書紀』는 황실 조상신인 아마데라스天照大神가 손자인 니니기瓊瓊杵尊에게 삼종의 신기神器인검, 거울, 구슬을 주어 다카아마노하라高天原에서 지상으로 내려보냈는데 도착한 곳이 치쿠시筑紫, 북규슈의 다카치호高千穗라고 기록하고 있다. 이곳이 바로 히무카고개로 알려져 있다. 단 일본에서 공식적으로 지정하고 있는 천손강림의 지역인 다카치호高千穗는 위에서 이야기한 이토반도 지역이 아니라 미야자키의 북서쪽 산중에 있다. 일본 신화를 만드는 과정에서 한반도와 직접적인 연관성을 암시하는 이토반도 지역보다는 신비스러운 다카치오 지역으로 미화한 것이 아닌가 한다.

니니기가 출발한 고천원高天原이 한반도의 가야라는 것이 일본학계의 지배적인 설이다. 역사학자인 미카사노 미야다카히도三笠宮崇仁는 천신天神의 명을 받은 니니기가 다카치호의 '구시불산' 또는 '서호리 산현 지명은 세부리산'에 내려왔다는 일본 신화는 한반도의 개국 신화인 단군 신화나 가야국의 김수로왕金首露王이 천상에서 구지봉龜旨峰으로 내려와 나라를 세웠다는 고대 한국의 건국 신화와 같은 계통이라고 주장하고 있다.

동양사학자인 미시나 쇼에이三品彰英도 가야에서 도래한 외래 민족 즉 '천신족'이 새로운 지배지로 삼은 다카치호에 자신들의 건국 신화를 관련시켜 만들어 낸 것이 『고사기』와 『일본서기』에 기록된 '천손 강림 건국 설화'라고 결론짓고 있다. 또한 언어학자인 가메 이다카시龜井孝와 야마다 도시오山田俊雄도 『고사기』와 『일본서기』에서 외래의 민족을 의미하는 '천신'은 가야와 깊은 관계가 있고, 니니기의 천손 강림 설화는 가야인의 북규슈 이주 사실을 설명하는 것에 지나지 않는다고 밝히고 있다.

1. 초기 도래인 유적

한반도에 살던 사람들은 어느 날 일본 열도로의 이주를 시작한다. 한반도에는 일본 열도로 이주한 기록이 없어 그 이유가 무엇이었는지는 자세히 모르는데 고고학적 연구에 의하면 기원전 3세기부터 이주가 본격화된다. 일본은 이들 한반도 도래인에 의해 조몬 시대가 끝나고 야요이 시대로 들어간다.

일본 열도의 조몬 시대는 한반도의 빗살무늬 토기 시대(신석기 시대), 야요이 시대는 무문 토기 시대(청동기시대)와 삼한 시대, 고분 시대는 삼국 시대에 시간적으로나 사회적으로 거의 대응된다. 한반도로부터의 이주민들은 여러 차례 파상적으로 일본 열도로 이주하였는데 그 제1파가 기원전 3~4세기에 시작되어 일본 열도에 벼농사를 기초로 하는 야요이 시대가 열리게 된다. 이와 같은 초기의 이주

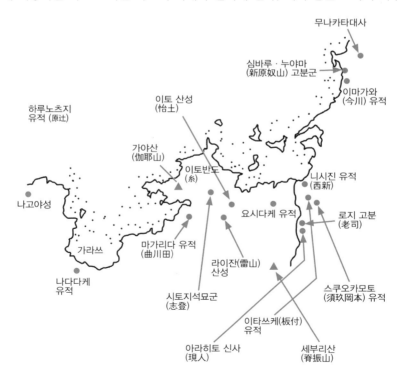

[그림 53] 북부 규슈의 초기 한반도 이주민 유적

유적은 북규슈의 해안가에 집중되어 있다. 대표적인 유적지를 소개한다.

1 하라노쓰지原の辻 유적

하라노쓰지 유적은 이키섬에 존재하는 유적이다. 이키섬 동부 하나호코강 하류에 있는, 야요이 시대 전기부터 고분 시대 초기에 걸친 대규모 환호 집락을 중심으로 하는 유적이다.

1923년 야요이식 토기와 석기류가 발굴되었다. 1951년부터 10년간에 걸쳐 발굴 조사가 행하여져 거주 유적과 묘지가 발굴되고, 대량의 철기 등이 출토되었다. 1993년의 대규모 조사로 삼중의 호壕로 둘러싸인 대규모 환호 촌락 및 제사 건물 흔적이 검출되었다. 환호 촌락의 규모는 동서 약 350m, 남북 약 750m다. 호 밖의 북쪽과 동쪽에서는 고분이 발견되고 있다. 유적 전체의 총면적은 100헥타르30만 평에 달하는 광대한 것이다.

출토물에는 한반도제 유물이 대부분으로 거울, 동검, 옥, 주조 제품, 무문 토기와 삼한계三韓系토기 등이다. 또 야요이 시대 중기의 수혈 주거지竪穴住居址에서 탄화한 쌀과 보리가 출토되고 있다. 섬의 하천 유역의 저지에 수전水田이 펼쳐져 있는 등 쓰시마에 비해서 수도 농경水稲農耕이 널리 행하여지고 있었다.

석기로는 돌도끼, 돌부엌칼 등이 나오고 있는데, 후기에 들어서면 석기는 대부분 종적을 감추고, 큰 자귀, 낫, 작은 칼 등의 철기가 풍부해진다. 유적지 안에는 철기 원재료로 보이는 판자 같은 물건이 발견되었다. 이키섬의 철기는 박재품舶載品, 배에 싣고 온 물건으로 여겨지고 있다. 이 유적의 출토품은 이키시립이키국박물관에 수장되어 있다. 박재품舶載品이라는 용어는 수입품이라는 뜻으로 일본 역사학계에서 사용되고 있는 용어이다. 물건을 만들고 사용하던 주민 자체의 이동을 부정하며 물건만 이동하였다는 주장을 하기 위해 만들어진 단어로 이해하고 있다.

2 나다다케_{菜畑} 유적

사가_{佐賀}현 가라쓰_{唐津}시의 나다다케_{菜畑} 유적은 규슈에서 발견된 유적지 가운데 가장 오래된 것이다. 일본에서 가장 오래된 벼농사_{水稻耕作}를 했던 논_{水田}의 흔적이 발견되었다. 유구는 5~6㎡ 남짓의 작은 네 면의 논에서, 직파로 재배되었다고 추측되고 있다. 탄화미쌀도 250알 정도 출토되었다.

3 마가리다_{曲り田} 유적

가야바루_{可也原}, 가야벌의 남쪽 니조_{二丈}마을 마가리다_{曲り田} 유적에서도 기원전 3세기 조몬_{繩文} 시대 말기의 것으로 추정되는 철 조각이 출토되었는데, 이것도 가야인들이 규슈로 이주할 때 벼농사와 함께 쇠로 만든 농기구를 가져온 것으로 추정되며 돌칼과 돌화살촉 등도 나왔다. 이 일대는 한반도 이주민들이 집촌을 이루었던 지역이다. 마가리다 유적은 후쿠오카의 이타즈케 유적과 더불어 일본에서 가장 오래된 유적지로 꼽힌다.

4 요시다케_{吉武} 유적

후쿠오카 평야의 서쪽 끝, 무로미강_{室見川} 유역에 부채꼴로 펼쳐진 평야를 사와라_{早良}평야라고 부른다. 이곳에는 구석기 시대 이후 각 시대의 유적들이 산재해 있는데 요시다케_{吉武} 유적군도 그중 하나다. 이 유적군은 사와라평야의 남서부에 있는 이모리산_{飯盛山} 동쪽 기슭 무로미강 중류 좌안의 단구에 위치한다. 동쪽으로 무로미강, 서쪽으로 히나타강_{日向川}이 흐르고, 양 강의 합류점을 경계로 남북 1km, 동서 최대 700m, 면적 40만㎡의 범위에 걸쳐 각 시대의 유적이 산재해 있다. 요시다케 유적군에서는 1981년부터 발굴 조사가 실시되어 구석기 시대 석기부터 근세의 도랑 유구까지 다양한 유물과 유구가 확인되었다.

야요이 시대에는 이곳에 많은 옹관묘와 목관묘가 사용되었다. 요시다케 유적군의 '옹관_{甕棺} 로드'라고 불리는 지구에는 구릉 능선을 따라 길이 450m 범위에 약 2,000개 이상의 옹관이 묻혀 있다. 이것들은 야요이 전기 말부터 후기에 걸쳐 운영된 것이지만, 중심은 야요이 중기다.

후쿠오카 사와라구_{早良区}의 요시다케_{吉武} 유적지는 옥_玉 장식물이나 청동기 또는 각종 용기를 만들었던 공방과 주거지가 보존되어 있고 수장의 옹관묘_{甕棺墓}로 추정되는 한반도 김해식 지석묘_{支石墓}의 거석 덮개가 보존되어 있다. 이 지역에서 옹관, 석제, 철제 무기와 여러 가지 장식품이 출토되었다.

이 일대는 BC 100~200년경의 야요이 전기 시대의 유적지다. 현재 34개의 가야국 김해식 옹관과 4개의 목관이 발견되었으며 이 중 한 목관에서 가야와 신라에서 제작된 것으로 확인된 동경_{銅鏡}, 동검_{銅劍}, 구옥_{勾玉} 등이 출토되었다.

고고학자인 하라다 다이로쿠_{原田大六}는 유적이 소재하는 곳의 지명인 사와라의 어원이 우리말인 서라벌 또는 서울에서 전와_{轉訛}된 것이고, 야요이 시대에 요시다케 일대에 한반도로부터 상당한 세력을 가진 무장 집단이 이주하여 집촌을 이루고 살았던 것으로 밝혀졌기 때문에 이곳의 지석묘는 한반도 이주민의 것임이 확실하다고 주장하고 있다. 특히 옹관에서 출토된 길이 29.8cm, 폭 3.5cm의 동검은 야요이 시대 한반도에서 제작된 것으로 일본에서 나온 동검 중에서 가장 오래된 것으로 판명되었다.

5 이타즈케_{板付} 유적

후쿠오카시 남쪽에 있는 이타즈케_{板付} 유적은 가라쓰_{唐津}시의 나다다케_{菜畑} 유적, 이토반도의 마가리다 유적과 함께 규슈에서 발견된 유적지 가운데 가장 오래된 것이다. 평지보다 조금 높은 지역에 원추형의 초가와 움막집과 토기가 여기저기 흩어져 있다. 이 유적에서는 야요이 시대 초기의 것으로 추정되는 농기구와 벼의 자국이 남아 있는 토기 등이 발굴되었다. 이타즈케 토기_{板付土器}로 명명된 이 토기는 벼를 보관하기 위해 만들어진 용기이며 야요이 시대 최초의 토기로 판명되었다.

대지의 동서 낮은 언덕에는 옛 모로오카강_{諸岡川}에서 수로가 연결되고 수로에는 우물이 설치되어 있어 수량을 조절할 수 있도록 하고 있다. 논에는 수구_{水口}가

[그림 54] 이타즈케 유적

있어 벼농사와 함께 토목 기술을 이용하여 일본 열도에서 가장 먼저 벼농사 농경이 개시되었다.

후쿠오카공항에서 멀지 않은 이타즈케 유적 야요이관_板 付遺跡 弥生館 안에는 주변에 실재하는 유적을 축소한 모형이 설치되어 있었다.

관장은 벼농사가 한반도 이주민에 의해 후쿠오카에서 시작되었다고 설명해 주었다.

옹관묘 여러 기가 발견되었고, 그 안에서 세형동검, 세형동모가 각각 3개 출토되었다. 이들 옹관묘에는 큰 봉분이 있었던 것으로 보여 세력이 존재했음을 보여주고 있다.

이타즈케 유적은 취락, 묘지, 생산지가 일체가 되어 일본 열도에서의 벼농사 농경의 개시와 야요이 시대 사람들의 생활이나 사회를 해명하는 몇 안 되는 유적이다.

6 스쿠오카모토須玖岡本 유적

후쿠오카시 남쪽의 가스카시春日市에 있는 스쿠오카모토須玖岡本 유적지는 50여 개소에 흩어져 있다. 이 지역은 옛 나노국奴國이 있었던 곳으로 후한後漢이 나노국 왕을 왜왕으로 책봉한다는 내용을 담은 금도장金印이 한반도형 지석묘韓半島形 支石墓 에서 출토되어 나노국왕이 한반도 이주민이라는 설이 대두되었다. 스쿠오카모토의 '스쿠아스카의 스카와 같다'는 고대 한어로 주위에 담을 두른 취락을 의미하며 유적에서 출토된 유물이나 지명의 변천 내용으로 보아 스쿠 지역은 야요이 시대와 고분 시대에 한반도 이주민들이 집촌을 이루어 살았던 곳으로 추정되고 있다.

가스카구릉春日丘陵의 북단에 남북 약 300m, 동서 약 200m의 범위로 펼쳐져 있는 야요이 시대의 유적으로 유적에서는 많은 건물터와 무덤이 발견되고 있다. 특히 중국 위지 왜인전에 등장하는 '노국'의 왕묘를 비롯한 왕족들의 '옹관묘'가 있고, 다른 유적에서는 유례가 없는 다수의 청동기와 유리 제품 제조용 도구가 출토되었다. 최근에는 일본 열도 내 최대의 크기를 자랑하는 옹관묘가 발견되었고, 이 옹관묘에서 동검과 함께 동검자루 끝에 붙이는 장식이 출토되었다. 스쿠오카모토 유적은 나노국奴の国의 중심지이며, 수장이나 그 가족의 집단 묘지라고 추측되고 있다.

스쿠오카모 유적지 안에 노국의 언덕 역사 자료관奴国の丘歴史資料館이 있다. 주변은 공원처럼 꾸며져 있었다. 발굴에 관한 자료를 몇 가지 구매하였다.

⑦ 니시진西新 유적

하카타만 연안에는 3,000여 년 전부터 사구가 형성되어 왔다. 이 모래 언덕 위에 전개되어 있는 후쿠오카시 사와라구에 니시진-후지사키 유적이 있다. 유적지는 후쿠오카시박물관福岡市博物館에서 멀지 않은 곳에 있는데 고대에는 해변가 항구 근처 지역이었을 것이다.

예로부터 야요이 토기나 삼각연신수경三角縁神獣鏡 등이 발견되어 주목받아 온 유적이다. 도심 개발 공사에 따라 발굴 조사가 진행되어 야요이 시대부터 고분시대 전기를 중심으로 하는 촌락이나 분묘의 전체 내용이 밝혀져 왔다. 유적군이 있는 지역은 농경에 부적합한 땅으로 출토 유물도 어촌에서 볼 수 있는 유물과 한반도에서 들어온 유물이 많이 출토되어 고기잡이와 함께 교역 등에 종사한 집단이 살았던 유적으로 생각된다.

1912년, 후지사키 유적의 개인 주택지 내에서 석관이 발견되어, 인골과 거울三角縁盤龍鏡 및 환두대도環頭大刀가 출토되었다. 가까운 곳에서 상자식 석관箱式石棺과 함께 거울方格規矩渦文鏡이 출토되었고 지하 공사 중에 옹관과 석관이 다수 나오고 야요이 시대 전기의 항아리가 출토되었다. 그 후의 조사에서 이 지역에 야요이 시대부터 고분 시대까지의 분묘군이 분포되어 있는 것이 밝혀졌다. 발견된 이 출토품들은 도쿄국립박물관과 규슈대학에 수장되어 있다.

유적의 대부분은 하카타만 연안에 형성된 사구의 일부인 하카타만을 향하는 사구 위에 입지하는데 유적지의 동쪽과 서쪽에 강이 있어 바다로 나가기 쉬운 지형이다. 니시진 유적과 후지사키 유적의 사이에는 얕은 산골짜기가 있다.

지금부터 2,500년 이전의 야요이 시대 초기가 되면서 후지사키 유적의 서부에 묘지가 형성되기 시작한다. 옹관묘를 주로 하는 묘역이 중기를 정점으로 동쪽과 북쪽으로 넓어진다. 비취제 곡옥이나 벽옥제 관옥 등의 부장품이 들어 있는 옹관도 발견되었다. 부근의 사와라평야에는 그 시기에 농경 촌락이 다수 있었으므로, 이 평야를 개척한 사람들의 고분이 후지사키의 사구 위에 만들어졌을 가능성이 크다.

이렇게 니시진-후지사키 유적에서는 옹관을 가진 집단 묘지가 300기 가까이 발견되었다. 후쿠오카 박물관의 한 전시에서는 이를 평야 개척자의 무덤平野開拓者 の墓이라고 표현했다.

필자가 국내에 있는 고분들을 답사하던 중 방문했던 나주의 반남 고분군이 있다. 이 고분들에서 출토되어 고분군 근처의 국립나주박물관에 전시되어 있는 수많은 옹관들을 생각해 보면 후쿠오카의 니시진 지역으로 이주한 이주민들은 나주 지역에서 이주한 이주민들일 가능성이 있다. 또한 주인을 찾지 못한 나주 반남 고분들이 백제의 무덤이 아닌 마한의 무덤이라는 설을 따르면 이들은 가야가 아니라 마한으로부터의 이주민일 가능성도 있어 보인다.

시간이 지나 야요이 종말기에서 고분 시대가 되면 니시진 유적을 중심으로 대규모 취락이 만들어진다.

'위지왜인전'에는 3세기 중반 왜국들의 모습이 담겨 있다. 니시진- 후지사키 유적은 지리적으로 노국奴国의 북쪽에 위치한다. 유적명에서 유래한 '니시진식 토기'는 야요이 종말기부터 고분 시대까지 북부 규슈의 전통적인 기종을 가리키고 있다.

니시진-후지사키 유적에서는 낙지잡이 통발飯蛸壺, 니시쓰보, 다코쓰보 외에 배와 어망이 추가 발굴되어 **수인**水人[66]들이 활약하고 있었던 것을 알 수 있다.

4세기 말을 기점으로 유적의 규모는 무덤과 취락 모두 급속히 축소된다. 배의 대형화에 따라 항구의 기능이 다른 곳으로 옮겨졌을 수도 있다.

8 시토지석묘군志登支石墓群

이토시마반도伊島半島의 마에바루前原시와 히라바루平原시에 걸쳐 시토지 석묘군志登支石墓群이 있다. 이토반도는 지리적으로 한반도와 가까운 거리에 있어 일찍이 가야와 신라 문화를 받아들일 수 있었으며, 두 나라로부터의 이주민도 많아 지석묘나 유구遺構 등 한반도 관련된 유적이 많이 남아 있는 곳이다.

주위의 논 사이에 있는 낮은 대지에서 10기의 지석묘가 발견되었다. 조사한 결과 이들은 모두 남부 한반도식인 '기반형 지석묘基盤形支石墓'로 판명되었다. 이곳 지석묘군은 야요이 전기에서 중기 시대의 것이다. 지석묘는 지반을 편편한 돌로 덮고 그 아래에 옹관甕棺이나 토광土壙 또는 석실石室을 만들어 매장하는 고인돌 고분이다. 타제석촉打製石鏃, 유엽형마제석촉柳葉形磨製石鏃 그리고 토기인 스에키須惠器 등이 부장품으로 출토되었는데, 이들은 모두 가야와 신라에서 만든 것으로 확인되었다.

이곳은 논 한가운데 있어 내비를 켜고 찾아가는 데도 애를 먹었다. 한반도의 고인돌과 북규슈의 지석묘는 깊은 관계가 있을 것으로 생각된다.

9 이마가와 유적今川遺跡

무나카타군 쓰야사키정에 소재하는 야요이 시대 전기 초두의 환호 취락環濠集落 유적이다. 주거지의 형태는 한반도 무문토기 문화기韓半島無文土器文化期와 유사하다. 토기는 이마가와식으로 분류되어 **이타즈케식**板付式 **토기**[67]에 포함되지만 온가강遠賀川 유역 출토 토기와도 유사하다.

청동기구리니미, 철기鐵鏃가 이마가와식 토기와 함께 출토되고 있어 시기적으로 가장 오래된 것으로 추측할 수 있다. 옥류는 일본에서는 산출되지 않는 아마조나이트제로 석재, 형태 모두 무문 토기 문화기와 유사하다.

이 유적이 생긴 야요이 시대 전기는 본격적인 논농사가 시작된 시대다. 이 유적에는 조몬 토기 계통의 토기도 혼재되어 출토된다. 벼농사가 시작되기 얼마 전부터 시작하여 벼농사가 시작된 시기, 그리고 안정적으로 벼농사가 이루어지던 시기의 토기들이 모두 출토되는데, 이는 북부 규슈의 벼농사 문화 정착기의 토기를 대표하는 유물이다.

야요이 시대 전기의 토기는 서로 비슷한 생김새를 가지고 있어 특징적이다. 이들은 총칭 온가가와식 토기遠賀川式土器로 부르며 북부 규슈의 토기가 벼농사 문화의 확산과 함께 서일본 일대에 퍼진 것으로 이해되고 있다. 그 온가가와식 토기가 이마가와 유적今川遺跡에서도 출토되었고, 그것도 꽤 오래된 시기의 토기로 알려져 있다. 온가가와 토기의 발상지는 이 이마가와 유적今川遺跡이었을 가능성도 있다. 좀 더 넓혀 말하자면 일본 벼농사의 시작은 이마가와 유적今川遺跡이 구축되었을 때일 가능성도 없지 않다. 야요이 시대란 본격적인 논농사가 시작되었다는 것이 시대의 정의이기 때문에 야요이 시대도 이마가와 유적今川遺跡과 더불어 시작되었던 것이다. 그리고 일본에서 가장 오래된 청동기인 철기鐵鏃도 이곳에서 출토되었다. 더 과장해서 말한다면 '일본의 새벽은 여기서 시작되었을지도 모른다.' 일반인에게는 잘 알려져 있지 않은 이마가와 유적今川遺跡이지만, 대단한 유적이다.

발굴자들을 놀라게 한 것은 유경 양익동촉有莖両翼銅鏃과 구리끌銅ノミ이었다. 또 두 개의 구슬은 아마조나이트제天河石, 옥색 갈륨 장석로 한반도에서 산출되고 일본에서는 거의 생산되지 않는 돌이었는데, 이 유물들이 나온 3호 수혈식 주거지竪穴式住居地는 한국 부여 송국리松菊里 유적과 같은 형태의 수혈식이었다. 발굴자 중에는 한반도에서 직접 이곳에 정착했을 가능성이 높은 유물 내용半島からの移民が持ち込んだものだ이라고 말하는 사람도 있었다고 한다.

이마가와 유적과 동일 구릉의 북쪽에 위치한 미야지 대히타이宮司大ヒタイ, 宗像郡

津屋崎町유적도 근처에 있으며 야요이 시대 중기기원전 1세기의 저장혈貯藏穴 8기, 고분 시대 전기4세기의 수혈식 주거지 4채 등이 발견되었다.

처음에는 유적지를 직접 찾아가 볼 생각이었으나 심바루-누야마新原-奴山 고분 군에 대하여 좀 더 알아보기 위해 들른 후쿠쓰시福津市의 카메리아스테지 역사 자료관カメリアステージ歷史資料館을 방문하니 이마가와 유적今川遺跡에 관한 유물과 설명이 있었다.

후쿠쓰시福津市의 카메리아스테지 역사 자료관カメリアステージ歷史資料館은 2017년 '신이 머무는 섬, 무나카타 오키노섬 관련 유산군神宿る島宗像沖ノ島 関連遺産群'이 유네스코 세계문화유산에 등록되면서 가이던스 시설로 건립된 자료관이다. 무나카타족宗像族 후손들의 고분인 심바루-누야마新原-奴山 고분군에 대한 상세한 자료와 유물이 전시되어 있는 자료관으로 내용면에서 부러울 정도였다.

이마가와 유적今川遺跡에 대한 자료관의 설명이다.

1979년, 이마가와강 하구 부근에 있는 약간 높은 언덕이 발굴 조사되었다. 이마가와 유적에서는, 주거 1동과 환호環濠, 円形濠의 일부가 발견되었다. 환호는 단면이 V자로 파여 있다.

환호에서는 야요이 시대 초기 토기와 석기 외에 구리 화살과 끌 등 금속 도구도 출토되었다. 또한 주거지는 한반도에서 발견되는 것과 매우 유사하며, 한반도에서 산출되는 아마소나이트天河石, 천하석로 만든 구슬 등 장식품도 출토되었다. 야요이 시대 초기에 한반도 이주민도래인으로부터 논벼농사가 전해졌을 무렵의 모습을 보여주는 중요한 유적으로 이마가와 유적은 잘 알려져 있다.

🔟 옹관묘

조몬 시대 말기의 유적을 보면 일본 각지에서 옹관묘의 풍습이 있었다. 옹관묘는 야요이 시대 전기에서 중기까지 북부 규슈에서 최성기를 맞이한다. 북부 규슈 중에서도 후쿠오카 평야 주변 일대는 야요이 전반까지는 주로 목관에 매장되고 있었지만, 전기 후반이 되면 옹관이 대신했다. 중기 후반에는 나가사키현

이나 구마모토현의 일부까지 확대되었다. 묘는 일반 촌락 구성원의 고분과 유력 자층의 고분이 다르게 만들어졌는데 청동 제품 등의 부장품에도 차이가 있었다. 이 계층 분화는 요시타케 유적, 스쿠오카모토 유적에서 보이고 후기가 되어서 이하라 유적, 히라바루시_{平原市}유적 등에서 보인다.

우리나라의 남부 지방에도 옹관묘가 많은데 전라남도 나주에 있는 국립나주 박물관에는 반남 고분에서 출토한 거대한 옹관묘로 가득 차 있다.

◆ **요약** ◆

조몬 시대 말기에 한반도 남부로부터 벼농사 농경 기술이 북규슈에 전파되었다. 단 나다타케 유적이나 마가리다曲田, 曲り田 유적을 만들었던 초기 이주민의 규모는 가라쓰평야나 이토시마평야라고 하는 비교적 좁은 활동 범위에 한정된 소규모 집단이었다고 여겨진다.

본격적인 이주의 물결은 그로부터 약 200년 후, 이타즈케 유적으로 시작되는 후쿠오카 평야로의 도래다. 이때는 환호 촌락과 수혈 주거竪穴住居라고 하는 한반도의 토착 주거 형태를 가져왔는데 규모가 꽤 커서 후쿠오카평야부터 북부 규슈 전체에 퍼졌다. 그리고 그들 이주민의 무문 토기 기술을 기초로 만들어진 초기의 야요이 토기, 즉 이타즈케식 토기는 서일본 각지에 벼농사와 함께 전파되었다.

다음 이주의 큰 물결은 야요이 전기 말인 기원전, 즉 지금으로부터 2,400~2,500년 전, 한반도 북부로부터 청동기 문화의 영향을 받은 사람들의 이주다. 그 집단의 규모는 그때까지의 이주민의 규모와 비하여 상당히 컸다고 한다.

2. 이주민 집단

신화나 고대사에 나타나는 초기 이주민 집단의 지도자로 다음과 같은 인물을 들 수 있다.

1 히미코卑彌呼 집단

무녀巫女여왕으로 알려진 히미코卑彌呼는 2세기 후반 북규슈의 백여 개의 부족 중 30여 개를 통합하여 치쿠고筑後, 사가 지역에 야마다이국邪馬台國을 세운다. 일본의 정사에는 기록이 없지만 일본 국민들에게 가장 인기가 있는 고대 인물인 히미코에 대해서는 뒤에 다시 다룬다.

2 천일창, 아메노히보코天日矛 집단

신라 왕자인 아메노히보코는 일본 고대 역사에서 큰 비중을 차지하는 인물로서 아메노히보코와 아카루히메赤留比賣는 일본 신사의 제신祭神으로 되어 있다. 그가 처음 도착한 곳도 규슈다.

아메노히보코로 불리는 무리는 일본 전역에 걸쳐 광범하게 분포되어 있으며, 벼농사와 함께 양잠, 제철, 기계 직조, 채동 등 여러 분야에 걸쳐 신라와 가야의 선진 기술을 일본에 전수한 것으로 많은 문헌에 나와 있다.

『해밑섬, 일본을 걷다』에서 이즈시 신사出石神社, 팔천군고전장八千軍古戰場遺跡, 히메코소 신사比賣許曾神社를 소개한 바 있다.

3 무나카타宗像 집단

무나카타시宗像 일대는 고대로부터 한반도와의 접촉이 많았던 지역으로 한반도에서 전래된 문화 유적과 유물이 많아 남아 있는 곳이다. 야요이 전기의 남부 한반도에서 제작된 청동 화살촉을 비롯하여 조몬 시대 후기의 스에키 토기 조각과 말안장에 부착된 기鬐꽂이인 사행蛇行 철기를 비롯하여 마구 등이 발견되었다.

또한 한반도에서 들여온 것으로 추정되는 일본 최초의 철의 지금地金인 철정鐵鋌과 쇠창, 대패, 항아리 등 유물도 여러 유적에서 출토되었다. 실제로 3세기 말에서 5세기 초에 한민족 이주민이 거주했던 주거의 유적이 발굴되기도 했다.

무나카타 세 여신 중 하나인 이치키시마히메市杵島姬命와 대마도 동쪽에 있는 신비의 섬인 오키노시마沖の島에 대하여는 앞에서 잠깐 설명한 바 있지만 무나카타 지역 답사 시 다시 설명하기로 한다.

4 마한-백제계 집단

앞에서 설명한 니시진 유적에서는 3세기 후반에서 4세기 후반경에 걸친 이주계 유물이 대량으로 출토된다. 유적은 크게 서지구와 동지구로 나뉘며 야요이 후기 후반에는 서지구의 서남쪽에 주거군이 집중되며 이주계 유물이 출토되는 시기가 되면 차츰 동북쪽으로 이동한다. 동지구와 서지구 사이는 지대가 꺼져 분리되어 있다.

이주계 토기의 경우 동지구에서는 가야계 토기가 주로 출토된다. 반면, 서지구에서는 전라도湖南 지역의 백제또는 마한토기가 주종이다. 이러한 토기의 양상으로 보아 니시진 유적의 이주민은 동지구에는 가야계, 서쪽에서는 백제또는 마한계가 주체인 집단이었다. 위 사실은 가야에서의 이주민이 주도하던 북규슈에 한반도 서쪽 지방으로부터의 이주민도 들어오기 시작한 것을 보여준다. 이들은 백제의 이주민일 수도 있고 백제에서 쫓겨난 마한의 이주민일 수도 있겠다.

고분 시대 중기는 한반도계의 다양한 문물이 대량으로 정착하고 퍼지는 시기이다. 횡혈식 석실이 도입되고 스에키가 생산되기 시작하며 수혈 주거지에는 부뚜막이 정착되고, 대금식 갑주, 금은 장신구, 마구가 출현하며 말의 사육이 시작된다. 북부 규슈에서는 보다 일찍 횡혈식 석실을 도입하고 석인, 석마나 장식 고분 등으로 대표되는 독특한 고분 문화가 형성된다.

한반도에서의 고구려의 가야 공격400년과 금관가야의 몰락532년, 신라, 대가야, 소가야, 아라가야의 융성이라는 대전환의 결과로 일본 열도 각지에는 전기와는 비교할 수 없는 다수의 이주민이 정착하게 되는데 이것이 이주민의 제2파이다. 제3파는 백제와 고구려의 멸망으로 일어난다.

3. 조선식 산성朝鮮式山城, 한반도계 지명과 신사

가야와 신라 사람들의 북부 규슈를 포함한 일본 열도로의 이동에 관한 내용을 조선식 산성과 지명을 통해 알아본다.

서부 일본의 여러 곳에는 조선식 산성으로 불리는 옛 산성이 있다. 그리고 산성이 위치한 평야 지대에는 고분군이 있다.

선주 이주민 집단의 자취가 드문 동부 일본에는 조선식 산성이 없다. 서부 일본에 있는 옛 산성을 조선식이라고 부르는 이유는 그 산성의 입지, 축조법 및 수문 구조가 우리나라의 산성에만 보이는 고유한 방법으로 축조되었기 때문이다. 이렇게 조선식 산성이라고 명명한 것은 일본 학자들이며 지금은 고대 산성이라고 부른다.

서부 일본 특히 북부 규슈 지대의 조선식 산성들은 근대까지 신롱석神籠石, 고고이시 유적으로 알려져 있었다. 일본학계는 이러한 여러 산성을 둘러싸고 오랫동안 산성山城으로 또는 영역壘域으로 보는 두 파로 나뉘어 있었다. 신롱석은 신령진혼의 울타리라는 뜻이다.

산성설을 주장하는 견해는 한반도에 있는 산성의 입지와 같다는 것, 지리적으로 한반도 산성과 매우 흡사하다는 것, 성벽 돌담의 잔해殘石 위에 목책 또는 흙담 시설이 있었다는 것 등이다. 그러던 중 1960년대 전반기에 들어와서 군사적 방어 요새로서의 조선식 산성이라는 결론을 짓게 되었다고 한다. 다만 산성의 축조 시기는 일본학계의 일치한 견해로 7세기 이후로 고정하고 있다.

◆ 필자의 의견 ◆

일본학계는 이 산성들이 백제 멸망 후 당나라가 일본으로 쳐들어올 것을 예상하여 백제 유민 지도자의 감독하에 왜국이 쌓은 산성이라는 주장인데 필자도 처음에는 이 설을 믿었다. 그 후 집안에 있는 환도 산성과 그 아래 펼쳐진 고구려 적석총 고분군을 답사하고 일본 열도의 산성들이 한반도로부터의 선주 이주민이 쌓은 성이라는 의견에 관심이 갔다.

산성은 평야가 내려다보이는 산 능선 또는 산꼭대기에 축성한다. 주변 일대의 방어적 요충지로서 전망이 좋은 위치에 자리 잡는다. 산성은 반드시 하나 이상의 계곡을 싸며 주변 봉우리의 꼭대기 아랫부분의 바깥쪽을 성벽으로 둘러친다. 계곡을 끼어서 물 부족을 느끼지 않고 그 안에 거처할 집과 창고를 지을 수 있어 많은 군사와 백성을 수용할 수 있게 한다. 또 성 안에서는 바깥 형세를 감시할 수 있으나 바깥에서는 성 안의 동정을 엿볼 수 없다. 성의 수문 돌담 구조는 장마철에 갑자기 물이 불어나도 허물어지지 않는 석축법으로 견고하게 쌓아져 있다.

조선의 산성은 산성 아래쪽으로 고분군이 있는 것이 특징이다. 실례로서 고령에 있는 대가야의 주산 산성과 지산동 고분군, 목마 산성과 창녕 교동 고분군 및 송현동 고분군, 아라가야의 함안성산 산성과 말이산 고분군, 성주성산 산성과 선산동 고분군 등을 들 수 있다. 그리고 산성과 고분군 주변에는 기본적으로 통치자가 살던 왕궁이 있었다.

이와 같은 체계를 이룬 한반도의 산성과 고분군, 평야, 왕궁터가 일본 열도에 옮겨졌다. 한반도 이주민들이 서부 일본에 진출하여 한반도와 같은 생활 방식으로 정착지를 형성하였기 때문일 것이다. 일본에서는 많은 경우 산성 아래의 평야 지대에 고후쿠国府라는 지방 소국의 정치 행정 중심지가 자리 잡게 되는데 그것은 그 지대가 옛날부터 지방국의 정치, 문화의 중심지였기 때문이다. 야마토 국가는 대체로 과거의 중심 정착지를 답습하여 7세기 이후의 지방국의 행정 기관을 설치한 것이다.

1 이토怡土 산성

이토산성은 북규슈 이토시마시 다카스산高祖山, 415m을 중심으로 하여 서쪽에 펼쳐진 산지와 산기슭 경사면을 포함한 약 1,635m의 길이를 가진 크지 않은 산성이다. 이토산성은 산성 유적에서 바라보면 이토시마시가 한눈에 바라보이고 동쪽으로는 가라쓰만 방면으로부터 이끼섬이 넘겨다 보이며 날씨가 좋을 때는

[그림 55] 이토산성 모형

대마도까지 볼 수 있다. 하카다만과 태재부太宰府 역시 한눈에 들어온다고 한다.

이토산성은 다카스산의 서쪽 경사면을 잘 이용하여 쌓았다. 즉, 산의 가장 높은 지대의 분수령을 경계선으로 하여 동쪽에서 서쪽으로 봉우리를 따라 점차적으로 내려오면서 성벽을 쌓았다. 성벽의 바깥면은 될수록 험준한 자연 지세의 가파로운 경사면을 골라 쌓았으며 또 곳곳을 인공적으로 깎아내어 절벽을 조성하였다. 서변쪽은 평탄한 평지로서 흙담을 쌓고 수문과 성문을 설치하여 정면으로부터 방위 성벽을 구축하였다.

이토산성을 신라계 산성이라고 추정하는 이유는 역대로 산성의 수호신이었던 산성의 제사신이 신라신이었다는 사실이다. 이토산성 안에 있는 다카스 신사高祖神社에는 신라 왕자 천일창의 처인 다카스히메가 예로부터 이토산성의 수호신으로 받들어져 왔다고 한다.

② 라이잔雷山산성

라이잔산성은 오랫동안 **신롱석[68)**으로 불려 왔다. 라이잔성雷山 神籠石, 라이잔코고이시은 치쿠젠국 이토군의 세부리산지脊振山地의 라이잔雷山 중턱에 있는 일본의 고대 산성神籠石系 山城이다.

후쿠오카현의 서부, 라이잔955m의 북측 사면 중복400~480m의 계곡에 축성된 고대 산성이다. 『일본서기』등의 문헌에 기재가 보이지 않는 고대 산성의 하나다. 성은 남쪽에서 북쪽으로 흘러내려 가는 골짜기의 남쪽과 북쪽을 수문과 열석으로 가로막는 형태로 구축되었는데 지금까지 발굴 조사는 실시되지 않았다. 라이잔에서 북쪽으로 돌출하는 능선 위에 위치하기 때문에 이토시마반도, 가후리만, 후나고시만 나

[그림 56] 라이잔산성

아가서는 넓게 하카타만과 현해탄을 내려다보는 장소가 된다.

성역은 동서 300m, 남북 700m이다. 고대 산성의 경우 성벽이 산 정상을 중심으로 산을 일주하지만, 라이잔성에서는 성역에 산 정상을 포함하지 않고, 또한 성벽이 한 골짜기를 두 번 횡단하는 점이 특색이다. 성벽은 계곡의 남북 2곳을 차단하는 형태로 구축되었다. 두 곳 모두 계곡의 물길을 돌담_{성벽}의 수문으로 하고 있다. 남수문 부근에 성문터로 추정되는 열석의 틈이 2개소 있다.

커뮤니티 버스_{雷山線}에서 번개산 관음전_{雷山観音前} 버스 정류장 하차 후 도보로 약 40분 소요된다. 주변에 이토쿠니 역사박물관_{伊都国歴史博物館 糸島市 井原. 이토시마시 이하라}이 있다.

라이잔산성은 사방의 지세가 아주 험한 곳에 구축되어 있어 일부당관 만부막개_{一大當關 萬夫莫開}, 즉 아군은 한 명의 군사로도 막을 수 있고 적군은 만 명의 군사로도 깨뜨릴 수 없다는 뜻의 난공불락의 요새로 되어 있다. 성 안의 면적이 약 13만여 평이나 되는 이 큰 산성은 오직 한반도 이주민 집단만이 쌓을 수 있었다. 라이잔산성은 이토시마 평야를 개척하고 그곳에 정착지를 형성한 가야 계통 등의 주민 집단이 자기들의 지역을 방어하기 위한 중요 요새로서 구축한 산성이다. 라이잔에서 굽어보이는 이토시마평야에는 40기의 고분이 밀집되어 있다.

라이잔산성은 언제 쌓았는지 알 수 없고, 쌓은 주체가 가야계 이주민들이라고 생각되는데 그러한 몇 가지 근거는 다음과 같다. 이 산성이 오랫동안 쓰즈키라는 한국말로 불렀다고 한다. 쓰즈키라는 말은 우리 옛말의 언덕 또는 둑이라는 뜻의 두둑과 성새라는 뜻인 키가 합쳐져서 이루어진 말이다.

산성이 아주 오래된 축조 형식을 가지고 있을 뿐 아니라 축성 방식이 완전히 한반도식이다. 수문 구조를 비롯한 여러 구조물의 축조 방식과 산성의 위치 선정, 저수 능력을 가진 평탄부의 선택과 물을 빠지게 하는 수법, 수문 돌담의 구축과 예비용 수문의 설치 등은 당시 한반도 이주민의 기술로써만 할 수 있었다.

산성 안에서 가야 특유의 베천을 댄 기와가 나왔다. 라이잔산성이 위치한 세부리 산지의 세부리라는 말 자체가 우리말에 뿌리를 둔 가야 및 신라말이다. 세부리라는 말은 서호리, 서부리라는 음에서 나온 우리말이다_{인선동조론}. 산성에 가까운 곳에 있는 라이잔 고분에서 가야의 녹각제 칼이 나왔다.

이토시마반도와 라이잔산성은 연관이 있다. 산성은 북쪽으로 완만하게 경사진 이토시마반도_{糸島}를 전망하면서 그것을 품는 듯한 형세를 취하고 있다. 그리고 고분들이 산성 아래에 있다. 라이잔산성은 이토시마평야_{半島}에서 형성, 발전한 한반도계 세력의 방어를 위한 성새로 구축한 것이라고 본다. 이토시마반도에 형성된 한반도계 세력이 가야였다는 것은 다음의 지명 고증을 통하여 알아본다.

이토시마_{糸島} 지방에는 『속일본기』 699년 조에 나오는 소재 불명의 고대산성인 이나쓰미성_{稲積城}을 이토시마 반도에 있는 가야산_{可也山} 또는 히야마_{火山}에 비정하는 설이 있다. 이 지방에 다른 산성들도 있었다는 것을 알 수 있는 자료다.

3 이토시마_{糸島}반도의 가야계 지명

현해탄에 면해 있고 이키섬을 앞에 둔 이토시마반도의 이토시마시는 이토_糸군과 시마_島군이 합쳐져서 생긴 시이다. 필자도 이 지역을 답사하였는데 후쿠오카에서 서쪽으로 차로 30분 정도 걸리는 곳이다.

반도 북쪽이 시마정이고 남쪽은 이토정이다. 시마정 일대는 옛날부터 가야라고 불리어 오던 곳이다. 즉 이토시마반도의 기다자키촌_{北崎村} 일대는 고대로부터 가라도마리_{韓泊まり}라고 불린 곳으로 한반도에서 일본으로 건너오는 길에 있는 배의 정박지이다. 또한 그 일대는 중세기까지만 해도 화명초 등에 시마군 가야마을이라고 기재된 지역이었다. '가라도마리_{伽羅泊まり}'는 가라, 즉 한반도 사람이 머무르는 곳이라는 뜻인데 『속풍토기』에도 그렇게 씌어 있다고 한다.

지금의 이토시마시 마에바루정 일대에도 가야와 관계되는 지명이 많다. 화명초에 있는 계에향, 가야산_{365m} 등이 그것이다. 가야산_{可也山}이 있는 일대가 계에향 즉 가야향이라고 불린 곳이다. 그 가야산을 중심으로 현재까지도 가야촌_{伽倻村}과 게야촌 등이 있다. 마에바루정 일대에는 또한 가야의 이름을 딴 가라마을과 가후라 해안 등이 있다. 가라도마리 일대는 화명초에는 '가라향'으로 되어 있으나 태재부관세음 자재장에는 '가야향'으로 표기되어 있다. 그리고 가라도마리와 가야산은『만엽집』과 같은 오랜 일본 고대 가사집에도 나오는 옛 지명들이다.『만엽집』과 같은 고서6세기에 가야산이 나온다는 것은 가야국이 망한 6세기 이전 시기에 벌써 그런 이름이 산이름과 향이름으로 불리어왔다는 것이다. 그것은 이토시마반도가 가야인들에 의하여 개척되었기 때문이다. 가야산은 이토시마반도의 그 어디에서도 볼 수 있다.

가야계 이민 집단은 이토시마반도뿐 아니라 동부 사와라평야 및 현 후쿠오카시 가운데를 흐르는 나카천 유역 일대까지 그 세력을 뻗친 것 같다. 말하자면 5세기 가야 집단의 영역은 이토시마반도를 중심으로 하고 남쪽은 세부리 산지, 동쪽은 나카천 서쪽의 영역을 차지한 것으로 추정할 수 있다.

4 후쿠오카평야의 가야계 지명

5세기 전반기에 가야 집단이 이토시마반도를 중심으로 동쪽은 무로미천과 나카천 일대까지 세력을 뻗쳤다는 것을 그 일대의 유적 유물과 지명을 가지고 살펴보자.

우선 아라아라가야, 경상남도 함안와 관계된 지명을 통하여 가야 사람들이 그 일대에 진출하였다고 본다. 이토군의 향명으로 아라히도라는 곳이 있는데 그것은 아라즉 아라가야 사람이란 뜻으로 이토국에 정착한 가야 사람들의 세력 확장을 보여준다. 또한 이마주쿠만과 이토시마반도 동부 일대, 오늘의 후쿠오카시 일대에 아라쓰荒津, 아라토산荒戸山, 아라노사카 등 아라와 관계되는 지명이 적지 않다. 아라쓰는 아라 사람의 또는 아라의 나루란 뜻이며 후쿠오카시의 니시공원西公園 앞바다를 아라쓰 바다, 아라쓰의 해변가라고 부르는 것은 아라가야인들의 진출을 연상시킨다. 그뿐 아니라 화명초에 의하면 나카천 유역의 지쿠젠 나카군에는 아라히토라는 마을荒人이 있으며 아라히토 신사라는 아라가야 사람들과 관계된 신사가 있다. 아라는 아야, 가야, 아나, 가라와 통하는 고유 명사로 한반도 가야의 이름이다. 이 지명들이 그 일대에 진출하여 활동하며 개척한 아라가야인들에 기인한다. 참고로 화명초和名抄는 일본 헤이안 시대平安時代 중기에 저술된 사전이다.

5 치쿠젠 아라히토 신사現人神社

JR하카타역에서 남쪽으로 약 10km, 후쿠오카시 중심부를 흐르는 나카강那珂川 상류의 후쿠오카현 나카가와시那珂郡 치쿠젠국 나카에군에 아라히토 신사現人神社가 있다. 제신은 스미요시삼신住吉三神, 신공황후神功皇后, 시나쓰히코級長津彦, 바람의 신, 안토쿠천황安德天皇을 포함한 여섯 신神을 모시고 있다.

신공황후는 도움을 받은 스미요시삼신이 현세에 모습을 드러내어 도와주었으므로 항해의 무사함을 지켜준 바다의 신, 항해의 신으로서 현인신現人神이라 칭하고, 현지에 현인 신사로 모셨다. 매년 10월의 추제秋祭에는 스모와 야부사메流鏑馬가 지금에 이르기까지 계속되고 있다.

'現人神社'에서 현인現人의 일본어 발음은 'あらひと아라히토'다. 반면 죽은 자에 대하여 살아 있는 사람의 뜻으로 '現人'을 이야기할 때는 'うつし-びと우쓰시-비토'라고 한다. 따라서 현인 신사에서 현인을 '아라히토あらひと'라고 하는 것은 아라가야 사람이라는 뜻으로 들린다. 특히 신사의 유서에 나오듯이 '항해의 무사함을 지켜준 바다의 신'이라는 의미는 더욱 그러한 생각을 하게 한다.

가야 왕자 쓰누가아라시토를 모신 다가와에 있는 동명의 아라히토 신사를 보면 가야와의 연관성이 확실해진다.

참고로 아라가야, 아야가라阿耶加羅란 이름은 『삼국유사』 5가야조에 등장한다. 『삼국사기』에는 아시량국阿尸良國 혹은 아나가야阿那加耶로, 『삼국지』 위서 동이전에는 안야국安邪國, 고구려 광개토대왕 비문과 『일본서기』에는 안라安羅로 출전마다 다르게 이름이 나타난다. 아라, 아시라, 아야, 아나, 안라 등은 모두 우리말의 음운 변화에 따른 이름이다. 이것이 지금은 '아라가야'로 정리됐다.

이 현인 신사는 후에 창건된 나카강 하구의 3대 '스미요시 신사住吉神社'의 하나로 하카타의 치쿠젠 스미요시 신사의 원궁元宮에서 전국 2,000개사의 스미요시 신사가 시작된 혼쓰노미야本津宮라고 전해진다.

신공황후가 현인 신사의 간다神田를 위해 나카강에서 수로를 조성 중 안덕대에서 큰 바위에 막혔을 때 천지신명에 기원하여 낙뢰로 바위가 찢어져 수로가 완성되었기 때문에 열전구裂田溝라는 이름으로 현재까지 전승되고 있다. 열전구는 『일본서기』에 나오는 일본 최고의 농업용수로 총길이는 약 12km로 현재도 이용되고 있다.

여기까지 이야기를 전개하다 보면 신공황후라고 일본 역사서에 기술되어 있는 인물의 '실체가 된 그 어떤 인물'은 가야와 바다와 깊은 관계가 있었던 인물이었다는 생각이 든다. 농사를 위해 수로를 만든 위의 이야기는 너무 살아 있었던 인간이었다는 느낌이 든다.

4. 백제계 진출의 역사

후쿠오카시 남쪽에 로지 고분老司古墳이 있다. 로지 고분은 나카강 서안의 표고 약 40m의 구릉상에 전방부를 남쪽으로 향해서 쌓아 올려진 전방후원분이다. 길이 76m, 전방부 폭 30m, 후원부 지름 45m의 규모로 5세기 초엽 후쿠오카 평야 수장의 고분으로 밝혀졌다. 후원부에 3기, 전방부에 1기의 매장 시설이 마련되었다. 수혈계 횡구식 석실로 불리는 초기 횡혈식 석실로 일본에서의 횡혈식 석실 고분의 역사를 알려 주는 고분이다. 석실 내에서는 삼각연신수경을 포함한 10면의 거울, 대롱옥 및 곡옥 등 장신구, 철도와 철촉 등 무기, 단갑 등 무구, 마구, 공구류 등 수많은 부장품이 출토되었다. 석실 내에 남아 있던 인골로, 복수의 성인 남녀가 매장되었던 것을 알 수 있다. 또한 봉분에는 집 모양 하니와家形輪輪, 원통 하니와円筒尼輪, 항아리 모양 하니와壺形輪 등이 있다.

수혈계 횡혈식이라는 한반도의 가야에 원류를 두고 있는 고분 형식은 한반도 가야로부터의 이주민 집단의 진출, 정착을 보여주고 있다.

그러나 이토시마반도를 중심으로 했던 한 가야 세력은 계속 유지된 것이 아니라 가야의 동맹국인 백제의 통제 밑에 들어가게 된 것으로 보인다. 단편적인 기록과 고고학적 자료 그리고 그 밖의 자료는 이 일대에 백제 세력이 들어왔음을 보여주고 있다. 근거는 다음과 같다.

4세기 말~5세기 초를 전후한 시기에 있어서 가야의 백제에 대한 종속 관계를 들 수 있다. 가야는 백제와 동맹 관계를 맺으면서 백제를 위하여 고구려에 대한 대항에 나섰다. 백제를 우위로 한 종속적 동맹 관계로 인하여 5세기 이후 6세기 경부터 이 일대에 백제 사람들이 이주하게 되었다. 구체적인 실례는 이토시마 일대에 출현한 수혈계 횡혈식 묘실을 통해서도 알 수 있다. 수혈계 횡혈식 고분은 그 연원을 따지면 백제에 있으며 이토시마 일대에 전개된 고분들은 백제의 영향을 받은 가야의 수혈계 횡혈식 고분이었다.

참고로 가야는 수혈식竪穴式묘이고 백제는 횡혈식横穴式묘라는 것을 알아 두는 것은 일본 열도 내에서의 두 세력의 분포와 교차를 이해하는 데 꼭 필요하다. 수혈식은 위에서 아래로 파내려가 관을 안치하는 방식이고 횡혈식은 옆으로 파들어가 관을 안치하고 문을 봉쇄하는 방식이다. 횡혈식橫穴式묘는 발전하여 묘 안에 방을 만드는 횡혈식 석실묘橫穴式石室墓로 바뀐다.

고분 시대 백제인들이 일본으로의 진출을 말해 주는 횡혈식橫穴式묘가 분포된 지역은 이토시마반도, 사가현 일대 그리고 구마모토 일대였다. 이토시마 일대의 초기 횡혈식 석실묘의 구조가 직접 백제에서 건너간 집단의 것인지 아니면 백제와 동맹을 맺고 있던 가야의 것인지는 잘 알 수 없다. 가야 지역에 백제의 세력이 들어왔다는 것은 이토시마반도의 주민 구성의 일단을 통하여 엿볼 수 있다.

정창원문서의 지쿠젠국筑前國 대보 2년 시마군 가와베 호적에 의하면 시마군 가와베마을의 전체 인원 약 258명 가운데서 고마기미肥君가 70여 명이며 모노노베物部가 60여 명, 가도노가 40명이며 그 밖에 여러 성씨가 있다고 하였다. 이 정창원문서에 의하면 가와베에는 18명의 호주가 있었다. 모노노베는 3개, 고마기미는 2개, 가도노는 3개의 호주직을 차지하고 있었다. 말하자면 고마기미라는 성씨肥, 가야 대는를 가진 일족이 8세기경까지 그 일대를 지배하고 있었다고 보여진다. 모노노베씨는 오래된 선주 이주민 씨족이다. 고마기미肥君의 '비肥'는 지금은 히 또는 히에라고 읽지만 고대에는 고마, 구마로 읽었다.

정창원문서에 밝힌 '비군肥君'은 고마기미 즉 고마의 왕족이라고 읽어야 옳을 것이다. 그 고마는 백제였을 것이다. 물론 일본에서는 고구려를 고마로 표기하여 백제와 혼동케 하는 경우가 적지 않다. 그러나 일본에서 고마는 초기에 백제를 일러오다가 후에 고구려를 고마로 부르게 된 것이라고 생각된다. 그것은 고구려와 백제의 일본 열도로의 진출의 선후차와 관계된다고 생각할 수 있다. 규슈 서부 오늘의 사가현과 구마모토현 일대는 야요이 시대와 고분 시대를 통하여 백제 문화를 강하게 받은 백제 문화권에 속하는 지대였다. 백제가 고마라는 것을 보여주는 하나의 실례다.

시마군에 있는 고마기미百濟의 임금는 대대로 그 일대의 토호로서 대령직을 계승하였다. 고마駒쓰쿠시노기미 즉 구마기미가 1000명의 군사를 거느리고 백제 왕자의 귀국에 따라나섰다는 기술도 있고 『일본서기』 흠명기에는 백제에 출병하는 기사에 쓰쿠시의 고마기미라는 말이 있다.

이토시마 일대의 백제 세력의 존재는 전해 오는 구비 전설을 통해서도 알 수 있다. 오랜 구비 전설에 의하면 일본 신화 속의 여신인 변재천ㅠ才天이 백제로부터 그 령세부리산을가리킴에 건너가서 탄 말의 등을 흔들었기 때문에 세부리등을흔들다라고 한다고 하였다. 전설 내용은 일본학자도 말하듯이 황당무계하지만 이 땅에 백제 사람이 건너가서 세부리산에 걸터앉았다고 하는 내용이다. 지명과 묘제, 집자리, 질그릇, 무기, 무장 그리고 조선식 산성 등을 통하여 이토시마반도 일대에 있던 가야 세력의 존재에 대해 알아보았다. 그런데 5세기 이후에는 가야인들뿐 아니라 백제인들까지도 이곳에 이주하였을 것으로 보인다. 그 후 5~6세기쯤에 와서 가야 세력의 주도권은 백제계에 넘어간 것으로 보인다. 6~7세기 이후의 주민 구성과 지명, 구비 전설에도 그러한 사정이 반영된다. 이상의 자료는 『초기 조일 관계사』를 참조하였다.

5. 중세中世의 역사

규슈 북부 지방의 역사를 잠시 중세中世로 돌려본다. 규슈에서 가족 여행을 하던 때다. 조선 도공들의 고향인 아리타를 방문한 후 후쿠오카로 돌아가던 길인데 남쪽의 사가 쪽 길이 아니라 북쪽의 가라쓰를 통과해서 규슈 북부 해안 쪽의 바다를 보며 돌아갈 예정이었다. 도중에 이마리에 들러 자기 마을을 구경하고 차의 내비에 목적지를 가라쓰唐津, 韓津로 변경했다고 생각했는데 제대로 가고 있는 것 같지 않다는 느낌이 들기 시작했다. 마침 비가 내리기 시작하고 길은 한쪽이 바다 쪽으로 낭떠러지인 산길인데 안개가 끼기 시작하여 조심스레 운전을 해야 했다. 예상했던 것보다 오래 운전한 끝에 산길이 끝나고 마을이 나오는데 이정표를 보니 요부코呼子라는 작은 항구에 도착해 있었다. 가지고 다니던 관광 책자로 확인해 보니 웬걸 이곳은 '산오징어회'가 전국에서 가장 유명한 곳이라고 씌어 있다. 마침 식사 시간도 되어 이곳에서 가장 유명하다는 이카본가イカ本家本店로 들어갔다.

오징어 사시미를 주문하였는데 막상 나온 요리를 보니 난생 처음 보는 모양새였다. 몸통이 투명한 오징어에 칼질을 해서 떼어먹기 좋게 하고 오징어 다리 튀김이 같이 나왔다. 생오징어 한 점을 간장에 찍어 먹고 나서 바로 그 맛에 반해 버렸다.

1 요부코呼子

현해탄玄界灘, 겐카이나다으로 돌출한 동마쓰우라 반도의 북단에 위치하는 요부코呼子는 연안 어업인 오징어잡이가 왕성하다. 명물인 오징어이카의 활어회活造り를 찾아 전국에서 관광객들이 몰려드는 곳이란다.

식사를 끝내고 종업원에게 근처에 방문할 만한 곳이 있느냐고 물어보니 선뜻 나고야성을 방문해 보라고 한다. 창밖에 보이는 다리를 가리키며 저 다리만 넘어가면 바로 있다고 한다. 우선 나고야가 왜 이곳에 있을까 의문이 들었다. 나고야는 교토와 도쿄의 중간에 있는데 규슈에 웬 나고야가 있는 것일까?

그러나 나중에 알고 보니 그곳은 우리나라와 지독한 악연이 있는 역사의 현장이었다. 지금 생각해 보면 그날의 짙은 산안개가 필자를 나고야성으로 인도하기 위하여 끼었는지도 모르겠다는 생각이 들었다.

② 나고야성 名護屋城

나고야성名護屋城의 정식 명칭은 히젠 나고야성肥前 名護屋城으로 사가현 히가시마츠우라군 친제이초佐賀縣 東松浦郡 鎭西町에 있는데 하도노미사키의 구릉波戸岬の丘陵을 중심으로 5만 평 규모이다. 이 성은 임진왜란을 일으킨 도요토미 히데요시豊臣秀吉가 1591년에 조선을 침략하기 위해서 쌓은 성이다. 일본 본토에서 이키섬과 쓰시마를 거쳐서 부산으로 연결하는 가장 가까운 거리에 있는 나고야名護屋, 중부에 있는 나고야(名古屋)와 다르다에 일본 전역의 다이묘大名들을 총동원하여 8개월 만에 쌓은 것이다.

나고야는 해안선을 따라 길게 늘어진 마쓰우라군의 북동부에 있는 조그만 만 안에 위치해 있다. 중세에는 해적 마쓰우라당 또는 마쓰라토松浦黨의 교역 거점의 하나였다. 이 자리에는 원래 마쓰우라당의 우두머리격인 하타 가문 나고야씨의 거성인 가키조에성垣添城이 있었다. 하지만 도요토미 히데요시는 대륙 침략의 전초 기지로 이곳을 선정해 성을 축성했다.

가토 기요마사加藤清正, 구로다 나가마사黑田長政, 고니시 유키나가小西行長가 성곽 배치를 계획하고 규슈의 지방 권력자들이 토목 공사와 건축 공사에 참여하여 축성 공사가 이루어졌다. 규슈의 다이묘들을 중심으로 인부를 동원하고, 공사를 강행해 불과 8개월 만인 1592년 음력 3월에 완성됐다. 특히 건축 공사의 경우는 20여 명의 다이묘大名들에 의해 시행되었다. 당시 성을 중심으로 반경 3km 범위에 130여 개의 다이묘 진영이 집결해 있었다고 한다. 1592년 봄에 석축 부분과 천수 및 핵심 구역本丸, 혼마루인 어전御殿 등이 완성되었는데 규모는 당시 성곽으로는 오사카성 다음 가는 정도였다. 혼마루, 니노마루, 산노마루, 야마자토 구루와

_{병사의 주둔지} 등을 배치하고, 혼마루 북서쪽에 5중7계의 천수를 축성했다. 성곽의 주변에는 각 다이묘의 숙소가 배치되었다. 전쟁을 위해 갖추어진 성이었어도 히데요시가 좋아할 정도로 호화찬란했다고 한다. 성터에서는 금박으로 입힌 기와가 출토되고 있다.

전쟁 후에는 건물 대부분은 가라쓰성_{唐津城} 축성에 전용되고 진소_{陣所}로서의 기능도 잃게 된다. 정문인 오오테문_{大手門}은 센다이성_{仙台城}으로 이건되었다.

③ 규슈에서 본 임진왜란

이 전쟁을 목격한 포르투갈 선교사 루이스 프로이스_{Luis Fróis}가 "전혀 사람의 손이 타지 않은 황무지"라고 평한 나고야에는 전국에서 다이묘들이 집결하여 미토의 히라쓰카는 '들판도 산도 빈 곳이 없다'고 그의 서장에 기록하고 있다. 침공의 기간 중에 히젠 나고야는 일본의 정치 경제의 중심지가 되었다.

관서 지방 사람을 중심으로 총 15만 8000명의 병사가 9군으로 나뉘어 편성되어 4월1일_{양력 5월 12일}에 고니시 유키나가와 소 요시토시가 거느리는 제1진이 한반도에 출병한 것을 시초로 나고야를 출발한 제대는 이키, 쓰시마를 지나서 한반도로 건너갔다.

1598년 9월 중순, 히데요시가 사망했기 때문에 전군은 철수하고, 나고야성도 그 역할을 다하게 된다. 출병 기간 동안 히데요시가 당성에 체류한 것은 전부 1년 2개월이었다고 한다.

④ 마쓰우라당_{松浦党} 왜구

후쿠오카에서 이마리나 히라도로 갈 때 나고야성 근처에 있는 가라쓰를 지나면서 잠시 내려 시내를 둘러보았고 한번은 마쓰우라항에 내려 항구 주변을 걸어본 적이 있다. 가라쓰는 한자 표기가 당진_{唐津}이지만 사실은 가라쓰_{韓津}가 변한 것이라고 한다. 그 뜻을 헤아려 보면 이곳이 옛날 고대에는 한반도에서 사람들이 일본 열도로 이주할 때 도착하던 곳이었고 그들이 고향으로 돌아갈 때 출발하던 항이었던 것이다.

그전까지 습득한 지식으로는 임진왜란 당시 왜군이 출동한 항구가 마쓰우라항이라고 알고 있었기 때문에 서쪽의 해적섬인 히라도에 가면서 마쓰우라항에 내려 임진왜란을 생각하며 착잡한 심경을 되새겼던 것이다. 마쓰우라항을 중심으로 활동했던 해적 또는 수군의 무리인 마쓰우라당에 대해 관심이 생긴 것도 그때부터였다. 한반도를 쳐들어온 왜구 중에서 확인된 무리 중의 하나가 마쓰우라당松浦党 왜구이다.

가마쿠라 시대 초기인 1225년경부터 마쓰우라당은 한반도의 고려국에 침입하여 왜구의 근원이 되었다. 후지와라 사다무가의 일기인 『명월기』는 1226년에 쓰시마가 고려와 항쟁한 것이나 마쓰우라당이 병선 수십 척으로 고려를 침범한 것을 전하고 있다.

아즈마 가가미에 의하면 1232년 히젠국 가라쓰의 거주자가 고려로 건너가 야습을 해서 많은 진귀한 보석을 훔쳐 귀국한 사실이 적혀 있다. 해적의 활동으로 어려움을 겪은 고려는 자주 가마쿠라막부에 사절을 보내 단속 강화를 제의했다.

한반도에서 일본 열도로의 이주가 시작된 지 1500년이 지난 고려 시대에 이주민의 후예임에 틀림없는 이 지역의 마쓰우라당松浦党 왜구들이 고려를 침범한다. 1592년에는 조선을 침략한다. 유럽 대륙의 이민인 영국인은 동쪽의 신대륙인 아메리카 대륙으로 이민을 떠난 반면 일본인은 자신들이 온 곳인 한반도를 침략했다. 태평양이 건너기에는 너무 넓은 바다였기 때문인가?

6. 무나카타宗像

한반도의 가야와 가장 가까웠던 북규슈에는 비단 이토시마의 가야 세력뿐만 아니라 여러 가야계 세력이 있었다. 현해탄에 면한 북규슈 무나카타군 역시 그러한 가야의 지역이었다.

이 무나카타시는 이토시마반도와 마찬가지로 현해탄에 면한 곳으로 북규슈 지방에서도 한반도에 가까운 곳이다. 대마도 동쪽 70km 지점에 있는 오키노시마神の島를 거쳐 한반도로 올 수 있다.

이 지역은 필자가 한일 고대사에 관심을 갖기 전에 방문하여 무나카타宗像시 일대의 중요한 역사 유적을 방문하지 못하였다. 바닷가의 로열호텔 무나카타 Royal Hotel 宗像에서 세미나가 있어 1박하고 다음 날 겐카이 골프장Genkai Golf Club, 玄海ゴルフクラブ에 갔으나 그곳에서 서쪽으로 쓰리강Tsuri River, 釣川만 넘어가면 무나카타대사宗像大社가 있는 것을 알아차리지 못했던 것이다. 그 후에도 후쿠오카에서 모지門司와 기타규슈를 거쳐 시모노세키下關를 방문할 때도 이곳을 지나치고 말았다. 후쿠오카시에서는 북동 방향으로 35km 정도 떨어진 곳이다.

① 무나카타대사宗像大社

무나카타대사는 일본 신화에 등장하는 일본에서 가장 오래된 신사 중 하나다. 제신은 세 여신三女神으로 오키쓰노미야, 나카쓰노미야, 헤쓰노미야沖津宮, 中津宮, 辺津宮에 각각 모셔져 있으며, 이 세 궁을 총칭하여 '무나카타대사'라고 한다.

세 여신의 이름과 해당하는 신사는 오키쓰노미야沖津宮―다고리히메田心姫神, 나카쓰노미야中津宮―다기쓰히메湍津姫神, 헤쓰노미야辺津宮―이치키시마히메市杵島姫神다. 한반도 이주민을 배에 실어 북부 규슈 지역으로 나르던 한반도 남부의 해인족의 신이라고 생각한다. 해인족도 이주민의 한 갈래이다.

무나카타대사로 가는 길을 잘못 들어 후문 쪽에서 들어가게 되었다. 가는 길에 별궁의 표시도 보인다. 본전을 찾아 들어갔다. 넓고 웅장하다. 우리 선조들에

[그림 57] 무나카타대사

게 예를 올리고 시주도 했다. 등나무가 있는 휴식 공간에서 쉬다가 나오는 길에 오마모리お守り를 하나 사면서 무나카타 신사라는 답을 기대하고 여기가 어디냐고 물어보니 알아들을 수 없는 답을 한다. 나중에 생각해 보니 헤쓰노미야辺津宮라고 답을 한 것 같다.

무나카타에서 무나는 물, 카타는 니이카타의 카타처럼 '−가'라는 뜻으로 합쳐서 '바닷물가'에 있는 신사라는 해석이 가장 그럴듯하게 들린다.

무나카타대사宗像大社는 오키노시마沖の島와 연결된다. 오키노시마沖の島는 규슈九州 본토에서 약 60km 떨어진 현해탄에 위치한 둘레 약 4km의 섬으로 규슈섬 북쪽, 후쿠오카 동쪽에 있는 무나카타시의 북서쪽 바다 한가운데 있다. 무나카타시에서 약 60km, 대마도에서 약 75km, 부산에서는 약 130km 거리로 한반도와 규슈 북부를 잇는 바닷길에 위치한다.

오키노시마沖の島섬에 모셔지는 무나카타의 세 여신宗像三女神은 고대 한반도와의 해상 이동을 수호했던 대한해협의 신으로 고대로부터 일본 조정에 의해 숭배되었던 신들이다. 4세기 후반에는 오키노시마에서 국가적인 제사가 시행되었고 9세기 말까지 약 오백 년에 걸쳐 거행되었다. 제사 의식이 사라진 후에도 오키노시마를 신성시하는 신앙이 계속되고 있다.

무나카타대사라는 이름은 나카쓰구, 오키쓰구, 헤쓰구의 세 신사를 모두 지칭宮, 발음은 구로 신사를 의미하지만 일반적으로 헤쓰구만을 지칭하는 데 사용된다. 세 신사는 모두 후쿠오카현에 있지만 모두 별개의 섬에 있다. 본전인 헤쓰구제신: 市杵島姫神, 이치키시마히메는 규슈 본토에 위치해 있고 나카쓰구제신: 湍津姫神, 다기쓰히메는 규슈 서해안 오시마섬에 있으며 마지막 신사인 오키쓰구_{祭神: 田心姫神}, 다고리히메는 현해탄_{玄海灘,}
_{겐 카이나다} 한가운데에 위치한 오키노시마_{神ノ島}섬에 있다. 이 신사는 섬 전체를 차지
하고 여성은 섬에 발을 디딜 수 없으며 남성은 착륙하기 전에 정화 의식을 치러
야 한다.

전승_{伝承}은 다음과 같은 일본 신화에 기원한다. 아마테라스오마가 미와 **스사노
오의 맹세**_{天誓}**69)**때, 아마테라스가 스사노오의 검_劍을 씹어 부수어 뱉을 때 파편으
로부터 태어난 것이 무나카타 세 여신이다. 여신들은 아마테라스에 봉사하고 그
녀의 손자인 니니기를 지키고 돕기 위해 현계탄에 떠 있는 치쿠시무나카타의 섬
들_{筑紫宗像の島々}에 자리 잡고 다스리게 된 것이 무나카타대사의 기원이다.

기기에 기재된 '하늘에서 땅에 내려온 신'은 니니기와 그의 천손 강림 이전에
내려온 무나카타 세 여신뿐이다. 이것이 신의 이름과 자리 잡은 곳이 명확하게
기술된 것으로서는 가장 오래된 것이다. 무나카타 산노미야의 신체_{神体}에 대해,
『치쿠젠국풍토기_{筑前国風土}』에 의하면 '서해도풍토기에서 말하기를 무나카타대신은
하늘에서 내려와 사키도산_{埼門山}에 살게 되기까지 청옥을 오키쓰구_{奧津宮}의 증표로
하고 팔척의 자옥을 나카쓰구_{中津宮}의 증표로 하고 **팔척경**_{八咫鏡}**70)**을 헤쓰구_{邊津宮}의
증표로 하였는데 삼표_{三表}를 신체의 형상으로 하여 산노미야_{三宮}에 봉안했다.'라고
전해진다.

'西海道風土記日, 宗像大神, 自天降居埼門山之時以, 靑玉置奧津宮之表以, 八
尺紫玉置中津宮之表以, 八咫鏡置邊津宮之表以, 此三表成神體之形而納置三宮.'

무나카타는 『고사기』에서는 胸形 또는 宗形_{발음은 모두 무나카타}로도 표시되지만 원래
는 미나카타_{水潟, 물이 찬 개펄}였다고 하는 설이 있는데 필자는 아무 의미가 없어 보이
는 현재의 한자 표기보다는 물과 개펄 등, 예전에 이주민들이 상륙하던 이 지역
을 말해 주는 미나가타설이 의미가 있다고 생각한다.

10월 1일부터 3일간 열리는 추계대제_{秋季大祭}는 무나카타대사에서 가장 중요한

의식이다. 특히 추계대제의 시작을 알리는 **미아레 제례[71]**에서는 오키쓰미야奧津宮 신사의 다고리히메신과 나카쓰미야中津宮 신사의 다기쓰히메신의 신여를 모신 고자부네御座船 배가 오시마섬에서부터 헤쓰미야邊津宮 신사의 이치키시마히메신이 기다리고 있는 고노미나토까지 바다를 행차하여 무나카타 세 여신이 일 년에 한 번 헤쓰미야 신사에 모인다. 풍어기를 휘날리며 현해탄을 행진하는 어선단의 모습은 장관이며 바다에서 생겨난 무나카타 세 여신의 면모를 보여주는 웅장한 '바다'의 의식이다. 신여를 모시는 고자부네 배와 그를 경호하는 구부센供奉船 배는 무나카타 항구들의 어선으로 구성되어 무나카타 지역 사람들의 축제 때 등장한다.

또한 추계 대제 마지막 날에는 무나카타 세 여신에게 축제가 무사히 거행된 것에 감사하여 다카미야 간나비사이高宮 神奈備祭를 지낸다. 그날은 신비로운 의식의 모습을 한 번이라도 보기 위해 많은 참배객들로 북적거린다고 한다.

◆ 필자의 견해 ◆

이 신사 및 제신에 얽힌 신화는 한반도 이주민의 일본 열도로의 이주 해로를 잘 표현해 준다. 한반도의 남동해안가 그 어디로부터 북부 규슈의 무나카타까지 그 중간 바다 한가운데 있는 오키노시마를 통과하여 오시마를 거쳐 무나카타 지역에 도달하기까지의 해상 이동의 여정이 신화에 잘 녹아 들어 있는 것으로 보인다.

예를 들어 지금의 부산 지역에서 출발하면 중간에 있는 오키노시마까지 약 130km물론 대마도를 경유한다면 대마도 북단에서 오키노시마까지는 약 76km다. 오키노시마는 대마도의 동남쪽 바다 한가운데 떠 있는 작은 섬이다.

오키노시마에서 무나카타까지는 60km가 조금 넘는다.

필자는 일본의 천강하늘에서 내려옴신화의 주인공인 아마테라스나 니니기가 가야 출신의 지도자를 은유하고 있기 때문에 이들을 돕는 무나카타 세 여신도 가야인으로 추정한다.

세 여신 중 특히 이치키시마히메市杵島姫神의 이야기는 가마쿠라 역사에도 나왔고 히로시마에 있는 멋진 이쓰쿠시마 신사嚴島神社에도 있고 동북 규슈의 우사신궁宇佐神宮에도 있다. 가야인들의 후예가 이동한 경로를 보여주는 것 같다. 북규슈 무나카타대사–도요국 우사신궁–히로시마 이쓰쿠시마 신사–가마쿠라 제니아라이벤텐 신사鐵洗弁財天宇賀福神社로 이어지는 고단했을 가야 이주민의 이주의 경로다.

무나카타의 세 여신宗像三女神은 무나카타대사宗像大社 이외 각지의 무나카타 신사宗像神社, 이쓰쿠시마 신사嚴島神社, 하치오지사八王子社, 천진 나이사天真名井社에서 제사 지내지고 있다. 무나카타, 이쓰쿠시마계의 신사는 일본에서 다섯 번째로 많고 그 대부분이 야마토大和 및 이세伊勢, 시마志摩에서 구마노 여울熊野灘, 세토내해瀨戸内海를 통해서 한반도로 오가는 해로에 위치하고 있다.

2 지명

가야계 무나카타군에 5세기에서 7세기경까지 가야 세력이 있었다는 것은 지명을 통하여 알 수 있다. 화명초에는 지쿠젠국 무나카타군에 14개의 향이 있는데 그 가운데 가라이에韓家라는 곳이 있다. 가라이에란 '한국집'이라는 뜻이다. 일본 발음으로 카라인신韓이 같은 카라라는 발음의 한韓과 통한다는 것은 잘 알려져 있다. 또 이에家는 국가國家의 가家와 통한다. 가라이에 향의 위치는 무나카타군 쓰야자키정津屋崎町에 있는 가라보唐坊 즉 한국 동네라는 곳에 비정된다. 무나카타군에는 그 밖에도 아라키향, 오아라향, 아라지향, 고아라향 등이 있다.

오아라큰 아라, 아라기아라의 성, 가라이에가라의 집, 아라지, 고아라작은 아라 등의 마을 이름은 다같이 한국의 가야, 가라, 아라, 아야에서 유래한다. 무나카타군에 한반도 가야계의 지명이 있게 된 것은 그 지역에 가야의 이주민 집단이 있었기 때문이다. 또한 화명초에는 무나카타 14개 향 가운데 아마베海部향이 있었음을 밝히었다. 아마베란 서부 일본 여러 곳에도 있는 마을 이름으로 대체로 한반도와 왕래가 잦은 바닷가에 있다. 그것은 아마베 자체가 어업과 항해에 종사하는 해인족이 사는 마을이며 한반도와의 왕래 관계가 빈번한 데서 유래된 지명이다. 무나카타군의 중심 세력, 중심 씨족은 무나카타씨이며 그들은 아마히토海人라고 불리었다. 아마히토 세력의 중심 지역은 앞서 본 가라의 동네가라보가 있던 곳인 쓰야사키와 쓰리강 하류의 현해탄을 면한 일대였다. 무나카타의 아마히토가 한반도와 밀접한 연계를 가진 집단이었다는 것은 아마히토, 아마베란 단어를 보아서도 잘 알 수 있을 것이다. 바다 해(海)자를 써서 아마히토라고 읽는 집단은 한반도에 왕래하는 사람들이라는 것을 짐작할 수 있다. 고대 일본에서는 바다로부터 오는 사람들은 하느님이며 따라서 하늘에서 내리는 비는 아마(雨)였다. 바다해(海), 하늘천(天), 비우(雨)는 다같이 아마로 불렀는데 고대 시기에 한반도가 일본에 있어서 하느님의 나라(神國), 신국이라는 것은 일본학자들이 자주 하는 말이다.

신라 왕자 천일창은 흔히 '천일모(天日矛)'라고 써서 아마노히보코라고 읽지만 『고어습유(古語拾遺)』 같은 데서는 하늘천 대신 바다해를 써서 '아마노히보코'라고 훈을 달았다. 이것은 천(天)과 해(海)가 다 통하는 말로 앞서 본 바와 같이 바다에서 오는 한반도 사람을 하늘신으로 믿었던 고대 일본 원주민들의 사상 의식과 감정을 반영한 것이라고 해야 옳을 것이다. 이와 비슷한 실례를 신라 이주민들을 두고도 말할 수 있다. 고대 일본에서 한반도계 이주민에 하타(秦)씨가 있었는데 그것은 우리말 바다(하타)에서 유래한 말이다. 한반도의 하타씨를 '파타(波陀)'로 표기하는 것은 다 하타(바다)와 관계된다.

무나카타군에 남아 있는 가야적인 향명, 지명들은 이 일대가 가야의 강한 영향에 의하여 개척된 곳이라는 것을 보여준다.

3 심바루-누야마(新原-奴山)고분군

무나카타의 중심 지역에는 5세기 초엽경부터 규모가 있는 고분들이 출현하기 시작한다. 말하자면 4세기 이전에는 무나카타 지역에 강력한 세력이 없었다고 볼 수 있다.

이 고분군은 오키노시마(沖ノ島) 제사를 지낸 무나카타씨의 분묘군이다. 후쿠쓰(福津)시에 있는 심바루-누야마(新原-奴山) 고분군은 바다를 건너는 교류의 주역으로 오키노시마 제사를 지내며 신앙의 전통을 길러온 고대 호족 무나카타(宗像)씨의 분묘군이다.

우선 심바루-누야마(新原-奴山) 고분군 전망소(展望所)를 찾았다. 고분군은 차를 타고 가며 찾기가 쉽지 않았으나 답사 여행에 동참한 동료 P상무의 눈썰미로 우여곡

절 끝에 전망대를 찾아 도착했다. 눈앞에 고분들이 펼쳐져 있고 고분으로 가는 산책길이 조성되어 있다. 다른 동료들은 산책길을 따라 44호분부터 20호분까지 걸어왔고 필자는 운전을 맡아 준 K부장과 가장 큰 고분인 누야마 22호분 근처의 공터에 주차 후 근처에 있는 20, 24, 25, 30호 고분들을 둘러보았다.

[그림 58] 심바루-누야마 고분군

고분군에 대하여 좀 더 알아보기 위해 고분 남쪽으로 4km 정도 거리에 자리한 후쿠쓰시福津市의 카메리아스테지 역사 자료관カメリアステージ歴史資料館을 방문하였다.

무나카타씨는 5~6세기에 걸쳐 오키노시마로 이어지는 바다를 한눈에 내려다보는 대지 위에 분묘군을 만들었다. 전방후원분 5기, 원분 35기, 방분 1기 등 총 41기가 현존하고 있다. 대형 전방후원분22호분과 중형 전방후원분1호분은 5세기, 중형 전방후원분12,24,30호분은 6세기 전반~중반경, 소형 원분군34~43호분은 6세기 후반에 축조되었다. 또한 5세기에 지어진 7호분은 무나카타 지역에서 보기 드문 방분으로 오키노시마 제사와 공통되는 쇠도끼가 발견되었다. 이것들은 양호한 상태로 현재까지 전해져 왔다.

전방후원분 등 고분의 형태와 고분 주위를 둘러싼 도랑 등도 옛 모습을 간직하고 있어 산책하면서 고분군을 즐길 수 있다.

무나카타군 쓰야사키에 한반도의 가야식 고분들이 집결되어 있어 5세기 후반기 이후의 전방후원 고분만도 20여 기나 된다. 시기적으로 가장 이르다고 하는 누야마 제5호 고분은 대표적 고분의 하나이다. 제5호 고분은 소멸된 상태이다.

직경 32m, 높이 2.8m인 원분 안의 매장 시설은 석곽묘이다. 석곽 안에서는 유리구슬, 벽옥제 구슬, 판옥 등과 함께 가죽 단갑과 거울 조각이 나왔다. 석곽 밖에서는 단도 63개, 단검 6개, 철검 3개, 바늘 수십 개, 창대패 5개, 낫 1개, 괭이날 1개, 끌 3개, 도끼 4개 등이 나왔다. 특히 가야 제품인 대형 질그릇이 나왔는데 3각형 안에 평행의 사선 무늬는 한반도의 가야 지방에 특유한 것으로서 조뉴문組紐文, 곡선이나 직선이 서로 얽히고 꼬인 끈 모양의 무늬, 죽관문竹管紋, 새의 뼈나 대나무 대롱으로 찍어서 낸 무늬 등과 함께 가야계 도질류 질그릇의 특징이다. 그러한 무늬의 질그릇으로는 부산 복천동 제10호 고분, 화명동 제2호 고분, 고령 지산동 제35호 고분 등에서 나온 것이 있다. 누야마 제5호 고분이 무나카타 중심지의 첫 대표적 고분이었고 거기에 가야의 도질 그릇이 묻혀 있다는 것은 바로 그 첫 세력이 가야 사람들이었다는 것을 보여준다. 또한 누야마 제5호 고분의 석곽 역시 가야에서 발전한 것이라고 한다. 그리고 그 고분의 부장품들이 오카노시마 유적의 것과 공통된다. 그 이외에 우에다카미야 고분과 미야지다케 고분이 있다. 무나카타宗像의 유가와산 표고 471m에도 비교적 큰 조선식 산성이 있다.

4 무나카타신

이 지역의 주요 씨족의 제사신을 따져 보면 이 지역에 자리잡은 세력의 정체가 더 명백해질 것이다. 무나카타군에 있는 한반도계 제사신을 보기로 하자.

무나카타시에는 이곳의 주요 세력이었던 무나카타씨가 역대로 제사 지내는 무나카타대신의 신사가 있다. 규슈 지방에서도 가장 오랜 역사를 지닌 이 신사는 무나카타 해인족의 세력을 상징한다.

무나카타신이 무나카타군의 중심 세력에 의하여 주재되었다는 것은 명백하며 또 그 중심 세력이란 바로 앞서 본 아라향의 아라가라 세력이었다. 서해도 풍토기에는 명확하게 '무나카타의 신이 아마에서 내려 사키토야마에 내려왔다'라고 하였다. 아마가 한반도를 가리킨다는 것은 이미 여러 번 언급하였다. 무나카타군 출신 사람들은 후세에도 아라, 아나, 아노 등의 성씨를 칭하였는데 그것은 아야, 아라, 가야에서 전화된 말이다. 무나카타군 기네사키에 있는 오리하타 신사에서는 '구레하토리'로서 한반도의 천을 짜는 여인인 에히메兄媛가 제사신으로 모셔져 왔다. 이러한 사실들은 무나카타 일대에 진출, 정착한 세력이 한반도의 가야 계통 세력 집단이었음을 보여준다. 그들은 조상신인 무나카타신과 오리하타신을 제사 지냈던 것이다.

오키노시마 유적에서 이목을 끄는 것은 5세기의 유물들로 한반도의 남부에 고유한 물품이다. 추형품이라는 것인데 이는 어떤 물건을 모형처럼 작게 만든 것으로 그러한 추형품을 고분에 부장품으로 묻는 것은 백제나 가야, 신라의 고유한 풍습이다. 그리고 오키노시마에서 나온 마구류와 패갑 등의 무기, 무장은 한반도의 부장품과 완전 일치한다. 말하자면 오키노시마 유적이란 5세기 초, 중엽 이후 무나카타군에 왕래하는 가야의 이주민들이 항행 시 평온 무사하기를 바라면서 바친 물건들이라는 것은 짐작하기 어렵지 않다.

5 무나카타의 신라

그런데 무나카타의 신사를 신라계 세력이 제사 지내고 있었다는 사실이 있다. 『신찬성씨록』에 의하면 무나카타노기미宗像の君가 신라신인 스사노오의 후예로 인정받고 있다. 그리고 '하타씨 본계장'에 의하면 하타씨가 받드는 마쓰오신松尾神은 쓰꾸시 무나카타대신이 하늘로부터 내려온 것으로 되어 있다. 즉 무나카타신의 후예라는 이야기다.

이것은 하타씨가 무나카타씨와 역사적으로 관계가 있었음을 반영한 것이다. 무나카타 일대에 있던 오랜 신라계 세력을 5세기에 누야마 제5호 고분을 세운 가야 세력이 정복한 것으로 보인다.

무나카타에는 4세기의 가야식 고분은 전혀 없다. 오키노시마 유적에서는 선주민인 신라계의 것으로 보이는, 고분 시대 전기의 주술적 색채가 강한 거울이 40면씩이나 나왔다. 오키노시마 유적의 제7호 유적에서 나온 금, 은, 동으로 된 마구류와 가락지, 창집 등은 5세기 유물이지만 가야보다 신라 경주의 금관총과 금령총金鈴塚의 것에 더 가깝다고 한다.

신라계 이주민 세력이 정착해 있던 무나카타 일대에서 가야계 세력이 들어왔다고 보는 것이다. 둘 가운데서는 가야 세력이 큰 비중을 차지하고 있었기 때문에 그 일대의 향명과 지명들은 신라의 것보다 가야와 아라라는 말이 더 많이 불렸던 것이다.

유가와산湯川山, 표고 471m에서 바라보는 산리마츠바라三里松原는 하얀 백사장과 푸른 소나무로 사랑받고 있는 해안으로 오카가키마치岡垣町에서 아시야마치芦屋町까지 소나무 숲이 펼쳐지는데 모래사장에는 붉은 바다거북이 산란을 위해 찾아온다고 한다. 오카가키마치와 유가와산은 무나카타시의 경계가 되는 산으로 고도 471m로 산 정상 부근에 경치를 한눈에 바라볼 수 있는 장소가 있어 이곳에서 동쪽 아시야 방면을 향해 있는 산리마쓰바라三里松原의 해안선은 절경 그 자체다. 파란 바다, 하얀 파도와 모래사장, 산리마쓰바라의 녹색의 대비가 한 폭의 풍경을 그려내 매우 아름다운 경관을 감상할 수 있다. 유가와산 서쪽 산록이 바다에 닿는 지역에 자리 잡은 '로열 호텔 무나카타'에서 1박한 적이 있다. 산 중턱에 위치한 나리타산 후도지成田山 不動寺를 중심으로 도로변에 벚꽃 가로수가 늘어서 있어 벚꽃이 만개하는 봄철이면 분홍빛 일색의 가로수길이 매우 아름다운 벚꽃길을 만든다고 한다.

Ⓧ 동북 규슈-비젠

규슈 북동부 해안 지역[은 유쿠하시行橋시, 지쿠조築上미 지, 나카쓰中津시, 우사宇佐시와 오이타大分시]은 예전에는 도요국이 자리 잡고 있던 곳이다.

1. 도요국 豊国

우선 이 지역에 대하여 알아보자. 김달수 씨가 쓴 『일본 속의 한국 문화[日本の中の朝鮮文化]』제10권의 부젠豊前, 붕고豊後편을 보면 놀랍게도 다음과 같은 설명이 있다.

도요국豊国은 한국韓国이다. 도요 법사豊国法師를 한국 법사韓国 法師라고 기록한 경우도 있다. 풍부豊富해서 부자인 나라는 바로 한국韓国이다. 도요국豊国은 한국韓国, 한국은 보물의 나라寶国다. 도요구니히메豊国比売가 가라구니오키나가오호히메오호메·辛国' 食長大姬大日命이고 이 여신이 바로 한국히메韓国比売다. 신라, 가야의 도래인인 천일창天日槍 집단이 바로 하타秦씨족이다. 그들의 샤먼이 히메比売인데 씨족 집단의 세력이 커지면서 아라히토 신사現人神社, 고미야야하타 신사古宮八幡神社, 가와라 신사香春神社에 나누어 모시게 되었다.

위의 인용문 중에 가라￼, 아라￼, 가와라￼는 가야를 의미하고, 하타￼는 하타 바다를 의미하는 것을 눈치챘는지 모르겠다. 이와 같은 기록은 김달수 씨의 개인적인 의견이 아니고 모두 일본인이 쓴 책에 나오는 내용을 인용한 것이다. 그렇다면 오이타￼와 그 북쪽에 있는 우사￼ 지역 및 유쿠하시시와 부젠시는 천오백 년 전의 옛날에는 한반도 이주민들의 정착지였던 것이다.

이번에는『초기 조일 관계사』에 인용된 이 지역의 지명의 유래에 대한 설명이다. 규슈 동북부에 있는 부젠￼, 붕고￼는 본래 하나의 지방국으로서 8세기 이후는 풍요풍, 나라국자를 써서 풍국, 즉 도요구니￼라고 읽었다. 그러나 7세기 이전에는 풍요할 풍￼자를 '카라'라고 읽어 '카라구니'라고 하였다. 그것은 그 일대에 한반도 이주민 집단이 있었기 때문이다. 7세기 이전에 고대 일본에서 규슈 풍국 일대를 카라구니, 즉 한국이라고 읽고 통용한 사실에 대하여 보기로 한다.

1 고사류원￼古事類苑

일제 강점기에 간행된『고사류원 외교부』라는 책은 일부러 카라구니￼란 항목을 설정하여 규슈의 풍국을 왜 카라구니라고 하게 되었는가를 일일이 예를 들어 증명하였다. 그 책의 내용을 보자. 참고로『고사류원』은 메이지 정부가 편찬한 일종의 백과사전이다. 1896~1914년에 간행되었는데 고대부터 1867년까지의 여러 문헌에서 인용한 예증을 분야별로 편찬하고 있어 일본사 연구의 기초자료로 여겨지고 있다. 일본 최대이며 유일한 관찬 백과사전이다.

이 책에 인용한 글에 '민달천황￼재위 572~585년의 대에 불상을 속히 카라구니에 갖다 버려라'라고 한 기사가 실려 있다. 이것은『고사류원』의 편찬자들이 고대 시기에 규슈의 풍국을 일본 사람들이 카라노구니 즉 한국이라고 읽었다고 인정했기 때문에 그 글을 이 항목에 포함시킨 것이다. 또 역사적 사실은 일본에 불교를 맨 먼저 전한 나라가 백제나 신라였기에 불상을 가지고 간 나라를 카라구니로 읽었던 것이며 그를 풍으로 표시하고 카라로 훈을 달았던 것이다.

『고사류원』의 '일본령이기￼日本靈異記 고증￼상' 이란 내용이 실려 있는 풍국에 대한 주석은 다음과 같다.

'대개 카라구니를 말함이다. 중애仲哀天皇, 320년 봄기에는 카라구니를 보물의 나라라고 하였고, 신공기에는 재보의 나라, 재물의 나라라고 하였으며, 응신応神天皇, 390~430년기에는 금과 은의 번국이라고 하였다. 신대기에는 또 카라구니의 섬이라고 하였는데 이것은 그 나라에 금은이 있기 때문이다. 용명 2년기586년에 천황의 동생과 왕자가 카라구니법사를 끌어들여 내전에 들어갔는데 그것은 대개 '카라구니의 중이다'라고 하였다. 말하자면 풍국이란 카라구니, 즉 한국을 가리킨 말인데 그것은 한국이 풍요한 나라, 금은보화가 가득한 나라라는 뜻에서 풍요한 나라는 카라구니라는 대명사로 부르게 되었다는 것이며, 용명 2년에 있던 풍국법사란 카라구니의 중이라는 내용이다. 따라서 그것을 인용한 논리는 풍豊은 얼마든지 카라와 통하며 카라는 풍요한 나라라는 대명사이므로 그렇게 훈을 달 수 있다는 것이다.'

고사류원에는 본조 고승전에 실린 백제 국사문 풍국전의 기사를 인용했다. 그것에 의하면 불교의 승려인 '풍국'은 백제 사람인데 그 이름이 사서에 전하지 않으니 나라 이름으로 부른다고 하였다. 이 글은 백제 출신의 어떤 중을 카라구니라고 하였는데 그것은 그의 이름이 역사책에 전하지 않기 때문에 그의 출신 국명으로서 그를 백제, 즉 카라구니라고 부르고 한자 표기를 풍으로 하였다는 뜻이다. 이것은 풍豊을 '카라'라고 읽었다는 확실한 근거가 된다. 만일 일본인의 말처럼 풍을 옛날부터 일관하게 '도요'라고만 읽어 왔다면 이 백제승 풍국의 이름은 일본말로 카라구니가 아니라 도요구니로 읽어야 할 것이다. 고대 백제 사람들을 카라히도韓人라고 부른 데 대해서는『일본서기흠명 17년』의 기사에 확연하며 또 대화개신 직전에 나까도미 노가마타리가 왕궁에서 소가에미시를 죽인 사건을 쓰면서 나카노오에를 카라히도라고 한 데서도 잘 알 수 있다.

이상에서 본 바와 같이 규슈의 부젠, 붕고 일대는 고대에 도요노구니로 부른 것이 아니라 카라노구니 즉 한국이라고 하였다. 그것은 단순히 한자음과 훈에서 오는 문제가 아니라 실지로 거기에 카라구니, 카라시마한국섬라는 한반도계 세력이 있었기 때문이다. 부젠국 우사군에 카라시마향이 있다는 것은 화명초에 밝혀진 사실이며 카라시마를 성씨로 삼은 한반도계 호족들과 그 자손들이 오랫동안 그 지대에 살고 있었다는 것을 뜻한다.

부젠 지방에 대한 역사 자료를 하나 더 소개한다.

② 수서 왜국전隋書倭國伝

이 지역을 하타왕국秦王國이라 지칭한다. 왜국전에서 말하는 '문림랑배청文林郎裴淸을 왜국에 파견하였다文林郎裴淸使於倭國'라는 기록은 『일본서기』 추고조 608년의 기사에도 사절단 대표 '배세청裴世淸'의 이름이 등장하므로 정확한 내용이라 하겠다.

대업大業 3년607년에, 그 왕 **다리사호코**多利思北孤 [72] 가 사자를 보내 조공하였다.

[중략]

다음 해 황제는 문림랑 배세청을 왜에 보내었는데, 백제로 건너가 죽도竹島에 이르러 남쪽으로 탐라국을 보면서 도사마국都斯麻國을 거쳐, 큰바다 가운데로 멀리 나갔다. 다시 동쪽으로 일지국에 이르고 다시 죽사국竹斯國에 이르렀다. 다시 동쪽으로 진왕국秦王國에 이르렀는데, 그곳 사람들은 모두 중국華夏과 같아서 이주夷洲라고 하였으나, 의심스럽고 잘 알 수 없다. 다시 십여 국을 거쳐 바닷가에 이르렀다. 죽사국으로부터 동쪽은 모두 왜에 부용附庸한다.

수서에 의하면 왜왕 다리사호고多利思北孤는 607년에 제2회 견수사를 파견하였다. 수양제는 608년 문림랑인 배청世淸을 그 답례사로 파견하였다. 대해의 도사마국대마도, 동쪽으로 일지국, 죽사국치쿠시, 그리고 동쪽으로 나가 진왕국에 도착하였다고 한다. 그곳 사람들은 하화인중국인과 같아서 오랑캐의 땅이라고 하는 것은 이해할 수 없다.

再向東來到秦王國風俗與中國相同,『隋書』編撰者認為可能是夷洲

そこの人々は華夏人 中国人 と同じで、夷州の地と言われるのは理解出来ないとしている。

이 뜻은 중국인이라는 뜻이 아니라 문화 수준이 중국인과 같다는 뜻으로 해석한다필자 주.

이처럼 '배세청裴世清'은 왜국전倭國伝에서 당시 일본인과 다른 '하화인華夏人'으로 보이는 이방인들이 북부 규슈에 집단적으로 거주하고 있다고 기록했는데, 이는 다름 아닌 하타秦씨족들인 것이다. 실제적으로 '정창원正倉院'에 남아 있는 헤이안 시대의 미야코군京都郡-지쿠조군築上郡-시모게군下毛郡의 호적을 보면 거주자의 80% 이상이 하타씨 성을 가진 사람들이다.

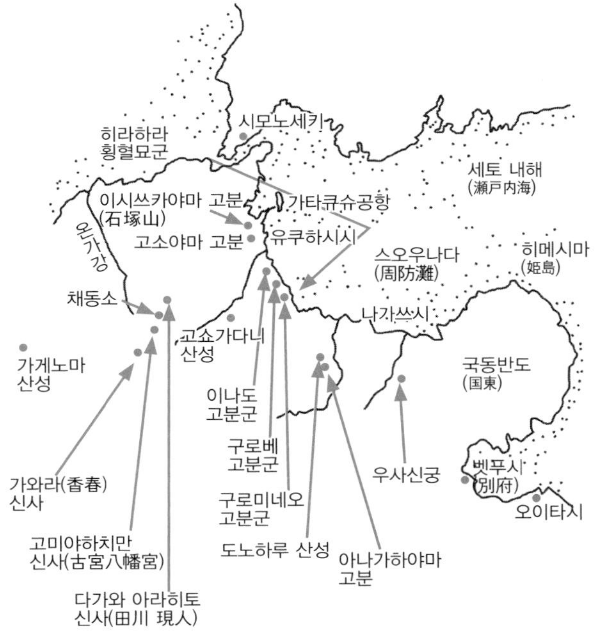

[그림 59] 규슈 부젠 지역의 고대 유적

2. 다가와田川의 신사

부젠, 붕고에는 한반도계 세력이 있었는데 7세기 이전에는 신라계인 '진秦, 하타의 세력'이 있었다. 7세기 이전 부젠국의 중심지는 오늘의 후쿠오카현 다가와田川 일대와 나카쓰中津평야가 있는 우사 일대였다. 그 일대에 신라계 세력이 진출, 정착하였다는 것은 신라의 신이 한반도로부터 건너가 살았다는 문헌 기록을 통해서 알 수 있다. 부젠 풍토기에 실린 기록 내용은 다음과 같다.

'부젠국의 풍토기'에 말하기를 다가와의 가와라마을에 강이 있다. 옛날 신라국의 신이 스스로 건너와서 그 강에서 살았다. 가와라의 신이라고 한다. 또 마을의 북쪽에 산봉우리가 있고 꼭대기에 늪이 있다. 황양나무가 무성하고 용골고려약재이 난다. 두 번째 산봉우리에서는 구리와 함께 황양, 용골 등이 난다. 세 번째 봉우리에는 용골이 있다.

■1 가와라 신사香春神社

한반도 신라와 인연이 깊은 신사다.

멀리서부터 범상치 않은 산봉우리가 보였다. 신사로 들어가는 진입로는 넓지 않았다.

[그림 60] 가와라 신사

입구부터 고풍스러운 멋을 가지고 있다. 계단을 하염없이 오르며 보이는 신사의 뒷산은 정상 부분이 무언가 이상하였다. 나중에 알고 보니 광부들이 석회석을 채석하고 있었다.

석회암으로 된 세 개의 봉우리는 신라의 신이 모셔지는 산이라고 하며, 신라계인 카라시마辛嶋씨의 고향이다.

이 지역에는 고대부터 광산이 있었다. 우사 신궁이 제조에 협력한 나라 동대사의 대불_{노사나 불상}에는 이곳에서 산출된 구리가 사용되었고, 우사 신궁의 동경_{銅鏡}인 오진카가미도 이곳에서 주조되었다. 신라계의 진씨_{하타씨} 일족의 기술 집단이 고도의 기술로 정제했다고 여겨진다.

신사 건물은 오래되어 보였다. 내려오는 길에 입구 왼쪽에 있는 바위에 이 신사의 제신인 가라쿠니오키나가오오히메_{辛国息長 大姫大目命, からくにおきながおおひめおおじのみこと}가 신라 국신이라는 명문이 바위에 새겨져 있었다.

사이초, **최징**_{最澄}[73])이 남긴 말에도 신라신에 관한 내용이 있다.

『하치만우사노미야미타쿠선집_{八幡宇佐宮御託集}』 11권에 천태종의 개조로 한반도 이주민의 후예로 여겨지는 최징_{崔澄}의 말이 기록되어 있다. 804년에 견당사의 일원으로서 당에 간 최징은 출항 전에 우사 신궁에서 항해의 무사를 기원하며 그때 다음과 같은 말을 남겼다.

"이곳으로부터 북서 방향의 가와라라고 하는 곳에 영험의 신좌가 있다. 신라의 국신으로 스스로 일본에 내거하다.

[그림 61] 신라 국신

이로써 신라, 대당, 백제의 역사를 깨달아 알 수 있다. 그 가르침을 믿으라."

此より乾方に、香春と云ふ所に、霊験の神坐まさしむ。新羅の国神なり。吾が国に来住す。新羅、大唐、百済の事を、能く鑑知せらる。其の教を信ずべし

가와라 신사는 709년 창건되어 헤이안 시대 이전에는 고대의 부젠국_{후쿠오카현 동부와 오이타현 북부}에서 우사 신궁보다 위상이 높았다.

신라신의 사당인 가와라 신사_{香春神社}는 카라구니 히메_{辛國息長大姫}, 오시호네_{忍骨命}, 도요히메_{豊比売命}의 세 신을 함께 모신 신사다. 첫째 신은 일명 히메고소신이라고 하는 신라계 신이며 둘째는 한반도에서 건너온 신이다. 셋째 신인 도요히메도 바다를 건너온 한반도 신이다. 이 세 신라의 신을 받드는 가와라 신사는 그 일대의 중심 세력이었던 신라계 세력이 받들던 신사이며 동시에 부젠국의 동銅광산과 밀접히 관계된 신사이다. 가와라 신사의 근처에 고대의 큰 동광 채굴장이 있다. 동광 채굴장은 8세기 이후 일본의 정치와 문화에 큰 작용을 하였다. 그 동광이야말로 가와라 신으로 대표되는 신라 이주민 집단이 당시로서는 높은 기술을 가지고 동광산 개발, 채광, 제련을 한 곳이었다. 앞서 본 문헌 기록은 '신라국의 신'이 그 광산에 하늘 즉 한반도로부터 내려 건너왔다고 말하고 있는 것이다. 일본의 역사책인 『삼대실록』에 부젠 기쿠군의 동銅이라고 기록되어 있는 것은 그 동을 채굴하는 마을이 다가와군과 기쿠군 지역에 있었기 때문이다.

일본 3대 실록은 도요히메豐比売命를 가라구니히메辛国息長大姫大目命와 동일하게 규정하고 있다.

신사 앞에는 다음과 같이 적혀 있다.

'제1좌 가라구니히메辛国息長大姫大目命는 신대神代에 당토当土, 여기에서는 열도에 있는 가라 땅-필자 주를 경영하기 위해経営に 바다를 건너 왕림하시다渡らせ給ひ = お渡りになる. 숭신천황 재위기에 돌아가시어 居座せられ 부젠국豊前国 다카바군鷹羽郡 가시하라향鹿原郷의 제1악에 모셔지고鎮まり給ひ, 제2좌 오시호네노미코토忍骨命의 혼은 제2악에 나타났다. 제3자 도요히메豊比売命는 신무천황의 외할머니로서 제3악에 모셔졌다.'

『풍전국풍토기豊前国風土記』 일문逸文[74]에는 가라구니히메辛国息長大姫大目命는 옛날 신라에서 건너온 신이라고 기술되어 있다. 쓰지 젠노수케 辻善之助 『日本仏教史』 岩波書店, 1944년, 231페이지.

가라구니히메辛国息長大姫大目命와 신공황후오키나가타라시노히메미코토, 気長足姫尊, 息長足姫尊의 연관성은 오래전부터 논의되어 왔다. 응신천황의 어머니로 삼한 정벌을 했다는 신공황후는 『고사기』에서 오키나가타라시노히메息長帯比売命로 기록되어 있다. 신국辛国은 한국韓国으로 통한다.

이토오 쓰네다리,伊藤常足『太宰管内志』, 歴史図書社

② 고미야하치만궁 古宮八幡宮

채동소역으로 가는 도중 신사가 있음을 알아차렸다. 무인역인 채동소역에서 잠시 휴식을 취하고 아래쪽에 있는 신사를 가보기로 했다. 역에서 산을 돌아 신사로 바로 내려가는 길이 있는데 필자는 군이 아래쪽으로 내려가서 입구에 있는 신사의 이름을 확인하고 가파른 계단을 걸어 올라갔다. 고풍스러운 신사다.

고미야하치만 신사는 헤이안 시대에 생긴 '엔키식'에 기재된 도요히메 신사豊比咩命神社의 본사다. 그 첫 진좌지는 고미야하치만 신사 남쪽 2km 지점에 있는 카와루3악의 기슭, 아소쿠마阿曾隈라는 곳이었다고 한다. 도요히메는 대마도가 기원으로 『일본서기』상 일본 초대 천황인 신무천황神武天皇의 외조모外祖母이고 스미요시신住吉大明神의 어머니母다. 제신으로 도요히메가 모셔져 있지만 도요히메는 근처에 있는 카와라 신사 예제 때에는 카와라 신사로 하향하고, 예제가 끝나면 다시 고미야하치만궁으로 돌아온다.

창사는 709년으로 무려 1300년이나 된 신사다.

가와라다케香春岳에서 산출하는 구리로 우사 신궁의 구리거울을 만들

[그림 62] 채동소역

[그림 63] 고미야하치만궁

기 위해 봉납하던 것이 인연이 되어, 우사 신궁의 제신이었던 응신천황과 신공황후의 신령을 모셔오며 하치만 신사의 호칭을 붙였다.

③ 다가와 아라히토 신사田川 現人神社

이 신사를 찾아가면서 걱정을 많이 하였다. 신사의 위치를 알려 주는 지도의 길이 분명하지 않았고 차가 들어갈 수 있는지 잘 모르는 산길이며 주변에 목표물이 없었기 때문이다. 운전을 맡아 준 K부장을 믿고 옆에 앉아 구글 지도의 현재 위치와 길을 일일이 확인하며 좁은 산길을 따라 올라갔다. 드디어 마치 폐허처럼 보이는 신사에 도착했다.

궁사의 거처가 신사 옆에 있는 것 같았지만 확인할 수 없었다. 필자를 포함한 답사팀 일동이 느낀 감정은 마치 잊혀진 고대 유적을 발견한 느낌이었다. 낡은 신사가 주는 느낌은 좀 무섭기도 하고 괴기하기도 했으나 일행 모두 1700년 전 우리 선조의 자취를 찾아왔다는 뿌듯함도 느꼈다.

아라히토란 가야인이라는 의미다. 이 신사의 재신은 『일본서기日本書紀』에 등장하는 대가라국가야의 왕자인 쓰누가아라시토都怒我阿羅斯等, 도노아아라사등다.

카하루초를 달리는 JR 히타히코산선의 채동소역에서 약 1km 거리의 산간에는 신라 또는 가야로부터의 이주계 금속 정련 집단의 발자취가 가와라에 아라히토 신사로 남아 있다.

제신은 의부 가라국의 왕자 쓰누가아라시토都怒我阿羅斯等 또는 신라 왕자 아메노히보코天日鉾로 전설에 의하면 신라의 공주姬君인 히메코소比咩語曾神, 히메신를 찾아 이곳에 왔다고 한다.

국동 반도의 동쪽에는 히메지마가 있고, 히보코천일창의 아내로 여겨지는 히메신比許許曾神이 모셔져 있다. 도요국에 남아 있는 히호코 집단의 생생한 발자취로 이것은, 금속 정련 집단이 지쿠시筑紫, 후쿠오카와 이토반도 근처에서 도요국을 통과해, 세토내해로 나가는 거점을 마련한 것처럼 보인다. 이 집단은 가야계 아야씨보다 늦게 온 하타씨 집단에 해당한다.

이 아라히토 신사에는 천황가의 뿌리에 관한 고문서가 전해진다. 가와라정교육위원회가 보관하는 『이라히토신사약연기現人神社略縁起』 임가문서林家文書에는 주제신인 쓰누가아라시토都怒我阿羅斯等는 한반도 남부에 있던 '가라국의 왕자'로 일본 초대 천황으로 여겨지는 신무의 형인 미게이리노御毛入野의 자손이며, 미게이리노는 신라의 국왕〈御毛入野は新羅の国王〉이라고 기록되어 있다.

『일본서기』에 따르면 신무는 4남매로 일설로는 막내다. 장남 고세五瀬가 이른바 신무동정 중에 사망하고, 다른 2명의 형 '이나이와 미게이리노稲飯と三毛入野'는 '바다에 들어가 이상국理想國으로 건너갔다海に入って常世に渡った'라고 쓰여 있는데 그 후의 소식은 불명이다. 그런데 헤이안 시대에 편찬된 『신찬성씨록』에 신라인으로 추정되는 '신양귀씨「新良貴氏」'의 조상은 신무의 형인 이나이稲飯로 '신라의 국왕'이라고 기록되어 있다. 두 명의 형이 신라인이라면 동생 또한 신라인이 될 것이다.

일본의 초대천황인 신무천황神武天皇은 신라인이다. 좀 더 객관적으로 말하자면 일본 역사에 등장하는 신무천황은 신라 이주민의 리더를 모델로 재구성된 인물일 것이다.

3. 부젠 지역의 고분

① 고쇼야마 고분御所山古墳

유쿠하시시 북쪽의 기타규슈 공항으로 가는 길에 있다. 정확한 지명은 후쿠오카현 쿄토군 간다마치 오오아자 요바루苅田町大大字与原다.

고분 시대 중기에 만들어진 전방후원분으로 주호周濠와 단造り出し을 가진 것이 특징이다. 봉분의 길이는 약 120m로 추정된다. 횡혈식 석실 내부가 조사되어 한반도와의 관계를 보여주는 마구 등이 출토되었다. 현재 궁내청이 소장하고 있다.

부근에 있는 이시쓰카야마 고분石塚山古墳과 함께 부젠 지방에서는 최대 규모의 고분으로 5세기 후반고분 시대 중기 후반경의 축조로 추정된다.

매장 시설은 대형이고 구식의 횡혈식 석실로 여러 사람이 매장되어 있다. 동경銅鏡, 四禽四乳鏡 등이 매장되어 있었다.

② 이시쓰카야마 고분石塚山古墳

유쿠하시시 북쪽으로 기타규슈 공항에서 멀지 않은 간다마치에 있는 간다마치 역사 자료관苅田町歷史資料館을 방문했다. 자료관 뒤편에 고분이 있는데 관장으로부터 설명을 들었다.

이시쓰카야마 고분石塚山古墳은 고쇼야마 고분御所山古墳과 더불어 이 지역에서 제일 큰 부젠 지역의 대표 고분으로 서로 8km 거리에 소재해 있다.

이시쓰카야마 고분은 후쿠오카현 쿄토군 카리다초 토미쿠초고쇼야마 고분 인근에 소재하는 고분 시대 전기의 전방후원분으로 추정한 총길이는 120m, 후원부 높이 10m 이상으로 보인다. 1796년에 길이 5.5m, 폭과 높이 모두 1m의 수혈식 석실이 발굴되었으나 현재는 찾아보기 어렵다. 이시쓰카야마 고분은 히미코의 무덤으로도 간주되는 가장 오래된 전방후원분이다.

출토 유물로 이시쓰카야마 고분에서 조금 떨어진 우하라 신사宇原神社에 소장되어 있는 한반도신 삼각연신수경三角緣神獸鏡 7면, 소환두대도, 동촉이 있는데 오구라번주의「오가사와라가분서」에 따르면 동경 11면「우하라신사 유래기」에 따르면 14면과 금구가 출토되었다고 전해진다. 현존하는 거울은 오카야마현 비젠차구루마쓰카 고분, 교토부 츠바키이오쓰카야마 고분 등의 출토 거울과 동일한 모델 주형이다. 1987년에 재발굴이 실시되어 후원부의 석실은 크게 파손된 것으로 밝혀졌다. 이때의 발굴에서는 세선식수대경편細線式獸帶鏡片, 호박제구옥琥珀製勾玉, 벽옥제관옥碧玉製管玉, 소찰가죽철주편小札革綴胄片 등이 출토되었다.

이시쓰카야마 고분은 교토부 츠바키이오쓰카 고분椿井大塚古墳, 오카야마현 비젠구루마쓰카 고분備前車塚古墳 등과 마찬가지로 분구에 원통 토용열円筒埴輪列을 볼 수 없다. 또한 출토 유물에 차륜석車輪石 등의 석제완식류石製腕飾類을 포함하지 않고 출토 거울이 모두 한반도산으로 추측되는 공통적인 요소를 가지고 있다. 이러한 공통적인 특징을 가진 고분은 이전부터 고분 시대에서도 매우 이른 시기인 4세기 초로 연대를 추정해 왔다. 그러나 최근에는 더욱 연대를 거슬러 올라가 이들 고분의 축조 시기를 3세기 중후반으로 상정하기도 한다.

3 쇼야쓰카庄屋塚 고분

미야코초의 지정 문화재인 쇼야쓰카庄屋塚 고분은 미야코초 가쓰야마 구로다町勝山 黒田에 소재하는데 6세기 중엽에 만들어진 전방후원분이다. 가와라초에서 유쿠하시로 넘어가는 길목에 소재한다. 후대에 많이 멸실되었지만 축조 당시의 형태를 복원하면 전체 길이는 81m 이상, 후원부 지름은 약 45m, 전방부 폭은 50m가 넘는 규모였던 것으로 보인다. 간다초神田町에 있는 고쇼야마御所山 고분, 이시쓰카야마石塚山 고분에 버금가는 크기로 6세기 중반의 고분으로는 부젠국뿐만 아니라 후쿠오카현에서 최대급의 규모를 자랑하고 있다.

이 고분의 주변에는 미타 나카하라 제8호 고분, 미타 마주야마 고분前方後円墳, 단실의 횡혈식 석실을 비롯한 미타 고분군 그리고 구로다 아야쓰카 고분, 사이가와정 나가사코 고분, 히메가미 고분, 혼쇼 고분, 오구마 고분 등이 있다.

4 이나도 고분군稲童古墳群

유쿠하사行橋시 이나도稲童에 있는 이나도 고분군은 해안의 모래언덕 위에 위치해 있다. 이나도 어항 인근 1호분에서 북쪽으로 1~2km 범위에 크고 작은 25기의 고분이 산재해 있다. 밭 안에 고립된 원분도 있지만, 대부분 대나무 덤불 속에 자리 잡고 있다. 축조 연대는 4세기 초~6세기 말이다. 8호분과 15호분 그리고 21호분은 1959년부터 1965년에 걸쳐 발굴 조사되어 장식을 정수리에 올리는 우아한 투구, 갑옷, 도검, 마구, 장신구 등 귀중한 부장품이 많이 출토되었다.

특히 21호분에서 금동입식눈썹비호 투구金銅立飾付眉庇付冑, 모자 위에 세운 장식과 챙이 달린 투구 및 갑옷도 4점이 출토되었다.

금동입식눈썹비호 투구는 정수리에 한반도 원류로 보이는 디자인의 금색으로 빛나는 장식을 세운 뛰어난 것으로 일본에는 유례가 없다. 고분 시대 중기 중반에 나타난 **압정류식**鋲留式[75] 투구다.

갑옷은 철판재의 형상이나 가죽끈으로 철하는 장착 방법에서 철정鐵鋲, 철제 핀못으로 고정하는 방법으로의 변천을 같은 고분군 내에서 찾아볼 수 있는 것도 드물다고 한다. 당시 한반도 정세를 배경으로 한 중앙 왕권과 스오나다周防灘 연안 지역 세력과의 정치적 군사적 관계를 보여주는 학술적 가치가 높은 자료이다.

지방도 25호에서 바다 쪽으로 200m 정도 떨어진 지점에 동고분군에서 가장 큰 이시나미 고분石並古墳, 20호분이 있다. 가리비식 전방 후원분으로 봉분 주위에 이중의 홈이 둘러져 있다. 봉분은 전체 길이 68m에 달해 아담한 언덕 같다.

5 구로베 고분군黒部古墳群

유쿠하시시와 나카쓰시 사이의 해변에 소재하는 고분이다. 6세기 말부터 7세기 중반까지 구축된 고분으로 7기로 구성되어 있다. 특필할 만한 것은 장식装飾, 선각 線刻을 가진 6호분으로 대형과 소형의 여러 배船가 그려져 있는 것이다.

고분의 위치는 멀리 부젠해豊前海가 내려다보이는 곳이다. 고대 주요 교통수단이 해상 교통이었다는 점, 후에 해상 교통의 신인 무나카타宗像신이 부근에 모셔진 점大富神社, 오오토미 신사, '센뉴舟入'라는 지명 등이 고분에 묻힌 인물들이 이 지역에서 해상 운송을 맡았던 것을 추정하게 한다.

⑥ 구로미네오 고분군黒峰尾古墳群

구로베 고분군과 같은 구릉 위에 위치하고 있으며, 수장묘군으로 구로베 고분군과 합쳐 11기를 확인할 수 있다. 지정된 것은 4기로 모두 지름 10m 내외의 원분이다. 우시마항牛島港 축조 시 채석을 목적으로 파괴되었다는 센소쿠하라 고분束原古墳의 실체가 불분명한 가운데 시내에 남아 있는 몇 안 되는 봉분을 가진 고분이다.

⑦ 히라하라횡혈묘군平原横穴墓群

6세기 후반부터 7세기 중반까지 구축된 횡혈묘군이다. 횡혈묘는 봉분을 가진 고분과 달리 벼랑 끝에 횡혈横穴을 파 시신을 수습할 수 있는 장소를 만든다. 이곳에서는 응회암 절벽면에 상, 중, 하 3단에 걸쳐 19기의 횡혈묘를 볼 수 있다.

인근에 있는 구로미네오 고분군과는 고분을 만드는 방법이 확연히 다르기 때문에 피장자는 다른 그룹으로 생각되며, 또한 같은 횡혈묘이면서도 교토평야京都平野나 나카쓰평야의中津平野의 일부와 구조가 다르다는 점 등에서 고분 시대의 사회 구조를 엿볼 수 있는 자료다.

횡혈묘는 5세기 후반 무렵 북부 규슈후쿠오카현, 오이타현에서 탄생한 것으로 추정되며, 6~7세기에는 각지에서 축조된다. 고분을 만드는 계층이 넓어지면서 고분이 소형화되고 군집화되는 시대적 배경 속에서 지역의 수장이 아니라 새롭게 고분축조가 가능해진 계층의 무덤으로 널리 퍼진 것으로 생각된다.

북부 규슈에서 전해진 횡혈묘가 도쿄평야에 만들어지는 것은 6세기 후반부터로 유명한 요시미백혈횡혈吉見百穴, 사이타마현 히키군묘도 이 무렵부터 만들어지기 시작했다『해밀턴, 일본을 걷다』에서 소개.

횡혈묘의 분포에는 몇 가지 특징이 있다. 우선 전국적인 분포에 있어서는 분포 지역이 집중되어 있다. 규슈, 산인, 긴키, 호쿠리쿠, 동해, 간토, 도호쿠 남부가 주요 분포 지역으로 다른 지역에는 횡혈묘가 거의 없다. 새로운 매장 시설로서 거의 같은 시기(6~7세기)에 퍼진 횡혈식 석실의 분포와 비교하면 고분이 있는 지역 대부분에 횡혈식 석실이 퍼진 반면 횡혈묘의 분포 지역은 제한되어 있다.

우리나라에서는 2004년 충남 공주시 우성면 동재리와 단지리 일원에서 백제시대 횡혈묘 15기와 묘내 상당수의 유물을 확인했는데 일본의 횡혈묘보다 시대가 앞서는 것으로 확인되었다.

8 아나가하야마 고분穴ヶ葉山古墳

도노하루산성唐原山城 성터를 찾아 헤매다가 우연히 발견한 고분이다. 동네 뒷산의 길가에 방치되어 있는 듯한 고분치고는 규모가 엄청났다. 구릉의 정상에도 횡혈묘橫穴墓, 토굴가 여러 개 있었다.

고게정上毛町 시모토바루下唐原에 있는 이 고분은, 6세기 말부터 7세기 전반에 만들어졌다고 여겨지고 있는 야마쿠니강山国川 유역 굴지의 거대 고분이다. 오이타현과 후쿠오카현과 경계를 이루는 야마쿠니강山国川 좌안에 펼쳐진 구릉의 동쪽 사면에 위치한다. 조금 높은 구릉에 만들어진 고분군으로 기슭부터 산등성이를 향해서 2호분, 1호분, 3호분의 순으로 나열해 있다.

그중에서 횡혈식 석실을 갖춘 1호분과 3호분 안에는 인물이나 새, 물고기, 나뭇잎, 인물 등의 선각화線刻画가 있고, 또 안쪽의 벽과 측석이 거대한 1장의 바위로 만들어져 있는 1호분은 사적으로 지정되어 있다. 현존하는 3기의 고분군의 핵심은 1호분이다. 지름 약 30m의 원분으로, 말굽형의 주호周濠가 돌려져 있다. 내부의 횡혈식 석실은 거대한 1장 바위로 둘러싸여 있는데 출토된 유물로 보아 6세기 말부터 7세기 전반에 축조된 것으로 보인다.

현실玄室로 이어지는 선도羨道의 벽에는 선각화가 있는데, 나뭇잎 문장을 비롯해, 물고기, 인물, 벌레, 새 등이 그려져 있다. 특히 나뭇잎 문장은 전장 52cm 정도로 크고, 엽맥도 표현되어 있다. 고분 중 채색 무늬가 그려져 있는 장식 고분裝飾古墳은 중북부 규슈에 주로 분포되어 있다. 이 고분과 같은 선각 무늬의 장식 고분이 몇 기 보여지는데 돗토리현이나 시마네현에 아주 닮은 수법의 고분이 있어서, 그 지역적인 분포 관계가 주목받고 있다. 고구려와 관련이 있어 보인다.

4. 우사 신궁宇佐神宮

일본 규슈의 오이타 지역으로의 답사 여행이다. 오늘은 오이타에서 북쪽의 벳푸를 우회하여 우사의 우사 신궁宇佐神宮 즉 하치만 신사를 들르는 것이 제일의 목표다.

오이타에서 출발하여 우사로 가는 길은 벳푸 시내를 오른편으로 내려다보며 가는 산길이었다. 자동차 전용도로였는 데도 커브와 경사가 심했다.

우사 신궁宇佐神宮은 꼭 들러보고 싶었던 곳이었다. 아침 일찍 도착하여 조용한 가운데 넓은 신사를 여유 있게 구경할 수 있었다. 상궁에서는 마침 궁사가 TV인터뷰를 하는 중이었다. 상궁터에서는 우사 신궁의 오쿠미야奧宮인 오오모토 신사大元神社가 있다는 오모토산御許山 쪽을 바라볼 수 있었다. 어찌 보면 상궁 건물이 오모토산을 향하고 있었다.

일본의 3대 신사는 이세 신궁伊勢神宮, 우사 신궁宇佐神宮과 이즈모대사出雲大社다. 물론 규모도 크지만 역사적으로 중요한 신사라는 뜻이다. 우사 신궁은 하치만 신사八幡神社의 총본산으로 일본 전역에 넓게 퍼져 있다. 하치만 신사八幡神社를 처음 본 것은 가마쿠라에서였는데 쓰루가오 카하치만구鶴岡八幡宮라는 명칭이 당황스러울 정도로 낯설었던 기억이 있다. 우사 신궁宇佐神宮은 이세 신궁에 이어 황실에서 제2의 종묘로 섬기는 곳이다. 영향력 있는 신사인 데도 불구하고 규슈 동북쪽의 한적한 곳에 위치하고 있다.

우사 신궁宇佐神宮의 본전本殿에는 15대 응신천황応神天皇, 히메대

[그림 64] 우사 신궁

신比売大神, 신공황후神功皇后가 안치되어 있는데 응신천황応神天皇과 그의 어머니인 신공황후神功皇后 사이에 히메대신比売大神이 가운데 즉 상좌에 안치되어 있다.

여기는 참배 방법이 독특해서 '두 번 절 네 번 박수 그리고 한 번 절'을 하고 끝내는데 이즈모대사出雲大社와 같은 방식이지만 그 유래는 알 수 없다고 한다.

二礼, 四拍手, 一礼. これが宇佐神宮での拝礼の作法だが, この拝礼作法があるのは全国で出雲大社と宇佐神宮だけである. そしてこれまたその起源は分かっていないのだ.

그 유래는 알 수 없다는 설명이 전형적인 일본식이다. 두 신사를 모시는 민족新羅系이 같은 데서 나온 풍습일 것이다.

하치만八幡은 한자 발음이고 원래 발음은 '야하타'인데 우리말로 풀어 보면 '위대한八 바다海족'이라고 한다. 부서의 일본 직원이 기도차 이곳에 들렀다고 하기에 이 이야기를 해주었더니 잠시 생각해 보더니 "아 그렇네요" 한다. 한자를 의미로 읽는 게 습관이 되어서 발음으로는 생각을 해보지 않다가 깨우친 모양이었다.

공식적으로 주요 제신은 제1신으로 하치만대신八幡大神, 호무다와케誉田別尊 즉 응신천황応神天皇, 제2신으로 히메대신比売大神, 무나카타삼여신宗像三女神 즉 多岐津姫命,市杵島姫命, 多紀理姫命, 제3신이 응신천황의 어머니인 신공황후神功皇后, 別名은 息長足姫命다.

치쿠젠국 호나미군[76]의 **오이타 하치만구**大分八幡宮[77]가 우사 신궁의 본궁이며, 시노자키미야宮崎宮의 원궁元宮이라고 하며 후쿠오카현 차쿠조군 치쿠조마치에 있는 야하타 하치만구矢幡八幡宮, 즉 현재의 긴토미 신사金富神社가 원궁이라고 하는 설도 있다. 어쨌든 우사의 하치만궁에 제사 지내지고 있는 조상신을 모시는 집단은 후쿠오카 쪽에서 우사 지역으로 이동하였다는 것을 의미한다.

신사의 남쪽에 있는 오모토산 정상에는 오쿠미야奥宮로서 세 개의 거석巨石을 모시는 오모토 신사가 있어, 호족 우사씨宇佐氏의 반좌신앙磐座信仰이 당초의 형태대로 남아 있는 것이라고 한다. 그곳에 카라시마씨辛嶋氏가 히메대신 신앙比売大神信仰을 가져왔다고 알려져 있다. 우사 신궁의 신관을 맡는 대궁사는 우사 신궁을 널리 알린 오가미씨大神比義의 자손이 맡았다.

❶ 우사 신궁과 신라신

부젠국에는 신라신이 내렸다降着는 곳이 가와라香春에만 국한되지 않고 부젠의 또 하나의 중심지인 우사 일대에도 신라신을 받드는 곳이 있는데 우사 신궁이 바로 그곳이다. 우사는 나카쓰평야를 앞에 두고 야마구니강을 끼고 있어 비옥한 땅과 풍부한 관개수로 하여 농사가 잘되는 고장이다. 이 신궁은 비록 지금은 히메신과 야하타신으로 이루어져 있지만 8세기 이전에는 신궁 자체에도 히메신의 히메신궁사와 야하타신의 미륵사로 나뉘어 있었다고 한다. 이것은 8세기 이전에 히메신으로 상징된 선주민 세력인 우사씨와 야하타신으로 상징되는 한반도계 세력인 하타씨의 카라시마 스구리 세력이 그 지역에 있었다는 것을 보여준다. 우사 야하타신궁의 신직은 우사씨, 오미와씨와 카라시마씨가 세습하였다. 신직들도 헤이안 시대 이후에는 우사씨와 오미와씨가 많이 차지했다고 하지만 그 이전에는 한반도계 세력인 카라시마씨가 높은 급의 신직을 모두 차지하고 있었다. 말하자면 상대로 올라갈수록 신라 계통 세력이 신궁의 기본 요직을 장악하고 있었다는 것을 알 수 있다.

우사 야하타신궁에 내린 신라신에 대하여 좀 더 알아보자. 우사 야하타 신사에 전하는 민간 전승의 기록집이라고 할 수 있는 **탁선집**[78]이라는 책에는 흥미있는 기록들이 적지 않게 실려 있다.

흠명천황 32년571년에 부젠국 우사군 능형 대미산에서 오미와가 기도를 드리고 있는데 하늘의 아이가 나타나서 "카라구니의 성새辛国城에 비로소 하늘로부터 여덟 흐름의 깃발八幡, 야하타이 내렸으니 나는 일본의 신이 되련다"라고 말하였다. 카라구니성은 서어봉인데 카리시마산의 별호이다.

『탁선집』에 실린 이러한 전설 내용의 기본 골자는 신라신으로 상징되는 신라 이주민 세력의 우사 나카쓰평야로의 진출이다. 신라신이 하늘新羅로부터 신라 즉 카라구니성에 내린다는 것, 이것이 그 신화의 기본 줄거리이다.

우사 일대가 신라계 주민들에 의하여 개척되었다는 것은 우사 신궁의 신화 전승뿐 아니라 우사 신궁이 다가와의 가와라신과 결부되어 이야기되고 있다는 사실에서도 알 수 있다. 카라시마씨의 후손들이 지금도 그 일대에 살고 있는데 그들이 가진 족보에 의하면 '자기들의 조상은 다가와의 가와라'라고 한다. 이것은 우사의 신라신 즉 신라 이주민 집단이 다가와의 신라 이주민 집단으로 거기서 갈라져 나온 한 갈래의 집단이었음을 말해 준다. 또한 그것은 우사 신궁의 오랜 의식 행사를 통해서도 알 수 있다. 우사 신궁에서는 오래전부터 동모銅鉾를 봉납하는 의식 행사가 진행되어 오는데 거기에 다가와의 가와라신이 현신한다. 신궁의 제사신新羅神에게 가와라산의 동 채취장으로부터 동모를 바치는 내용이 바로 그것이다. 다가와도 신라이고, 우사도 신라인데 양자의 교류는 자못 긴밀하다. 그리고 동모를 바치는 봉납 의식은 야요이 시대의 규슈를 방불케 하는 오랜 역사를 반영하고 있다. 가와라의 동광산에서 캐낸 구리를 우사궁의 신이 받는다는 데에 다가와 가와라와 우사 신궁과의 밀접한 연관성과 양자의 오랜 밀착의 역사가 담겨져 있다고 생각된다.

앞서『해밑섬, 일본을 걷다』에서 도쿄 인근의 치치부에서 동광을 발견한 사실을 이야기한 적이 있다. 동광을 찾기 위해 전국을 누볐던 인물들은 다름 아닌 신라인이었다. 치치부 동광의 발견자는 쿠네오유, 카타시와, 김상원이라는 사람들로 신라에서 건너온 이주민이었다고 소개했는데 이곳 가와라산에 있었던 신라 이주민들의 동 채취장과 무관하지 않다.

2 우사 신궁의 역사

이제까지 단편적으로 기술한 내용을 역사적 사건들과 함께 정리해 본다.

신전 등에 의하면, 571년欽明天皇 32, 우사에 야와타노카미八幡の神, 응신천황가 나타나 신전을 만들었다고 한다. 제신은 야와타노카미八幡大神, 응신천황, 히메오가미姫大神, 무나

_{카타 세 여신} 그리고 신공황후로 되어 있다.

유명한 신사이지만 『고사기_{712년}』, 『일본서기_{720년}』에는 등장하지 않는 것으로 보아 그때까지는 아직 지방신이었던 것으로 보인다. 그러나 지금은 이세 신궁, 이즈모대사와 더불어 일본에서 가장 중요한 삼 궁중 하나다.

우사 신궁의 소재지는 지정학상 중요한 곳이다. 남쪽으로 일본 열도 원주민인 남방계 하야토, 서쪽으로 지쿠시_{筑紫. 후쿠오카} 세력이 있고, 시모노세키해협을 건너 대마도를 지나면 당시 앞의 두 세력과는 비교할 수 없는 막강했던 한반도 세력이 있었다. 부젠은 이런 세력들이 각축전을 벌이는 충돌의 장소였을 것이다. 그래서인지 신사 성립의 과정을 보면 꽤 복잡하고 수수께끼도 많다. 하치만_{八幡}이라는 이름의 유래만 해도 전문가들 사이에 지명, 불교 설화, 하타_秦에서 유래했다는 설 등이 있어 이견을 좁히기 어렵다.

① 하치만신의 단서

신화학자 미시나 쇼에이_{三品彰英}씨는 대마도의 천동전설_{対馬의 天童伝説}을 기원으로 거론하며 하치만신 즉 야와타_{야하타}는 '많은 깃발을 세운 제사 양식'으로 인해 명명되었다고 한다.

타무라 엔쬬_{田村円澄}씨는, 1313년에 선수된 우사하치만 탁선집에 '辛国ノ城ニ始メテ八流ノ幡ヲ天降シテ、吾ハ日本ノ神トナレリ'라는 선언이 있는 것을 근거로 하여 일본의 신이 되기 이전의 하치만신은, 일본의 신이 아니었던 것으로 본다. 문장에 나오는 '신국은 한국이니, 우사하치만신은 원래 한국의 신이었다'고 한다. 지쿠젠국_{筑前国, 후쿠오카현 서부} 출신의 에도 시대 후기 국학자인 이토 쓰네타리_{伊藤常足}가 저술한 다자이관내지_{太宰管内志}에 의하면 '辛國'의 발음을 加羅久爾_{가라구니}로 한다'고 표기되어 있는바, 이 신은 가라_韓에서 온 신임에 틀림이 없다는 것이다.

이 책에는 '원래의 히메신들인 가라구니오키나가히메_{辛國息長大姬大目命}의 신관은 하타씨 계열의 아카소메씨_{赤染氏}, 도요히메_{豊比賣命}의 신관은 가야씨 계열의 쓰루가씨_{鶴賀氏}'라고 기록되어 있다. 이로 미루어 우사하치만궁은 신라와 가야계 신사라고 해석하였다.

② 우사씨

부젠 지방의 원초의 신앙 형태는, 우사 신궁 남동방의 오모토산(御許山)을 섬기는 우사씨의 산체(山体) 신앙이다.

③ 하타씨

여기에 5세기 초, 한반도의 신라계 이주 집단(나중에 하타씨게 가라시마씨)이 대거 들어와 살게 되어 그들이 신봉하는 '신라의 신'이 들어온다. 『부젠국풍토기』 일문에 '옛날 신라 나라의 신, 스스로 건너와 이 냇가에 살고, 이름을 가하루의 신(香春神)이라고 하였다'고 되어 있다. 하치만우사노미야고선탁집(託宣集)에는, '신국의 성에서 시작해서 8류의 하타가 하늘에서 내리고, 나는 일본의 신이 되리라'라고 기록되어 있다.

하타씨는 밭농사, 양잠, 기직, 동광산, 단야 등, 당시의 최첨단 기술과 함께 일본에 이주한 테크노크라트로 습속이나 종교의 성립에서도 일본 열도에 지대한 영향을 주었다. 무의(巫儀)에 능했던 하타씨는 신라의 '신을 내리는 요리시로(依り代, 신령이 머무는 물건)'를 사용했다. 『탁선집』의 '8류의 하타'는 그들이 요리시로로 이용한 하타(旗)를 가리키며, 이것이 야하타로 전언된 것이라고 생각된다.

우사시의 북서쪽에 있는 카하루다케의 산록에는 가와라 신사(다가와군 가하루초)가 진좌해 우사 신궁과 함께 부젠을 대표하는 신사로 우사 신궁의 본궁으로 비정되고 있다. 가와라(香春)는 『부젠국 풍토기』의 가와라(鹿春)에서 유래한 카라시마씨의 원향이다. 가와라 신사의 주제신 가라 구니히메는 '단조 기술을 가진 후이고(鞴, 풀무)신을 섬기는 무녀'라는 뜻이다.

④ 이치키시마히메(市杵嶋姬)

527년 이와이(磐井)의 난(亂) 이후 야하타신(八幡神)의 제사 씨족이었던 우사씨(宇佐)는 6세기 중반, 이와이(磐井)의 난(亂)에 신라계 이와이편에 들었다가 패전 후 급속히 쇠퇴하게 된다. 야마토(大和) 조정에 편입된 우사씨는 지주신으로 모시던 오모토산(御許山)의 신체였던 삼거석(三巨石)을 무나카타 세 여신(宗像三女神)으로 대체한다.

부경대 최경진 박사 논문 '고대 하타씨 연구'에 나오는 내용인데 몰락한 신관

세력이 주제신을 인위적으로 변경했다는 설명에 대하여 필자는 의구심이 있다. 주제신을 변경할 수밖에 없는 외부의 압력이었다는 생각이다. 그 이전부터 무나카타 세 여신을 모셨다는 주장도 있다.

이리하여 세 여신三女神은 우사하치만궁宇佐八幡宮의 제신祭神으로 모셔져 있는데 하타씨秦氏는 이 삼세 여신 중 이치키시마히메市杵嶋姫를 701년 그들이 창건한 교토 마쓰오타이샤松尾大社에 제신으로 모셨다.

히로시마 미야지마섬에 있는 이쓰쿠시마 신사嚴島神社도 이치키시마히메를 모시는 신사인데 창건자인 사에키 쿠라모토도 하타씨다.

하타씨가 이치키시마히메市杵嶋姫를 씨족의 사찰인 마쓰오타이샤松尾大社에 제신으로 모신 이유를 알아보자.

규슈 지방의 지방신이 전국 각 지역에 진좌하고 있는 이유는 동천東遷하는 무나카타宗像의 해양족과 더불어 부젠국豐前國의 하타씨도 같이 움직였을 것이며 그 사이에 교류나 인척 관계를 맺었을 가능성이 많다.

⑤ **야하타신**応神天皇

571년欽明天皇 32年, 우사에 야와타노카미やはたのかみ, 応神天皇가 나타난다.

우사씨宇佐氏와 카라시마씨辛島氏가 다스리는 부젠豐前에 조정에서 칙사勅使로 오오카미씨大神氏가 들어온다.

신라의 신에게 '황통이 습합'하여 하치만신八幡神의 탄생과 호무다와케品陀別命가 나타나 이때부터 응신천황과 신공황후를 모시는 신사로 변한다.

6세기 말에 우사宇佐 지방에 진입한 오오카미씨大神氏는 초기 야하타신八幡神에 대신하여 응신천황応神天皇과 어머니인 신공황후神功皇后를 하치만八幡의 제신으로 **변환시켜**[79] 오늘날의 우사하치만궁宇佐八幡宮 천제신祭神을 형성한 장본인이었다.

필자의 생각으로는 야마토 조정의 뜻에 의해 왕권을 신권화하는 과정에서 나타난 변혁이라 생각한다.

가와라다케香春山의 고미야하치만궁古宮八幡宮과 가와라 신사香春神社에서 신관 쓰루가씨鶴賀氏에 의해 모셔지던 도요히메신比咩神이 하치만신八幡神의 원형일진대 신의 자리에 갑자기 천황이 등장한 것이다.

카라시마씨辛島氏의 카라시마가주해장辛島家主解状에서 하치만신八幡神인 응신천황応神天皇이 새롭게 탄생하여 우사宇佐의 진좌지에 이르기까지의 여정을 기술하고 있다. 당시 주도 세력에 의해 만들어진 스토리라고 생각한다.

우사하치만궁의 2대 중요 행사가 있는데, 하나는 방생회放生会이고 또 다른 하나는 행차회, 행행회行幸会인데 이 행차회가 하치만신의 이동 경로를 순행하는 행사다.

• 행차회行幸会

행차회는 야하타신인 야와타노가미의 신체神体, 미시로시御験로 여겨지는 마코모真菰를 묶은 코모 베개를 갱신하는 특수 행사. 어험御験의 권위는 시간이 지나면 약해진다고 생각되어 신례神幣를 1년마다 새롭게 교체하는 것과 같은 생각이다. 우사노미야에서 새로운 신체가 만들어지면 옛 신체는 국동반도 해변가의 나타노미야로 옮겨지게 되는데 우사노미야에서 나타노미야奈多宮로 보내려면 100일간 심신을 정화하고, 8개 신사를 순행한다. 이 행차회의 일꾼은 약 2천 명, 말 2백 마리, 영접하는 사람 8백 명, 비용은 7천5백 관을 사용하여 21일 동안이나 소요되었다고 한다.

이 순례는 하치만신이 우사로부터 상경하여 동대사대불을 방문한 749년부터 시작된 조정 주도의 행사祭事로, 근세에 들어와 단절되었으나 하치만신의 탄생지에 해당하는 코모 신사薦神社의 위상을 잘 보여주는 행사이다.

우사 지방에 살았던 한반도 이주계의 카라시마씨에게 야와타 신앙이 있었는데 거기에 오가미씨大神氏가 야마토로부터 응신천황과 신공황후의 전승을 가져왔고, 우사 지방의 토착 호족인 우사씨의 본거지인 고호산 신앙의 3가지가 겹쳐져 우사야와타노미야, 우사하치만궁이 형성되었다고 보고 있다.

⑥ 하야토隼人족의 대반란

720년 가고시마 미야자키에 세력을 자랑하는 원주민 하야토隼人가 대반란을 일으켰다. 오토모다비토大伴旅人가 대장군이 되어 반란 진압의 지휘를 맡았다. 야

와타노카미八幡神도 "우리들이 가서 항복시켜야 한다我われ 征ゆきて降くだし伏おろすべし." 라고 선언하고, 정토하러 가서 많은 하야토를 죽였다고 한다. 오오가미씨는 야하타신八幡神의 영체靈驅로 미수미이케三角池의 천薦. 줄풀으로 만든 천침薦枕, 고모마구리을 신여神輿에 태우고 카라시마하즈메辛島波豆米가 앞장서 진군하여 햐야토隼人를 제압하였다.

하야토 정벌 때, 오오가미 히요시大神比義의 자손으로 우사하치만구의 오가미 모로오大神諸男가 야와타신을 태운 고카시御神輿를 앞세워, 신직인 네기 오가미 모리메禰宜 大神杜女가 고시로御杖代, 마찬가지로 신직인 네기 카라시마하즈메禰宜の辛島波 豆米가 미쓰에시로御杖人가 되어 오쿠마와 히무카大隈. 日向로 행차하였다. 이것이 일본 열도 최초의 신여御神輿다. 이때 여러 남자가 '아, 옛날에 이 멍석을 베개 삼아 백왕수호의 맹세를 했다. 백왕수호란 흉적을 항복시키는 것我. 昔この薦を御枕として、百王守護の誓いを發した。百王守護とは、凶賊を降伏せしむるという事である'이라는 신탁을 오사다의 연못大貞池. 현재의 고모신사. 薦神社에서 받았다. 이 연못의 마코모줄. 물풀로 오오가미 모로오大神諸男가 물풀인 줄Zizania latifolia. まこも로 짠 베개薦御枕가 일본 최초의 오가미가마에 실은 신체인 것이다.

미수미이케三角池는 하타씨 일족인 카라시마辛島氏에 의해 축조되었으며, 미수미이케三角池의 관리자였던 우사이케모리宇佐池守는 우사하치민궁의 대궁사大宮司가 되어 우사씨가 역사에 재등장하게 되었다. 이때부터 대궁사의 직위는 우사씨가 독점, 현대에 이르게 되었다.

• 방생회放生會

하야토 정벌의 위령과 멸죄를 위해 '방생회'가 거행되었고, 그 후 우사 신궁의 중요한 칙제가 되어 간다.

방생회의 여정을 보면, 가와라산 채동소香春山 探銅所로부터 미야코군京都郡-지쿠조군築上郡-고우계군上毛郡-시모계군下毛郡-우사와마하마宇佐和間浜를 순행하여 우사 신궁으로 들어간다.

방생회의 여정은 가와라산香春山의 제사씨족인 하타씨 일족의 우사평야를 향한 동진東進의 길이기도 하다.

⑦ 동대사 대불 건립에 공헌

747년 선탁이 내려져 야하타노카미는 대불 건립에의 협력을 표명한다. 가와라산의 하타씨 일족은 대불 조성을 위해 필요한 동銅을 공급하였으며, 하타씨는 주물공으로, 아카소메씨赤染氏는 도금공으로 작업에 직접 참여하였다. 야하타신八幡神은 조성에 어려움이 닥칠 때마다 신탁神託을 내려 위기를 극복하게 하였으며, 749년 대불의 주조가 완성되자 야하타신은 규슈의 우사를 출발, 천황 부부와 함께 나라 동 대사를 참배하였다. 이로써 일개 지방신에 지나지 않았던 야하타신은 전국적인 신으로 발전하게 되었는데, 숨은 공로자는 가와라산 광산 지역의 하타씨 일족, 그리고 가와치국 오가다군河內國 大縣郡의 오사토씨大里氏, 인근의 다카오씨高尾氏, 데라씨寺氏 등의 주물 기술자들이었다.

야하타노카미는 이윽고 이세 신궁과 견줄 만한 신격을 획득하기에 이르렀다. 대불에 바르는 토금이 부족하면, '반드시 국내에서 금이 나온다'라고 탁선을 발해, 무사히 도다이지는 완성되었다.

⑧ 황위 계승에의 관여

769년의 우사 하치만궁 신탁 사건 때에는 황위의 계승까지 관여하는 등교토편에서 소개한 적이 있다, 이세 신궁을 능가하는 정도의 황실 종묘로서 숭배의 대상이 되어 번영하고 신앙을 모았다. 또 헤이안 시대에 우사 신궁은 규슈 최대의 장원 영주였다. 이 때문에 부근특히 남쪽 豊後国, 풍고국의 유력 무사와 자주 적대하고 있었다.

⑨ 겐지무사의 씨신

이러한 여러 가지 공으로 781년에 조정은 진호국가 불교 수호의 신으로 '하치만대보살'의 신호를 받았다. 이것이 일본에서 유래한 신들이 불법 수호의 선신인 '호법선신'으로 받아들여지는 시초가 되었다.

우사宇佐의 지방신에서 전국적인 신으로 확산되어 갔으며, 가마쿠라막부를 일으킨 겐지무사源氏武士의 씨신氏神이 되었다.

덧붙여서 우사하치만궁에서 도다이지로 순행할 때 하치만신의 어좌로 사용된

보라색 봉연(鳳輦, 임금이 타는 가마)이 마쓰리 가마의 기원으로 여겨진다.

헤이안 시대에는 '야하타노카미'의 호호쇼노카미(護法善神)의 성격이 더욱 강해져 교토의 후귀문(後鬼門), 서남방의 수호로서 이시미즈 야하타노 미야(石淸水八幡宮)의 창건을 보게 된다. 그 후, 이 신사는 가마쿠라막부의 대장군인 겐지씨의 존숭을 얻어 가마쿠라에 츠루오카 하치만궁(鶴岡八幡宮)이 창건되고 하치만신은 진호 국가, 무가의 수호신으로서 전국에 퍼져 나간다.

하타씨의 고구(考究)는 그대로 일본 문화의 고구로 연결된다(야마토이와오, 하타씨의 연구, 秦氏の考究はそのまま日本文化の考究に繋がる, 大和岩雄, 秦氏の研究)라는 시점은 신불습합의 이해에도 **빠뜨릴 수 없다.**

우사하치만신은 정치의 큰 고비에는 탁선을 발해 중앙의 숭경을 높여 가지만, 한편 신궁의 성립에 관련된 카라시마, 오가미, 우사의 3씨의 주도권 싸움이나 조정 내의 세력 싸움에 말려드는 일도 적지 않았던 것 같다.

⑩ **신들의 뿌리**

가타오카 노부유키(片岡伸行)가 쓴 '신들의 뿌리'에서 '야하타신과 신라의 공주' 부분을 발췌해 인용한다.

◆ **인용** ◆

광활한 원시림 속에 여러 개의 연못이 펼쳐져, 눈에 스며드는 듯한 녹색 속에 주홍색으로 칠한 본전이 떠오른다.

가랑비 내리는 경내는 사람의 모습도 드문드문하다. 수목에서 떨어지는 물방울이 조약돌을 적갈색으로 물들이고 있었다. 여기는 '야하타신'의 총본궁 우사 신궁(오이타현 우사시)이다. 야마토 왕권과 천황가가 중시한 상칠사(上七社)**80)**의 하나로 교토부 야하타시의 이시미즈 야하타궁(石淸水八幡宮)이 이 계열이다.

우사 신궁이라는 명칭이 된 것은 1873년의 일로, 옛날에는 야하타대보살 우사노미야, 히메신사 등으로 불렸다. 야하타대보살(야하타노가미)은 15대 대왕인 응신천황으로, 실재했다면 4세기경의 사람이다. 히메노카미는 '신라의 공주'로 여겨진다. 어떤 관계가 있을까?

신국의 성에 여덟 갈래의 깃발과 함께 천상에서 내려와 일본의 신이 된 나는 호무다천황이 된
다辛国の城に八流の幡とともに天降り、日本の神となり 我は誉田天皇なり。

이것은 1313년에 편술된 야하타 우사노미야 고탁선집 전 16권, 이하, 탁선집에 반복적으로 나
오는 기술이다. 호무다譽田는 응신천황의 이름으로, 이것을 그대로 읽으면 야하타노카미는 '신국
즉 한반도에서 와서 일본의 신이 된 것'이 된다.

원래 우사 지역의 수장首長은 신라계로도 불리는 우사씨였다. 히메노카미比売神를 모시고 있었던
것은 그 때문일 것이다. 우사씨는 야마토 왕권에 적대한 이와이의 난527~528年에 가담한 것으로 쇠
퇴한다. 그 후, 왕권의 지배가 진행되면 중앙에서 신관의 우두머리네이후지, 大宮司가 파견되지만, 제
사를 담당한 것은 우사군 카라시마고現 うさ市が からしま를 본거지로 한 카라시마씨였다. 카라시마辛
嶋는 카라시마韓嶋라고도 하며, 역시 신라에서 이주했다고 한다.

야하타노카미가 현재의 땅 오구라산小椋山에 모셔진 것은 725년의 일이지만, 우사 신궁은 그 전
사前史에서부터 신라와의 인연이 깊다.

사실 응신천황도 신라계인 것 같다. 고사기에 따르면, 응신의 어머니 신공황후의 시조는 '신라
나라의 왕자'인 천지일창天之日矛, 천일창이다. 아내인 아카루히메阿加流姫, 히메신를 따라 신라에서 도래
한 왕자는 타지마국現재의 효고현 북부에 정착하여 그
중심지인 도요오카시에 있는 이즈시 신사에 모셔
져 있다. 응신천황은 그 자손이 된다.

덧붙여서, 전술한 '팔류의 하타'란 '팔방에 8색
의 깃발을 세운다'라고 하는 밀교의 관습으로, 이
것이 야하타의 어원이다. 밀교란 불교의 비밀의
가르침이기 때문에, 실은 야하타님의 발상은 불
교이지 신도가 아니다. 신불습합의 산물이다. 야
하타八幡는, 야와타라고 읽고, 야하타 신앙의 확산
과 함께 전국 약 60개소에 그 지명이 있다.

우사 신궁 소장의 중요 문화재로 904년이라는
각명이 있는 동제 범종이 있다. 신라종이라고 하

[그림 65] 신라종

는 것으로 신라에서 8세기경에 주조되었다. 신라의 발자취가 물증으로도 남아 있다.

❸ 우사 신궁의 건축물

본전 건물이 있는 마당에는 오래되어 보이는 큰 나무가 있어 신사의 분위기를 만들고 있다.

상궁(가미미야) 본전(국보)의 양식은 하치만조(八幡造)라고 하는데, 두 동의 옆으로 긴 맞배지붕(切妻造平入) 건물이 전후로 연결된 형태를 취한다. 안쪽의 건물을 내원, 앞쪽의 건물을 외원이라고 한다. 내원에는 어장대(御帳台, 제신의 침소)가 있고, 외원에는 어의자(御椅子, 낮에 앉아 있는 곳)가 있다. 세 개의 어전 건물은 1859년부터 1861년에 걸쳐 건립된 것으로 모두 국보로 지정되어 있다.

하궁(御吹宮, 시타보아, 미야게미야)은 810년부터 824년에 걸쳐 사가천황(嵯峨天皇)의 칙원에 의해 창건되었는데 상궁의 분사로 제신은 같다.

구레하시(呉橋)는 서참도 도중에 있는 지붕이 씌워진 신교(神橋)다. 가마쿠라 시대 이전부터 있었던 것으로 오(呉), 동진 나라 사람이 만들었다고 하는 전승이 있다.

❹ 하야토(隼人)와 교우슈쓰카 고분(凶首塚古墳)

하야토(隼人, 준인)는 사쓰마, 오스미(현재의 가고시마현 일대) 등지에 살았던 소수 민족으로 하야비토, 하야토 등으로도 불린다. 하치만 신사에는 우사 신궁의 역사편에서 소개하였듯이 이 하야토에 얽힌 이야기가 있다. 이 지역에 살던 한반도 이주민들이 하야토를 멸종시킨 사건이다. 필자의 개인적인 생각으로는 일본 열도의 원주민으로서 혼슈에는 북방계의 아이누가 있었고 규슈에는 남방계의 하야토가 있었는데 두 원주민 집단 모두 한반도 이주민 집단에 의해 정벌되었다고 본다. 토벌 후 머리를 모아 묘를 만들어 주고 방생회를 개최하기 시작하였다는 내용은 화해책이었다고 본다.

5. 부젠 지역의 조선식 산성

부젠 지역에는 한반도 이주민 지역의 상징인 조선식 산성으로 알려진 것이 몇 개 있는데 고쇼가다니(御所ヶ谷) 산성, 가게노마(鹿毛馬) 산성과 도노하루산성이 있다.

■ 가게노마신롱석(鹿毛馬神籠)

가게노마 산성은 후쿠오카현 가호군 가이다정 가게노마에 있다. 산성은 길이 2.2km나 되는 말발굽 모양의 산등성이 바깥축에 열석을 둘러쳐 축성되었다. 산성은 표고 60~100m의 산허리에 길이 2km² 이상에 걸쳐 1765개의 열석을 둘러쳐 만들었다. 열석은 작은 계곡을 안고 평균 80m 정도의 경사면에 둘러쳐져 있다.

유구(遺構)로는 성벽을 쌓았던 돌담(列石), 암거(暗渠, 지하 수로)와 수문(水門)이 있다. 성벽을 쌓았던 돌의 크기는 40~80cm로 작은 편이다.

수문터라고 불리는 유구가 있는데 군사용 수문이라면 주위를 둘러싼 해자를 만들어 사람의 접근을 막으며 물을 흘리는 궁리가 필요하지만 가게노마산성에는 그것이 없다.

1983년에 수문적(水門跡)을 조사해 스에키옹(須惠器甕)의 몸통 파편을 출토했다. 성터 안에 있는 마키노 신사(牧野神社)의 연기에 이곳이 목장이었다는 기록을 보면 신라계 이주민들에 의해 조성된 고대 산성으로 보인다.

필자에게는 하남시에 있는 이성산성과 여러 모습이 닮아서 착각이 들 정도였다.

[그림 66] 가케오우마산성

2 고쇼가다니산성御所ヶ谷山城

　고쇼가다니산성은 후쿠오카현 유쿠하시시 가쓰야마정과 사이가와정 사이에 걸쳐 있는 부젠 미야코 평야를 내려다보는 표고 247m의 산마루 서북쪽에 위치한 조선식 산성이다.

　고쇼가다니산성은 발굴 조사 결과 고대 산성인 것이 확정되었다. 그러나 『일본서기』 등의 사서에 기재가 없고, 축성 주체와 축성년은 불명하다.

　고쇼가다니산성은 교토京都や평야의 남쪽을 동서로 잇는 마가다케 연산馬ヶ岳連山의 일각에 세워졌다. 주방탄에 접한 교토평야는 4~7세기에 걸쳐 부젠豊前. ぶぜん 지방을 대표하는 대형 수장묘가 세워진다. 8세기에 국부가 위치해 규슈 북동부의 행정의 중심지였다. 또 산성의 북기슭에 다자이후大宰府. だざいふ와 부젠豊前의 국부를 연결하는 관도가 동서로 관통하고, 남기슭에 부젠과 치쿠젠을 연결하는 길이 지나간다. 그리고 북방 약 7km에 고대의 중요 항구인 구사노쓰草野津가 위치한 육해 교통의 요충이었다. 고쇼가다니산성은 이 무렵의 주방탄周防灘. すおうなだ 해안 지방의 가장 큰 유구遺構이다.

　산성은 해발 246.9m의 고쇼가다케御所ヶ岳. ほとぎ山에서 서쪽으로 뻗어 있는 능선의 약 1km를 저변으로 하고 북측의 계곡을 정점으로 하는 역삼각형상의 북사면

[그림 67] 고쇼가다니산성

영역으로 퍼진다. 성벽의 둘레는 자연 지형의 절벽을 포함하여 약 3km이다. 가장 낮은 서문은 해발 65m로 고저차가 크고 지형은 기복이 있어 평탄지는 적다. 그리고 골짜기에는 석담이 쌓인 포곡식包谷式 산성이다.

　토성은 대체로 기저부의 폭 약 7m, 높이 약 5m, 벽면은 70~80도 기울기다. 성문은 7곳이다. 중문과 서문은 계곡에 세워진 대규모 성문이며 그 외는

능선에 세워진 소형 성문이다. 산성을 상징하는 것은 중문이다. 성 내에는 건물 자취가 있다. 전망이 좋은 성의 중앙에 위치해 성 내의 각처와의 연락이 용이한 장소다.

고쇼가타니(御所 > 谷)라는 지명은 12대 경행천황(景行天皇, 시대는 3세기 초중 반)의 구마소(熊襲) 정벌 시 이 지역에 행궁이 놓여졌다는 전승에 의한다.

이 산성은 한반도 이주민 집단이 지역 방어를 위하여 구축한 유물이라는 것은 산성 입지의 선택과 산성 축조의 독특한 방법 등을 통하여 알 수 있다.

유큐하시시에서 부젠시로 가는 도중에 서쪽에 있는 높지 않은 산맥 쪽으로 방향을 잡는다. 산성 입구에 있는 고쇼가타니스미요시이케공원(御所 > 谷住吉池公園)은 작은 호수 옆에 있었는데 좁은 길을 더 운전해 올라가니 차를 세울 공간이 있다. 여기서 걸어서 얼마쯤 올라가니 눈앞에 어마어마한 석성이 나타난다. 왼쪽의 뚫어진 공간이 고쇼가 다니산성(御所 > 谷山城)의 중문이 있던 자리다. 성의 모양은 완벽한 조선식 산성으로 성벽 아래쪽에 수문이 나 있다.

'고소가타니(御所 > 谷)'라는 지명은 '왕궁의 계곡'이라는 뜻이다. 성의 중문에서 조금 올라간 곳에 경행 신사가 있는데 게이코 신사(景行神社)라는 이름에서 알 수 있듯이 제12대 게이코천황(景行天皇)과 유서가 깊은 것으로 생각된다. 구마소(熊襲)의 반란을 평정하기 위해 이곳에 온 게이코천황이 머물렀다는 행궁인 나가오노미야(長峽宮)의 흔적으로 보인다. 당시 조선식 산성을 쌓았다면 4세기 초반 활약했던 것으로 보이는 인물인 게이코천황도 한반도계 인물일 가능성이 있다.

❸ 도노하루산성(唐原山城) 흔적

이 이름 없는 성을 찾느라 야산과 길을 무척 헤맸다. 방문 전에 고게정(上毛町) 사무소에 들러 지도를 구했는 데도 주변에 도로공사가 폭넓게 시행되고 있어 찾기가 쉽지 않았다. 거의 포기하고 돌아가려는 순간 파트너가 차를 타고 가던 중 '수문(唐原山城跡第1水門)'이라는 도로변의 이정표를 발견하였다.

고게정上毛町 도노하루와 쓰치이 사이에 있는 성터다. 현의 동남부, 스오여울周防灘로 흘러 들어가는 야마쿠니강의 하구 부근에 위치하는 고대 산성터다. 남북 약 0.8km, 동서 약 0.6km, 높이 약 70m의 독립된 구릉 위에 있고, 주변의 스오여울 연안에 고쇼가타니산성御所ヶ谷神籠石이 이 있다.

참고로 신롱석神籠石, 고우고이시 또는 신롱석식산성神籠石式山城은 규슈 지방에서 세토내해 지역에 걸쳐 있는 돌담으로 만들어진 **열석유적**列石遺跡[81]의 총칭이다. 일반적으로는 『일본서기』나 『속일본서기』에 기재되어 있지 않은 산성을 의미한다. 필자의 눈으로 보면 영락없는 한국식 산성인데 남아 있는 석벽의 잔재를 보고 고대에 제사 지내던바 위인 신롱석이라는 이름을 붙인 일본인들의 사고방식을 의심해 본 적이 있다.

1998년에 행하여진 조사의 결과, 구릉 위로 고대 산성의 특징인 상부에 L자형의 깎아내기를 한 화강암제 깬 돌로 만든 담과 토담이 구릉의 북서부에서 동쪽, 남쪽에 이르기까지의 4군데에서 많은 경우 세 개의 돌이 연결된 돌열이 확인되었다.

제1수문은 북쪽으로 이어지는 계곡에 위치하고 성벽의 길이 37m, 수로는 안쪽으로 13m로 최대의 규모를 가진다. 열석城壁의 전면은 산골짜기를 막기 위해 기저부에 18석을 늘어놓고, 2단 쌓음으로 하였는데 높이는 1.6m로 추정된다.

6. 주민의 성씨

다음 자료는 1958~1959년에 진행된 정창원문서 호적 원본의 조사에 근거한 것이다.

나카쓰군과 가미쓰케군의 몇 개 촌은 온통 하타씨로 되어 있다. 하타베와 스구리가 마을 총주민 수에서 차지하는 비율은 정마을이 93%, 탑마을이 97%, 가자구야마을이 82%, 모마을이 100%로서 평균 93%에 이른다. 가미쓰케上毛 촌은 오늘의 부젠시 일대이다. 참고로 가미쓰케上毛는 신라인의 성으로 도쿄 북부에 있는 군마군의 북쪽이 예전에는 가미쓰케上毛국으로 불리었다. 지금도 군마군 도네강 근처에 조모上毛라는 지명이 남아 있다.

하타베는 신라계인 하타 부족을 가리키는 것이며 스구리는 신라의 마을 우두머리村主를 가리키는 한국말이다.

이처럼 옛 기록에 전하는 신화 전설과 주민 호적은 오늘의 후쿠오카현 다가와시, 다가와군, 미야코군, 지쿠조군, 우사군 일대가 신라 세력인 하타씨의 집중적인 거주 지대였음을 보여준다. 현재까지도 지쿠조군 일대에서는 하타씨에서 유래된 성을 가진 사람들도 많다.

7. 히메의 섬, 히메시마姬島

산성터의 수문 유적을 확인하고 보니 오이타의 숙소로 돌아가기에는 조금 이른 시간이다. 차를 국동반도의 북쪽 끝에 있는 이미항伊美港으로 향한다. 히메시마로 가는 배는 우리나라에서 타는 여객선과 다를 것이 하나 없다. 촌로들과 육지로 통학하는 학생들이 보인다. 파도가 있어 객실에 있었는데 한국 TV연속극이 나온다.

히메시마는『고사기』등에 기록된 나라낳기 신화에 이자나기와 이자나미의 두 신이 대야시마大八島, 일본 열도를 낳은 후 계속해서 낳았다고 여겨지는 6개의 섬 가운데 네 번째로 낳은 여도女島로 여겨진다.

또『일본서기』에는 수인천황의 시대에 의부가라국意富加羅国, 오호가라 노구니, 현재의 한국 남부에 있었다고 여겨지고 있는 나라의 왕자인 쓰누가아라시토都怒我阿羅斯等가 흰돌白石에서 생겨난 동녀童女에게 구혼을 하였는데 미녀는 사라지고 쓰누가아라시토는 그녀를 찾아서 일본으로 건너갔다. 그렇지만 그녀는 셋쓰摂津 또는 히메시마姬島에 이르러 히메코소比売語曽신이 되었다고 한다. 히메시마에 히메코소 신사가, 오사카부 히가시나리구에도 히메코소 신사가 각각 현존하고 있다.

히메시마는 이렇게 고대부터의 전승이 많았던 섬이며 여러 가지 전승이 섬 내의 장소나 사물에 관련되게 만들어서 구전되어 살아 있다. 그중에 대표적인 것이 히메시마 일곱 가지 불가사의이며 일곱 가지 불가사의 가운데 3개는 히메코소신에 연유하는 것이다.

거꾸로 수양버들逆柳, 사가사야나기: 히메코소 공주가 사용한 수양버들로 만든 요지, 이쑤시개를 흙 안에 거꾸로 꽂아서 나온 수양버들이며 그 때문에 가지가 보통 수양버들처럼 아래로 떨어지지 않고 있다고 전해진다.

가네쓰게석かね つけ石: 별명을 오하구로이시라고도 하는데 히메코소 공주가 흑치歯黒를 붙인 장소이며 이 돌에 작은 사기잔과 붓을 놓았던 자국이 구덩이가 되어서 남아 있다고 한다.

박자수拍子水, 효시미즈: 효시미즈는 별명을 오하구로미즈라고도 하는데 히메코소 공주가 흑치를 한 후에 입을 헹구는 물이 없었는데 박수를 쳐서 기원한 곳의 바위의 사이에서 솟아 나온 물이라고 전해진다. 탄산수소 냉광천으로 현재는 이 광천을 이용한 건강 관리 센터가 마련되어 효시미즈 온천이라고 칭하고 있어 솟아 나온 23.6 ℃의 냉천과 이것을 끓인 온천에서 목욕할 수 있다.

에도 시대 후기인 19세기 초에 활약한 통속 소설가 류테이다네히코柳亭種彦가 히메시마 일곱 가지 불가사의를 읽고 지은 단가 5수가 남아 있기 때문에 히메시마 일곱 가지 불가사의는 늦어도 그즈음에는 성립하고 있었던 것으로 생각된다. 섬에는 류테이의 단가를 새긴 가和歌비가 세워져 있다.

섬 동부의 천인당千人堂, 센닌도오 아래의 낭떠러지에는 회백색의 흑요석黑曜石층이 노출되어 있다. 이 특징 있는 회색의 흑요석을 재료로 한 석기는 주고쿠 지방이나 시코쿠 지방에서도 발굴되고 있어, 고대에 있어서의 교역의 범위를 가리키고 있다. 히메시마의 흑요석 산지는 천연기념물로 지정되어 있다. 고대의 흑요석은 지역에 따라 구리나 철 다음의 중요 원자재로 취급된 적이 있다.

필자의 개인적인 소견으로는 고대 부족의 정신적인 지도자였던 히메姫가 계속 쫓겨나고 도망간다는 것은 선주 이주 세력과 후주 이주 세력 간의 정착지를 둘러싼 쟁탈전을 전설화한 이야기가 아닐까 생각한다.

XI 남부 규슈~미야자키, 구마모토

1. 미야자키 지방

1 사이토바루 고분군西都原古墳群

　사이토바루 고분을 가기 위해 계획한 날이다. 오이타에서 사이토바루까지는 200km가 채 안 되지만 당시는 오이타에서 규슈 동쪽 해안을 타고 남쪽으로 내려가는 동규슈 자동차도로高速道路의 공사가 진행 중인 때라 산을 넘어 노베오카까지 간 다음에야 평평한 길을 만날 수 있었다. 산길 운전에 익숙하지 않고 초행길이라 3시간이면 갈 수 있는 길을 한 5시간 정도에 간 것 같다. 물론 중간에 휴게실이나 식당에 들르기도 하였다. 구글맵에서 다시 찍어 보니 요즈음은 자동차로 2시간 반이면 갈 수 있을 것 같다.

　사이토바루 고분군은 남규슈의 미야자키宮崎시 북쪽에 있다. 3세기 초에서 7세기 초에 걸쳐 조성된 고분군으로 추정된다. 다양한 금동제 유물이 발견되었다. 규모가 큰 고분들인데 발견 연도가 늦어 고분의 크기로 천황묘를 지정했던 일본 역사가들을 혼란스럽게 만들었던 고분군이라 한다.

　막상 고분이 있는 지역에 도착하고 보니 마치 커다란 공원처럼 조성되어 있는

데 그 넓이가 어마어마하다. 사이토바루 西都原古墳群은 미야자키현의 거의 중앙에 위치하는 사이토시의 시가지 서방에 남북으로 펼쳐진, 표고 70m 정도의 홍적층의 구릉 위로 형성되어 있는 일본 최대급의 고분군이다. 광활한 공원에는 여기 저기 다른 모양의 고분들이 흩어져 있어 마치 고분들의 전시장 같은 모습이다. 공원 내의 다른 장소로 움직이는데 걸어다니기에는 너무 멀다. 우선 고분 공원 내의 고고박물관에 들러 휴식을 취했다.

[그림 68] 규슈 남동부의 고대 유적

현재 고분 311기가 현존하는데, 그 내역은 전방후원분 31기, 방분 1기, 원분 279기이지만 이외에 횡혈묘 10기, 남규슈 특유의 지하식 횡혈묘 12기가 확인되고 있다. 1912년부터 6년간에 걸쳐서 처음으로 본격적 학술조사가 행하여졌다. 1914년 출토품을 수장하기 위해 미야자키현립사적연구소가 설립되었다.

[그림 69 사이토바루 고고박물관

나중에 이 연구소는 시로 이관되어 1952년 사이토시립박물관이 된다. 현재는 미야자키현립 사이토바루 고고박물관宮崎県立西都原考古博物館이 되었다. 우리나라의 국립나주박물관國立羅州博物館과 자매결연을 맺고 있는 것을 방문 후 알게 되었다.

2 대표 고분들

남협수총男狭穂塚, 오사호쓰가, 175m은 일본 최대의 가리비형 고분이고 여협수총女狭穂塚, 메사호쓰가, 180m은 규슈 최대의 전방후원분이다. 모두 궁내청 능묘참고지이며 특별 사적이다.

사이토바루를 대표하는 이 두 개의 거대 고분의 위치를 안내판에서 확인하고 공원을 걸어다니며 찾아보았는데 쉽게 찾을 수가 없었다. 나중에 알고 보니 공원의 한편에 있는 숲 전체가 고분이라고 한다. 숲에 가려져 있어 지상에서 육안으로는 고분을 확인 할 수 없었다. 궁내청 능묘 참고지로 지정되어 출입이 금지되어 있고 궁내성의 표지판만 볼 수 있었다. 실망스러운 순간이었다.

사이토바루공원 남쪽에 자리 잡은 제1고분군의 서단에 위치하는 희총姫塚은 전방후원분으로, 길이 50.2m, 높이 6.0m다. 그 모양이 아름다워 희총公主 묘, 히메쓰기이라고 불리는데 주위에는 주호周濠가 둘려져 있다. 확인된 매장 주체는 목관직장木棺直葬이다. 처음 발굴한 30기 가운데에 하나로, 직도 3개, 단도 1개, 스에키 9개, 유리제 구슬, 수정으로 만든 조각된 옥 등이 출토되었다. 전방부의 발달 상태나 출토품으로 축조 연대는 6세기 초고분 시대 후기로 여겨지고 있다.

귀굴 고분鬼の窟古墳, 오니노이와야고분은 사이토바루 고분군 중에서 유일하게 매장 시

설에 횡혈식 석실을 채용하고 있는 고분이다. 귀신이 하룻 밤 사이에 만들어 냈다고 하 는 전설이 남아 있어 이름의 유래가 되고 있다. 석실 입구 부근에 자라고 있었던 녹나무 楠에 의해 석실이 붕괴의 위기 에 처해 있었기 때문에 해체

[그림 70] 사이토바루 고분군

복구 작업이 행하여졌다. 그때 발굴 조사가 실시되어 석실 내의 물을 배출하기 위한 지하 배수로의 존재나 토담이 고분을 뺑 둘러싸고 있었던 것과 **추장**追葬[82] 이 행하여지고 있었던 것 등이 명확하게 되었다. 고분의 주위에 토담을 둘러치 고 있는 것은 한반도에서는 잘 보여지지만, 일본에서는 유일하게 아스카의 석 무대 고분과 유사하므로 관계가 주목받는다. 이 고분은 공원의 평탄지에 있기 때문에 눈에 잘 띄고 모양도 잘 갖추어진 고분의 모양새다. 석실 내부를 둘러 보았다.

제1고분군에는 군데군데 큰 고분들도 보였는데 아직 잘 정리되어 있지 않은 느낌이었다.

제2고분군에는 흔히 많이 볼 수 있는 커다란 전방후원분들이 잘 정돈된 잔디 밭 너머로 펼쳐져 있었다. 구경하고 휴식을 취하기에는 이곳이 제일 좋았다.

제3고분군에는 낮은 고분들이 많았는데 마치 고대의 공동묘지를 보는 듯한 느낌이었다.

3 출토된 국보와 문화재

이 지역의 출토품 중에 국보로 지정된 것으로는 금동마구류金銅馬具類, 금동안 장다리쇠장식金銅鞍橋金具과 일부가 훼손된 유물로 많은 금동 제품 등이 있다. 1897년경에 사이토바루 고분군에서 서쪽으로 계곡을 하나 건너서 있는 백총원

고분군百塚原古墳群으로부터 출토된 것으로, 금동銅製도금의 마구류가 주류다. 원품은 도쿄의 고토五島 미술관에 소장되었고, 미야자키현립 사이토바루고고박물관에는 복사품이 소장되어 있다.

문화재로 지정된 출토품으로는 토용흙인형, 하니와埴輪子持家과 토 용배埴輪船가 있다.

▨ 피장자에 관한 연구

사이토바루 고분에 관하여 연구를 한 다음의 두 사람의 견해를 먼저 소개한다.

① 하다가 마사하루日高正晴씨

하다가씨는 사이토바루고분연구소장과 사이토바루자료관의 관장을 역임한 인물이다.

히다카씨는 고분 시대의 **휴가국**日向国[83)]을 이야기하면서, 4세기에서 5세기에 걸쳐서 야마토와 휴가의 교류를 강조한다. 헤이안 시대의 옛날 문헌에 의하면, 사이토 바루 대지는 에노 다바루可愛田原라고 불리고 있었던 것 같다. 『일본서기』 신대기 하권에는 '니니기가 죽는다. 쓰쿠시 휴가의 에노 노미사사기可愛之山稜에 장사 지낸다'고 씌어 있다. 마을 사람들이 예로부터 남협수총男狭穂塚을 에노쓰카可愛塚로 부르고 있었던 것은 이유가 없지 않다.

오늘날 아무도 믿는 사람은 없지만 신무천황이 가시하라궁에서 즉위한 것은 기원전 660년이다. 신무천황 시대보다도 더 아득한 옛날의 부부신을 매장한 고분이라는 남협수총男狭穂塚과 여협수총女狭穂塚을 고고학에서는 5세기 전반의 축조라고 보고 있다. 연대가 천 년 이상 다르면, 전승에 모순을 느끼지 않을 수 없다.

전문가 중에는 남협수총의 피장자를 도요구니와케왕豊国別王으로 보는 사람이 있다. 『일본서기』는 휴가日向 체류 중에 12대 게이코천황景行天皇, 경행천황이 미야카시히메御刀姫라는 여성을 처로 맞이해 사내아이를 낳았다고 전하고 있다. 그 왕자가 도요구니와케왕이다. 그는 뒤에 휴가 국조日向国造가 되어, 4세기 후반부터 5세기 초엽에 걸쳐서 존재했다고 추정되는 고유현의 현주였던 아가다메시라고 추정된다.

한편, 여협수총의 피장자로서는 휴가국의 모로가타기미諸県君인 우시모로이牛諸井의 딸인 가미나가 공주髪長媛가 이름에 오르고 있다. 『일본서기』에 의하면, 15대 응신천황은 가미나가 공주의 용모가 아름답다는 말을 전해 듣고 야마토로 불러온다.

배로 난바진難波津에 도착하자 공주를 마중 나온 왕자 오호사자키大雀命, 뒤의 인덕천황는 그녀의 뛰어난 아름다움에 마음이 사로잡혀 다케우치 스쿠네를 통해서 천황이 자신에게 하사하도록 청원했다. 『고사기』에 의하면 이렇게 해서 오호사자키의 처가 된 가미나가 공주는 왕자 둘을 낳았다고 한다.

이러한 가정이 맞으면 인덕천황의 비가 된 가미나가 공주는 사후에 태어난 고향에 매장되게 된 것이다. 이상은 히다카 마사하루씨의 저서 『고대 휴가의 나라古代日向の国』라는 책에 나오는 내용이다.

② 혼고 다이도北郷 泰道씨

사이토바루에서 최대의 규모를 가지는 남협수총과 여협수총은 역대 최대의 권력을 소유했던 수장의 고분이라고 생각된다. 여협수총만 하더라도, 하루 1000명이 동원되어서 2년 반이 걸릴 만큼의 대공사를 필요로 한다. 현립 사이토바루 고고박물관의 혼고 다이도北郷 泰道씨도 히다카씨와 같이 위에 소개한 '인덕천황의 비가 된 가미나가 공주와 그 아버지인 모로가타기미 우시모로이'라는 가설을 세우고 있다.

그 근거로서, 남협수총과 여협수총은 인접해서 거의 동시에 만들어져 가까운 관계인 것으로 추측되고, 당시 여성은 출신지에 매장되는 습관이 있었던 것을 든다. 기기 등의 문헌에 구체적인 이름으로 등장하는 휴가의 지배자는 모로가타기미 우시모로뿐인 것 등을 근거로 들고 있다. 인덕천황은 『일본서기』로 399년, 『고사기』에서는 427년에 사망한 것으로 되어 있어 두 고분이 축조된 5세기 전반과 시대도 거의 겹친다. 인덕천황이 실재했던 것인지 아닌지에 대해서는 논의가 있지만, 유력한 천황과 휴가의 일족이 인척관계에 있었던 것의 중요성에 주목한다.

고고박물관에서 히디카씨와 혼고씨의 저서를 몇 권 구매하였는데 마침 사이토바루 고분 중의 한 곳에서 발견된 금동관에 대한 설명이 있어 읽어 보니 이곳에서 만들어졌던 금동관이 신라로 전파된 것이라는 설명이 있어 실소한 적이 있다.

5 학술 조사

종래에 남협수총의 형상에 관한 제설이 있었다.

2004년 전국에서 처음으로 궁내청은 지중地中 레이더에 의한 남협수총과 여협수총의 탐사를 인정했다. 이 탐사에서는 지중 레이더로 전파를 발신하여 되돌아온 전파를 잡아서 공동이나 도랑의 유무 등 지반 구조를 조사하고, 축조 시의 형상을 유추하는 것 이외에 매장물의 유무 등을 조사할 수 있었다. 탐사 결과는 2006년에 공표되어 남자협수총의 형상은 상기한 바와 같이 가리비형 고분이었던 것을 알아냈다. 또, 남협수총은 1997년의 분구 측량치보다 전방부가 약 20m 긴 약 175m, 여협수총이 약 4m 긴 180m이었던 것도 특별히 밝힐 수 있었다. 단, 어느 쪽의 고분을 먼저 만들었는지는 알아내지 못했다.

야마타이국邪馬台国이 어디에 있었는지에 대한 논쟁으로 상징되는 것처럼 고대 일본에는 각지에 독립한 나라가 많았다. 그것이 하나의 국가로 합쳐진 형태가 된 것은 나라 시대 이후로, 고분 시대에 탄생한 야마토 정권이라는 것은 각 지방국 간의 광역 네트워크 같은 것이었다고 여겨지고 있다.

사이토바루에 있는 31기의 전방후원분군 중 29기는 약 150년 동안에 걸쳐 만들어졌다. 사이토바루는 여덟 개 정도의 다른 계열이 있었던 집단의 공동 묘지였다는 설이 유력하다.

시야를 더욱 주변에까지 넓혀 보면, 미야자키 중앙 평야 일대의 오마루강小丸川, 잇쓰세강一ツ瀬川, 오요도강 유역에는 다수의 고분군이 있어, 이 일대에 있는 전방후원분이 140기 가까이 된다. 이것은 미야자키현 전체의 8할에 이르러, 히다카 마사하루씨前 사이토바루 고 분연구소장는 '사이토바루 고대 문화권이라고 불러야 할,

지극히 중요한 지역에 있는 하나의 고분군으로 생각할 필요가 있다'고 진술하고
있다.

　이 지역에도 영고성쇠의 역사가 있었던 것 같다. 대규모 전방후원분의 축조는
먼저 3세기 말로부터 4세기 초에 걸쳐서 오요도가와 유역의 이키메_{生田} 지방에서
시작되고, 뒤이어서 5세기를 중심으로 사이토바루, 5세기 말경부터는 신덴하라
_{新田原}로 이어지고 있다.

　다카마가하라에서 천하를 얻은 천손_{하늘의 자식}인 니니기가 고노하나와 결혼한
다. 고노하나는 가미아다쓰히메_{神吾田津姫}라는 별명이 있듯이, 아가타일족_{吾田一族} 출
신이다. 아가타는 사쓰마반도 북부의 옛날 지명이지만, 원래는 휴가의 일족이었
다고 한다. 미야자키 남쪽의 니치난시_{日南市}에도 지명으로 남아 있다.

　초대 신무천황도 아가타_{吾田}의 아히라쓰히메를 비로 했다. 규슈를 순행한 경행
천황은 휴가의 다카야궁_{高屋宮}에서 6년간 체류하고 휴가의 가미나가 오타네_{髮長大田}
_根와 미하카시히메_{御刀媛}라는 두 사람의 여성을 비로 맞이했다. 이러한 에피소드
는 야마토 정권과 휴가_{日向=규슈}와의 융합을 이야기하는 것이지만, 천황의 조상인 황
조_{皇祖}가 휴가 출신인 것을 보여주기 위한 모양새로 보인다.

2. 히무카日向, 휴가 지방

히무카란 현재의 미야자키현과 가고시마현의 동부 지역을 포함하는 고지명이다. 히무카日向 지방에는 한반도 가야 이주민 세력이 있었다는 것을 이 지역에 남아 있는 한반도식 옛 지명들을 통하여 이를 알아본다.

지명과 고고학적 자료에 관해서는 『초기 조일 관계사』에 나오는 자료에서 선별하여 인용하였다. 이 책에서 열거한 고고학적 자료는 일본의 자료로 추측된다.

화명초 히무카휴가국 고유군에는 가라이에향韓家鄕이 있다. 미야자키현과 가고시마현의 접경 지대에 있는 기리시마의 두 봉우리 중 하나는 다카치호봉高千穗峰, 1574m이고 또 하나는 카라구니산韓國山, 1700m이다. 카라구니산이란 한국의 산이라는 뜻이다. 히무카 지방에서 가장 높은 산이름이 카라구니산이라는 것은 바로 이 일대가 카라구니 즉, 한국이었다는 것을 상징적으로 보여준다. 카라구니산 아래의 시키네마을에는 연희식에 올라 있는 카라구니우즈미네 신사韓国宇豆峯神社가 있으며 한반도 신을 제사 지냈다.

히무카 일대가 한반도 이주민 집단이 진출, 정착하였던 곳이라는 것은 여러 고문헌과 전설을 통하여서도 알 수 있다.

휴가, 히무카라는 것은 '해를 향하는 또는 해가 향하는'이라는 뜻인데 그것은 아마하늘에서 내려온 니니기가 했다는 말에서 잘 알 수 있다. 이 땅은 카라구니한반도에 향하고 가사사의 앞을 곧바로 지나가고 아침해가 곧바로 비치는 나라, 저녁해가 비치는 나라이다. 때문에 이 땅은 참으로 길한 땅이어라. 즉 카라구니를 향한 아침해, 저녁해가 곧바로 비치는 곳

[그림 71] 카라구니다케

이라는 데에서부터 '해'라는 말과 '향하다'라는 말을 따와 히무카日向라고 지었다.

니니기로 대표되는 세력은 고향인 가라, 즉 한국을 그리워하는 한반도 이주민의 집단이라는 것과 고대 일본의 원주민들은 한반도를 하느님의 나라, 신국으로 여기고 있었다는 것을 알 수 있다. 히무카라는 말 자체에는 이러한 한반도를 동경하는 뜻이 함축되어 있는 것이다.

고문헌에 의하면 아마테라스오미가미의 손자인 니니기는 쓰꾸시 히무카 다카치호의 구지 후루다케산에 내렸다고 하는데 쓰꾸시는 규슈의 호칭이며 히무카는 현재의 미야자키현 일대이다. 그리고 다카치호 역시 앞에서 알아본 것처럼 히무카 지방에서 가장 높은 산이다. 요컨대『고사기』에 실린 니니기의 천강 신화 전설은『삼국유사』가락국기에 나오는 가야의 시조왕이 구지봉에 천강하는 모습과 매우 흡사하다. 그것은 한반도 남부의 가야 지방으로부터 일본으로 건너간 세력이 바로 니니기의 천강 설화로 반영되었다고 할 수 있는 것이다. 그리고 천손인 니니기의 이름인 호노니니기라는 것이 '벼 이삭이 붉게 익게 하는 이'라는 벼 즉 농경과 밀접히 연결된 말이라는 지적도 흥미를 끈다. 말하자면 벼농사를 주로 하는 집단이 일본으로 건너간 것을 암시한 이름이라고 볼 수 있는 것이다.

참고로 위서로 보고 있는『환단고기』의 단군세기편에 'BC 723년 단제께서 장군 언파불합彦波弗哈을 보내 바다 위의 웅습熊襲을 평정하였다戊午五十年帝遺將彦波弗哈平海上熊襲'는 기록이 있다. 웅습熊襲을 일본어로는 '쿠마소'라고 읽는다. 그리고 쿠마소는 일본 규슈의 남부, 곧 사이토바루 고분군의 남쪽인 현재의 가고시마鹿兒島 지역을 중심으로 한 일대를 지칭한 명칭이었다.

히무카 일대에 가야계 이주민의 지역이 있었다는 것은 고분들과 출토된 유물을 보아도 알 수 있다. 히무카 지방에는 크게 사이토바루 고분군西都原古墳群을 중심으로 한 고분의 집결 지대와 도오진 고분군을 중심으로 한 지대가 있어 양자는 히무카 지방의 남북으로 대치한 큰 고분군을 이룬다. 특히 사이토바루 고분군西都原古墳群은 가야의 성격이 농후하다.

히무카 지방에서 한반도계 이주민의 정착지는 사이토바루 고분군西都原古墳群이 있던 일대였다고 추측된다. 그 일대는 고마루강과 히토쓰세강 그리고 오요도강을 중심으로 한 평야 지대로서 비옥한 땅과 온화한 기후, 풍부한 관개용수 등 비교적 농사짓기 유리한 곳이다. 그 일대는 또한 차우스바루 고분군, 가와미나미 고분군(51기의 고분, 15기의 전방후원분 포함), 뉴타바루 고분군(36기의 전방후원분, 2기의 방형분, 130여 기의 원분), 홍조 고분군(총 51기 가운데 18기가 전방후원분), 모치다 고분군(총 61기 가운데 10기가 전방후원분) 등의 고분군이 집결되어 있다. 이 밖에도 노베오카시 일대에 있는 미나미가타 고분군은 한반도식 유물들이 많이 나온 고분군으로 주목된다.

사이토바루 고분군에서 기본은 자루거울가리비식 전방후원분과 점토곽 그리고 방대한 무기, 무장 및 마구류가 묻힌 지하식 고분이다.

사이토바루 고분군의 31기에 이르는 전방후원분 가운데 대부분은 전방부가 낮고 평편한 이른바 자루거울가리비의 형식을 가졌다. 그 가운데 가리비식 전방후원분과 함께 발전한 것이 진흙으로 관을 바른 점토곽이다. 점토곽은 그 연원을 가야에서 찾을 수 있다. 그것은 가야의 수혈식묘의 기본이 관바닥에 진흙을 까는 것으로부터 관을 진흙으로 바른 점토곽이 발전한 것으로 보인다.

사이토바루 고분군을 비롯한 이 일대 고분들에서 출토된 유물을 보면 부산광역시 동래 복천동 유적이나 고령 지산동 유적에서 나온 5~6세기의 고분을 방불케 하는 마구류와 무기, 무장들이 적지 않다. 금동색으로 빛나는 금동제 마구류는 틀림없이 왕자급의 마구류이며 그러한 금동 세공술은 당시의 일본 열도에는 없었다. 그것은 당시 높은 기술 문화 수준에 있던 한반도 이주민 집단이 가져간 것으로 보인다.

히무카 일대에 가야계 이주민 세력이 있었다는 것은 유물의 구체적 양상을 통하여 더욱 뚜렷하게 알 수 있다. 다시 말해 히무카 지방의 고분들에서는 5세기의 가야식 유물들이 집중적으로 나온다. 우선 5세기에 와서 이 지방에서 가야식 질그릇(도질토기)이 집중적으로 나오기 시작하는데 맨 먼저 가야에서 구워진 질그릇이 나오고 그다음 단계에서는 현지에서 생산된 한반도식 질그릇인 스에키가 나온다. 또한 징박이식 삼각판단갑이 출현하며 마구류와 가야에 연원을 둔 장식용 금귀걸이 등이 나온다. 즉 히무카 지방의 여러 고분들에서는 장식 달린 금귀걸이, 벽옥, 관옥, 유리알, 각종 거울, 횡신판 징박이단갑, 삼각판 징박이단갑, 차양 달린 투구, 철도, 검, 창, 철촉, 손도끼, 철부, 말재갈, 말안장, 등자, 행엽, 마탁, 심환령 등과 함께 참대빗, 철검, 철도, 철창, 도끼, 단갑, 투구, 금귀걸이, 장식 달린 귀걸이, 철판에 금동을 씌운 행엽, 운주, 띠고리, 은구슬, 금동 장식 자갈, 운주 등의 마구류와 장식품들이 나왔다. 이러한 유물의 대부분은 한반도 가야의 성격을 띤 한반도계 물건이다.

이와 같은 사실들은 5세기 초엽경에 규슈 동남부의 히무카 일대에 가야 세력이 진출하였다는 것을 보여준다. 그리고 거기에 진출한 가야의 한 갈래가 동쪽으로 이동하여 기내 가와치, 야마토 지방에 쳐들어가 왕권을 세웠다는 것이 신무동정일 것이다.

히무카 지방 일대에서 조선식 산성이 밝혀진 것은 아직 없다. 그러나 우사 탁선집에 의하면 야하타의 신이 히무카 일대에 내렸다고 하는 땅은 바로 카라구니 우즈미네 신사韓国宇豆峯神社가 있는 카라구니산 아래였다. 이곳에 카라구니성이 있다고 하는데 석성 히메노성으로 비정된다. 카라구니 우즈미네 신사의 사전社伝에 의하면 제신은 원래 카라구니다이묘진韓国大命神 카라구니상韓国様이었다가 지금은 스사노오의 아들인 이소다케루

五十猛命와 고토요리누시事代主命로 되어 있다고 한다. 모두 한반도 이주민의 신이다. 가야계 신에서 신라계 신으로 바뀌었다.

이상에서 서부 일본 규슈 지방의 한반도계 이주민 세력에 대하여 지명, 옛 기록, 고분, 산성 등으로 나누어 보았다.

[그림 72] 카라구니 우즈미네 신사

◆ 사이토바루 고분군 방문 후기 ◆

한마디로 감상을 얘기하자면 이 고분군과 우리나라 나주의 반남 고분군은 같은 처지라고 할 수 있다. 즉 분묘의 크기는 어마어마한데 피장자를 알 수도 없고 소속도 알 수 없다는 것이다. 역사에서 지워지거나 편집된 어떤 과거의 한때 강력했던 세력을 대변하는 고분일 것이다. 필자 개인적으로는 규슈의 동북부에서 번성하던 가야 이주민의 나라였던 도요국의 일파가 배를 타고 남쪽으로 내려오다 찾아낸 미야자키평야에서 번영하던 일족의 고분이라고 생각된다.

돌아가는 길에 휴가의 해안가에 신무천황이 동정을 떠난 항구라는 곳이 있어 잠시 들렀다. 오이타로 돌아오는 길도 다섯 시간이 걸렸다. 사흘간의 오이타 체재를 마무리하며 숙소 근처의 이자카야에서 회와 함께 규슈 명물 모쓰나베를 시켜 시원한 생맥주 한잔과 함께 저녁식사를 하였다.

• 벳푸別府

필자가 사흘 밤을 묵었던 오이타에는 우리나라 사람들에게 잘 알려진 벳푸온천이 있다. 이곳의 고대사를 간략하게 언급한다. 벳푸라는 좀 어색한 지명의 유래에 대하여 설명한다. 벳푸別府라는 지명의 유래는 이주민들의 개간지開墾地와 관련된다.

중세 들어 온 국토가 천황의 땅이라는 개념에서 벗어나 중앙 귀족들에게 새로운 땅을 개간하면 소유권을 주기 시작하면서 귀족들은 앞다투어 새로운 장원을 개간하기 시작하였다. 이때 장원의 개간에 참여한 사람들은 각 지방에 정착하기 시작한 후래今き, 이마키 이주민들이었다. 중앙의 혼조本荘와 구분해서 새로운 개척지에 만들어진 터전을 벳쇼別所라든가 벳푸別府, 가노우加納 등으로 불렀다.

• 벳푸의 역사

벳푸 온천은 8세기 초에 편찬된 이요국 풍토기伊予国風土記에 '신대의 옛날 스쿠나비코나少彦名命와 오오오쿠니누시大国主命, 대국주명의 두 신이 시코쿠 서북의 이요국을 방문했을 때, 스쿠나비코나가 병을 얻어서 졸도하자 한탄하며 슬퍼한 오오오쿠니누시가 분고수이도오豊後水道의 해저에 긴 파이프를 깔아 벳푸의 온천을 이요국의 도고道後온천에 날라 히코나비코나를 목욕시켜 병이 회복했다'고 적혀 있다. 분고 풍토기에도 이와 관련하여 적유천赤湯泉, 피의 연못 지옥 등의 기술이 있다. 한반도 이주민 집단의 두 리더이자 영웅인 스코나비코나와 오오오쿠니누시는 소위 소울 메이트soul mate였으니 비록 신화이기는 하지만, 그 애절함이 이해된다. 해저 파이프는 기발한 착상인데 두 지역을 해저로 연결하는 중앙 구조선을 상징하는지도 모르겠다.

3. 사가佐賀, 구마모토熊本

사가佐賀, 구마모토熊本 지역으로의 답사 여행이다. 아리아케有明사가佐賀 국제공항을 이용하였다.

사가 지역의 고분군과 신사, 야메八女시 고분군, 구마모토 고분군 그리고 일본 신화상 천손이 강림했다고 하는 다카치호高千穂 또는 다카아 마하라高天原에 들를 예정이다. 이 지역은 이토시마반도 및 후쿠오카 지역과 함께 한반도에서의 이주민이 최초로 들어선 곳으로 3~5세기의 이주민 유적이 산재한 곳이다. 시대는 크게 다르지만 사가시 북쪽에 바로 조선도공들이 일하던 아리타有田도 있다.

당초의 답사 계획은 다음과 같았다.

인천공항에서 출국하여 아리아케사가有明佐賀 국제공항国際空港에 도착한다.

사가에서 남쪽의 야메八女시와 다마나玉名시의 고분을 답사하면서 키쿠지菊池 평야를 통해 구마모토로 이동한다. 야메 고분군八女古墳群으로는 이와토야마岩戸山古墳, 마루야마쓰카 고분丸山塚古墳, 세키진산 고분石人山古墳과 도난잔 고분童男山古墳을 방문하고 시간이 되면 히로카와廣川 고분공원자료관古墳公園資料館을 방문한다.

다마나시玉名市에서는 에다후네야마 고분江田船山古墳 및 나고미정역사 자료관和水町歷史資料館을 방문하기로 했다. 시간이 되면 기쿠지菊池평야의 야마가山鹿시에 있는 구마모토시립장식 고분관熊本市立裝飾古墳館과 이와토바루 고분군岩原古墳群을 방문한 후 구마모토로 이동할 예정이다.

아소분지阿蘇分地를 지나 타카치호에 도착한 후 타카치호협 신사高千穂狹神社를 방문할 예정이나 우천 시는 산악 지대인 타카치호 일정을 피하여 기쿠지천 고분관菊池川古墳館 또는 야쓰시로八代 지역 등을 방문하기로 했다. 구마모토에서 사가로 돌아와 사가시佐賀市에 있는 후나쓰카 고분船塚古墳을 답사한 후 사가공항을 통해 귀국하기로 했다.

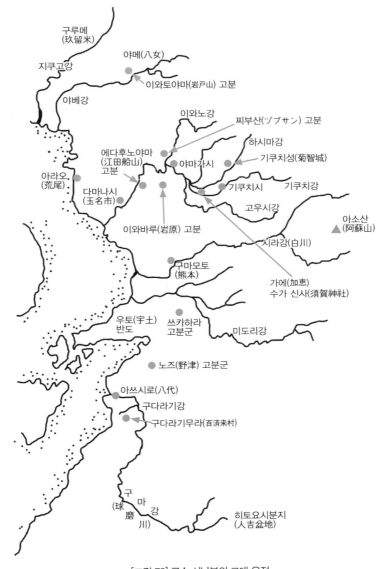

구루메
(玖留米)

야메(八女)

지쿠고강

이와토야마(岩戸山) 고분

야베강

이와노강

찌부산(ツブサン) 고분

하시마강

에다후노야마
(江田船山)
고분

야마가시

기쿠치성(菊智城)

아라오
(荒尾)

기쿠치시

기쿠치강

다마나시
(玉名市)

이와바루(岩原) 고분

고우시강

아소산
(阿蘇山)

시라강(白川)

구마모토
(熊本)

가에(加恵)
수가 신사(須賀神社)

우토(宇土)
반도

쓰카하라
고분군

미도리강

노즈(野津) 고분군

아쓰시로(八代)

구다라기강

구다라기무라(百済来村)

구
마
(球 강
磨 (川)
川)

히토요시분지
(人吉盆地)

[그림 73] 규슈 서남부의 고대 유적

❶ 야메 고분군八女古墳群

사가에서 출발하여 야메 고분군이 있는 동쪽의 야메시를 향하여 출발했다. 출근 시간이라 차들이 많아 생각보다 시간이 더 걸렸다.

이 고분군은 야메시八女市, 히로카와広川, 쓰쿠고筑後시에 있는 고분군古墳群이다. 주요 고분으로는 노리바 고분乘場古墳, 세키진야마 고분石人山古墳, 이와토야마 고분岩戸山古墳, 젠조우즈카 고분善蔵塚古墳, 고우카다니 고분丸化谷古墳, 마루야마쓰카 고분丸山塚古墳, 마류야마 고분丸山古墳, 차우스즈카 고분茶臼塚古墳, 도난잔 고분童男山古墳 등으로 야메구릉八女丘陵의 동서 십여km의 범위 내에 약 300기의 고분이 있다. 이와토야마岩戸山를 대표로 전방후원분 12기, 세케진야마石人山, 마루야마쓰카丸山塚를 대표로 장식 고분装飾古墳 5기가 있다. 이들의 축조 연대는 5세기에서 6세기 대로 추정된다.

이곳의 고분들은 일본 고대사의 주류에서 제외되어 역사적 진실이 제대로 밝혀지지 않은 고분들이 대부분이다.

① 노리바乘場 고분

차의 내비를 첫 번째 목표인 노리바 고분의 근처에 있는 목표물인 야메재활병원에 맞추었다. 막상 도착하고 보니 주변에서 고분을 찾을 수 없다. 마침 지나가는 동네 사람이 있어 물어보니 대답이 걸작이다. "온 동네가 다 고분입니다"라고 말한다. 구글 지도로 방향을 맞추어 가며 간신히 길가에 있는 노리바 고분을 찾아냈다.

노리바 고분乘場古墳은 전장 약 70m의 전방후원분으로 횡혈식 석실横穴式石室의 내부에는 적, 황, 청의 3색을 사용한 삼각문三角文과 동심원문同心円文 등의 무늬가 그려져 있다. 필자와 파트너로서는 처음 보는 규슈에 많이 있다는 소위 장식装飾 고분이었다. 필자가 가진 고분에 대한 의문 중 하나가 고분이 밑에서부터 성토된 것인지 원래 있던 언덕 위에 고분을 쓴 것인지였는데, 이 고분은 옆으로 길이 나면서 절개지가 노출되어 있어 밑에서부터 성토된 것을 확인할 수 있었다.

② **이와토야마**岩戸山 **고분**

이와토야마 역사 자료관岩戸山歷史資料館은 노리바 고분에서 가까운 곳에 있었다. 자료관에는 이 지역의 전체 고분들의 위치를 알려 주는 표시등이 들어오는 지도가 있었다. 실내에는 석인石人들이 많이 진열되어 있었는데 고분 답사를 하면서도 처음 보는 신기한 것들이었다.

자료관을 나오니 이와토야마 고분으로 가는 화살표가 보인다. 낮은 언덕 위에 있는 고분은 마치 작은 산 같았다. 고분을 돌아가니 고분의 뒤쪽에 쇠락한 신사가 있었다. 이와토야마 신사岩戸山神社다.

규슈 최대급의 전방후원분인 이와토야마 고분은 분구 길이 약 135m, 높이 약 17m로 고분의 동북부에는 제사를 행한 광장도 있다. '쓰쿠고국풍토기筑後□風土記'의 기록에 따르면 이 고분은 쓰쿠시筑紫의 호족 이와이磐井의 묘로서 축조는 6세기 전반대로 알려지고 있다. 실제 연대가 알려진 중요 고분이다. 고분에서는 석인石人, 석마石馬와 하니와埴輪 등도 다수 출토되어 쓰쿠시기미 일족筑紫君一族의 영화를 보여준다. 출토품은 이와토야마 역사자료관岩戸山歷史資料館에 전시되어 있다.

이와토야마岩戸山 고분은 고대 규슈와 한반도의 관계에 관련된 중요한 역사적 의미가 있어 보인다. 이제 소개하는 이와이의 난이라는, 이 지역에 있어서 매우 중요한 역사적 사건을 음미해 보면 많은 생각이 들게 된다.

2 이와이의 난磐井の乱

이와이의 난磐井の乱은 527년에 '한반도 남부에 출병하려고 한' 야마토 왕권군의 진군을 쓰쿠시군 이와이가 막자 다음 해인 528년 11월, 왕권군에 의해 진압된 반란, 또는 왕권 간의 전쟁으로 설명되고 있다. 이 반란 혹은 전쟁의 배경으로는, 한반도 남부의 이권을 둘러싸고 야마토 왕권과 친신라 세력이었던 규슈 호족과의 주도권 다툼이 있었다고 일본에서는 해석한다. '이와이의 난'에 관한 문헌 사료는 『일본서기』에 한정되어 있지만 『쓰쿠고국 풍토기筑後国風土記』에도 간단한 기록이 남아 있다. 『일본서기』의 기술은 상당히 윤색되고 있어 그 모두를 역사적 사실이라고 보는 것을 의문시하는 일본 연구자도 있다.

『일본서기』의 기록에 의하면 527년 야마토 정권은 6만의 군사를 이끌고 신라에 빼앗긴 가야 남부를 수복하기 위해 임나를 향해 출발했다고 한다. 이 계획을 보고받은 신라는 치쿠시筑紫, 규슈 중북부의 실권자이던 이와이에게 재물과 사자를 보내 야마토군의 진군을 방해해 달라고 부탁했다. 이와이는 이에 거병하여 히노국肥國, 규슈 중부 및 도요노국豊國, 규슈 동북부을 제압함과 동시에 왜국과 한반도를 잇는 해상로를 봉쇄하여 무역선을 막고 보급선단의 진로를 막은 후 야마토군의 진군을 방해한 후 전투를 걸었다. 이때 이와이는 야마토군 대장에게 "너는 한솥밥을 먹던 옛 동료다. 너의 지시에 따르지 않겠다"라고 말했다고 한다. 이 말에도 무엇인가 여운이 있다. 아마 당시 야마토군에 복무하고 있던 야마토군 대장이 이와이와 같은 지역이나 가문 출신인지도 모르겠다. 야마토군 대장 오미노케나近江毛野의 '케나'는 신라계 성씨다.

야마토 정권에서는 이에 진압군을 파견하기로 결정하여 제26대 케이타이繼體천황재위 507~531년은 이와이의 반란을 진압할 것을 명령했다. 528년 11월 이와이군과 야마토 정벌군이 드디어 교전하여 격렬한 전투 끝에 야마토군이 승리했다고 한다.

『일본서기』에서는 이와이가 참수되었다고 적고 있으나『치쿠고 풍토기』에서는 이와이가 산속으로 달아나 도망 중에 사망했다고 적고 있다. 12월에 이와이의 아들인 치쿠시기미쿠즈코筑紫君葛子가 영토를 야마토 정권에게 헌상함으로써 목숨을 부지했다고 한다. 반란 평정 후, 야마토 정권倭國은 신라와 영토 교섭을 실시했다고 한다. 또『국조본기國朝本記』에도 이와이와 신라와의 관계를 기술하고 있다.

사카모토 타로坂本太郎 같은 학자들은『일본서기』가 후에 쓰여 각색된 이상, 이와이의 반란은 국지전에 지나지 않으며 야마토 정권의 임나일본부 및 조선 출병은 그 근거가 희박하다고 주장했다. 이와이의 난은 야마토 조정과 지방 정권의 대립으로 인해 발생했다고 보는 편이 현재 대세이다.

3 쓰쿠시노키미 이와이筑紫君磐井

6세기 들어서 전성기를 맞기 시작한 신라는 가야 일대로 확장세를 펼치기 시작했다. 그 시작은 황산강낙동강 중류의 곡창 지대를 기반으로 큰 세력을 갖고 있었던 대가야경북 고령 이뇌왕과의 결혼 동맹522년이었는데, 신라가 대가야를 교두보로 삼아 황산강 서쪽으로 넘어오는 것을 경계한 탁순경남 창원과 현 경남 함안 등 황산강 하류의 가야 세력권이 신라와 대가야의 결혼 동맹에 반대했다.

이들의 노력이 결실을 맺었던 건지, 신라와 대가야의 결혼 동맹이 525년, 527년 등 여러 차례 결렬의 위기를 맞게 되자 신라의 법흥왕은 결혼 동맹을 통한 확장 노선을 포기하고 경남 동부 일대로 대대적 공세에 나서게 되었는데, 이 시점에서 이미 탁기탄啄己呑과 남가라 등이 신라의 부용국 수준으로 전락한 듯하다.

케이타이 21년527년 기사에 따르면, 이러한 신라의 대공세에 위기를 느낀 안라국이 왜국야마토 정권에 구원을 요청하게 되고, 신라로부터 경남 동부 일대의 세력권을 되찾아오도록 임라 혹은 안라에 파견되었다는 인물이 주인공인 야마토의 오미노케나近江毛野다.

하지만 오미노케나가 이끄는 원정 임무는 순탄하지 않았는데 아마도 백제-가야-야마토의 동맹에 맞서서 신라와 동맹 관계에 있었던 것으로 추정되는 쓰쿠시노키미 이와이筑紫君磐井가 원정대를 막아섰기 때문이다이와이의 난, 527년~528년. 이와이가 세력을 가지고 있던 쓰쿠시노쿠니筑紫國는 규슈 동북부 후쿠오카현 일대를 의미하는데, 쓰쿠시쪽에서 자신의 세력권인 하카타 항구 일대를 막아버리자 가야 캠페인 자체가 출구도 없이 중단됐다.

오미노케나가 데려온 원정군으로는 해협을 뚫지 못했고, 전쟁의 규모도 쓰쿠시 정권신라 규슈 세력권과 야마토 정권백제 간사이 세력권이 일본 열도의 패권을 둘러싸고 벌인 전쟁 수준으로 번져나가게 된다. 가야로 향하는 뱃길은 이듬해 528년 쓰쿠시노쿠니가 완전히 평정되고 나서야 열렸고, 다시 이듬해인 529년이 되어서야 오미노케나는 안라국으로 상륙하는 데 성공, 신라와 교섭을 시작했다.

하지만 오미노케나가 안라_{혹은 안라의 친구였던 탁순국}에 머물던 시절, 쓰쿠시를 뚫고 오느라 사병과 군량의 손실이 너무 커서 압박을 많이 받은 건지 오만방자한 행동을 함으로써 현지 가야인들의 반감을 사게 된다.

예를 들면 왜인과 가야인 사이에서 태어난 아이들_{韓子, 가라코}의 친자 확인 소송_{認知訴訟}의 판관을 맡았을 때, 『일본서기』 초반부에 종종 나오는 끓는물 테스트로 가야인 기비노카라코나타리_{吉備韓子那多利}와 시후리_{斯布利}를 비롯한 수많은 사람을 죽음으로 내몰았다고 한다. 오미노케나의 폭정에 견디다 못한 가야인들은 케나_{毛野臣}를 왜국에 데려가라고 요청하고, 야마토 정권 측에서도 사태가 심상치 않음을 깨닫고 귀국을 명하지만 오미노케나는 소환 명령을 무시하고 가야땅에 눌러앉아 계속 횡포를 부렸다고 한다. 오미노케나가 자기네 나라 소환장도 못 본 체하자 탁순국의 왕 아리사등_{阿利斯等}은 백제와 신라에 각각 사신을 보내 오미노케나를 쫓아내 달라고 요청하게 된다.

백제의 성왕은 탁순국의 요청을 좋은 핑계로 본 건지 출병해서 오미노케나를 공격해 내쫓은 뒤, 그가 머물던 거성에 구례모라성_{久禮牟羅城: 칠원 일대로 추정}을 쌓아 탁순국을 반쯤 부용국으로 만들어버렸다. 개선길에 가야의 성 다섯 개를 더 빼앗았다.

한편 신라는 오미노케나와 경남 동부를 둘러싼 외교 협상이 꼬여 가던 중이었다. 신라 쪽에서 사신으로 거칠부를 보냈지만, 오미노케나 쪽에서 거칠부의 신분이 낮다는 이유로 쫓아내는 등 생떼를 부렸다.

상대 측의 억지에 협상 의욕을 잃고 교섭의 결과물도 지지부진하던 차에, 마침 탁순국에서 구원병 요청이 오자 좋은 핑계로 본 건지 신라는 태도를 돌변, 하슬라 군주 이사부를 파견해서 탁순국 웅천_{熊川}에서 오미노케나의 군대를 격퇴해 일본 열도로 쫓아버리고 개선길에 황산강 하구에서 가야 4개국을 추가로 점령했다.

패퇴 후 왜국으로 돌아가던 오미노케나는 쓰시마_{對馬國}에서 병사하고, 사후에 고향으로 운구되어 묻혔다.

역사의 기록처럼 금관가야는 532년 신라에 의해 멸망한다.

4 이와이磐井의 묘와 신사

이와토야마岩戸山 신사는 도래인으로 규슈 최대 호족인 이와이를 모시는 신사다. 6세기 이 지역의 호족이었던 치쿠시기미이와이筑紫君磐井의 능인 이와토야마 고분岩戸山古墳에 그를 제신으로 받드는 이와토야마 신사岩戸山神社가 있다. 북규슈 최대 규모인 이와토야마 고분은 전방후원분前方後圓墳이나 이 고분에서 멀지 않은 곳에 있는 다치야마야마 고분立山山古墳은 한반도식인 횡혈식 석실横穴石室인 데다 더욱이 8호와 13호 고분에서 한반도에서 전래된 것으로 확인된 금제수식金製垂飾 귀걸이를 비롯하여 말, 산돼지, 사람 등의 토용土俑이 다량 출토되어 많은 일본 고고학자들은 이 일대 고분의 피장자被葬者들이 신라 또는 가야인의 후예로 보고 있다.

역사학자 스기야마 히로시杉山洋씨는 그의 이와토야마 이야기에서 '이와이가 출생한 치쿠시노筑紫野시에 세워진鎭坐 이와이 가문의 치쿠시 신사의 제신인 시라히와케白日別가 바로 한반도의 신이기 때문에 그의 조상이 한반도 도래인임이 확실하다'고 단정하고 있다. 시라와 신라는 발음이 유사하다. 에도 시대의 주자학자였던 아라이 하쿠세키新井白石도 그의 '고사통혹문古史通或問'에서 고대어인 시라히와케白日別의 '白시라'은 일본어의 '시라新羅'와 같은 말로 '신라'를, 그리고 '히日'는 신라인의 일신日神 즉 태양신이며, 따라서 시라히와케白日別은 '신라에서 분파된 방계傍系'라는 의미이기 때문에 한신韓神을 일컫는 것이라고 설명하고 있다.

『일본서기』는 치쿠시기미 이와이가 6세기 초 야마토 조정으로부터 독립할 계획을 세우고 신라와 연합군을 편성, 당시 신라 침공을 위해 출병한 야마토 조정군에 저항하며 반란을 일으킨 '이와이 난磐井亂'의 주동자로 기록하고 있으나 『치쿠시 풍토기筑紫風土記』는 이와이는 규슈 지배를 목적으로 침략한 야마토 조정의 선제 공격에 대응해 '대의의 저항'을 주도했던 지도자였다고 정반대로 기록하고 있다.

스기야마다杉山洋씨도 이와토야마 이야기에서 '이와이 난'은 국가 통일을 위한 토지 확대의 목적으로 황실 직할령인 둔창제屯倉制를 북규슈로까지 확대하려는 야마토 정부의 정책에 대한 자기 방어를 위한 싸움이었으며, 이와이가 이 저항에서 패했기 때문에 북규슈 호족 연합체도 붕괴되었다고 주장하고 있다.

산 같은 그의 고분 정상에 대신궁구적大神宮舊跡이라고 새겨진 비석이 돌기둥 울타리 안에 서 있고 20여m 떨어진 곳에 빛바랜 작은 사당이 비석을 마주 보고 있다. 고분 산자락 아래쪽에는 그를 받드는 이와토야마 신사가 있다.

'이와이磐井의 묘와 신사' 부분은 『시대정신2010년 봄호』에 실린 권태명 씨의 글을 부분적으로 인용하였다.

⑤ 도난잔童男山 고분

주변에 있는 많은 고분들을 다 방문할 수가 없어 이와토야마 고분에서 출발하여 동쪽의 산 쪽으로 차로 20분 정도 떨어져 있는 도난잔 고분을 방문하며 야메 고분군의 방문을 마치기로 했다.

도난잔 고분군童男山古墳群은 횡혈식 석실분으로 특히 언덕 위에 자리 잡고 있는 1호분은 규모가 크고 대형 석실과 바위로 만든 집 모양의 형태를 볼 수 있었다. 규모는 석실 안으로 사람이 서서 걸어 들어갈 수 있을 정도로 크다. 주변에서는 여러 고분들을 확인할 수 있었다. 이 근처를 지나는 규슈 올레길을 돌고 있는 고분에 대해서는 생소한 한국인 부부를 우연히 만나 이곳 고분에 대해 간단한 설명을 드렸다.

⑥ 에다후나야마 고분江田船山古墳

야메시를 뒤로하고 남쪽의 다마나玉名시로 향한다. 중간에 규슈자동차도로高速道路를 이용하기 때문에 이동에는 한 시간 정도 걸렸다. 자동차도로를 빠져나와 해안 쪽으로 향하다 보니 낮은 언덕이 나오고 고분 공원으로 가는 이정표가 보인다. 마침 날씨도 좋은 데다 작은 언덕같이 생긴 고분들 사이에 넓은 잔디밭이 조성되어 있고 큰 나무들이 서 있어 영락없이 공원이다. 잔디밭에 자리를 깔고 바람 쐬러 나온 가족들이 평화스러워 보인다. 우선 강쪽으로 조성되어 있는 히후민가촌肥後民家村을 둘러보고 입구 건물에 붙어 있는 노인 부부가 운영하는 소바집에서 소바를 먹었다.

다마나군 나고미정 에다玉名郡 和水町 江田에 있는 세이바루 고분군淸原古墳群에는 에다후나야마 고분江田船山古墳, 쓰카호우즈 고분塚坊主古墳, 코쿠조쓰카 고분虛空藏塚古墳 등 3기의 전방후원분前方後圓墳과 원분圓墳인 쿄즈카 고분京塚古墳이 있다.

처음에는 에다후나야마 고분을 찾지 못하였는데 나중에 알고 보니 동네 아이들이 뒷동산에서 놀듯이 고분 위에서 놀고 있어 알아보지 못한 것이었다. 코쿠조쓰카 고분虛空藏塚古墳 위로는 큰 나무가 자라고 있었고 쿄즈카 고분京塚古墳은 원분이었다. 부근은 '히고肥後 고대의 숲古代の森'으로 불리는 기쿠스이지구 공원菊水地区公園이다.

[그림 74] 에다후나야마 고분

쓰카호우즈 고분塚坊主古墳 근처에 집 모양家型의 세이바루석관淸水原石棺이 놓여 있다. 쿄즈카 고분京塚古墳 부근에서 석인石人이 출토되었고 구모모토현에서 출토된 석인, 석마石馬의 복제품이 전시되어 있다.

① 에다후나야마 고분江田船山古墳 발굴과 출토 유물

후쿠오카福岡에서 구마모토熊本로 가는 길목인 다마나玉名시에 있는 에다후나야마 고분江田船山古墳은 전방후원분前方後圓墳이다. 이 지방의 에다천江田川이 강의 본류인 기쿠지천菊池川에 합류하는 부근의 남쪽 넓은 대지 위에 여러 개의 고분과 함께 있다. 이 고분에서는 귀중한 유물이 많이 나왔다. 지금부터 150년 전인 1873년에 토지 주인의 꿈에 후나야마 꼭대기를 파 보라는 계시를 받고 발굴했다는 이야기가 전해진다.

발굴 과정에서 의심이 가는 부분은 발굴 즉시 유물에 대한 보고가 나오지 않은 점이다. 메이지明治 시대 후반에야 연구 보고가 나오기 시작했다. 이 같은 예는 이소노카미신궁石上神宮의 칠지도七支刀 발굴 및 일본에 의한 광개토대왕비 발견 시에도 있었다. 군국軍國 일본이 온 신경을 써서 장시간 조사 및 재답사를 할 만큼 귀중한 유적으로 간주되었던 것이다. 후나야마 고분에서는 은상감銀象嵌의 말 그림이 있는 철제칼이 발굴됐다. 그리고 당시 세간에는 '야마다이邪馬台國의 여왕 히미코卑彌呼의 묘'일 가능성이 높다는 이야기도 나왔다.

이 고분의 크기는 전장 46m, 높이 7.9m로 현재 남아 있는 것보다는 훨씬 규모가 컸다. 고분에서는 집 모양의 석관이 나왔다. 화산석 아소阿蘇 용암재를 쪼개 만든 조합식 관뚜껑이 있고, 석관 안은 단청이 되어 있었다고 한다. 석관 내부의 길이는 2.2m, 폭 1.1m, 천장 높이가 1.45m이다. 관뚜껑은 좌우로 열 수 있게 되어 있다.

뒤늦게 밝혀진 이 고분 출토 유물은 모두 92건이었다. 대표적인 것은 청동거울 6개, 구슬 7개, 관옥管玉 14개, 유리옥 90여 개, 갑옷短甲 등 3벌, 칼 7개, 창신 4개, 철촉금동 제관모 1개, 금동제관 3개분, 금동제 신발, 말재갈 2조, 금귀걸이 2쌍, 금팔찌 1쌍, 도자기잔 1조 등 이었다. 금동 제관모와 금동 제관 등의 유물과 함께 출토된 청동거울과 철제칼에는 글자가 새겨져 있었다. 대단한 발굴 및 발견임이 분명하지만 군국軍國 일본이 이런 사실을 즉각 공표하지 않고 장시간에 걸친 학자들의 연구 후에 내놓은 것이다. 필자의 짐작으로는 출토된 유물들이 다음에 설명하는 것처럼 한반도 유물과 닮은 것이 너무 많았기 때문이었을 것이다.

청동거울은 우리나라 공주公州의 무령武寧왕릉에서 출토된 것과 비슷한 것들이다. 이 거울이 후쿠오카福岡 등 한반도에서 이주한 개척자들이 상륙한 지점을 따라 분포되어 있는 것도 관심거리이다. 그런가 하면 아름답기 그지없는 금귀걸이는 우리나라 삼국 시대 초기의 가야 지역에서 출토된 것들과 꼭 같다. 일본학자들은 고분 출토 유물 가운데 자랑할 만한 것으로 이들 금귀걸이를 들고 있다. 세공 기술이 더할 수 없이 정교하고 아름답다는 것이다. 색유리의 구슬은 상감까지 들어 있다.

금동 신발은 전면에 거북껍데기 무늬를 연속으로 눌러 찍고 그 사이에는 금줄로 보요와 유리구슬을 달았다. 밑바닥에는 운동선수의 스파이크처럼 4개의 침이 있다. 이 금동 신발은 의례용으로 보인다. 금동관은 모두 3개가 나왔다. 하나는 관모로 용과 화염상 무늬가 투조透彫되어 있고 뒷면에는 사행상반구형蛇行狀半球形의 장식 금구金具가 붙어 있다. 다른 두 개는 천관天冠으로 하나에는 보요가 여러 개 달려 있고 머리띠 무늬에 마름모 모양의 무늬를 연속해서 눌러 찍었다. 이들 금신발이나 금관은 우리나라 공주 무령왕릉이나 익산益山 입점리笠店里 고분에서 나온 유물과 크기만 다를 뿐 모양은 꼭 같다.

이 고분에서는 또 14개의 큰 칼이 나왔는데 이 가운데 은상감으로 글자를 새겨 넣은 칼이 발견됐다. 은상감 대도는 손잡이가 없으나 길이는 85cm나 된다. 12개의 국화 무늬와 말이 상감되어 있고 칼을 만든 사람刀工의 이름, 글을 쓴 이의 이름까지 새겨져 있는 명품이다. 이 칼에 대해 일본 교토대학 사학자 후쿠야마 도시오福山敏男 교수는 다음과 같이 말한다.

"서치대왕瑞齒大王 때 아구牙口라는 사람이 8월 중순께 4자 정도의 대도大刀를 수십 번 두들겨서 좋은 칼을 만들게 했다. 이 칼을 차는 자는 자손 대대로 그 은혜를 입을 것이다. 칼을 만든 도공은 이태가伊太加, 글자를 쓴 이는 장안張安이다"

은상감한 칼의 명문이다.

治天下獲○○○齒大王世奉爲典曹人名无利工 八月中用大鑄釜并不尺迂刀八十 練六十振 三寸上好○刀服此刀者長壽子係洋洋得 三恩也不失其所統作刀者名伊太 於背者張安也

이 글은 일본에서 가장 오래된 금석문金石文으로 교과서에 소개되어 있다. 이 칼이 제작된 연대는 5세기 전반으로 보고 있다. 그런데 다른 명문은 잘 보이나 결정적인 부분은 X선으로도 판독이 어렵다. 일부러 글자를 마모시켰다고 의심을 받는 이소노가미신궁石上神宮의 칠지도七支刀나 광개토대왕비와도 같은 현상이 이 고분에서 출토된 은상감 칼에서도 나타난다.

② **출토 유물에 관한 제설**고구려, 백제, 가야 유물 시비

이 고분의 출토 유물을 놓고 한국과 일본의 학자들은 여러 가지 견해를 내었다. 동국대 일본학연구소장 김사엽金思燁 교수는 이들 유물을 고구려 제품으로 보고 있다. 김 교수는 당시 열도의 기술로는 이만한 상감 기술이 없었다고 지적하고, 당시 기쿠지菊池川 주변은 고구려계 도래인의 영역으로 본국에서 기술자들을 보내 부족한 물자를 조달하고 있었는데 그 지휘자인 고관이 죽자 고분을 만들어 장사 지낸 것이라고 가정하고 있는 것이다. 고분의 주인도 고구려인이요, 칼을 만든 사람들도 고구려인이라고 추정한다.

김석형金錫亨 씨는 '백제의 개로왕蓋鹵王이 신하였던 왜왕에게 하사한 것'으로 보고 있다.

한편 일본학자 나오키 고지로直木孝次郞는 "이 고분이 한국 도래의 화려한 부장품을 다량 출토시켰다"라고 지적하고 "금색 찬란한 장신구는 한국 공주의 무령왕릉에서도 출토되었으나 오히려 신라 고분에서 더 많이 나왔다"라고 상기시켰다. 따라서 이 고분의 호족은 야마토大和정권에 따르면서 동시에 한반도 남부 특히 신라와도 밀접한 관계가 있던 인물로 추정된다는 것이다. 이 일본학자는 또 명문에 나오는 이태가旡太加는 일본인, 장안張安은 한반도의 이름으로 추정하고 있다.

반면 서울대 최몽룡崔夢龍 교수고고학는 출토 유물 중 뚜껑 있는 합有蓋盒은 전남 담양 제월리 백제식 고분의 출토품과 매우 가깝다고 보고 있다. 그러나 일본학자 오토마즈 시게타카乙益重隆는 이들 토기도 마구와 함께 가야의 것으로 보고 있어 보는 이들마다 조금씩 견해가 다르다.

어떻든 고구려, 백제는 부여계를 바탕으로 하는 형제 국가이고, 가야는 백제의 영향을 크게 받고 있어 한반도에서의 이주민들이 가져간 유물일 가능성은 부인할 수 없을 것이다. 특히 비전문가들의 눈으로 도후나야마 고분에서 출토된 유물들이 고대 한반도에서 건너갔거나, 열도로 이주한 사람들이 만든 것임을 의심할 수 없을 정도로 우리 것과 닮았음을 실감할 것이다. 이들 유물은 일본 국보로 지정되어 실물은 도쿄박물관에 있다. 이곳에 있는 것은 모두 같은 모양으로 만든 모조품이다.

③ 에다후나야마 고분과 히미코卑弥呼

한편 에다후네야마 고분이 야마타이국의 여왕이었던 히미코의 고분이라고 주장하는 일본의 아라키 노부미치荒木 信道의 저술인 『히미코의 능묘, 에다후네야마 고분의 진실卑弥呼의 陵墓 江田船山古墳의 真実』이라는 책도 있다.

필자의 경험에 의하면 일본인 연구자들은 무엇인가 자기들이 이해하기 힘든 중요한 고분이나 유물을 발견하면 히미코를 인용하는 경우가 많다. 그렇지만 히미코는 가야 출신의 공주로 알려져 있기도 하다.

7 이와바루 고분군岩原古墳群

후나야마 고분船山古墳에서 구마모토 장식 고분관熊本県 立装飾古墳館까지는 그리 멀지 않았다. 이 고분관은 이와바루 고분군岩原古墳群이 발견되고 나서 그 주변에 세워진 것이다. 고분관 안에는 구마모토 지역에 있는 유명한 장식 고분들의 복제품을 실물 크기로 설치해 놓았다. 특이한 점은 고분관의 한 벽면을 광개토대왕비에 새겨진 비문으로 채워 놓았다는 점이었다.

구마모토현 야마가山鹿시 가오마치에 있는 고분군으로 기쿠치강 유역 좌안의 이와하라 대지에 소재한다. 쌍자총双子塚古墳, 후타고쓰카 고분을 중심으로 원분 8기로 이루어진, 고분 시대 중기에서 후기에 걸친 고분군으로 구마모토현을 대표하는 고분군의 하나이다. 쌍자총은 전방후원분으로, 주축의 길이 약 107m, 높이 약 9m로 전방부 전면에 쌓은돌葺石이 있고 3단의 호濠의 흔적도 남아 있다. 후에 가옥

[그림 75] 이와바루 고분군

형 석관이 노출된 간바라寒原 2호분이 쌍자총 고분의 남쪽 약 150m에서 발견되었는데 직경 십여m의 원분이다. 그 후에도 7기의 원분이 연속적으로 확인되었다. '이와바루 고분'은 주분인 쌍자총의 별칭으로 고분군의 일각에 구마모토현립 장식 고분관이 세워져 있다.

8 장식 고분 裝飾, 쇼쇼쿠, 古墳

장식 고분은 일본의 고분 가운데 내부의 벽이나 석관에 부조, 선각, 채색 등의 장식이 있는 고분의 총칭이다. 대부분이 규슈 지방, 특히 구마모토현에 집중되어 있다. 구마모토현 야마가시에 있는 찌푸산 고분 チフサン古墳이 제일 유명하다. 장식 고분은 일본 전국에 660기 정도 있으며 그 반수 이상인 약 340기가 규슈 지방에 있다.

고분 시대 초기에는 석관의 측면이나 뚜껑 위에, 중기에는 집 모양 석관의 뚜껑 및 관의 안쪽이나 외측, 또 상자형 석관에도 적용되었고, 5세기 전반경에는 횡혈식 석실에도 조각이나 채색의 방법으로 장식이 되고 석실 내 전체까지 장식되기도 했다.

장식 방법은 부조, 선각, 채색의 세 가지 수법이 있으나 부조나 선각에 채색을 하는 병용 수법도 있다. 초기의 장식 수법은 조각이 주류이며, 선각은 일부이고 부조가 많다. 초기의 채색은 빨간색 안료뿐이다. 5세기경에는 조각된 것에 빨간색 이외의 색이 사용된다. 6세기에는 부조를 기조로 하는 조각이 없어지고, 기본적으로는 채색만으로 무늬가 그려지고, 석실벽 전체에 도안이 그려지게 된다. 7세기 말로부터 8세기 초기의 나라현 다카마쓰즈카 고분이나 기토라 고분은 장식 고분과는 계통을 달리하는 '벽화 고분'으로 분류한다.

장식 고분에 그려진 무늬에는 기하학적 추상적인 직호문, 고사리 손문양, 열쇠고리문, 원문, 동심원 문양, 연속삼각문, 마름모문, 쌍각바퀴문, 구획문 등이 있지만 무엇을 나타내고 있는 것인지 알 수 없는 문양들이다. 구체적인 도안으로는 방패, 허리에 차는 화살통, 갑주·칼·배 등의 무기, 무구, 기타의 기물이나 인물, 말, 새, 두꺼비, 주작 등이다. 인물이나 조수 등은 한반도 문화의 영향을 받았다.

필자가 야외에 있는 고분들을 둘러보는 사이에 파트너가 구마모토현립 장식 고분 박물관의 학예관을 인터뷰한 바로는 장식 고분을 대륙_{한반도}의 영향으로 추정하고 있다고 한다. 광개토대왕비의 비문이 고분관의 벽에 설치되어 있는 이유도 이해가 되었다.

⑨ 찌푸산 고분 チブサン古墳

장식 고분 중 가장 유명하다는 찌푸산 고분을 방문하였다. 야마가_{山鹿}시 사이후쿠사_{西福寺}에 있는 장식 고분_{装飾古墳}으로 주호_{周濠}가 있고 주축이 전장 55m인 전방후원분_{前方後円墳}이다.

고분 내로 들어가는 통로는 후원부의 남측에 있는데 전실과 후실의 복수의 횡혈식 석실_{横穴式石室}로 되어 있다. 후실의 안쪽에 남측이 개방된 응회암제_{凝灰岩製}의 돌로 만든 집 모양형의 관_{石屋形}이 있다. 돌집 모양 관의 내벽석과 천정 전면에 장식 문양_{装飾文様}이 묘사되어 있다. 내벽석의 상단에는 흰색의 원 문양_{円文様} 7개, 하단에는 관을 쓰고 양수와 양족을 벌린 인물상과 그 오른쪽에는 삼각 문양_{三角文様}이 흰색으로 칠해져 있고 다른 부분은 적색으로 칠해져 있다. 정면의 측벽석에는 삼각 문양과 능형 문양_{菱形文様}을 중심으로 정면 중앙에 원문양_{円文様}을 묘사하여 적, 백, 흑의 세 가지 색으로 나뉘어 칠해져 있다.

정면의 측벽석 중앙에 묘사되어 있는 장식의 문양이 '여성의 유방_{女性의 乳房, 일본말로 찌푸산}'과 닮아 '유방의 신_{乳房의 神}'으로 신앙의 대상이 되어 있다. 이 고분은 에도 시대부터 개방된 까닭에 부장품 등은 남아 있지 않다.

[그림 76] 찌푸산 고분 석실 내부

찌푸산 고분을 보기 위해 야마가山鹿시립박물관에 도착한 것이 오후 3시30분경
이었다. 박물관 관람보다는 고분을 직접 보고 싶다고 말하니 직원의 말이 "고분
은 하루 두 차례 오전 10시와 오후 2시에 예약제로밖에 안내하지 않는다"고 한
다. 한국에서 왔다고 하니 잠시 기다리라고 하더니 책임자와 이야기가 되었는지
특별히 여자 학예사 한 분이 안내해 주겠다고 한다. 고분 입장료로 1인당 100엔
을 내고 좁은 산길을 자동차로 5~6분가량 학예사가 모는 차를 뒤따라가니 찌푸
산 고분 앞에 도착한다. 밖에 진열된 모조품을 보여주며 30분 이상 정성을 다해
지루할 정도로 자세하게 고분의 장식 문양에 대해 열정적으로 설명해 준다.

드디어 고분 안으로 들어가는 순서다. 고분 입구에는 육중한 철문에 자물쇠가
채워져 있다. 철문을 열고 우선 통로를 밝히는 전깃불을 켠 후 겨우 혼자만 걸을
수 있을 정도의 좁고 컴컴한 계단을 내려가니 다시 철문이 있고 여기를 지나니
가파른 오르막 계단이다. 학예사의 프레시 불빛에 의지한 채 올라간다. 학예사
가 맨 뒤에서 프레시를 비쳐 주며 한 계단 한 계단 올라가 마지막 세 번째 철문
을 열고는 한 사람씩 웅크리고 머리를 숙인 채 석실의 축축한 고분 유리문 앞까
지 손바닥을 짚어가며 올라가 필자와 파트너 두 사람이 쪼그리고 앉아 유리벽
너머에 있는 장식 그림을 본다. 음침하고 축축하여 모골이 송연해지는 듯한 느
낌이었고 학예사의 안내가 없었다면 절대로 들어갈 용기가 나지 않았을 것이라
는 생각이 들었다. 여기에 갇히면 죽을 수도 있겠다는 생각도 언뜻 스쳐 갔다.
유리벽에 습기가 차 유리막이 너머에 있는 장식 문양이 잘 보이지는 않았다. 실

물을 보았다는 감동이 무서움을 잊게 할 정도로 잊지 못할 경험이다.

학예관이 안내를 마치고 떠나면서 찌푸산 고분 주위를 둘러본 후 고분 주변 지역을 걸어다녀 보라고 한다. 이 고분의 주변 지역은 또 다른 '히고 고대의 숲肥後古代の森'이라 하여 고대 분묘의 유적이 무수히 펼쳐져 있었다.

🔟 구마모토성熊本城

답사 여행의 3일째 되는 날은 아침부터 주룩주룩 비가 내렸다. 아소산 너머의 산간에 있는 다카치오 지역의 방문은 위험하다고 판단하여 다음을 기약하기로 했다. 전날 충분히 많은 고분들을 답사하였고 우천에 고분을 방문하는 게 사실상 어려워 시내의 유명 관광지를 방문하기로 계획을 변경하였다.

일본 3대 명성名城의 하나로 꼽히는 구마모토성은 가토 기요마사加藤清正에 의해 1607년에 완성되었다. 주위 5.3km의 성내에 백여 개의 우물을 팠고, 성루, 성루문, 성문 등의 건조물이 수십 개씩 있었으나 1877년 세이난西南전쟁으로 많은 건물이 소실되었다.

서남西南전쟁은 현재의 구마모토현, 미야자키현, 오이타현, 가고시마현을 근거지로 하여 사이고 다카모리西郷隆盛를 맹주로 해서 일어난 사족士族. 에도 시대의 무사와 귀족 계급으로 메이지유신 후에 특권이 줄어든 계급에 의한 무력 반란이다. 메이지 초기에 일어난 일련의 사족 반란 중에서 최대 규모였다.

보통의 경우는 성을 방문해도 천수각은 잘 올라가지 않는데 그날은 시간 여유가 있어 상층부까지 올라가 보았다. 천수각은 평상시에는 비어 있다가 전란 시에만 사용되는 건물이라는 설명을 들었다. 또한 다이묘와 그의 가족들은 성 근처에 생활하는 집이 따로 있다는 것도 알게 되었다. 현재의 천수각은 1960년에 재건된 것이라고 한다. 특이한 경사와 견고함으로 알려져 있는 구마모토성의 성벽은 '무샤가에시武者返し. 난공불락의 성벽이라는 의미'로 불리고 있다. 그러나 든든하다는 이 성벽과 천수각의 일부도 방문하고 일주일 후에 발생한 대규모 지진으로 일부가 붕괴되었다.

Ⅱ 후나쓰까 고분 船塚古墳

여행 마지막 날 사가시로 돌아와 방문한 고분이다. 사가시 야마토정大和町에 있는 전방후원분으로 사가현에서는 최대 규모의 고분이며 5세기 중엽古墳 時代 中期에 축조된 것으로 추정된다. 사가시 북부의 표고 35m의 평지상에 축조된 고분이다. 고분은 후원부가 북을 향해 있고 주축은 남북의 방향을 향해 있다. 흙은 3단으로 구축되어 분 위에 쌓은돌葺石이 확인된다. 후원부의 정상에서 집 모양의 하니와가 출토되었다. 고분의 주위에는 폭 12m에서 18m의 해자周濠가 조성되어 있다. 또 고분의 북측에는 7기의 부총陪塚이 있다. 일본의 고분은 고분 위를 걸어 다닐 수 있도록 되어 있어 후나쓰카 고분 위를 걸어 보았다. 멀리 남쪽으로 사가 평야가 펼쳐져 있었다.

이 고분의 내부 구조는 확실치 않으나 수혈식 석실竪穴式石室의 내면은 빨간색으로 칠해져 있다고 전해진다. 석실 내에는 상자식관箱式石棺이 2기가 있고 흥옥勾玉이 출토되었다고 전해진다.

◆ **답사 후기** ◆

이상으로 사가와 구마모토 지역의 고분 답사를 마친다. 생각했던 것보다 더 의미 있는 고분들이었다. 이곳의 고분들은 야요이 시대를 거쳐 4~7세기 한반도와 일본 열도의 관계에 관한 또 다른 비밀의 열쇠를 쥐고 있는 듯하다. 일본 건국 신화의 무대인 다카치호高千穂 또는 다카아마하라高天原는 일기가 좋지 않아 원래 계획을 변경하였다.

구마모토현의 여러 곳을 둘러보았는데 필자와 파트너가 귀국하고 일주일 후의 새벽에 강한 지진이 이 지역을 강타하였다. 방문했던 곳 중의 한 곳에서 불과 10km 떨어진 곳이 진앙지였다. 또한 진앙지는 구마모토에서 마지막으로 방문한 찌푸산 고분에서 44km 거리밖에 되지 않았다. 이지진으로 많은 사상자와 부상자가 나왔고 수십만 명의 이재민이 고통을 겪었다. 필자와 파트너는 2011년 3월의 동일본대지진을 직접 겪었기 때문에 지진의 공포와 생활의 어려움을 잘 알고 있다.

매번 답사 여행 후에 느끼는 것인데 답사 여행에서 실제로 본 것도 중요하지만 답사를 해야만 관련 정보에 대한 이해의 폭이 넓어지고 또한 새로운 정보를 얻게 된다. 그동안의 의문점에 대한 답을 많이 얻는 반면 새로운 의문을 추가하게 된다.

 이번 답사 여행에서 얻은 것은 역사적 인물인 히미코일본 정사에는 나오지 않는 인물에 관한 일본인들의 관심도가 크다는 것을 느낀 점이고 다양한 기하학적 무늬의 장식 고분들을 직접 본 것, 그리고 규슈가 차지하는 한일 고대사에 있어서의 중요성에 대한 재인식이다.

4. 아리타有田와 이마리伊万里

이번 답사의 출발지이자 종착지인 규슈 북서쪽에 위치한 사가佐賀는 일본 도자기의 탄생지로 유명한데, 그중에서도 가라쓰와 아리타, 이마리가 가장 대표적이다. 아리타有田는 사가에서 40분 정도 걸리는 거리에 있다. 한일 중세사와 깊은 연관이 있어 소개하기로 한다.

일본에 살기 시작하면서 처음에 생긴 취미가 도자기였다. 일본 여행을 해본 분들은 잘 아시겠지만 일본 음식점에서는 음식을 담아 나오는 그릇이 방식에 있어서 우리와 다르다. 특히 카이세키 요리의 경우는 상 위에 놓인 음식이 그릇 모양과 색깔이 모두 달라 눈길을 끈다. 어느 날인가 아리타자기라는 화려한 자기를 보고 이것이 조선도공에 의해 일본에서 처음 만들어져 세계적인 브랜드가 되어 오늘에 이른다는 것을 알게 되었다.

그 후 시간이 나면 일본 도자기점을 찾는 게 취미가 되어 아리타, 후카가와 세이지, 고란샤 등의 아리타 자기와 구다니야키, 사쓰마야키, 교야키 등의 지방 도자기, 일본 현대 도자기로 이름을 떨치고 있는 오쿠라, 노리다케에 대해서 알게 되었다. 이렇게 되고 보니 일본 도자기의 고향이라고 하는 규슈의 아리타를 방문해 보고 싶어졌다.

▌1 아리타와 이마리

아리타자기有田焼, 일본어로 아리타야키의 산지인 아리타는 산간 마을로 가마의 굴뚝이 보이는 조용하고 한가로운 거리가 펼쳐져 있다.

아리타에서 일본 최초의 자기가 제작된 것은 17세기 초반으로 당시 사가 지역은 나베시마번의 통치하에 있었는데, 번주가 데려온 한반도 출신의 도공이 자기의 원료가 되는 토석을 발견하면서 가마를 쌓아 올린 것이 아리타자기, 아리타야키有田焼의 시작이다.

초기의 아리타야키는 흰 바탕에 푸른색으로 문양을 그려 넣는 염부染付, 소메쓰케가 주류였지만, 후에 사카이다 가키에몬(酒井田柿右衛門)이라고 하는 도공에 의해 채색을 가미한 가키에몬 양식이 탄생하였다. 화려하게 채색된 자기는 당시 일본에서는 유일하게 외국인의 거주가 허락되었던 나가사키 데지마(出島) 지역의 네덜란드인들의 눈에 띄어, 1650년경에는 동인도 회사를 통해 유럽으로 수출되었다. 당시 아리타나 이마리의 근교에서 생산된 자기는 모두 이마리항(伊万里港)에서 수출되었기 때문에 일반적인 상표명으로 'IMARI'를 썼다. 당시 네덜란드 동 인도회사의 아시아 본부가 있던 자카르타(당시 이름은 바타비아)의 골동품 시장에 가면 지금도 VOC(네덜란드 동인도회사) 마크가 있는 이마리자기를 손쉽게 살 수 있다. 이 시장에서 아리타자기는 이마리자기에 비해 훨씬 고가의 자기를 뜻하고 있다. 지금은 아리타산을 아리타야키, 이마리산을 이마리야키로 구별하고 있지만, 예전에 'IMARI'라고 불린 것들 중에는 아리타야키도 다수 포함되어 있었다.

수출용 아리타야키는 유럽인들의 기호에 맞게 채색 위에 금박을 입히는 등 호화롭게 장식되었다. 'IMARI'는 독일의 명요 마이센이 탄생하게 된 계기가 되었다고 한다. 또한 나베시마번(鍋島藩)이 번주의 소용품이나 증답품으로 만들게 했던 고급품은 나베시마 양식으로 불리고 있다. 아리타자기는 다채로운 화려한 색상의 고이마리(古伊万里), 백자에 주홍색 그림의 가키에몬(柿右衛門), 가는 선 무늬의 나베시마(鍋島)로 크게 나뉜다.

아리타에는 도자기 발상지의 흔적이 남아 있는데, 특히 아리타역과 가미아리타역을 연결하는 가도에는 흰 벽의 낡은 상가나 도자기를 직접 구워 판매하는 직매소, '고란샤(香蘭社)', '후카가와 세이지(深川製磁)', 'ARITA PORCELAIN LAB' 등의 점포와 갤러리들이 줄지어 들어서 있다. 일본에 사는 외국인들이 선호하는 고란샤(香蘭社)자기의 본점이 이곳에 있어 들어가서 마음껏 구경하는 기회를 가져 보았다. 매년 4월 하순~5월 초순에는 이곳에서 아리타 도자기 시장이 개최된다. 돈바이헤이 돌담(トンバイ塀)길이 이어지는 뒷골목이 있는데 돈바이란 가마에 사용되는 내화벽돌로, 이 벽돌에 적토를 발라 굳힌 담장이다. 아리타마을에서 이삼평의 기념비가 있는 곳을 찾아가며 이 뒷골목의 돌담을 본 적이 있다.

아리타에서 전철로 약 30분 거리의 이마리 근교에는 나베시마번의 전용 가마가 있었던 오카와치야마大川内山 마을이 있다. 고도의 기술이 외부로 새나가지 않도록 험준한 바위산 속에 가마를 만들었다고 한다. 나베시마 양식은 이 가마에서 만들어졌다. 이 마을을 방문한 날은 비가 부슬부슬 내렸는데 마을이 안개 낀 산 밑에 있어 정취가 있었다. 마을 입구에 놓여 있는 도자기로 장식된 다리를 건너면, 돌층계의 비탈길에 도자기를 굽는 곳이나 점포들이 나란히 줄지어 있다. 작고 아담한 마을에 많은 가게들이 있어 원하는 그릇을 찾기에 안성맞춤이다. 예쁜 자기가 너무 많아 주머니 사정을 자꾸 확인하게 되는 시간이었다.

사가현의 가라쓰唐津, 韓津는 도기의 시조로 알려진 마을이다. 가라쓰야키는 흙을 원료로 한 도기다. 초목 등을 그려 넣은 에가라쓰, 반점이 특징인 마다라가라쓰, 색의 조화가 아름다운 구로가라쓰 등 그 종류가 다양할 뿐 아니라, 어느 것에서든 소박한 정취를 느낄 수 있는 매력이 있다. 예로부터 주로 다도의 세계에서 진귀하게 여겨져 왔다. 중심가의 길과 다리를 걸어 보았는데 도기로 장식되어 있다. 가라쓰야키는 요리를 담았을 때 매우 아름답게 보이도록 만들어졌다.

2 이삼평李參平

아리타야키의 시조는 조선 사람 이삼평이라는 인물이다. 그는 임진왜란 때 조선인 포로로 일본에 끌려온다. 금강가문서에 의하면 그가 정유재란 당시 길을 잃고 방황하는 히젠국肥前国 사가번佐賀藩의 번주 나베시마 나오시게鍋島直茂의 군대에게 길을 안내한 공로로 일본에 건너오게 되었다고 하며, 이삼평 비문에서도 '공은 우리 군에 매우 적극적으로 협력했다'라는 대목이 나온다. 물론 후대에 그를 칭송하는 일본인 입장에서 쓴 기록이라 다 믿을 수는 없을 것이다.

그가 조선에서 어떤 삶을 살았는지에 대해서는 알려진 바가 없다. 그의 성씨가 이李씨였다는 것만 '다구가문서'에 남아 있으며, 그의 이름도 확실히 기록에 남아 있는 것이 없다. 그의 조선 이름이라고 알려진 '삼평參平'은 일본 이름인 '산베이'를 한국식 한자 발음으로 복원하여 추정한 것이다. 메이지 시기의 연구자들에 의해 사용되기 시작한 표현으로, 1917년에 도조 이삼평비陶祖 李參平碑가 세워지면서 그의 이름이 이삼평으로 통용된 것이다.

그의 고향 역시 따로 기록에 남아 있지 않다. 다만 성을 가네가에金江 금강로 지은 것을 보고 충청도 금강錦江 부근으로 추측할 뿐이다. 조선에서 도자기로 유명했던 고을은 경기 이천, 전남 강진, 경남 김해 등이었다는 점에서 이 지역 출신일 것이라는 견해도 있다.

일본에 이삼평을 데리고 간 나베시마鍋島는 그의 가신인 타쿠多久의 영주 타쿠 야스노리에게 이삼평을 맡긴다. 이삼평은 처음에 무사의 지위를 받아 야스노리의 이야기 상대역을 맡는 등 소홀치 않은 대우를 받았다. 그러나 그는 곧 도공 18명과 함께 아리타有田로 옮기는데, 원래 도공의 신분인지라 일본 무사의 신분을 감당하기가 쉽지 않았을 것으로 추측된다.

아리타에 거주지를 옮긴 그는 나베시마의 영지를 전전하며 도자기의 원료인 양질의 고령토를 찾아 헤맨다. 기존의 흙을 이용해 도자기를 빚어 꽤 만족할 만한 그릇을 얻었으나 이삼평은 이에 만족하지 않고 양질의 고령토를 찾겠다고 청하여 야스노리는 이를 허락하고 마음대로 실험을 하도록 했다. 몇 년을 찾아다닌 끝에 아리타 조하쿠천上白川의 아스미산泉山에서 순백색의 자기를 구워내는 백토를 발견하였고, 1605년경 이곳에 '텐구다니요天狗谷窯'를 열었는데 이것이 일본 자기의 시초가 된다.

이삼평이 백자광산을 발견하고 자기를 구워내자 도공들은 이곳에 모여들기 시작하여 아리타는 명실공히 일본에서도 유명한 도자기 마을이 되었다. 나베시마 역시 이를 크게 치하하였으며, 타쿠 야스노리도 자신의 하녀와 결혼시켜 부부의 연을 맺어 주었다. 그 이후 이삼평은 '가네가에金江'로 개명하여 아리타에 정착하여 산다. 이삼평이 고령토백토를 발견하여 발굴한 지역은 지금도 그 모습을 유지한 채 남아 있다.

이후 나베시마번의 적극적인 후원이 더해지면서 아리타 지역은 일본의 대표적인 도자기 생산지가 되었다. 나베시마번에서 생산되는 자기는 청화백자青華白磁

와 오채五彩자기가 주를 이루었다. 크기가 규격화, 표준화되고 색상이 다채롭고 호화로운 편이며, 공예품적인 디자인 특성을 지녔다. 조선 자기장들의 앞선 기술을 바탕으로 명나라 도자 양식을 수용하고 거기에 일본의 전통 회화나 공예의 색상과 문양 등을 적용함으로써 하나의 새로운 브랜드를 창출했다.

네덜란드 동인도 회사는 1650년 최초로 아리타 자기를 구입했다. 일본 최초의 자기 수출이었다. 서양이 선호하던 명나라의 자기가 1644년 명의 멸망으로 생산이 급감하자 아리타 자기를 대체품으로 찾게 된 것으로 생각한다. 이후 1659년에는 5만 6천7백 개의 아리타 자기를 주문했다. 유럽에 대량 수출된 아리타 자기는 유럽 전역으로 퍼져나갔고, 일본 자기는 세계적인 명성을 얻게 되었다. 아리타 자기는 18세기 유럽에 불어닥친 동양 취미 붐에서 중요한 부분으로 자리 잡았다. 아리타 자기를 이마리伊萬里 자기라고도 하는데 그 이유는 아리타에서 가까운 이마리 항구로 옮겨 출하했기 때문이다. 첫 수출 뒤 70년 동안 약 700만 개의 아리타 자기가 세계 각지로 팔려나갔고, 지금도 유럽의 많은 궁전에는 당시 사들인 아리타 자기가 소장되어 있다. 영국 런던 근교의 헨리8세의 궁이었던 햄프턴궁을 방문하였을 때 방마다 진열되어모셔저 있는 어마어마한 크기의 동양 자기를 보고 의아하게 생각한 적이 있었는데 그 당시는 동양 자기가 부와 권력의 상징이었다는 것을 나중에야 이해하였다. 아리타에서는 현재도 도자기를 왕성하게 생산하고 있으며 명품 도자기를 만들어내는 세계적 도자기 도시로 자리매김했다.

이삼평은 이 공로로 자손 대대로 번으로부터 급여를 받았으며, 이시바石場의 쇼야庄屋, 지역의 관리자가 되었다. 또 백자 광산의 채굴권도 부여받았고, 그의 밑에는 150여 명의 조선 도공이 딸려 있었다. 대규모 도공을 관리하는 사람이 된 것이다. 이와 같이 생활의 터전을 마련한 이삼평은 1653년 가미시라와의 저택에서 향년 75세의 일기로 생애를 마친다.

이삼평이 백토를 발견한 곳에 이삼평발견지자광지李參平發見之磁鑛地라는 대형 기념비가 세워져 있다. 필자도 기념비 앞에서 선조에 대해 간단히 예를 올렸다.

이삼평은 아리타 지역의 수호신으로 받들어 모셔지고 있다.

일본을 세계에 알리는 계기가 된 것은 규슈의 아리타에서 조선 도공에 의해 시작된 이마리 자기이다. 일본은 16세기에 조선식 은분류법을 도용하여 세계적인 은산지로 발돋움하면서 국부를 쌓았고 17세기에는 도자기로 다시 재정을 굳건히 하였다. 이 두 가지가 일본을 동양의 다른 나라들에 앞서 선진국으로 끌어올리기 시작한 요인이었다는 생각을 해본다.

필자는 개인적으로 흰 백자에 코발트색으로 풀 무늬를 넣은 청화 백자를 좋아한다. 여러 종류의 커피잔을 사용해 보았지만 오랫동안 싫증이 나지 않는 것은 역시 청화백자라는 것을 알게 되었다. 은은한 아름다움이 오래도록 지속되는 고려청자가 얼마나 귀한 물건이었던가를 피부로 깨닫는 기회도 되었다.

5. 규슈 중서부의 백제고마

　이 지역의 고대사를 요약한다. 필자가 국내에서 답사한 전북 익산 입점리 고분과 경기도 하남 이성산성二聖山城과의 연관 관계도 기술한다. 고고학적 자료는 『초기 조일 관계사』에서 참조, 인용하였다. 용어와 옛날식 지명은 현대식으로 고쳤다.

　규슈 서부에 있는 히젠肥前, 지금의 사가현과 나가사키현과 히고肥後, 지금의 구마모토 현는 7세기 이전에는 하나의 '히'의 나라였다. '히'라는 것은 한자 화火, 히 비肥, 이로 표기하지만 8세기 이전에는 비肥라고 쓰고 '고마'로 읽었음은 만엽집이와나미판 3, 186~187페이지에 실린 2496번의 노래와 하리마풍토기이와나미 판, 343페이지의 자료를 보면 알 수 있다. 이 고마는 5세기 말부터 6세기 이후 고구려 사람들의 일본 열도로의 진출 이전에는 주로 백제를 가리키는 것이었다. 서부 규슈 지방 일대는 크게 백제의 영향을 많이 받은 지역이었다. 규슈 서부와 백제와의 지리적 관계, 그 일대에 분포된 유적, 유물 특히 고분 문화를 보면 알 수 있다.

　히고肥後, 현 구마모토현는 고대 한반도계 세력이 발생, 발전한 곳으로서 규슈 지방에서 중요한 자리를 차지하였다. 8세기 이후 통일 정권이 전국을 대, 상, 중, 하로 4등분할 때에도 히고는 대국으로 인정받았다.

　히고 지방이 일찍이 개척된 것은 해류로 인하여 한반도로부터 이주민 집단이 비교적 쉽게 진출할 수 있는 조건이 있었기 때문이며 또한 그 일대가 농사에 유리한 지리적 및 기후적 조건을 갖추었기 때문이다.

　화명초에 나오는 카라이에는 기쿠치시 가모가와鴨川 일대라고 하며 현재 시치조마치七城町에 있는 가에加惠가 카라이에의 전와된 지명이라고 한다. 이 지명이 고대에 한반도 이주민이 이 지역에 정착하여 살았다는 것을 암시한다.

　히고 지방에는 북부 지대뿐 아니라 남부 지역에도 백제식 지명이 있는데 아시기다군葦北郡의 구다라기百済木촌百済来村이 그것이다. 구다라기는 한자로 '久多良木'라고도 쓰는데 한자 표기는 어떻든 마을 이름이 한반도의 백제에서 나온 것이다.

히고도 여러 계통의 소집단들이 있었을 것으로 보인다. 고분의 분포를 종합해 보면 북부 히고는 기쿠치강 유역 일대인 다마나야마가, 기쿠치를 포괄하는 하나의 세력권이었다. 중부 히고는 시라가강 이남 지역으로 우토반도 및 야쓰시로 일대가 하나의 세력권이었다. 이 밖에도 남쪽의 구마강 유역을 중심으로 하여 구마군과 아시기다군의 남북에도 소집단이 있던 것으로 보인다. 일본 사람들은 고마기미肥君의 본거지를 구마강 하류인 야쓰시로평야 일대로 비정하는 것 같다. 그것은 아마도 그 지역에 분포되어 있는 노즈野津 고분군을 형성하는 모노미야구라物見櫓 고분, 히메노조姬野城 고분 등 전방후원분과 오노이와 고분원분의 큰 횡혈식 석실묘를 두고 말하는 것 같다.

고분 문화에서 본 히고의 3개 세력은 다같이 히고 백제에 속하는 세력이었다.

규슈는 일본에서 제일 먼저 한반도의 벼농사를 받아들인 지대의 하나였다. 기쿠치강 유역, 오늘의 구마모토현 북부의 다마나, 기쿠치 일대가 그러한 지대에 속하였다.

구마모토현에서 가장 이른 시기의 한반도 유물은 야요이 시대 전기 말에 다마나시 다이메이마치 야마시다의 조개무지貝塚 유적에서 나온 탄화된 쌀이다. 쌀은 규슈 북부 해안의 이타즈케 유적에서 발견된 것과 꼭 같은 알이 짧으면서도 둥근 이른바 자포리카, 즉 한반도형이다. 또한 이 일대 사이토산齊藤山에서는 일본에서 가장 오랜 철기가 나왔다. 이 유물은 현재까지 일본에 알려진 '일본에서 가장 오래된' 것으로서 이는 '한반도를 통해 온 철기'라고 일컬어지는 물건이다.

기쿠치강 유역은 일본에서 가장 오래된 철기가 나왔을 뿐만 아니라 규슈 지방에서 손꼽히는 철생산 기지이다. 다마나시 에다마치의 야요이 시대 집터74쪽에서는 쇠로 만들어진 도끼, 낫 등과 함께 200점이 넘는 쇳조각이 나왔다. 기쿠치평야 한가운데의 야산 기슭에는 30개소가 넘는 대장간터 유적들이 있다고 한다. 기쿠치강 유역에서의 철의 대량 생산은 이곳에 일찍부터 토지가 개간되고 세력이 형성, 발전하였다는 것을 보여준다.

1 고분

기쿠치강 유역 일대는 고분 집중 분포 구역이다. 이들 중 횡혈식 고분들은 백제의 영향을 받고 있는 것으로 유명하다.

일본에서 가장 이른 시기의 횡혈식 고분은 이토시마반도의 로지 고분처럼 현해탄에 면한 지역에 있는 가야식 고분들이었다. 히고 북부의 기쿠치강과 시라강 유역의 횡혈식묘들은 판돌을 석장으로 둘러치고 내부를 구분한 다음 벽면이 위로 갈수록 안쪽으로 기울어지게 하면서 천정을 하나의 돌로 완성하는 형태를 취하는 궁륭형천정의 석실묘이다. 이것을 일본학자들은 '히고형' 석실이라고 부르는데 히고형 석실묘는 백제가 부여에 도읍하고 있던 때의 고분들에서 영향을 받은 것으로 보고 있다. 정방형의 궁륭식천정에 내부를 돌로 꾸민 찌푸산 고분 등은 백제의 것을 본떴거나 그 영향으로 조성된 것으로 보인다.

백제식 고분의 비교적 이른 시기의 모양을 본뜬 것으로 다마나군 에다후나야마 고분이 있다.

2 고분의 구조

고분은 횡구식가형관을 직접 안치하였고 석관 앞 입구 양측에는 다듬은 돌을 나란히 하여 하나의 현도를 만들어 옆에서 관을 들여보내는 매장 시설 설계의 착상과 풍습은 고구려와 백제에 연원을 둔 것이다. 횡구식의 매장 시설은 백제의 영향에 기초한 것이다. 횡혈식 고분은 고구려와 백제에서 발전한 것이며 그것이 규슈에 전파되고 세토내해를 거쳐 기내 일대로 퍼져 간 것이다. 후나야마 고분의 가형석관이 공주에서 보이는 합장식 석관과 통한다는 일본 고고학자들의 지적도 일리가 있다.

3 부장품

피장자의 부장품은 한반도의 공예 기술 그대로다. 금공예품의 모두가 한반도 제로 보이는 특이한 성격을 가지는 고분인 것이다. 그러나 일본 사람들은 유물들이 한반도제라고 인정하면서도 피장자를 한반도에 복속하는 수장으로 보지 않고 기내 야마토 정권에 복속하는 지방국의 수장이라고 한다.

　관모 모양의 금동제 관과 금귀걸이 그리고 금동제 신발 등이 한반도에 연원을 둔 것이다. 금귀걸이는 공주 무령왕릉에서 출토된 심엽형의 금귀걸이와 같다. 금동 신발은 금동관모와 함께 1986년에 발굴된 전라북도 익산군 웅포면 입점리 고분에서 나온 것과 완전히 같다.

■4 익산 입점리 고분

　필자는 전라북도 익산군 웅포면에 있는 입점리 고분과 전시관을 방문한 적이 있다. 익산 금마에 있는 마한관 학예사의 소개 덕에 전시관 담당자의 안내를 받았다. 입점리 고분과 웅포리 고분 등 주변 고분의 정비와 출토 유물을 보존, 전시하기 위해 설립된 사적 전시관이다. 1986년 한 고등학생이 금동제 유물을 신고하면서 입점리 1호분이 발견되었다. 같은 해 8기의 고분이 조사되었고, 1998년 13기의 고분이 더 발견되어 현재 총 21기의 고분이 조사되었다. 고분들은 산의 동남쪽 경사면 정상부에 밀집되어 있는데, 백제 중기(475년경)에 만들어진 고분으로 수혈식 석곽묘竪穴式石槨墓 11기, 횡구식 석곽묘橫口式石槨墓 2기, 횡혈식 석실묘橫穴式石室墳 7기, 옹관묘 1기 등 여러 유형의 묘제가 섞여 있었다. 그중 횡혈식 석실묘인 1호분은 당시 귀족豪族, 支配層의 고분으로 추정되는 것으로 금동관의 관테와 솟은 장식, 금동제 관모, 금동제 신발, 네 귀 달린 청자 항아리 등이 출토되었다. 그 외 금동제 귀걸이 장식을 비롯하여 유리구슬과 토기류 등 80여 점의 유물이 발굴되었다. 아울러 입점리 고분에서 북동쪽으로 3km 떨어진 함라산 서쪽으로 이어지는 능선의 남쪽 사면에 분포된 웅포리 고분에서도 비슷한 시기의 고분 30기가 발굴되었다. 입점리 고분이나 공주 무령왕릉에서 나온 금신발이나 금관은 규슈 에다후나야마 고분에서 나온 유물과 크기만 다를 뿐 모양은 꼭 같다.

　고분은 백제 중기의 온전한 형태를 갖춘 것으로 표고 80m 정도의 구릉 경사면에 위치한 원형 봉토 고분이다. 거기서 나온出土된 금동 관모는 석장의 반원형 금동판을 좌우로부터 붙여 합친 부분에 복륜을 둘러쳐서 머리에 쓰도록 되어 있다. 그 모양은 나주 반남면 신촌리 제9호 고분, 에다후나야마 고분에서 나온 것과 같다. 금동 신발도 반남면 신촌리 제9호 고분이나 에다후나야마 고분에서 나온 것과 다를 바 없다. 심지어 9개의 못이 있는 것까지도 같다.

5 한반도와의 관계

나주나 익산이 가깝고 서해안을 거쳐 바닷길로 쉽게 규슈 서부의 히고 지방에 닿을 수 있다는 것을 고려해 볼 때 백제왕이 익산이나 나주에 준 것과 똑같은 금동관이나 금동 신발을 규슈 히고 지방에 있는 백제 세력의 수장에게 주었다는 추측을 할 수 있다. 그 시기는 무령왕릉과 익산 입점리 고분, 나주 신촌리 고분, 에다후나야마 고분의 축조 및 유물들로 보아 대체로 6세기 초였을 것이다.

그러한 유물들은 당시의 일본에서는 호화품이었다. 후나야마 고분에서 나온 장식품은 한반도 고도의 공예 기술로 완성된 장신구로서 전래된 것이다. 거울은 무령왕릉에서 나온 것과 비슷하며 질그릇 역시 백제 계통의 것임을 일본학자들이 검증하였다. 마구류와 무기무장 역시 당시로서는 최신식의 물건들이다.

에다후나야마 고분이 위치하고 있는 일대가 전반적으로 백제적 요소의 영향에 의하여 발전한 횡혈식 고분과 장식 고분의 집결지라는 것을 상기할 때 이 지역에 백제계 세력의 수장이 존재하였을 것이다.

백제왕이 칼의 명문에서 말한 '통솔하는 바其所統'의 지역이라는 고마肥 즉 백제라고 부르는 지역이었을 것이다. 고분을 비롯한 유적, 유물의 분포로 보아 기쿠치강 유역 일대를 기반으로 삼았을 것이라고 추측할 수 있다. 후나야마 고분에서 멀지 않은 곳에 한반도계 지역의 상징으로 조선식 산성인 기쿠지산성이 있는 것도 그러하다.

6 고마의 조선식 산성

기쿠지성은 옛날부터 국지, 구쿠지라고 불러온 성이다. 그것은 국지鞠智라는 한자에 대한 우리 발음에 근거한다. 이 성은 『속일본기』 문무천황 2년698년 기록에 나올 뿐 언제 축성되었는지, 누가 지었는지를 전하는 기록은 전혀 없다. 기쿠지성은 비록 표고는 160m 안팎이지만, 골짜기와 낭떠러지를 끼고 조성하여 산성은 요새를 이루었다. 연장 거리는 3.5km에 이른다고 한다. 1km에 이르는 중앙 흙담선도 있고 흙담이 끊어진 곳에는 성문이 설치되었다. 미원요네바루까 지에 돌담이 있는데 돌담 높이는 4.3m이다.

산성 중앙부의 미원 부락에는 집터와 주춧돌이 널려 있다. 부근에서 탄화된 벼, 조, 밀 등의 낱알이 발견되었다. 산성 안에서 백제의 단변8엽 기와막새 조각이 발견되었다. 이 밖에도 기쿠지성을 중심한 20개소에서 한반도계의 베천을 댄 기와가 나왔다.

산성이 일본학자가 말하는 것처럼 신라와 당 세력을 막기 위하여 쌓은 태재부의 방위를 목적한 구축물이었다면 그 위치는 다마나군 일대나 기쿠치강 하류 일대에 있어야 한다. 하지만 산성은 평야의 고분들이 내려다보이는 곳에 있다.

7 하남의 이성산성 二聖山城과 구마모토의 기쿠지성 鞠智縣城

구마모토현의 기쿠지시 관련 학자들과 의회는 1990년대 초 하남의 이성산성을 2회에 거쳐 답사하고 조사한 후, 기쿠지성은 하남의 이성산성을 본떠 축성한 성이라고 홍보해 왔다. 또한 지난 2008년 성 내 저수지터에서 출토된 백제 금동불상을 통해 기쿠지성이 백제인에 의해 축성된 성임을 고고학적으로 다시 한번 확인했다.

일본의 산성 중에서 최초로 8각형 건물이 발견되었다. 직경 90cm의 기둥이 3중으로 세워진 3층 건물이다. 높이 15.8m의 건물이며, 기와의 무게는 약 76톤이다. 한국의 이성산성 二聖山城 하남시 이성산에 있는 성에도 같은 건물의 흔적이 발견되었다.

2015년 하남문화원은 이성산성의 정체성을 밝히기 위한 일본 기쿠지성 학술조사에서 일본이 주장하는 기쿠지성의 축성 방식이 백제의 양식임을 다시 한번 확인했다. 입지 조건도 하남의 이성산성과 매우 닮아 있음을 확인할 수 있었다.

또한 기쿠지성의 8각 건물지는 이성산성의 8각 건물지와 주춧돌의 양식 및 배치 간격에 있어 매우 흡사한 형식을 취하고 있으며 남북으로 두 개의 건물이 배치된 형식 또한 이성산성의 8, 9각 건물 배치와 흡사한 모습을 보여 밀접한 관련성이 있을 것으로 추정하고 있다.

산성 아래의 산록과 평야에는 고분들이 전개되어 있다. 특히 그 일대는 장식 고분의 대표적 집중 분포권으로서 유명하다. 그 가운데에도 기쿠지 산성과 멀지 않은 곳에 있는 벤케이가아나弁慶ヶ穴 고분에는 배와 말이 특징적으로 그려져 있다. 이 장식 고분은 바다한반도와 말의 관계를 잘 반영하고 있다. 이러한 장식 고분이 고구려와 백제의 영향에 의하여 이룩되었다고 하는 일본 사람들의 지적도 수긍할 만하다. 그 밖에도 옹관, 고인돌 등 야요이 시대의 집터가 분포되어 있다. 산기슭을 중심으로 전개된 대장간터 역시 산성과의 연관 관계에서 고찰되어야 할 것이다.

북부 히고의 백제 세력은 기쿠지강 하류 유역의 배나루를 이용하여 시마바라만과 하야자카해협을 거친 다음 북상하여 한반도 서남부에 있던 백제 본국과 왕래하였을 것으로 추측된다.

6. 야쓰시로(八代) 지역

　구마모토의 남쪽 해안인 이 지역이 한때 가야 지역이었으며 가야 공주인 히미코의 왕국이 있었다는 가설이 있어 소개한다.

　『춤추는 신녀』의 저자인 이종기 씨(1929~1995년)가 일본어로 쓴 『히미코 도래의 수수께끼(卑彌呼 渡來の謎)』라는 책이 있다. 이씨는 이 책을 통하여 일본인들이 개국 시조라고 믿는 야마타이국 히미코(卑彌呼) 여왕이 한반도인으로 가야국 수로왕의 딸이라는 가설을 주장했다. 1976년 일본의 이견서방(二見書房)에서 이 책을 출간하자 당시 일본의 유명한 작가인 마쓰모토 세이초(松本淸張)는 서문을 통하여 '야마타이국 문제에 한국인 연구자가 정면으로 파고든 예는 없다'고 평하였다.

　그러나 결국 이 책은 출간되자마자 회수되는 운명을 겪어야 했다. 출판의 자유가 허용된 일본에서 한국인이 쓴 책이 뚜렷한 설명도 없이 발매 금지가 되어 버렸던 것이다. 이후 그는 작고하기 직전까지 현장 탐험을 계속해 새로운 자료를 보충해 놓았는데, 그것이 유고작 『춤추는 신녀』를 통해 다시 태어나게 된 것이다.

　'가야 공주 일본에 가다'의 가설은 다음과 같다.

　고대 일본 규슈 일대의 야마타이 왕국을 세운 히미코는 가락국 공주였다. 그는 수로왕과 허왕후 사이에서 난 10남2녀 중 한 명으로 남동생 선견 왕자와 함께 '거북선'을 타고 도래했다.

　지은이인 이종기 씨(1929~1995년)는 아마추어 사학자다. 『히미코 도래의 수수께끼(후타미서원, 1976년)』, 『가락국 탐사(일지사, 1977년)』, 『춤추는 신녀(동아일보 출판국, 1997)』를 썼다. 사후 『춤추는 신녀』를 저본으로 하고 그의 가락국 탐사 관련 유고를 보충해 맏딸 이영아 씨가 다시 펴냈다.

　필자는 이종기 씨의 연구와 가설을 지지하거나 반대할 능력을 가지고 있지 않다. 그러나 그의 책에 나오는 다음 내용은 한일 고대사의 미스터리를 해석하기 위한 많은 아이디어를 제공했다.

몇 가지 의미 있는 내용을 소개한다.

① 야쓰시로, 여덟 개의 성

야마타이국이 있었다고 추정되는 구마모토 남쪽의 야쓰시로시에 도착한 그는 야쓰시로八代가 여덟 개의 성城. 발음이 시로임의 뜻이라는 것과 이것이 히미코의 야마타이국의 기록과 일치하는 것을 알게 된다.

② 거북나루

야쓰시로 신사八代神社의 거북이 모양 기와를 보고 슈운코지春光寺에서는 카메바네亀彌, 즉 거북나루에 대한 이야기를 듣는다.

③ 갓파, 가랏파

또한 일본의 대표적인 괴물인 몸이 개구리처럼 생겼으나 크기는 사람만 하다는 갓파河童가 이곳에서는 '가랏파ガ'로 불리고 있고 갓파 도래지가 구마강 강변의 도쿠노후치德ノ淵 나루터이며 이곳에서 매년 5월18일이면 「오래오래 데라이다」 축제おれおれ祭. 묘 젠마쓰리가 열리고 있다는 사실을 알아낸다. 당시 3천 명의 갓파가 3백 척의 배에 타고 상륙한 것을 기념하는 축제라고 전해지고 있다.

일본 사학계를 대표하는 이노우에한반도 도래인의 섬으로 알려짐가 "히미코는 조선과 관계를 가진 여성이었다"라고 말한 실언失言도 소개한다. 히미코를 히노기미火の君라 하고, 구마모토를 히노구니火の国라고 하는데 히미코의 '히'와 무관하지 않다고 설명한다.

야쓰시로 남남동쪽 산골인 이츠키五木의 3박자 자장가, 더 남쪽의 히토요시人吉 분지에 남아 있는 아직도 설명하지 못하는 거대한 횡혈 고분들大村横穴群이 야마타이국의 세력이 동진한 것으로 본다.

히토요시 남쪽의 에비노 들판과 한국악韓国岳. 카라구니타케의 유래도 설명한다. 할머니들이 아기들에게 무서운 것을 '에비'라고 하는데 그 말의 어원이 에비노 벌판에서 벌어진 끔찍한 전쟁에 근거한다고 한다.

7. 천손강림신화 天孫降臨神話

　　일본 신화에 의하면 규슈섬의 거의 한가운데에 있는 산악 지대에는 천손인 니니기가 하늘에서 강림하였다는 다카치호高千穗가 있다고 한다. 우리나라의 단군 신화에서 단군의 아버지인 환웅이 하늘에서 내려와 신시를 열었다는 태백산에 비교되는 곳이다.

　　『고사기古事記』와 『일본서기日本書紀』는 황실 조상신인 아마데라스天照大神가 손자인 니니기瓊瓊杵尊에게 삼종의 신기神器인 검, 거울, 구슬을 주어 하늘이라는 다카아마노하라高天原에서 지상으로 내려보냈는데 도착한 곳이 치쿠시筑紫, 규슈의 다카치호高千穗라고 기록하고 있다.

　　앞에서는 후쿠오카 서쪽의 사와라구에서 동북으로 뻗은 세부리背振산지를 넘어가는 길을 따라 이토시마반도의 마에바루로 가려면 넘어야 하는 히무카고개日向峠를 고대 일본 건국의 출발점인 이른바 '천손강림설화天孫降臨說話'의 장소로 알려져 있다고 소개하였다. 그러나 다카치호高千穗는 규슈섬의 거의 한가운데 있고 히무카고개日向峠의 히무카와 한자가 같은 휴가日向는 규슈의 동쪽 해안에 있다.

　　일견 난해해 보이는 일본 신화를 살펴보면서 한반도와의 관계를 음미해 보기로 한다.

▮ 일본 신화의 성격

　　일본 신화日本神話는 일본의 주류 민족인 야마토 민족에 의해 구전 또는 글로써 전승된 신화를 총칭하는 말이다. 현대 일본 신화로서 전승되는 것의 대부분이 『고사기』, 『일본서기』와 일본 각 지방의 신앙에 관해 서술한 풍토기에 기술된 것, 즉 다카마가하라高天原의 신들을 중심으로 하는 신화가 대부분을 차지하지만 이에 대해 상세히 기술한 문헌은 많지 않다.

　　다른 여러 나라의 신화들처럼 일본에 전승되는 각종 신화와 전설도 지역에 따라 천차만별인데, 이에 대해 일본의 사학자인 우에다 마사아키上田正昭는 일본 각지에는 각각의 형태를 가진 여러 신앙이나 전설이 있었고 이즈모 신화는 그러한 지방 신화들의 대표였지만 야마토 정권 이후 구니쓰신(國津神)과 같은 형태로 바뀌었다가 나중에 다카마가하라 신화가 정설이 되어 합쳐졌다는 의견을 제시하였다.

2 일본 신화의 내용

신화의 앞부분은 중국 신화를 차용한 듯이 보인다.

① 이자나기와 이자나미

천신(天神)이 이자나기(伊弉諾尊)에게 세상을 창조해 보라고 보석으로 장식된 마법의 창을 준다. 이자나기와 이자나미는 다까마노하라(高天原, 고천원)에 앉아서 '어디 마땅한 나라가 있을까?' 하면서 옥으로 된 창(天瓊矛)으로 이리저리 바닷속을 휘저어 바닷물 몇 방울이 응결되었고, 이것이 오오야시마(大八洲, 일본 열도)가 되었다. 이자나기는 아내인 이자나미(伊弉冉尊)와 더불어 다른 섬들을 낳는데 이것이 혼슈(本州), 시코쿠(四國), 규슈(九州) 등의 섬들을 이루었다고 한다(일본서기, 신대 상).

그 후 이자나미는 곡식의 신, 바람의 신, 항구의 신, 바다의 신을 낳지만 불의 신을 낳다가 타죽고 만다. 이자나미는 이즈모와 호키(伯耆, 鳥取県)의 경계에 위치한 히바노야마(比婆山)에 매장되었다. 이자나기는 아내를 찾아 죽음의 나라까지 갔다가 도망쳐 나왔는데 이때 부정한 몸을 씻기 위해 미조기라는 의식을 치르며 목욕을 하니 왼쪽 눈을 씻을 때 아마테라스오미카미(天照大神)라는 태양의 여신이, 오른쪽 눈을 씻을 때 츠쿠요미 노미코토(月讀命)라는 달의 여신이, 코를 씻을 때 스사노오노미코토(素戔嗚尊)라는 바다의 남신(男神)이 생겨난다(일본서기, 신대 상).

② 아마테라스와 스사노오노미코토

성격이 드셌던 스사노오노미코토는 어머니 이자나미가 있는 저승에 가고 싶을 때마다 울부짖어 폭풍을 일으켰기 때문에, 천지에 막대한 피해를 끼쳤다. 그리고 그 피해는 아마테라스에 의해 다스려지던 다카마가하라에까지 닿았다. 아마테라스는 스사노오노미코토가 다카마가하라를 빼앗으려 하는 것으로 오해하고는 활과 화살을 들고 스사노오를 맞이하였는데, 스사노오노미코토는 아마테라스의 오해를 풀기 위해 자신이 지니고 있던 물건에서 신을 만들어내어 자신에 대한 결백을 증명하였다. 그러자 아마테라스는 스사노오노미코토를 용서했지만, 스사노오노미코토가 다카마가하라에서 다시 난동을 피우자 아마테라스는 아마노이와토라는 동굴에 숨어버려 세상은 어둠 속에 잠기었고 신들은 곤란에 빠졌다. 그러나 여러 신들의 지혜로 아마테라스는 분노를 풀고 동굴에서 나왔고, 스사노오노미코토는 그 책임을 물리어 인간 세상으로 추방되었다.

③ 이즈모 신화

스사노오노미코토의 행실이 좋지 못해서 여러 신들이 그를 벌하여 쫓아내니, 스사노오노미코토는 아들들인 50여 명의 날래고 용감한 신_{猛神}들을 데리고 신라국_{新羅國}으로 가서 소시모리_{曽尸茂梨}에 머무른다.

특이하게도 일본 신화에는 건국 관련 지역으로 '신라_{新羅}'라고 하는 매우 구체적인 지명_{地名}이 나온다.

인계로 추방되었던 스사노오노미코토_{素戔嗚尊}는 진흙으로 만든 배를 타고 이즈모노쿠니_{出雲國}에 강림하였다. 사람들을 괴롭히던 머리가 여덟 개 달린 큰 뱀인 야마타노오로치_{八岐大蛇}를 죽이고 나라를 세웠다_{일본서기, 신대 상}.

스사노오노미코토는 구시나다히메_{櫛名田比売}와 결혼한다. 그 후 스사노오노미코토_{素戔嗚尊}의 직계 후손인 오쿠니누시_{大國主命}는 스쿠나비코나_{少彦名命}와 함께 아시하라나카쓰쿠니_{葦原中國}를 만들고 다른 형제들이 물려준 나라까지 다스리게 되었다.

④ 아시하라나카쓰쿠니_{葦原中國} 평정

아마테라스를 비롯하여 다카마가하라에 있던 여러 신들은 지상 세계는 오로지 아마테라스의 자손인 천손_{天孫}이 다스려야 한다고 하여 오쿠니누시_{大國主命}의 아들에게 나라를 줄 것을 요구하며 아시하라나카쓰쿠니_{葦原中國}를 지배할 존재인 '태양의 신'의 손자인 니니기노미코토_{瓊瓊杵尊}를 내려보냈고 몇 명의 신을 이즈모에 내려보내었다. 오쿠니누시의 아들인 고토시로누시_{事代主神}와 다케미나카타노카미_{建御名方神}가 보호되고 오쿠니누시도 자신을 위한 궁전을 건설해 주는 조건으로 자신의 나라를 양보할 것을 약속하였다. 이 궁전은 후일 이즈모타이샤_{出雲大社}

가 된다.

다케미나카타노카미建御名方神는 후일 니니기 세력에 저항하다가 시나노국科野国의 스와諏訪의 바다까지 도망간다.

⑤ 니니기

아마테라스의 자손인 니니기가 지상의 나라인 아시하라나카쓰쿠니葦原中國의 평정 임무를 받아 휴가日向에 강림하였다. 아마테라스의 손자인 니니기를 흔히 호노니니기天孫라고 하는데 이는 하늘의 자손이라는 뜻이다. 니니기는 아마테라스의 지시에 따라 옥구슬, 거울, 신검 등의 신령스러운 물건 세 가지를 들고 천상에서 지상으로 내려오는데 이를 천손강림天孫降臨이라 한다. 단군신화와 같은 내용이다.

가야의 천강난생 신화와 일본의 천손강림 신화의 내용이나 방법, 강림 도구가 거의 일치함을 알 수 있다. 천신이 강림하여 땅에 내려와 대화를 나누는 방법마저 거의 똑같음을 알 수 있는데 가락국기는 "이곳에 사람이 없느냐?"라고 말하고 있고, 기기는 "이곳에 나라가 있는가 없는가?"라고 묻고 있다. 또한 강림한 장소는 그 명칭까지 똑같은 '구지봉'이다. 그리고 가락국기는 홍포에 쌓여 내려오지만 기기는 이불을 쓰고 내려온다. 에가미 교수는 강림 도구로 쓰여졌던 수로왕의 홍포와 니니기노미코토의 진상부금眞床追衾, 즉 마토코오우후스마가 서로 공통되는 데 대해서 결코 우연의 일치라고 볼 수 없으며, 기마 민족과도 무관하지 않다고 주장하고 있다. 진상부금이라는 말의 의미는 '침구를 둘러쓰고 자는 것'을 뜻하는 말로 천손이 강림해 올 때 신성한 침구인 이불 같은 것에 둘러싸인 형태로 내려왔다는 것을 의미한다. 그리고 이 유래는 오늘날까지 이어져 일천황이 서거했을 때 씌워지는 보도 이와 같은 의미라고 주장하고 있다.

마쓰나에 교수는 일본 건국 신화 중 천손인 호노니니기가 5부의 신과 함께 강림했다는 부분은 고구려와 백제의 행정 체계인 5부의 영향이라고 풀이하고 있다. 그는 일본의 건국 신화는 한반도의 신화와 중국의 율령제 사상에 근거하고 있으며 하늘에서 내려온 무리가 정착한 산봉우리를 소호리라고 부르는 것은 도읍을 뜻하는 백제어 소부리所夫里에 기인한 것이라고 설명하고 있다.

토착민들의 신화가 먼저 나타나고 니니기瓊瓊杵尊 강림 이후의 전개는 단군신화와 유사한 성격을 가지고 있다. 이것은 일본 초기의 지배 세력과 후기의 지배 세력이 성격이 다르다는 것을 말하고 있는 듯하다. '태양의 신'의 손자인 니니기의 존재를 보면 일본은 분명히 태양의 아들, 즉 천손天孫이 건국했다는 의미를 강조한다. 하늘에서 아마테라스의 손자 니니기를 땅으로 내려보내 땅을 다스리고 있던 스사노오의 후손인 오호쿠니누시大國主命에게 왕위를 물려 달라고 요청한다.

니니기의 둘째인 히코호호데미彦火火出見尊는 바다의 신의 딸豐玉姬, 도요다마히메과 결혼하여 나기사다께波限建, 「고사기상의 이름가 태어나고 그는 이모와 결혼하여 네 아들을 낳는데 막내인 와카미케누노미코토若御毛沼命, 「고사기상의 이름 또는 이하레히코盤余彦, 「일본서기상의 이름는 바다를 건너 구마노熊野에 도착한다. 아마테라스가 꿈에 나타나 까마귀頭八咫烏, 야다가라스를 보내어 인도하여 소호고호리曾富縣에 도착하여 가시하라橿原에 도읍을 세우고 이하레히코가 일본의 초대 임금야마토 왕조인 신무천황神武天皇이 된다「일본서기」신대 하. 신무천황이 처음으로 나라를 세운 소호고호리曾富縣는 소호리 즉 수리와 같으며 이 말은 해뜨는 곳 즉 서라벌, 새벌東夫餘과 같은 말이라고 한다. 그리고 가시하라橿原와 부여의 가섭별도 다같이 가시별, 아시별始林, 새벌東野, 또는 東夫餘 등과 같은 말이라고 한다박시인, 「알타이신화」.

좀 더 자세히 보면 앞의 과정은 부여, 고구려의 건국 신화와 그 구조가 일치한다. 즉 하늘의 아들이 물의 신, 즉 해신海神의 딸과 결혼을 해 아이를 낳고 그 후손이 여러 가지 역경을 이기고 나라를 건국한다. 강이나 바다를 건넌다는 표현이 바로 그것을 암시하고 있다. 다만 고구려의 신화에서는 강의 신의 딸인 유화부인이 여기서는 바다의 신으로 바뀐 정도다. 일본이 섬나라인 점을 감안한다면 당연한 일이다.

황패강 교수는 15년간 일본 신화를 연구하면서 "일본의 고대 문화는 우리가 전해 주었다는 선입관을 갖지 않고 가능한 한 객관적이고 냉철하게 일본의 신화에 접근하려고 했음에도 역시 한국, 중국과의 관련을 빼면 일본 신화의 울타리가 상당 부분 무너지고 만다는 사실을 확인할 수 있었다"라고 말하고 있다.

민족의 신화는 설화의 한 갈래로서 옛이야기이다. 신화 속에는 민족의 역사에 관한 은유와 암시가 들어 있다. 신화는 신성시되거나 역사적 사실로 받아들이기엔 어려운 정서적 이질성을 지니고 있지만 자기 민족의 신화인 경우에는 자신이 신화 전승의 주체로서 별도의 의식을 가지고 보게 되는 것이 아닌가 생각한다.

이상으로 규슈에 대한 역사 기행을 마친다.

XII 오키나와와 대마도対馬島

하네다공항을 출발한 비행기는 3시간 반 만에 나하那覇공항에 도착한다.

1. 오키나와沖縄県

일본 열도의 남쪽인 류큐 제도에 있는 지역이다. 40개의 유인도와 수많은 무인도로 이루어져 있다. 최동단으로부터 최서단까지의 거리는 약 1,000km이다.

1477년 즉위한 왕조의 3대 왕 쇼신尚眞은 류큐 왕국 역사상 가장 위대한 성군으로 여겨진다. 쇼신왕은 적극적인 군사 활동을 펼쳤다. 1500년에는 미야코지마와 야에야마에 전함을 보내 평정하여 지배권을 확립하였다. 1522년에는 요나구니까지 영역을 넓혔다.

1571년 류큐는 아마미 군도의 호족 세력을 진압했다.

1609년 사쓰마번鹿児島県 지방국이 류큐를 침략한다. 임진왜란에 참전했던 사쓰마 번주 시마즈島津는 3천여 병사를 100여 척의 함선에 싣고 출항, 오키나와에 상륙하고 수일 만에 수리성을 함락시킨다. 류큐는 일본의 무력 침략에 저항다운 저항을 못하고 불과 닷새 만에 정복되었다.

1609년 사쓰마가 류큐를 복속시킨 후 나하에 류큐재번봉행琉球在番奉行이라는 관리를 두어 류큐를 감시하였다. 이 당시 엄청난 조공액을 감당하기 위해 류큐왕국에서는 야에야마 등지의 먼 섬에 무거운 인두세를 부과하였다.

■ 류큐 왕국의 역사

류큐는 지리 역사적 풍토의 특수성으로 조성된 고유한 전통과 문화적 배경을 가지고 있었던 아름답고 풍요로운 독립 해상 왕국이었다. 규슈와 타이완 사이의 태평양과 남중국해 사이에 점점이 펼쳐 있는 류큐 군도의 섬들에는 10세기경부터 부족국가 형태가 출현하였다. 이들 섬에는 저마다 안사按司라고 불리는 족장들이 지배하고 있었으며 족장의 지위는 서로 평등하였고 이들은 평화로운 교류를 하고 있었다.

12세기경 류큐 군도의 최대 섬인 오키나와에 산남山南, 중산中山, 산북山北의 세왕조가 탄생하였다. 류큐의 '삼산 시대' 또는 '삼국 시대'가 시작된 것이다. 삼국 중에는 오키나와섬의 중간에 위치한 중산왕국의 국력이 최강이었고 산북왕국이 최약체였다. 류큐의 삼국 시대에는 류큐군도 북부의 아마미 제도와 남부의 사키시마 제도先島諸島, 宮古島와八重山諸島는 미개한 상태였다. 삼산 시대는 1429년 중산 왕국의 통일로 마무리된다.

통일 후 제작되어 수리왕궁 정전에 걸려 있던 「류큐만국진량琉球萬國津梁의 종1458년 제작」에는 이런 명문이 새겨져 있다.

[그림 77] 수리성 찻집

'류큐는 남해에 있는 나라로 삼한三韓. 조선의 빼어남을 모아 놓았고, 대명大明. 중국과 밀접한 보차輔車. 광대뼈와 턱 관계에 있으면서 일역日域. 일본과도 떨어질 수 없는 순치脣齒. 입술과 치아의 관계이다. 류큐는 이 한가운데 솟아난 봉래도蓬萊島, 낙원이다. 선박을 항행하여 만국의 가교가 되고 외국의 산물과 보배는 온 나라에 가득하다.'

동종의 명문이 한중일 동북아 삼국 중에서도 조선을 가장 먼저 언급하고 있는 것으로 보아 류큐는 조선에 각별한 호감 아니면 특별한 관계를 가지고 있었던 것으로 보인다. 이 문구는 필자에게 특별한 호기심을 불러일으키기에 충분하였다. 우리는 류큐국에 대하여 특별한 애정을 가지고 있지 않은데 왜 류큐국은 명문에 삼한이라 표현된 한반도를 애틋하게 생각하는가?

사쓰마번은 지배를 정당화하기 위해 관변학자들에 명하여 류큐인은 일본인과 동일한 대화大和, 야마토족이라는 논조, 즉 일본과 류큐는 조상이 같다는 '일유동조론日琉同祖論'에 근거한 류큐 국사『중산세감中山世鑑』을 편찬1650년하게 하였다. 일제 강점기에 한반도에 적용한 수법인 일한동조론과 같다.

사쓰마번에 의해 기록 편찬된『중산세감1650년』에 의해 오키나와 역사가 최초로 정리된 셈인데 이 역사서는 다음과 같은 점에서 의문을 안고 있다.

공식적으로 기술된 역사를 보면 마치 10세기 이전에는 오키나와에는 이렇다 할 아무런 역사가 없다가 1429년 삼국이 통일되는 과정을 보면 12세기의 어느 때부터 어떤 연유에서인지 삼국산남, 산북, 중산이 생겨나 경쟁을 벌이다가 중산왕국이 삼국을 통일하여 류큐왕국이 된 것으로 보인다. 인과 관계도 분명치 않고 왠지 있어야 할 내용이 빠진 듯 심심하다. 역사란 항상 어떤 계기에 의하여 변화하고 발전하는 법인데 그런 부분에 있어서 극적인 맛이 없고 어느 부분인지 마치 지우개로 지워진 듯한 느낌을 받는다.

이것이『중산세감』에 의한 역사 왜곡을 의심하는 이유이다. 일제 강점기에 조선사편찬회가 한반도 역사를 다시 쓰면서 원칙으로 삼았던 식민사관이라는 것이 한반도 역사의 시공간時空間을 대폭 줄이는 게 아니었던가. 시간적으로는 삼국시대의 시작을 늦추고 그 이전의 고조선 역사를 부정하여 말살하고 공간적으로 한반도의 영토를 축소하여 남쪽은 일본의 영토였고 북쪽은 중국의 영토라고 규정하면서 결국 한반도에 살던 한민족의 아이덴티티를 말살하는 것이었다.『중산세감』

에 의해 만들어진 오키나와 역사에서도 이와 아주 비슷한 느낌을 받게 된다.

류쿠 삼국 통일1429년 후 만들어진 '만국진량의 종1458년'과 『중산세감1650년』의 편찬 사이에는 약 이백 년의 시간차가 있다. 개인적인 추측으로는 만국진량의 종에 나타나 있는 한반도에 대한 류큐의 우호적 태도를 『중산세감』을 만들면서 지워 버렸다고 생각한다. 이렇게 보면 여기서도 역사는 반복됨을 알게 된다.

일본에도 막부하의 사쓰마국에 의해 만들어진 역사에 도전하는 두 가지 가설이 있다. 하나는 6세기의 우산국울릉도 주민의 오키나와 이주설이고 다른 하나는 13세기 삼별초의 오키나와 이동설이다.

2 우산국울릉도 주민의 이주설

선우영준 씨는 일본 고문헌 조사와 오키나와 현지 답사를 통해 오키나와의 전신인 류큐국琉球國이 고대 울릉도 주민들의 이주로 세워진 나라라는 가설을 세웠다. 일본 고서인 『류큐국구기琉球國舊記』, 『고류큐古琉球』 등 수십 권의 문헌 분석 결과 우산국은 512년 신라 이사부에 의해 복속된 직후 유민들이 오키나와 당시 우루마국 남부 쿠다카섬 등에 진출했다. 쿠다카섬은 지금까지도 류큐에서 성지聖地로 인정하여 '신의 섬'이라고 불리고 있다. 당시 우산국 주민들은 마한과 백제, 고구려 계통으로 추정되는 천손씨天孫氏로 불리던 집단으로 울릉도에 풍부했던 느티나무로 만든 선박을 타고 오키나와에 도착한 뒤 전역으로 세력을 뻗쳐 670년간 왕위를 유지했으나 1187년 국왕이 신하에게 살해된 뒤 멸망의 길을 걷게 됐다.

이시와타리 신이치로石渡信一郎 저 『일본 지명의 어원日本地名의 語源』의 설명을 따르면 오키나와 제도의 모든 섬이와미섬에서 오키나와 본섬, 미야코지마, 이시가키섬, 대만에 가까운 요나구니섬까지에 가야계 왜국의 지명이 붙어 있다고 한다. 또한 오키나와에서 사용하고 있는 말과 고대 한국어 또는 현대 한국어 간에 음과 뜻이 유사한 단어들이 많은 것으로 파악됐다. 선우영준 씨는 오키나와 신가神歌에 나오는 '소우루'는 '서울'의 일본 가나식 표기로 추정되고 일본학자들은 신라의 수도 '서벌徐伐'을 '쇼 우루'라고 읽고 있다고 보고 있다.

구스크_{산성}로 불리는 성들을 답사하였다. 오키나와 제도에는 200여 개의 크고 작은 구스크가 산재해 있는데 높은 지역에 쌓은 산성으로 모양은 약간 달라도 전반적으로 고구려, 백제식 산성을 연상시킨다.

나끼진_{今帰仁} 성적_{城跡}, 자키미_{座喜味} 구스크, 중성_{中城} 성적, 카츠렌_{勝連} 성적 등이 보존되어 있다.

13세기_{世紀} 말에서 14세기에 걸쳐 갑자기 오늘날 오키나와에 산재하고 있는 비슷한 모양의 수많은 구스크가 만들어졌다. 여기에 재미있는 역사적 사건이 연결되는데 고려의 삼별초가 제주

[그림 78] 구스크

에서 마지막으로 무너진 것이 13세기 말_{1273년}이고 우연인지 이때를 즈음하여 갑자기 류큐섬에 성들이 나타나기 시작한다. 이것이 오키나와 한반도 역사를 연결하는 두 번째 가설이다.

삼별초의 항쟁_{三別抄의 抗爭, 1270~1273년}은 고려, 몽골 전쟁이 끝난 뒤 삼별초가 몽골 원나라 및 고려 왕조에 대항하여 일으킨 항쟁이다. 무신 정권의 사병 집단이면서 대몽 항쟁의 대표 세력이었던 삼별초는 개경 환도가 발표되자 즉각 반기를 들었다. 배중손을 지도자로 추대하고 반몽 정권_{反蒙政權}을 수립했다. 1천여 함선을 징발하여, 고려 정부의 재화와 백성을 싣고 강화도를 떠나 서해안 요지를 공략하며 남행하여 진도에 이르러 근거지를 구축했다. 당시 진도와 그 인근 지역은 최씨 무신 정권이 소유한 토지가 많았다. 그해 삼별초군은 제주도까지 점령하는 등 1271년 초까지 여러 차례 개경 정부를 위협하였다. 그러나 여몽 연합군

은 세 방향에서 진도를 향해 공격한다. 정권이 수립된 지 9개월 만에 진도는 함락당한다. 배중손은 전사하고 김통정이 이끄는 잔존 세력은 탐라세주도로 거점을 옮겨 항쟁을 계속하였다. 그러나 여몽 연합군의 공략으로 1273년 제주 삼별초 역시 무너지고 말았다.

1982년 오키나와 우라소에성浦添城 유적에 대한 발굴 조사에서 대량의 고려 기와가 출토됐다. 특히 계유년 고려의 기와 장인들이 만든 명문이 있는 기와라는 뜻의 '계유년 고려와장조癸酉年高麗瓦匠造 명문와銘文瓦'는 계유년인 1273년혹은 1393년에 만들어진 것으로 추정되고 있다. 삼별초의 난을 계기로 다수의 유이민이 발생했다. 삼별초의 거점이던 진도와 제주도에서 고려판 보트피플이 류큐에 유입됐을 가능성에 근거해 삼별초 세력이 오키나와 열도로 이동해 류큐왕국의 건국 기초가 됐다는 가설이 나온 것이다.

민속적으로도 관련 있는 사례가 몇 개 있는데 삼별초가 항쟁했던 진도에서는 모내기나 논매기를 할 때 우리나라에서 유례를 찾아볼 수 없는 머리에 담쟁이넝쿨이나 칡넝쿨을 감는 풍속이 있다. 오키나와의 도작의례稻作儀禮 때 신제무당神祭巫堂인 신녀神女가 신맞음을 의미하는 나뭇잎이나 풀넝쿨을 머리에 감는 것과 흡사하다. 삼별초의 마지막 항거지 애월읍 항파두성 주변에서는 예전에 거의 떼筏로 고기잡이했기 때문에 이른바 '배방선'에 떼짚를 썼다. 오키나와 일대의 경조 민속競漕民俗도 흡사하다.

4 이시가키섬石垣島

도쿄에서 출발한 비행기는 어느덧 오키나와 본섬 북쪽 상공을 날고 있다. 날은 좀 흐렸지만 지난번 오키나와 방문 때 눈에 익혀 놓았던 지도와 같은 섬 모양이 아래로 펼쳐진다. 이시가키섬은 일본 최남단最南端의 섬으로 오키나와에서 다시 425km 떨어져 있어 대만台湾에 오히려 가깝다대만까지 200km. 오키나와 본섬을 지나 다시 30분 정도 더 날아가야 하는데 그 중간에 미야코지마宮古島라는 섬도 있다.

일본을 떠나기 전에 꼭 들르려고 계획했던 곳인데 시간이 나서 3박 4일의 여행에 나선다. 이시가키섬 주변에는 이리오모테지마西表島를 비롯하여 많은 섬들이 산재해 있어 이 일대의 섬을 일컬어 야에야마 제도八重山諸島라 하는데 10개의 유인도와 20여 개의 무인도로 이루어져 있다. 일본어 야에八重란 '같은 것이 수없이 겹쳐진 또는 긴long'이라는 뜻이다.

5 홍길동과 하테루마波照間섬

이리오모테西表島섬으로 가는 스피드 페리는 이리오모테西表島섬의 남쪽 끝인 오하라항으로 향한다. 소요 시간은 40분 정도다. 섬에 가까워지면서 왼쪽으로 섬 하나가 보이는데 여기가 홍길동과의 관련설로 주목 받고 있는 하테루마波照間섬이다.

오키나와沖縄 최남단인 이 하테루마波照間섬에는 15세기 말에서 16세기 초에 걸쳐 오키나와의 류큐琉球왕국에서 활약했던 오야케 아카하치, 일명 '홍가와라洪家王 아카하치赤蜂'를 기리는 추모비가 있는데 비에는 다음과 같이 적혀 있다.

'아카하치赤蜂는 봉건 제도에 대해 반항하여 자유민권을 주장하고 섬 주민들을 위해 용감히 싸웠다. 그의 정신과 행동은 길이 후세에 전해질 것이다'

홍가와라는 류큐제국의 봉건 세력에 맞서 농민들을 위해 투쟁했던 인물이다. 오키나와에서 추앙받고 있는 '아카하치'가 홍길동과 동일인이라는 설은 처음에 오키나와 측에 의해 제시되었다. 홍가와라洪家王가 홍길동이라는 것이다.

연세대 설성경薛盛景 교수는 각종 문헌 등에 나타난 행적을 통해 한국의 홍길동과 일본의 홍가와라가 동일 인물이라고 주장한다. 홍길동은 1500년경 의금부에 체포됐다가 탈출해 2,000여 명의 무리를 이끌고 류큐 열도로 망명해 민권 운동을 폈던 인물이라는 것이다. 동 대학 양권승梁權承 교수도 "일본 학자들은 전반적으로 홍가와라와 홍길동이 같은 인물이라는 설을 부정해 왔으나 최근 들어 동일 인물로 인정하는 경향이 늘고 있다"라고 전한다. 홍가와라의 족보와 그곳의 각종 고분 양식 등을 볼 때 홍길동일 가능성이 높다는 주장이다. 홍길동과 홍가와라가 동일 인물이라는 주장은 아직 추론에 불과하기 때문에 학계에서는 좀 더 정교한 물증을 확보하는 것이 중요한 과제다.

홍길동은 전남 장성에서 태어나 서남 해안과 전라, 충청권, 특히 공주를 근거로 의적 활동을 하다가 체포됐던 실존 인물이다. 극형을 면한 홍길동은 곧바로 일당과 함께 출국, 겨울 북풍을 타고 오키나와 열도의 최남단 하테루마섬波照間島에 처음 정착한 뒤 '아카하치'라는 이름으로 이시가키섬石垣島, 구메섬久米島 등 여러 섬을 옮겨 다니며 의적 활동을 벌인 것으로 파악된다고 연구팀은 밝히고 있다.

아카하치가 홍길동이었다는 가설을 바탕으로 쓴 장편소설이 경희대 강철근 교수가 지은 『사람의 나라』다. 소설은 홍길동이 오키나와로 건너가 정착한 뒤 율도국을 세우고 세력을 펼치는 과정을 그렸다.

"오키나와에는 홍길동에 관한 수많은 유적과 유물이 남아 있습니다. 류큐 왕국의 역사를 기록한 책에 오야케 아카하치에 대한 내용이 나오죠. 이 부분과 조선왕조실록에 홍길동이라는 이름이 나오다 사라지는 부분을 대조해 보면 시기가 일치해요."

구메久米섬에는 구시카와其志川 성터가 남아 있는데 강 교수는 "얇은 돌을 기왓장처럼 포개는 오키나와 방식과 달리 자연석을 거칠게 다듬어 쌓은 방식이 홍길동의 마지막 근거지로 알려진 충남 공주시 무성산성과 흡사하다"라고 설명했다. 이시가키섬의 야에야마八重山 민속박물관에는 조선 시대의 것과 흡사한 농기구도 많이 전시돼 있다.

소설은 활빈당과 백성을 이끌고 류큐 왕국 인근에 있는 하테루마섬에 정박한 홍길동이 이시가키石垣섬에 율도국을 세운 뒤 구메섬을 점령하는 과정을 그렸다. 이 부분도 기존 학자들의 연구를 토대로 강 교수가 상상력을 덧붙인 것이다. 강 교수는 "하테루마섬은 산호초가 많아 큰 배가 정박할 만한 곳이 아니었기 때문에 류큐 왕국의 위협을 피하기 위해 첫 정박지로 적당했을 것이라고 추측했으며, 이시가키섬에 정착했다고 설정한 것은 조선 관련 유물과 유적이 많이 나오기 때문이다"라고 설명했다. 강 교수는 1년 반 동안 자료 조사를 하고 오키나와를 방문해 관련 유적을 답사했다.

⑥ 류큐 왕국의 고대 유적, 오키나와의 성림聖林, 온御嶽

이시가키섬 박물관의 학예관에게 물어 류큐왕국의 고대 유적을 찾아갔다.

오키나와에는 '온'이라고 불리는 성지가 있는데, 숲의 일각에 있는 기도의 장소다. 이시가키섬, 다케토미섬 등 야에야마 지방에서는 '온'으로, 구로시마, 오바마섬 등에서는 '완'으로, 하테루마섬에서는 '와―'로, 미야코섬 등에서는 '수쿠'라고 불린다.

온은 제삿날 외에는 현지인이라도 출입이 금지된 기도 공간으로 성림 안에 들어갈 수 있는 것은 '이비'라고 불리는 신을 섬기는 여인뿐이다. 남성의 진입은 일정한 구역만 허용된다. 온도 나라의 대신신사大神神社, 三輪神社와 마찬가지로 배전 내지 건조물 내에 '신체'는 존재하지 않는다. '이비' 자체가 '신의 성소'. 즉, 가나비神奈備, 가무나비, 간나비다. '이비'는 사람도 가리키고 장소도 가리킨다.

처음 찾아간 곳은 미샤기온美崎御嶽인데 아카하치赤蜂의 난이 일어났던 1500년에 수리왕부首里王府가 이시가키에 파견한 병선이 본국의 나하항那覇港에 안착하도록 기원한 곳이라도 한다.

이시가키섬의 항구 근처에 있어 항해의 안전을 기원하는 미사키온美崎御嶽은 류큐 왕국1429~1879년의 기도처로 제3대 국왕인 상진왕재위 1477~1527년 시대에 창건되었다고 전해지지만, 기도의 장소로서의 기원은 더 오래전으로 거슬러 올라가는 것 같다. 주위에 돌담이 둘러쳐져 있고, 중앙부에는 배교의 궁전에 해당하는 아치의 석문이 있다. 그 안쪽의 '이비' 전체를 감싸안으며 내부 진입을 막는 듯 헤르민디아, 대만고무나무, 아립수 등의 나무들이 우거져 있다.

미사기온에서 멀지 않은 곳에 있어 큰길을 따라 걸어서 도착한 곳은 아마온天川御嶽인데 아마는 이 일대의 지명으로 예전에는 아마발天川原이라 불렸다고 한다. 발은 우리말 벌판의 벌과 같은 뜻이라고 한다. 온御嶽은 사람들의 건강과 마을의

[그림 79] 아마온

번영을 기원하는 성지聖地인데 민간 신앙의 중심지였던 곳으로 보인다.

사력촌四力村 발상의 전승을 가지는 미야토리온宮鳥御嶽도 있는데 현지에서는 메-토울온 등으로 불리며, 이시가키의 풍년제를 시작으로 하는 연중 행사의 무대. 6월 풍년제에는 신주봉납神酒奉納, 마키오도리춤, 봉술, 사자춤 등의 전통 예능이 펼쳐진다고 한다.

이시가키섬에서 아주 가까운 다케토미섬竹富島에는 고유의 우부열림이라는 의식이 있는데, '이비'의 내부에 들어갈 때 세 장의 박달나무 잎으로 땅과 공간을 맑게 한다. 신도에서도 사카키サカキ가 지진제地鎮祭에서 터를 청결하게 하는데 사용되고, 다마구시玉串를 올릴 때도 나뭇가지를 사용한다. 다마구시는 종이, 비단 또는 면으로 된 스트립으로 장식된 사카키나무의 가지로 만든 신토 제물이다. 이와 같이 숲을 성지로 한 온이 기도와 축제전통 예능의 공간을 형성하고 있는 것은 일본 열도 각지에 있는 신사와 공통되고 있다.

한반도의 제주도에는 '당堂'이라 부르는 성지가 있는데, 역시 큰 나무나 숲에 제사 드리는 장소다. 일본 열도의 원시 신도는 그들 온御嶽이나 당堂의 버전 중 하나로 보인다.

당, 온과 신사에 공통으로 다음과 같은 비슷한 풍습이 있다.

제주도의 당은 주변 나무들에 천을 둘러 늘어뜨리고, 성황신城隍神도 나무 등에 백지나 새끼줄을 두르게 한다. 놀랍게도 나무 끝에는 나무새 형상물을 붙인다. 새가 있는鳥가居る=도리이 것이다. 일본 열도의 신사나 축제에서도 흰 종이를 접은 종이걸이나 새끼줄注連縄. 시메나와을 쳐 결계結界. 신계와 인간계의 경계를 마련한다. 그리고 신사 입구에 세우는 것이새의 형상물은 없지만 '도리이鳥居'다.

신화와 사실이 뒤섞여 있는 『고사기』, 『일본서기』, 『속일본기』를 비롯하여 한정된 사료를 바탕으로 신도 및 신사의 모습을 살펴보면, 일본의 역사 및 성립과 밀접하게 관련되어 있는 것을 알 수 있다. 일본과 관계가 있다는 것은 일본 열도에 사는 일본 사람들과 관계가 있다는 것이다. 즉, 신도와 신사에 대해 적절한 인식이 일본이라는 나라의 성립을 이해하는 데 필요하다. 그것은 현대 일본인의 진짜 모습을 이해하는 일이 되기도 한다.

온에는 지금도 무언지 모르게 영험한 기운이 흐르는 것 같았다. 이시가키섬에는 이러한 온이 40여 개 존재한다고 한다. 이시가키섬에 사는 사람들의 원류에 관해 연구할 때 자세히 살펴볼 값어치가 있는 유적들이다.

시골 냄새를 풍기는 소박한 읍내 서점에 들러 이시가키섬의 향토 역사책 몇 권을 사 들고 호텔로 향했다.

2. 대마도對馬島

　가까운 친구들과 부부 동반으로 일박이일의 대마도 여행에 나섰다. 부산역 뒤에 있는 부산 국제 여객 터미널을 출발한 지 1시간 반 만에 대마도 북쪽의 히타카스比田勝항에 도착한다.

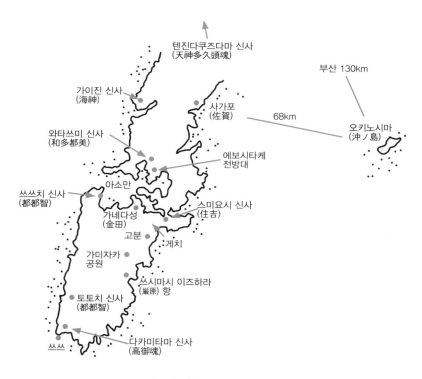

[그림 80] 대마도의 고대유적

① 에보시타케 전망대烏帽子展望台

　대마도의 리아스식 해안阿蘇灣 중앙 북부에 있는 에보시타케 전망대는 해발 176m로 주위에 높은 산이 없어 360도 파노라마로 전망을 즐길 수 있는 곳이다.

　전망대에서 내려다보이는 아소만浅茅灣, 아소우완, 또는 浅海灣은 쓰시마의 우에지마上島와 시모지마下島 사이의 서쪽에 있는 리아스식 해안에 둘러싸인 만이다. 침강으로 생긴 리아스식 해안이 발달하였으며, 많은 유입 하천과 작은 섬이 있다. 특히 만의 중앙부에 있는 도산도(島山島)는 쓰시마의 소도 중 최대다. 만구는 서쪽을 향하고 있는데, 오구치세토(大口瀬戸)라고도 한다.

[그림 81] 와타쓰미 신사

대마도 서북해의 나타만 일대는 조몬인의 거주지로 대대로 한반도에서 건너간 이주민이 거류지이다. 특히 아소만 일대는 3~5세기 이주민들의 중심지로서 이 지역에서 출토되는 한반도계 유물은 한반도와 대마도의 오랜 역사를 보여주고 있다. 출토 유물은 지역의 역사문화향토관에서 볼 수 있다. 아소만은 13, 14세기 왜구들이 발호한 소굴로 이로 인해 1419년 이종무 장군에 의해 정벌된 곳이다.

2 와타쓰미 신사(和多都美神社)

대마도에는 오랜 역사를 지닌 고대 신사가 29개 있다. 신대의 옛날에 해신족의 신인 도요타마히코(豊玉彦尊)가 이곳에 궁전을 만들고, 이 신사가 있는 곳을 오토히메(大姬)라고 명명했다고 한다. 히코호호데미(彦火火出見尊)와 도요타마히메의 부부신이 모셔지고 있다. 도리이가 한반도 쪽으로 향해 있고 신이 그쪽에서 왔다는 설명이 특별하게 다가왔다.

와다쓰미의 자식으로는 역사적으로 중요한 일본의 제1대 천황인 신무천황(神武天皇)의 어머니인 대마도 출신의 다마요리히메(玉依姬命)가 있다.

대조시, 만조가 되면 신사의 근처까지 바닷물이 오는데 그 광경이 용궁을 연상케 한다고 한다. 도요타마히메와 히코호호데미가 만난 이야기에서 유래하는 유적(玉の井, 満珠瀬, 干珠瀬)과 이소라에비스(磯良恵比須)의 신체석(御神体石) 등이 있다.

또 본전의 뒤편 가이미야산의 원시림 속을 조금 걸어가면, 반좌磐座가 보인다. 이 앞의 단이 도요타마히메의 분묘다. 단지, 도요타마헤메는 '니이의 고산仁位の高山에 매장되었다고 신사의 궁사 집안東郊紀聞에 和多都美富司에 전승되고 있으므로, 이 반좌는 아마 재장의 유적齋場の跡이었던 것이 도요타마히메의 묘라고 말해지게 되었다고 생각된다.

3 가미자카공원上見板公園

이즈하라 근처에 있는 전망대인데 여행 시 방문하지는 않았지만 의미가 있는 장소라 소개한다.

이곳은 대마도의 권력 전환이 이뤄진 장소라고 한다. 안내문에 따르면 '1246년 치쿠젠筑前, 후쿠오카에서 온 고레무네 시게나오의 군세가 당시 쓰시마의 통치자 아비루씨를 여기서 격전 끝에 무너뜨려 소宗씨가 쓰시마 도주의 자리에 올랐다는 이야기는 사실이 아니다'라고 적혀 있다. 이것은 오랫동안 내려온 이야기를 확실한 문헌이 없다는 이유로 맞지 않다고 말하고 있는 것이다.

소오씨가 통치하기 이전의 아비루씨가 한반도의 '가야계' 사람이라는 주장이 있다. 또한 소씨는 누구인가. 일본에서는 소씨가 일본 본토에서 넘어갔다고 하지만 그 역사적 자료도 애매하다. 경상도 지역의 사료에 경상도 지방 아무개가 배를 타고 대마도로 넘어가 대마도를 지배하게 되었다는 이야기가 나온다고 한다. 그렇다면 대마도는 가야계에서 신라계로 넘어간 땅이란 말이 된다.

소씨는 약 630년간1246~1872년 대마도를 지배했다. 그런데 대마도주 소씨宗氏는 송씨宋氏라는 설이 유력하다. 종宗이나 송宋은 일본어로는 '소오そう'로 발음된다. 또한 450년간 지배해 왔으면서도 초대 소씨宗重尚, 소시게히사의 고분이 일본에 없다는 사실이다. 동래 정씨의 구전舊傳이나, 동래부지東萊府誌에는 대마도주는 송씨이고, 이 초대 대마도주의 고분이 부산 동래에 있다는 기록이 남아 있다고 한다. 즉 대마도주 소씨對馬島主宗氏는 그 선조가 원래 동래부산 동래 사람 송씨인데 대마도에 들어가서 성을 일본어와 발음이 같고, 보다 일본 성씨다운 소宗씨로 바꾸고 대대로

도주가 됐다는 것이다.

대마도에 깊숙이 숨어 있는 역사를 파헤쳐 본다.

4 대마도에 숨어 있는 이야기

대마도는 면적이 700km²로 제주도의 1,846km²에 비하면 절반도 되지 않지만 남북의 길이는 82km로 제주도의 동서 길이인 73km보다 길다. 작은 섬이 아니다. 대마도에는 우리가 상상하는 것을 훨씬 뛰어넘는 고대의 이야기들이 숨어 있다.

볼 것이 별로 없는 의미 없는 섬이 아니다. 하나하나 자세히 살펴보기로 한다.

① 대마도의 고대 유적

대마도의 야요이 시대 유적에서는 단검인 더듬이식 세형동검触角式細形銅劍 외에 갖가지 청동기가 섬 여러 곳에서 출토되어 대마도는 청동기 왕국이라고 한다.

대마도의 야요이 유적에서 볼 수 있는 유물은 한반도의 남해안에서 유입된 것이 대부분인데 가까운 한반도 남부에서 사람들이 이주하면서 들어갔을 것이다. 대마도국, 이키국一支国의 지도자였던 히코日子, 卑狗들은 한반도 이주민들이었을 것으로 추정한다.

② 대마도의 호족

선대구사본기先代旧事本記 국조본기國朝本記의 기록에서 알 수 있듯이 쓰시마 아가타아타이津島県直는 쓰시마국을 본거지로 한 고대 일본의 호족으로 쓰시마국의 국조이기도 했다.

津島県直: 檜原の朝, 高御魂尊五世の孫, 建弥己己 命を, 改めて直と為す.

아가타아타이県直이라 하는 것은 조정朝廷에서 아타히直, あたひ라는 성姓을 받은 현주県主다. 아타히直는 국조国造급의 성이다.

쓰시마 아가타아타이津島県直의 조신을 천일신天日神이라고 하는 것은, 그 이름이 나타내듯이 태양의 영을 신이라고 숭상하여 불려진 오래되고 소박한 신명으로,

그 제사는 아마테루신사阿麻氏留神社에서 지내진다. 아마테루阿麻氏留란 아마테라스天照와 다름이 없으며, 중근세에는 신불습합神仏習合에 의해 조일권현照日權現이라고 불리었다. 이 일신日神을 조상으로 한 대마도의 고족은 위지, 왜인전에 대마도의 대관大官 '히코卑狗'라고 기록된 그 히코日子의 후예로 여겨진다.

히코日子는 태양신日神의 제사장祭祀長으로 쓰시마국의 수장大官. 왕자이었다. 야마토의 왕자도 히코라고 칭한 것으로, 신무천황神武天皇의 이름을 『고사기』에는 가무-야마토-이와레-히코神倭伊波礼毘古라고 적고, 『일본서기』는 가무-야마토-이와레-히코神日本磐余彦이라고 기록하고 있다. 야마토 이와레磐余 지역의 히코日子라는 뜻이다. 그 밖에 히코日子. 彦라 칭하는 자는 각지에 있었다.

실질적으로는 일본 고대사가 규슈의 다카마가하라高天原가 아니라 대마도에서 시작되었음을 시사해 주는 일례이다.

③ 대마도의 고분

대마도의 고분은 4세기에 축조한 것으로 보이는데 남북섬의 중간 허리에 해당하는 미쓰시마초美津島町 게치鷄知의 작은 산 위에 있다. 쓰시마 기사津島紀事에 데이쓰카出居塚라고 기재되어 도깨비 바위집鬼岩屋이라고 불리던 것인데, 대부분 수혈석실竪穴石室로 출토된 유물은 유엽형동촉柳葉形銅鏃과 하니와의 단편으로 보이는 토제품들이다.

④ 대마도와 일본 신화

일본 신화는 아마데라스와 손자 니니기에 의해 시작된다. 그런데 자세히 보면 일본 신화의 주인공인 이들 천손족의 파트너는 대마도를 본거지로 한 해인족이었다. 대마도에 있는 와타즈미 신사和多都美神社에 얽힌 신화다.

신사의 주제신主祭神은 부부인 히코호호데미彦火火出見尊와 도요타마히메豊玉姫다.

여신인 도요타마히메豊玉姫는 바다의 신海神인 오오와타쓰미신大綿津見神. 다른 이름: 도요타마히코-豊玉彦의 딸로, 천손 니니기瀰瀰芸命의 아들인 호오리火遠理命. 다른 이름: 히코호호데미-彦火火出見尊와 결혼해 우가야후키아에즈鵜茅不合葺命를 낳았다. 이 우가야후키아에즈鵜茅不合葺命가 일본의 초대 천황으로 설정된 신무천황의 아버지다.

하늘에서 내려왔다는, 다시 말하면 바다를 건너온 정복 민족인 천손족이 배우자 즉, 열도 정복의 파트너로 선택한 것이 대마도의 해인족이라는 이야기다.

이처럼 해인족은 일본 고대사의 한 축을 담당하는 중요한 존재였던 것으로 보이는데 이 해인족의 본거지가 바로 대마도였다. 일본 신화 중 '나라낳기國産み, 구니우미'라는 신화를 보면 아와지섬을 시작으로 하여 시코쿠, 오키섬, 규슈, 이키섬, 쓰시마섬, 사도섬 그리고 마지막으로 혼슈가 만들어진다. 섬들이 먼저 만들어졌다는 것은 해인들에 의해 바다를 통해 먼저 도착할 수 있는 섬들에서 이주민들이 생활하기 시작하였다고 해석할 수 있다. 이를 통해서 유추해볼 수 있는 것은 고대에는 해인족의 역할이 중대했을 것이라는 사실이다.

⑤ **해인족의 계보**系譜

해신의 주요 신화를 이야기하는 계보로서는 무나카타계宗像系, 스미요시계住吉系, 와타쓰미계綿津見系로 크게 구분되는데, 그 주요 전승의 무대는 대마도를 포함한 고대 일본의 서해도로 이들 신들이 벼농사의 전파와 같은 길을 서쪽에서 동쪽으로 이동한 흔적이 있다.

1) 무나카타의 신

기본적으로 가라쓰만唐津湾 및 하카타만에서 이키-대마도를 거쳐 한반도로 연결되는 해로가 있다. 이와 더불어 무나카타에서 오시마와 오키노시마를 통해 한반도에 연결되는 또 다른 해로도 있다. 이 해로에 무나카타 대신三姬神이 자리하고 있는데 해북도중海北道中의 중요한 수호신이었음은 오키노시마에서 발굴 조사된 제사 유물이 이를 잘 보여준다. 참고로 오키노시마沖ノ島는 대마도 동쪽 65km 바다에 떠 있는 작은 섬이다. 한반도계 유물이 많으며 재지在地의 고족古族 무나카타씨가 조신으로 받드는 신을 제사했을 것이다.

이 무나카타의 대신이 대마도 동해의 사가포佐賀浦나 가미쓰시마의 항에도 자리하고 있는 것은 이들 항구가 가야나 신라에서 건너오는 항로의 정박지였음을 말해 준다. 이와 별도로 대마도 동남단의 노시마納島에 이치키시마 공주市杵島姬를 모시고, 무인도인 작은 섬에 엄중한 금기가 있는 것은 백제 항로의 수호신이었을 것이다.

무나카타 신이 천손족과 함께 하늘에서 내려왔다는 일본 신화가 시사하는 바가 있는데 무나카타신이 니니기를 지도자로 하는 천손족이 일본 열도를 정복할 때 동행한 해인족이라면 출현 연대나 활동 연대에 있어서 다른 해인족들보다 후대일 것이라는 생각이 든다.

2) 스미요시신

스미요시신을 주신으로 하는 해인족은 후대에 전국으로 진출하여 셋쓰의 스미에강을 본거지로 하는 체제를 마련하였다.

스미노에신쓰쓰오신을 스미요시住吉라고 부르기로 하여 이것이 신사명이 되었다. 연희식 신명장의 스미요시 신사는 7개사로 다음 지역에 있다.

대마도対馬島, 이키시마壱岐島, 지쿠젠筑前, 나가토長門, 하리마播磨, 셋쓰攝津, 무쓰陸奥. 동쪽에서 오사카, 시모노세키, 하카타, 이키섬 아시베芦辺, 대마도 게치雞知의 순서로 나열하면, 기나이에서 한반도로 통하는 바닷길의 요충지에 스미요시대사가 있었던 것이다. 그 소재지가 모두 지방국의 도읍이었던 것은 이 신이 소재지의 권력과 밀접한 관계에 있었음을 말해 준다.

대마도 두 섬의 중간 부분에 있는 게치雞知에는 앞에서 설명한 전기 고분을 비롯한 고분군이 있어 이 지역이 쓰시마의 중심지이었음은 확실하다. 게치는 동서로 정박지를 가지고 있고, 동쪽의 타카하마高浜는 이키, 치쿠시, 기나이로 통하고, 북서쪽의 타루분하마樽分浜는 한반도로 통한다.

이 두 수로를 연결하는 지역이야말로 남북시케南北市糴, 남북시데키, 和鉄の道의 요체다. 다카하마도 타루가하마도 옛날에는 둘 다 시라에산 기슭까지 강물이 들어왔다. 그 시라에산白江山에 스미요시住吉 신사가 있다. 스미요시신은 수로의 수호신으로 뱃사람들이 모셨다고 하는 말의 의미가 여기 있다.

스미요시신의 원형은 해신인 쓰쓰오筒男로 쓰쓰오의 출신지는 지쿠시의 히무카로 여겨지며, 그 활동은 규슈에서 이키, 대마도에 이르는 해역이었을 것이다.

ㄱ 쓰쓰오筒男命

쓰쓰오簡男神는 와타쓰미綿津見神. 少童命와 동시에 출생한 또 다른 해신이다. 원래 해인족에는 몇 개의 부족이 있어, 대강은 같으면서도 국부적으로 다른 신화를 가진 족속이 있었을 것이고, 그것을 대별하면 무나카타계, 스미요시계, 와타쓰미계가 있지만, 같은 와타쓰미계 중에서도 조상을 악어鰐라고 하는 족속과 뱀蛇이라고 하는 족속이 있었다.

ⓛ **쓰쓰오의 발상지 쓰**豆

이 가운데 스미요시계 해인족이 받든 신이 쓰쓰오簡男命다. 스미요시계 해인은 항해업자로 발전하여 후대는 셋츠의 스미에墨江강을 본거지로 하는 오오토모大伴氏씨에게 봉사하고, 쓰모리씨津守氏가 관장한 것으로 알려져 있다. 하지만 셋츠가 스미요시계 해인의 발상지는 물론 아니다. 스미요시계 해인족의 신인 쓰쓰오의 출생지는 와타쓰미와 같이 치쿠시 히무카筑紫 日向의 타치바나오도橘小門 아하키하라阿波岐原다. 치쿠시의 히무카는 신무동정 신화에 나오는 미야자키에 있는 히무카日向가 아니라, 하카타만의 서쪽 안쪽 히무카에 있는 오오도의 아하기하라가 그 비정지比定地다.

다섯 개의 스미요시 대사는 셋츠의 스미에강의 본사에서 서해로 전개한 것처럼 전해지지만 이는 기내왕권을 중심으로 한 시대의 시점이다. 이에 대해, 다나카타쿠田中卓 저『스미요시 대사사』에서는 쓰쓰노오의 신은 대마도의 쓰쓰豆酘에 나타난 신이라고 설명하고 있다. 쓰쓰오란 '쓰쓰의 사나이豆酘の男'라는 의미이고 덧붙여서 이 책에서는 와타쓰미의 신도 대마도의 와타쓰미和多都美가 발현지라고 한다.

타니가와 켄이치谷川健一의 '고대 해인족의 흔적古代海人族の痕跡'에도 쓰쓰의 지명에 대해 시사하는 것이 있다. 대마도의 서남단에 쓰豆가 있고, 이키의 동남단에 쓰쓰성簡城이 있는데 타니가와는 이 쓰쓰노오의 지명은 쓰쓰노오의 신명이고, 그중 쓰쓰노오의 신은 뇌신雷神이라고 한다.

ⓒ **쓰쓰**豆酘, **쓰쓰기성, 뇌산**雷山

대마도 남서단의 쓰쓰豆酘에 스미요시住吉는 없지만, 대신 쓰쓰치 신사都都智神社. 식내사가 있는데 쓰쓰는 통筒, 치는 뱀虵으로 쓰쓰치는 뇌신雷神이라고 한다. 또이키의 쓰쓰기성筒城에도 해신사解神社. 식내사가 있어 이 해신도 뇌신이다.

덧붙여 치쿠젠후쿠오카현 마에하라시前原市는 고대의 이토국伊都国이지만, 이 지역에도 쓰쓰기성이 있는데 이데 마사유키井手将雪에 의하면 이토와 이키의 쓰쓰기성과 대마도의 쓰쓰가거의 직선상에 있어, 각각 등거리가 된다고 한다.

이토의 쓰쓰기성은 세부리산脊振山계의 라이잔, 즉 뇌산雷山 기슭에 있는데, 옛날에는 이곳에 큰 연못이 있었다고 한다. 뇌산은 뇌운이 솟아오르는 산이라고 하는 의미지만, 이 기슭의 연못인 오이케大池를 뇌신雷神, 竜神의 모양이라고 하였던 것이다.

대마도 쓰쓰의 용량산竜良山, 다테라야마도 뇌운이 일어나는 산이다. 쓰쓰의 어원에 있어 쓰쓰치가 뱀의 몸을 한 뇌신이다. 뇌신雷神의 일본 이름은 이카쓰치ィカツチ로 쓰쓰에는 현재 뇌雷 신사가 있는데, 이것의 옛 이름이 타케노카미嶽之神이고, 그 본명은 쓰쓰신立智神이었다.

ㄹ **쓰쓰시마**ッツシマ

요시다 토고吉田東伍의『대일본지명사전大日本地名辞書』은 대마도의 본명을 쓰쓰시마ッツシマ라고 하여, 예로부터 쓰쓰향豆酸郷이라는 지명이 있는 것을 근거로 하는 설을 제시하고 있다. 쓰시마対馬는 쓰시마ツ馬라고 하는 것이 통설인데, 이것이 쓰쓰시마라고 한다면 다나카 타쿠시마田中卓島의 말처럼 쓰쓰노오신은 쓰시마에서 나타난 신으로 볼 수도 있다.

ㅁ **스미요시 삼신**三神: 底筒男, 中筒男, 表筒男

쓰쓰오신을 모시는 스미요시대사는 오사카-시모노세키-하카타 모두 3동의 신전이 늘어선 스미요시조住吉造이지만, 이키와 대마도의 스미요시는 그 형식으로 되어 있지 않다. 중앙 권력에서 소외된 외딴섬 때문인지, 다른 이유가 있는지 모르겠으나 신전이 세 개 늘어서 있는 것은 삼신三神-底筒男, 中筒男, 表筒男을 배사한 것인데, 이 쓰쓰의 삼신을 이토, 이키, 대마伊都, 一岐, 対馬에 배사한 것으로 생각하면 삼전병렬로 되어 있다고 볼 수 있다.

이런 생각은 무나카타 대사의 삼신이 헤즈노미야(邊津宮), 나카쓰노미야(中津宮, 大島), 오쿠츠노미야(奧津宮, 沖ノ島)에 배사된 예가 있기 때문으로, 무나카타의 삼신은 여신이지만 스미요시의 삼신은 남신이다.

이 쓰쓰 삼신이 배사된 시기와 무나카타 삼신이 배사된 시기는 동시가 아니라 쓰쓰가 더 빠르다고 생각한다. 이는 지쿠시에서 이키-대마도의 해로는 선사시대부터 트여 있었지만, 무나카타에서 한반도로 직항하는 해로는 대략 왜왕권이 성립된 전후부터라고 볼 수 있기 때문이다.

더구나 쓰쓰오의 신은 원래부터 쓰모리씨(津守氏)의 신이었던 것은 아니다. 그것은 쓰모리씨가 이 바닷길의 주관이 된 후의 일로, 본래는 와타쓰미와 마찬가지로 해인들이 신앙하는 지방의 해신이었을 것이다.

㈃ 왕조 신화에 편입 활용된 해인족의 전승

와타쓰미 씨족과 쓰쓰오 씨족의 전승을 합작해, 왕조의 신화에 편입하여 2차적 신화를 만들었다는 견해가 있다. 『고사기』와 『일본서기』에 나오는 허구적 왕조 신화인 신공황후의 신라 정벌에 등장하는 해인족의 신들에 관한 이야기다.

신공황후의 신라 정벌에 깊이 관여한 것은 스미노에대신(墨江大神, 筒男三神)임은 『고사기』와 『일본서기』가 전하고 있다. 이에 따르면 쓰쓰오신(筒男神)의 탁선에 이끌려 신라 공격이 이루어졌고, 그 신의 도움에 전적으로 의지했다 해도 과언이 아닐 정도로 쓰쓰오신(筒男神)의 활약이 돋보인다.

3) 와타쓰미신

와타쓰미신은 응신천황의 시대에 해부(海部)의 재상이 된 아즈미씨(阿曇氏)의 선조신으로 여겨진다. 본거지는 치쿠젠의 아즈미향(阿曇鄕)이라고 하는 곳으로, 그 제사는 시가카이 신사(志賀海神社, 名神大社)에서 한다. 그러나 치쿠젠에는 와타쓰미의 대사가 한 곳뿐인 데 비해, 대마도에는 와타쓰미라고 하는 명신대사가 세 개나 있다.

『고사기』에는 해신의 출생을 전하는 장면이 두 곳 있다. 제1차는 이자나기-이자나미가 국토 생성을 끝낸 직후에 오와타쓰미(大綿津見)를 낳은 것이고 두 번째는 황천국에서 돌아온 이자나기가 목욕(禊ぎ祓い)을 할 때 와타쓰미 3신을 낳은

것이다. 『일본서기』에는 이 제1차 출생이 없고 제2차 와타쓰미_{少童神} 출생의 일만 있다.

제2차 신화가 만들어진 것은, 와타쓰미신을 선조신으로 하는 아즈미씨가 해부_{海部}의 재상이 되고, 쓰쓰오신을 선조신으로 하는 쓰모리씨의 선조가 활약하게 된 응신조 이후라고 한다. 그때 아즈미나 쓰모리의 선조신이 왕조 신화의 대계에 편입된 것이다.

ⓒ **이소라**_{磯良}

쓰시마의 북섬 동안에 있는 고토자키묘진_{琴崎明神}에서는 와타쓰미를 소동명_{小童命}, 또 이소라_{磯良}라고 하는데, 이는 본래 이소라였던 제신_{祭神}을 복고신도_{復古神道}의 지식에 따라 소동명_{小童命}으로 고친 것으로 해석된다. 와타쓰미 신사_{和多都美神社}와 가이진 신사_{海神神社}의 현 제신은 바다의 아버지 신인 히코호데미노미코토_{日子火火出見尊}, 아들 신인 우가와후키아와세즈_{鵜茅葺不合}, 바다의 어머니 신인 토요타마히메이_{豊玉姫}지만, 그 외에는 히코호데미노미코토나 우가와후키아와세즈를 제신으로 한 곳은 없고, 토요타마히메와 이소라를 이야기하는 곳이 많다.

우가와후키아와세즈_{鵜茅葺不合}는 근세의 복고신학에 의한 것으로, 본래의 제신은 이소라일 것이다. 우가야후키아와세즈라는 이름은 고전 신화의 소전에 나타날 뿐, 현지에 있어서의 궤적이 전혀 없고, 이소라는 신사에 있어서의 신좌는 없지만, 현지에서 활동한 이야기와 고유의 이미지가 있다. 한 예로 와타쓰미 신사_{和多都美神社}의 회사 앞에도 이소라라는 영석_{靈石}이 있다.

이 이야기는 신무천황의 이야기는 해신인 와타쓰미와 이소라의 전설을 차용하여 구성한 이야기라는 의미이다. 와타쓰미와 이소라의 이야기는 구전되어 온 사실이고 신무천황의 이야기는 인위적으로 구성한 허구라는 것이다. 대마도 해인족의 전설을 이용하여 일본 신화를 창작해 냈다는 이야기가 된다. 그럼에도 불구하고 고대 해인족의 역할이 중요했기 때문에 이러한 허구가 조성되었을 것이라는 사실은 변하지 않는다.

이소라의 이름은 고전에는 보이지 않고 중세에 이르러 전국에 알려지게 되었

는데, 그 출현지는 치쿠젠 시가지마의 이소라사키礒良崎라는 설과 대마도의 이소라에비스礒良エビス라는 설이 있다.

대마도에 있는 와타쓰미 전승의 질과 양, 식내사의 비율을 보면 와타쓰미 신사和多都美神社가 4개이고 그중 3개가 명신대사인 것으로 보아 와타쓰미의 발상지는 대마도라고 보아야 한다.

와타쓰미를 받든 아즈미씨가 해부의 재상이 된 뒤로부터, 와타쓰미신을 선조신으로 하는 신화가 만들어져, 이것이 본래 아즈미씨의 신처럼 기기의 왕조 신화에 녹아 들어간 것으로 보인다. 이는 쓰쓰오신과 쓰모리씨의 관계로도 볼 수 있다.

ⓒ 하치만신의 탄생

해신 이소라礒良의 전설은 각지에 있는데 모두 해신海神의 사당이 있는 곳으로, 반드시 신공황후神功皇后의 전설과 얽혀 있다. 대부분 이 전설이 제사의 연기緣起로서 이소라가 신공황후의 반려伴. 水先案内로서 이야기된다. 이는 응신천황이 하치만신으로 등장함에 따라 신공황후의 신라 친정에 끼워 맞춘 것으로 추정된다.

즉 가미아가타上県의 와타쓰미미코 신사和多都美御子神社와 시모아가타下県의 와타쓰미 신사和多都美神社가 하치만궁으로 바뀌게 된 이래 각지의 해신 제사에 신공황후가 합사되어 이소라를 거느린 형태가 된 것은 도요타마히메豊玉姫. 이소라의 어머니가 신공황후로 교체된 것으로 볼 수 있다. 대마도에 신공황후 이야기가 많은 것은 원래 대마도에 해신의 제사가 많기 때문이다.

이 단계에서는 해신 와타쓰미의 딸인 도요타마히메는 신공황후로 변한다. 도요타마히메의 아들인 우가와후키아와세즈鵜茅葺不合는 원래의 모습인 이소라로 돌아가 신공황후의 조력자가 된다.

이들 전설에서 이소라는 신공황후의 수로 안내자로서 때로는 사공楫取. 船師으로서 황후에게 봉사하여 항상 그 안태를 지키고 있다. 이것은 대신臣子. 히코에게 복종한 해신의 성의를 나타낸 연기담緣起譚. 전설이라는 설이 있다.

이소라라는 인격을 가진 신인이 신공황후의 종자처럼 일하는 설화는 대부분 중세의 작품으로 보고 있지만, 그렇다고 해도 바닷속을 자유자재로 행동하는 이소라의 활약은 본래 와다쓰미少童神가 가지고 있던 신화가 소재로서 이야기된 것이라고 생각된다.

또한 스미요시대사신대기住吉大社神代記에는 가지토리挟抄 시가사志賀社에 대해서, '신라를 격파할 때, 왕선을 호위하다新羅を撃ちたまふ時, 御舩の挟抄なり'라고 하는 것으로부터, 이 조타사カジトリ라는 이소라의 활약이 예로부터 전해지는 것임을 보여준다. 가지토리挟抄는 배의 방향타舩の舵かじ를 잡는 조선 책임자의 명칭이다.

신공황후의 신라 정벌은 전혀 사실이 아니다. 그러나 왜군이 바다를 건너 한반도를 공격한 적은 있었다. 『삼국사기』 신라본기에 왜병래공倭兵来攻의 기사가 여러 곳에 보인다.

근년에 주목받게 된 곳이 천지천황 시기인 667년 축성되었다는 대마도 가네다성金田城 유적이다. 이것은 당–신라에 대비한 성이라고 하지만 전설에서는 신공황후의 성이라고 한다.

발굴 조사에서 토루土塁가 발견되어 화제가 된 것은 주위 성벽은 돌담인데 중심부에 토루가 있어 위아래 두 층으로 분류된 것으로 상층은 7세기 후반의 유물을 포함하고 있지만 하층은 그 이전의 것으로 보여 가네다성이 천지천황 이전에 축성되고 오래된 토성이었을 것으로 추정된다.

ⓒ 하치만궁八幡宮과 대마도 해신 신사海神神社

대마도 가미아가타군上県郡 미네초의 서해안, 즉 북섬의 서쪽 가운데, 키사카木坂의 이즈산伊豆山에 자리 잡은 해신 신사海神神社는 육국사六国史에 와타쓰미미코 신사和多都美御子神社로 나오고 연희식에도 동명의 이름으로 명신대사로名神大社로 나와 있다.

헤이안 중기 이후에 하치만궁八幡宮으로 고쳐져 대마국 제일궁으로 추앙받았지만, 메이지 유신 이후인 1871년에 이름은 원래대로 바뀌어 해신 신사海神神社가 되었다.

와타쓰미미코신의 신사가 하치만궁으로 바뀌었을 때 당연히 제신의 변동이 있었을 것이지만, 대마도 하치만궁이 다른 곳의 하치만궁과 다른 것은 그 제신을 우가와후키아와세즈+토요타마히메, 응신천황과 신공황후鵜葺不合+豊玉姫, 応神天

皇.神功皇后로 하여 두 쌍의 모자신미코신. 御子神과 그 모신을 핵으로 하고 있는 것이다.

다시 한번 설명하면 우가와후키아와세즈鶿茅葺不合는 히코호데미노미코토彦火火出見命와 토요타마히메미노미코토豊玉毘売命 사이에서 태어난 아들로 신무천황의 아버지다. 즉 히코호데미도다마히메-우가와후키아와세즈-신무천황으로 신화상의 가계가 이어진다.

그것은 해신 신사海神神社가 하치만궁이 된 후에도 본래의 와타쓰미和多都美의 제신을 온존溫存해 왔던 것으로, 대마도에서는 와타쓰미 하치만和多都美八幡이라고도 칭하고 있었다.

응신하치만応神天皇과 神功皇后과 와타쓰미미코 신사의 신성이 비슷하다는 점에서 와타쓰미미코 신사和多都美御子神社의 비호가리개. 채양를 빌려주었던 것이 이윽고 입장이 역전되어 원래대로 돌아온 것으로 고찰된다.

후세後世 하치만궁八幡宮은 전국에 있지만, 연희식 신명장에 보이는 관사官社는 우사와 하코자키宮崎뿐이다. 우사에는 3사八幡大菩薩宇佐宮. 比賣神社. 大帶姫廟神社가 있다. 후세하치만궁이란 응신천황과 신공황후가 신으로 들어온 이후의 하치만궁을 말한다. 서기 571년 이후의 일이다. 치쿠젠筑前의 하코자키하치만은 하치만 대보살 하코자키노미야八幡大菩薩筥崎宮라는 신사 이름에서 보이는 바와 같이, 하치만궁의 제신은 대보살이었다. 우사의 오오다라시히메大帶姫의 묘가 있는 곳은 신공황후의 영전이다. 이후 하치만궁의 주신을 응신천황으로 고치고, 오오다라시히메신공황후를 모신 것으로 하는 응신하치만이 성립된 것으로, 이런 변신을 합리화하기 위해 대마도에 하치만신이 등장한 것은 그 우사신궁이 우사하치만궁이 된 직후, 즉 571년 이후일 것이다.

㉣ 일본의 창조 신화에 이용된 대마도

다카미무스비高御魂라는 신은 『일본서기』에 따르면 다카미무스비高皇産霊尊라고 하는 일본 신화의 지고신至高神인 대신大神인데 이 신의 본적本籍은 대마도에 있다.

대마도 서남단의 쓰쓰豆酘에 신사高御魂神社가 있는데 연희식 신명장延喜式 神名帳에 대마도 아가타군에 있는 최대사縣頭社로 명신대사名神大社로 기재되어 있다. 이 신이 대마도에서 야마토로 옮겨 간다.

ⓜ **다카미무스비**高皇産靈神**의 상경**上京

『일본서기』 겐쇼천황顯宗天皇조 487년에 고황산영신에게, 민지民地를 바치라는 탁선에 관한 이야기가 나온다.

我が祖高皇産靈神に、民地を以て献れ

일신日神이 자신의 선조라고 부르는 고황산령高皇産靈은 대마도에 있던 고고혼高御魂으로 보이며, 이에 진상한 이와레의 논은 야마토국의 이와레의 신지神地로 고찰된다. 이 기재는 대마도의 고황산령신을 야마토의 왕도로 맞이하고, 그 사당으로 대마도의 시모아가타아타이下県直가 섬겼던 고사를 반영한 전설일 것이라고 한다. 이것이 다케우치 리조竹内理三와 우에다 마사아키上田正昭의 설이다.

일본 신화는 천지가 만들어질 때 타카마가하라高天原를 일으키는 신은 세 주신天之御中主神, 高御産巣日神, 神御産巣日神으로 조화의 삼신이라 하는데 일본 신화의 '조물주'로 알려져 있다.

◆ **주** ◆

『고사기』古事記에서는 高御産巣日, 神御産巣日, 『일본서기日本書紀』에서는 高皇山靈, 神皇山靈이라고 쓰고, 『선대구사본기』舊事本紀나 『신찬성자록新撰成子録』에서는 高魂, 神魂이라고 기재하고 있다.

많은 신들의 조신으로 무스비노카미란 '신령을 생산하는 신'이다. 참고로 대마도 최초의 세력인 쓰시마 아가타아타이対馬 県直는 고혼존의 5세의 손자라고 『선대구사본기』에 기록되어 있다. 다시 말하면 대마도의 고대 토속 호족이 일본 열도 조물주 직계 자손이라는 이야기다.

대마도의 토속신高御魂, 神御魂과 왕권 신화의 신高皇産靈, 神皇産靈과의 유사한 관계는 앞의 겐쇼천황顯宗天皇조에서 추리할 수 있다.

야마토의 가쓰게군葛下郡에 다쿠즈다마 신사多久豆玉神社. 식내사가 있는데 이것은 쓰시마의 텐진타쿠즈다마 신사天神多久頭多麻神社. 식내사와 동명일 뿐만 아니라,『신찬성씨록』에, 쓰마다구미노무라지爪工連, 가미무스비神魂命의 아들, 다쿠즈타마多久豆玉의 후예라는 설명이 있다. 다쿠즈노미코토가 가미무스비의 아들 신이라고 한다. 우리나라 재야 사학자들 중에는 천신天神 '다구多久' 두頭를 단군檀君이라고 보는 사람도 있다.

타쿠츠타마라는 신은 대마도와 야마토 이외에 없기 때문에, 비슷한 점이 우연이라고는 생각되지 않는다. 야마토국 이와레의 땅은 신무천황의 이름 가무야마토이와레히코神大和磐余彦와 인연이 있는 땅으로, 전설상 야마토 조정 발상의 고장이다.

『고사기』나 『일본서기』를 만든 사람이 대마도의 신화나 전설을 이용했다고도 할 수 있지만 그렇게 한 저변에는 그럴 만한 이유가 있었을 것이다. 즉 대마도는 일본의 기원이 되는 지방인 것이다. 다만 신생국인 일본국이라는 국가의 아이덴티티 문제로 한반도로 신화를 확대하지 못하고 국경의 끝인 대마도에서 신화를 종결한 것은 이해가 된다.

이상으로『한반도 이주민의 일본 열도 개척사』를 마친다.

에필로그

천년에 걸친 일본 열도 이주 개척사

필자가 만들어 본 한반도 이주민의 일본 열도 진출에 대한 패러다임은 다음과 같다.

BC 3세기 한반도의 남쪽 바다 건너에 있는 일본 열도 전역에는 이십여만 명의 원주민이 살고 있었다. 그들은 대부분 북방계의 아이누蝦夷族, 에미시, 에조족이며 일부 남방계인 하야토隼人족도 있었다.

이즈음부터 한반도로부터 일본 열도로의 인구 이동이 시작된다. 기원전 3세기를 전후로 한반도 남쪽의 변한과 마한 지역 및 동쪽의 진한 지역으로부터 일본 열도로의 이주가 시작되었다. 이러한 이주는 계속되어 가야와 신라로부터의 이주로 이어졌다. 처음에는 소규모 이동이었다. 일본 열도에 도착한 이들 이주민들은 혼슈의 북쪽 해안가와 규슈의 북쪽 해안 지역에 자리 잡았다.

이들은 이주민 정착 지역 인구의 증가나 이주민 집단 간의 갈등을 원인으로, 아니면 방대한 미답의 신개척지를 찾아 서서히 일본 열도의 동쪽으로 순차적인 이주를 계속했다. 규슈에서 시코쿠로, 시코쿠와 이즈모에서 기비 지역으로 그리고 더 나아가 기내 지역가와치─나라─교토와 주변 지역, 그리고 더 나아가 도쿄평야 일대로의 이동이었다. 한반도 이주민들은 원주민들과의 충돌도 있었을 것이나 이들은 벼농사 기술과 철기 제조 등의 선진 문명을 통해 원주민 집단을 압도한다.

4세기가 되면서 백제로부터의 이주가 시작되고 5세기가 되면 백제계 이주민들은 오사카 남쪽의 가와치 지역과 산 너머에 있는 아스카 지역으로 대규모 집단 이주를 시작한다. 이 지역에 자리 잡은 대규모 이주민들을 관리하기 위하여 백제에서 곤지왕이 파견되고[161년] 그를 중심으로 강력한 세력이 형성된다. 5~6세기가 되면 이주민 세력 중 백제계를 중심으로 한 주도 세력이 태동하여 가야계 세력이 지배하고 있던 나라 지역이 백제의 통제로 넘어가며 일본 열도의 **중앙정권**[84)]이 태동한다. 이쯤 되면 일본 열도 전체는 한반도 이주민들로 뒤덮인다.

다시 본론으로 돌아가서 가와치 지역에서의 이러한 역동적 변화를 보여주는 증거의 하나로 백제계 이주가 집중되었던 가와치와 주변 지역에서의 백제식 횡혈식 석실 고분의 폭발적 증가라는 사실은 서문에서 설명하였다. 이와 함께 이주민들이 사용하기 시작한 가야– 백제계 고급 도질 토기인 스에키의 생산이 대규모로 이루어지기 시작한 사실을 들 수 있다.

매장 방식과 함께 어느 집단에 고유한 것은 사용하는 생활 도기이다. 원시 토기, 하지키土師器와 비교하여 집단 이주민들의 도기인 스에키須惠器를 설명한다.

1 집단 이주의 증거 스에키

원주민들의 토기였던 조몬토기繩文土器는 저온에서 굽는데 두께가 두꺼운 편이며 새끼줄 무늬가 특징이다. 한편 초기 이주민들의 토기인 야요이 토기弥生土器는 토기에 흙을 덮어 고온에서 굽는 방법으로 바꾸어 두께가 얇지만 잘 깨지지 않게 되었다.

여기서 좀 더 발전한 이주민들의 토기인 하지기土師器는 고급 도기인 스에키와 거의 같은 시기에 생산되었지만, 하지기의 기법은 야요이 토기의 연장선상에 있다. 야요이 토기와 하지기의 구분은 고분에 수반되는 시대적 특징이 단서가 되었지만, 현재는 전국적 통일성이 중시되고 있다. 조몬토기, 야요이 토기는 지역색이 강했던 반면, 하지기는 지방색도 있지만 비슷한 의장과 기법에 의한 토기가 혼슈에서 규슈까지의 규모로 분포한다. 정치적 통일이 진전된 영향으로 보는 설이 유력하다.

고대의 가장 발전된 도기인 스에키須惠器는 고분 시대부터 헤이안 시대에 걸쳐 일본에서 생산된 도질 토기로 청회색이며 딱딱하다. 같은 시기의 하지기와는 색과 질에서 명료하게 구별될 수 있다. 스에키는 종래의 도기와 전혀 다른 물레轆轤 기술을 사용하여 성형하였으며, 아나가마窖窯라고 불리는 지하식 반지하식 경사진 가마登り窯, 노보 리가마를 사용하여 1100℃ 이상의 고온에서 환원염還元焰으로 소성되어 기존의 토기 이상의 경도를 얻었다.

고온 토기 생산 기술은 『일본서기』에는 백제 등에서 도래한 사람이 제작했다는 기술이 있는 한편, 수인천황 때 신라 왕자 천일창과 그 종자로서 스에키의 공인이 찾아왔다고도 기록되어 있다. 그래서 신라계 스에키혹은 도질 토기가 전파되었을 가능성을 부인할 수 없지만, 현재로서는 이 기술과 관계가 깊다고 생각되는 시가현 류오초滋賀県竜王町의 카가미야 가마터군鏡谷窯跡群이나 천일창이 살았다는 옛 다지마但馬 지방에서도 초기 스에키는 확인되지 않고 있다.

결국 이 기술은 백제에서 가야를 거쳐 일본 열도로 전해진 것으로 보인다.

고고학적으로는 가와치 지역이었던 오사카부 사카이시, 이즈미시, 오사카사야마大阪狭山시, 기시와다岸和田시에 걸쳐 있는 센보꾸구릉泉北丘陵에 분포하는 수에무라 가마터군陶邑窯跡群, 도읍요적군의 발굴 조사와 모리 코이치森浩一, 타나베 쇼조田辺昭三,

[그림 82] 스에키

나카무라 히로시中村浩 등 일련의 편년적 연구에 의해 스에키의 출현은 고분 시대 중기인 5세기 중엽으로 여겨졌지만, 최근에는 수에무라 가마타군 내에 포함된 사카이시 오마와지 유적堺市大庭寺遺跡과 노노이사이 유적野々井西遺跡의 가마터에서 보다 높은 단계의 스에키가 발견되어, 적어도 5세기 전반 단계에는 한반도에서 도질 토기가 유입되는 것과 거의 동시에 생산 기술이 들어와 수에무라 지역陶邑地域에서 스에키 생산이 시작되었음을 알 수 있다. 이 스에키의 생산이 시작되었을 무렵에 만들어진 것을 특히 '초기 스에키'라고 하는데, 한반도의 '도질 토기'와 비슷한 형태를 하고 있다.

일본에서 가장 먼저 스에키 생산이 시작된 장소窯跡로서 후쿠오카현의 오구마 · 야마쿠마 · 하츠나미 가마터군小隈 · 山隈 · 八並窯跡群 등이 집중적으로 존재하고 있으며, 이들 지역을 아사쿠라 가마터군朝倉窯跡群이라고 총칭하고 있다. 또한 오사카 북부 스이타시 스이타吹田市吹田 32호 가마, 오카야마현 오쿠가야 가마터岡山県奧ヶ谷窯跡와 가가와현 미야야마香川県宮山 1호 가마, 다카마쓰 남쪽의 미타니 사부로이케 서안 가마터三谷三郎池西岸窯跡, 후쿠오카현 야스마치 야마쿠마 가마터福岡県夜須町山隈窯跡 등의 초현기初現期 가마터가 일본 각지에 조성된다. 이들 계보는 모두 가야계다.

오사카부 가와치의 수에무라 가마터군은 같은 시기의 일본 열도에서 최대이며, 일본 3대 고가마古窯의 하나로 꼽히고 있다. 백설조 고분군과 지리적으로 근접해 있어 결국 백제계 가와치 세력의 관리하에 같은 규격의 제품을 생산하도록 관리되었다고 생각된다. 그런 '품질 관리'의 상황을 말해 주는 유적으로 사카이시의 후카다 유적深田遺跡과 고즈미다 유적小角田遺跡을 들 수 있다. 다이센릉 주변이다.

5세기 말~6세기대에 이르러서는 일본 열도 곳곳에 스에키 가마가 만들어졌다. 백제계의 집단 이주 시기와 일치한다. 이들 스에키 가마에서 수에무라 양식의 스에키가 생산되었다. 가와치 이외의 지역으로는 후쿠오카현 오노시 · 카스가시 · 다자이후시에 걸쳐 있는 규쿠 가마터군牛頸窯跡群, 삼대 고요의 하나, 효고현 아카시시 · 미키시 부근에 분포하는 도반 지역 가마터군東播地域窯跡群, 기후현 기후시의 미노스에 가마터군美濃須衛窯跡群, 아이치현 오와리 지방 동부의 사나게 가마터군猿投窯跡群, 삼대 고요의 하나, 시즈오카현 고사이시의 고사이 가마터군湖西窯跡群 등을 들 수 있다.

백제계 이주민의 영향력이 미친 지역으로 볼 수 있다.

이를 중앙의 수에무라 공인의 지방 확산으로 보는 설과 지방의 공인이 수에무라 양식을 수용하여 생산하였다고 보는 설이 있다. 제품에 미묘한 지역차를 찾을 수 있지만, 전체적 규모에서의 규격화의 힘이 작용하고 있는 것은 확실하다. 이로 미루어 보아 스에키 생산에 있어서 가와치 세력이 주도적 역할을 담당하였던 것으로 보인다. 당시 가와치의 수에무라 지역에 약 1,000개 이상의 가마터가 있었다고 하니 집단 이주의 규모를 추측해 볼 수 있다. 수에무라 가마터의 중심지였던 사카이시 남부 오하수공원大蓮公園에 있는 스에키 가마터를 어렵사리 찾아 답사한 적이 있다.

② 원주민

한편, 일본 열도의 원주민들은 어떻게 되었을까? 이들은 늘어나는 이주민들 때문에 일본 열도의 동북 지방으로 계속 쫓겨가는 신세가 된다. 시간이 지나면서 이주민 중앙 세력은 영향권을 넓히기 위해 정이대장군征夷大將軍, 세이이타이쇼군을 두어 동북 지방의 원주민에 대한 대한 조직적인 토벌을 시작한다.

③ 고구려계

이주 루트가 달랐던 고구려계는 서기 400년을 전후하여 한반도 동해를 건너 나가노 방면으로 들어와 800년이 될 때까지 독자적인 세력을 유지하며 교토 방면과 도쿄평야로 진출한다. 이리하여 일본 열도의 대부분 지역은 한반도 이주민들로 채워졌다. 이들이 바로 오늘날 일본인의 조상이다.

④ 일본의 고대사

백제계 중앙 정권은 점차 다른 지역에 정착하고 있던 한반도로부터의 선주 이주민 집단과 힘겨루기 전쟁도 벌인다. 가야계 세력과의 다사의 난163년, 신라계 세력과의 이와이의 난527년, 신라-고구려계 세력과의 무사시 국조의 난534년 등이 그것이다.

6세기 중반부터 서기 660년 일본 열도의 주도적 세력이었던 백제계 세력의 본국인 백제가 멸망할 때까지 나라 지역에는 강력한 백제계 왕권이 확립되어 있었다.

백제가 멸망하면서 백제계는 힘을 잃고 한반도에서의 승전국인 신라의 영향으로 신라계가 득세한다. 신라계와 백제계 망명 세력 및 백제계 천황은 힘을 합쳐 새로운 왕조를 세운다. 일본국의 탄생이다. 그로부터 100년 후 백제계 천황은 교토로 천도를 하면서 백제계가 부활하여 신백제 시대라도 볼 수 있는 헤이안 시대가 시작된다. 이러한 패러다임을 일본의 중세 역사에 연장하여 적용하면 다음과 같이 풀 수 있다.

헤이안 시대의 말기인 12세기 말, 동쪽에서 세력을 키우고 있던 가야-신라-고구려계源氏의 지원으로 동쪽의 무사 정권인 가마쿠라 막부가 탄생하여 백제계平氏 천황 세력을 압도한다. 이때부터 무신 정권이 시작되는데 또 다른 동쪽의 무사정권인 에도막부도 같은 맥락으로 해석한다. 실질적인 정치 중심지가 교토로부터 동쪽의 가마쿠라나 도쿄로 이전된다.

동쪽 세력에 의한 600여 년의 무신 정권을 끝낸 것이 서쪽 세력에 의한 메이지유신으로 백제계 천황이 다시 부활한다.

이상이 필자가 일본의 고대사를 이해하는 기준으로 삼았던 패러다임 공식이다. 이 공식은 일본 사서가 만들어낸 '미혹'에서 벗어나는 열쇠가 되었다. 이보다 이전의 역사를 암시하는 일본 신화는 백제계가 등장하기 이전에 일어난 사건들을 상징화한 것으로 가야와 신라 등 선주 이주민 세력들의 기원 및 갈등을 표현한 것으로 본다.

5 일본인

일본인은 한반도 이주민들의 후손으로 한일 두 민족이 선조가 같다는 이론은 일본인에 의해서도 주장된 바 있다. 우리가 배워서 알고 있는 악명 높은 일선동조론日鮮同祖論이다. 일본인과 조선인, 즉 한국인은 같은 조상에서 나온 동족이라는 이론이다. 조선 청년들을 징병으로 더 많이 징집하기 위해 이용된 이론이다.

이 이론을 처음 선의로 주장한 사람은 가나자와 쇼사브로金沢庄三郎다. '조선은 신의 나라다. 따라서 일본도 신의 나라다.' 가나자와 쇼사브로는 언어학자로 동경대 교수였다. 그는 우리말_{당시 조선어}을 좋아하여 일본어와의 비교 연구를 하다가 두 언어가 동일한 언어라는 것을 발견한다. 이를 근거로 일본은 한반도에서 유래한 나라라는 것을 알게 된다. 그는 저서 『일한양언어동계론日韓兩言語同系論』에서 "한국의 언어는 일본 언어와 동일 계통에 속한다"라고 주장하였다. 이 학설이 널리 알려져 가나자와가 나중에 지은 『일선동조론日鮮同祖論』이란 책의 제목이 정치적 선전 문구가 된 '일선동조론'이라는 말의 어원이 될 만큼 그 파급력이 컸다.

정치가들은 이 이론을 식민지 침탈 정책에 이용한다. 이후 가나자와 교수의 활동에 대해 알려진 사실이 없는 것으로 보아서는 자신의 이론이 자신이 사랑하던 조선을 피폐시키는 데 이용된 것을 알고 칩거하였든지 아니면 정치적으로 핍박을 받았을지도 모를 일이다. 가나자와金澤는 자신이 김씨의 후손이고 자신의 선조가 신라에서 왔다고 믿었다고 전한다.

일선동조론日鮮同祖論의 또 다른 예로 일본인과 조선인이 같은 민족이라고 주장했던 일본인 고고학자 도리이 류조鳥居龍藏의 글을 발췌하여 인용해 본다.

둘이 같다는 주장은 이상하게도 누가 주장하느냐에 따라, 특히 상대방에 대한 호감도에 따라 그 느낌이 완전히 다르다. 다음 주장이 거슬리는 면이 있으면 읽지 않으셔도 된다.

◆ 도리이 류조의 글 인용 내용 ◆

일선인日鮮人, 일본인과 조선인을 합친 말은 '동원同源, 같은 뿌리'이다.

조선인은 우리 내지인內地人과 다른 인종이 아닌 동일군에 포함되어야 할 동족이다. 이것은 더 이상 움직일 수 없는 인종학상, 언어학상의 사실이다. 일선인이 동일 민족이라는 것은 거의 모든 서구의 인종학, 언어학, 사학 등의 학자들이 말하는 바로, 예를 들어 윌리엄 조지 에스턴[85]이나 챔

벌린[86])처럼 언어학상 '일선군'을 형성하는 동일 조상이라고 하며, 또 유명한 인종학자 케인[87])도 간곡히 그 설을 주장하고 있다. 그 밖의 많은 학자들의 의견도 대부분 이와 동일하다. 요컨대 일선인들은 태고 때부터 동일한 장소에 거주하던 것이 나중에 서로 이주 분리되었기 때문에 오늘날과 같은 상태가 되었다는 것이다.

일선인이 원래부터 동일 민족이었다는 증거는 그 체질, 언어, 신화, 전설 등이 이를 분명히 보여 준다. 뿐만 아니라 고고학상 조사 결과 유사 이전부터 일선의 관계가 있었음이 분명 증명되어 왔다. 그렇다면 이와 같이 학술상 동일 민족이라는 사실의 증명이 있음에도 불구하고 이를 다른 인종이라고 하는 것은 애초에 어떤 근거가 있는 것일까?

일선인은 정말로 동일 민족이었고, 우리의 먼 선조는 옛날에는 한 곳에 계셨던 것이다. 양자는 친한 그리운 가족 관계가 있는 것이다.

우리 땅의 신들은 한쪽은 조선을 비妣의 나라Land of my late mother, 뿌리根의 견주국Borderland of roots이라고 불렀다. 일본해東海는 실로 큰 바다, 대해원大海原 [88])이라고 불렀다.

「동원」 제1호 다이쇼 9년1920년, 「도리이 류조 전집」 제12권에 수록 인용 끝

도리이 류조鳥居龍蔵가 일본 제국의 식민지 정책을 지지하고 당시 조선에서 일어나기 시작한 민족 자결주의 운동을 사전에 봉쇄하기 위해 쓴 글이다. 즉 한일 민족은 같은 민족이기 때문에 민족 자결주의 원칙의 대상이 되지 않는다는 주장이다. 그는 어용 연구가였기 때문에 식민 통치의 정당성을 지지하기 위한 목적으로 자기가 발견하고 취득한 지식을 활용하여 이렇게 과감한 주장을 하였다고 본다. 100년이 지나서 필자가 이 글을 발견하리라고는 아마 생각하지 못하였을 것이다.

정치적 목적을 배제하고, 일본인과 조선인이 동일 민족이라고 주장했던 도리이 류조가 근거로 제시한 체질, 언어, 신화, 전설 등의 증거를 종합하면 '일본인은 소수의 원주민을 제외하면 거의 전부가 한반도로부터의 이주민'이라는 필자의 가설을 이야기하고 있는 것이다. 지금은 이러한 주장을 하는 일본인은 찾아볼 수 없다. 실익이 없다고 생각하기 때문일 것이다. 학자들도 침묵하고 있다.

◆ 결어 ◆

"역사가 밥 먹여 주느냐?"라는 질문처럼 이러한 숨겨진 역사와 사실을 아는 것이 당장 우리의 생활을 물질적으로나 경제적으로 풍요하게 해주는 것은 아니다. 그러나 이러한 역사를 알고 있다면 우리가 이웃나라에 대해 취할 수 있는 행동에 여유가 생기지 않을까? 그리고 무엇보다 우리들의 자존감을 세우고 아이덴티티를 확립하는 것이 경제력이 굳건해진 선진국으로서는 중요한 일이 될 것이다.

감사합니다.

주석

01) 도래인: 한반도에서 일본 열도로 이주한 사람들을 필자의 입장에서는 이주민으로 표시하고 일본의 견해나 글에서는 도래인으로 표시한다.

02) 나라 불교는 신라 불교의 철저한 관리하에 있었다.: 최재석 『고대 한일 불교 관계사』

03) 아라이 하쿠세키(新井白石), 1725년 졸: 아라이(新井)라는 성(姓)은 가야계 이주민인 아야씨(綾氏)씨가 후에 백제 이주민들이 같은 지역으로 몰려들어 같은 성을 사용하기 때문에 아라이(新井)로 바꾼 경우가 많았던 것으로 보아서 아라이 하쿠세키(新井白石)는 가야계 이주민의 후손으로 보인다. 하쿠세키의 선조가 고즈케국(上野国, 군마현) 닛타군(新田郡) 아라이촌(新井村, 지금의 군마현 오타시)의 토호였던 것으로 보아 가야계임이 유력하다. 군마현은 신라계와 가야계 이주민이 많았던 지역이다.

04) 고키칠도(五畿七道): 기내5국(畿内五国)은 大和(야마토, 나라), 山城(야마시로, 교토), 摂津(셋쓰, 오사카 북부), 河内(가와치, 오사카 동부와 남동부), 和泉(이즈미, 오사카 중남부)이고 지방 7도(七道)는 東海道(혼슈의 태평양 측, 현 도쿄도 포함), 東山道(혼슈 동북부), 北陸道(혼슈 중부의 우리 동해를 면한 지역), 山陰道(혼슈 서부의 우리 동해를 면한 지역), 山陽道(혼슈 서부의 새토내해를 면한 지역), 南海道(시코쿠), 西海道(규슈)이다.

05) 도미타차우스야마 고분(富田茶臼山古墳): 도미타차우스야마 고분(富田茶臼山古墳)은 5세기 중반에 축조된 시코쿠 최대의 전방후원분으로 전장이 139m다. 피장자는 동사누키 지역을 기반으로 하는 강력한 세력을 가지고 있었던 것으로 보인다.

06) 중앙 구조선(中央構造線): Median Tectonic Line MTL, 시코쿠를 지나가는 일본에서 제일 긴 단층

07) 고식(古式) 고분군: 가야 고분의 기원(起源) 단계의 시원형인 고식 고분으로서 토광묘(土壙墓)와 옹관묘와 석관묘(石棺墓)가 있다. 이들 가야의 시원형인 고식 고분은 선사 시대의 원시 분묘(原始墳墓)에서 발전한 것으로 가야의 전형적인 고분이 형성되는 전제가 되는 것이다.『가야 고분 구조 형식 형성 분류』 효성여대 명예교수 이은창(李殷昌)

08) 원통하니와(円筒埴輪): 원통형 하니와는 고분 시대 고분 위에 세우는 하니와의 일종으로 토관형 형태를 한 것으로 하니와 중 가장 먼저 등장한다.

09) 쇼나이식 토기(庄内式土器): 쇼나이식 토기는 3세기 전반(서기 200~250년)경 긴키 지방에서 만들어진 토기로 야요이 토기와 토사기(고분시대 토기)의 특징을 모두 갖춘 것으로 알려져 있다. 그 특징은 다음과 같다.
① 토기의 표면을 세밀한 칼집이 난 판(타타키판)으로 두드리며 모양을 잡아놓았다.
② 안쪽은 놀라울 정도로 얇게 깎여 있어 두께는 1~2mm밖에 되지 않는다.
③ 바닥의 모양이 뾰족하고 바닥에도 그을음이 묻어 있다. 삶을 때 토기를 받침대와 같은 것에 올려 띄우고 토기 바로 밑에서 불을 지폈을 것이다. 이러한 기술은 당시 가장 발달한 토기 문화를 가진 기비지방(오카야마현)에서 유래한 것이다

10) 성산성(城山城): 성산(城山성)은 조선식 산성(朝鮮式山城)이라고도 하고 신을 위한 기도터인 신롱석(神籠石)이라고도 전해져 왔지만 지금은 조선식 산성과 유사한 구조의 고대 성터로 보고 있다.

11) 오노하라 고분군(大野原古墳群, 香川県 서부 간온지시(観音寺市): 남쪽의 해안가에 조성된 시코쿠 최대 규모의 횡형식 석실 고분 4기가 있다. 백제계 고분으로 보인다.

12) 도래공인(渡来工人): 도래공인이라는 일본 측 표현에서 알 수 있는 것은 부장품이 이주민들에 의해 만들어진 물품이라는 것을 우회적으로 표현하는 것으로서 이들 고분이 이주민 집단의 것임을 인정하는 것이다.

13) 진언밀교: 진언종(真言宗)에서는 대일여래(大日如來)가 본존이다. 즉신성불(即身成仏)이 중요한 가르침으로 즉신성불(即身成仏)이란 지금 이 세상에 몸이 있는 동안 부처가 될 수 있다는 가르침이다. 그러기 위해서 필요한 수행이, 본래 가지고 있는 불심을 불러일으키는 삼밀(三密)이라고 하는 것이다. 자신의「몸=행동」,「입=말」,「뜻=마음」의 3개를 정돈하는 것을 빠뜨릴 수 없다고 설한다. 자신을 깊이 들여다보고 부처와 같은 삶을 사는 것이 중요하다는 것이 진언종의 특징이다.

14) 부카케 우동: 면만 담겨 있는 그릇에 직접 쓰유를 뿌려 먹는 우동

15) 모노노베 모리야: 모노노베 모리야(物部守屋)

16) 이자나기(伊弉諾尊): 천신(天神)의 분부로 처음 일본을 다스렸다는 남자 신(天照大神의 아버지)

17) 어식국(御食国, 미케쓰쿠니): 일본 고대부터 헤이안 시대까지, 제물의 공진국, 즉 황실·조정에 수산물을 중심으로 한 식량을 공양했다고 추정되는 나라를 가리킨다.

18) 『삼대실록』: 901년 헤이안 시대 초기에 편찬된 역사책으로 육국사의 마지막에 해당한다. 신라계 이주민의 후손인 스가와라노 미치자네가 편찬하였다.

19) 키이수도(紀伊水道): 키이수도는 혼슈의 와카야마현과 시코쿠의 도쿠시마현, 효고현 아와지섬으로 둘러싸인 해역을 말한다.

20) 고어습유(古語拾遺): 807년 인베노 히로나리(斎部広成)가 인베 가문의 여러 세대에 걸쳐 구전된 자료를 사용하여 편찬하였다.

21) 야마토 조정: 야마토 조정은 가야계 이주민에 의해 형성되었다가 6세기경에 집단 이주를 통하여 일본 열도에 진출한 백제 세력에 의하여 대체된 것으로 생각한다.

22) 청녕천황: 22대 천황(480~484년)

23) 4도장군(四道将軍): 即位10年、四道将軍を派遣して全国を教化すると宣言した。大彦命を北陸道に、武渟川別を東海道に、吉備津彦を西道に、丹波道主命を丹波(山陰道)に将軍として遣わし従わないものを討伐させることとなった。

24) 웅략천황: 21대, 雄略天皇, 유랴쿠(ゆうりゃくてんのう) 천황(재위 456~479년)

25) 기비 다사(田狭)의 난: 『일본서기』 제14권에 기재.

26) 사카키야마 고분(榊山古墳): 사카키야마 고분은 쓰쿠리야마 고분(조산 고분)의 배총으로 기비의 대수장의 관료였던 도래인의 묘일 가능성이 높아 고위직 가야인의 무덤으로 보는 견해가 지배적이다.

27) 수암 고분(隋庵古墳, 즈이안 고분): 치스이강(血吸川) 서안 구릉 끝에 존재했던 가리비(帆立貝)식 고분으로 현재는 소멸되었다. 총길이 40m, 후원부 직경은 약 30m, 높이 약 4m로 추정된다. 수혈식 석실을 갖추고 있었다.

28) 賀陽夜国: '穴'은 일본 발음이 '아나'이고 아나는 바로 가야를 뜻한다. 穴海란 가야의 바다라는 뜻이다.

29) 기미카라코 나다리와 사포리(吉備韓子 那多利, 斯布利): 530년 9월 가야의 사신이 천황에게 보고한 내용에 나온다. 가야의 구원 요청에 임라에 파견된 毛野臣(近江毛野, 오미노 게누)는 가야에 2년을 머물며 다스리기를 게을리하였다. 일본인과 임나인이 자식 때문에 자주 다투었으나 해결하기 어려웠고 처음부터 판결할 수도 없었다. 吉備의 韓子 那多利, 斯布利(日本人이 蕃女를 취하여 낳은 자식을 韓子라 한다)를 죽이고 人民을 괴롭혔으며 끝내 화해시키지 못하였다.

30) 하다(葉田): 하다는 하타씨의 하다인 듯하다. 하타씨는 하타(波多), 하타(波陀)로 적기도 하고 변형 성씨로는 하타케(畑), 하네(羽) 등이 있는데 지명으로도 많이 나타난다.

31) 아시모리노 미야(葦守宮): 현재 오카야마시의 아시모리(岡山足守)로 기기상 응신천황의 처가

가 있었다는 지역이다. 응신천황이 백제에서 왔다는 설을 따르면 응신은 당시 막강한 세력을 가지고 있던 가야(기비국) 지역에서 처를 얻은 셈이다.

32) 외종 5위하(外從五位下): 외위(外位)란 율령제의 위계 체계 중 하나로 중앙의 귀족 · 관인에게 주어진 내위에 대해 방계로 간주된다.

33) 미즈시마나다(水島灘): 오카야마와 시코쿠 사이에 있는 히로시마섬의 북쪽 바다, 즉 세토내해의 해로.

34) 다타라제철: 다타라제철은 사철이나 철광석을 점토로 만든 화로에서 목탄을 이용해 비교적 저온으로 환원해 순도가 높은 철을 생산할 수 있는 것을 특징으로 한다. 근대 초기까지 일본 국내철 생산의 거의 모든 것을 담당했다. 그리고 『삼국지』 위서 동이전 변진조에도 가야(弁辰, 韓)의 기록이 있다.

35) 성무천황조(志賀高穴穗朝): 시가다카아나호노미야는 경행, 성무, 중애왕 시절의 궁으로 오미(近江) 아노(穴太)에 있었다고 한다.

36) 별표신사(別表神社): 별표 신사는 신사 본청이 포괄하고 있는 주요한 신사를 말한다. 전후에 사격 제도가 폐지됨에 따라, 1948년에 정해졌다. 신사의 역사와 규모 등에서 특별하다고 알려진 신사가 별표 신사다.

37) 『다문인일기(多聞院日記)』: 『다문인일기(多聞院日記)』는 나라 고후쿠지(興福寺)의 탑두(庵, 小院) 다문원에서 1478년부터 1618년에 걸쳐 140년 동안 승영준을 시작하여 3대의 필자에 의해 이어진 일기다. 당시 긴키 일원의 역사를 승려들의 일기를 통해 알 수 있는 일급 자료다.

38) 간나비산(神奈備山): 신이 머무는 산

39) 심초(心礎): 탑의 가운데에 세우는 기둥의 기초.

40) 기내 지방: 기나이(畿內)는 일본어로 수도 인근 지역을 뜻하는 말이다. 기나이에 속했던 5개의 지방국은 야마시로(교토), 야마토(나라), 가오치(오사카 남동부)와 셋쓰(오사카시 오사카부 북부와 효고)다.

41) 2대에서 9대까지 8명의 천황들은 역사적 사실들이 구체적으로 기술되어 있지 않아 실재성이 의심받거나 역사의 공백을 메꾸기 위해 만들어진 가공의 천황이라는 설이 유력하다(欠史ハ代: 欠史八代けっしはちだい)란 『고사기』 및 『일본서기』에서 계보(帝紀)는 존재하지만, 그 사적(舊辞)이 기록되어 있지 않은 제2대~제9대 천황까지 8명의 천황을 말한다.

42) 이주갑인상(二周甲引上): 이주갑인상은 일본 역사서 『일본서기』의 편집자들이 일본의 역사 연대를 끌어올리려고 사실(史實)을 120년(2갑자)을 앞당겼다는 가설이다.

43) 이마키(今來): 선주 도래인의 입장에서 보았을 때 최근에 이주해 온 도래인을 부르는 말이며 옛날에 나중에 왔다는 의미로 후루키(後來)라고 한다.

44) 한국 신사: 신궁(神宮)이라는 신사의 명칭이다. 신사의 명칭은 몇 가지로 대별된다. 가장 격식이 높다고 여겨지는 천황을 연고로 하는 신궁(神宮), 그다음으로 덴마후시미이나리타이샤(伏見 荷大社)나 스와타이샤(諏訪大社) 등 전국 각지에서 폭넓은 신앙을 모으는 타이샤(大社), 마찬가지로 전국에 퍼지는 덴만궁(天宮)이나 고토히라궁(金刀比羅宮) 등 궁, 가장 일반적이고 각지에 있는 초중 규모의 신사(神社), 다른 신사로부터 제신을 천거해 모신 샤(社) 등이 있다. 720년에 완성된 가장 역사서 『일본서기』 가운데 신궁으로 불리는 곳은 이세 신궁과 이즈모 오신궁(出雲大社) 그리고 이소노가미신궁(石上神宮) 등 3곳뿐이었다.
    신라의 발상의 '신궁(神宮)': 아시아권에서 역사상 처음으로 '신궁'이라는 이름을 사용한 것은 한반도의 신라였다. 『삼국사기』(신라본기, 제22대 지증왕)의 기록이다.
    시조가 탄강한 땅인 나을(奈乙)에 신궁(神宮)을 창립하고 제향하였다.
    지증왕의 재위는 479~500년이고 신궁이라는 명칭을 처음 사용한 이세 신궁(伊勢神宮)의 제사 제도를 정비한 것은 673년에 즉위한 천무(天武)였다. 천무시대에는 백제보다 신라와의 관계가 깊었다.

45) 카라비토(韓人): 카라비토(韓人)라는 말은 초기에는 가야와 신라 도래인을 일컫는 말이었다가 후기에는 백제 도래인의 지칭으로 변했다는 설도 있다.

46) 히미코(卑弥呼): 일본의 고대 국가인 야마타이국을 다스렸던 여왕이다.

47) 일여(壹與): 히미코의 종녀(宗女)로 히미코를 계승한다.

48) 이소노가미신궁: 『기기』 등의 기술을 보면 이소노가미신궁은 무기를 보관하는 곳, 즉 무기고였다. 창고가 있는 곳은 아직도 발을 들여놓아서는 안 되는 금족지(禁足地)로 알려져 있다. 후루(布留)라 불리는 지역에 있는 이소노가미신궁은 후루샤(布留社), 후토미타마 신사(布都御魂神社)라고도 불리며, 오래전에 이 지역에 살았던 후루씨의 씨신을 모시는 신사였다. 후루는 우리말의 '불'로 후루씨는 불을 다루는 단야(鍛冶)씨족으로 규슈 가와라(香春)에 도래한 신라계의 구리 정제 기술 집단과 관련된 일족이라는 설도 있다.

49) 의라왕(依羅王, 재위 286~316년): 285년 선비족 모용외의 습격을 받아 자살한 의려왕의 뒤를 이어 왕위에 올랐으며, 선비족에게 상실했던 부여를 재탈환했다.

50) 야마토신사: 야마토 신사는 백제 무령왕을 모신 신사라는 설이 있다.

51) 선화천황: 28대 선화천황(467~539년, 535년 즉위)

52) 천상열차 분야지도(天象列次分野之圖): 하늘의 모양을 차(次)와 분야(分野)에 따라 배열하여 그린 그림으로 열차는 황도 부근의 하늘을 12등분하여 행성의 운행이나 절기를 알아보기 위해 정한 것이고 분야는 별자리나 중국의 주국으로 짝을 이룬 것이다.

53) 나니와노 나가라노 도요사키노 미야(難波長柄豊碕宮): 나니와궁은 응신천황의 난바모쿠마궁, 인덕천황의 난바타카츠궁 및 흠명천황의 난바 하후리산노미야의 총칭이다. 난바는 도톤보리 근처를 지칭하고 나니와는 오사카 전체를 이야기한다.

54) 고로타석(葺石): 즙석 고분의 봉분 위에 깔아 놓은 돌

55) 근구수왕~진사왕: 근구수왕은 백제 14대 국왕으로 재위 기간은 375~384년, 진사왕은 백제의 제16대 국왕으로 재위기간은 385~392년이다.

56) 소가 우마코(馬子): 아스카 시대(551~626년)의 대신(大臣)

57) 『고어습유』: 『고어습유(古語拾遺)』는 헤이안 시대의 신도(神道) 자료로 관인 사이베 히로나리(斎部広成)가 807년에 편찬한 책으로 고전 사서로 분류된다.

58) 걸대왕: 백제 분서대왕(재위298~304년)의 아들

59) 히라노 신사(平野神社): 간무천황이 무령왕의 자손인 어머니 화신립의 위폐를 모시기 위해 지은 신사(794년)

60) 박재(舶載, 수입품): 한반도 유물을 지칭할 때 쓰는 용어로 수입품이라는 뜻이다. 이주민들이 현지에 살면서 제작했다는 가능성을 무시하기 위한 용어다.

61) 구도신사제신고: 나라 왕사정(王寺町) 구도신사(久度神社)

62) 서명천황: 조메이천황(593~641년), 34대 천황으로 천황에 오르기 전의 이름이 다무라 황자이다.

63) 호즈쿄(保津峡): 교토 북서쪽의 가메오카 호즈바시 부근부터 아라시야마의 도게쓰교에 이르는 계곡에서 길이는 약 16km이다. 교토평야 홍수의 원인이었다.

64) 오닌의 난: 오닌의 난(応仁の乱)은 일본 무로마치 시대인 1467년에 일어난, 쇼군 후계 문제를 둘러싸고 지방의 슈고 다이묘(守護大名)들이 교토(京都)에서 벌인 항쟁이다.

65) 고라타마다레노미코토(高良玉垂命): 이 신은 시월에 이즈모에 일본의 모든 신들이 모인다는 가미아리제에 참석하지 않는다고 한다. 자주적인 신인 셈이다.

66) 수인(水人): 위지왜인전(魏志倭人伝)에는 어로에 종사하는 사람들이 '왜의 수인'으로 등장한다. 마쓰라국(末盧国, 사가현 가라쓰시 부근)의 기술에는, '즐겨 물고기나 전복을 잡고, 수심이 얕아도 잠수해서 잡는다'고 되어 있다. 시마마치(志摩町, 현 후쿠오카현 이토시마군)의 미토코 마쓰바라 유적(御床松原遺跡)에서 출토된 철제 전복잡이 기구는 이 기술을 보여주는 자료다.

67) 이타즈케식(板付式) 토기: 이타즈케식(板付式) 토기는 끝이 뾰족한 공구로 그은 선에 의한 문양(篦描, 헤라가키文), 패각의 가장자리를 사용한 단순한 선문양이나 능삼나무문(綾杉文), 나뭇잎문 등을 장식한다. 현재는 온가가와식(遠賀川式) 토기는 더욱 세분화되어 후쿠오카시 이타즈케 유적의 환호 취락에서 나온 이타즈케식 토기가 가장 오래된 것으로 취급되고 있다.

68) 신롱석: 신롱석(神籠石)이란 산속에 열석(늘어선 돌)과 토담, 석담으로 울타리를 두른 유적을 말한다. 현재 북부 규슈에 10곳, 세토내해 지역에 6곳이 확인되었다. 1898년 구루메시 고라산의 고라타이샤(高良大社)를 둘러싸고 있는 열석(列石), 이 다수의 선돌이 직렬로 세워져 신롱석(神籠石)으로 소개된 이래 각지의 비슷한 열석이 있는 유적도 신롱석이라고 불리게 되다. 신성한 땅을 둘러싼 '신역'설과 '산성'설로 논쟁이 계속되었으나, 그 후 각지의 신롱석에서 진행된 발굴 조사를 통해 열석이 원래는 토루의 기초였다는 사실이 밝혀져 현재는 '산성'설이 유력하다.

69) 스사노오의 맹세(天瀬): 스사노오가 아마테라스의 의심을 풀기 위해서 한 서약

70) 팔척경(八咫鏡): 삼종신기(三種の神器, 니니기가 가지고 내려왔다는 세 종류의 보물로 八咫鏡, 草薙剣, 瓊勾玉) 중 하나이다. 『고사기』에는 팔척경(八咫鏡, 야타의 거울)이라고 기록되어 있으며, 다카마가하라의 팔백만 신들이 하늘의 강에 모여 경석을 모루(대장일을 할 때 주로 쓰는 강철이나 주철로 만든 물건을 올려놓고 두들기기 위한 도구) 삼아 금산(金山)의 철을 이용해 만들었다고 한다.

71) 미아레 제례: 무나카타대사의 추계 대제. 첫 날, 오곡 풍요와 해상 안전, 대어를 감사하며 행해지는 축제로 대나무에 대어기(大漁旗)를 내건 백수십 척 어선의 1시간에 걸치는 해상 퍼레이드로 이루어지는 마쓰리를 말한다.

72) 다리사호코(多利思北孤): 중국 기록은 多利思北孤(タリシホコ)이고 일본에서는 多利思比孤(タリシヒコ)라 하는데 당시 왜국은 추고여왕의 시대였기 때문에 해당하는 인물은 미지수다.

73) 최징(最澄): 사이초는 일본 헤이안 시대의 승려로 일본 천태종의 개조다.

74) 일문(逸文): 흩어져 일부분만 전해진 글, 세상에 알려지지 않은 진기한 이야기.

75) 압정류식(鋲留式): 소찰이라고 불리는 작은 철판을 압정으로 철해 만든 그릇 모양의 투구로 전면에 차양이 부착된 투구

76) 치쿠젠국 호나미군: 현재의 후쿠오카현 '이이즈카시'로 후쿠오카시에서 동쪽으로 40km 떨어져 있다.

77) 오이타 하치만구(大分八幡宮): 시노자키미야(현재 명칭은 하코자키궁)는 하카타역에서 동북으로 4km 지점에 있다.

78) 탁선집: 『탁선집(八幡宇佐宮御託宣集)』은 우사 신궁의 역사서로 가마쿠라 시대인 1313년 진운(神吽)이 편찬하였다.

79) 변환시켜: 조정에서 파견된 칙사가 제신을 바꾸었다는 사실 또한 그대로 수긍하기 쉽지 않다. 천황을 신으로 모시게 되면 이익을 얻는 집단은 당연히 천황족일 것이다. 당시 힘이 없고 정통성 문제까지 안고 있던 흠명천황 쪽에서 시도한 일이라 생각된다. 천황이 신이라는 신도의 뿌리가 이때부터 생긴 것으로 보인다.

80) 상칠사(上七社): 伊勢神宮, 石清水八幡宮, 上賀茂神社, 下鴨神社, 松尾大社, 伏見稲荷大社, 平野神社, 春日大社.

81) 열석유적(列石遺跡): 열석은 다수의 선돌(자연석이나 가공한 입석)을 직렬로 세운 것이다.

82) 추장(追葬): 추장은 같은 고분에 연달아 다른 사람을 매장하는 것을 말한다.

83) 휴가국(日向国): 휴가국은 일본 사이카이도(西海道)에 있던 옛나라로 현재의 미야자키현에 해당하지만 초기에는 가고시마현의 일부도 포함했다.

84) 중앙정권: 천황이 백제계냐 가야계냐 하는 논쟁은 자칫 초점을 지배층에 돌리게 하여 기층민이 모두 한반도로부터의 이주민이라는 사실을 잊게 할 수 있다. 다시 말하면 백제가 일본 열도를 점령하여 기층민인 일본인들을 식민지의 피지배자로 다스렸다는 식의 사고이다. 이 책의 주요 관심사는 기층민이 먼저이지 지배 세력의 변화에 대한 것은 아니다. 즉 일본 열도 기층민의 대부분이 한반도로부터의 이주민 집단이라는 사실이다. 일본인, 즉 원래부터 일본 열도에 살고 있던 일본인이라는 사람들은 없다는 것이고 그 일본인으로 알고 있던 사람들이 실은 가야, 신라와 백제로부터의 이주민이라는 사실이다.

85) 윌리엄 조지 에스턴: 윌리엄 조지 에스턴(William George Aston, 1841~1911년)은 영국의 외교관, 작가이자 일본과 한국의 언어와 역사를 연구한 학자이다.

86) 챔벌린: 챔벌린은 영국에서 동경대학에 초빙된 언어학 교수로서 조선어를 연구하였으며 동대학 출신의 언어학자였던 오카쿠라(岡倉由三郎)에게 영어를 가르쳐 일본 영어 교육의 기초를 세우는 데 도움을 주었다.

87) 케인: 인종학자 케인의 자료가 없다.

88) 대해원(大海原): 단순히 큰 바다가 아니라 들판같이 드넓은 바다라는 뜻으로 바다를 건너면 저편에 돌아가고 싶은 고향이 있는 것 같은 무언가 아련한 의미가 있어 보인다.

참고 문헌

강수(2012). 『역사를 읊다』. 함께 읽는 책

강운길(2011). 고대사의 비교언어학적 연구. 한국문화사

강인구(1984). 삼국시대 분구묘 연구. 영남대학교출판부

강인구(2001). 한반도의 전방후원분 논집. 동방미디어

기타바타케 지카후사 저, 남기학 역(2008). 신황정통기. 소명출판

김달수(2003(초판 1997년)). 일본 속의 한국 문화유산을 찾아서 1, 2, 3권. 대원사

김병모(1994). 한국인의 발자취. 집문당

김병훈(2002). 역사를 왜곡하는 한국인. 반디출판사

김부식 저, 이병도 역(2016). 삼국사기 상, 하. 을유출판사

김부식 저, 이강래 역(2020). 삼국사기 1, 2권. 한길사

김석형(심사), 조희승(집필)(2010). 초기일조관계사 1, 2, 3권. 사회과학출판사

김성호(2000). 씨성으로 본 한일민족의 기원. 푸른숲

김성호(2012). 일본은 구다라 망명정권. 기파랑

김영덕(2013). 백제와 다투로였던 왜나라들. 글로벌콘텐츠

김진명(2010). 몽유도원. 새움출판사

김후련(2006). 고대일본의 종교사상. 제이엔씨

김후련(2021). 일본신화와 천황제 이데올로기. 책세상

김현구(2009). 고대 한일 교섭사의 제문제. 일지사

남풍현(2014). 고대 한국어 논고. 태학사

노성환 역(2009). 고사기. 민속원

대한문화유산연구센터(1998). 한반도와 전방후원분. 학연문화사

도수희(2010). 한국 지명 신연구. 제이엔씨

마쓰무라 아키라 저, 윤철규 역(2013). 절대지식 일본고전. 이다미디어

머로 미야 저, 허유영 역(2008). 에도 일본. 일빛

문성재(2018). 한국고대사와 한중일의 역사 왜곡. 우리역사연구재단

문인식(2013). 동아시아 문화교류와 한반도 서남해지역 해양문화. 혜안

문창정(1970). 일본상고사. 박문당

문창정(1973). 백제사. 박문당

문창정(1989). 일본고대사. 인간사

미나미 히로시 저, 이관기 역(2003). 일본인론. 도서출판 소화

바른역사 학술원(2017). 역사와 융합. 한가람 역사문화 연구소

박규태(2009). 일본 정신의 풍경. 한길사

박동(2020). 영산강 마한 태양족의 기원과 발전. 도서출판 범신

박병식 저, 박관순 역(1987). 일본어의 비극. 평민사

박성흥–박태신(2016(초판 2008년)). 真番, 目支國과 백제부흥전. 서경문화사

박정재(2024). 한국인의 기원. 바다출판사

박조남(1999). 무녀의 왕국 사로야마도국(일본 민족과 그 국가의 뿌리). 신세림

부지영(1997). 일본, 또 하나의 한국. 한송

서동인(2011). 가야. 주류성

세키네 히데유키(). 일본인의 형성과 한반도 도래인. 경인문화사, 2020

소진철(2008). 백제 무령왕의 세계. 주류성출판사

손완범(2020). 동아시아 세계 속의 일본율령국가 연구. 경인문화사

신경철 외(2000). 한국의 전방후원분. 충남대학교출판부

스가노노 마미치 외 저, 이근우 역(2016). 속일본기 1, 2, 3, 4. 지식을 만드는 지식

스에키 후미히코 저, 이시준 역(2006). 일본불교사. 뿌리와이파리

승천석(2009). 백제의 장외사 아스카베 왕국. 도서출판 책사랑

시미즈 기요시, 박명미 공저(2004). 아나타는 한국인. 정신세계사

신종원 외(2014). 일본신사에 모셔진 한국의 신. 민속원

아세아설화학회(1999). 한중일 설화 비교 연구. 민속원

양종국(2008). 백제 멸망의 진실. 주류성

연민수(2003). 고대 한일 교류사. 혜안

연민수 외 역(2013). 역주 일본서기 1, 2. 동북아역사재단

연민수 외 역주(2020). 신찬성씨록(新撰姓氏錄) 上, 中, 下. 동북아역사재단

오순재(1995). 한성백제사. 집문당

오오노야스마로 저, 권오엽 역(2007). 고사기. 고즈원

오운홍(2023). 한반도에 백제는 없었다. 시간의 물레

윌리엄 엘리엇 그리피스(William Elliot Griffis)(2015(1882년 초판)). 은자의 나라 한국. 집문당

윤내현(2016). 우리 고대사. 상상에서 현실로. 만권당

윤영식(1987/2011). 백제에 의한 왜국통치 삼백년사. 하나출판사/도서출판 청암

윤용혁(2010). 가루베 지온의 백제 연구. 서경문화사

이광래(2005). 일본사상사 연구. 경인문화사

이노우에 히데오 저, 김기섭 역. 고대 한일관계사의 이해–왜. 이론과 실천

이덕무(2017). 청령국지. 아카넷

이덕일(2002). 오국사기. 김영사

이도학(1995). 백제 고대국가 연구. 일지사

이병선(2012). 한국 고대국명지명의 어원연구. 도서출판 이회

이시와타리 신이치로 공저, 안희탁 역(2002). 백제에서 건너온 일본천황. 지식여행

이성시(2019). 투쟁의 장으로서의 고대사. 삼인

이원호(2015). 천황과 귀족의 백제어. 주류성

이자와 모로히코 저, 유재성 역(1995). 역설의 일본사. 고려원

이재준(2017). 백제 멸망과 부흥전쟁사. 경인문화사

이정룡(2002). 한국 고지명 차자표기 연구. 경인문화사

이종기(2006). 가야공주 일본에 가다. 책장

이종환(1987). 고대 가야족이 세운 구주왕조. 대왕사

이중재(1997). 고대 조선과 일본의 역사. 명문당

이하라 사이카쿠 저, 정형 역(2009). 일본영대장. 소명출판

이한상(2016). 삼국시대 장식대도 문화 연구. 서경문화사

이희진(2015). 식민사학이 지배하는 한국고대사. 책미래

일본역사교육자협의회 편(2007). 동아시아 역사와 일본. 동아시아

일연 저, 최광식 박대재 역(2014). 삼국유사 1, 2, 3권. 고려대학교 출판부

일연 저, 리상호 역(1000)확인 요망. 삼국유사. 까치

장한식(2021). 한일 고대사의 재건축 1, 2, 3권. 산수야

전여옥(1994). 일본은 없다. 지식공작소

젊은 역사학자 모임(2018). 욕망 너머의 한국고대사. 서해문집

정광(2012). 삼국시대 한반도의 언어연구. 박문사

정장식(2005). 통신사를 따라 일본 에도시대를 가다. 고즈윈

정한덕(2007). 일본의 고고학. 학연문화사

제레드 다이아몬드 저, 김진준 역(2013). 총. 균. 쇠. 문학사상사

조희승 저, 이덕일 해설(2020(초판 1988년)). (북한학계의) 가야사 연구. 도서출판 말

조희승 저, 이덕일 주(2019). 임나일본부 해부. 말

존 카터 코벨 저, 김유경 역(2014(초판 2006년)). 부여기마족과 왜. 글을 읽다

존 카터 코벨 저, 김유경 역(2011(초판 2008년)). 일본에 남은 한국미술. 글을 읽다

지건길(2014). 한반도 고인돌사회와 고분문화. (주)사회평론아카데미

차태헌(2017). 일본에서 찾은 가야 백제 신라 이야기. 마고출판사

천관우(1991). 가야사 연구(加耶史 硏究). 일조각

최병선(1996). 일본 고대의 지명 연구. 아세아문화사

최인호(2006). 제4의 제국. 여백

최재석(1990). 백제의 대화왜와 일본화 과정. 일지사

최재석(2010). 일본 고대사의 진실. 경인문화사

최재석(2010). 고대한일관계사 비판. 경인문화사

최재석(2012). 일본서기의 사실기사와 왜곡사사. 집문당

최재석(2015). 역경의 행운. 만권당

최태영(2002). 한국고대사를 생각한다. 눈빛

최학근(1986). 전라남도 방언 연구. 홍문각

카와이 아츠시 저, 원지연 역(2000). 하룻밤에 읽는 일본사. 랜덤하우스

하니하라 가즈로 저, 배기동 역(1992). 일본인의 기원. 학연문화사

한국일어일문학회(2003). 높임말이 욕이 되었다. 글로세움

한종섭(2004). 위례성 백제사. 집문당

향문천(2024). 향문천의 한국어 비사. 김영사

호카마 슈젠 저, 심우성 역(2008). 오키나와의 역사와 문화. 동문선

홍대선(2024). 한국인의 탄생. 메디치

홍성화 외(2012). 전근대 일본의 영토의식. 동북아역사재단

홍성화(2012). 한일고대사 유적 답사기. 삼인

홍원탁(1994). 백제와 대화일본의 기원. 구다라 인터네셔널

홍윤기(2009). 일본 속의 백제 나라. 한누리미디어

홍윤기(2005). 일본 속의 백제. 상생출판

황보연(2019). 칠지도와 광개토대왕 비문으로 다시 보는 고대 한일관계사. 타임라인

황태강(1996). 일본 신화의 연구. 지식산업사

히라카와 미나미 저, 국립나주문화재연구소 역(2010). 되살아나는 고대문서. 주류성 출판사

히야미 아키라 저, 조성원 정안기 역(2006). 근세 일본의 경제발전과 근면혁명. 혜안

朝日(아사히)新聞社 編(1985). 武蔵野むかしむかし河出書房新社

青園 謙三郎(아오조노 켄자부로)(1968). ひらがな郷土史—福井史の謎に挑む. ひまわり書店

李 進熙(이·진히)(1976). 李朝の通信使江戸時代の日本と朝鮮. 講談社

池田 末則(이케다 스에노리)(1999). 地名伝承論大和古代地名辞典. 名著出版

井上 直樹(이노우에 나오키)(2013). 帝国日本と満鮮史 大陸政策と朝鮮 満州認識. 塙書房

井上 光貞(이노우에 미쓰사다)(2004). 飛鳥の朝廷. 講談社

井上 秀雄(이노우에 히데오)(2012). 古代朝鮮. 講談社

乾 健治(이누이 겐지)(1976). 大和の古社. 學生社

今井 啓一(이마이 케이이치)(1985). 帰化人の研究. 綜芸舎

今尾 恵介(이마오 케이스케)(2013). 日本の地名 おもしろ探訪記. ちんま文庫

石井 謙治(이시이 겐지)(2010). 和船 ものと人間の文化史. 法政大2出版局

石野 博信(이시노 히로노부)水野正好 西川壽勝 著 奈良歴史地理の会 監修(2009). 三角縁神獸鏡 邪馬台國 倭國. 新泉社

石原 道博(이시하라 미찌히로)(1985). 和田清共編訳 魏志倭人伝 後漢書倭伝 宋書倭国伝 隋書倭国伝. 岩波文庫 単独改訳版

石渡 新一郎(이시와타리 신이치로)(2001). 百済から渡来した応神天皇騎馬民族王朝の成立. 三一書房

石渡 新一郎(2009). 聖徳太子はいなかった古代日本史の謎を解く. 河出文庫

石渡 新一郎(1999). 日本地名の語源地名からわかる日本古代国家. 三一書房

伊集院 卿(이쥬우인 쿄우)(2016). 富士王朝の謎と宮下文書. 学研パブリッシング

伊藤 潤(이토 쥰)(2021). 覇王の神殿 日本を造った男 – 蘇我馬子. 潮出版

斎部 広成(이베 히로나리)(2022). 古語拾遺. 岩波文庫

岩淵 悦太郎(이와부치 에츠타로우)(2002). 日本語 語源の楽しみ. グラフ社

伊波 普猷(이하 후유우)(2006). 沖縄歴史物語. 平凡社

岩生 成一(이와오 세이이찌)(1985). 朱印船貿易史の研究. 弘文堂

宇田川 武久(우다가와 타케히사)(1990/2012). 鉄砲伝来 兵器が語る近世の誕生. 中公新書/講談社

植木 朝子編譯(우에키 도모코)(2022). 梁塵秘抄. 筑摩書房

上田 正昭(우에다 마사아키)(1978). 古代からの視点. PHP研究所

上田 正昭(2013). 渡来の古代史 国のかたちをつくったのは誰か. 角川選書

上田 正昭(1971). 帰化人. 中公新書

梅原 猛(우메하라 타케시)(2000). 日本の深層縄文 蝦夷文化を探る. 小学館

江上 波夫(에가미 나미오)(1975). 騎馬民族征服王朝説. 大和書房

岡谷 公二(오카야 코지)(2013). 神社の起源と古代朝鮮. 平凡社新書

小笠原 好彦(오가사와라 요시오)(2017). 古代豪族葛城氏と大古墳. 吉川弘文館

沖森 卓也 外 譯(오키모리 다쿠야)(2019). 藤氏家伝. 筑摩書房

荻原 千鶴(오기와라 치즈루)(1992). 出雲風土記. 講談社

大塚 初重(오오츠카 하츠시게). 小林三郎 編(1996). 古墳辞典. 東京堂

大山 誠一(오오야마 세이이치)(2000). 聖徳太子の誕生. 吉川弘文館

大平 裕(오오히라 히로시)(2017).

天照大神は卑弥呼だった 邪馬台国北九州説の終焉.

PHO 研究所

大塚 初重(오오츠카 하츠시게). 小林三郎 編(1996). 古墳辞典. 東京堂

小笠原 好彦(오가사와라 요시오)(2017). 古代豪族葛城氏と大古墳. 吉川弘文館

小名木 善行(오나기 젠코)(2023). 日本建国史. 青林堂

角田 徳幸(가쿠다 노리에키)(2022). たたら製鉄の歴史. 吉川弘文館

神奈川(카나가와)徐福研究会(2015). 現代語訳神皇紀 徐福が記録した日本の古代 富士古文書. 今日の話題社

金沢 庄三郎(가나자와 쇼사부로)(1978). 日朝同祖論. 成申書房

景山 春樹(카게야마 하루키)(1967). 近江路 史跡と古美術の旅. 角川書店

金井塚 良一(카나이쓰카 요시카즈)(1989). 古代東国の原像. 新人物往来社

金関 丈夫(카네세키 타케시)(1979). 日本民族の起源. 法政大学出版局

門田 誠一(카도다 세이이치)(1993). 海でむすばれた人々古代東アジアの歴史とくらし. 同朋舎

角川(카도카와)書店 沢(2001). 萬葉集. 角川書店

門脇 禎二(카도와키 사이지)(1979). 飛鳥 その古代史と風土. 日本放送出版協会

亀井 孝(카메이 타카시)(2008). 大藤時彦 山田俊雄日本語の歴史民族のことばの誕生. 平凡社

上垣外 憲一(가미가이토 겐이치)(2012). 倭人と韓人─記紀からよむ古代交流史. 講談社

上垣外 憲一(2011). 古代日本 謎の四世紀. 学生社

梶原 正昭(카지하라 마사아키)(2006). 陸奥話記. 現代思潮新社

計良 光範(카츠라 미츠노리)(2008). 北の彩時記. コモンズ

河田 禎(카와다 테이지)(1962). 武蔵野の歴史. 角川書店

川村 湊(카와무라 미나토)(2013). 海峡を越えた神々 アメノヒボコとヒメコソの神を追って. 河出書房新社

金 達寿(キム ダルス). 日本の中の朝鮮文化 1권, 2001(초판 1970년, 시리즈 2-12권 1972~1995년)

金 達寿(1980). 古代朝日關係史入門. 筑摩書房

金 達寿(1984). 古代日本と朝鮮文化. 筑摩書房

金 達寿(1976). 日本古代史と朝鮮文化. 筑摩書房

金 達寿(1980). 古代朝鮮. 學生社

金 達寿(1980). 古代朝日関係史入門. 筑摩書房

金 達寿(1985). 飛鳥ロマンの旅畿内の古代遺跡めぐり. 河出文庫

金 達寿(1993). 古代朝鮮と日本文化. 講談社

金 達寿(1976). 評論集 わが民族. 築摩書房

金 達寿(1982). 行基の時代. 朝日新聞社

金 達寿 谷川 健一(2012). 地名の古代史 KAWADEルネサンス. 河出書房新社

金 思燁(キム サヨプ)(1974). 古代朝鮮語と日本語. 講談社

金 鶴亨(キム ソクヒョン)(1970). 朝鮮史研究会訳古代朝日関係史─大和政権と任那. 勁草書店

北郷 泰道(키타고우 타이도우)(2020). 海にひらく古代日向. 鉱脈社

北郷 泰道(2005). 日本の遺跡 西都原古墳群─南九州屈指の大古墳群. 同成社

北郷 泰道(2014). 古代日向 神話と歴史の間. 鉱脈社

北見 俊夫(키타미 토시오)(2013). 川の文化. 講談社

キム ムーギー(김무기)(). そっか, 日本と韓国って, そういう国だったのか. 東洋経済新報社 2022

久慈 力(구지 쓰토무)(2011). 蝦夷 アテルイの戦い(에미시 아테루이의 전쟁). 批評社

久慈 力(2000). もののけ姫の秘密(모녀노케히메의 비밀)遙かなる縄文の風景. 批評社

倉田 康夫(구라타 야스오) 編1976). 日本史要説. 東京堂出版

黒岩 重吾(구로이와 쥬고)(1997). 天風の彩王(藤原不比等). 講談社

児玉 幸多(고다마 고우다)(1994). 日本交通史. 吉川弘文館

小林 惠子(고바야시 야수코)(2015). 江南出身の卑弥呼と高句麗から来た神武三世紀 三国時代 (小林惠子日本古代史シリーズ). 現代思潮新社

小林 惠子(1987). 白村江の戦いと壬申の乱. 現代思潮新社

小玉 正任(코다마 마사토)(1993). 史料が語る琉球と沖縄. 毎日新聞

高野 勉(고우노 쓰토무)(1985). 聖徳太子暗殺論農耕民族と騎馬民族の相克. 光風社

国民精神文化研究所所(고쿠민세이신분카교쿠죠)(1935). 唯一神道名法要集

小島 信一(고지마 신이찌)(1974). 天皇系図謎の産鉄呪術集団. 新人物往来社

坂口 安吾(사카구치 안고)(1974). 安吾新日本地理. 河出文庫

坂口 安吾(1988). 安吾史譚. 河出文庫

齋藤 鶴磯(사이토오 츠루이소)(1970). 武藏野話. 有峰書店

斉藤 利男(사이토우 토시오)(1992). 平泉 よみがえる中世都市. 岩波新書

佐伯 有清(사에키 아리키요)(1985). 新撰姓氏録の研究 全9冊 中1. 吉川弘文館

榊原 康政(사가키자라 야스히코)(2006). 天武天皇の秘密と持統天皇の陰謀—謎の古代三河と大和. 彩流社

佐々木 高明(사사키 타카아키)(1997). 日本文化の基層を探究. 日本放送出版協会

桜井 光堂(사쿠라이 코오도)(1971). 古事記は神話ではない. 秋田書店

佐藤 洋太(사토 료타)(2022). 神武天皇と卑弥呼の時代 神社伝承で読み解く古代史. 新潮社

澤田 洋太郎(사와다 요타로)(2010). 伽耶は日本のルーツ. 新泉社

司馬 遼太郎(시바 료타로)(1988). 街道をゆく 近江散歩 奈良散歩. 朝日新聞社

司馬 遼太郎(1990). 街道をゆく 洛北諸道. 朝日新聞社

司馬 遼太郎(1972). 街道をゆく郡上 白川街道 堺 紀州街道. 朝日新聞社

白石 一郎(시라이시 이찌로)(2004). 海のサムライたち. 文春文庫

白石 太郎(시라이시 타로우)(2009). 考古學からみた倭国. 青木書店

自由国民社(지유고쿠민샤)(1993). 日本古代史と遺跡の謎. 自由国民社

須藤 利一(스도우 리이찌)(). 船 ものと人間の文化史. 法政大学出版局 1993

鈴木 武樹(스즈키 타케쥬)(1975). 日本古代史99の謎. 産報(산뽀우)ブックス

鈴木 武樹(1977). 古代史の魅惑と危険. 亜紀書房

菅田 正昭(스가타 마사아키)(2009). 秦氏の秘教 シルクロードから来た謎の渡来人. 学研パブリッシング

鈴木 靖民(스즈키 야스민)(1991). 伽耶はなぜほろんだか日本古代国家形成史の再検討. 大和書店

首里(슈리)王府 編 諸見友重 訳注(2011). 中山世鑑. 榕樹書林

関 裕二(세키 유지)(2025). 新説日本古代通史. ビジネズ社

関 裕二(세키 유지)(2018). 大伴氏の正体. 河出書房新社

千田 稔(센다 미노루)(1984). 飛鳥への古遺古景巡礼 (風土と歴史をあるく). アイノア

千田 稔(2007). 古代日本の 歴史地理学的研究. 岩波書店

外山 幹夫(소토야마 미키오) 外(1989). 九州の名族興亡史大分 宮崎 鹿児島 熊本 沖縄. 新人物往来社

創元社(소우겐샤)編集部(2003). 大阪難読地名がわかる本. 創元社

高野 澄(다카노 기요시)(2012). 歴史を変えた水軍の謎. 祥伝社

高坂 和導(타카사카 카즈토)(1995). 竹内文書. 徳間書店

高柳 光寿(타카야나기 미츠토시)(1966). 竹内 理三角川日本史辞典. 角川書店

高橋 崇(타카하시 타카시)(2002). 奥州藤原氏 平泉の栄華百年. 中公新書

武田 友宏(다케다 도모히로)(2011). 平家物語 ビギナーズ・クラシックス 日本の古典. 角書書店

武田 祐吉(타케다 유우키치) 저. 佐藤謙三 訳(2009). 読み下し日本三代実録. 戎光祥出版

竹宮 惠子(타케미야 케이코)(2009). 吾妻鏡(漫画). 中央公論新社

瀧音 能之(다키오토 요시유키)(2018). 古代日本の実像をひもとく出雲の謎大全 (できる大人の大全シリーズ). 青春出版社

田中 勝也(타나카 카츠야) 沢(2005). 註釈上紀 上下巻. 人幡書店

田中 健夫(타나카 타케오)(2013). 倭寇 海の歴史. 講談社

田中 史生(타나카 후미오)(1980). 倭国と渡来人交錯する 内 と 外(歴史文化ライブラリー). 學生社

谷川 健一(다니가와 겐니치)(1995). 古代海人 の世界. 小學館

谷川 健一(1998). 日本の地名. 岩波新書

谷川 健一(1989). 青銅の神の足跡. 集英社文庫

谷沢 永一(타니자와 에이이치)(2004). 聖徳太子はいなかった. 新潮社

陳 舜臣(찐 순신)(1992). 戦国海商伝. 講談社

陳 舜臣(2008). 琉球の風. 講談社

築紫 申真(츠키시 신마코토)(2002). アマテラスの誕生. 講談社

造山(쓰쿠리야마)古墳蘇生会(2020). 造山古墳と作山古墳. 吉備人出版

筑紫 豊(쓰쿠시 토요)(1972). 筑紫文化財散步. 學生社

筑紫 申真(쓰쿠시 노부자네)(2014). アマテラスの誕生. 講談社

津田 左右吉(쓰다 소우기치)(). 日本上代史研究. 岩波書店 1973

鶴岡 靜夫(쓰루오카 시즈오)(1970). 関東古代寺院の研究. 弘文堂

出羽 弘明(데와 히로아키)(2014). 新羅神と日本古代史. 同成社

同前 峰雄(도우젠 미네오)(1979). 桃太郎譚. 日本文教出版株式会社.

德川 恒孝(도쿠가와 쓰네나리), 養老孟司(오요로우 타케시)(2010)(확인 요망).

江戸の智恵 三方良しで日本は復活する.

PHP研究所

鳥居 礼(토리이 레이)(2003). 神代(カミヨ)の風儀(テブリ)ホツマツタエの伝承を解く. 新泉社

泊 勝美(토마리 카츠미)(1973). 古代九州と朝鮮. 新人物往来社

中沢 新一(나카자와 신이치)(2002). 熊から王へカイエ ソバージュ. 講談社

中島 利郎(나카지마 토시오)(1959). 日本地名学研究. 日本地名学研究所

内藤 湖南(나이토 고난)(). 近畿地方に於ける神社. 青空文庫 2015

直木 孝次良(나오키 고우지로우)(2005). 古代河内政権の研究. 塙書房

直木 孝次郎(2007). 額田王. 吉川弘文館

直木 孝次良(1988). 日本古代國家の成立. 社會思想社

永留 久恵(나가도메 히사에)(2001). 海童と天童―対馬からみた日本の神々. 大和書房

中村 浩(나카무라 히로시)(2023). 泉北丘陵に広がる須恵器窯. 陶邑遺跡群新泉社

永山 卯三郎 編(나가야마 우사부로)(1971). 吉備郡史. 岡山県吉備郡教育会

新野 直吉(니이노 나요요시)(1973). 出羽の國. 學生社

西川 寿勝(니시카와 토시카츠) 外(2011). 蘇我三代と二つの飛鳥近つ飛鳥と遠つ飛鳥. 新泉社

丹羽 基二(니와 모토지)(1975). 地名. 秋田書店

日本(닛뽄)博学俱楽部(2011). 学び直す日本史<中・近世編. PHP研究所

朴 炳植(パク ビョンシク)(1986). ヤマト言葉の起源と古代朝鮮語. 成甲書房

橋本 澄夫(하시모토 스미오)(1974). 北陸の古代史. 中日新聞北陸本社

原田 大六(하라다 다이로쿠)(1998). 実在した神話 発掘された平原弥生古墳. 學生社

原田 伴彦(하라다 토모요시)(1966). 近江路 人と歴史. 淡交新社

林 陸朗(하야시 리쿠로)(2010). 長崎唐通事大通事林道栄とその周辺. 長崎文献社

畑井 弘(하타이 히로시)(2010). 物部氏の伝承(). 講談社

百田 尚樹(햐쿠다 나오키)(2018). 日本国紀. 幻冬舎

日高 正晴(히다카 마사하루)(2012). 西都原古代文化を探る―東アジアの観点から. みやざき文庫

備仲 臣道(빈나가 시게미찌)(). 高句麗残照 積石塚古墳の謎   批評社 2002

ひろ さちや(히로 사찌야)(2019). 道元 正法眼蔵. NHK 出版

古田 武彦(후루타 다케히코)(2010). 失われた九州王朝天皇家以前の古代史. ミネルウァ書房

藤森 栄一(후지모리 에이이치)(1974). 峠と路. 学生社

外間 守善(호카마 슈젠)(2004). 沖縄の歴史と文化. 中公新書

宝賀 寿男(호우가 도시오)(2015). 三輪氏 大物主神の祭祀者 (古代氏族の研究 7). 青垣出版

前田 速夫(마에다 하야오) 編(2015). 鳥居龍蔵 日本人の起源を探る旅. アーツアンドクラフツ

松本 清張(마쓰모토 세이초)(1984). 京都の旅 1, 2. 光文社

松本 清張(1974). 古代探求. 文藝春秋

馬淵 和夫(마부찌 가즈오)外 沢(2011). 今昔物語集 新編日本古典文学全集(35) 小学館

丸山 浩一(마루야마 코오이치)(1985). すきた名字物語. 秋田魁新報社

源 実朝(미나모토 사네토모)(2005). 山家集 金槐和歌集. 岩波文庫

水野 祐(미즈노 유우)(1977). 天皇家の秘密. 山手書房

三品 彰英(미시나 쇼에이)(1972). 日鮮神話伝説の研究. 平凡社

村井 章介(무라이 쇼오스케)(2008). 境界をまたぐ人びと 日本史リブレット. 山川出版社

森田 悌(모리타 테이)(2018). 全現代語訳 続日本後紀 上下. 講談社.

茂在 寅男(모자이 토라오)(1985). 古代日本の航海術. 小学館

茂在 寅男(1984). 歴史を運んだ船神話 伝説の実証. 東海大学出版会

森 浩一(모리 고이찌)(1998). 継体大王と渡来人枚方歴史フォーラム. 大巧社

森 浩一(1974). 鉄(日本古代文化の探究). 社会思想社

森 浩一(2008). 京都の歴史を足元からさぐる 洛北, 上京, 山科の巻. 学生社

森 浩一(1987). 日本の古代遺跡 郡馬東部. 保育社

森 浩一(1990). 日本の古代遺跡 岡山. 保育社

森 浩一(1992). 古代日本と古墳文化. 講談社学術文庫

森 浩一(2013). 敗者の古代史. 中經出版

森 浩一(1994). 考古紀行騎馬民族の道はるか高句麗古墳がいま語るもの. 日本放送出版協会

森 浩一(1981). 古墳. 保育社

森 浩一(1991). 古代日本と古墳文化. 講談社

森田 悌(모리타 츠요시)(1988). 古代の武蔵稲荷山古墳の時代とその後. 吉川弘文館

森岡 美子(모리오카 미코)(2002). 世界史の中の出島日欧通交史上長崎の果たした役割. 長崎文献社

柳 宗悦(야나기 무네요시)(1981). 朝鮮とその藝術 (柳宗悦선집 4권). 春秋社

柳 宗悦(2010). 柳宗悦コレクション1 ひと. ちくま学芸文庫

山形(야마가타)県の歴史散歩編集委員会(1993). 山形県の歴史散歩. 山川出版社

山田 秀三(야마다 슈우조오)(1983). 東北 アイヌ地名の研究. 草風館

山田 豊彦(야마다 토요히코)(2013). 古代日本史の実像倭人伝 旧事記 記紀を読み解く. 信毎書籍出版センタ

柳田 国男(야나기타 쿠니오) 検(1999). 柳田國男全集 (全32巻揃). 筑摩書房

柳田 国男(1999). 日本の昔語. 新潮文庫

柳田 国男(2013). 桃太郎の誕生. 角川文庫

山本 明(야마모토 아키라)(2017). 古事紀 日本書紀. 西東社

八木 莊司(야기 쇼오지)(2006). 古代からの伝言 民族の雄飛. 角川文庫

山田 豊彦(야마다 토요히코)(2013). 古代日本史の実像倭人伝 旧事記 記紀を読み解く. 信毎書籍出版センタ

山尾 幸久(야마오 유키하사)(2000). 日本国家の形成. 岩波書店

吉井 秀夫(요시이 히데오)(2010). 古代朝鮮 墳墓にみる 国家形成 京都大學学術出版會

吉成 直樹(요시나리 나오키)(2011). 琉球の成立 移住と交易の歴史. 南方新社

吉田 光邦(요시다 미츠쿠니)(2013). 日本の職人. 講談社

与並 岳生(요나미 다케오)(2008). 新琉球王統史. 新星出版

脇本 祐一(와키모토 유우이치)(2006). 豪商たちの時代. 日本經濟新聞社